KB074165

역학과 주자학

역학은 어떻게 주자학을 만들었는가?

이 저서는 2016년 정부(교육부)의 재원으로 한국연구재단의 지원을 받아 수행된 연구임
(NRF 2016S1A6A4A01020158)

This work was supported by the Ministry of Education of the Republic of Korea and the
National Research Foundation of Korea (NRF 2016S1A6A4A01020158)

성리총서 17

역학과 주자학 – 역학은 어떻게 주자학을 만들었는가?

지은이   주광호
펴낸이   오정혜
펴낸곳   예문서원

편 집   김병훈
인 쇄   ㈜ 상지사 P&B
제 책   ㈜ 상지사 P&B

초판 1쇄   2020년 9월 10일

주   소   서울시 성북구 안암로 9길 13 4층
출판등록   1993년 1월 7일 (제307-2010-51호)
전화번호   925-5913~4 / 팩시밀리   929-2285
Homepage   http://www.yemoon.com
E-mail   yemoonsw@empas.com

ISBN 978-89-7646-407-1   93150

© 주광호 2020 Printed in Seoul, Korea

YEMOONSEOWON 13, Anam-ro 9-gil, Seongbuk-Gu Seoul KOREA 136-074
Tel) 02-925-5913~4, Fax) 02-929-2285

값 48,000원

성리총서 17

역학과 주자학

역학은 어떻게 주자학을 만들었는가?

주광호 지음

예문서원

저자의 말

중국의 북경대학에서 박사과정을 공부하기 위해 지금은 고인이 되신 주백곤朱伯崑 선생님을 처음으로 찾아뵈었을 때였다. 석사를 이어 계속해서 주자로 공부하고 싶다는 말씀을 드렸더니, 선생님께서는 흔쾌히 허락하시면서도 소옹을 공부해 두라고 하셨다. 그때는 크게 염두에 두지 않았는데, 입학 필기시험 문제 중에 소옹의 〈선천역학〉이 출제되었다. 입시비리처럼 보일 수 있는 이 이야기로부터 이 연구와의 인연은 시작된 것 같다.

석사 무렵부터 『주역』을 공부하기는 했지만 한 번도 『주역』을 전공으로 하리라 생각한 적이 없었다. 「주자 태극관 연구」로 박사학위를 받았을 때도 『주역』을 전공한다는 의식이 없었다. 나의 연구 대상은 언제나 '주자'였다. 하지만 태극을 논하다 보니 자연스럽게 『주역』을 다루지 않을 수 없었다. 게다가 역학의 대가 주백곤 교수의 지도하에 학위를 취득했다고 소개하면 거개가 나를 역학 전공자로 이해했다.

그러고서 둘러보니 '역학 전공자'와 '성리학 전공자'의 구분이 있음을 어렴풋하게 알아차리게 되었다. 중국에 김경방金景芳·여소강呂紹綱·주백곤朱伯崑·여돈강余敦康·황수기黃壽祺·장선문張善文 등 역학 전문가들이 존재하듯이, 한국에도 대표적인 역학 전공자에 대한 공통의 인식이 엄연했다. 나는 어느 결에 그 계열의 끄트머리에 이름을 올리고 있는 거였다. 나 스스로를 주자 전공자로 규정하고 있던 터라 답답하기도 하고 조바심이 나기도 했다. 나의 첫 번째 문제의식은 여기서 시작되었다. 주자의 역학은 성리학과 어떻게 다른가?

내가 보기에 『주역』 관련 텍스트를 다루면 소위 '역학 전공자'였다. 반면 주자의 태극을 다루더라도 『주자어류』나 『주희집』을 중심으로 다루면 그냥 '성리학 전공자'였다. 진래陳來 교수가 '역학 전공자'가 아닌 '성리학 전공자'인 이유는 『주역』 관련 언급이 상대적으로 적기 때문이다. 태극론에서 확인되듯 주자 스스로 역학과 성리학을 구분하지 않았는데, 동일한 연구대상을 이렇게 텍스트의 성격에 따라 구분하는 것은 문제를 입체적으로 해명하는 데 분명 걸림돌이 아닐 수 없다.

하지만 더 재미있는 것은 이렇게 '역학'과 '성리학'을 구분하면서도 많은 연구자들이 주자의 역학과 주자의 성리학이 그 내용에 있어서는 다르지 않다고 생각하는 것이었다. 성리학의 집대성자인 주자의 역학은 당연히 성리학적이라는 인식이다. 그래서 주자의 역학은 당연히 의리역학이고 소위 이기·심성·수양과 같은 성리학적 사유를 반영한다는 것이다. 그러나 내가 직접 확인한 주자의 역학은 결코 의리적이지도 성리학적이지도 형이상학적이지도 않았다. 이렇게 사실과 다르게 주자의 역학과 주자의 성리학을 성급하게 동일시하는 태도에 대한 불만이

나의 두 번째 문제의식이었다. 주자의 역학은 과연 성리학적인가?

실제 주자의 『주역』관은 그저 '점치는 책' 이상도 이하도 아니다. 『역경』은 물론이고 『역전』의 대부분도 사실 '점치는 책'이라는 것이 주자의 생각이다. 이러한 태도는 너무나 명확하기에 주자의 역학과 주자의 성리학을 성급하게 동일시하려는 관점에 반대하는 것은 오히려 쉬운 일이었다. 하지만 주자의 역학과 성리학의 관계를 해명해야 한다는 첫 번째 문제의식은 여전히 해결되지 않은 채 남아 있었다.

주자 역학의 특징은 흔히 『역경』과 『역전』의 분리, 그리고 의리와 상수의 종합으로 이해된다. 소위 '이전해경以傳解經'에 반대하고 『역경』의 점서占書적 성격을 강조했다는 것에는 나 역시 쉽게 동의할 수 있었다. 그러나 그가 의리와 상수를 종합했다는 말에는 어리둥절해지고 말았다. 그의 상수는 호체·납갑·괘기 등과 같은 한대 상수가 아니라 〈선천역학〉과 〈하도낙서〉를 중심으로 한 것이기 때문이다. 『주역본의』의 제일 앞부분에 『주역』의 강령이라고 제시된 아홉 개의 그림이 그렇고 『역학계몽』의 핵심 내용이 그렇다. 〈선천역학〉과 〈하도낙서〉가 도대체 어떻게 성리학적 의리와 결합될 수 있단 말인가? 이것이 나의 세 번째 문제의식이었다. 주자 역학에서 상수·의리·복서는 어떻게 연결되는가?

주자는 왜 〈선천역학〉과 〈하도낙서〉를 복희와 결부시켜 『주역』의 강령이라고 했을까? 〈선천역학〉의 선천팔괘와 64괘는 횡도든 방도든 『주역』의 괘효 순서와 아무 관계가 없다. 「계사전」에는 〈하도〉가 『주역』의 근거라는 언급만 있을 뿐 어떠한 도상도 제시된 적이 없고, 유목 이전 어느 누구도 이를 시도한 적이 없다. 더욱이 〈낙서〉는 『상서』의 「홍범」과 관련 있을 뿐 『주역』과는 아무런 관계도 없다. 그런데 왜 주자는 〈선천역학〉과 〈하도낙서〉를 그렇게 중시한 것일까?

이것은 결국 주자 역학의 전체 체계에 대한 이해와 결부된다. 주자는 『주역』을 기본적으로 점서로 이해하고 있는데, 그의 '강령'은 어떻게 점서 그리고 또 의리와 연결되는가? 이 문제를 해결하기 위해 나는 어쩔 수 없이 북송 역학으로 거슬러 올라가지 않을 수 없었다. 주백곤 선생님은 이 모든 것을 간파하고 미리부터 준비시키신 것이었을까? 하지만 선생님의 대표작이자 역학 연구의 금자탑이랄 수 있는 그의 『역학철학사』에서도 이에 대한 만족할 만한 설명은 찾을 수 없었다.

박사 논문을 쓸 무렵에는 이상의 문제의식이 분명치 않았었는데, 학위를 마치고서 오히려 수년간 끙끙대었다. 얼른 이 문제를 떨쳐 버리고 어서 '성리학 전공자'가 되어야 하는데, 가닥은 잡히지 않고 시간만 허망하게 흘러갔다. 이러한 문제의식에 대한 나름의 대답이

이 책이라고 한다면 학위 이후 정확히 15년의 세월이 흘러버린 것이다. 이 과정에서 학위 논문의 많은 내용이 수정될 수밖에 없었다. 어쩌면 박사학위 논문을 이제야 끝낸 것이 아닌가 생각된다.

아직도 명쾌히 자신할 수 없는 부분들이 많지만, 그래도 이제는 엉성하게나마 집을 지을 수 있게 되었다. 애초에 나 스스로를 '역학 전공자'로 생각하지 않았으니 비전문가의 무허가 집일 수 있다. 전문가들이 보면 비웃을 수도 있고 허가가 나오지 않을 수도 있겠다.

하지만 이렇게라도 틀을 잡고 나니 주자의 사유가 한층 선명해진 것은 분명하다. 왜 그가 중화신설 이후 도남학이나 호상학을 부정할 수밖에 없었는지, 왜 그가 육상산과의 논쟁에서 도문학을 포기하지 않았는지, 더 나아가 왜 그가 『사서집주』를 비롯한 수많은 텍스트를 편찬하고 교육 제도를 확립했는지, 또 왜 예학·서원·사창·향약 등 수많은 사회적 장치들이 필요했는지 보다 분명해졌다.

성리학을 넘어서서 주자 사상 전반을 구명하기 위해서는 그의 역학을 이해해야 함이 자명해졌다. 그의 역학을 외면하면 주자 사상은 '주자만 년정론'이나 '도덕형이상학'과 같은 '내면의 철학'이 되어버리고 만다. 만학의 제왕으로부터 이제는 그저 퇴락한 분과학문에 불과하게 된

동양철학의 목적을 '내면의 성숙한 인격' 정도로 규정하려는 국내외의 많은 시도가 그런 것처럼 이는 '시대의 요구'인지는 모르겠지만, 결코 주자 사상의 본모습은 아니다. 그러면 텍스트·교육·예학·사회적 장치 등 수많은 것들이 사라지고 만다. 그건 주자학이 아니다.

　이제 나는 더 이상 '성리학 전공'에 연연하지 않을 수 있게 되었다. 사람들이 말하는 '성리학'이 소위 이기·심성·수양의 '도덕형이상학'이라면 나는 이제 거기에서 별 매력을 느끼지 않는다. 그건 주자 철학 전체 체계 속에서 이론적 '설계도'에 불과하다. 이미 많은 연구자들이 해 왔다. 그것 말고도 해야 할 연구가 산더미다. 이제 시작이다. 지난 15년은 역학과 성리학의 관계 해명에 몰두한 시간이었지만, 그것은 동시에 앞으로의 주자 연구를 위해 나름의 관점을 수립하는 기간이기도 했다. 이 연구는 앞으로의 연구를 위한 지남철이다.

　철학을 공부하면 굶어죽을 것 같아서 피해 갔다. 한문학과 학생이 되어 이동환 선생님을 비롯한 많은 분들에게서 고전을 공부했다. 하지만 그 중에서도 철학은 여전히 가장 매력적이었다. 부전공으로 한 철학과에서 김충열 선생님의 광활하고 자유로운 강의는 나를 대붕大鵬의 날개에 태워 구만리장천으로 날아오르게 했다. 지금은 만나기 어려운 대가의 경지였다. 하지만 정작 대학원에서 철학을 전공으로 할 때는 다시 지상으로 내려오지 않을 수 없었다. 이승환 선생님은 철학을 관념의 영역에 놓아두지 않으셨다. 구체적 맥락 속에서 철학은 이제 현실이 되었다. 그때 거기의 현실이 오늘 여기의 현실과 만나는 해석학적 과정 속에서 나는 선생님의 철학적 훈습을 받을 수 있었다. 이렇게 보편의 천상과 구체의 지상 사이에서 만들어진 내 사유에 주백곤 선생님 은 치밀함으로 살을 붙이셨다.

이제 이 부족한 책으로 나를 만드신 모든 선생님들께 감사의 마음을 표하고 싶다.

2020년 2월 7일
주광호

전언: 주자 철학에서 역학과 성리학의 관계 해명을 위하여

이 연구의 목적은 주자 철학에서 역학과 성리학의 관계를 해명하는데 있다. 필자는 이 연구를 통해 주자의 역학은 텍스트로서의 『주역』에 대한 연구임과 동시에, 그의 성리학적 체계 더 나아가 그의 전체 철학 체계의 구축을 위한 인식론적·가치론적 근거로서의 역할을 수행하고 있음을 밝히고자 한다. 이를 통해 주자의 역학과 성리학의 관계에 대한 분절적 태도와 무비판적 동일시의 태도를 동시에 비판하고, 최종적으로 전체 주자학 체계를 좀 더 정합적으로 이해하는데 기여하고자 한다.

그간 우리 학계의 주자 역학에 대한 연구는 그 양적 질적인 측면에서 상당한 성과를 거두었다. 그러나 기존의 연구는 대체로 『주역본의』나 『역학계몽』에 대한 문헌분석이거나 의리와 상수라는 역학 연구 내적인 프레임 속에서 진행된 것이어서, 주자학 전체 체계 내에서의 위상이나 주자 성리학과의 연속성 및 그 상관관계를 탐색하는 데는 상당히 제한적이었음이 사실이다.[1]

하지만 주자 역학의 강령에 해당하는 〈선천역학先天易學〉이나 〈도서역학圖書易學〉 등이 사실상 문헌으로서의 『주역』 연구와 아무런 관계가

---

1) 이러한 연구로는, 양재학, 「朱子의 性理學과 易哲學에 관한 硏究」(『汎韓哲學』 제8집, 범한철학회, 1993); 남명진, 「주자의 성리학과 역학」(『周易硏究』 제5집, 한국주역학회, 2000) 정도를 들 수 있다.

없다는 점에서 우리는 주자 역학의 새로운 성격 규명의 필요성을 확인하게 된다. 체계적 이론가이면서도 실증적 소학적 연구를 결코 소홀히 하지 않았던 주자가 아무런 문헌적 근거도 없는 〈선천역학〉이나 〈도서역학〉을 왜 그렇게 중요시했는가 하는 의문은 이 연구의 출발점이 된다.

주자는 실증적 문헌분석의 과정을 거쳐 『주역』을 점서占書라고 규정한다. 이는 『시경』이나 『의례』 연구 등에서 보이는 그의 실증적 태도가 『주역』 연구에서도 일관되게 관철된 결과다. 오히려 주자는 경전적 근거가 없이 지나치게 번쇄해진 한대의 상수학과, 마찬가지로 지나치게 이념화한 왕필·정이 등의 의리역학을 동시에 비판하면서 언제나 『주역』이라는 텍스트의 근거 위에서 자신의 철학을 구축하고자 노력한다. 하지만 그렇기 때문에 더욱더 점서로서의 『주역』과 문헌적 근거를 지니지 못하는 관념적 체계인 〈선천·도서〉 역학과의 관계는 반드시 설명되어야만 한다.

이 지점에서 우리는 비로소, 리理·상수象數·서筮·사辭의 관계에 대해 주자가 왜 그렇게 장황하게 설명하고 있는지 그 이유와 의미를 확인하게 된다. 주자의 역학에서 리·상수·서·사의 관계 설명은, 점서占書로부터 의리를 도출해 내는, 혹은 문헌적 근거가 없던 〈선천·도서〉 역학을 『주역』의 근거로 확립해 가는 기나긴 여정이었다. 즉 의리·상수·도서라는 서로 이질적인 역학의 체계는 주자에게서 사성일심四聖一心이라는 가설적 요청에 의해 종합된다.

따라서 리理·상수象數·서筮·사辭로 구성되어 있는 주자 역학 전체에 대한 체계적 이해가 이 연구의 핵심 목적이자 내용이 된다. 하지만 그 전체 체계가 가설적 요청에 의거하고 있는 만큼 주자 역학이 경전으로서의『주역』에 대한 실증적 문헌분석에 그치지 않는다는 것은 자명하다. 그렇다면 그것은 무엇을 위한 것인가? 필자는 그것이 성리학적 가치체계에 이론적 문헌적 근거를 제공하기 위한 것임과 동시에 주자 자신의 사유방식을 구성해 간 과정이었다고 생각한다.

주자가 역학을 동원해 구축하고 있는 성리학적 가치체계란 무엇인가? 그것은 태극이라고 하는 가치적 판명함과, 그로부터 확장된 질서와 조화의 체계다. 주자는 그것을 통해 이 세계가 얼마나 법칙적이고 체계적이며, 그래서 얼마나 규범적인가를 보이고자 한 것이다. 이 세계의 모든 것이 그렇듯 인간과 인간의 사회 역시 이러한 법칙과 체계의 일부분으로서 존재하고 또 기능하기 때문이다. 이것이 최종적으로 주자가 구축하고자 하는 성리학적 가치체계다.

그렇다면 태극의 가치적 판명함은 어떻게 증명될 수 있는가? 그 증명의 체계가 바로 주자의 역학이다. 주자 역학의 이론적 총 강령은 〈선천〉과 〈도서〉다. 〈선천·도서〉는『주역』의 서사敍事적 체계와는 아무런 관계가 없이 이 세계의 법칙성을 기하학적·수적으로 양화시켜 보여 준다. 〈선천·도서〉의 수학적 엄밀성과 기하학적 균형이 바로 주자가 원용하고자 한 이 세계의 법칙성이다. 이는 세계를 법칙적으로 이해하기 위해 대상을 구조화·계량화시켰던 뉴턴이나 코페르니쿠스, 라이프니츠 등이 보여 준 서양의 근대적 세계관과 유사한 성격을 지닌다. 주자에게서 〈선천·도서〉를 통해 형상화된『주역』의 가치체계 즉 역리易理는 구체적 점사占辭로 예화例化되고(易經) 일상적 규범으로 이론화되어(易傳), 최종적으로 성리학적 가치체계(性理)에 근거를 제공해 주게 된다.

이런 점에서 주자의 〈선천·도서〉는 주자 역학에서 세계 이해의 인식적 틀이었다. 〈선천·도서〉뿐만 아니라 정이 역학의 '체용일원體用一源, 현미무간顯微無間'이나 주돈이의 〈태극도설〉 역시 주자에게서는 세계 이해의 인식적 틀로 이용된다. 물론 주돈이와 정이 그리고 유목과 소옹 등이 의식적으로 자신의 역학 체계를 세계 이해의 인식적 틀로 삼은 것은 아니다. 특히 주돈이와 정이, 소옹의 경우 그들은 '전체'에 대한 관심 자체가 부족했으며, 유목 역시 그 '전체' 추적에 대한 목적이 주자와 일치하지는 않는다. 주자는 '전체' 그 자체가 아니라 그것이 보여 주는 체계성과 보편성이 중요했던 것이다. 그런 점에서 '전체'는 주자에게서 물리적 대상이 아니라 관념의 체계다.

주자는 북송 역학에서 자신이 필요로 하는 자료들을 추출하여 자신의 기획에 맞게 재해석하고 재배치함으로써 자신만의 역학 체계를 완성한다. 때문에 이를 단순히 '집대성'이라고 명명하는 것은 부적절하다. 북송 역학은 주자 역학의 주요한 부분들이지만 주자 역학은 결코 북송 역학의 집적이 아니다. 때문에 주자의 역학을 온전히 이해하기 위해서는 북송 역학이 주자의 역학으로 전이해 가는 과정을 추적하고, 그 속에서 무엇이 같고 무엇이 달라지는지를 확인할 필요가 있다.

성리학적 가치체계에 이론적 근거를 제공하기 위해 동원된 주자 역학의 법칙성과 체계성은 곧장 주자 철학 전체의 성격을 방향 짓게 된다. 태극-양의-사상-팔괘와 같은 체계성과 엄밀함 속에서 심학과 같은 발랄함과 과감함은 나올 수 없다. 유행의 시간적 규칙성과 대대의 공간적 엄밀함을 초월하는 공부 방법은 인정될 수 없다. '유물유칙有物有則'이라고 하는 세계의 엄밀성에 근거한 '각득기소各得其所'라는 규범이 말해 주듯, 개인과 사회 그리고 국가는 언제나 엄밀하고 정치한 조직과 장치 속에서 규정되고 통제되어야 한다. 즉 공부론·예학·경세론 등 모든 주자철학은 그의 역학적 사유구조 속에서 해석될 때 그 성격이 좀 더 분명하게 이해된다.

결론적으로 『주역본의』와 『역학계몽』을 포함한 주자의 모든 역학 체계는 성리학적 가치체계의 구축을 위해 기능한다. 하지만 그것은 주도면밀하게 배열되고 조직된 '체계'로서의 의미이지, 몇몇 개념어나 명제의 차용을 의미하지 않는다. '사성일심四聖一心' 혹은 '의리와 상수의 종합'이라는 주자 역학에 대한 일반적 평가는 이 연구에서 보다 심층적인 의미를 지닌다.

제1부 북송 역학: 전체와 법칙

주자학에서 '세계 인식의 틀'이라고 하면 우리는 자연스럽게 이기론理氣論을 생각하게 된다. 그리고 거기에는 정이의 영향이 강조되고, 그것을 정주이학이라고 부른다. 그러나 세계를 인식하는 주자의 틀은 이기론이 전부가 아니다. 주자의 세계 이해의 틀에는 북송 역학의 제 사유가 종합적으로 참여하고 있으며, 각각의 사유는 재해석되기도 하고 서로 융합되기도 하면서 거대한 체계를 이룬다. 그것이 『주역』 「계사」에 근거하는 태극과 음양의 세계 도식이다.

　이기론에서 리理와 기氣는 실체라기보다는 세계를 이해하는 틀로서의 범주에 해당한다. 즉 세계에 존재하는 모든 것들을 리와 기의 구조로 인식할 수 있다는 말이다. 그러나 우리는 주자의 제자들처럼 부지불식간에 리나 기를 범주나 감성형식보다는 실체로 간주하여 구체적으로 시공간을 점유하는 그 무엇으로 생각하곤 한다. 때문에 '기 없는 리'라던가 '리의 논리적 선재성'과 같은 질문들이 제기되는 것이다. 하지만 주자의 관점에서 리와 기는 세계 이해의 틀이기 때문에 모든 것은 리와 기이지, 리만 있거나 혹은 기만 있는 것은 가능하지 않다. 아울러 시간과 공간의 선후를 따지는 것처럼, 설령 그것이 논리적인 차원일지라도, 리와 기의 선후를 따지는 것은 문제의 핵심일 수 없다.

　마찬가지로 「태극도설」에서 태극과 음양의 관계를 우주발생론으로 읽는 '이생기理生氣'와 같은 질문도 주자에게서는 무의미하다. 물론 주자에게도 우주발생론이 있지만 그것은 지극히 천체물리학적이고 자연과학적인 분야에 한한다. 최초의 원기가 분화하여 천체와 지각을 형성하고 그것이 풍화·침식 작용을 거쳐 현재의 모습을 이루었다는 설명 등은 '세계를 보는 틀'로서의 존재론·인식론과는 아무런 관계가 없다. 우리는 자연과학적 언명과 존재론적 언명을 구분해야 한다.

주자 역학의 태극-음양 관계는 실체로 존재하거나 시공간 내적으로 진행된 사실事實 혹은 사실史實의 관계가 아니다. 그것은 세계를 설명하는 또 다른 방식일 뿐이다. 예컨대 〈선천역학〉에서 태극의 실체성을 논하는 것은 완전한 논점이탈이다. "양의兩儀는 사상四象의 태극이다"[1]라고 주자 스스로 말한 것처럼, 태극과 음양 그리고 음양과 사상의 관계는 '무엇이 무엇으로'의 관계가 아니고 무엇과 무엇의 '관계' 그 자체일 뿐이다. 모든 단계에서의 음양은 존재의 체계 속에서 찾아질 수 있는 균형의 양단일 뿐이지 실체로 존재하는 그 무엇이 아니다. 이 점은 〈도서역학〉의 상象이 수數를 말하기 위한 장치에 불과하고, 그 수는 곧장 주자에게서 법칙과 논리가 된다는 점에서 더욱 분명해진다.

원래 북송 역학의 원소유권자들이 주자만큼 자신들의 역학을 '인식의 틀'로 자각했던 것은 아니다. 그들에게는 도불道佛과의 경쟁 속에서 이 세계와 전통의 가치를 존재론적으로 긍정해야 하는 사상사적 소임이 있었다. '존재'를 다루기 위해 그들이 처음 사용한 방식은 '시원'이었다. '최초'는 모든 것의 이유이자 해답이기 때문이다. 시원은 '전체'를 설명하고, 전체는 개별자로의 '과정'과 '관계'를 끌어오고, 과정과 관계는 '법칙'으로 고착된다. 그리고 일단 '법칙'이 서고 나면 '시원'과 '시간'은 한 발 뒤로 물러나게 된다. 북송 역학은 사실상 '전체'와 '법칙' 즉 '전체의 법칙' 혹은 '보편의 법칙'을 추적해 간 과정이라고 할 수 있다.

---

1) 『朱子語類』, 권22, "以兩儀言, 則太極是太極, 兩儀是用; 以四象言, 則兩儀是太極, 四象是用; 以八卦言, 則四象又是太極, 八卦又是用."

「태극도설」은 그 발생론적인 기술에도 불구하고 인간과 우주의 가치적 연속성을 주장한 〈서명〉의 주제를 전혀 넘어서지 않는다. 무극과 태극은 그저 우주와 인간의 연속성과 동일성을 설명할 수 있는 가치적 기준이자 시원일 뿐이다. 그러나 주자가 주목한 주돈이 「태극도설」의 키워드는 '시원'이 아니라 '전체'였다. 「태극도설」이 그리고 있는 이 존재하는 모든 것의 '시작'에 대한 이야기가 주자에게서는 존재하는 모든 것을 설명할 수 있는 '판'이 되어 준 것이다. 그런 점에서 주돈이는 유가 전통의 '가치'에 '존재'의 옷을 입혔다고 평가할 수 있다.

〈하도·낙서〉에서 주자가 주목한 것은 수리數理의 보편성으로, 전적으로 그것은 유목劉牧에게 빚진 것이었다. 유목에게서 〈하도·낙서〉의 상象은 수數를 드러내기 위한 도구에 불과하다. 수는 보편성을 지니기에 '법칙'(理)을 의미한다. 법칙의 보편성은 필연적으로 '전체'를 상정케 한다. 그러나 유목의 수리는 여전히 『역』의 영역을 넘지 못했다. 역수易數를 수리數理로 확장시킨 것은 역시 주자다. 주자는 〈하도·낙서〉의 수리에서 보이는 보편성에 더해 기하학적·대수학적 균형을 끌어다가 이 세계의 '질서'를 설명할 수 있다고 생각한 것이다.

소옹의 『황극경세서』는 분명 전체와 개별자의 관계 그리고 그 구조 및 법칙에 집중하고 있다. 〈선천역학〉의 공간과 〈원회운세〉의 시간 그리고 4범주식의 수는 존재를 읽는 '형식'이 된다. 소옹에게서 이 세계는 '보편의 형식'에 맞춰 촘촘하게 짜여 있는 하나의 만다라다. 다만 소옹의 관심은 여전히 전체 속의 '개별자'를 떠나지 않았다. 특정한 개체는 시간적·공간적으로 어디에 위치해 있는가, 그래서 그것은 어떻게 평가되어야 하는가? 이것이 바로 소옹의 관심사였다. 같은 만다라에서 소옹은 어떤 알갱이가 어디에 놓여 있는가에 관심을 기울였다면, 주자는 전체 알갱이들이 놓인 구조와 법칙에 관심을 기울였던 것이다.

정이의 "체용일원體用一源, 현미무간顯微無間"은 주돈이·유목·소옹이 여전히 유지하고 있는 '발생'이라는 관념을 완전히 떨쳐 버리고 그 자체로 존재의 방식을 설명한다는 점에서 주자 존재론 체계에 결정적인 영향을 미쳤다고 할 수 있다. 그가 이사理事·도기道器의 관계를 특정한 실체로 이해하지 않았음은 분명하다. 다만, 정이에게서는 주자에서처럼 '전체'에 대한 관심을 확인할 수 없다. 그보다는 선악의 갈등 속에서 규범적 합리적 선택을 할 수 있는 윤리적 주체와 도덕적 감정의 문제로 초점을 이동시켰다.

주자는 정이의 윤리적 관심을 그대로 계승 발전시키면서도 존재론 차원에서의 '전체'를 놓을 수 없었다. 주자에게서는 전체가 갖는 법칙성과, 전체로부터 개별자로 이어지는 균형성 그래서 개별자들마다 지니게 되는 규범성과 규정성이 중요했다. 때문에 그는 결코 '전체'를 누락할 수 없었다. 전체로부터 개별자를 연역해 내면서도 결코 전체를 사장하지 않는 것, 오히려 전체와 개별자 사이의 '현재적'인 연속성을 살려 내려는 것이 바로 주자 역학의 지향이었다. 때문에 주자는 주돈이에게서 발견되는 시적詩的이고 상징적이며 신화적인 언어도 필요했다. 다만 그는 그 현재적 연속성을 좀 더 진지한 언어로 '엄존하는 것'으로 그려내었을 뿐이다.

이렇게 볼 때 주돈이부터 정이까지는 주자의 '법칙적 세계 이해'를 위한 사전작업이었다고 할 수 있다. 주돈이는 전체를 위한 판을 깔아 주었다. 유목과 소옹은 거기에 법칙을 부여하여 존재하는 모든 것을 이 법칙의 지배하에 질서 있게 배치했다. 정이는 발생과 시원이라는 관념을 탈각하고 이제까지의 법칙성을 '지금 여기'의 문제로 만듦으로써 유가적 규범(義理)에 좀 더 직접적으로 다가갈 수 있게 했다.

주자 철학에서 역학적 사유의 역할과 의미를 추적하는 이 글이 왜 북송의 역학으로부터 시작하지 않으면 안 되는지는 이제 자명하다. 주자의 역학은 단순히 『주역』에 관한 학문이 아니다. 그것은 세계를 이해하는 인식의 틀이다. 그리고 그 틀은 주자 자신에 의해서 독창적으로 만들어진 것이 아니다. 북송 역학의 제 사유가 없었다면 주자의 역학은 결코 가능하지 않았다.

물론 주자 역시 단순한 집대성자는 아니다. 거대한 기획과 일정한 의도에 의해 각각의 재료들은 취사되고 배치되고 융합되었다. 때문에 전체 건축물 속의 부분으로서 각각의 재료를 알아가는 것도 그 자체로 중요하지만, 거대한 건축물 속에서 그것들이 어떻게 변형되고 활용되는지를 추적하는 것은 전체 건축물의 목적과 의미를 이해하는 데에도 반드시 필요한 과정이 된다.

제1장 주돈이, 가치와 존재의 결합

1. 「태극도설」의 저술 목적과 연원 문제

주자가 도학의 핵심적인 이론 전거로 추숭한 이후로 이 비유가전통非
儒家傳統의 방식으로 작성된 주돈이周敦頤(1017~1073)의 「태극도설太極圖說」
은 송대 도학의 가장 중요한 전적의 하나로 자리 잡게 되었다.[1] 주돈이는
불교와 도교의 도전이라는 사상사적 현실에 직면하여 유가 고유의
존재론 건립의 필요성을 강렬하게 의식하였다. 하지만 그가 제시해야
할 시대적 요구에 대한 응답으로서의 존재론은 한대 유자들이 제창했던
것과 같은 원기元氣에서 만물이 파생되었다는 식의 가치배제적인 우주
생성론일 수는 없었다.

한대의 유자들은 「계사전」과 도가 및 음양오행가의 우주관에서 영향
을 받아 원기로서의 태극을 상정하고, 그 태극의 자체분화의 과정
속에서 만물이 생성되었다는 우주생성론을 제시했다. 하지만 이러한

---

[1] 소현성은 주돈이의 저작이 송대에 간행 출판되는 과정을 추적하여 주자 이전에 程頤
의 제자들, 특히 호상학파에서 주돈이의 저작이 중시되었음을 밝혔다. 그에 따르면,
胡憲이 『諸儒鳴道集』에서 『通書』를 제일 앞에 수록함으로써 이미 주돈이를 도학의
비조로 추숭하였다고 한다. 그러나 여기에는 「태극도」와 「도설」은 수록되지 않았고,
본격적으로 「태극도설」을 중시하기 시작한 것은 역시 주자부터라고 한다.(소현성,
「주돈이 저작의 간행과 권위의 형성에 대한 문헌 해석학적 연구」, 『동양철학연구』
제46집, 동양철학연구회, 2006, 104~135쪽.)

우주생성론에서는 사실상 공맹 이래의 전통적인 유가적 도덕관이나 가치의 근거를 찾을 수 없다. 때문에 송유宋儒의 임무는 이러한 우주론의 구도에 유가 전통의 윤리관을 결합하는 것, 그럼으로써 존재와 가치의 근원을 동시에 설명할 수 있는 온전한 '천인합일'의 이론체계를 구축하는 것이었다.[2]

송명이학의 비조로 추앙된 주돈이는 바로 이러한 사상사적 배경과 소명의식 하에서 「태극도설」을 저술한 것이다. 비록 이 '도설圖說'이 분명하게 도가와 도교의 영향을 받았다 하더라도 그것은 여전히 우주의 생성·운동·변화 및 인간사회의 가치근거 그리고 개인의 본성 사이에 놓여 있는 내재적 연속성을 주장하고 있는 유가의 존재론 체계다. 「태극도설」의 전체 구조를 보면 「태극도설」은 세 부분으로 구성되어 있다. 첫 부분 "무극이자 태극이다"(無極而太極) 이하 구는 우주의 탄생과 운동·변화에 대한 기술이고, "무극의 진수와 이기오행의 정수가 오묘하게 합하여 응결되니"(無極之眞, 二五之精, 妙合而凝) 이하 구는 만물생성의 과정을 그린 것이다. 키워드는 '생성'이다. 두 번째 단락은 "성인께서는 인간 삶의 기준을 중정인의中正仁義로 정하셨으니"(聖人定之以中正仁義) 구로 시작하는데, 사회 및 개인의 본성에 내재해 있는 도덕의 근거를 설명한다. 키워드는 '가치'다. 마지막으로 주돈이는 천지인天地人 즉 우주와 인간 사이에 존재하는 가치적 연속성·통일성에 대한 찬탄으로 글을 맺는다. "아아 위대하도다, 역易이여! 여기서 그 모든 것을 드러냈구나."(大哉易也, 斯其至矣.) 키워드는 '천인합일'이다. 주돈이의 「태극도설」은 이렇게 시대의 요구에 대한 충실한 응대다. 주자 역시 이러한 이유로 이 글을 송대 도학의 가장 중요한 전적으로 삼은 것이다.

---

2) 石訓 外, 『中國宋代哲學』(河南人民出版社, 1992), 563쪽 참조.

지금 전해지고 있는 「태극도설」은 주자가 개조하거나 혹은 정리한 판본이다. 때문에 후대의 학자들은 왕왕 부지불식간에 주자의 해석에 의지하여 주돈이를 이해하게 된다. 하지만 주자의 해석은 자신의 관점에서 북송오자北宋五子 등 전대의 학술을 종합하고 재정리함으로써 완성시킨 것이다. 때문에 주자의 해석이 주돈이에 대한 오독이라고도 할 수는 없겠지만, 그것이 반드시 주돈이 본인의 생각과 합치한다고 할 수는 없다.[3]

이 장에서는 주돈이 자신의 저작과 동시대 혹은 근접시기의 관련 저작에서 「태극도설」 해석의 단서를 찾아내 「태극도설」의 핵심개념인 무극과 태극의 개념과 구조를 분석함으로써 「태극도설」에 담긴 주돈이 본인의 관점을 발굴 복원하고자 한다. 그런 다음 그러한 관점이 어떻게 주자에게 비판적으로 계승 발전되는지를 살핌으로써 주돈이-주자 간의 사상적 변별점과 접합점을 동시에 밝히고자 한다. 그럼으로써 자연스럽게, 무비판적으로 주자의 해석을 받아들여 주돈이 본인의 관점을 매몰시키거나, 주돈이는 우주발생론, 주자는 존재론이라는 이분

---

[3] 「태극도설」에서 주돈이의 관점이 부각되지 못한 데는 두 가지 원인이 있다. 첫째, 「태극도설」은 주자의 본체론·존재론 체계가 의지하고 있는 가장 중요한 문헌이다. 주자는 일생을 걸쳐 「태극도설」에 주석을 가하고 논쟁을 벌이며 「태극도설」을 비롯한 주돈이 저작의 수집·정리·간행에 힘썼다. 따라서 후대의 연구자들은 「태극도설」에 대한 주자의 관점에 익숙하게 되었고 자연히 「태극도설」에 나타난 주돈이의 원의에 대한 관심은 시들해지게 되었다. 둘째, 수백 자에 불과한 이 글 이외에는 『통서』에서 산발적으로 발견되는 진술에 근거해 주돈이의 사유를 이해할 수밖에 없다는 해석학적 난점이다. 전해지고 있는 주돈이의 저작이 워낙 소략한 탓에 후대의 해석을 배제한 채 주돈이 자신에게만 의존한다면 실질적인 도움을 기대하기는 어렵다. 국내에서는 그간 몇 편의 주돈이 연구가 있어 왔다. 그러나 그 연구는 다분히 「태극도설」의 연원 문제에 편중되어 온 것이 사실이다. 따라서 주돈이 사상의 실체적 규명은 물론이거니와 「태극도설」과 『통서』에서 사용되는 대표적인 개념에 대한 분석 작업도 아직 충분히 이뤄지지 못한 실정이다. 전용주 박사의 박사학위논문 「周敦頤의 太極圖說 硏究」(성균관대학교 유학과, 2014)는 이러한 시점에 매우 중요한 연구성과라고 할 수 있다.

법적 도식에 얽매여 주돈이-주자 간의 진정한 사상적 계승 관계를 홀시하는 두 태도를 모두 극복하고자 한다.

주돈이의 「태극도설」이 도가·도교의 영향을 받았다는 것은 매우 분명하다. 「태극도설」의 첫 구에 등장하는 '무극' 개념은 유가의 전통에서는 주돈이 이전에는 등장한 적이 없고 『노자』 28장에서 인용한 것이다.[4] 그리고 '인극人極'의 수양방법으로 주돈이가 '주정主靜'을 제시했을 때에 직접 부기한 주석인 '무욕고정無欲故靜' 역시 『노자』 37장의 "욕심이 없음으로써 고요할 수 있다면 천하는 절로 안정될 것이다"(不欲以靜, 天下將自定)는 구절과 매우 비슷하다. 또 "오행은 하나의 음양이다. 음양은 하나의 태극이다. 태극은 본래 무극이다"(五行一陰陽也, 陰陽一太極也, 太極本無極也)의 구조는 『노자』 16장의 '치허극致虛極'의 형식과 매우 흡사하다.[5] 뿐만 아니라 주돈이가 「태극도」를 작성하기 이전까지는 유가 전통 중에서는 그림과 그것에 해설을 달아 자신의 생각을 표현하는 방식이 없었다는 점 역시 자연스럽게 이 글이 다른 전통으로부터 영향을 받았음을 의심하게 만든다.

이상의 몇 가지 이유로, 송조宋朝 당시에 이미 학술계에서는 「태극도太極圖」 혹은 「도설圖說」과 도가의 영향관계에 대한 논쟁이 있어 왔다. 주돈이가 죽은 직후 그의 오랜 벗인 반흥사潘興嗣는 「염계선생묘지명濂溪先生墓誌銘」을 지으면서 「태극도설」이 주돈이의 저작임을 주장했다.[6] 그러나 남송南宋 소흥紹興 4년(1134) 주진朱震이 황제 고종高宗에게 「태극도」

---

4) 王弼, 『老子道德經注』, "知其雄, 守其雌, 爲天下谿. 爲天下谿, 常德不離, 復歸于嬰兒. 知其白, 守其黑, 爲天下式. 爲天下式, 常德不忒, 復歸于無極."(樓宇烈, 『王弼集校釋』, 中華書局, 1980, 75쪽.)

5) 陳少峰, 『宋明理學與道家哲學』(上海文化出版社, 2001), 49쪽 참조.

6) 『周元公集』, 권4, "尤善談性理, 深於易學, 作太極圖·易說·易通數十篇, 詩十卷, 今藏于家."

32   제1부 북송 역학: 전체와 법칙

를 진헌進獻할 때에 주돈이의 이 그림은 진단陳摶, 목수穆修 등 도가의 전통으로부터 전래된 것이라고 소개된다.[7] 주자는 육구연 형제와 「태극도설」의 문의文意에 대해 논쟁하며, 이 글과 그림이 주돈이의 자작일 뿐만 아니라 주돈이는 공맹 이래로 전해지지 않던 유가의 도통을 계승했다고 평가한다.[8] 반면 육씨 형제는 이 「도설」이 '주돈이의 저작이 아니거나, 유년기에 그의 학설이 아직 성숙하지 않았을 때에 만들어진 것이거나, 그도 아니면 다른 사람의 글을 옮긴 것'이라고 평가한다.[9] 청조 모기령毛奇齡의 『태극도설유의太極圖說遺議』, 황종염黃宗炎의 『역학변혹易學辨惑』, 호위胡渭의 『역도명변易圖明辨』 그리고 주이존朱彝尊의 『태극도수수고太極圖授受考』 등은 주돈이와 도가, 도교 사이의 수수관계를 주장한다. 현대 학계의 대다수 학자들 역시 주돈이 「태극도설」의 도가연원설에 동의한다.[10]

그러나 최근 일단의 학자들은 「태극도설」이 도교에서 연원했다는 관점에 동의하지 않고, 그것이 주돈이 자신의 창작임을 주장한다. 중국

---

7) 朱震, 『漢上易傳』, 「表」, "陳摶以先天圖傳种放, 放傳穆修, 修傳李之才, 之才傳邵雍. 放以河圖洛書傳李漑, 漑傳許堅, 堅傳范諤昌, 諤昌傳劉牧. 修以太極圖傳周敦頤, 敦頤傳程顥程頤."

8) 『近思錄』, 卷1, "自唐虞堯舜禹湯文武周公, 道統相傳. 至於孔子, 孔子傳之顔曾, 曾子傳之子思, 子思傳之孟子, 遂無傳焉.……迨於宋朝, 人文再闢, 則周子唱之, 二程子張子推廣之, 而聖學復明, 道統復續."

9) 『象山集』, 卷12, "梭山兄謂, 太極圖說與通書不類, 疑非周子所爲. 不然則或是其學未成時所作, 不然則或傳他人之文, 後人不辨也."

10) 馮友蘭은 "주염계는 도사들이 수련의 방법을 논한 태극도를 취하여 그것에 새로운 해석을 부여해 새로운 함의를 담아내었다"라고 말한다.(『中國哲學史』, 華東師範大學出版社, 2000, 211쪽) 張岱年 역시 그의 『中國哲學大綱』(中國社會科學出版社, 1982)에서 "주돈이의 「태극도」는 원래 도교에서 나왔다. 청조 초기 이래 이를 고증한 학자들이 매우 많았다"(34쪽 注)라고 말한다. 주자와 도가의 관계를 심층적으로 연구한 孔令宏은 주돈이와 동시대 주변 인물들의 詩歌에서 발견되는 도가적 풍모를 강조하며 주돈이의 도가적 영향 관계를 주장한다.(孔令宏, 『儒道關係視野中的朱熹哲學』, 中華大道文化事業股份有限公司, 2000, 49~69쪽 참조.)

학자들 중에서는 이학근李學勤이 「태극도의 내원」(太極圖的來源)에서, 그리고 왕카王仟의 「진원품제요眞元品提要」, 이신李申의 「설화태극도說話太極圖」, 「태극도연원변太極圖淵源辨」 등에서 모기령 등 청대 고증학자들의 논거를 철저하게 반박하고 있다. 특히 이신은 전문적으로 「태극도」의 연원에 대한 연구서를 집필하여 이 글이 주돈이 자신의 저작임을 논증하였다.[11] 여기서 더 나아가 곽욱郭彧은 10개의 도식을 열거하며 송대 이래 도사들이 주돈이의 「태극도」를 차용하여 단도丹圖를 만든 과정을 보여 주었다.[12] 국내의 연구 중에서도 김병환 교수는 기존의 주돈이 「태극도」및 「도설」과 도가·도교 간의 수수관계를 주장하는 관점에 의문을 제기하였다.[13] 이 두 가지 관점의 절충으로서 일본의 아즈마 주지(吾妻重二)는 「태극도」 자체는 주돈이의 저작이나 그 중의 일부 도식과 개념은 도가와 불교에서 영향 받은 것임을 주장하고 있다. 특히 그는 당말송초에 유행하던 「감리도坎離圖」가 「태극도」의 두 번째 원의 형식에 결정적인 영향을 주었음을 논증하였다.[14]

이상이 지금까지의 주돈이 「태극도설」의 연원에 대한 연구 동향이다. 그러나 필자는 특정 저작의 집필에 있어서의 영향관계나 차용관계보다는 저자의 집필의도와 주제의식이 더욱 중요하다고 생각한다. 주돈이 「태극도설」이 도가의 영향을 받았음은 부인하기 어렵다 하더라도 주돈이의 집필의도와 주제의식이 유가의 노선에 서 있었다면 「태극도설」은

---

11) 李申의 「태극도설」에 대한 연구로는 「我與周氏太極圖研究」(『象數易學研究』 2輯, 齊魯書社, 1997, 211~224쪽), 『太極圖·通書全譯』(巴蜀書社, 1999), 『易圖考』(北京大學出版社, 2001) 등이 있다.

12) 「周氏太極圖與道教文化」, 『國際易學研究』 3輯(華夏出版社, 1997), 382~398쪽 참조.

13) 「"自無極而爲太極"인가, "無極而太極"인가」, 『퇴계학보』 93집(퇴계학연구원, 1997, 126~135쪽.

14) 吾妻重二, 『朱子學の新硏究』(創文社, 2004), 44~45쪽 참조.

유가의 전적이라 평할 수 있는 것이다. 주돈이의 집필의도와 「태극도설」의 주제의식을 확인하기 위해서는 그 핵심개념인 무극과 태극에 대한 분석과, 그것으로부터 파생되는 전체 「태극도설」의 구조와 내용에 대한 이해가 우선되어야한다.

2. 태극의 존재론적 함의

지금 통용되는 「태극도설」은 주자에 의해 수정 정리된 것으로, 그 첫 구절은 "무극이태극無極而太極"이다. 그런데 주자는 송대 역사 기록(國史) 중 「염계전濂溪傳」의 기록에서 "자무극이위태극自無極而爲太極"으로 되어 있는 것을 본 적이 있다고 기록하고 있다.[15] 주자는 또 '구강본九江本' 「태극도설」에는 그 첫 구절이 "무극이생태극無極而生太極"으로 되어 있었다고 말한다.[16] 이는 주자 당시에 이미 여러 개의 서로 다른 판본이 유통되고 있었음을 의미한다. 이에 따라 주돈이의 무극과 태극 개념의 함의 및 양자 간의 관계에 대한 다양한 견해가 출현하였다.

우선 주돈이의 무극·태극 개념을 '기氣'로 보는 견해가 있다.[17] 그런데

---

15) 『朱熹集』 권71, 「記濂溪傳」, "戊申六月, 在玉山邂逅洪景盧内翰, 借得所脩國史中, 有濂溪程張等傳. 盡載太極圖說. 蓋濂溪於是始得立傳. 作史者於此爲有功矣. 然此說本語首句但云無極而太極, 今傳所載乃云, 自無極而爲太極, 不知其何所据而增此自爲二字也."

16) 『朱子全書』 권71, 「延平本跋」.(陳來, 『朱子哲學硏究』, 華東師範大學出版社, 2000, 77쪽에서 재인용.)

17) 梁紹輝는 "無極之眞, 二五之精, 妙合而凝"에 대한 해석에서 다음과 같이 말한다. "'精'은 氣다. '二五之精'이란 음양과 오행의 기를 말한다. '眞' 역시 기다. 다만 가장 순수하고 가장 바른 기다. 그런데 이러한 眞元의 기는 이기오행에서 나오는 것이 아니고 無極에서 직접 나오는 것이다. 때문에 '無極之眞'이라 한 것이다. 무극의 진기와 이기오행의 정기는 신기하게 응결되니 이것이 곧 사물 생성의 재료가 형성되는 것이다."(『周敦頤評傳』, 南京大學出版社, 1994, 189쪽 참조.)

만일 '무극지진無極之眞'을 포함한 태극과 음양오행을 모두 기로 본다면 주돈이의 만물생성의 과정은 시간적으로 종적인 단일한 계통일 수가 없다. 즉 무극에서부터 오행에 이르는 하나의 과정 이외에 무극으로부터 직접적으로 투여되는 또 다른 과정을 인정해야만 한다. 그런 뒤에 이 두 과정에서 유래된 두 가지 기가 신묘하게 응결되어 만물을 생성시키는 것으로 보아야 한다. 하지만 이렇게 해석하자면 주돈이 우주 생성의 과정에서 시간적 선후의 질서는 완전히 혼돈에 빠지고 만다. 왜냐하면 기의 분화 생성의 과정은 철저하게 시공간 내적인 과정이어야 하기 때문이다. 무극에서 태극이 생겨나고, 태극은 다시 음양으로, 음양이 다시 오행으로 분화하는 이 분화·생성의 과정은 단일한 시간과 공간의 조건 속에서 이루어지는 것이어야 한다. 그런데 만일 무극의 기가 이기오행의 기와 결합하여 만물을 만들어 낸다면 무극의 기는 태극을 생성한 이후에도 여전히 존재하는 것이어야 한다. 마찬가지로 현실세계에서의 만물의 생성은 시시각각으로 영원히 진행되는데, 만일 무극이 만물을 생성할 때 매번 작용한다면 이러한 무극은 장재의 태허太虛처럼 항존적인 존재여야 한다. 태극은 음양으로 분화하지만 무극은 태극을 낳은 이후에도 항존하는 것이 된다.

더 나아가 주돈이의 '무극'을 우주의 본원本源 혹은 본체本體로 보는 견해도 있다.[18] 그런가 하면 무극을 비물질적인 '허虛' 혹은 '무無'로

---

18) 蒙培元은 주돈이 「태극도설」에서의 최고범주는 무극이지 태극이 아니라고 주장한다. 그에 의하면 '太極本無極也'의 구조는 존재론의 영역이지 생성론의 영역이 아니다. 생성론은 '太極生兩儀'의 단계에서부터 시작한다. 때문에 주돈이의 우주론은 '無'를 그 근본으로 삼는 것이지 '有生於無'와 같은 생성론의 영역이 아니며, '무극'은 일종의 정신본체이지 주자가 주장하는 것과 같은 無形·限限의 '理'가 아니다. 그것은 규정할 수 없는 정신실체인 것이다. 결과적으로 蒙培元은 '무극의 진수와 이기오행의 정수가 신묘하게 합쳐 응결되는' 과정을 정신과 물질이 신묘하게 합쳐져 만물을 생성하는 과정이라고 해석한다.(『理學範疇系統』, 人民出版社, 1989, 56~77쪽 참조.)

보고 태극을 물질성의 '기氣'로 보아, '유생어무有生於無'의 도가적 구조로 주돈이의 우주발생론을 설명하려는 관점이 있다.[19] 한편 '무극'을 '무형無形·무한無限'의 의미를 지닌 형용사로 볼 뿐 태극 이외의 별개의 실체로 인정하지 않는 태도도 있다.[20]

우리는 이미 주돈이에 대한 주자의 해석적 간섭으로부터 벗어나 가능한 한 주돈이 자신의 관점을 복원하고자 하는 목표를 세웠다. 그러나 지금 전해지고 있는 『주자전서周子全書』 중의 「태극도설」은 주자에 의해 정리·

---

19) 朱伯崑은 그의 『易學哲學史』에서 이렇게 말한다. "첫 구절의 '自無極而爲太極'은 첫 번째 동그라미인 '陰靜'에서 두 번째의 동그라미 세 개가 겹쳐진 단계로의 과정을 의미한다. 坎卦와 離卦가 서로 부둥켜안고 있는 형상의 가운데에 있는 작은 흰 동그라미가 바로 태극을 상징하고, 첫 번째의 동그라미는 무극을 의미한다. 무극은 태극의 위에 있어서 무극으로부터 태극이라는 하나의 시간적인 과정을 보여 주고 있다." 또 이렇게 말한다. "'自無極而爲太極'이란 즉 虛가 氣를 생성한 것을 의미한다. 무극을 無라고 한다면 태극을 有라고 할 수 있다. 이것은 역시 有가 無에서 생성되었음을 주장하는 것이다." 朱伯崑에 의하면 설령 주돈이의 무극 개념이 氣는 아닐지라도 '自無極而爲太極'의 구조는 여전히 생성론의 도식이지 존재론의 도식일 수 없다.(朱伯崑, 『易學哲學史』 第2卷, 華夏出版社, 1995, 94~97쪽 참조.)

20) 대만의 唐君毅와 牟宗三은 은연중에 무극과 태극을 구분하지 않으려는 태도를 보인다. 唐君毅는 이렇게 말한다. "(주돈이의) '無極而太極'은 …… 魏晋시기에 無로 태극의 텅 비면서도 신령함을 드러내 보이는 것과도 다르고, 漢代에 元氣·氣·天 혹은 북극성으로 태극의 실질성을 보이려던 태도와도 다르다."(『中國哲學原論』, 臺灣學生書局, 民國 75年, 431쪽) 唐君毅는 주돈이의 이 두 개념을 有와 無가 합일된 상태로서 만물의 근원이라고 평가한다. 牟宗三은 『通書』 「誠下」에서 말하는 '靜無而動有' 구절 중에서 '靜無'는 '無極而太極'을 가리키고 '動有'는 '太極動而生陽' 이하를 가리킨다고 주장한다.(『心體與性體』 卷1, 中正書局, 民國 57年, 360쪽 참조.) 한편 陳來는 이렇게 말한다. "태극은 미분화의 혼돈 상태인 원시물질을 의미한다. 무극은 혼돈의 無限을 말한다. 원시물질로서의 태극은 그 자체가 無形이며 無限이다. 이것이 곧 '無極而太極'인 것이다.(『宋明理學』, 遼寧教育出版社, 1991, 49쪽.) 이상 당군의, 모종삼, 진래의 관점은 무극에서 태극으로의 진행은 시간상의 과정이 아니다. 그렇다고 몽배원이 말하는 것처럼 태극의 위에 별도의 실체가 있는 것도 아니다. 무극은 태극 이외의 별개의 실체가 아니고 그저 태극의 '무형·무한'한 특성을 강조하는 述語 정도의 위상을 갖는다. 하지만 이러한 견해는 사실상 주자의 해석과 큰 차이가 없다. 잘 알려진 것처럼 주자는 程頤의 '理' 개념을 끌어다 주돈이의 태극 개념을 해석한다. 때문에 '氣' 혹은 '無' 등의 관념으로 태극 혹은 무극을 해석하려는 일체의 관점에 반대한다. 주자에게 있어서 무극과 태극은 그저 이름만 다른 동일한 실체다.

수정된 판본이고 주돈이의 원본은 전해지지 않아 주돈이 자신의 관점을 복원하기란 쉽지 않다. 다행히 남송 초기에 주진朱震(1072~1138)이 고종高宗에게 진헌한 「주씨태극도周氏太極圖」와 「도설圖說」이 주진의 저작인 『한상역전漢上易傳』에 수록되어 있다. 기본적으로 그가 기술한 「태극도설」에 주자의 개정본과 의미의 차이를 줄 문자상의 출입은 없다.[21]

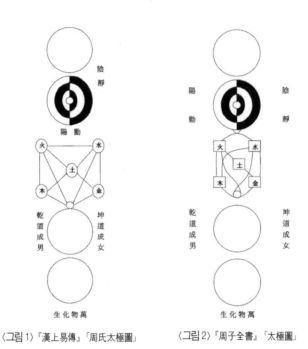

〈그림 1〉『漢上易傳』「周氏太極圖」　　〈그림 2〉『周子全書』「太極圖」

　　다만 주진이 수록한 「태극도」에서 '음정陰靜'은 〈그림 1〉처럼 첫 번째 원의 우측 아래에 있고 '양동陽動'은 두 번째 원의 아래에 있는 것이 현행본과의 두드러진 차이점이다. 그 밖에도 오행관계도가 주자의 것과 조금 다르지만 크게 문제될 만한 것은 아니다. 주진이 주돈이의

---

21) '靜極而生陰'과 '無欲則靜' 두 군데가 주자의 것과 다른 부분이다.

「태극도」나 「도설」을 수정했다는 아무런 기록이 발견되지 않았고 주진 역시 자신이 기록한 것과는 다른 판본이 있다고 밝힌 적이 없다. 때문에 그는 자신에게 전수된 이전의 판본을 그대로 수록했을 가능성이 아주 크다. 따라서 시간의 선후로 보자면 주진이 본 「태극도」가 주자의 것보다 주돈이의 원본에 더 가까울 개연성이 크다.

시기적으로 주진과 주자의 중간에 해당하는 소흥紹興 연간에 활동했던 양갑楊甲이 편찬한 『육경도六經圖』에도 「주씨태극도周氏太極圖」가 수록되어 있다. 그런데 이 그림의 '양동陽動'과 '음정陰靜'의 위치 역시 주진의 것과 매우 흡사하다. 주자가 보낸 「답호광중答胡廣仲」이라는 서신 속에서 우리는 그와 동시대 인물인 호광중胡廣仲 역시 첫 번째 원이 '음정陰靜'에, 그리고 두 번째 원이 '양동陽動'에 해당한다고 생각했음을 확인할 수 있다.[22] 이상으로부터 우리는 주자가 개정하기 전에 주진이 묘사한 도식 즉 '음정陰靜'을 첫 번째 원에, '양동陽動'을 두 번째 원에 배속시킨 「태극도」가 확실히 주류적 지위에 있었음을 알 수 있다. 그리고 이 도식이 주돈이의 원본에 시기적으로 더 가까웠고, 주자는 그것을 자신의 사상적 구조에 맞게 수정했을 가능성이 높다.

주진의 도식이 주돈이의 원본에 더 가깝다면, 무극과 태극에 대한 주진의 관점이 좀 더 주돈이의 원의에 근접해 있다고 추론할 수 있다. 그런데 주진은 주돈이의 「태극도」와 「도설」을 그대로 수록했을 뿐 그에 대한 어떠한 주석이나 해설도 부기하지 않았다. 때문에 우리는 그의 다른 저작 속에 등장하는 기술만으로 그의 무극과 태극에 대한 관점을 추론할 수 있을 뿐이다.

---

22) 『朱熹集』, 권42, 「答胡廣仲」, "然既以第一圈爲陰靜, 第二圈爲陽動, 則夫所謂太極者, 果安在耶."

주진은 그의 저작 중에서 주돈이의 「태극도설」을 수록한 이외에 모두 네 번 '무극' 개념을 사용하였다.[23] 하지만 그가 사용하는 '무극' 개념은 모두 '무궁無窮' 혹은 '무한無限'의 의미로만 사용될 뿐 「태극도설」에서 가리키는 것과 같은 어떠한 실체적 함의도 갖지 않는다. 그의 '태극' 개념은 대체로 두 가지 의미를 지닌다. 첫째, 서법筮法 대연지수大衍之數 50 중에서 쓰이지 않는 하나를 의미한다.[24] 그 쓰이지 않는 하나는 49 이외에 존재하는 것이 아니고 실제 서법에 쓰이는 49개의 시초와 함께하던 것이다. 때문에 1과 49의 관계는 '체와 용으로 서로 떨어지지 않는 관계'(體用不相離)다. 두 번째 함의는 우주론 중에서 '혼돈되어 있는 일기가 아직 나누이지 않았을 때'의 태허太虛에 해당한다.[25] 태극의 응결과 운동으로부터 음양의 기는 만들어진다. 때문에 태극은 천지만물의 근본이요 음양 동정의 근원이 된다. "그 하나는 천지의 근본이며 만물의 시작이며 음양 동정의 근원이다. 때문에 태극이라 하는 것이다."[26] 그는

---

23) 『漢上易傳』, 권3, "邵雍得之, 明日月星辰元會運世, 以窮天地消長无極之數, 而雍嘗謂, 子雲作太玄, 其得天地之心乎. ";『漢上易傳』, 권6, "理无極而不反者. 既濟極矣, 時已往矣. 五以中正守之, 能未至於反而已.…… 未濟之極, 无極而自濟之理. 非剛健之才, 得時, 得位, 上下孚應, 終不濟也.";『格致餘論』, "邵子曰, 天依地, 地依天, 天地自相依附. 內經曰, 大氣擧之也. 夫自清濁肇分天, 以氣運於外, 而攝水, 地以形居中, 而浮於水者也. 是氣也, 即天之謂也. 自其無極者觀之. 故曰天氣至清·至剛·至健, 屬乎金者也."

24) 『漢上易傳』, 권7, "小衍之五, 參兩也. 大衍之五十, 則小衍在其中矣. 一者體也, 太極不動之數, 四十有九用也. 兩儀四象分太極之數, 總之則一, 散之則四十有九, 非四十有九之外, 復有一而其一不用也. 方其一也, 兩儀四象未始不具; 及其散也, 太極未始或亡, 體用不相離也.";『漢上易傳』, 「叢說」, "韓氏曰, 衍天地之數, 所賴者五十, 其用四十有九, 則其一不用也. 不用而用以之通, 非數而數以之成, 斯易之太極也. 此言是也. 四十九數, 總而爲一者, 太極也. 散而爲四十九, 即太極在其中矣. 故分而爲二以象兩, 揲之以四以象四時, 四時者坎離震兌, 此六七八九之數也."

25) 『漢上易傳』, 권9, "易有太極, 太虛也. 陰陽者, 太虛聚而有氣也. 柔剛者, 氣聚而有體也. 仁義根於太虛, 見於氣體, 而動於知覺者也.";『漢上易傳』, 「叢說」, "又曰, 夫无不可以無明, 必因於有, 固常於有物之極, 必明其所由宗. 此言未盡也. 四十九因於太極, 而太極非无也. 一氣混淪而未判之時也. 天地之中在焉. 故謂之太極, 極中也."

26) 『漢上易傳』, 「原序」, "一者天地之根本也, 萬物之權輿也, 陰陽動靜之源也, 故謂之太極."

「계사」와 「태극도설」을 결합하여 서법筮法 상의 태극과 우주론 상의 태극을 교묘하게 연결시키고 있다.

극極은 중中이다. 태극太極은 지극한 중中이로구나. 역易에는 태극이 있고, 49를 합하면 다시 하나가 된다. 사상四象과 팔괘八卦가 모두 갖추어져 있지만 아직 움직이지 않은 것을 태극이라 하니, 사람에게 있어서는 희로애락의 감정이 아직 발출되지 않은 상태를 가리킨다. 음양은 짝을 이루기 때문에 의儀라고 하였다. 태극이 움직여 음양을 낳고, 양이 극에 달하면 움직여 음을 낳고, 음이 극에 달하면 다시 움직여 양을 낳는다. 처음 동정하는 것은 '소少'가 되고, 극한에 다다른 동정은 '노老'가 된다. 때문에 사상四象이 생겨나는 것이다.[27]

이러한 주진의 관점에 따르면 태극은 음양의 동정이라는 운동이 아직 실현되지는 않았으나 음양·사상·팔괘와 같은 현상계를 잠재태로 내포하고 있는 존재다. 이러한 잠재태는 태극의 운동을 통해 현실태로 실현된다.

그런데 위의 인용문 중에는 우리가 주의해야 할 부분이 있다. "태극이 움직여 음양을 낳고, 양이 극에 달하면 움직여 음을 낳고, 음이 극에 달하면 다시 움직여 양을 낳는다"라는 구절이 주돈이의 원문에는 "태극이 움직여 양을 낳고, 양이 극에 달하면 고요해진다. 고요함 속에서 음은 생겨나고, 고요함이 극에 달하면 다시 움직인다"(太極動而生陽, 陽極而靜, 靜而生陰, 靜極復動)라고 되어 있다. 그렇다면 주돈이의 원의에 따르자면

---

27) 『漢上易傳』, 권7, "極, 中也. 太極中之至歟! 易有太極, 四十有九, 合而爲一乎! 四象八卦具而未動, 謂之太極, 在人則喜怒哀樂之未發者也. 陰陽, 匹也, 故謂之儀. 太極動而生陰陽, 陽極動而生陰, 陰極復動而生陽. 始動靜者少也, 極動靜者老也, 故生四象."

응당 "태극이 동정하여 음양을 낳는다"(太極動靜而生陰陽)라고 해야 한다. 그런데 주진은 "태극이 움직여 음양을 낳는다"(太極動而生陰陽)라고 했다. 이로 보건대, 주진이 여기서 말하는 '동動'이란 '움직임'(動)과 '고요함'(靜)이라는 상대적 운동성을 모두 포괄하는 일체의 운동을 가리키며, 이러한 운동으로부터 음양이라는 이기二氣가 생성되는 것이다. 결과적으로 주진이 전하는 「주씨태극도周氏太極圖」에서 두 번째 원 밑의 '양동陽動' 두 글자는 동정을 모두 포괄하는 태극의 운동 상태를 가리킨다고 할 수 있다. '동動'의 주체가 태극이며, 음陰의 생성도 양陽의 생성도 모두 태극의 '운동'이라고 분명히 밝히고 있다.

그렇다면 남는 문제는 첫 번째 원의 우측 아래에 있는 '음정陰靜' 두 글자다. 만일 '음정陰靜'이 다만 첫 번째 원의 무극만을 가리킨다면 이 두 글자는 응당 '양동陽動'이나 '만물화생萬物化生'처럼 정확히 첫 번째 원의 아래에 위치해야 할 것이다. 그렇지만 실제로는 오른쪽으로 치우쳐서 두 원에 걸쳐 있다. 이에 대해 주진은 아무런 설명도 제시하지 않고 있다. 필자는 '음정陰靜'이 무극에 한정되지 않고 무극으로부터 태극으로의 과정을 모두 가리킨다고 생각한다. 왜냐하면 태극과 음양의 관계에서 음양은 태극의 운동으로부터 생성된 것이지만 태극은 무극의 운동에서 생성된 것이 아니기 때문이다. 때문에 그가 전하는 「태극도설」의 첫 구절 "무극이태극無極而太極"의 과정은 동정이라는 일체의 상대적 운동성이 배제된 비운동非運動의 정지 상태라고 할 수 있다. 사실 태극은 "사상·팔괘가 갖추어져 있으나 아직 움직이지는 않은"(四象八卦具而未動) 상태이기 때문에, 아직 음양이라는 현실태로서의 동적 존재는 아니다. 따라서 '음정陰靜'은 무극과 태극에 다 해당될 수 있는 것이다. 그러나 이 태극은 곧장 운동을 통해 음양을 생성해 낼 수 있는 '중中'으로서의 '태허太虛'이기 때문에, 음양의 가운데에 있는 텅 빈 존재라고 할 수 있겠다. 그렇다면 「주씨태극도」의 첫 번째 원은 무극이 되고, 음양이 서로 연결되어 있는 두 번째 원 안의 작은 흰 원은 태극을 상징한다고 추측할 수 있다. 그리고 이러한 해석은 주자의 관점과도 일치한다.

사실, 주진은 이미 정이程頤의 "동정은 그 근원이 하나요, 현상과 본체에는 간극이 없다"는 관점을 계승하여 태극과 음양을 체용의 관계로 설명하고 있다. "동정은 그 근원이 하나요, 현상과 본체에는 간극이 없다. 49가 1의 용임을 안다면 그 1이 곧 49의 체임을 알 것이다."[28] 주진의 관점에 의하면 태극은 음양 속에 존재한다. 때문에 태극과 음양의 관계는 어미가 자식을 낳아 어미가 자식의 밖에 존재하는 것과 같은 생성의 관계가 아니다. 그러나 그의 존재론적 사고는 아직 충분히 성숙하지 않았다. 그에게 있어서 태극은 '실제 운용에 참여하지 않는 수'(不動之數) 이면서 동시에 '운동하여 음양을 생성하는'(動而生陰陽) 존재다.[29]

주진의 태극관이 주돈이의 관점을 추론할 수 있는 유용한 매개라는 것을 인정한다면, 그리고 양갑과 호굉중의 「태극도」가 주진의 것과 유사하다는 점에서 그러한 구조가 주돈이의 것에 더 가까울 것이라는 가정을 인정한다면, 우리는 주돈이의 '무극·태극' 개념과 관련하여 다음과 같은 초보적인 단계의 결론을 얻을 수 있을 것이다. 무극은 동정과 같은 어떠한 상대적인 운동도 없는 절대적인 정지 상태다. 반면 태극은 음양의 기를 생성할 수 있는 원초적인 물질성의 원기元氣다. 「태극도설」의 본문에만 의존한다면 태극은 확실히 '동정動靜'이라는

---

28) 『漢上易傳』, 「叢說」, "動静一源, 顯微無間. 知四十有九爲一之用, 卽知一爲四十有九之體矣."
29) 주자는 주진의 이러한 체용관을 비판적으로 계승하여 태극을 음양 속의 존재로 상정함으로써 주돈이의 "태극이 움직여 양을 낳고, 고요해져 음을 낳는다"는 우주생성론을 體用本末의 존재론 체계로 전환시킨 것이다.

운동을 통하여 음양을 생성시킨다. 태극의 분화로부터 생성된 상대적 동태가 양陽이요, 상대적 정태가 음陰이다.

무극과 관련하여 주돈이 자신은 단 네 번 언급했을 뿐이다. 첫째는 지금까지 살펴본 것과 같이, 주진·양갑·호광중 등의 「태극도」에서 첫 번째 원의 오른쪽 아래에 쓰여 있는 '음정陰靜'이라는 두 글자다. 둘째는 「태극도설」의 첫 구절인 "무극이태극無極而太極" 혹은 "자무극이위태극自無極而爲太極" 혹은 "무극이생태극無極而生太極"이다. 셋째는 「태극도설」의 중간 부분에 등장하는 "무극의 진수와 이기오행의 정수가 신묘하게 합해져 응결된다"(無極之眞, 二五之精, 妙合而凝)는 것이다. 마지막으로 「태극도설」에서 오행과 음양 및 태극 사이의 질적인 연속성을 나타내는 "오행은 하나의 음양이다. 음양은 하나의 태극이다"라는 구절에 이어서 등장하는 "태극은 본래 무극이다"라는 구절이다.(五行一陰陽也, 陰陽一太極也, 太極本無極也.)

여기서 태극과 무극 사이에는 비록 오행–음양–태극의 관계와 같은 질적 연속성이 있다 하더라도 그 문장의 표현형식의 차이는 우리로 하여금 오행·음양·태극과 무극 사이의 차이에 주목하게 만든다. 즉 오행–음양 혹은 음양–태극의 관계와 태극–무극의 관계 사이에는 모종의 질적인 차이점이 발견된다. 물론 5→2, 2→1의 수량적 축소와 1→1의 수량적 변화가 없는 관계의 차이를 드러낸다는 일차적 이유가 생각될 수 있다. 이에 더해 필자는 그 차이가 바로 '양동陽動'과 '음정陰靜'의 차이가 아닐까 추측한다.

무극은 어떠한 상대적인 동정動靜도 없는 절대적인 정태인 반면에 태극은 움직이기도 하고 정지하기도 하는 상대적인 운동을 하는 동태다. 이러한 태극의 운동성으로부터 분화·생성되는 음양과 오행 역시 상대적인 운동을 하는 동태다. "고요함에서 음이 생겨나고 그 고요함이 극에 달하면 다시 움직인다"(靜而生陰, 靜極復動)는 '정靜' 역시 운동·변화를 거쳐 '동動'으로 전이하는 상대적인 '정靜'이지, 아무런 운동도 없는 절대적인 정지 상태는 아니다. 때문에 『한상역전』에 실려 있는 「태극도」의 '양동陽動'이 가리키는 것은 비단 태극으로 한정되지 않고, 태극 이후의 음양과 오행까지를 포함하는 전체 운동·변화의 세계를 의미한다. 양갑楊甲의 「태극도」에서는 '양동陽動' 두 글자가 음양과 오행의 사이에, 좀 더 정확히는 오히려 오행에 가깝게 배속되어 있다. 따라서 '양동陽動'은 태극으로부터 음양·오행 및 만물의 현상세계에 보이는 상대적인 운동의 동태動態를 가리킨다고 할 수 있다. 그러한 운동·변화의 현상계와 절대적인 정태의 초현상계超現象界(非現象界)를 『통서通書』는 "정靜은 무無의 세계요 동動은 유有의 세계다"(靜無而動有)[30]라고 표현하였다. 때문에 주진은 태극이 무극과는 달리 '무無'일 수 없다고 규정한 것이다. "49는 태극으로부터 연유한다. 하지만 태극은 무無가 아니다. 다만 일기一氣가 섞여 있어 아직 나누이지 않았을 때이다."[31]

무극과 태극 사이에는 시간적 혹은 논리적 선후의 관계가 있으며('無極而太極' 혹은 '自無極而爲太極') 그 사이에는 질적인 연속성이 존재한다('太極本無

---

30) 『通書』, 「誠下」. 물론 이 구절은 誠의 구현과 위상을 논한 수양론의 영역이라고 할 수 있다. 하지만 靜을 無에 動을 有에 연결시킨 것은, 靜을 비현상적(혹은 초현상적) 영역에 그리고 動을 현상적 영역에 결부시키는 주돈이의 의식이 반영된 결과라고 생각된다. 주자는 有無를 '形末形'으로 해석하여 현상세계 내에서의 음양 동정에 배속시키고 있다. 그러나 현상세계 내에서의 상대적인 음양을 동정에 연결시키는 것은 가능하지만 그것을 '有無'로 표현할 수 있을까 라는 점은 상당히 의심스럽다. 주자는 '無' 개념이 갖는 도가적 혐의 때문에 의식적으로 '有無'의 범주를 꺼린다. 따라서 주돈이의 有無 개념을 친유가적 범주인 '動靜' 혹은 '形末形'으로 설명할 수밖에 없었을 것이다.

31) 『漢上易傳』, 「叢說」, "四十九因於太極, 而太極非无也. 一氣混淪而未判之時也."

極也). 그렇다면 무극에서 태극으로의 과정은 도대체 어떤 의미를 갖는가? 도대체 무극은 왜 필요한가? 필자는 그것을 무극이 태극에게 운동·변화할 수 있는 내재적 법칙성을 제공하는 것이라고 생각한다. 이미 무극을 초현상적인 혹은 비현상적인 절대적 정태라고 했으니, 그것이 다시 어떤 실제적 운동을 할 수 있겠는가? 남는 것은 응당 '무無', '무욕無欲', '무사無事', '무위無爲' 등의 가치적 속성이며, 그것이 바로 무극이 태극에게 부여하는 규율 혹은 법칙인 것이다. 때문에 '무극의 진수와 이기오행의 정수'가 신묘하게 결합한다는 것은 무극의 '음정陰靜'과 태극·음양·오행의 '양동陽動'이 서로 결합하는 것을 의미한다.[32] 동시에 그것은 초현상적인 가치적 규율과 운동·변화하는 현상세계 사이의 결합을 의미한다. 그렇다면 가치 혹은 규범의 근원으로서의 무극은 어떤 함의를 지니는가?

3. 무극의 가치론적 함의

「태극도설」의 주제는 우주 생성의 과정에 대한 기술이 아니라 우주의 본질과 인간의 본질(人極) 간의 연속성에 대한 주장이다. 대표적인 한대漢代 우주론의 전거典據인 『역위건착도易緯乾鑿度』에는 태극과 더불어 '태일

---

32) 주자는 '無極之眞'과 '二五之精'의 결합에서 태극이 생략된 것을 지적하며 그 역시 무극과 태극의 일체성을 입증하는 증거라고 주장한다. "周子所謂, '無極而太極', 非謂太極之上別有無極也. 但言太極非有物耳. 如云 '上天之載, 無聲無臭.' 故云, '無極之眞, 二五之精', 旣言無極, 則不復別擧太極也."(『朱子語類』 권94, 中和書局, 1994. 2366쪽.) 그러나 필자는 절대적 정태 즉 초현상적인 가치규율과 운동·변화하는 현상세계간의 구별이라는 기준으로 볼 때 생략된 태극은 응당 '二五之精'의 범주에 들어가야 한다고 생각한다.

太一', '태소太素', '태초太初' 등의 개념이 등장한다. 그 중심이 '태太'에 있음을 알 수 있다. '태太'는 무엇의 '시작'을 의미하고, '태太'로 시작되는 개념어의 연쇄는 시작의 '단계'를 의미한다. 때문에 『역위건착도』의 관심은 우주의 단계적 전개에 있음을 알 수 있다. 반면에 주돈이의 「태극도설」은 '무극無極', '태극太極', '인극人極' 등의 개념이 보여 주듯 그 중심이 '극極'에 있다. '극極'은 '극한' 혹은 '절대'를 의미하고, 이 가치적 개념은 무無 · 태太 · 인人의 단계에서 연속적으로 유지된다. 때문에 「태극도설」의 관심은 '단계적 분절'이 아니라 '단계적 전환에도 불구하고 지속되는 무엇'에 있음을 확인할 수 있다. 결론적으로 '분절'에서 '연속'으로의 전환이다. 이는 주돈이의 관심이 단순히 우주적 근원을 밝히려는 데에 있지 않고, 우주와 가치 즉 존재와 당위의 '궁극적' 시원을 밝힘으로써 그것이 인간 본성과 존재의 근거라고 주장하는 것임을 시사해 준다. 따라서 주돈이가 「계사」의 전통에 따라 '태극太極'으로 자신의 저작을 명명했지만, 그의 관심이 태극에만 국한되지 않고 무극과 태극 및 인극 간의 연속성과 통일성의 제시에 있었음은 분명하다.

전체 「태극도설」의 구조에 있어서 그 중점은 무극에서 만물에 이르는 우주 생성의 과정이 아니다. 그것은 오히려 인도人道와 천도天道 사이에 존재하는 구조와 내용에 있어서의 통일성과 연속성에 놓여 있다. 때문에 주돈이는 「계사」의 문장을 인용해 자신의 「도설」을 다음과 같이 총결 짓고 있다.

하늘의 도를 세웠으니 음陰과 양陽이요, 땅의 도를 세웠으니 유柔와 강剛이요, 사람의 도를 세웠으니 인仁과 의義이다.[33]

---

33) "立天之道, 曰陰與陽. 立地之道, 曰柔與剛. 立人之道, 曰仁與義."

주돈이가 제시하고 있는 인도人道 즉 '중정인의中正仁義'의 기본 강령은 '주정主靜'이다. 이것은 그가 우주 생성의 과정 중에서 현상세계의 가치적 규율인 무극이 '음정陰靜'을 그 기본적 속성으로 삼는 것과 완전히 일치한다.

때문에 주돈이 「태극도설」의 집필 목적을 염두에 둔다면 이처럼 인극과 무극으로 대표되는 인간세人間世와 우주간宇宙間의 가치적 지향이 일치하는 것은 오히려 필연적인 귀결이라고 해야 할 것이다. 앞에서도 밝혔듯 주돈이의 사상사적 소임은 유가윤리의 존재론적 근거를 확보하는 데 있었다. 따라서 「태극도설」의 주제는 우주질서의 인문질서로의 내면화라고 하겠으나[34] 그 구조는 인도人道의 천도화天道化 즉 오히려 윤리의 우주화라고 해야 할 것이다. 비록 인극에서 제시되고 있는 가치지향이 무극이라는 우주질서에서 연유했다고 「태극도설」은 그리고 있다 하더라도, 실상 무극의 내함을 이해하기 위해서는 거꾸로 인극을 분석해야 하는 것이다.

주돈이가 「태극도설」에서 인극 즉 인문적 가치로 제시한 것은 중정인의中正仁義이고, 또 다른 그의 주저인 『통서通書』에서 제시한 것은 성誠이다. 중정中正과 인의仁義는 물론 각각 『주역』과 『논』·『맹』에서 온 유가의 핵심적 가치다. 그러나 주돈이 저작에서 이에 대한 설명은 매우 소략하다. 다만 상대적으로 자세히 설명된 『통서』의 성誠을 살펴볼 때 인극人極 혹은 인도人道의 함의가 좀 더 조명될 수 있을 뿐이다. 주돈이는 『통서』의 첫머리에서 성誠을 제시하며 그것을 유가윤리의 근본이자 모든 행동의 가치적 원천이라 규정한다.[35] 따라서 성誠은 유가윤리의 완벽한 구현자

---

34) 『通書』, 「順化」, "天以陽生萬物, 以陰成萬物. 生, 仁也. 成, 義也. 故聖人在上, 以仁育萬物, 以義正萬民."

라 할 수 있는 이상인격 즉 성인聖人의 행동강령이며[36] 동시에 우주적

질서의 핵심원리가 된다.[37]

성誠을 인문가치와 우주질서의 공통된 근원으로 규정하는 것은 물론

『중용』에 대한 충실한 계승이다. 다만 주돈이의 성誠이 『중용』의 그것과

다른 점은, 그가 일관되게 무사無事[38], 무위無爲[39], 무욕無欲[40] 등 다분히

도가적 혐의를 불러일으키는 개념들로 설명하고 있다는 것이다. 그러나

주돈이의 무사·무위·무욕은 아무런 운동도 생명현상도 능동적 참여

도 없는 말라버린 고목을 의미하는 것이 아니다. 그것은 철저하게

현상적 능동성으로의 기민하고도 적절한 전화와 참여(感而遂通)를 전제

로 한, 편협함과 충동으로부터의 격절(寂然不動)을 의미한다.[41] 그렇기

때문에 이러한 경지의 완벽한 구현자인 성인은 생각함이 없으면서도

통하지 않음이 없을 수 있는 것이다.[42]

주돈이는 이러한 내면의 가치지향(誠)과 그것의 적절한 실현인 '동정動靜'

을 존재론적 개념인 '유무有無'와 연결시킨다. '적연부동寂然不動'과 '감이수

통感而遂通'의 중간적 단계는 바로 '동이미형動而未形'이고, 이는 곧장 '유무지

간有無之間'이 되는 것이다. 즉 현상계인 유有의 세계에서 현실태로 전화된

것이 동動이라면, 현상 이전의 무無의 단계에서 아직 실현되지 않은 잠재태

가 정靜이라 하겠다. 이를 주돈이는 간단하게 "정무이동유靜無而動有"(『通書』

---

35) 『通書』, 「誠下」, "誠, 五常之本, 百行之源也."

36) 『通書』, 『誠上』, "誠者, 聖人之本."

37) 『通書』, 「誠上」, "元亨, 誠之通. 利貞, 誠之復."

38) 『通書』, 「誠下」, "故誠則無事矣."

39) 『通書』, 「誠幾德」, "誠, 無爲."

40) 『通書』, 「聖學」, "聖可學乎? 曰, 可. 曰, 有要乎? 曰. 有. 請聞焉. 曰, 一爲要. 一者, 無欲也.
無欲, 則靜虛動直. 靜虛則明, 明則通. 動直則公, 公則溥. 明通公溥, 庶矣乎."

41) 『通書』, 「聖」, "寂然不動者, 誠也. 感而遂通者, 神也. 動而未形, 有無之間者, 幾也."

42) 『通書』, 「思」, "無思而無不通, 爲聖人."

「誠下」)라고 했다. 물론 이상적인 인격은 동動과 정靜을 아우른다.[43] 그에게
는 사사로운 욕심이 없기 때문에 정靜의 단계에서는 초연·쇄락하고
동動의 단계에서는 적절하면서도 일관될 수 있다(靜虛動直). 그러나 가변적
인 현상계에 능동적으로 적절히 대처하기 위한 항구적인 태도로서의
무게중심은 여전히 정靜에 놓여 있으며(主靜), 그 실질적인 내용은 사사로운
욕망의 제거이다(無欲故靜). 결론적으로 인의중정仁義中正이라는 구체적 인
문가치 즉 인극의 통일적인 강령은 주정主靜이며, 이는 사사로운 욕망이
배제된 상태에서의 정신적 경지를 의미한다.[44]

따라서 천도天道와 인도人道의 연속성·통일성이라는 전제에 의하자면
우주적 질서 혹은 가치적 규율로 주돈이가 제시한 무극의 내함 역시
사사로운 욕망이나 작위성이 배제된 상태에서 태극 이하 현상계의 운동·
변화에 일정한 지향성을 부여하는 것임을 알 수 있다. 그리고 그러한
지향성이 바로 우주의 통일적인 법칙이 된다. 다시 말해, 태극으로부터
파생·분화된 음양·오행 및 만물의 존재원리이자 그 운동·변화의 법칙
이 되는 것이다. 개별자의 단계에 있어서도 질료적 구성(二五之精)에 가치적
규준(無極之眞)으로 투여되어(妙合而凝) 만물이 생성된다(化生萬物).

그렇다면 주돈이가 인식한 우주의 근본적인 법칙의 실질적인 내용은
무엇인가? 정호程顥는 주돈이에 대해 이렇게 묘사한 적이 있다. "주무숙周
茂叔(주돈이)은 창 앞의 풀을 베지 못하게 했다. 주위에서 그 이유에 대해
묻자 '그것은 내 생각과 한가지이다'라고 대답했다."[45] 여기서 말하는
'내 생각과 한가지'라는 것은 창 앞에 피어난 이름 없는 잡초라는 존재의

---

43) 『通書』, 「聖」, "寂然不動者, 誠也. 感而遂通者, 神也. 動而未形, 有無之間者, 幾也.…… 誠·
神·幾, 曰聖人."
44) 「太極圖說」, "聖人定之以中正仁義, 而主靜, 立人極焉.(自注: 無欲故靜)"
45) 『二程遺書』, 권3, "周茂叔窗前草不除去. 問之. 云與自家意思一般."

생명에 대한 의지는 나라는 존재의 생명에 대한 의지와 다를 것이 없다는 말이다. 주돈이는 우주에서 끊임없이 진행되는 생성활동 그 자체를 우주의 법칙으로 보았다. 즉 "오기五氣가 적절히 펼쳐지고 그 속에서 네 계절이 끊임없이 진행되는"(五氣順布, 四時行焉), 또 "만물이 끊임없이 생성되어 우주적 생명현상이 간단없이 지속되고 변화하는"(萬物生生而變化無窮焉), 또 "생성·성장·결실·수렴의 과정을 반복하는"(元亨利貞) 우주의 부단한 생성력 혹은 생성에 대한 의지 자체를 우주의 법칙 즉 무극 혹은 성誠이라고 보았다.

성誠은 비단 전체 우주의 근본 법칙일 뿐 아니라 각 개별 사물이 생성·운동·변화할 때에 시시각각 작용하는 내재적 원칙이 된다. 주돈이는 여기서 더 나아가 인간의 본성과 인간사회의 질서·규율 역시 전체 우주의 존재·운동·변화의 법칙에 종속된다고 보았다. 따라서 인간의 행위준칙 역시 응당 우주의 생성의 질서에 순응·일치시켜야 한다고 주장한다. 그것이 바로 무극이라는 우주적 질서의 원천을 모사하여 탄생한 인간의 준칙이자 질서인 '인극人極'이다. 인간과 창 앞의 이름 모를 잡초의, 생명에 대한 공통된 의지는 모두 끊임없는 생성을 그 근본적 법칙으로 삼는 우주적 질서 혹은 본성에서 연유한 것이다.

주돈이는 "우주는 음양으로 만물을 낳으니, 생성은 인仁이요 완성은 의義다"[46]라고 말한다. 이는 유가의 핵심윤리인 인의仁義가 우주의 생명현상인 만물의 끊임없는 생성과 같은 생명에 대한 존중과 생명력의 지속 이외의 것이 아니라는 것이다. 따라서 유가윤리를 준수한다는 것은 결국 자신을 포함한 모든 존재자의 생명에 대한 의지가 충분히 발현될 수 있도록 해 주는 것 이상의 것이 아니다. 유가의 이상인격이자

---

46) 『通書』, 「順化」, "天以陽生萬物, 以陰成萬物. 生, 仁也. 成, 義也."

통치자인 성인은 바로 이러한 우주적 질서 즉 생명에 대한 존중으로 백성을 대할 뿐이다. 주돈이는 이어서 이렇게 말한다.

> 천도가 행하여져 만물은 순조롭게 자라나고 성인의 덕행이 시행되어 만민은 그 교화를 입게 된다. 위대한 자연의 질서와 교화의 시행에는 아무런 인위적 자취도 도드라져 보이지 않는다. 도대체 어떻게 된 것인지도 모르기에 신묘하다 하는 것이다.[47]

두말할 나위 없이 성인과 우주의 교화와 질서가 그렇게 자연스러울 수 있는 것은 무욕無欲・무사無事・무사無思・무위無爲하기 때문이다.

결론적으로 주돈이는 먼저 유가 윤리강상의 본질을 모든 존재자의 생성・변화 즉 생명의 의지에 대한 존중이라고 정의한 후 우주의 끊임없는 생성현상에서 이러한 '생생生生'사상의 근거를 확보하려고 한 것이다. 따라서 「태극도설」의 목적은 우선 유가 고유의 우주론 모식의 건립에 있다. 그러나 그 진정한 목적은 오히려 천도와 인도 사이에 존재하는 내재적 연속성・통일성의 확보에 있다. 천도와 인도의 공통의 본질은 바로 무극과 태극으로부터 분화・생성되는 우주의 생성・운동 과정에서 확인되고 '중정인의'와 같은 모든 존재자의 생명의지에 대한 존중에서 확인되듯, 그것은 '성誠'을 핵심으로 하는 끊임없는 생성력 혹은 생성의지 그 자체다. 바꾸어 말해서 주돈이는 인간의 생명질서와 우주의 생성질서 속에 존재하는 필연적인 연속성 속에서 유가 '생생'사상의 근거를 찾으려 한 것이다.

---

47) 『通書』, 「順化」, "天道行而萬物順, 聖德修而萬民化. 大順大化, 不見其迹, 莫知其然之謂神."

4. 가치적 존재론과 주자의 계승

「태극도설」에서의 무극은 우주의 '생생불식生生不息'하는 법칙이면서 모든 존재자의 가치지향이 된다. 반면 태극은 시공간 내재적인 최초 질료성의 출발점 즉 원기元氣다. 「태극도설」의 첫 구절이 "무극이태극無極而太極"이든 혹은 "자무극이위태극自無極而爲太極"이든, 주돈이는 무극과 태극을 연결시킴으로써 무극과 태극의 연속성을 주장하였다. '태극본무극야太極本無極也' 즉 존재론적 현상계가 가치적 규율·질서로부터 연유했고 지배 받는다는 것을 주장하는 것이다. 이처럼 존재와 가치를 연결시키려는 전통은 일찍이 『노자』에서 '도생일道生一'을 말하고 왕필王弼이 이를 발전시켜 '유생어무有生於無'를 주장하면서부터 줄곧 있어 왔다. 『노자』와 왕필의 이러한 관념은 단순히 '일一, 이二, 삼三, 만물萬物' 혹은 유有의 현상세계가 도道 혹은 무無라는 초현상계로부터 발생했음만을 주장하려는 것이 아니고, 현상세계가 본질적으로 도나 무와 같은 가치의 지배하에 있음을 주장하려는 것이다. 주돈이 역시 '무극이태극無極而太極'이라는 명제를 통해 현상세계의 가치적 유래를 밝히고 현상세계가 그 지배하에 있음을 주장하고자 하는 것이다.

그러나 여기에는 간과할 수 없는 문제가 있다. 일一이나 태극에서 만물까지의 과정이 생성론적 도식인 한, 무극이 태극 이하 현상세계의 지배규율 혹은 가치지향이라 함은 가능하나, 태극이 무극에서 연유했음은 인정될 수 없다. 「태극도설」에서 가치적 함의로 제시된 무극은 시공간 초월적 존재임에 반해, 존재론적 구조에서의 시원인 태극은 시공간 내재적 존재이기 때문이다. 공간적 연장성과 시간적 연속성을 지닐 수 없는 가치지향이 특정 시간과 공간 속에서 질료적 속성을 지니는 원기를 생성했다는 것은 논리적으로 받아들여질 수 없다. 이처럼 무극과 태극의 연결 즉 가치론과 존재론의 연결은 필연적으로 논리적 모순을 노정한다.

주자 역시 주돈이 「태극도설」의 생성론적 구조가 갖는 모순을 의식하였다. 그래서 그는 무극과 태극을 동일시한 후 형이상의 영역인 리理로 독해하고서, 태극과 이기오행二氣五行의 관계를 이기理氣 혹은 도기道器의 관계로 설정하였다. 이로써 「태극도설」은 본체와 현상 간의 구조를 설명해 주는 존재론적 모식이 되었다. 주자에게 있어서 더욱 중요한 것은 최초 우주생성시의 과정을 설명하는 것보다 인도人道의 형이상학적인 근거를 확보하는 것이었으며, 우주가 최초 발생할 때에 꼭 한 번 존재했던 근원을 밝혀내는 것보다 현재적으로 끊임없이 작용하는 형이상학적 원리를 찾아내는 것이었다.

때문에 주자는 무극과 태극을 동일시한 뒤에 정이의 '리理' 개념을 동원하여 무극과 태극의 시공간 초월성을 강조한 것이며, 그것을 만물에 내재해 있는 존재의 원리 혹은 운동·변화의 규율로 상정한 것이다. 주자는 「태극도설해太極圖說解」에서 무극과 태극에서 이기二氣·오행五行으로 이어지는 관계가 결코 생성과 피생성의 관계가 아님을 극력 주장하고, 양자 사이의 시간적 선후를 부정한다.[48] 이로써 무극·태극은 이기·오행·만물이라는 현상계 내부에 존재하고 기능하는 가치규율일 뿐, 더 이상 현상계를 배태胚胎하는 질료적 시원은 아니게 된다.

---

48) 『朱熹集』, 권45, 「答楊子直」, "말씀하셨다. '태극은 본래 무극이니 무극이 있고 난 뒤에 별도로 태극이 생겨난 것이 아니며, 태극의 위에 먼저 무극이 있는 것도 아니다.' 또 말씀하셨다. '오행은 음양이요 음양은 태극이니, 태극이 있고 난 뒤에 별도의 二氣五行이 생겨난 것도 아니요 二氣五行의 위에 먼저 태극이 있는 것도 아니다.'"(曰: 太極本無極, 則非無極之後, 別生太極, 而太極之上, 先有無極也. 又曰: 五行陰陽, 陰陽太極, 則非太極之後, 別生二五, 而二五之上, 先有太極也.)

하지만 주자는 결코 주돈이의 생성론적 사고를 버리지 않았다. 오히려 그는 주돈이가 주장하는 개체의 생생법칙과 우주 전체의 생생법칙 사이에 존재하는 연속성과 통일성을 계승 발전시키되 그 '현재성現在性'을 강조하였다. 그가 「태극도설」에서 계승한 것은 주돈이의 우주생성론 체계 자체가 아니고, 주돈이가 생성론의 도식을 끌어다 주장하려고 했던 그 주제의식 즉 개체·개인의 생명법칙과 우주의 생성법칙 간에 존재하는 연속성·통일성인 것이다.

더 나아가서 주자는 그 연속성·통일성의 현재성을 강조함으로써 주돈이의 우주생성론 체계를 자연스럽게 존재론 체계로 전환시켰다. 하지만 주자 역시 태극─리의 구체적인 내용이 '생생불식'하는 생성력 혹은 생생의지라는 것에는 전적으로 동의하였다. 주자는 주돈이의 무극과 태극 개념이 최초 우주발생시의 생성론적 함의를 지니고 있다 하더라도 「태극도설」의 전체 구조와 내용은 '생생불식'을 근본원리로 하는 유가 천인합일의 사상을 충분히 보여줄 수 있다고 생각한 것이다. 때문에 주자는 「태극도」와 「도설」이 갖는 이단의 혐의에도 불구하고 그것을 천여 년 간 계승되지 못했던 유가의 도통을 잇는 저작이라고 칭송하였다.

제2장 「태극도설」의 '생성'과 신화적 사유

1. 「태극도설」은 천체물리학인가?

앞 장에서는 「태극도설」의 존재론적 가치론의 의미를 추적했다. 그래서 주돈이는 유가 전통의 가치에 존재의 옷을 입혔다고 할 수 있다. 그러나 필자는 「태극도설」을 우주발생론이나 존재론의 방식으로 읽는 태도가 「태극도설」의 주제에 비추어 봤을 때 그다지 성공적이지 않은 방식이라고 생각한다. 필자는 풍우란馮友蘭으로 대표되는 이 기존의 관점을 대신할 수 있는 새로운 시각으로, 북송 유학의 생성을 신화적 사유로 읽을 것을 제안한다. 주돈이周敦頤의 「태극도설太極圖說」에 나타난 생성의 의미를 '신화적 사유'로 읽음으로써 발생론과 존재론 분할의 맹점을 극복하고 이 저작의 수양론적 의미를 복원하고자 한다.

기존의 철학사는 「태극도설」을 우주발생론으로 규정한다. 이는 주로 주자朱子의 이기론적 존재론과의 대비 속에서 이 둘의 사상사적 위치를 가늠한 것인데, 그러한 생각의 기저에는 언제나 우주발생론과 존재론을 구분해야 한다는 전제가 깔려 있다. 그러나 중국철학의 발전 과정을 우주발생론과 존재론의 단계로 구분하고 「태극도설」을 우주발생론으로 규정하고 나면 묵과할 수 없는 몇 가지 문제가 발생한다.

첫째, 중국철학사에서 우주발생론과 존재론의 발전 과정은 그렇게 연속적 단계적이지 않았다는 점이다. 풍우란馬友蘭은 주돈이를 철저히 '우주발생론'으로 규정하고 존재론적 해석은 후대에 덧붙여진 설명에 불과하다고 했다.[1] 주백곤朱伯崑 역시 주돈이를 우주론으로 규정하고 이것이 주자에게 와서 존재론으로 발전되었다고 평가한다.[2] 그들은 우주발생론을 존재론에 비해 시기적으로는 앞서지만 관념적으로는 열등한 사유체계로 규정하고서, 송대 성리학에서 그러한 전환은 불교의 자극 하에서 가능했던 것으로 설명한다. 그러나 우리는 이미 주돈이 이전의, 『역전』・『노자』・현학 등에서 존재론적이라고 말할 수밖에 없는 사유의 단초를 발견한다. 『역전』의 태극이나 『노자』의 도, 현학의 무無와 같은 것들을 한정된 시공간 속에서 존재하는 질료적 속성이라고 보기는 어려울 것이다. 풍우란은 그래서 『노자』나 현학은 발생론과 존재론의 구별이 명확치 않았다고 기술한다.[3] 여돈강余敦康은 『역전』과 『노자』는 겉으로는 발생론인데 실제로는 존재론이어서 완전히 분화되지 않았다고 평가한다. 그는 그런 점에서 「태극도설」은 발생론이면서 동시에 존재론이라고 평가 하기도 한다.[4] 이렇게 통일되지 못한 관점들 속에서, 중국철학사를 우주발생론과 존재론으로 구분하는 것이 과연 충분한 설명력을 지니는지 이제 진지하게 고민해 봐야 한다.

둘째, 「태극도설」이 주돈이 전체 저작에서 지니는 이질성에 대한 문제다. 주돈이 『통서』 전체에 관통해 있는 유가윤리 혹은 수양론적 특징과 비교할 때 '우주발생론'으로서의 「태극도설」은 극히 이질적인 문장임에 틀림없다. 필자가 주돈이의 전체 저작 중에서도 특히 「태극도

---

1) 馮友蘭, 『中國哲學史新編』 下(北京: 人民出版社, 1998), 95~99쪽.
2) 朱伯崑, 김학권 외 옮김, 『역학철학사』 3(소명출판, 2012), 201~206쪽.
3) 馮友蘭, 『中國哲學史新編』 中(北京: 人民出版社, 1998), 403쪽.
4) 余敦康, 『內聖外王的貫通』(上海: 學林出版社, 1997), 160・162쪽.

제2장 「태극도설」의 '생성'과 신화적 사유   57

설」에 초점을 맞추는 이유가 여기에 있다.

셋째, 이 저작의 성격 문제다. 즉 이 저작을 '우주발생론'이라고 평가했을 때 그것이 유가철학 내에서 어떠한 의의를 지니는가의 문제다. 우선 무극−태극−인극과 개별자와의 연속성을 설명할 수 없는 문제가 발생한다. 「태극도설」은 무극/태극이 우주의 시원이자 질서이듯 인극은 인간의 존재원리이면서 동시에 규범의 근거임을 말하고 있다. 즉 인간의 존재원리와 가치의 근거를 우주적 차원에서 확보하려는 것이다. 하지만, 만일 주돈이의 「태극도설」을 우주발생론으로만 읽으려 한다면 규범으로서의 무극−태극−인극과 개별자와의 불연속은 설명이 어렵게 된다. 원형적 규범과 질서는 현재의 속되고 악한 실존적 존재로서의 나를 설명해 주지 못한다. 오늘의 실존적 존재로서의 나를 설명해 주지 못하는 '태초의 탄생'에 관한 설화가 성리학적 저작이라고 볼 이유는 없다.

이러한 제 문제는 주돈이에 대한 사상사적 평가에 반영되어 왔다. 기존의 철학사는 주돈이를 성리학의 소위 비조鼻祖라고 평가하면서도 그것을 천도天道 혹은 우주론의 영역으로 한정함으로써, 그에게는 인도나 수양의 영역이 부족하거나 아예 결여되었다고 평가하였다. 모종삼牟宗三은 주돈이의 철학에서 『통서』를 중심으로 한 공부론에 주목해야 한다고 하면서 「태극도설」은 아예 주돈이 사상의 종지가 아니라고 규정해 버린다.[5] 노사광勞思光은 심지어 주돈이가 도가의 영향을 많이 받아 인도의 측면이 약했다고 단정해 버린다.[6] 우주론으로만 읽을

---

5) 모종삼은 『통서』를 기준으로 주돈이를 이해해야지 「태극도설」을 기준으로 해서는 안 된다고 기술하였다. 심지어 그는 이 도식을 가장 싫어한다고까지 하고 있다. 牟宗三, 『宋明儒學的問題與發展』(臺北: 聯經, 2003), 177~178쪽.
6) 勞思光, 정인재 역, 『中國哲學史 宋明篇』(탐구당, 1987), 175~176쪽 및 201쪽 참고.

때 그에 대한 평가는 언제나 연구자들을 곤혹스럽게 함에 틀림없다.

표면적으로 이 문장은 존재계의 생성과 변화 그리고 규범의 탄생 과정을 무미건조하게 증언하는 것으로 보인다. 그러나 과연 저자의 집필 의도가 거기에 있었을까? 실천적인 요구 없는 우주와 규범의 탄생 과정을 담백하게 기술하는 것이 그의 목표였을까? 만일 정말 그렇다면 그것은 성리학일 수 없고 유가일 수 없다. 그것은 천체물리학이거나 기껏해야 자연의 기원과 변화를 다루는 자연철학에 불과하다. 과연 주돈이는 천체물리학자인가? 또 설령 그렇다고 해도, 그것이 우리에게 주는 의미는 무엇인가? 지금처럼, 주자의 존재론을 성립시키기 위한 재료의 하나로서 우주론적 지식을 제공해 준 것으로 이해해야 할 것인가? 아니면 성경의 창세설화보다는 정교하고 프톨레마이오스에 버금가지만 지금은 쓸모없는 어설픈 자연철학이라 이해하고 가르쳐야 할 것인가? 우리에겐 「태극도설」을 이해할 새로운 시각이 필요하다.

2. 신화적 사유에서의 우주 탄생과 그 재현

「태극도설」을 이해할 새로운 방법으로 필자는 신화적 관점을 제안한다. 신화학자이자 비교종교학자인 미르치아 엘리아데(Mircea Eliade, 1907~1986)의 관점에 따르면, 종교적 인간은 각종 의례를 통해 태초의 생성을 재현하고 반복함으로써 자신의 내면에 우주적 온전함·생성력·성스러움을 회복시키려고 한다. 그래서 신화적 사유에서 생성(creation)은 우주적 차원과 개체의 차원으로 구분된다. 우주적 차원의 생성(cosmology)은 태초의 순간에 일회적으로 발생한 것이지만, 개체 차원의 생성

(regeneration, reborn)은 지금·여기에서 매순간 일어나고 또 일어날 수 있다. 즉 우주적 차원의 발생은 불가역적이지만 개체 차원의 생성은 가역적으로 재생 가능하다.[7]

엘리아데는 창조에 대한 인간의 재현을 '모방'이요 '혼동'이라고 본 프레이저와는 달리[8] 인간을 종교적(homo religiosus)·상징적(homo symbolicus) 존재로 읽었다. 그래서 전통적 사유방식 속에서의 인간은 보편적으로 상징을 통해 성적聖的 존재에 접근하거나 그 존재와 동일시되고자 하는 희구를 보인다고 주장한다. 성스러운 존재의 원형에 대한 탐구와 그에의 접근·합일이 바로 인간 보편의 모습이라는 것이다.[9] 엘리아데는 이렇게 말한다. "우리는 태초에 신들이 한 일을 해야 한다. '신들이 그렇게 하였기 때문에 인간들도 그렇게 한다.' 인도의 이 격언은 모든 지방의 온갖 의례들 속에 내재해 있는 이론 전체를 요약하고 있다."[10]

엘리아데에게 있어서 태초의 창조를 반복 재현하는 것은 단순한 모방이나 혼동이 아니라, '지금 여기에서' 우주의 창조에 참여하는 성스러운 행위가 된다. 누구라도 그러한 창조에 동참하는 순간만큼은, 스러져 버릴 음식남녀飮食男女의 속된 일상으로부터 벗어나, 흘러가 버릴 시간이 아닌

---

7) 중국철학사에서 '생성'과 '발생'은 흔히 혼용되어왔다. 그러나 신화적 사유로의 독법을 명료하게 하기 위해 필자는 '발생'을 우주적 차원의 의미로, '생성'을 개체 차원의 의미로 구분하여 사용하고자 한다. 물론 '생성'은 두 차원을 모두 포함하지만, 주돈이의 사유를 신화적 관점에서 이해하려는 본 연구에서는 개체 차원의 재생과 회복의 의미에 주안을 두고 사용하도록 하겠다.
8) 프레이저는 '원시인'들이 "관념들의 결합을 잘못 적용하여", 동종주술(유사의 법칙)과 감염주술(접촉의 법칙)의 결합인 공감주술(공감의 법칙)에 의해 세계를 이해하고 지배하려 했다고 보았다. 그에게 있어서 우주적 창조를 모방하는 것은 비과학적이고 부조리한 원시인들의 미개한 생각에 불과했다.(제임스 조지 프레이저, 이용대 옮김, 『황금가지』, 한겨레출판, 2003, 84~85쪽 및 161쪽 참고.)
9) 미르치아 엘리아데, 이재실 옮김, 『이미지와 상징』(까치, 1998), 역자 후기 참고.
10) 미르치아 엘리아데, 심재중 옮김, 『영원회귀의 신화』(이학사, 2009), 32쪽.

'무한히 회복 가능한 영원한 현재'에 속하게 되는 것이다.[11] 이렇게 종교적 인간은 의례라는 상징을 통해 '지금 여기에서' 자신의 온전성을 회복하여 우주의 온전성에 참여하게 되는 것이다.

이러한 온전함에의 참여 혹은 회복의 열망과 그 기록을 다룬 것이 바로 '신화'다. 엘리아데는 신화를 다음과 같이 정의한다.

신화는 신성한 역사를 이야기하며, 원초의 때 즉 '시원始源'의 신화적인 때에 생겼던 일들을 이야기한다.…… 그리하여 신화는 항상 '창조'를 설명하며, 어떤 존재가 어떻게 만들어졌는지 존재의 시초를 말하고 있다.[12]

신화는 언제나 '창조'를 다루게 된다. 신화神話는 '신적인 존재들에 대한 이야기'이지만, 신적 존재들은 '창조' 즉 존재의 시작을 설명하기 위해 동원된 자들에 불과하다. 즉 신화는 신에 대한 이야기가 아니라 창조와 생성에 대한 이야기다. "신화는 항상 창조의 보고다."

그런데 어떤 실재하는 것(우주·인간·만물)의 창조신화에서 실제 그러한 사건이 있었는지의 여부는 중요치 않다. 문제는 그러한 창조가 지금 존재하는 모든 실재들의 모범적 모델로서 기능한다는 것이다.[13] 엘리아데는 주술·축제·의례·종교행위를 통해 우주창조가 재현되는 것은 거의 전 세계에서 보편적으로 발견되는 현상이라고 보고한다. 공간에서 보이는 세계 중심의 모방, 시간에서 보이는 세계창조의 주기적 반복, 혼례와 농경 등에서 발견되는 천지교합의 재연, 이 모든 것들은 우주적 창조의 신성한 재현이며 동시에 지금 여기의 삶을 완전·충실·

---

11) 미르치아 엘리아데, 이은봉 옮김, 『성과 속』(한길사, 1998), 103쪽.
12) 미르치아 엘리아데, 이은봉 옮김, 『신화와 현실』(한길사, 2011), 67쪽.
13) 미르치아 엘리아데, 이은봉 옮김, 『성과 속』(한길사, 1998), 108~109쪽.

조화·풍요롭게 하는 행위이다.[14]

따라서 우주창조는 의식적이고 의도적으로 주기적 혹은 비주기적으로 반복·재현된다. 새로운 왕의 출현을 새로운 하늘이 열린 것으로 생각하여 새로운 연호를 사용하는 것은 고대 중국에서뿐만 아니라 피지의 작은 섬에서도 마찬가지였다. 때로 가뭄과 같은 자연재해가 들었을 때 고대 중국의 황제는 자신의 부덕을 하늘에 고해야 했지만, 피지의 섬사람이나 아프리카의 많은 부족은 추장을 죽이고 새로운 추장을 세우기까지 했다. 추장의 생성력·생명력이 다했다고 믿었기 때문이다. 신화적 사고는 낙원(온전성)을 이 세상의 지금 여기에서 획득하고 싶다는, 또 획득할 수 있다는 생각의 발현이다.[15]

왜 우리는 '온전함'을 '최초'로 돌리는가? 최초는 생성이자 정당화이고 해명됨의 근거이기 때문이다. "과거 자체에 더 이상 '왜'(=이유)는 없다. 과거야말로 사물의 '이유'이기 때문이다. 신화의 시간 고찰과 역사의 시간 고찰이 구별되는 것은, 신화에 있어서는 그 자체로 그 이상 설명할 수 없고 또 설명할 필요도 없는 하나의 절대적인 과거"를 상정하기 때문이다.[16] 때문에 플라톤이 그랬던 것처럼 '생성'은, '존재'를 다루는 철학에서가 아니라 오직 신화에서만 기술 가능하다. 즉 "논리적-수학적으로 동일한 명확성을 지닌 채 계속 정지해 있는" '존재'가 아니라 갑자기 느닷없이 발생하고 끊임없이 변화하는 '생성'은 오로지 신화적 언어로써만 표현이 가능하다.[17]

마찬가지로, 논리적 설명이나 증명의 과정을 거치지 않은 「태극도설」

---

14) 미르치아 엘리아데, 이은봉 옮김, 『신화와 현실』(한길사, 2011), 94쪽.
15) 미르치아 엘리아데, 이은봉 옮김, 『종교형태론』(한길사, 1996), 514~518쪽 참고.
16) 에른스트 카시러, 심철민 옮김, 『상징형식의 철학』 II(도서출판b, 2012), 169쪽.
17) 위의 책, 19~20쪽.

은 과학이거나 사실일 수 없다. 근거 없고 느닷없는 최초의 '생성'과 반복 그리고 그것을 통해 시작되는 '온전함'을 말하기 때문에, 그것은 신화다. 존재의 시작을 말하는 신화에서 시간은 창조와 함께 시작되기 때문에 역사성을 잃을 수밖에 없다. 「태극도설」은 토르나 헤라클레스 혹은 스타워즈처럼 구체적인 역사성·시간성을 탈각한다. 그것은 모년 모월 모일에 일어난 사건일 수 없다.

그러나 더 중요한 것은 인간이 자신의 의지적·실존적 선택에 의해 우주의 온전성에 합일하고자 하는 순간, 즉 우주적 생성을 재현함으로써 자신의 온전성을 회복하고자 하는 순간 역시 그것이 '지금 여기'라는 의미에서 역사성과 시간성이 탈각된다는 점이다. 이 새로운 시작은 '언제 어디서나' 가능한 일이다. 따라서 신화적 사유로 볼 때 태극뿐만 아니라 인극마저도 시간성은 탈각된다. 그것은 우주적 질서와 윤리적 규범 수립의 기록이 아니라 실존적 철학함에 대한 제안이기 때문이다. 모든 철학함은 현재형이다.

이처럼 엘리아데가 말하는 신화적 사유 즉 성스러움이라는 원형의 상정과 그에의 합일·복원이라는 사유 구조는 「태극도설」이나 〈원회운세〉와 같은 북송 성리학자들의 저작을 새롭게 읽을 수 있는 시각을 제공한다. 신화적 사유를 드러내는 상징 구조로 이해할 때, 이들 저작은 가치배제적 천체물리학(「태극도설」)이나 기계적 역사연표(〈원회운세〉) 혹은 단순한 유비로서의 천인합일(「서명」)이라는 단계를 뛰어넘어 지금·여기에서 온전함 혹은 성스러움을 회복하고 완성할 수 있다는 실천철학적 함의를 지니게 된다. 그리고 이러한 상징체계의 근간이 바로 '생성'인 것이다.

3. 「태극도설」, 우주적 온전함의 재현

앞 장에서 본 것처럼 「태극도설」의 주제는 우주의 탄생 과정에 대한 기록이 아니라 무극/태극과 인극의 연속성을 주장하는 천인합일이다. 그런데 만일 「태극도설」과 그 주제인 천인합일을 발생론적으로만 읽는 다면 「태극도설」은 인간 도덕본성의 기원에 대한 보고가 될 것이다. 인간은 우주의 선한 본성을 타고났다는 것이다. 그러나 '오직 사람만이 가장 훌륭한 것을 받아 태어났다'[18]는 존재적 기반은 오히려 인간을 '도덕과 무관한 존재'로 만들어 버릴 수 있다. 무극/태극－인극의 지배하에 있는 인간은 마치 낙원으로부터 추방되기 이전의 인간처럼 '도덕적 결단'과는 무관한 선한 존재가 되기 때문이다.

태극을 존재하면서도 활동하는 실체(卽存有卽活動 = 天命流行之體)로 보는 모종삼牟宗三이나 채인후蔡仁厚의 경우[19]든 태극을 우주의 유행하는 도덕적 의지로 보는 당군의唐君毅의 경우[20]든, 인간의 도덕적 가능 근거를 확보하려고 한 그들의 의도에도 불구하고 발생론적 구조 속에서는 이들의 시도가 오히려 인간의 도덕실천적 가능 근거를 훼손할 수 있다. 태극으로부터 유출된 도덕의지가 인간의 본질이라면 그로부터 나온 행위가 주체의 자발적이고 실천적인 것일 이유가 없기 때문이다. 인간은 선한 본성대로 행하는 꼭두각시일 뿐이다.

그러나 「태극도설」은 오히려 도덕적 규준을 준수하느냐의 여부에 따라 군자도 될 수 있고 소인도 될 수 있다고 했다.[21] 이는 태극에

---

18) 周敦頤, 「太極圖說」, 『周敦頤集』(中華書局, 제2판, 2009), 4쪽.
19) 蔡仁厚, 『宋明理學 北宋篇』(臺北: 臺灣學生書局, 1977), 59쪽.
20) 唐君毅, 『中國哲學原論－導論篇』(臺北: 臺灣學生書局, 民國 75年), 444쪽.
21) 周敦頤, 「太極圖說」, "君子修之, 吉. 小人悖之, 凶."

의해서 만물이 생겨난 것처럼, 인극에 의해 인간이 태어나고 규정된 것은 아니라는 말이다. 즉 인극은 이상적 인격자이면서 인간사회의 리더인 성인이 우주적 질서에 입각해 설정해 놓은 규범체계일 뿐이다.[22] 따라서 이 규범체계를 따를 것이냐의 여부는 여전히 실존적 개인의 자유의지에 달린 문제다. 결국 무극/태극으로부터 인극으로의 연속성을 인정한다 하더라도, 인극으로부터 구체적인 개별자로의 연속성은 인정되지 않는다. 즉 우주의 본질과 인간의 선한 본성은 현재의 나약하고 악한 실존적 존재를 구원하지 않는다.

이렇게 볼 때, 「태극도설」은 실존적으로 나약하고 죄악된 인간이라 하더라도 누구나 도덕적 존재로서의 본질을 지니고 있음을 천명하고 그것을 회복하도록 권면하는 것이 된다. 이것은 누구라도 언제라도 자신의 도덕적 존재로서의 본질을 인식하기만 한다면 곧장 성인이 될 수 있다는 - 성인이 정한 도덕적 규범을 실천할 수 있고, 그것은 곧장 우주적 질서에 합치하는 것이라는 - 주장으로, 맹자로부터 이어져 온 유가의 오래된 메시지다. 도덕적 규준을 준수하면 우주적 온전성에 참여함으로써 누구나 군자가 될 수 있고 또 그렇지 않을 때는 소인이 된다고 할 때, 「태극도설」은 낙원에서 태어난 선택받은 존재로서의 인간에 대한 기록이 아니라 타락할 수 있는, 혹은 타락해 있는 실존적 인간에 대한 권고이자 격려가 된다.

따라서 「태극도설」 속에서 주체의 의지와 선택의 영역을 확보하기 위해서는 「태극도」의 하향식 전개를 거꾸로 뒤집어 상향식 회귀와 회복으로 읽을 필요가 있다. 즉 무극·태극으로부터의 '생성'은 동시에 무극·태극으로의 '회귀'가 되는 것이다. 이기오행二氣五行이 본래는 태

---

22) 周敦頤, 「太極圖說」, "聖人定之以中正仁義而主靜(無欲故靜), 立人極焉."

극이고 태극은 다시 무극이었다는 말은, 개별자의 존재적 온전함을 말하려는 것이 아니라 온전함으로의 회복 가능성을 천명한 것이 된다. 「태극도설」의 도가기원설을 주장하는 이들은 「태극도설」의 상향식 구조를 '양생'의 의미로 읽는다. 그것을 주돈이가 뒤집어서 '생성'의 과정으로 만들었다는 것이다. 신화적 관점에서 개인의 생성적 '회복'은 때문에 도가류의 '양생'에 근접하는 면이 있다. 도가의 양생도 결국엔 최초의 온전함을 회복하는 것이기 때문이다.

한편, 우주는 온전한 것이고 인간은 그러한 온전함을 계승해야 한다는 천인합일의 관념은 유가의 오래된 상식이자 송대 성리학의 새로운 화두였다. 그런데 인간이 우주의 온전함을 가장 잘 부여받았다는 것에 대해서 「태극도설」은 아무런 설명도 덧붙이지 않고 그냥 전제하고 있을 뿐이다. 즉 주돈이는 천인합일이라는 오래된 전제에 어떠한 논증도 철학적 해설도 보태지 않았다. 다만 그가 추가로 동원한 것은 우주의 탄생과 인간에 의한 반복이라는 구체적 '과정'이다. 자연철학을 넘어선 실천적 철학으로서, 「태극도설」에서 기술하는 그 장황한 '생성의 과정'을 우리는 어떻게 이해해야 할 것인가?

그것은 인간의 성스러운 재탄생, 즉 우주적·가치적 온전함을 향한 회복의 모델을 제시한 것으로 읽어야 한다.[23] 즉 개체적 재탄생 혹은 온전함으로의 회복은 어떻게 가능한가? 그리고 그 온전함이란 구체적으로 무엇인가? 그 모델로서의 실제적 내용과 과정을 설명하기 위해 우주적 생성의 과정과 내용이 장황하게 전제된 것이다. 그것은 즉 무극/카오스로

---

23) 태극으로부터 인극으로의 전개가 생성론이라면 인극으로부터 태극으로의 관계는 규범의 근거를 추적해 가는 가치론이라고 규정한 余敦康의 관점은 그래서 시사하는 바가 크다.(余敦康, 『內聖外王的貫通』, 上海: 學林出版社, 1997, 165쪽.)

부터 질서/코스모스로의, 곤괘坤卦에서 복괘復卦로의, 악惡/속俗으로부터 선善/성聖으로의 탄생이자 재탄생이며 재창조다. 악·속·무질서로부터 의 회복은 선·성·질서·가치라는 기준의 선재를 요구한다. 따라서 태극-인극은 인간 본질의 연원이기도 하지만 오히려 온전함으로의 지향이요 목표가 된다.

기존의 학계는 지금까지 「태극도설」을 발생론으로 볼 것이냐 아니면 존재론으로 볼 것이냐 하는 소모적 논쟁 속에서 허덕여 왔다. 그러나 그러한 노력이 이 저작을 좀 더 생산적이고 가치 있게 이해하는 데 도움을 주었다고 생각지는 않는다. 때문에 필자는 이제 이 저작을 논리적·철학적 사유로부터 해방시켜 '신화적 사유'로 읽을 것을 제안하 는 것이다.[24]

신화적 사유에서 생성이라는 상징을 통해 우주적 탄생을 반복·재현 하는 것은 실존적으로 나약한 인간이 성스러운 존재로서의 자신을 자각하는 행위가 된다. 이렇게 태초의 우주탄생은 끝없이 반복·재현된 다. 자신을 인극에 합일하도록 교정하는 행위의 선택은 태극으로부터 시작하는 우주적 생성에 자신을 합일시키는 것이다. 「태극도설」은 분명 '생성'을 다룬다. 그러나 그것은 우주적 일회적 사건이 아니라, 지금 여기에서 도덕적이고 성스러워지고자 하는 개인에 의해 끊임없이 반복·재현되는 것이다. 그럼으로써 그것은 자연스럽게 '존재론'과의 벽을 허문다. 주자에게서 태극-리가 지금 여기의 내 존재를 설명하듯,

---

24) 필자는 우주발생론이나 존재론 혹은 존재론에 대한 탐구 자체가 아무런 의미를 지니 지 않는다고 생각하는 것은 아니다. 또 「태극도설」과 〈원회운세〉가 우주발생론이냐 존재론이냐 하는 규정작업에 신화적 사유가 어떤 도움을 준다는 말도 아니다. 문제 는 「태극도설」이나 〈원회운세〉를 그렇게 규정하는 작업에는 많은 문제점들이 수반 된다는 것이다. 그리고 그러한 규정작업이 어떤 실질적인 이해의 증가를 가져왔는 지 의문을 제기하는 것이다.

주돈이의 무극/태극-인극의 생성·분화 역시 지금 여기의 나에게 일어날 수 있고 일어나야 하는 사건이다.

그렇다고 해서 주돈이를 우주론이 아닌 존재론으로 보자는 말이 아니다. 주자의 이기론과 같은 '존재'론적 시각에서는 '생성'이라는 '과정'이 수용될 공간이 없다. 오히려 주돈이에게서 '생성'은 활발발한 생기를 지닌다. 그에게서 생성은 지금 여기의 나를 위한 언어이다. 성스러움 혹은 도덕적 온전함에 자신을 합일시키려는 종교적·수행자적 심성의 도학자에게 있어서, 우주론이냐 존재론이냐와 같은 '존재'에 대한 개념적·이성적·관념적·실체적 사유는 큰 의미를 지니지 않는다. 우리는 20세기 초반 서세동점의 상황에서 동양에도 서양과 같은 존재론과 인식론이 있었음을 강변하려던 풍우란 식의 독법을 이제 걷어내야 한다.

'말씀'이든 'Idea'든, 존재론에서의 시원으로서의 (참된) '존재'는 정적이지만 신화에서의 '생성'은 동적이다. 거기에서는 '누가'보다 '어떻게'와 '무엇'이 더 중요하다. '누구'는 언제나 원초적 일자일 수밖에 없다. 거기에 어떤 색깔을 입히는 것은 나중의 일이다. 그래서 "태극동이생양太極動而生陽"의 중점은 '태극太極'에 있지 않고 '생生'에 있다. 이렇게 읽을 때 태극은 리理여도 기氣여도 상관이 없다. 이제 발생론이냐 존재론이냐 하는 구분은 무의미해진다.

무극/태극은 그저 활력(potenz) 혹은 생성 그 자체이며 생명력의 충일로서의 '온전함' 그 자체일 뿐이다.[25] 그것이 바로 『주역』에서 말하는 "생생지위역生生之謂易"과 "천지생물지심天地生物之心"의 '생생'이다. 즉 일음일양 陰一陽이라는 끊임없는 생성 그 자체로서, 이는 개체 차원에서

---

25) 에른스트 카시러, 심철민 옮김, 『상징형식의 철학』 II (도서출판b, 2012), 36쪽.

그것을 반복·재현하려 할 때의 원형으로서의 '온전함'이다. 정호程顥는 우주의 본질을 '생生'이라고 본 『역전』을 계승하여 인간의 본질인 인仁을 '생生'이라고 번역하였다. 주돈이의 언어에서 무극/태극이 생生이라면 인극은 인仁이다. 따라서 무극/태극도 인극도 우주적·개체적 단계를 아우르는 생성력·생명력 혹은 생성 그 자체다.

태극으로부터 인극으로의 과정 즉 발생론적 관점(origination)에서는 태극의 역할 혹은 위상이 중요할 수밖에 없는 반면에, 인극으로부터 무극/태극으로의 과정 즉 가치론적 혹은 실천적 입장(regeneration; recover; renew; reborn)에서는 무극/태극에 대한 규정이 그다지 중요하지 않다. 문제는 실존적 주체가 우주적 규준을 내면화하여 우주적 온전함으로 회복하기를 선택하느냐의 여부일 뿐이다. 따라서 이러한 신화적 사유 속에서 태극의 위상과 기능에 대한 문제는 담론의 핵심이 될 수 없다. 태극이 음양으로 분화된 이후에도 존재하느냐, 혹은 존재하면서 활동하느냐 존재하기만 하느냐와 같은 물음은 더 이상 아무런 의미를 지니지 못한다. 그보다는 개별자의 원형회귀를 통한 완전성에의 도달만이 「태극도설」이 말하는 생성론의 진정한 의미가 된다.

4. 태초에서 지금 여기로

필자는 지금까지 주돈이 「태극도설」의 수양론적 실천적 의미를 추적하였다. 지금까지 대부분의 연구는 「태극도설」을 하향식 전개로만 보아 태극으로부터 인극, 인극으로부터 다시 주체로 이어지는 발생적 구조로 읽었지만, 필자는 그것을 거꾸로 상향식으로 보아 개별자가 원초적 온전함을 회복해 가는 과정으로 읽었다. 이렇게 읽을 때 주돈이의 '군자君子'는 위대한 영웅이 아니라, 지금 여기에서 되어야 하고 또 될 수 있는 인격적 지향점이 된다. 그에 따라 「태극도설」은 우주의 창조와 그 전개를 기술한 자연철학 혹은 규범의 탄생 과정에 대한 기술에서, 지금 여기에서 인격의 완성을 통한 우주적 온전함에의 합일을 수행하는 철학함에 대한 제안이자 격려가 된다.

기존의 철학사는 양송兩宋 성리학을 우주론으로부터 존재론으로의 과정으로 읽어 왔지만, 필자는 이제 그러한 분할 자체의 적절성에 의문을 제기한다. 서양철학에 견주어 중국철학에도 인식론과 존재론이 있었다는 것을 강변하기 위해 기획되었던 풍우란의 관점과, 그것을 그대로 계승했던 기존 철학사의 기술을 이제는 진지하게 재검토해 봐야 할 때다.

고전의 저자들이 살았던 시대의 맥락을 최대한 복원하고 존중함으로써 그 저작을 가장 정직하면서도 생동감 있게 읽어내는 태도라야, 과거의 죽어 있는 저작들을 이 시간 여기에서 다시 살아나게 하는 가장 바람직한 독해법이라고 생각한다. 그런데 「태극도설」을 소박한 천체물리학으로 이해하는 것이 과연 북송의 맥락에서 정직하고 생동감 있는 독해일까? 또 그러한 이해는 오늘의 우리에게 어떤 의미를 줄 수 있을까? 교육 현장에서 우리는, 이 저작을 통해 과거 동양의 지식인들이 세계와 규범의 탄생을 이렇게 생각했다고 가르쳐야 할 것인가? 20세기 초 서세동점의 시대적 맥락에서 시도된 해석이 지난 한 세기 동안 많은 역할을 해 왔다는 것은 인정할 수 있지만, 이제는 새로운 해석이 필요한 때다.

북송 성리학을 존재론 구축을 위한 여정으로 전제하면 연구자는 당연히 논리적·이성적 언어로 그것을 분석할 수밖에 없을 것이다. 그러나 수양론이라는 유학의 대전제에서 봤을 때, 성리학적 인간관은 철학적·로고스적이라기보다는 종교적·미토스적이라고 할 수 있다. 수양(공부)하는 인간을 이해하기 위해 존재론적·논리적 언어로 접근하는 것이 과연 어떤 실체적·실효적 의미가 있을지 다시금 고민해 봐야 한다.

그렇다고 북송 성리학자들이 의식적으로 신화적 언어를 구사했다거나 은연중에 고대로부터 내려오는 신화적 사유방식을 계승했다고 주장하려는 것은 아니다. 다만, 여기서 필자가 주장하고 싶은 것은 존재론적·논리적·형이상학적 언어보다는 생성론적·상상적·신화적 언어로 읽을 때에 이들 성리학자들의 심경과 의도가 좀 더 분명해지고 이들 저작의 사상사적 의의가 좀 더 풍부해진다는 것이다.[26]

신화적 사유에서는 원형이 아니라 그 복원과 재현에 초점이 맞춰져 있다. 따라서 이러한 관점에서 태극이 기氣인지 리理인지, 혹은 존재하기만 하고 기능하지는 못하는지 따위의 문제는 그다지 큰 의미를 지니지 못한다. 물론 주돈이 자신은 들어보지도 의식하지도 않았을 우주발생론이냐 존재론이냐 따위의 규정 문제도 발생하지 않을 것이며, 『역전』이나

---

26) 물론 거꾸로, 유가의 이성적 철학적 사유가 반고·여와와 같은 중국 전통의 신화적·상상적 사고의 전승·확대를 방해했을 개연성도 인정된다.(문현선, 「고대 중국인이 바라본 세계: 중국 창조신화에 나타난 세계창조과정을 중심으로」, 『道敎文化硏究』 20집, 도교문화연구회, 2004, 83쪽.) 일반적으로 신화적 사고는 유가류가 아닌 도교류 저작에서 계승되었다는 점이 이러한 추단에 힘을 실어 준다.(이은봉, 「고대 중국신화와 고전 도가사상과의 관계」, 『東洋哲學硏究』 21집, 동양철학연구회, 1999, 222~235쪽 참고.) 그러나 성리학자들의 사유가 우주적 단위로 확장되면서 이러한 이성적·실증적·현실적 사유는 어느 정도 해금을 맞았다고 할 수도 있다. 장재의 「서명」, 주자의 『초사집주』와 내단류에 대한 주석서, 소옹의 도가연원설 등이 바로 그 예시가 된다고 하겠다.

『노자』 등에서 이미 발견되는 존재론적 사유에 대한 해석의 어려움도 얼마든지 피해 갈 수 있게 될 것이다.

또한 '복원과 재현'이라는 측면에서 신화적 사유로의 독법은 「태극도설」에 대한 기존의 평가를 완전히 바꾸어 놓을 수 있다. 기존의 철학사가 이 저작에 대해 성리학적 체계의 우주론적 기반을 제공한 문장으로 한정함으로써 인도人道가 부족하다거나 수양론이 없다거나 심지어는 유가도 아니라는 식의 평가를 받게 만들었다면, 신화적 사유의 독법은 주돈이를 플라톤 같은 "원시적인 심성의 뛰어난 철학자로, 다시 말해서 고대 인류의 실존 양식과 행동 양식에 철학적인 가치를 부여하는 데 성공한 사상가로 간주할 수도 있다."[27]

---

27) 미르치아 엘리아데, 심재중 옮김, 『영원회귀의 신화』(이학사, 2009), 47쪽.

제3장 유목의 〈하도·낙서〉와 역수학

1. 〈하도·낙서〉와 법칙적 세계의 탄생

주자가 〈하도河圖〉와 〈낙서洛書〉의 도상을 자신의 주요 역학 저작인 『역학계몽』과 『주역본의』의 첫머리에 싣고 그것이 『주역』의 근원이라고 주창한 이후 이 두 도상은 역학사에서 중요한 지위를 차지해 왔다. 주자는 「계사전」에서 말하는, 『주역』을 만듦에 '성인이 의거한 〈하도〉와 〈낙서〉는 1부터 10 그리고 1부터 9까지의 수 배열 도상으로서 『주역』 형성의 근원일 뿐만 아니라, 이 〈하도·낙서〉에서 드러난 수 배열의 질서는 우주의 본질과 운동의 원리를 표상하고 있다고 주장하였다.

때문에 주자의 학술적 영향력이 절대적이던 송대 이후 그리고 조선의 경우는 〈하도·낙서〉의 위상이 지극히 높아질 수밖에 없었다. 조선의 거유 퇴계 이황 역시 『계몽전의啓蒙傳疑』를 지어 〈하도·낙서〉를 중시하였다. 그러나 〈하도·낙서〉의 학술적 근거에 대한 회의는 일찍이 북송시기부터 있어 왔고, 청대와 조선 말에 들어서면 많은 학자들에 의해 주자가 확정한 도상의 근거는 완전히 부정되기에 이른다. 주자 이후 800년의 역학사에서 〈하도·낙서〉에 대한 평가는 실로 하늘과 땅의 간격이었다고 할 수 있다.

주자 이전 『역학계몽』의 〈하도·낙서〉 도상과 관련된 저작이나 기록은, 시기상으로 진단陳搏의 〈용도龍圖〉, 유목劉牧의 『역수구은도易數鉤隱圖』, 관자명關子明에게 위탁한 완일阮逸의 『역전易傳』이 전부다. 이 중 현전하는 진단의 〈용도〉는 원대元代의 장리張理에 의해 전해진 것이며, 여조겸呂祖謙이 전하는 「용도서龍圖序」 역시 수록 시기로는 유목이나 완일보다 늦다. 이렇게 볼 때 지금 전해지고 있는 〈용도〉의 내용이 과연 진단 본인의 저작이 맞는지, 아니면 최소 진단의 것과 유사한지에 대해서는 또 다시 '평가'의 문제가 제기될 수밖에 없다.[1] 관자명 역시 구체적인 도상은 없고 수의 배치에 대한 설명만 있을 뿐인데 명칭을 제외한 그 내용은 유목의 것과 같다. 그런 점에서 주자 이전 〈하도·낙서〉의 도상에 대한 직접적이고도 완정한 저작은 유목의 『역수구은도』가 유일하다고 해야 할 것이다.

유목의 『역수구은도』는 사실상 주자 이전의 〈하도·낙서〉 도상으로서는 유일하다. 때문에 유목과 주자의 〈하도·낙서〉를 상호 비교하는 과정에서 우리는 주자의 도서역학圖書易學 혹은 그의 상수역학象數易學 전체의 특징과 의미를 좀 더 입체적으로 확인할 수 있게 될 것이다. 그러나 안타깝게도 국내에서는 아직 유목에 관한 연구를 발견할 수 없었다. '수리적 보편타당성의 확인'이라고 규정할 수 있는 주자의 도서역학은 거의 전적으로 유목의 영향 하에서 형성되었다고 할 수 있다. 주자는 유목이 어렴풋하게 가늠한 '수리적 보편타당성'을 좀 더 명확하게 했을 뿐이다. 이런 배경에서 볼 때 유목에 대한 연구가

---

1) 역학사의 권위자인 朱伯崑과 廖名春 등은 모두 여조겸의 「용도서」와 장리의 도상을 진단의 원작과 깊은 관계가 있는 것으로 인정하고 있다.(朱伯崑, 『역학철학사』 3권, 34쪽과 廖名春 등, 심경호 역, 『주역철학사』, 예문서원, 1994, 384쪽 참고.) 그러나 장리 등도 유목의 도상을 보았을 것으로 충분히 생각할 수 있다. 때문에 그들이 전하는, 혹은 해석한 도상에 유목의 영향이 없다고 단언할 수는 없다.

부족한 것은 매우 안타까운 노릇이다.

때문에 이 장에서는 우선 유목의 역학을 소개하고 그 특징과 의미를 밝힌 뒤에 그것이 주자에게서 어떻게 발전되는지를 추적하고자 한다.

2. 유목『역수구은도』의 구성과 내용

유목의『역수구은도易數鉤隱圖』는 상중하 3권과 부록에 해당하는「유론구사遺論九事」1권으로 구성되어 있다. 상중하 3권에는 모두 55개의 도상이, 부록 1권에는 총 9개의 도상이 있으며 필요에 따라 도상에 대한 설명이 부기되어 있다. 각 도상의 제목과 순서는 다음의 표와 같다.

〈표1〉 유목『역수구은도』의 도상 목차

번호	圖名	비고	분류
1	太極	5개 백점 5개 흑점 교차로 구성된 원	綱領
2	太極生兩儀	1~4가 북남동서로 배치	
3	天五	5개 백점 X형	
4	天地數十有五	2도 중앙에 3도를 결합	
5	天一下生地六	4도 아래에 6 배치 (1+5=6)	
6	地二上生天七	4도 위쪽에 7 배치 (2+5=7)	
7	天三左生地八	4도 좌측에 8 배치 (3+5=8)	
8	地四右生天九	4도 우측에 9 배치 (4+5=9)	
9	兩儀生四象	5~8도에서 추가된 6~9	
10	四象生八卦	文王八卦方位圖와 유사	
11	二儀得十成變化	4도 아래에 9도를 배치하고 그 중앙에 10을 배치	

12	天數	1, 3, 5, 7, 9	
13	地數	2, 4, 6, 8, 10을 중·동·남·서·북에 배치	
14	天地之數	12도와 13도의 조합이나 동일하지 않음.	
15	大衍之數	11도에서 중앙의 5를 뺀 도식	
16	其用四十有九	15도에서 1을 뺀 도식	
17	少陽	7	四象
18	少陰	8	
19	老陽	9	
20	老陰	6	
21	七八九六合數	9도와 같고 7의 모양만 17도의 것	
22	乾畫三位	1~5를 종으로 배치	
23	地畫三位	6~10	
24	陽中陰	22도에서 1을 제외	
25	陰中陽	23도와 동일	
26	乾獨陽	⋮형의 백3점	五行
27	坤獨陰	∶ ∶ 흑2점 3행 (·· ···)	
28	離爲火	4개의 흑점이 ◇형	
29	坎爲水	5개의 백점이 X형	
30	震爲木	5개의 백점이 U형	
31	兌爲金	4개의 흑점이 Y형	
32	天五合地十爲土	5와 10이 종으로 연결	
33	人稟五行	心離·肺兌·脾10·肝震·腎坎	
34	乾坤生六子	26도와 27도가 각각 3배 확장	八卦
35	乾下交坤	문왕팔괘방위도와 배치 동일	
36	坤上交乾	35도와 동일	
37	震爲長男	35도 좌측이 V형의 백5점 震卦로	
38	巽爲長女	37도 좌상귀가 人형 혹4점 巽卦로	
39	坎爲中男	38도 아래가 X형 백5점 坎卦로	
40	離爲中女	39도 위가 ◇형 혹4점 離卦로	
41	艮爲少男	40도 좌하귀가 ∧형 백5점 艮卦로	
42	兌爲少女	41도 우측이 Y형 혹4점 兌卦로	

43	坎生復卦	46도와 29도의 조합	64卦
44	離生姤卦	28도가 백5점 혹2점의 도형과 연결	
45	三才	: 형 백백天 백흑人 흑흑地	
46	七日來復	흑10점 아래 백1점	
47	臨卦八月	흑8점 아래 백1흑1점[2]	
48	遯卦	백4점 아래 흑4점	
49	河圖	『역학계몽』의 〈洛書〉와 배치 동일	河圖
50	河圖天地數	4도와 동일. 49도와 같지 않음.	
51	河圖四象	9도와 동일. 49도와 같지 않음.	
52	河圖八卦	10도와 동일. 49도와 같지 않음.	
53	洛書五行生數	4도를 180° 회전. 『역학계몽』의 〈河圖〉와 유사	洛書
54	洛書五行成數	9도 중앙에 10을 배치. 『역학계몽』의 〈하도〉와 유사	
55	十日生五行幷相生	11도와 유사	

遺論九事

1	太皥氏授龍馬負圖	49도와 동일. 오행과 방위 등을 연결
2	重六十四卦推盪訣	팔괘·64괘·만물로의 확장을 원형으로 묘사
3	大衍之數五十	『역학계몽』의 〈하도〉와 동일한 수 배치
4	八卦變六十四卦	팔순괘가 효변에 의해 64괘로 확장되는 과정
5	辨陰陽卦	문왕팔괘의 발생 과정
6	復見天地之心	靜(動息)으로 復卦를 설명
7	卦終未濟	『주역』 상하편 구성에 대한 설명
8	著數揲法	설시법에 대한 설명
9	陰陽律呂圖	律呂를 방위로 설명

---

2) 『易數鉤隱圖』에는 64괘상을 표현하는 방식에 대한 설명이 없다. 이 책에서 명시된 64괘는 復卦·姤卦·臨卦·遯卦의 네 괘이다. 이 도상을 근거로 보았을 때, 양효는 백1점(○) 음효는 흑2점(··)으로 표현되고 있다. 이런 표현 방식은 유목 이전 진단이 그린 〈용도〉에서도 확인된다. 이는 팔괘 도상에서도 일관되게 적용될 수 있다. 다만 팔괘에서는 문왕팔괘의 원칙에 의해 양괘인지 음괘인지에 따라 흑백으로 통일되어 표시될 뿐이다. 때문에 〈47도〉의 가장 아래 흑1점은 백1점이 되어야 할 것으로 보인다.

「유론구사」는 부록적 성격을 지니기에 특별한 분류가 가능하지 않다. 『역수구은도』 상·중·하 3권의 55개 도상은 그 내용에 의거했을 때 〈표 1〉의 오른쪽처럼 분류할 수 있다. 제1도부터 16도까지는 전체에 대한 강령으로서 유목이 생각하는 역수易數의 전개 과정을 개괄적으로 보여 주고 있다. 그것은 태극(1) → 양의(2) → 사상(4) → 팔괘(8) → 천지지수(55)/대연지수(45)로의 과정이다. 다음은 17도부터 25도까지로, 1~5 혹은 6~10까지에 해당하는 사상四象에 대해 주로 다루고 있다. 다음은 26도부터 33도까지로, 주로 오행五行을 다루고 있다. 34도부터 42도까지는 팔괘八卦를, 43도부터 48도까지는 64괘를 다루고 있다. 마지막 7도 중 49~52의 4개 도상은 〈하도〉를, 53~55의 3개 도상은 〈낙서〉를 다루고 있다.

책의 제목에서도 보이듯이 이 도상들의 순서는 결국 '역수易數'의 자기전개를 보여 주는데, 유목이 생각하는 역수는 아직 수로 형상화되지 않은 태극(0 혹은 1)으로부터 시작하여 그 궁극적 종착인 '천지지수'에서 끝난다. "(경전에서 말하는) '그 수를 극대화한다'는 것은 천지의 수를 극대화한다는 말이다. 천지의 극대화된 수란 곧 55를 말한다."[3] 그리고 그 천지지수는 최종적으로 〈하도〉와 〈낙서〉, 그 중에서도 〈낙서〉로 표상된다.

그런데 이 역수 즉 천지지수는 「계사전」이나 『역학계몽』처럼 단순히 1, 2, …, 9, 10의 순서로 전개되는 것이 아니다. 도상의 순서에서 보이듯 그것은 "역유태극易有太極, 시생양의是生兩儀…" 즉 태극(1) → 양의(2) → 사상(4) → 팔괘(8)의 과정을 거치고 최종적으로 '10을 얻어 변화를 완성'하게

---

3) 『易數鉤隱圖』(전자판 〈文淵閣四庫全書〉본. 이하 동일) 제8도, "極其數者, 爲極天地之數也. 天地之極數, 五十有五之謂也." 번역문의 ( )는 필자가 임의로 추가한 것임.

된다.[4] 『역수구은도』가 보이려는 주제가 '역수'라면, 역수의 전개 형식은 소옹이 말했던 소위 '선천도식先天圖式'의 형식이다. 이는 『주역』과 역수의 관련성을 강조하기 위한 것이면서 『역위易緯』 이후의 발생적 관점을 발전시킨 것이라고 볼 수 있다.

선천도식이 역수 발전의 '형식'이라면, 오행五行은 역수의 '내용'이라고 할 수 있다. 유목에게서 역수는 질과 양을 갖지 않는 순수한 수적 관념이 아니라, 철저하게 기질과 방위와 생성의 방향을 갖는다. 때문에 유목은 이렇게 말한다.

「계사전」에서는 천1 · 지2 · 천3 · 지4 · 천5 · 지6 · 천7 · 지8 · 천9 · 지10이라고 하였는데, 이는 오행의 생성을 보여 주는 수이다. 천1은 수水를 낳고, 지2는 화火를 낳고……[5]

전체 도상에서 보이듯 유목은 일관되게 오행으로 역수易數를 설명한다. '천지지수 55'는 바로 「홍범」 오행 수가 스스로 발전한 결과물[6]이기에 천지지수 즉 역수를 오행으로 설명하는 것은 지극히 당연해 보인다.

이상의 내용을 정리하자면 유목의 『역수구은도』는 역수의 자기전개를 태극 → 양의 → 사상 → 팔괘 → 천지지수라는 발생적 과정 속에서

---

4) 때문에 〈강령〉 부분에서 사실상 수의 완성은 11도에서 이루어진다. 12~16도는 11도에 대한 분석이거나 부연이라고 할 수 있다.

5) 제46도, "繫辭曰, 天一地二天三地四天五地六天七地八天九地十, 此乃五行生成之數也. 天一生水, 地二生火……."

6) 朱伯崑, 『역학철학사』 3권, 57쪽. 朱伯崑 교수는 그래서 유목의 〈낙서〉를 〈오행생성도〉라고 규정하고, 유목이 〈오행생성도〉를 「홍범」 〈오행〉과 관련된 것으로 보았기 때문에 〈하도〉가 아닌 〈낙서〉로 규정했다고 설명한다. 그런 의미에서 『역수구은도』의 도상은 최종적으로 〈하도〉가 아닌 〈낙서〉 즉 〈오행생성도〉로 귀결된다고 할 수 있다.

오행생성의 관계를 통해 기술하고 있다. 그런데 그 전개는 최종적으로 〈하도〉와 〈낙서〉 특히 〈낙서〉로 귀결된다. 여기서 이 글의 주제와 관련한 한 가지 중요한 질문이 제기될 수 있다. 『역수구은도』의 집필 목적은 과연 〈하도·낙서〉인가? 앞에서 본 것처럼 역수의 귀결은 〈하도·낙서〉로 끝난다. 그리고 『사고전서총목제요四庫全書總目提要』에서 유목을 한대 상수와는 다른 '도서학파圖書學派'라고 규정할 만큼 이 책에서 〈하도·낙서〉의 위상은 절대적이다.

그런데 〈정통도장正統道藏〉본 『역수구은도』에는 유목의 이름으로 된 「서문序文」이 수록되어 있다. 이 글에서는 "지금 천지 홀짝의 수에 관한 도상을 모았으니 〈태극생양의太極生兩儀〉로부터 〈복괘復卦〉에 이르기까지 모두 55개의 도상이고, 그 아래에 각각의 의미를 풀어놓았으니 보는 이들이 그것을 쉽게 이해하고자 함이다"[7]라고 하였다. 이에 의거했을 때, 필자는 〈하도·낙서〉가 역수의 귀결이자 총합이라고 할 수는 있겠지만 『역수구은도』 전체가 전적으로 〈하도·낙서〉를 발명發明하기 위해 저술되었다고는 생각하지 않는다. 『역수구은도』는 그 제목에서 보이듯 '역수易數'를 보이기 위한 것이다.

실제 『역수구은도』에서 〈하도·낙서〉와 직접적인 관련이 있는 도상은 11, 14, 15, 16, 49~55도 그리고 〈유론구사〉 중의 유遺1도와 유3도 정도로 한정할 수 있다. 13/64의 비중이다. 그 나머지는 『주역』 전반의 주요한 개념 중에서 양의·사상·오행·팔괘·64괘 등 특히 『주역』 발생 과정의 주요 단계를 설명하고 있다. 때문에 『역수구은도』의 주제와 목적은 〈하도·낙서〉가 아니라 '역수'라고 할 수 있다.

---

7) 『易數鉤隱圖』(〈正統道藏〉본), 「序文」, "今採摭天地奇偶之數, 自太極生兩儀而下, 至于復卦, 凡五十五位點之成圖, 於逐圖下各釋其義, 庶覽之者易曉耳."

이는 단순히 『역수구은도』에 대한 이해에 한정된 문제가 아니다. 그것은 〈하도·낙서〉와 유목의 철학을 어떻게 규정할 것이냐 하는 문제와 직결된다. 유목에게서 〈하도·낙서〉는 어디까지나 '역수'의 일부로서의 의미를 지닌다. 때문에 그 궁극적 이해의 지평이 역수로 확장되고 귀결되어야지, 결코 〈하도·낙수〉 내부의 수적·방위적 배치에 매몰되어서는 안 된다.

그러나 아무리 『역수구은도』의 주제와 목적이 '역수'라고 해도, 그 전개의 방식은 천지지수의 완성을 향하고 있다. 때문에 역수의 전개는 〈하도·낙서〉를 배제하고는 생각할 수 없다. 실제 〈하도·낙서〉 이외의 양의·사상·오행·팔괘와 같은 도상들은 결국 〈하도·낙서〉를 구성하는 일부분임도 분명하다. 때문에 유목을 도서학파의 시작이라고 규정하는 것도 무리는 없을 것이다. 다음 절에서는 유목의 하락학을 이해하기 위한 선행 작업으로 〈하도·낙서〉와 관련된 몇 개의 도상들을 예비적으로 분석하여 그 특징과 논리성을 추적하고자 한다.

3. 유목 〈하도·낙서〉의 논리적 문제

『역수구은도』에서 〈하도·낙서〉와 직접적인 관련이 있는 도상은 11, 14, 15, 16, 49~55도, 그리고 〈유론구사〉 중의 유遺1도와 유3도이다. 이제 이 도상들을 중심으로 유목의 〈하도·낙서〉를 분석해 보도록 하자.[8]

---

8) 이 그림은 〈正統道藏〉의 것을 가져온 것이다. 〈四庫全書〉본과는 그림에 약간의 차이가 있으나 의미의 차이를 주지는 않는다.

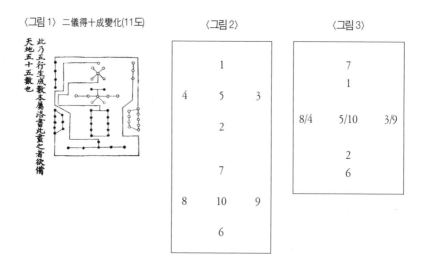

〈그림 1〉 二儀得十成變化(11도)

〈그림 2〉

〈그림 3〉

〈그림 1〉의 11도를 숫자로 표시하면 〈그림 2〉가 된다. 〈그림 2〉는 '양의 (1∼4)가 천수 5와의 결합을 통해 사상(6∼9)으로 확장하고 최종적으로 10을 얻어 변화를 완성했'는 제목에 충실하게 그려져 있다. 도상의 윗부분은 1∼5, 아랫부분은 6∼10으로 구성되어 있다. 유목은 이에 대해 "이는 오행생성수인데 본래 〈낙서〉에 속한다. 이렇게 그린 것은 천지지 수 55를 모두 갖추어서 보이고자 함이다"라고 부연설명하고 있다. 즉 이것이 유목이 생각하는 〈낙서〉다. 유목이 〈낙서〉라고 명시적으로 언급 한 그림은 이것이 유일하다. 그런데 이 그림은 우리가 알고 있는 『역학계 몽』의 〈낙서〉나 〈하도〉와도 거리가 있다. 다만 〈그림 2〉의 윗부분과 아랫부분을 〈그림 3〉처럼 겹쳐 놓으면 비로소 『역학계몽』의 〈하도〉와 비슷해진다. 이렇게 1∼5의 윗부분과 6∼10의 아랫부분을 겹쳐 놓는 것이 임의적이기만 한 것은 아니다. 15도는 1∼5와 6∼10을 합쳐 놓은 14도에서 중앙의 천수 5를 뺀 것이다. 〈그림 4〉의 15도를 숫자로 표시하면 〈그림 5〉가 된다.

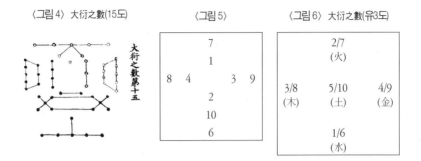

〈그림 4〉 大衍之數(15도)　　　　〈그림 5〉　　　　〈그림 6〉 大衍之數(유3도)

			7		
			1		
8	4			3	9
			2		
			10		
			6		

	2/7 (火)	
3/8 (木)	5/10 (土)	4/9 (金)
	1/6 (水)	

〈그림 4〉는 14도보다는 낮지만 전체적인 구도에서 각 수의 위치가 엉성하고 딱히 『역학계몽』과 비교하지 않더라도 대칭에 있어서 10의 위치가 부적절하다. 이보다는 조금 더 완정한 것이 유3도이다. 유3도를 숫자로 표시하면 〈그림 6〉이 된다. 이제 『역학계몽』의 〈하도〉와 완전히 같아졌다. 그러나 유목은 이를 〈대연지수도〉라고만 했지 〈낙서〉라고 하지는 않았다. 〈대연지수〉라고 해도 〈그림 4〉를 정리한 〈그림 5〉와는 수의 배치가 다르다. 물론 〈그림 1〉을 정리한 〈그림 3〉과도 다르다. 결국 이것은 〈오행생성도〉 즉 주자의 〈하도〉와 유목의 〈낙서〉가 달라지는 지점이기도 하다. 이는 어째서인가? 그 힌트를 찾기 위해 〈낙서〉 도식과 유사한 55도의 형성 과정을 살펴보자.

〈그림 7〉

河圖天地數(50도)　　　　洛書五行生數(53도)　　　　洛書五行成數(54도)

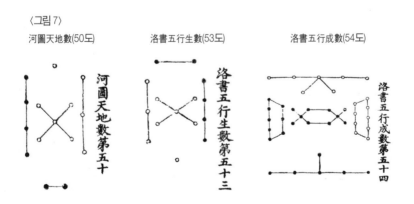

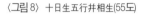

〈그림8〉 十日生五行幷相生(55도)

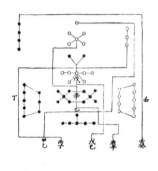

〈그림2〉

	1	
4	5	3
	2	
	7	
8	10	9
	6	

〈그림3〉

	7	
	1	
8/4	5/10	3/9
	2	
	6	

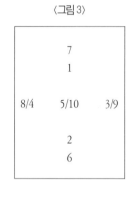

〈그림7〉과 〈그림8〉에서처럼 55도는 53도와 54도를 합한 것으로 보인다. 그리고 53도와 54도를 합치면 『역학계몽』의 〈하도〉가 된다. 그러나 사실 55도는 53도와 54도를 그대로 합한 것이 아니고, 53도 부분이 180° 회전되었다. 즉 53도가 아니라 오히려 50도와 54도를 합한 것에 해당한다. 때문에 결국 〈그림3〉처럼 『역학계몽』의 〈하도〉와는 1~4의 배치가 반대가 된다. 왜 그럴까? 유목의 도상은 『역수구은도』의 도상 순서, 즉 양의→사상→팔괘와 같은 발생의 순서를 지키다 보니 『역학계몽』의 〈하도〉와는 1/6, 2/7, 3/8, 4/9의 짝이 바뀌게 되었다. 즉 『역수구은도』의 제5도는 1+5=6을 그리고 있는데 이때 6은 1과 반대 방향에 있게 되어, 『역학계몽』에서 1과 6이 같은 방향에 있는 것과는 다르게 된 것이다. 그러나 6이 1+5에서 온 것이라고 생각한 것은 유목도 주자도 동일하다. 다만, 1부터의 발생을 체계적으로 그

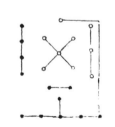

리려던 유목과 그것을 한 번에 그려 보인 주자의 기획에 차이가 있는 것이다. 그렇다면 처음부터 53도처럼 천1이 아래쪽으로 가도록 그려 54도와 합해서 〈낙서〉를 만들었다면 유3도인 〈대연지수도〉와 합치했을 텐데 왜 그렇게 하지 않았을까? 문제는 50도와 53도의 불일치다. 천지天地 즉 양의兩儀를 표현할 때는 50도처럼 천1이 위로 가고, 오행의 생성을 나타낼 때는 천1이 53도처럼 아래로 가도록 그려 넣었기 때문에 문제가 발생한 것이다. 다시 말해 '오행생성'으로 〈낙서〉를 표현하려고 했지만 결국에는 성공하지 못한 것이다.

그러면 다시 〈그림 4〉의 15도와 〈그림 6〉의 유3도 간의 불일치 문제로 돌아가 보자. 유3도는 『역학계몽』의 〈하도〉와 부합하기는 하지만 15도와 일치하지 않고 『역수구은도』의 발전 과정과도 부합하지 않는다. 이는 천1과 지6의 '상합相合'이 수水를 만들어 냄을 보이고자 한 것이다. 유목은 유3도에서 이렇게 설명한다.

「계사전」에서 말하는 천수 다섯이라는 것은 5개의 홀수를 말한다. 지수 다섯이라는 것은 5개의 짝수를 말한다. 다섯 자리가 서로 얻고 각자 합한다는 것은 그렇게 함으로써 금목수화토의 오행을 이루어 냄을 의미한다. 천수는 1, 3, 5, 7, 9이다. 지수는 2, 4, 6, 8, 10이다. 이것이 바로 55의 수이다. 다섯 자리라는 것은 홀수와 짝수의 자리이다. 각자 합한다는 것은 음양이 서로 합하는 것이다.[9]

유목의 이러한 이해는 『한서漢書』 「오행지五行志」에서 "천天이 1로 수水를 낳았고, 지地가 2로 화火를 낳았으며, 천天이 3으로 목木을 낳았고,

---

9) 『易數鉤隱圖』, 「遺論九事」, 大衍之數五十第三, "謹案繫辭曰, 天數五, 五奇也. 地數五, 五耦也. 五位相得而各有合, 以成金木水火土也. 天數一三五七九也. 地數二四六八十也. 此乃五十五之數也. 夫言五位者, 奇耦之位也. 有合者, 陰陽相合也."

지地가 4로 금金을 낳았으며, 천天이 5로 토土를 낳았다"라고 한 것과 "수水의 대수大數는 6이고, 화火는 7, 목木은 8, 금金은 9, 토土는 10이다"[10]라고 한 것에서 유래한 것이다.[11] 결국 유3도와 15도의 불일치는 이기二氣 즉 양의兩儀가 '나뉘었을 때'(分)와 '교류했을 때'(交)의 차이에서 온다.

> 양의는 두 기가 처음 나뉜 것이다.…… 기 중에 위로 올라가는 것은 가볍고 맑으며, 기 중에 아래로 내려가는 것은 무겁고 탁하다.…… 이는 위와 아래가 아직 교류하지 않았을 때 두 개의 틀로 나뉨을 보인 것이다. 두 기가 교류하면 천 1은 아래로 내려가 수水를 낳고 지 2는 위로 올라가 화火를 낳는다.[12]

즉 두 기가 교류하지 않았을 때는 천1이 위에 있지만 두 기가 교류하여 운동하면 아래로 내려온다는 말이다.[13] 그러나 이러한 설명에도 불구하고 15도와 유3도의 불일치는 설명하기 어렵다. 두 그림 모두 '이미 교류한 뒤'의 것에 해당하기 때문이다. 또한 55도와 53도의 불연속 역시 설명하기 어렵다. 이는 유목 스스로 각 도상의 논리적 정합성에 그다지 신경을 쓰지 않았던 것이거나, 아니면 자신의 발생적 해설 이전에 이미 정해져 있는 〈낙서〉와 〈대연지수도〉가 있었던 것이 아닌지 추측하게 한다. 논리적 불연속은 〈하도〉의 경우에도 마찬가지다. 유목의 〈하도〉는 49도와 유1도에서 보인다.

---

10) 『漢書』, 「五行志」, "天以一生水, 地以二生火, 天以三生木, 地以四生金, 天以五生土.……水之大數六, 火七, 木八, 金九, 土十."
11) 朱伯崑, 『역학철학사』 3권, 56쪽에서 재인용.
12) 『易數鉤隱圖』, 太極生兩儀第二, "兩儀則二氣始分.……夫氣之上者輕清, 氣之下者重濁.…… 玆乃上下未交之時但分其儀象耳. 若二氣交, 則天一下而生水地二上而生火."
13) 장리가 전하는 진단의 〈용도〉에서 이미 1~4의 위치가 바뀌는 결함을 보이고 있고, 이에 대해서는 文載坤, 「『河圖』·『洛書』의 形成과 改托」(『周易의 現代的 照明』, 韓國周易學會 編, 汎洋社, 1992, 262~263쪽) 등에서 밝히고 있다. 유목은 이미 존재하는 진단의 〈용도〉를 따라가다 보니 이러한 모순을 자각하지 못했을 수도 있다.

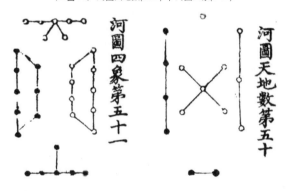

　그림의 순서로 보아 〈그림 10〉의 50도와 51도는 〈그림 9〉의 49도로부터 설명될 수 있다고 말하는 것으로 보인다. 즉 〈하도〉로부터 '천지수天地數'(50도)와 '사상수四象數'(51도)를 읽어 낼 수 있다는 말일 것이다. 그러나 50도, 51도와 49도의 수적 배치는 전혀 관계가 없다. 유목의 발생적 설명 방식에 의한다면 오히려 50도와 51도로부터, 혹은 그와 동일한 도상인 4도와 9도로부터 어떻게 〈하도〉 즉 49도가 만들어졌는지를 설명했어야

옳다. 그러나 유목은 이에 대해 전혀 설명이 없다. 그것은 그저 한대 이후 전해져 온 〈구궁도九宮圖〉를 그대로 따른 것에 불과하다.

이상을 통해서 볼 때, 유목의 『역수구은도』에 실려 있는 도상들은 태극(1) → 양의(2) → 사상(4) → 팔괘(8) → 천지·대연지수라는 『주역』의 발생과정을 수의 자기전개로 그리려 한 것으로, 그 최종적 집성은 〈하도〉·〈낙서〉·〈대연지수〉 등이 되었다. 그러나 각 도상들의 전개에는 간혹 논리적 정합성이 결여되기도 하였는데, 이는 유목 이전에 이미 정해져 있던 나름의 도상으로부터 그 스스로 완전히 자유로울 수 없었던 것이 아닌가 추측할 수 있다. 「서문序文」의 "음양이 교류하지 않으면 사상이 성립될 수 없으며, 팔괘가 나뉘지 않으면 만물이 어떻게 생기겠는가?"[14] 와 같은 표현 등에서 우리는 장리 등이 언급한 진단 역학의 영향을 생각해 볼 수 있겠다. 이제 다음 절에서는 유목 역학의 특징인 수리성數理性에 대해 집중적으로 다루도록 하겠다.

4. 수리數理의 보편타당성에 대한 주목

앞 절에서는 유목 『역수구은도』의 구조, 그리고 〈하도·낙서〉와 관련된 주요 도상의 내용과 특징을 분석하였다. 이 절에서는 이러한 이해를 바탕으로 하여 본격적으로 유목 역학의 경향과 전체적 성격을 가늠하고자 한다. 유목 역학의 특징 중 첫 번째는, 그의 역학이 『주역』 경전에 대한 해석으로부터 분리되어 점차 세계 이해의 독자적인 형이상학을 구축하려는 경향을 보이고 있다는 점이다. 둘째, 유목의 독자적인 형이

---

14) 『易數鉤隱圖』, 「序文」, "陰陽未交, 則四象未立, 八卦未分, 則萬物安從而生哉."

상학이란 수적 질서에 의한 세계 이해라고 할 수 있는데, 수적 질서는 수로 드러날 수 있는 모든 것에서 보편적으로 확인되고 또 상호 치환될 수 있다는 주장이다. 그래서 대연지수와 천지지수는 서로 통하며, 하도와 낙서 역시 서로 동일한 근원을 갖는다. 필자는 이것을 '수리의 보편타당성에 대한 주목'이라고 규정하고자 한다. '수리의 보편타당성'이란, 2+3=5라거나 삼각형 내각의 합은 언제나 180°인 것처럼 수학적 타당성은 언제 어디서나 참이라는 말이다.

첫째, 유목의 역학은 이미 주어진 텍스트로서의 『주역』을 설명하려는 것이 아니라 『주역』의 근원을 찾아가려는 것이다. 『역수구은도』의 「서문」에서 그는 이렇게 말한다.

> 괘卦는 성인께서 상象을 관찰하여 지으신 것이다. 상象은 형체를 가진 것에 대한 대응으로, 그 근본을 추적하자면 형形은 상象에서 비롯하고 상은 수數에서 비롯한다. 때문에 수를 버려두고서는 사상四象의 근원을 확인할 수 없다.[15]

유목의 관점에서 보자면 양의의 단계인 1~4에는 아직 사상四象의 구체적인 형체가 없다. 때문에 '형이상形而上'이라고 한 것이다. 6~9의 단계에 와서야 사상이 구체적인 형체로 드러나 보이니, 이를 형이하라고 규정하였다.[16] 성인은 이렇게 구체적인 형체로 드러난 상象을 관찰하여 『주역』을 지은 것이다. 따라서 상象은 『주역』의 근원이 되는 것이라고 말할 수 있는데, 그 상의 근원은 다시 수數가 된다. 이 말은 『주역』의

---

15) 『易數鉤隱圖』, 「序文」, "夫卦者聖人設之觀於象也. 象者形上之應, 原其本, 則形由象生, 象由數設. 捨其數, 則無以見四象所由之宗矣."

16) 『易數鉤隱圖』 七日來復第四十六, "易曰, 形而上者謂之道, 形而下者謂之器, 則地六而上謂之道, 地六而下謂之器也. 謂天一地二天三地四, 止有四象, 未著乎形體. 故曰形而上者謂之道也."

근거가 되는 상은 결국 수적 질서의 표현에 불과하다는 의미다. 때문에 그러한 수적 질서를 알지 못하면 『주역』을 정확하게 이해한다고 할 수 없는 것이다.[17]

　『주역』 텍스트 이해를 넘어서서 그것으로 세계를 설명하려고 하는 시도는 한대 이후부터 줄곧 이어져 왔다. 어쩌면 "『주역』과 세계는 완전히 일치한다"(易與天地準)고 선언했던 「계사전」의 단계에서부터 이미 세계 이해의 시도가 확인된다고 할 수 있다. 그러나 「계사전」 이래의 이러한 세계 이해는 여전히 '『주역』을 통한 것'이었다. 즉 "『주역』을 잘 들여다보면 세계를 알 수 있다"는 식이다. 『주역』을 통해 기후 · 방위 · 질료 등의 관계를 설명하려는 시도는 오행설과 결부되어 한대 이후 괘기설(卦氣說)로 발전한다. 이는 64괘 384효라는 『역경』의 텍스트를 벗어나는 것이기는 하지만, 여전히 『주역』의 괘 · 효로 구체적인 세계를 설명하고 있다는 점에서 『주역』의 체제를 벗어났다고는 할 수 없다. 어디까지나 기존의 『주역』을 '이용'하는 것이다. 그러나 유목의 경우에는 '태극→ 양의→ 사상→ 팔괘'라는 「계사전」의 구절에 의지하여 『주역』이 어떻게 생겨났는가에 대해 논하고 있다. 『주역』을 분화 · 확장시켜 그것으로 구체적인 세계를 설명하는 것이 아니라 반대로 『주역』의 연원과 근거를 추적하는 것으로, 이는 텍스트를 넘어서는 작업이다. 때문에 『역수구은도』에는 복괘(復卦)와 림괘(臨卦) 이외에는 괘 · 효사의 인용이 전혀 없다.

　결국 유목은 『주역』에 대해 논하는 것이 아니라 '『주역』의 근원'(易之本)에 대해 논하고 있는 것이다. 『주역』의 근원에 대해 논한다는 점, 그리고 그것을 수로 설명하고 있다는 점에서 진단의 〈용도〉는 참으로 『역수구

---

17) 『易數鉤隱圖』, 「序文」, "易之爲書, 必極數以知其本也."

은도』의 선구라고 할 수 있다. 장리張理가 전하는 진단陳摶의 〈용도〉는 세 번의 변화를 통해(龍圖三變) 천수25와 지수30으로부터 어떻게 〈용도〉가 만들어지는지를 설명하고 있다. 이는, 성인이 상象을 보고 괘卦를 그렸다고 하는데 성인이 보았다는 그 상이란 과연 무엇인가에 대한 대답이라고 할 수 있다. 그리고 진단은 그 대답을 천지지수 55에서 찾았다. 용도의 목적은 역수易數와 역괘易卦를 이어 주는 역상易象을 밝히는 데 있었던 것이다.

그런데 진단의 〈용도〉는 그것이 천지지수 55라는 수에 근거하고 있지만, 수의 전개 자체에 대해서는 관심이 없다. 수의 전개는 〈용도〉라고 하는 역상을 도출해 내기 위한 과정에 불과하다. 그에 반해 유목의 경우 〈하도·낙서〉라는 역상은 수의 자기전개에서 보이는 하나의 과정에 불과하다. 진단에게서 수의 전개가 과정이고 역상이 결과라면, 반대로 유목에게서는 수의 전개가 목적이고 역상은 그것을 드러내는 과정에 불과하다.[18]

때문에 상象과 수數의 관계에서 무엇이 더 근본적인가에 대한 문제는 유목에게서 커다란 전환을 맞았다고 할 수 있다. 유목 이전까지의 수는 형체를 지니는 구체적인 대상의 '수량'에 불과했다. 『좌전左傳』의 "만물은 생겨난 뒤에 상이 있게 되고, 상이 있은 뒤에 불어나고, 불어난 뒤에 수적 질서가 있게 된다"[19]라는 구절은 오랫동안 상과 수의 관계에 대한 권위적 근거가 되어 주었고, 한대의 『자하역전子夏易傳』 등 역대의

---

18) 張克賓은 한대 역학이 '역상이 어떻게 되는가'(易象之所然)를 논하는 반면에 도서학파는 '역상이 왜 그런가'(易象之所以然)를 논하였다고 분석하였다. 다만 도서학파는 우주의 氣化의 과정에 대한 단계에 머물러 존재론의 단계까지는 이르지 못했다고 규정하였다.(張克賓, 『朱熹易學思想硏究』, 人民出版社, 2015, 145쪽 참고.)

19) 『左傳』, 僖公 15년, "物生而後有象, 象而後有滋, 滋而後有數."

대표적 역학 저작은 이러한 생각에 충실하였다.[20] 수에 대한 상의 우위적 관계는 이제 유목의 단계에 와서 코페르니쿠스적인 전환을 맞게 되는 것이다.

"상이 있은 뒤에 수가 있다"는 말은, 객관세계를 그려내고 있는 상징들에서 수적 질서를 읽어 낼 수 있다는 말이다. 그러나 "수가 있은 뒤에 상이 있다"는 말은, 이 세계의 수적 질서가 상으로 표현되었다는 말이다. 전자의 경우는 수에 의해 상이 변경될 수 없다. 그것은 세계를 담아낸 것이기 때문이다. 그러나 후자의 경우 상은 수적 질서를 표현해 놓은 수식에 불과하다. 때문에 반드시 그것이어야 할 이유가 없다. 사과 2개와 3개를 합하든 배 2개와 3개를 합하든 그 결과는 같다. 때문에 상은 이제 부차적인 것이 되고 만다. 〈하도·낙서〉에서의 흑백점을 생각해 보면 자명해진다. 그것이 청황淸黃의 점이어도 상관없고, 더 나아가 종삼점이든 횡삼점이든 상관이 없다.

사과를 발견하고 그것이 2개인지 3개인지 세는 것은 일상세계의 일로서 형이하학적인 것이다. 그러나 구체적 대상과 상징 이전에 수가 있었다는 선언은 숫자 '2'나 '二' 이전에 둘이라고 하는 수의 관념이 존재했다는 말이다. 이 세계는 온통 이 수의 관념에 의해 구성되고

---

20) 韓嬰, 『子夏易傳』, "夫物生而後有象, 象成而後有數." 당대의 孔穎達 역시 이러한 생각을 따르고 있고(『周易註疏』, "无形卽无數也. 凡有皆從无而來, 故易從太一爲始也.") 송대 朱震의 경우까지도 다르지 않다.(朱震, 『漢上易傳』, "闓子明曰象生有定數, 吉凶有前期.") 이러한 생각은 북송의 程頤가 상과 수에 앞서서 理를 제창할 때까지 지속되었다고 할 수 있다.(程頤, 『二程集』, 「答周閔中書」, "有理而後有象, 有象而後有數. 易因象以明理, 由象而知數, 得其義則象數在其中矣.") 그러나 정이 역시 수보다 상이 우선한다는 생각에 있어서는 변함이 없다. 정이의 관점은 주자를 거쳐 발전하지만, 주자의 역학에 지대한 영향을 미쳤던 蔡元定·蔡沈 부자의 경우에는 유목의 영향 하에 여전히 수의 지위가 강조되고 있다.(蔡沈, 『洪範皇極內篇』, "數者始於一, 象者成於二. 一者奇, 二者偶也. 奇者數之所以行, 偶者象之所以立." "有理斯有氣, 氣著而理隱, 有氣斯有形, 形著而氣隱, 人知形之數, 而不知氣之數, 人知氣之數, 而不知理之數. 知理之數則幾矣.")

확장되었으며, 그래서 전체 세계는 수적 질서에 의해 지배된다. 수
관념은 필연적으로 기수에 의한 크기를 갖고 이에 따라 연산이 가능하며,
서수에 의한 위치적 질서와 관계를 포함하기 때문이다. 이제 수는
단순히 수량을 세는 셈의 단계를 완전히 넘어서게 된다. 수는 존재의
본질이자 모든 존재하는 것들 사이의 관계와 질서 그 자체이고, 이것은
실존에 앞선다.

수는 존재의 본질이다. 모든 존재하는 것은 수의 질서를 간직하고
있다. 때문에 존재하는 모든 것은 수로 치환될 수 있고, 모든 존재하는
것의 관계는 수의 순서와 연산으로 설명될 수 있다. 그래서 천지지수
55는 대연지수 50과 통할 수 있다. 〈그림 4〉의 〈대연지수도大衍之數圖〉(15도)
는 〈천지지수도天地之數圖〉(14도)에 비해 중앙의 천수 5가 없다. 이에 대해
유목은 다음과 같이 설명하고 있다.

> 55는 천지의 지극한 수(極數)이다. 대연지수는 천지의 쓰이는 수(用數)이다.……
> 천5가 쓰이지 않은 것은 쓰이지 않은 것이 아니다. 이는 사상을 쓴 것이다.
> 천1・지2・천3・지4는 사상의 생수다. 천5는 사상의 생수를 주간하여 7・9・6・8
> 의 사상을 이루어 내니, 이는 사상 속에 모두 5가 있는 것이다. 때문에 5가
> 사상을 포함하고 사상이 모두 5의 쓰임이라는 것을 알 수 있다.[21]

〈천지지수〉는 '지극한 수 즉 수로 표현될 수 있는 모든 것의 총체이고,
〈대연지수〉는 그것이 실제 활용되어 '쓰이는 수'이다. 5가 차이 나는
것에 대해 유목은 중앙의 천수 5가 없기 때문이라고 하였다. 그러나

---

21) 『易數鉤隱圖』, 大衍之數第十五, "夫五十有五, 天地之極數也. 大衍之數, 天地之用數也.……
天五不用, 非不用也. 是用四象者也. 且天一地二天三地四, 此四象生數也. 天五所以韓四象生
數而成七九六八之四象, 是四象之中, 皆有五也. 則知五能包四象, 四象皆五之用也."

중앙의 천수 5는 단순히 배제된 것이 아니고 사방의 6~9 속에 녹아들어 있다. 이는 5도부터 8도에 이르는 과정에서 설명된 것으로서 1~4의 양의가 천수 5를 만나 6~9의 사상이 된 것을 의미한다. 즉 6~9의 사상이 완성되는 과정에서 이미 천수 5가 작용했기 때문에 〈대연지수〉에서 천수 5는 없어도 없는 것이 아니라는 말이다. 이렇게 유목에게서 〈천지지수〉와 〈대연지수〉는 연속성을 지니게 된다.

수적 질서가 연속성을 지닌다는 유목의 생각은 〈하도〉와 〈낙서〉가 동일한 근원을 갖는다는 소위 '하락일원설河洛一源說'로 발전되었다. 그는 특별히 「〈용도龍圖〉와 〈귀서龜書〉에 대한 논변 상上」이라는 글을 지어 〈하도〉와 〈낙서〉가 모두 복희 때에 나왔다고 주장한다.[22] 이 글은 중간에 빠진 글자도 많고 그 길이도 자못 긴데, 대략적인 내용을 간추리자면 다음과 같다.

〈하도〉와 〈낙서〉는 모두 복희 때에 출현했다. 〈하도〉에는 팔괘와 오행의 의미가 깃들어 있고 〈낙서〉에는 오행생성의 수가 깃들어 있었다. 이로부터 복희는 팔괘만을 그려내고 오행에 대해서는 명시적으로 말하지 않았다. 뒷날 우임금 때에 이르러서야 명시적으로 오행의 수를 기술한 것이다.

그가 이렇게 주장하는 근거가 분명히 제시된 것은 아니다. 그러나 그는 글의 말미에 이렇게 말하고 있다.

황하에서 도圖가 나오고 낙수에서 서書가 나온 것은 『주역』을 만들기 이전이다. 또 홍범구주 등의 도리는 우임금 이전에 이미 행해지고 있었다. 그런데도

---

22) 『易數鉤隱圖』,「龍圖龜書論上」, "신령한 거북이 〈낙서〉를 지고서 나온 것은 우임금 때가 아니다.…… 〈하도〉와 〈낙서〉가 나온 것은 복희황제 때이다."(非神龜負書出於大禹之時也,……河圖洛書出於犧皇之世矣.)

우임금이 〈낙서〉를 받은 뒤에서야 비로소 항상된 법도의 순서를 밝혀냈다고 한다면 이는 너무도 함부로 말하는 것이 아니겠는가?[23]

「계사전」의 "황하에서 도圖가 나오고 낙수에서 서書가 나오자 성인이 이에 의거했다"라는 말을 『주역』 이전에 이미 〈하도·낙서〉가 있었다는 말로 읽을 것이냐 하는 것은 논란의 여지가 있을 수 있다. 그러나 유목의 논조에는 주목해야 할 중요한 점이 있다. 『주역』 이전에 〈하도〉가 있었다는 것은 모두 동의할 수 있는 내용이다. 〈하도〉라고 하는 근거가 있었기 때문에 『주역』이 가능했다는 말이다. 그렇다면 「홍범구주」 역시 그 원리적 근거는 「홍범구주」가 명문화되기 이전에 이미 존재했다고 말할 수 있다. 그래야 우임금도 그것에 의거할 수 있었을 테니 말이다. 〈낙서〉가 「홍범」 이전에 이미 있었던 것을 모두 동의할 수 있는 것처럼. 그런데 「홍범구주」는 인문의 세계가 받들어야 할 규범의 체계이다. 그러한 법도는 우임금이라는 기술자記述者가 없어도 이 우주에 이미 존재해 있다. 우임금은 〈낙서〉에 의거해 그것을 명시적으로 기술했을 뿐이다. 이는 복희가 〈하도〉에 의거해 『주역』을 지은 것과 동일하다. 『주역』의 원리는 『주역』으로 기술되기 이전에 이미 존재하고 있었다. 결국 〈하도〉도 '원리'이고 〈낙서〉도 '원리'로서, 명문화되기 이전에 이미 이 우주에 존재해 있었다. 여기까지 동의할 수 있다면, 명문화되기 이전에 이 우주의 '원리'로서의 〈하도〉와 〈낙서〉가 시간적 차이를 두고 존재할 이유는 없다는 사실에도 동의할 수 있을 것이다. 이것이 바로 유목의 주장이다. 물론 이러한 설명을 통해 과연 〈하도〉와 〈낙서〉가

---

23) 『易數鉤隱圖』, 「龍圖龜書論上」, "河出圖, 洛出書, 在作易之前也. 又唐法九疇, 唐虞之前已行之矣. 而云禹受洛書之後, 始有常道次叙, 不日誣之者乎."

같은 시간에 제시되었는지가 논리적으로 입증된 것은 아니다. 그러나 유목의 이러한 주장에는 〈하도〉와 〈낙서〉가 우주의 '원리'로서 상관적 연속성을 지닌다는 전제가 깔려 있음을 확인할 수 있다.

〈천지지수〉가 〈대연지수〉와 연속성을 지니고 〈하도〉와 〈낙서〉가 하나로 통일될 수 있다는 주장은 "천지지수와 대연지수 그리고 하도·낙서의 수를 하나로 통일시켜, 하도와 낙서 두 도식이 본질적으로 차이가 나지 않는다는 것을 설명코자 한 것이 아닐 수 없다."[24] 〈하도〉와 〈낙서〉뿐만이 아니라 수로 표현될 수 있는 모든 것은 정합적으로 설명될 수 있다. 왜냐하면 이 세계 자체가 수적 질서의 표현이기 때문이다. 즉 이 세계는 '수리의 보편타당성'을 입증하고, 〈하도〉와 〈낙서〉는 그것의 회로도이다.

---

24) 朱伯崑, 『역학철학사』 3권, 64쪽.

제4장 소옹의 선천역학과 공간

1. 소옹 철학, 어떻게 볼 것인가 – 내용에서 형식으로

소옹邵雍(1011~1077)의 대표적인 철학 저작인 『황극경세서皇極經世書』
에는 처음부터 복잡한 도표와 많은 개념어들이 출현하고, 이 개념어들은
수없이 중첩하여 거대한 관념의 체계를 형성한다. 소옹의 철학을 접한
이정二程 형제마저 이를 다 공부하려면 20년은 걸릴 것이라고 겁을
먹었다고 하니,[1] 소옹 철학의 이 방대한 체계는 초학자들에게는 쉽게
접근할 엄두를 내지 못하게 만든다.

그러나 각오를 단단히 하고 이 책을 찬찬히 추적해 보면, 그 내용은
사실 몇몇 개념어의 규칙적인 반복에 불과하다는 것을 발견하게 된다.
그런데 이 개념어의 규칙적 반복은 인물의 평가와 역사의 치란治亂을
넘어서서 작게는 조수초목의 분류로부터 크게는 우주의 탄생과 종말에
까지 기계적으로 반영된다. 결국 소옹 철학의 막무가내식 범주화는
그 방대한 스케일에도 불구하고 독자들에게 충분한 설득력을 주지
못한다. 뿐만 아니라 소옹 철학의 이러한 모습은 그가 북송오자北宋五子
중의 한 명으로 인정되면서도 주자의 『근사록』에 오르지 못한 이유가

---

1) 程顥·程頤, 『二程外書』, 권12, "堯夫易數甚精, 自來推長歷者至久必差, 惟堯夫不然, 指一二
近事當面可驗. 明道云待要傳與某兄弟, 某兄弟那得工夫要學, 須是二十年功夫."

된 철학적 성격의 이질성으로 이해되곤 한다.

소옹 철학의 이질적 성격은 곧잘 그의 학술적 계보의 이단성에서
그 원인이 찾아지곤 한다. 도가적 연원이라는 이 혐의는 그의 '이물관물以
物觀物'이라는 탈속적 태도와 함께 그의 전체 학술 성격에 대한 평가까지
좌우하게 된다. 분명 그의 학술적 지취志趣는 유가냐 도가냐와 같은
문호적 평가에 구속되지 않는 것으로 보인다. 요컨대 소옹은 장재나
이정 형제와 같은 도학자道學者들과는 다르고 심지어는 유가인지 도가인
지 자체도 불분명하다. 그렇다면 우리는 '초거대 담론'인 소옹의 철학을
어떻게 이해해야 할까? 이 철학적 이단아는 과연 누구인가?

『황극경세서』의 번잡함에도 불구하고 그 키워드는 선천역학先天易學·
원회운세元會運世·황제왕패皇帝王伯·성음창화聲音唱和·이물관물以物觀
物·심위태극心爲太極 등으로 압축될 수 있다. 이 중 선천역학은 『주역』의
연원 혹은 우주발생의 과정에 대한 소옹의 창발적인 해석으로 이해된다.
원회운세는 우주 역사의 전개과정에 대한 단계적 규정이고, 황제왕패는
원회운세의 인간사적人間史的 버전이며, 성음창화 등은 이의 만물 버전에
해당한다. 결국 이 셋은 인간과 만물과 우주(天地人物)를 포함하는 소위
'모든 것'에 대한 단계적 분류와 평가라고 할 수 있다. 많은 연구자들은
이를 '우주연표宇宙年表' 혹은 '역사연감歷史年監'이라고 규정한다.[2] 이물관
물은 이러한 '체계적 대상'을 이해하는 인식의 태도를 의미하고, 심心과
태극太極은 이러한 체계의 발생적 근원에 해당한다.

때문에 거대한 소옹 철학 체계의 '내용'을 요약하자면, 선천역학은

---

2) 소옹의 아들 邵伯溫이 '歷年表'라고 한 이후 (「邵伯溫述皇極經世書論」) 이러한 규정은
타당한 것으로 받아들여져 왔다. 唐明邦의 『邵雍評傳』(南京大學出版社, 1998) 등이 대
표적이다.

'역학易學'이고 원회운세 등은 '역학曆學'이라 할 수 있다. 『송사宋史』에서 이지재李之才가 소옹에게 전수한 학문이 『춘추春秋』와 『역易』이었다고 했고[3] 또 소옹이 자기 자신이 가장 숭앙했던 공자의 학술을 『춘추』와 『역』으로 개괄한 것을 보면[4] 이러한 분석은 타당한 것으로 보인다.

그러나 소옹의 '역학曆學'은 12와 30의 무한중복에 의한 기계적인 시간 구분일 뿐 우주의 전개나 인간 역사의 실제 과정과 부합하지 않는다는 점에서 '역학曆學'이라고 할 수 없다. 이는 '있었던 것을 있었던 것으로' 기술하는 것이 아니라 '있어야 할 것을 있었던 것으로' 삼아 존재하는 모든 것을 시간적·공간적으로 평가하고 배치하는 작업일 뿐이다. 이 배치의 근거는 오로지 수학적 규칙성일 뿐, 관찰과 경험에 의거한 귀납적 결론이 아니다.[5] 이것은 혼돈이 질서를 낳고 제우스가 이성과 정념을 낳는 것과 같은, 인간 관념의 자기생산인 신화에 해당한다. 이 신화의 세계에서 특정 사건·인물·왕조는 다른 때 다른 곳에 비해 특정의 가치적 의미를 지닐 뿐이다.

---

3) 『宋史』, 「儒林傳·李之才傳」, "雍再拜願受業, 於是先示之以陸淳春秋, 意欲以春秋表儀五經, 旣可語五經大旨, 則授易而終焉."

4) 『擊壤集』, 「瞻禮孔子吟」, "權衡治亂帝功夫, 大哉贊易修經意."

5) 정해왕은 소옹의 '數'에 대해 "천차만별한 현상세계를 관통하는 일관된 한 벌의 틀을 마련하여…… 혼돈으로 보이는 현상세계에 질서를 부여하려 하였다. 이 과정은 먼저 현상세계에 대한 경험적 자료를 귀납함에서 시작된다"라고 하였다. 그래서 "邵雍 역시 이것을 경험적 자료를 통해서 확인하는데, 이때 그는 자신이 살고 있던 당시 중국의 경험과학인 天文曆法 등의 자연과학적 성과를 동원하게 된다"라고 평했다. 즉 12개월 30일과 같은 자연과학적 성과를 동원하여 우주의 수를 규정하였다는 말이다. 그러면서 그는 "근대 자연과학의 발전 이전, 자연과학이 철학으로부터 분화되기 이전에는 철학적 세계관은 그 속에 당시의 자연과학적 연구성과까지 포함하여, 철학을 기반으로 한 자연과학이 일체화되어 있었으며 그러한 관점에서 현상을 인식하였다"라고 말한다.(정해왕, 「邵雍과 「觀物外篇」, 『大同哲學』 제18집, 대동철학회, 2002, 142쪽 및 128쪽.) 이러한 평가는 소옹의 철학을 자연과학의 일부로 만든다. 이는 뒤에서 다루게 될 '숙명론'이나 '역사주의'의 문제를 야기할 뿐만 아니라, 소옹의 철학을 더 이상 설득력을 지니지 않는 '자연철학사'쯤으로 만들 우려가 있다.

역학易學도 마찬가지다. 소옹의 '선천역학'은 기존의 텍스트인 『주역』의 경전문經傳文에 대한 해설이나 이론이 아니다. 그가 의거한 경전적 근거는 「계사전」의 "역에는 태극이 있으니, 이것이 양의를 낳는다"(易有太極, 是生兩儀)라는 구절과, 「설괘전」의 "하늘과 땅이 자리를 잡고 산과 연못이 서로 기를 통하며 우레와 바람이 서로 만나고 불과 물이 서로 밀치지 않으니, 팔괘가 서로 만나 엉긴다. 지나간 것을 세는 것은 순방향이고 올 것을 아는 것은 역방향이다. 때문에 『주역』은 거꾸로 된 수이다" (天地定位 皇極經世書, 山澤通氣, 雷風相薄, 水火不相射, 八卦相錯. 數往者順, 知來者逆. 是故易逆數也)라는 구절이 전부다.

「계사전」의 구절은 태극으로부터 팔괘가 생성되는 과정 이후에 "강과 유가 서로 만나고 팔괘가 서로 부딪혀"(剛柔相摩, 八卦相盪)라고 하여, 64괘의 형성이 팔괘의 중복에 의한 것임을 분명히 한다. 그러나 소옹의 선천역학은 1→2→4→8에서 멈추지 않고 계속해서 16→32로 확장되고, 더 나아가 64 이후의 단계까지 발전한다. 때문에 이는 어디까지나 역학이라는 이름에 기댄 자신의 철학함이지 『주역』에 관한 학문이라고 할 수는 없다. 「설괘전」의 구절에도 소옹 〈방위도〉와 같은 방위 지정은 아예 없다.

그런데 소옹의 철학에 대한 평가는 역사적으로 언제나 포폄의 양극단을 보여 왔다. "기존의 괘서卦序와 경전의 문자에 의존하지 않는 면은 분명히 있지만…… 역사의 흥·쇠와 치·란을 상세히 검토한 것은…… 구체적 문헌자료로 입증이 가능하다"[6]라고 보는 긍정적인 시선과, "소옹의 방법은 객관 사물의 실제에서 출발하지 못하고 기껏해야 수의 변화에 착안해서 세계를 해석, 필연적으로 견강부회일 수밖에 없다"[7]라는 부정적인 시선이 공존한다.

---

6) 곽신환, 『조선유학과 소강절 철학』(예문서원, 2014), 59~60쪽.

소옹 철학에 대한 다양한 평가들-긍·부정을 막론하고-의 근거는 그것이 경전이나 객관적 사실史實에 부합하느냐의 여부였다. 만약 이러한 기준에서 본다면 소옹의 철학은 분명 가치 없는 것이 되고 만다.[8] 하지만 인간의 지적 전통에서 모든 위대한 변혁은 언제나 전통과 상식에 대한 반역이었다. 설령 소옹의 철학이 경전에 대한 이해나 역사적 사실에 대한 지식의 증가를 가져오지는 않는다 하더라도, 과연 그에게서 인간과 세계를 이해하는 '사유의 발전'이 없었던가 하는 점에 대해서 분명 새롭게 주목할 필요가 있다. 필자는 소옹의 철학이 과연 얼마나 객관적 사실이나 문헌적 근거에 부합하느냐와는 별개로, 그의 이러한 작업 속에 담긴 '의도'와 '목적'이 무엇인지 주목하고자 한다.

필자는 소옹 철학의 목적이 '보편적 법칙의 규명'과 그러한 '보편법칙에 입각한 개별자에 대한 판정'이라고 생각한다. 그는 수리數理라고 하는 보편법칙에 입각하여 인간과 만물과 우주의 시간을 재단하였고 괘·효의 발전 과정을 규칙화하였다. 이러한 작업을 통해 역사와 인물과 괘·효는 구체적 위치와 고유의 값을 확보하게 된다. 『주역』의 괘·효를 구체적인 방위·절기·질료 등과 연결시켜 개별자의 값을 정하려는 작업은 한대漢代 괘기설卦氣說 이후 역학의 역사 속에서 줄곧 발전해왔다. 그러나 소옹의 철학이 한대의 것과 다른 점은, 개별자에 대한 판정에 머무르지 않고 보편의 법칙과 그 법칙에 의해 전개되는 구조 자체에 관심을 갖게 되었다는 점이다. 소옹의 관점에서 개별자들은 관념화된 공간과 시간 속에서 보편의 법칙에 의해 통제되고 고유의 평가적·가치적 값을 지니기에 이는 우주발생론과 다르다. 소옹의 관심

---

7) 廖名春 등, 심경호 역, 『주역철학사』(예문서원, 1994), 412쪽.

8) 杜保瑞, 『北宋儒學』(臺灣商務印書館, 2005), 126쪽 참고.

은 '이것이 어디서 왔는가?'가 아니라 '이것은 전체 속에서 어디에 있으며 어떤 값을 지니는가?'이다. 다분히 그의 사유는 시간적이기보다 공간적이며, 그의 사유적 지향은 모든 것이 빼곡이, 그러나 지극히 질서 있게 자리하고 있는 '전체'를 향하고 있다.

소옹의 철학에서 음양陰陽 · 사상四象 · 팔괘八卦 등은 세계를 인식하는 틀로서의 '범주'이지, 한대 괘기설에서와 같은 구체적인 대상이나 질료일 수 없다. "이러한 것들은 범주이므로 이러한 것들이 곧 바로 구체적 현상 그 자체임을 말하는 것이 아님에 유의해야 할 것이다. 즉, 이러한 것들은 구체적 현상의 존재에 관한 방식임과 동시에 인식의 방식인 것이다."[9] 더 나아가 원회운세와 황제왕패마저도 구체적인 시간이나 인물을 지칭하는 것이 아니라 그것들을 인식할 수 있는 틀로서의 범주일 뿐이다. 선천역학의 전개가 공간적 범주에 해당한다면 원회운세는 시간적 범주에 해당한다.[10] 그리고 이 공간적 범주와 시간적 범주는 공히 춘하추동 · 조수초목 · 일월성신 등과 같은 4범주식의 수적 질서를 갖는다.

그런데 소옹의 공간과 시간은 데카르트 · 칸트식의 기하학적 성격만을 지니지 않는다. 근대과학에서의 기하학적 시공간은 각 지점의 시간적 · 공간적 위치일 뿐 각각의 지점은 아무런 가치적 · 규범적 값을 지니지 않기에 평등하다. 그러나 소옹의 공간에서 태극은 우주의 '중심'으로서 '가치적 총합'의 의미를 지니기에 결코 음양이나 사상과 같지 않다. 소옹의 시간 역시 황제왕패라는 명칭이 보여 주듯이 가치적으로 불평등하다. 소옹의 시공간은 기하학적 의미로는 포착되지 않는 평가 · 능력 ·

---

9) 정해왕, 「邵雍의 先天易學에 관한 研究」, 『人文論叢』 제42집(부산대학교, 1993), 201쪽.
10) 그러나 〈원회운세〉의 시간적 범주마저도 기하학적으로 단계지어진다는 점에서 '시간의 공간화' 과정을 거친다.

힘의 의미를 지닌다. 때문에 소옹의 인식론에서 공간과 시간은 근대의 기하학적 의미보다는 신화적 사유에서의 '상징형식'에 가깝다. "신화적 사고에 있어서 공간과 시간은 절대로 순수한 혹은 공허한 형식으로 생각되고 있지 않다. 그것들은 온갖 사물을 다스리며, 우리들 인간의 생명뿐만 아니라 신들의 생명까지도 지배하고 결정하는 위대하고 신비한 힘으로 생각되었다."[11]

소옹의 철학은 '보편의 법칙'을 도출하기 위해 공간과 시간과 수라는 '보편의 존재형식'을 확보한 것이다. 시간과 공간은, 존재하는 모든 것을 이해하고자 칸트가 찾아낸 선험적 감성형식이기도 하다. 그러나 소옹의 시간과 공간은 데카르트·라이프니츠식의 기하학적 성질만을 갖는 것이 아니다. 거기에는 가치적 배치와 평가 그리고 이웃한 개체들과의 관계에서 오는 가치적 불평등이 존재한다. 이런 의미에서 소옹의 시간·공간은 수와 더불어서 카시러가 말한 신화적 사유에서의 상징형식에 해당한다.

카시러는 신화적 사유를 일종의 사고형식 혹은 직관형식으로 규정했다. 그리고 신화적 사유의 직관형식으로는 공간과 시간과 수를 꼽았다. 특정한 시간과 공간 그리고 수는 속됨과 구별되는 '성스러움'을 상징한다고 그는 말한다. 천지창조의 날이나 동지와 같은 '그때', 옴파로스(ὀμφαλός) 즉 세계의 중심이나 성황당과 같은 '거기', 그리고 성삼위일체의 셋이나 오행의 다섯과 같은 '그 수'는 다른 지점에 대해 가치적 우위를 점할 뿐만 아니라 지속적인 영향을 미칠 수 있는 힘을 지니고 있다는 것이다. 소옹의 〈선천역학〉에서의 기하학적 중심이나 〈원회운세〉에서의 가치적 하락 그리고 이러한 범주화의 수적 규칙성 등은 정확히 카시러가 말하는

---

11) 에른스트 카시러, 최명관 옮김, 『인간이란 무엇인가?』(창, 2008), 82쪽.

신화적 사유에서의 상징형식에 해당한다. 그것은 "직접적 소여의 고립성을 극복하는 일— 즉 모든 개별적, 특수적인 것이 어떻게 '전체에 엮어져 있는가'를 이해하는 일이다. 그리고 두 경우 모두에서 이러한 '전체성'의 구체적인 표현으로서, 그리고 그 직관적 도식으로서 나타나는 것은 공간과 시간이라는 기본적 형식이며, 거기에서 바로 제3의 형식으로서 수의 형식이 부가된다. 이 수의 형식에서, 공간과 시간에서는 각기 따로따로 나타나는 계기, 즉 '모여 있음'의 계기와 '잇따름'의 계기가 교호적으로 침투하는 것이다." 즉 개별적 사태를 시간적·공간적 좌표와 수적 질서를 통해 전체와의 관계 속에서 인식하게 된다는 말이다.

"공간, 시간, 수는 지각의 단순한 '집적'에 지나지 않는 것이 점차 경험의 '체계'로 형성되어 가기 위한 사상적인 매체인 것이다. 모든 경험내용의 모여 있음의 질서나 잇따름의 질서, 확고한 수량과 크기의 질서의 표상이야말로 이러한 내용이 최종적으로는 하나의 법칙으로, 하나의 인과적인 세계질서로 총괄되기 위한 전체를 이룬다." 그런데 신화적 사고에서 "모든 존재는 공간의 형식 속에, 모든 일어나는 일은 시간적 리듬과 주기 속에 매여 있으므로, 일정한 공간—시간적 위치에 부착되어 있는 각각의 규정이 거기에 주어져 있는 내용에 즉각 전이되며, 또한 역으로, 내용의 특수한 성격이 그 내용이 놓여 있는 위치에 그것을 두드러지게 하는 성격을 부여하게 된다."[12]

소옹의 인식론에서 개별자들은 '거기'와 '그때'에 있음으로 해서 고유한 값을 지니게 된다. 공자는 개인적인 능력과 인격에도 불구하고 춘추시기를 살았기 때문에 제왕이 될 수 없었고, 제환공은 패자霸者의 시대를 살았기

---

12) 에른스트 카시러, 심철민 옮김, 『상징형식의 철학』 II(도서출판 b, 2012), 132·133·135쪽.

때문에 무력(力)을 쓸 수밖에 없었으며, 건괘乾卦(☰)와 태괘兌卦(☱)는 태양太陽(⚌)의 위에 있을 수밖에 없고 간괘艮卦(☶)와 곤괘坤卦(☷)는 태음太陰(⚏)에 속해 있을 수밖에 없다. 또 건괘乾卦(☰)와 곤괘坤卦(☷)는 방도方圖이든 원도圓圖이든 언제나 대대의 위치에 있을 수밖에 없다.

이렇게 소옹의 철학을 상징형식으로 분석할 때, 〈선천역학〉은 인식의 공간적 범주로 설명될 수 있고 〈원회운세〉는 인식의 시간적 범주로, 황제왕패·인의예지 등 4범주식은 인식의 수적 범주로 설명될 수 있다. 이러한 인식의 범주들은, 보편의 법칙에 의해 존재하는 모든 것을 '전체 속에서' 설명하고자 하는 소옹 철학의 일관된 목적을 위해 기능한다. 물론 소옹의 〈선천역학〉에는 카시러가 말하는 신화적 사유의 상징형식으로서의 의미뿐만 아니라 유클리드 기하학에서의 연속성·무한성·등질성과 같은 성격, 특히 등질성과 같은 계기도 분명히 지니고 있다. 이런 점에서 소옹 철학의 인식적 범주에는 신화적 사유와 데카르트·라이프니츠의 근대기하학적 사유가 동시에 관찰된다고 할 수 있다.

소옹의 철학을 시간·공간·수라고 하는 상징형식으로 이해하려는 시도는 그의 철학을 역학易學이나 역학曆學이라고 하는 사유의 '내용'으로서가 아니라 보편적 법칙의 도출을 위한 사유의 '형식'으로 주목하는 것이다. 이렇게 함으로써 그의 철학은 과도한 범주화라는 비판을 피해 가면서 동시에 각 영역 간의 유기적인 연관성을 확보하게 되고, 심위태극心爲太極이나 이물관물以物觀物 같은 여타의 부분들도 정합적으로 설명할 수 있게 된다. 뿐만 아니라 주자 철학에 대해 소옹의 철학이 단순히 '역학易學'이 아닌 이기론理氣論 즉 '보편적 존재형식'에 관한 사유의 완성에 지대한 영향을 주었음을 파악할 수 있게 된다.

2. 공간적 배치-확장인가 분화인가

현재 전해지는 〈사고전서〉본 『황극경세서』에는 〈선천역학〉의 도상이 없고, 주자의 『주역본의』에서 처음으로 확인할 수 있다. 〈복희팔괘차서伏羲八卦次序〉·〈복희팔괘방위伏羲八卦方位〉·〈복희육십사괘차서伏羲六十四卦次序〉·〈복희육십사괘방위伏羲六十四卦方位〉가 그것이다. 『주역본의』의 도상은 아래와 같다.[13]

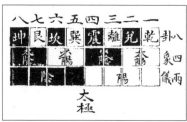

〈伏羲八卦次序〉

〈伏羲八卦方位〉

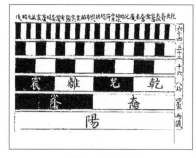

〈伏羲六十四卦次序〉

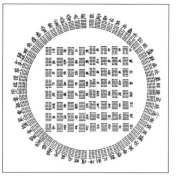

〈伏羲六十四卦方位〉

---

13) 이 중 세 번째 그림인 〈복희육십사괘차서〉는 분량상 1/2만을 보인 것이다.

『주역본의』에 수록된 〈복희육십사괘차서〉는 〈복희팔괘차서〉의 확장본이고 〈복희육십사괘방위〉는 〈복희팔괘방위〉의 확장본임을 알 수 있다. 이 중 〈차서도〉의 근거는 소옹의 다음과 같은 말이다.

태극이 나뉘면 양의兩儀가 확정된다. 양이 내려가 음과 교차하고 음이 올라가 양과 교차하면 사상四象이 생겨난다. 다시 양이 음과 교차하고 음이 양과 교차하면 천天의 사상이 생겨나고, 강剛이 유柔와 교차하고 유가 강과 교차하면 지地의 사상이 생겨난다. 이로써 팔괘가 완성된다. 팔괘가 서로 만난 뒤에 만물이 생겨난다. 때문에 이 과정은 하나가 둘로 나뉘고, 둘이 넷으로 나뉘고, 넷이 여덟으로 나뉘고, 여덟이 16으로 나뉘고, 16이 32로 나뉘고, 32가 64로 나뉘는 것이다. 그러므로 말하기를 음과 양으로 나뉘고 강과 유를 섞어 써서 『주역』의 여섯 자리가 이루어진다는 것이다. 십이 백으로 나뉘고 백이 천으로 나뉘며 천이 만으로 나뉘니, 이는 마치 뿌리에 기둥이 있고 기둥에 가지가 있고 가지에 잎이 있는 것과 같아서, 크기가 크면 클수록 그 안에 있는 갈래는 적고, 크기가 작으면 작을수록 그 안에 있는 갈래는 복잡해지는 것이다.[14]

「계사상」의 '역유태극易有太極'장에 근거한 소옹의 이 기술에는 『주역본의』의 도상과는 달리 '강유剛柔' 개념이 출현하지만 내용에는 별 영향을 미치지 않는다. 다만 1→8의 과정과 16→64의 과정이 분리되지 않고, 더 나아가 십이 만으로 확장된다고 하는 것으로 보아, 〈복희팔괘차서〉와 〈복희육십사괘차서〉의 분리는 이해의 편리를 위한 것일 뿐 사실 연속되

---

14) 邵雍, 『皇極經世書』, 卷13, "太極既分, 兩儀立矣. 陽下交於陰, 陰上交於陽, 四象生矣. 陽交於陰, 陰交於陽, 而生天之四象, 剛交於柔, 柔交於剛, 而生地之四象, 於是八卦成矣. 八卦相錯, 然後萬物生焉. 是故一分爲二, 二分爲四, 四分爲八, 八分爲十六, 十六分爲三十二, 三十二分爲六十四. 故曰, 分陰分陽, 迭用柔剛, 易六位而成章也. 十分爲百, 百分爲千, 千分爲萬, 猶根之有幹, 幹之有枝, 枝之有葉, 愈大則愈少, 愈細則愈繁."

는 과정이고, 더 나아가 64는 다시 128 이상으로 확장될 수 있음을
알 수 있다. 이는 〈방위도〉 역시 마찬가지다. 『주역본의』의 〈방위도〉
도상은 팔괘와 64괘의 방위만을 나타내고 있는데, 〈차서도〉처럼 〈방위
도〉 역시 1→64의 연속과정 중의 하나를 보인 것에 불과하다는 것을
고려한다면, 팔괘와 64괘뿐만 아니라 양의·사상·16·32의 방위도, 그
리고 128 이상의 방위도도 만들 수 있음은 자명하다. 청淸 시기 호후胡煦가
지은 『역도함서易圖函書』에서는 이를 다음과 같이 도상화하고 있다.[15]

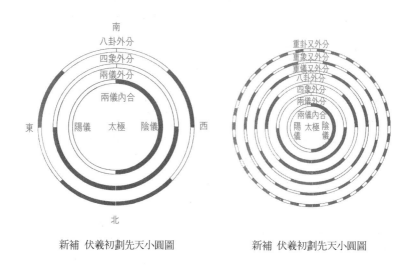

新補 伏羲初劃先天小圓圖   新補 伏羲初劃先天小圓圖

호후의 이 그림을 소옹이나 주자의 언급에서 확인할 수는 없지만,
소옹의 위의 인용문에 근거하자면 논리적으로 충분히 생각할 수 있는
그림이다.[16] 이 그림을 굳이 소개하는 이유는, 소옹의 〈방위도〉 역시

---

15) 胡煦, 『易圖函書』(孫國中 主編, 『河圖洛書解析』, 學苑出版社, 1990년본, 11쪽 및 13쪽).
元代 兪琰의 『易外別傳』에는 「天根月窟圖」가 있는데 호후의 이 그림과 유사하다.
16) 〈방위도〉에 대한 소옹의 언급은 다음과 같다. "起震終艮一節, 明文王八卦也. 天地定位
一節, 明伏羲八卦也. 八卦相錯者, 相交錯而成六十四卦也. 數往者順, 若順天而行, 是左旋也.

〈차서도〉와 마찬가지로 중앙의 '태극'으로부터 분화 확장된 것임을 보이기 위한 것이다. 기존의 연구는 〈방위도〉에서 보이는 각 괘들의 방위 배속에 주목하지만, 그 이전에 〈방위도〉 역시 중앙으로부터의 분화 확장의 결과이며 또 〈팔괘방위〉와 〈육십사괘방위〉는 그 과정에서의 일부분에 불과한 것임을 우선 확인해야 한다. 다만, 〈차서도〉는 아래에서 위로의 확장이고 〈방위도〉는 중앙에서 밖으로의 방사형 확장이라는 차이만이 있을 뿐이다.

그런데 〈차서도〉의 확장과 〈방위도〉의 확장에는 미묘한 차이가 있다. 〈차서도〉에서는 각 단계의 가로 폭이 언제나 같다는 점에서 알 수 있듯이 태극의 크기와 팔괘의 합 그리고 64괘 총합의 크기는 언제나 같다. 이를 소옹은 "마치 뿌리에 기둥이 있고 기둥에 가지가 있고 가지에 잎이 있는 것과 같아서, 크기가 크면 클수록 그 안에 있는 갈래는 적고 크기가 작으면 작을수록 그 안에 있는 갈래는 복잡해지는 것"이라고 묘사했다. 가지의 굵기는 가늘지만 수량은 많다. 그 가지를 모두 모아 보면 기둥의 굵기만큼 된다는 말이다. 〈차서도〉의 '분화와 확장'은 아무리 8→64→∞로 확장된다 하더라도 그것은 어디까지나 태극 내에서의 확장이다. 때문에 이 확장은 결국 '태극의 분화'다. 즉 위로 갈수록 태극을 더 잘게 쪼개 놓은 것에 불과하다. 반면에 〈방위도〉의 확장은 태극이 점점 팽창해 가는 모습을 보이고 있다. 때문에 이것은 '분화'보다는 '확장'으로 읽는 것이 적당하다.

〈차서도〉에서 소옹이 밝힌 확장의 원리는 '하나가 둘로 나뉘는' 소위 '일분위이一分爲二'다. 정호程顥는 이것을 '두 배씩 늘어나는 법' 즉 소위

皆已生之卦也. 故云數往也. 知來者逆, 若逆天而行, 是右行也. 皆未生之卦也. 故云知來也. 夫易之數, 由逆而成矣. 此一節直解圖意, 若逆知四時之謂也."(『皇極經世書』, 권13)

'가일배법加一倍法'이라고 불렀다.[17] '하나가 둘로 나눔'이나 '두 배씩 늘어나는 법'이나 결과는 같다. 그래서 지금까지 연구자들은 그 차이에 대해서는 주목하지 않았다. 그러나 그 명칭을 정확히 분석하자면, '일분위이'는 '나눔'을 말하고 '가일배법'은 '늘어남'을 말한다. 좀 더 정확하게는, 정호는 '두 배로 커지는 전체'에 초점을 맞춘 것이고 소옹은 '점점 세분되는 개체'에 초점을 맞춘 것이다. 〈차서도〉에서처럼 '나눔'이 극대화되면 ∞ 중의 하나로 '미분'되지만, 〈방위도〉처럼 '늘어남'이 극대화되면 ∞로 '적분'된다.

서양의 수학사에서 미분법과 적분법을 창안한 이는 재미있게도 『주역』 특히 소옹의 〈선천역학〉으로부터 지대한 영향을 받은 라이프니츠(Leibniz, G. W., 1646~1716)였다. 20세 때부터 중국의 문화에 관심을 기울이던 라이프니츠는 1701년에 선교사 부베로부터 소옹의 〈육십사괘방원도〉를 비롯한 〈선천역학〉의 도상들을 전달받는다.[18] 그 후 라이프니츠는 숫자 0, 1과 같은 보편기호를 통해 모든 '존재하는 것'들과 '그것들의 관계'를 표현하는, 소위 '보편기호법'(characteristica universalis)을 창안하고자 일생의 노력을 기울인다.

소옹이 과연 라이프니츠처럼 『주역』의 괘·효를 '보편기호'로 사용하려는 의식이 있었는지, 혹은 '일분위이'와 '가일배법'의 의미상의 차이에 대해 의식하고 있었는지는 확인할 수 없다. 그러나 그가 괘·효를 이용하여 존재하는 모든 것(萬物, ∞)의 순서(차서)와 위치(방위)를 공간적으로 규정하려고 한 것은 분명하다. 여기서 '일분위이'인지 아니면 '가일배법'

---

17) 『二程集』, 「二程外書」 권12, "堯夫之數, 只是加一倍法."
18) 김용정, 「라이프니츠의 普遍記號法思想과 易의 論理」, 『周易의 現代的 照明』(韓國周易學會, 범양사, 1992), 292~293쪽 참고.

인지, 즉 '미분'인지 '적분'인지가 중요한 이유는, 소옹의 사유에서 그가 관심의 초점을 어디에 두고 있는지를 알 수 있기 때문이다.

소옹의 사유는 '일분위이'의 미분이다. 미분은 아무리 잘게 나눈다 하더라도 결국은 동일한 총량 내에서의 분할이며, 전체는 언제나 부처님 손바닥처럼 한눈에 조망될 수 있다. 적분이 생성적이라면 미분은 구조적이다. 무한대로 확장하며 언제라도 새로운 무엇이 생겨날 수 있는 정호의 생철학生哲學과 같은 것은 소옹에게 없다. 오히려 아무리 잘게 분할된 개별자라 하더라도 언제나 전체에서 고유한 위치를 지니며, 그것은 동시에 원회운세의 철저한 시간표 속 어딘가에 반드시 자리해야 하는 운명을 지닌다.

그런 의미에서 소옹의 관심은 우선 '개별자'에 있다. 그러나 그 개별자는 우연적이고 독립적인 주체가 아니라 전체 속에서 특정한 위치를 부여받은 관계와 법칙 속에서의 개체다. 때문에 그의 관심은 '전체'로 확장된다. 그 전체는 조금의 예외도 허용치 않는 완벽한 법칙에 의해 구조되어진 전체다. 그에게서 '전체'는 장재의 태허太虛처럼 텅 비어 있으면서도 무궁무진하게 생성과 변화를 만들어 내는 신비한 존재가 아니라 '존재하는 모든 것'이 빼곡이 그러면서도 지극히 질서 있게 자리하는 논리적인 것이기 때문에, 개별자와 그것들 간의 관계 그리고 그 관계를 규정하는 법칙을 빼고 나면 아무것도 남지 않는다. 전체를 조망하는 이유는 각각의 개별자들이 어디에 언제 위치하는지를 알기 위한 것이다. 아니 그렇게 규정하고 평가하기 위한 것이다.[19]

---

19) 정병석 교수는 "소강절의 도상을 통한 『주역』 해석은 결코 도상으로 『주역』을 간명화하고 부호화하는 단계에만 머물지 않는다. 도상을 통한 해석의 바탕에는 수학적 演算을 통하여 시간과 공간을 포함한 우주와 세계의 도식을 체계화하여 '천지는 어떻게 생성되는가?', '천지에 앞서서 있는 것은 무엇인가?' 등의 형이상학적인 물음에

소옹의 것을 적극 수용한 주자의 경우에는 팔괘와 64괘의 차서와 방위, 딱 거기까지다. 그것은 '전체를 체계적으로 가늠하는 작업'이기 때문이다. 물론 주자가 64개 이상으로의 발전 가능성을 부정한 것은 아니다. 그것은 분화와 확장의 법칙을 수적 질서로 표현해 둔 '수식數式'이기 때문이다. 그러나 소옹처럼 한대 괘기설을 발전시켜 각 괘효를 절기와 연결시키는 〈천근월굴天根月窟〉이나 규정된 시간에 배속시키는 〈원회운세〉와 같은 것은 없다. 소옹이 전체 속의 개별자에게 관심을 기울였다면 주자는 전체 속의 법칙에 주목했다.

그러나 주자가 중시한 이 '전체 속의 법칙'에 소옹은 막대한 영향을 미쳤다. 소옹이 상정한 이 법칙은 태극太極·도道·심心이다. 그는 "심心이 곧 태극이다. 도道가 곧 태극이다"라고 말한다. 이로부터 소옹의 태극과 심에 대한 논란이 시작되었다. 먼저 태극의 문제다.[20]

3. 배치의 법칙, 태극 – 발생론인가 존재론인가

주지하는 바와 같이 태극은 동양의 사유적 전통에서 오랜 기간 음양미분의 상태인 원기元氣로 이해되어 왔다.[21] 「계사전」 "역유태극易有太極"의

대한 철학적 사유를 진행하려는 데 진정한 목적이 있다"라고 하였다.(정병석, 「朝鮮 儒學史에서 圖象學的 象數學의 受容과 批判」, 『儒教思想文化研究』 제58집, 한국유교학 회, 2014, 326쪽.) 소옹이 '시간과 공간을 포함한 우주와 세계의 도식을 체계화'했다 는 점에 대해서는 전적으로 동의한다. 그러나 그 철학함의 궁극적 목적이 '우주생성' 의 문제에 있다는 데에는 동의하기 어렵다.

20) 이 글에서 다루는 太極과 心 그리고 以物觀物의 인식태도에 관한 내용은 필자의 박사 학위논문인 「朱熹太極觀研究」(北京大學 哲學系, 2005)의 28~35쪽 부분을 발전시킨 것 이다.

21) 孔穎達, 『周易正義』, "太極謂天地未分之前, 元氣混而爲一, 即是太初太一也."(十三經注疏本, 北京大學出版社, 1999, 289쪽.)

태극은 『노자』 "도생일道生一"에서의 '일一'처럼 양의를 생성하는 원초적 시원으로 상정되었다. 즉 서법筮法과 우주발생론의 관점에서 태극은 우주의 시원이 된다. 그런데 그 '시원'이 과연 발생적 단계에서의 최초에 머무는가, 아니면 그 이후 현상의 단계에서도 계속적으로 '존재'하고 '기능' 하는가를 기준으로 학계는 이를 '우주발생론'과 '존재론'으로 구분한다. 그리고 존재론이 본격적·체계적으로 발전된 것은 주자에 와서라고 본다.[22)]

필자는 이러한 이해에 대체로 동의한다. 그러나 주자 이전을 우주론, 주자 이후를 존재론이라고 나눌 경우, 『노자』와 「계사전」의 '도道'나 『예기』 「악기」에서의 '리理'와 같은 것들은 설명되지 않는다. 존재론의 철학적 의미를 자각적으로 인식하고 발전시켜 간 것이 주자일 뿐, 주자 이전에도 이미 존재론적 사고는 있었다고 생각한다.[23)] 문제는, 얼마나 그것을 의식적이고 체계적으로 발전시켰느냐이다. 그런데 주자의 '본체로서의 태극'에 결정적인 영향을 미친 것은 정이程頤의 '리理'가 아니다. 정이는 태극을 말한 적이 없다. 주자의 태극에 좀 더 직접적으로 영향을 미친 것은 소옹이다.

> 마음이 곧 태극이며 도가 또 태극이다. 태극은 도의 극한이다. 태현太玄은 도의 현묘함이며, 태소太素는 색의 본래 모습이고, 태일太一은 수의 시작이며, 태초太初 는 사태의 처음이다. 그러나 그것이 이루어지는 것은 모두 한결같다. 원元에는 두 가지가 있다. 천지의 처음을 만들어 내는 원元이 있으니, 태극이다. 만물에게도 각각의 처음이 있으니, 생성(생명)의 근본이다. 만물에게는 모두 각각의 태극·양

22) 馮友蘭, 『中國哲學史新編』(北京: 人民出版社, 1998), 95~99쪽; 陳來, 『宋明理學』(제2판, 上海: 華東師範大學出版社, 2004), 37~41쪽 참고.
23) 余敦康, 『內聖外王的貫通』(上海: 學林出版社, 1997), 160~162쪽 참고.

의·사상·팔괘의 순차가 있으며 또 예와 지금의 상도 있다.[24)]

천지가 만물을 만들어 낸다는 측면에서는 만물이 곧 만물이지만, 도가 천지를
만들어 낸다는 측면에서는 천지도 역시 만물일 뿐이다.[25)]

첫 번째 인용문에서 보이듯이 태극은 '천지의 처음을 만들어 내는
원元' 즉 우주의 시초가 된다. 그러나 만물에게도 각각의 처음이 있어서
각각의 '태극·양의·사상·팔괘의 순차'와 '예와 지금의 상'이 있다고
한다. '태극·양의·사상·팔괘의 순차'란 발생의 단계이면서 소옹〈선천
역학〉의 공간적 구조가 된다. '예와 지금의 상'이란 시간적 계기를 의미한
다. 즉 만물에게는 각각의 처음이 있고, 거기에는 공간적·시간적 발생의
법칙이 내함되어 있다는 말이다. 만물은 곧 작은 우주인 것이다.

원회운세 내에 다시 원회운세가 중첩되는 구조처럼 선천역학에서도
태극·양의·사상·팔괘의 순차는 중첩된다. 그렇다면 태극·양의·사
상·팔괘 등은 결코 특정한 실체나 단계를 의미하는 고유명사가 아니고
각 발생의 단계를 표현하는 기호에 불과하게 된다. 양의·사상은 우주에
만 있는 것이 아니라 인간을 포함은 모든 것에게도 있다. 이를 좀
더 명확하게 표현한 것이 두 번째 인용문이다. '도→천지→만물'의 단계
에서, 개체가 천지에 대해 만물 즉 피생성물에 불과하듯이 천지도
그 상위의 단계인 도에 대해서는 만물 즉 일개 피생성물에 불과하다는
말이다. 이렇게 '도'와 '천지' 등은 태극·양의·사상이 그렇듯 발생적
각 단계의 상하관계를 표현하는 기호가 된다.

---

24) 邵雍, 『皇極經世書』, 卷14, "心爲太極. 又曰, 道爲太極. 太極道之極也. 太玄道之玄也. 太素
色之本也. 太一數之始也. 太初事之初也. 其成功則一也. 元有二, 有生天地之始太極也, 有萬
物之中各有始者, 生之本也. 萬物各有太極兩儀四象八卦之次, 亦有古今之象."
25) 邵雍, 『皇極經世書』, 卷14, "以天地生萬物, 則以萬物爲萬物, 以道生天地, 則天地亦萬物也."

주자는 일찍이 "만약 양의의 기준에서 보자면 태극은 태극이 되고 양의는 용用이 된다. 사상을 기준으로 보자면 양의는 태극이 되고 사상은 용이 된다. 팔괘를 기준으로 보면 사상은 다시 태극이 되고 팔괘가 또 용이 된다"[26]라고 말한 적이 있다. 『역학계몽』에서는 좀 더 분명하게 "태극으로부터 양의가 되는 단계에서 말하자면 태극은 태극이고 양의는 양의지만, 양의가 사상으로 되는 단계로 말하자면 양의가 태극이 되고 사상은 다시 양의가 된다"[27]라고 하였다. 이쯤 되면 태극·양의·사상과 같은 것은 상하의 발생적 단계를 나타내는 기호에 불과하게 된다. 때문에 먼저 태극이 있고 나중에 양의가 있다는 식의 시공간 내적 발생으로는 설명이 불가능하다.

주자만큼 명확하게 언급하지는 않았지만 소옹도 발생의 각 단계를 기호화하여 드러낸다는 점에 있어서는 동일하다. 그러나 주자 이전에 이미 소옹의 아들 소백온邵伯溫은 아버지의 생각을 발전시켜, 명확히 태극·양의·사상 등의 관계를 시공간 초월적 관계로 묘사하였다.

태극이 있으면 곧장 양의·사상·팔괘로부터 만물에 이르기까지 모두 갖춰지게 되는 것이다. 오늘 태극이 있고 내일 양의가 있고 모레에야 사상과 팔괘가 있는 것이 아니다.[28]

"오늘 태극이 있고 내일 양의가 있는 것이 아니다"라는 말은 태극·양

---

26) 朱熹, 『朱子語類』, 권22, "如以兩儀言, 則太極是太極, 兩儀是用; 以四象言, 則兩儀是太極, 四象是用; 以八卦言, 則四象又是太極, 八卦又是用."
27) 朱熹, 『易學啓蒙』, 「原卦劃」, "自太極而分兩儀, 則太極固太極, 兩儀固兩儀. 自兩儀而分四象, 則兩儀又爲太極, 而四象又爲兩儀."
28) 黃宗羲, 『宋元學案』, 「百源學案」, "有太極, 則有兩儀四象八卦, 以至于天地萬物, 固已備矣. 非謂今日有太極, 而明日方有兩儀, 後日乃有四象八卦也."

의·사상의 과정이 시간적 의미에서의 발생 과정이 아니라는 말이다. 때문에 이 개념들은 '발생의 각 단계'가 아니다. 태극·양의·사상 그리고 만물이 '한꺼번에' 있다는 것은, 지금 여기 존재하는 모든 것에 태극·양의· 사상과 같은 '속성'이 부여되어 있다는 말이다. 예컨대 건괘乾卦(☰)에는 노양老陽(⚌)의 속성과 함께 양陽(—)의 속성 그리고 태극의 속성이 모두 들어 있고, 간괘艮卦(☶)에는 태극과 음陰(--)의 속성 그리고 노음老陰(⚏)의 속성이 모두 들어 있다. 양의·사상 등은 각 괘가 지니는 속성을 설명해 준다. 나는 한국인이다. 그러나 한국인이기 때문에 동시에 아시아인이고 지구인이다. 먼저 지구인이 되고 나중에 아시아인이었다가 최종적으로 한국인이 되는 것은 아니다. 여기서 지구인·아시아인·한국인 등은 내가 만들어진 '과정'이 아니라 나를 설명해 주는 '속성'이 된다.

소옹의 태극을 발생론적 단계의 시초로 읽어 주자의 존재론적 사고와 구분하려는 관점은 일찍이 청대의 역학자들 예컨대 황종희黄宗羲나 호위胡渭 등에게서 보인다. 특히 호위는 주자의 '어미가 자식을 품고(包) 있는 것'으로 볼 것인가 아니면 '낳은(生) 것'으로 볼 것인가 라는 대비를 끌어다가, 소옹의 관점을 '일생이一生二' 즉 하나가 둘을 이미 '낳은 것'으로 평가하면서 주자의 관점과 합치하지 않는다고 비판한다.[29] 현대의 연구자들도 대체로 이러한 관점을 유지하고 있다.[30] 그러나 주자의 이기론理氣論에서 "이기선후나 이기동정 혹은 이일분수와 같은 문제들

---

29) 청대 역학자들의 소옹 〈선천역학〉 비판에 대해서는 김진근, 「소강절의 선천역학에 대한 청대 역학자들의 비판 고찰」(『범한철학』 51집, 범한철학회, 2008)을 참고할 수 있다. 한편 조선 후기의 丁若鏞 역시 소옹의 〈선천역학〉을 비슷한 맥락에서 비판하고 있다. 이에 대해서는 김인철, 「다산의 '先天易'에 대한 批判」(『東洋哲學研究』 제31집, 동양철학연구회, 2002)을 참고할 수 있다.

30) 廖名春 등의 『주역철학사』 412쪽 및 朱伯崑의 『역학철학사』 3권 335~337쪽 등을 참고할 수 있다.

은 온전히 〈선천역학〉에서의 태극과 음양의 관계에 대한 해석으로부터 출발되었다." 이는 소옹의 〈선천역학〉을 발전시킴으로써 가능한 것이 었고 "정이의 『이천역전』에는 없는 것이었다."[31] 인용한 소옹의 진술과, 그것을 발전시킨 그의 아들 소백온의 주석을 근거로 할 때 소옹의 태극-음양 관계는 결코 발생적 관계로 볼 수 없다.

4. 심학의 문제-심리학적인가 기하학적인가

둘째, 소옹의 '심학心學' 문제다. 소옹은 앞의 인용문에서 "심心이 곧 태극이다"라고 하였는데, 또 이렇게 말한다.

> 선천학은 심법心法이다. 그러므로 도상은 모두 가운데(中)에서 시작된다. 모든 변화와 모든 일은 마음에서 생겨난다. 도상에는 비록 어떠한 문자도 없지만 내가 종일 말하는 것이 이것으로부터 벗어나지 않는다. 천지만물의 리理가 모두 그 속에 있다.[32]

'모든 변화와 모든 일'이 생겨나는 '마음'은 선천학의 모든 변화가 시작되는 '태극'과 같다. 이 문장 때문에 많은 연구자들은 소옹을 정호나 육구연과 비슷한 맥락의 심학자로 이해하기도 한다. 일반적으로 '마음' 은 겉모습이나 행동과 대비되는 '내면'의 심리적 주체로 상정된다. 정호나 육구연이 말하는 '마음'은 맹자의 것을 계승 발전시킨 것으로서

---

31) 張克賓, 『朱熹易學思想硏究』(人民出版社, 2015), 175쪽 및 173쪽.
32) 邵雍, 『皇極經世書』, 권13, "先天學心法也. 故圖皆自中起. 萬化萬事生乎心也. 圖雖無文吾終日言而未嘗離乎是. 蓋天地萬物之理, 盡在其中矣."

외재적 환경이나 규율에 구속될 수 없는 자발적이고 자율적이며 자동적인 선한 감정과 의지의 주체를 의미한다. 과연 소옹이 말하는 마음도 그런 의미일까?

위의 인용문은 기본적으로 '선천학'이나 '도상'에 대한 설명이다. '선천학'은 소옹에 의하자면 복희가 그려낸 것인데, 복희가 괘획을 그려내기 이전에 이미 '역'은 있었다고 한다. 소위 '획전유역畫前有易'이다. 복희가 그려내기 이전의 역이란 괘획이나 도상 혹은 문자로 된 것일 수 없으니 '역의 원리'라고 할 수 있을 것이다. 이 '역의 원리'는 세계의 보편법칙(天地萬物之理)이라고 할 수 있고, 복희의 역은 이 보편의 법칙을 형상화해 낸 것이다. 때문에 만약 이 '선천학'이 '마음의 법칙'이라고 한다면 이 마음은 우선은 복괘復卦에서 말하는 '천지의 마음'(天地之心)일 것이 분명하다. 그리고 그 천지의 마음을 괘획으로 형상화해 낸 '복희의 마음'일 것이다.

복희는 천지의 마음을, 즉 세계의 보편법칙을 준수하고 그것을 괘획으로 형상화해 냈기 때문에 그의 마음이 천지의 마음과 같을 수 있었던 것이다. 유가의 전통에서는 이처럼 보편의 법칙을 준수하여 '천지와 그 덕을 함께하는(與天地合其德) 이'를 '성인聖人'이라고 부른다. 복희 역시 성인의 대명사이면서 대표자일 뿐이다. 때문에 복희의 마음을 일반화하면 천지와 그 덕을 함께하는 '성인의 마음'이 된다.

성인이 천지만물과 덕을 합치하여 우주 보편의 법칙을 준수할 수 있는 이론적 근거는 무엇인가? 그것은 "만물이 각각 태극을 갖추고 있기"(萬物各有太極) 때문이다. 만물이 모두 태극을 갖추고 있기 때문에 일월성신과 원회운세의 대우주에서부터 황제왕패와 인의예지의 인간 세계에 이르기까지, 심지어 조수초목의 소우주에 이르기까지 모두 우주 보편의 법칙에 합치할 수 있는 것이다. 아니 합치하지 않을 수 없는 것이다. 만물이 모두 그렇다면 성인뿐만 아니라 평범한 사람들이라 할지라도 또 그렇지 않을 리가 없다. "천지의 도가 만물에게 구현되어 있다. 천지만물의 도가 모두 사람에게 구현되어 있다."[33] 이때의 사람은 특별한 인격을 갖춘 성인만 해당되는 것이 아니다. 모든 사람들은 이미 우주의 법칙을 구현하고 있다.

문제는 자신에게 구현되어 있는 우주의 법칙을 '알고' 그대로 '실천'할 수 있느냐이다. 사실상, 자신에게 구현된 우주의 법칙을 인식하고 그것에 합치하도록 할 수만 있다면 누구라도 성인이 될 수 있다는 것이 송대 신유학의 이념이자, 맹자 심학의 발전적 계승이라고 할 수 있다. 그래서 남송의 진순陳淳은 이렇게 말한다. "'도가 곧 태극이다'라는 말은 도와 태극이 별개의 이치가 아님을 말하는 것이다. '마음이 곧 태극이다' 라는 것은 모든 이치가 언제나 내 마음에 간직되어 있다는 말이다. 이 마음은 온통 하나의 리理일 뿐이다."[34]

여기까지 보자면 소옹의 '마음'을 정호나 육구연 혹은 왕수인 계열의 마음이라고 해도 무방할 듯하다.[35] 하지만 문제는 소옹이 말하는 '우주 보편의 법칙'이 무엇인가 하는 점이다. 〈선천역학〉의 태극이 양의・사상・

---

33) 邵雍, 『皇極經世書』, 권11, "天地之道盡之於萬物矣. 天地萬物之道盡之於人矣."
34) 陳淳, 『北溪字義』 下, "謂道爲太極者, 言道卽太極, 无二理也. 謂心爲太極者, 只是万理总会于吾心. 此心渾沦, 是一个理耳."
35) 高懷民과 곽신환은 소옹의 心을 '생성'의 주체로 상정한다. 즉 '만물을 낳는 근본'이나 '하나의 큰 낳음의 덕'(곽신환, 『조선유학과 소강절 철학』, 78・80쪽)으로 본다. 그래서 '천지의 마음은 만물을 낳고 사람의 마음은 만사를 낳는다'(高懷民, 『邵子先天易哲學』, 268쪽)고 본다. 그러나 소옹의 '萬化萬事生乎心'과 이들의 '人心生萬事'는 결코 같은 말이 아니다. 心을 생성의 주체로 삼는 것은 자칫 어떤 것이라도 '마음먹기에 달렸다'는 식으로 오해될 수 있다. 以物觀物의 태도에서도 보이듯이 소옹의 心은 이런 능동적이고 적극적인 주체로 볼 수 없다.

팔괘로 분화·확장되듯이 소옹의 리理는 수數 즉 기하학적·대수학적 질서로 드러난다. 거꾸로 말하면 소옹의 리는 기하학적·대수학적 엄밀성 그 자체다. 때문에 그러한 법칙을 따르는 '마음'은 "정주학파에서 말한 윤리학적 성격을 지닌, 조금도 사사로운 욕심이 없는 마음이 아니라 논리학과 수학의 의미에서의 마음인 것이다."[36)

여기서 우리는 앞 인용문에서 언급된 '가운데'(中)에 대해 다시 한 번 면밀히 들여다볼 필요가 있다. 소옹은 "도상은 모두 가운데(中)에서 시작된다"(圖皆自中起)라고 하고 다시 "선천도는 가운데(中)를 둘러싼다"[37)라고 하였다. 이렇게 중十은 선천도 도상에서의 중中 즉 '가운데'를 의미한다. 그가 말하는 '모든 것이 생겨나는' 마음은 곧 모든 것이 생겨나는 '가운데'로서의 태극이다.

> 천지의 근본은 가운데(中)에서 시작된다. 때문에 건과 곤이 아무리 많이 변한다
> 하더라도 가운데를 벗어나지 않는다. 사람은 천지의 가운데에 거하고 마음은
> 사람의 가운데(中)에 거한다. 해가 가운데에 있으면 맹렬하고 달이 가운데에
> 있으면 가득 찬다. 때문에 군자는 가운데를 귀하게 여긴다.[38)

앞에서 보인 호후胡煦의 그림을 보면 명확하지만 〈방위도〉의 경우는 누가 보아도 '가운데'(中)에서 시작된다. 그런데 〈방위도〉뿐만 아니라 〈차서도〉의 경우에도 도상의 좌우는 등가를 이룬다. 즉 양효를 +로, 음효를 −로 표시할 경우, 건괘(+++)와 곤괘(−−−) 그리고 진괘(+−−)

---

36) 朱伯崑, 『역학철학사』 3권, 326쪽.
37) 邵雍, 『皇極經世書』, 권13, "先天圖者, 環中也."
38) 邵雍, 『皇極經世書』, 권14, "天地之本, 其起於中乎. 是以乾坤屢變, 而不離乎中. 人居天地之中, 心居人之中, 日中則盛, 月中則盈, 故君子貴中也."

와 손괘(+ + −)의 값을 더하면 언제나 0이 된다. 즉 〈차서도〉의 좌우는 언제나 대칭이 된다.[39] 때문에 "건과 곤이 아무리 많이 변한다 하더라도 가운데를 벗어나지 않는다"라는 말은, 괘상이 8이나 64 혹은 그 이상으로 아무리 분화하여 변한다 하더라도 모두 그 중앙에 있는(혹은 제일 뿌리인) 통일적 법칙으로서의 태극에서 벗어나지 않는다는 말이 된다. 때문에 이 '가운데'(中)는 '중앙'이고 '중간'이지 '내면'이 될 수 없다.[40] '사람의 가운데'인 '마음' 역시 내면의 심리적 주체이기에 앞서 과불급過不及이 없는 논리적·이성적 주체라고 보는 것이 더 타당하다.[41]

이렇게 소옹이 말하는 '중中'은 심리학적 의미에서의 '내면'이기보다는 기하학적 의미에서의 '가운데'에 가깝다. 그의 "마음이 곧 태극이다"(心爲太極)라고 할 때의 마음은 설령 그것이 '내면'이라고 할지라도 선천학(先天學心法也)의 수학적 엄밀성을 내면화한 법칙적인 마음이지, 결코 정호나 육왕처럼 생기발랄하고 역동적인 마음이 아니다. 기하학적·대수학적 엄밀성이 곧 소옹이 말하는 리理다. 때문에 그러한 리를 정확히 인식하고 준수한다는 것은 엄밀한 우주의 법칙에 한 치의 오차도 없이 정확하게 합치하는

---

39) 高懷民은 〈차서도〉에서 음양이 처음 생겨나는 괘들, 예컨대 震卦(☳)·巽卦(☴)·復卦(䷗)·姤卦(䷫)는 언제나 가운데에 위치한다고 설명하고 있다.(高懷民,『邵子先天易哲學』, 270쪽.) 그러나 선천역에서의 卦數에서 보이듯이 〈차서도〉의 시작은 乾卦이지 중앙의 진괘나 손괘가 아니다. 주자는 〈방위도〉 중앙의 흰 부분이 곧 태극에 해당한다고 보았다. 그래서 〈차서도〉의 중앙을 지금의 그림처럼 선으로 갈라놓아 빈 공간이 없도록 만든 것은 적절치 못하다고 보았다. 하지만 그 중간을 기점으로 좌우의 음양은 서로 정확히 待對가 된다고 분명히 밝히고 있다.(『朱子語類』, 권65, "問先天圖陰陽自兩邊生, 若將坤爲太極, 與太極圖不同如何. 曰他自據他意思說, 卽不曾契勘濂溪底. 若論他, 太極中間虛者便是. 他亦自說, 圖從中起. 今不合被橫圖在中間塞却. 待取出放外, 他兩邊生者, 卽是陰根陽陽根陰, 這箇有對, 從中出卽無對.")
40) '해의 가운데'나 '달의 가운데' 역시 한낮과 보름처럼 중간을 의미하지, 내면을 의미하는 것이 아니다.
41) 이러한 이해는 주자에게 계승되어 그의 中和說이나 육구연과의 무극태극논쟁 등에서 드러나게 된다.

것이 된다. '마음먹기에 달렸다'는 식은 통할 수 없다. 사사로운 감정은커녕 온정적 태도도 용납될 수 없다. 아무리 불쌍해도 겨울이 되면 천지는 얼어 죽게 되어 있는 것이다. 그것이 자연이고, 그것이 우주의 법칙이다. 우주의 객관적 법칙을 그 자체로 인정하고 받아들이는 것 이상으로는 할 수도 없고 해서도 안 된다. 그것이 바로 '있는 것을 있는 대로 받아들이는' 소위 '이물관물以物觀物'의 태도인 것이다.

때문에 '이물관물'은 대상 인식의 방법에 그치지 않고 대상과 세계를 향한 실천적 태도가 된다. 그것은 학의 다리가 길다고 하여 자르지 않고 산은 산이요 물은 물이라고 하는, 서로 충돌하지 않는 삶의 자세다. 지극히 법칙적인 세계에 자신의 주관적 기호나 감정 혹은 사사로움 따위는 아예 들어갈 여지도 없다. 세상은 바꿀 수도 없고 바꾸어서도 안 되는 것이다. 오로지 주어진 삶을 즐기며 편안하게 살아갈 뿐이다. 그것이 바로 안락와安樂窩의 태도다. 안락와는 자신의 거처에 소옹이 직접 붙인 이름이다.

지금까지 우리는 소옹의 〈선천역학〉을 신화적 사유에서의 상징형식으로서의 '공간'으로 분석했다. 이렇게 읽을 때 소옹의 〈선천역학〉은 더 이상 『주역』 64괘 발생의 과정과 방위에 관한 담론에 머무르지 않고, 존재하는 모든 것을 전체 속에 배치하고 규정하는 존재론이 된다.

태극이 양의가 되고 양의는 다시 사상이 되는 분화와 확장의 과정에서 기존의 연구자들은 '생성'을 읽어냈다. 우주든 인간이든 '생성'은 당연히 시간적 계기의 운동이다. 그러나 우리는 지금까지의 분석을 통해 소옹이 태극·음양·사상 등을 발생의 단계나 구체적인 실체가 아닌, 존재의 속성을 나타내는 기호로 사용하고 있음을 확인했다. 만물에게는 모두 태극·음양·사상의 단계적 질서가 있다고 말하는 소옹이나, 오늘 태극이 있고 내일 양의가 있는 것이 아니라는 그의 아들이나, 다들 〈선천역학〉은 태극으로부터 양의·사상·팔괘가 한꺼번에 죽 늘어서 있는 공간적 '배치'임을 말하고 있다. 결국 '시간적 생성'은 '공간적 배치'로 전환된다.[42]

전체와 구조로 보면 '배치'이지만 공간 그 자체의 입장에서는 '배당'이고 개별자의 입장에서는 '배속'이다. "어떤 사물을 개념으로써 파악하려면…… 그것이 다른 대상들에 대해서 가지는 관계들을 찾기 위하여 그것을 다른 여러 각도에서 보지 않으면 안 된다. 우리는 그것의 자리를 부여하며 전반적 체계 안에서 그것의 위치를 결정짓지 않으면 안 된다."[43] 나는 나이기에 앞서 우리 가족과 사회의 일원으로 태어나고 길러졌다. 나는 누군가의 자식이고 부모이며 배우자이다. 개인을 독립적인 주체로서보다는 전체의 일원으로 이해하는 것은 전통시기의 일반화된 관념이다.

「서명西銘」에서 장재張載는 나를 싸고 있는 가족을 우주의 차원으로 확장했다. 하늘은 나의 아버지이고 땅은 나의 어머니이며 만물은 나의 형제라고 하는 것은, 내가 이 우주의 일원이며 모든 것과의 관계 속에서 존재함을 말하는 것이다. 장재의 태허는 소옹에게서 법칙이 된다. 그런 의미에서 소옹의 〈선천역학〉은 천체물리학적 관찰의 결과가 아닌, 가치적·규범적 관념의 우주적 차원으로의 확장이라고 할 수 있다. 송유宋儒는 언제나 인도人道의 근거를 천도天道에서 찾았지만, 바빌로니아의 천문학이 그랬던 것처럼 그들은 사실상 인도를 천도에 투영한

---

42) 周敦頤에게서 보이는 '태극의 동정'과 같은 운동 개념이 소옹에게서는 거의 보이지 않는다는 점에 주의할 필요가 있다. 소옹은 '동정'이나 '생성'보다는 '교차'(交)나 '분할'(分) 혹은 '錯綜'과 같은 단어를 많이 사용한다.
43) 에른스트 카시러, 『인간이란 무엇인가?』, 89쪽.

것에 불과하다. 최초의 천문학이 그렇듯 "인간이 진정으로 하늘에서 찾은 것은 그 자신의 반영과 그의 인간 우주의 질서였다. 인간은 이 세계가 볼 수 있거나 혹은 볼 수 없는 헤아릴 수 없이 많은 유대에 의하여 우주의 질서 전체에 매여 있다고 느꼈으며, 또 이 신비스러운 연결에 파고들어가 그것을 이해하려고 했다."[44]

　소옹은 주자처럼 '우주의 법칙'을 '인간의 당위'로 전환하여 명시적인 체계를 세우지는 않았다. 정이程頤의 '인심도심人心道心'과 같은 선악 대치의 긴장이 없었기에 소옹은 단순한 '법칙적 세계'에 대한 믿음 하에서 안락와安樂窩의 소박한 태도가 가능했을 것이다. 그러나 소옹의 법칙적 세계에 대한 믿음과 요청이 없었다면 주자의 그 엄정한 체계로서의 철학은 필요하지도, 또 가능하지도 않았을 것이다. 주자의 관점에서 개인과 사회에서의 법칙적 질서의 실현은 개인의 자발적인 노력(尊德性)에만 의존하거나 일정한 절차를 뛰어넘을(躐等) 수 있는 것이 아니었다. 세계에는 법칙적 체계와 질서가 엄연하고 인간은 그것을 벗어날 수 없기 때문이다. 사서四書와 같은 텍스트, 소학小學·대학大學의 절차, 서원書院과 같은 교육제도, 향약鄕約이나 가례家禮와 같은 일상적 행위규범 등은 모두 법칙적 질서의 체계적 실현을 위한 주자의 철학적 기획의 결과물이다.

---

44) 에른스트 카시러, 『인간이란 무엇인가?』, 92~93쪽.

제5장 소옹의 원회운세와 시간

1. 정해진 세계와 숙명론적 역사주의의 문제

소옹은 우주의 전개를 지극히 법칙적인 것으로 이해했다. 그래서 그는 그것을 원회운세라는 범주의 반복적 중첩으로 설명했다. 그러나 시간과 역사를 법칙적으로 이해한다는 것은 필연적으로 숙명론적 역사주의의 문제를 야기할 수 있다. 이 장에서는 소옹의 시간관이 어떻게 숙명론적 역사주의의 문제를 야기하는지와, 그의 이물관물以物觀物과 안락와安樂窩의 태도가 그의 이러한 시간관과 무관하지 않다는 것을 보이고자 한다.

소옹은 30년을 한 세世로, 12세를 한 운運으로, 30운을 한 회會로, 12회를 한 원元으로 삼았다. 이렇게 해서 1원元은 129,600년이 되고, 그에게 있어서 이는 한 세계의 주기가 된다. 이것은 소옹의 아들 소백온邵伯溫이 말한 것처럼 1년 12개월, 1개월 30일과 같은 기존의 시간 단위를 반복해서 확장한 것에 불과하다.[1] 그런데 소옹은 이 시간의 단위를 다시 '원의 원'이나 '원의 회' 혹은 '회의 회'와 같은 방식으로 중첩시키고,[2] 다시

---

[1] 邵伯溫, 『皇極繫述』, "一元象一年, 十二會象十二月, 三百六十運象三百六十日, 四千三百二十世象四千三百二十時也."

[2] 邵雍, 『皇極經世』, 「觀物內篇」, "元之元一, 元之會十二, 元之運三百六十, 元之世四千三百二十. 會之元十二, 會之會一百四十四, 會之運四千三百二十, 會之世五千八百四十. 運之元三百六十, 運之會四千三百二十, 運之運一十二萬九千六百, 運之世一百五十五萬五千二百. 世之元

이를 일월성신日月星辰이나 황제왕패皇帝王伯와 같은 다른 범주들과 결합시키기도 하고 『주역』의 64괘에 배속시키기도 한다.[3] 이렇게 함으로써 그의 〈원회운세〉는 매우 복잡하면서도 커다란, 그러나 지극히 법칙적인 체계가 되었다.

그러나 이러한 법칙적인 시간 규정이 사실에 부합하지 않음은 자명하다. 1년 12개월과 1달 30일은 해와 달의 주기에 의한 것인데, 태양력과 태음력의 차이를 보정하기 위해 윤달과 같은 장치가 필요하다는 것에 대해서는 소옹 자신도 충분히 알고 있었을 것이다. 하물며 1년을 넘어선 세世 · 운運 · 회會 · 원元과 같은 거대 시간이 어떤 천문학적 근거를 지니는지에 대해서 소옹은 아무런 설명도 제시하지 않았다. 아니 아예 설명의 필요성 자체를 느끼지 않은 것 같다.

소옹의 원회운세는 실재하는 '우주 변화의 연대를 추산하는 데에 목적이 있지 않고, 더 중요한 것은 그 변화의 규율을 설명하는 것'이라고 평가할 수 있다.[4] 더 나아가 소옹의 원회운세는 글자 그대로의 시간단위(常數)가 아닌 상대적인 길이를 표시하는 철학적 의미에서의 기호화된 수(理數)에 불과하다고 볼 수도 있다.[5] 때문에 이러한 시간 구분이 사실에

四千三百二十, 世之會五萬一千八百四十, 世之運五十五萬五千二百, 世之世一千八百六十六萬二千四百."

3) 朱伯崑, 『역학철학사』 3권(김학권 등 옮김, 소명출판, 2012), 309~311쪽 참고.

4) 朱伯崑, 『역학철학사』 3권, 314~315쪽.

5) 高懷民, 『邵子先天易哲學』(臺北市各大書局, 民國 86年), 143쪽 및 56쪽 참고. 高懷民은 원회운세의 數를 고정적인 값을 지닌 常數가 아니라 철학적 의미로서의 理數라고 보았다. 그런데 그가 말하는 '理數'란 시간과 공간을 포함한 존재하는 모든 것을 표현하기 위한 '기호'로서의 수를 의미한다고 할 수 있다. 가치평가적 범주인 황제왕패마저 특정한 시기를 지칭하는 것이 아닌 특정한 가치를 추구하는 통치자의 시기를 의미한다고 말하는 소옹의 주장은 이러한 '기호'로서의 범주설을 더욱 지지해 준다. "所謂皇帝王霸者, 非獨謂三皇五帝三王五霸而已. 但用無爲則皇也. 用恩信則帝也. 用公正則王也. 用智力則霸也."(『皇極經世書』, 권13)

부합하는지는 그다지 중요하지 않을 수 있다. 129,600년마다 정말 빅뱅과 같은 거대한 변화가 생겨서 새로운 우주가 출현하는지는 확인할 수도 없다. 따라서 원회운세의 거대 시간은 맞았다고 할 수 없지만 틀렸다고 도 할 수 없다. 시간이란 어차피 인간적 '의미'의 산물이다.

문제는 원회운세의 시간 구분이 황제왕패와 같은 인간의 역사 속으로 침투하여 각각의 사실史實과 인물을 배치하고 평가할 때 발생한다. 소옹은 『황극경세서皇極經世書』의 「관물편觀物篇」 '6. 이원경회以元經會' 부분의 말미에 당요唐堯를 배치하는 것으로부터 시작하여 송宋 인종仁宗에 이르기까지 3000년 중국의 역사를 원회운세의 시간 배열에 맞춰 배치하였다. 그런데 그는 여기서 그치지 않고 각 시대를 황제왕패라고 하는 가치적 개념으로 규정하기에 이른다. 황제왕패는 삼황·오제·삼왕· 오패에서 추출한 범주로서, 각 시기의 통치가 도道·덕德·공功·력力으 로 규정되면서 역사적 전개는 가치적 하락을 초래한다.[6]

가치중립적인 〈원회운세〉가 〈황제왕패〉가 되고 나면 실제 있었던 인물에 대한 평가적 작업이 된다. 때문에 소옹의 〈황제왕패〉를 일종의 '춘추필법'으로 이해하는 것에는 나름의 타당성이 있다.[7] 소옹 자신 가장 존숭했던 이가 공자이며, 이지재李之才에게서 전수받은 경전이 『역』과 『춘추』였다는 점은 이러한 설명에 힘을 실어 준다. 필자는

---

6) 邵雍, 『皇極經世書』, 권12, "皇之皇以道行道之事也. 皇之帝以道行德之事也. 皇之王以道行 功之事也. 皇之伯以道行力之事也."; "三皇春也. 五帝夏也. 三王秋也. 五伯冬也. 七國冬之餘 列也. 漢王而不足, 晉伯而有餘. 三國伯之雄者也. 十六國伯之叢者也. 南五代伯之借乘也. 北 五代伯之傳舍也. 隋晉之子也. 唐漢之弟也. 隋季諸郡之伯, 江漢之餘波也. 唐季諸鎭之伯, 日 月之餘光也. 後五代之伯, 日未出之星也."
7) 杜保瑞 교수는 唐君毅의 관점을 받아들여, 소옹이 易에 春秋를 결부시켜 일종의 역사 철학을 전개했다고 주장한다. 그는, 소옹의 철학은 유가 가치의 근원성 탐구에 대한 공헌이 거의 없고, 우주적 시간사와 4범주적 형이상학에 대해서만 의의를 인정할 수 있다고 말한다. (杜保瑞, 『北宋儒學』, 臺灣商務印書館, 2005, 128~130쪽 참고.)

소옹이 역사 평가에 지대한 관심을 기울였다는 점에 동의한다. 그러나 그가 역사를 어떻게 평가했느냐의 문제에 앞서 그가 왜 역사 평가에 집착했느냐에 대해 우선 주목해야 한다. 역사에 대한 그의 관심과 평가적 태도는 인간과 세계에 대한 그의 관조적 태도에서 기인하는 필연적인 결과였다.

그는 존재하는 모든 것을 법칙적으로 이해하려고 시도했고, 또 그렇게 이해할 수 있다고 생각했다. 그 법칙이란 수학적 엄밀성과 같아서 예외를 허용하지 않는다. 황제의 시대 다음에는 필연적으로 왕패의 시대가 온다. 이러한 그의 생각은 '역사 발전의 법칙'을 전제하는 그로서는 당연한 것이겠지만, 개인의 역할과 자율성을 왜소화하고 사회와 역사에 대한 평가의 종속성을 가져올 수 있다. 때문에 그의 이러한 생각은 논리적으로, 개인의 행위의 차원에서는 '숙명론'이 될 수 있고 역사적 차원에서는 칼 포퍼가 비판했던 '역사주의'(Historicism)가 될 수 있다.

소옹의 역사 인식이 과연 숙명론적인가에 대해서는 연구자들 간에 엇갈린 평가가 존재한다. 어떤 연구자는 소옹의 역사적 관점을 '순환론적 숙명론' 혹은 '예정조화설'이라고 극단적으로 비판한다.[8] 두보서杜保瑞는 소옹의 성인을 '지식형'이라고 평가하고, 이러한 '견문지지見聞之知'형 성인은 유가 전통의 '덕성적德性的' 성인관과 다를 뿐만 아니라 북송 유자들의 본성에 대한 논의 그리고 공부를 통해 이상인격을 이룰 수 있다는 관점과도 확연한 차이를 보인다고 분석한다.[9] 그에 비해 여돈강

---

8) 정해왕, 「邵雍의 先天易學에 관한 研究」, 『人文論叢』 제42집(부산대학교, 1993), 210쪽 참고.
9) 杜保瑞, 『北宋儒學』, 112·126쪽 및 153~156쪽 참고. 이 외에도 唐明邦의 『邵雍評傳』, 187~188쪽을 참고할 수 있다.

余敦康과 고회민高懷民, 피터 볼(Peter Bol) 등은 천도天道와 구별되는 인간의 능동적 역할을 인정한 소옹은 숙명론이 아니라고 말한다.[10] 소옹 자신은 어떻게 말하고 있는가?

사람은 스스로 부자가 될 수 없다. 반드시 하늘이 부를 준 다음에야 부자가 될 수 있다. 사람은 스스로 귀해질 수 없다. 반드시 하늘이 귀함을 준 다음에야 귀해질 수 있다. 그렇다면 부귀는 하늘에 달린 것이지 인간에게 달린 것이 아니다. 구해서 얻는 게 있고 구해도 얻지 못하는 게 있으니, 이는 하늘에 달린 것이다. 공적과 덕성은 사람에게 달린 것이지 하늘에 달린 것이 아니다. 열심히 하면 얻을 수 있고 열심히 하지 않으면 얻을 수 없으니, 이는 하늘에 달린 것이 아니라 사람에게 달린 것이다. 어떤 사람이 부귀를 구하여 얻을 수 있었다면 그것은 얻을 수 있는 것을 구한 것이다. 얻을 수 있는 사람이 아니라면 능히 구할 수 있는 것이 못된다. 어리석은 사람은 구할 수 있는 것이기에 얻을 수 있었던 것임을 모르고서는 자신이 얻은 것이라고 말한다. 때문에 어떤 것을 구하다가 얻지 못하면 다른 사람이 자신에게 주지 않은 것이라고 하면서 원망한다. 자신이 무엇을 얻을 수 있으며 다른 사람이 무엇을 줄 수 있는지에 대해 정확히 알 수만 있다면 이 세상에 어찌 스스로를 헤아릴 줄 모르는 이가 있겠는가?[11]

공덕功德과 같은 개인적인 노력의 여부는 사람에게 달린 문제지만

---

10) 余敦康, 『內聖外王的貫通』(學林出版社, 1997), 214쪽과 高懷民, 『邵子先天易哲學』, 145쪽, 그리고 Kidder Smith Jr., Peter K. Bol의 *Sung Dynasty Uses of the IChing*(Princeton University Press, 1990), 105쪽 등 참고.
11) 邵雍, 『皇極經世書』, 권11, "夫人不能自富, 必待天與其富然後能富. 人不能自貴, 必待天與其貴然後能貴. 若然則富貴在天也. 不在人也. 有求而得之者, 有求而不得者矣. 是繫乎天者也. 功德在人也. 不在天也. 可脩而得之, 不脩則不得, 是非繫乎天也. 繫乎人者也. 夫人之能求而得富貴者, 求其可得者也. 非其可得者, 非所以能求之也. 昧者不知求而得之, 則謂其已之能得也. 故矜之求而失之, 則謂其人之不與也. 故怨之. 如知其已之所以能得, 人之所以能與, 則天下安有不知量之人耶."

부귀富貴처럼 결과적인 현상은 사람이 어떻게 할 수 있는 것이 아니라고 소옹은 말한다. 인간의 노력 즉 공덕을 아무리 쌓아도 그것이 부귀와 같은 결과로 연결되는 것은 아니다. 현상적 결과는 전적으로 하늘에 달렸기 때문이다. 어리석은 사람은 자신의 노력으로 부귀를 얻었다고 생각하지만 이는 어차피 하늘이 허락한 것에 불과하다. 그런데 소옹의 하늘은 인격적 신이 아니다. 원회운세의 정확한 법칙 그 자체다. 누군가 열심히 노력했다고 해서 황제왕패의 순서를 바꿔 주는 존재가 아니다. 그렇다면 부귀의 결과는 개인의 노력 여부와 무관할 뿐만 아니라 개인이 태어나기 이전에 이미 정해져 있는 것이다. '예정조화설'이라고 해도 할 말이 없다. 게다가 그 예정된 방향은 황제왕패식의 가치적 하강이다. 때문에 '극단적인 비관주의적 역사관'이라고 할 수도 있겠다.[12]

숙명론적 시간관 하에서는 유가적 전통의 '공부'가 들어설 여지가 부족하다. 역학적 사유의 세례를 받은 전통 유자라면 누구나 인간을 포함한 모든 존재자에게 자연적 법칙성이 미친다는 점에 동의한다. 그러나 그러한 법칙성에도 불구하고, 오히려 그러한 법칙성에 의지해서 인간의 자발적이고 능동적인 노력을 확보하려던 것이 유가의 정신이다. 원회운세의 정해져 있는 시간 속에서 인간의 노력이 의미 없는 것이 되고 만다면, 소옹의 사유는 분명 비유가적이고 비규범적임에 틀림없다.

물론 소옹은 공덕功德의 영역을 열어 두었다. 또한 인의예지仁義禮智와 같은 유가적 가치를 부정하지 않았다. 비록 유가냐 도가냐와 같은 분파적 의식으로 파악할 수 있는 인물이 아니라고 해도, 그는 춘추류의 역사의식으로 전통적 가치 기준에 의해 시대를 평가했던 유가적 지식인

---

12) 勞思光, 정인재 역, 『中國哲學史 宋明篇』(탐구당, 1993년 6판본), 195쪽.

임에는 분명하다. 그가 인간의 역사를 넘어서서 원회운세의 거대 시간을 논할 수 있었던 근거는 무엇인가? 자신은 우주의 법칙을 깨달았기 때문이다. 그는, 은나라가 하나라의 예법을, 또 주나라가 은나라의 예법을 계승했기 때문에 그 전모를 알 수 있다고 했던 공자를 계승하고 있다. 하지만 비단 역사의 규칙뿐만 아니라 우주의 법칙을 깨달았기 때문에 소옹 자신은 하은주 삼대에 그치지 않고 억만대의 역사 전개를 한눈에 훤히 들여다 볼 수 있다고 기염을 토하는 것이다.[13]

그러나 문제는 여전히 남는다. 억만대의 역사를 한눈에 들여다본들 그것을 통해 미래를 대비하고 변화시킬 수 없다면 과연 거기에 무슨 의미가 있는가? 이에 대한 대답을 우리는 그의 '이물관물以物觀物'의 인식태도와 '안락와安樂窩'의 경지에서 찾을 수 있다.

'이물관물'의 인식태도란, 주관적이거나 자기편의적인 관점이 아닌, 존재하는 것 그대로에 대한 인식을 의미한다. 때문에 그것은 일종의 '본질직관'이라고 할 수 있다.[14] 그런데 그렇게 대상의 본질을 직관하기 위해서는 역시 보편의 법칙에 대한 이해와 동의가 전제되어 있어야 한다.

성인이 만물의 실정을 모두 알 수 있는 이유는 성인이 능히 돌이켜 볼 수 있기 때문이다. 돌이켜 볼 수 있다고 말하는 이유는 나를 개입해 대상을 보지 않기 때문이다. 나를 개입해 대상을 보지 않는 것은 대상 그 자체로 대상을 봄을 의미한다. 이미 대상 그 자체로 대상을 보니 그 사이에 어떻게 자신이 개입될 수 있겠는가? 이는 나 역시 남과 같고 남 역시 나와 같아서

---

13) 邵雍, 『皇極經世書』, 권11, "仲尼曰, 殷因于夏禮, 所損益可知也. 周因于殷禮, 所損益可知也. 其或繼周者, 雖百世可知也. 如是則何止於百世而已哉. 億千萬世皆可得而知之也."

14) 李彰雨, 「邵康節의 象數易學에 관한 研究」(성균관대학교 동아시아사상·문화학과 석사학위논문, 2012), 55쪽 참고.

나와 남은 모두 객관적 대상이 될 수 있음을 아는 것이다. 이는 천하 모든 사람들의 눈을 자신의 눈으로 삼을 수 있는 것이니, 그런 눈이라면 어떤 것이라도 볼 수 있을 것이다.[15]

하늘이 만물을 본다고 하는 것은 눈으로 보는 것이 아니다. 눈으로 보는 것이 아니라 마음으로 보는 것이다. 마음으로 보는 것이 아니라 이치(理)로 보는 것이다. 천하의 모든 것은 이치를 지니고 있다.[16]

'대상 그 자체로 대상을 본다'는 것은 대상의 이치(理)를 보는 것이다. 때문에 거기에는 자기중심적인 왜곡이 있을 수 없다. 타인에 대한 평가 역시 마찬가지다. 남이나 나나 모두 같은 인간이며 인간 역시 이치를 지닌 만물 중의 하나라는 점을 인식한다면 모든 사람을 알 수 있게 되는 것이다. 사람에 국한되지 않고, 최종적으로는 존재하는 모든 것을 정확히 알 수 있게 된다. 결국 모든 것은 이치(理)대로 되는 것이기 때문이다.

아무리 작은 미물이라도 그렇고 아무리 고등하다는 인간도 마찬가지다. 지금의 세계도 그렇고 역사도 그렇고 우주가 그렇다. 존재하는 모든 것은 리理를 지니고 있고, 이 리는 태극으로부터 나온 '보편의 법칙'이다. 때문에 존재하는 그 어떤 것도 이 리를 벗어날 수 없다. 따라서 인식의 주체인 인간은 '관찰'(觀)할 수만 있을 뿐 개입할 수는 없다. 인간의 역할은 그저 이 보편의 법칙이 실현되는 것을 묵묵히

---

15) 邵雍, 『皇極經世書』, 권12, "聖人之所以能一萬物之情者, 謂其聖人之能反觀也. 所以謂之反觀者, 不以我觀物也. 不以我觀物者, 以物觀物之謂也. 既能以物觀物, 又安有我于其間哉. 是知我亦人也. 人亦我也. 我與人皆物也. 此所以能用天下之目爲己之目, 其目無所不觀矣."

16) 邵雍, 『皇極經世書』, 권12, "天所以謂之觀物者, 非以目觀之也. 非觀之以目, 而觀之以心也. 非觀之以心, 而觀之以理也. 天下之物莫不有理焉."

관찰하고 그 실현 속에서 즐기는 것뿐이다. 때문에 이것은 아무것도 하지 않는(無爲), 그러나 천지의 움직임에 함께하는 그런 '함'이다.[17]

『송사宋史』「도학전道學傳」에 의하면 "소옹은 때를 따라 밭 갈고 씨 뿌려 농사를 지어서 겨우 의식衣食을 마련할 수 있었다. 거처를 안락와安樂窩라고 이름 짓고 스스로 안락선생安樂先生이라고 하였다"[18]라고 기술하고 있다. 평생 벼슬을 하지 않고 마음 가는 대로 살다가 간 소옹의 삶에 대한 태도를 이 한 문장에서 여실히 읽을 수 있다. 그의 말대로 부귀는 재천이라, 자신에게는 벼슬의 운명이 없었던 것일까? 그보다는 오히려, 벼슬하여 세상을 바꿔 보겠다는 작위적 태도가 얼마나 부질없는 것인지에 대한 깨달음의 결과였을까?

소옹에게 있어서 부귀는 하늘에 달린 것이어서 자신의 노력으로 어찌 해 볼 수 있는 것이 아니다. 또 정해진 이치를 거슬러 무엇인가를 해 낸다고 하는 것 자체가 어리석기 짝이 없는 짓에 불과하다. 그렇다면 그가 할 수 있는 것은 무엇인가? 그것은 역사에 면면히 흐르는 보편의 법칙을 관조(反觀)하면서 그 속에서 이치에 맞는 삶을 편안하게 살아가는 (安樂) 것 이외의 무엇일 수 없다. 소옹이 보기에 자신 이전에 정확히 그러한 삶을 살았던 이가 있었으니 바로 공자다.

사람들은 공자가 봉토를 받지 못했던 것을 안타깝게 생각하지만 나는 그렇게

---

17) 邵雍, 『皇極經世書』, 권12, "三皇同意而異化, 五帝同言而異教, 三王同象而異勸, 五伯同數而異率. 同意而異化者, 必以道. 以道化民者, 民亦以道歸之, 故向自然. 夫自然者, 無爲·無有之謂也. 無爲者, 非不爲也, 不固爲者也, 故能廣. 無有者, 非不有也, 不固有者也, 故能大. 廣大悉備, 而不固爲固有者, 其惟三皇乎. 是故知能以道化天下者, 天下亦以道歸焉. 所以聖人有言曰, 我無爲而民自化, 我無事而民自富, 我好靜而民自正, 我無欲而民自樸, 其斯之謂歟." 杜保瑞는 이에 대해 "천지의 조화를 알 수만 있을 뿐 창조할 수는 없다"라고 표현했다. (杜保瑞, 『北宋儒學』, 144쪽.)
18) 곽신환, 『조선유학과 소강절 철학』(예문서원, 2014), 33쪽에서 재인용.

생각지 않는다. 필부는 백 무의 땅을 자신의 땅으로 삼고, 대부는 백 리의 땅을 자신의 땅으로 삼고, 제후는 국경 이내를 자신의 땅으로 삼고, 천자는 사해 안의 땅을 자신의 땅으로 삼는다. 그러나 공자는 만세萬世를 자신의 땅으로 삼았다.[19]

공자는 비록 작위와 봉토는 받지 못했지만, 학술과 가르침을 만세에 드리웠다. 그것이 바로 『역』과 『춘추』다. 그럴 수 있었던 이유는 만세에 통용되는 보편의 법칙을 볼 수 있었고 그에 맞는 삶을 살았기 때문이다. 때문에 공자는 천자를 뛰어넘었으니, 소옹이 생각한 이상적인 삶의 태도는 바로 이런 것이다.

많은 연구자들은 여타 송대 도학자들에게서 보이는 도덕에 대한 담론이 소옹에게는 빈약하다고 지적한다.[20] 혹은 천도天道에 대한 담론만 있을 뿐 인도人道에 대한 담론은 없다고도 한다.[21] 물론 소옹에게는 양송 도학자들에게서 보이는 심성론이나 수양론 같은 것이 없다. 그러나 이물관물의 관조적 태도와 그 속에서 안분지족하는 안락와의 삶의 태도는 분명 공자와 같아지려는, 아니 이미 공자와 같은 경지에 올라섰다는 강한 자신감의 표현이다. 억만년을 관통하는 우주의 보편적 법칙을 달관한 이에게는 더 이상의 구구한 수양론은 불필요했을지도 모른다.

---

19) 邵雍, 『皇極經世書』, 권11, "人謂仲尼惜乎無土, 吾獨以爲不然. 匹夫以百畝爲土, 大夫以百里爲土, 諸侯以四境爲土, 天子以四海爲土, 仲尼以萬世爲土."

20) 余敦康, 『內聖外王的貫通』, 238~239쪽 참고.

21) 高懷民, 『邵子先天易哲學』, 10쪽.

2. 상징형식으로서의 시간과 신화적 생성

지금까지 우리는 소옹의 시간관인 〈원회운세〉의 특징과 그것이 논리적으로 수반하는 숙명론적 역사주의의 문제를 다루었다. 소옹 시간관의 특징을 정리하자면 단계적·순환적·가치하락적·숙명론적이라고 할 수 있다. 이렇게 정리된 특징들을 연결하면 '극단적 비관주의 역사관(勞思光)이라고밖에 할 수 없을 것으로 보인다.

그런데 이는 비단 역사관의 문제로 한정되지 않고, 개인의 차원에서는 인격적 고양과 도덕의 완성이 가능할 수 있는 철학적 근거와 윤리적 이유를 상실하게 만드는 중대한 문제를 야기한다. 이미 다 정해져 있다면 어떻게 더 좋아질 수 있단 말인가? 물론 소옹은 이미 결정되어 있는 부귀의 영역 이외에 가변적인 공덕功德의 영역을 인정했다. 타인의 평가나 행동에 영향을 미치지 않는 내면의 변화라는 것이 가능한지에 대한 논리적인 문제를 야기하지만 어쨌든 그는 도덕적 수양의 가능성을 열어 두었다. 그러나 그에게는 앞에서 본 것처럼 이물관물과 안락와의 관조적 태도 이외의 적극적인 공부의 내용이 없다. 이상적 인격 즉 성인이 되어야 한다는 송대 유자들의 이념에서 볼 때 소옹에게는 분명 '왜'와 '어떻게'가 부족하다.[22]

그런데 제2장에서 본 신화적 사유의 상징형식으로 소옹의 시간관을 접근한다면, 그의 사유에서 '성스러움의 완성'이라고 하는 유가적 이념을 읽어 낼 수 있는 새로운 가능성이 열린다. 그것은 우주적

---

22) 그 밖에도, 인격적 고양의 가능성을 인정한다 하더라도 治人과 外王으로 연결되지 않는 修己와 內聖은 유가적 전통에서는 자칫 맹목적인 것이 될 수 있다. 딱히 부귀가 아니더라도 좀 더 나은 세상을 위해 기능하지 못하는 공부의 의의는 과연 무엇인가? 전통적 관념에서 볼 때 소옹의 시간관은 분명 위험한 것일 수밖에 없다.

생성의 주기적 반복을 내 안에서 다시 재현함으로써 '완전함'을 회복하는 것으로 소옹의 사유를 이해하는 방식이다. 미르치아 엘리아데에 의하면 인류의 다양한 문화적 전통에서 보편적으로 발견되는 의례儀禮 행위에는 우주의 생성을 주기적으로 반복 재연함으로써 '지금 여기에서' 성스러움을 회복하여 우주적 완전성에 동참한다는 의미가 있다고 한다.[23]

이 절에서는 소옹의 시간관에서 발견되는 제 특징들이 신화적 사유의 상징형식으로서의 시간관 속에서 어떻게 새롭게 해석될 수 있는지를 검토하도록 하겠다.

첫째, 소옹 시간관의 '단계적' 특징이다. 소옹은 시간을 원회운세와 황제왕패의 엄밀한 시간표로 만들었다. 그러나 그것은 실재하는 역사와 관련이 없다는 점에서 그 엄밀한 시간들은 각 '단계'들을 표시하는 하나의 기호에 불과하다. 예컨대 원회운세의 시간표에서 첫 번째 회會의 끝은 10,800년이 된다. 10,801년이 되면 두 번째 회가 시작되는 것이다. 그렇게 세 번째 회의 마지막 해인 32,400년이 되면 '개물開物'이 발생한다.[24] 32,399년에는 만물의 발생이 없다가 32,400년이 되자 갑자기 '개물' 현상이 발생한다는 것을 우리는 어떻게 이해해야 할까? 그것은 결코 관찰에 의한 귀납적 결론일 수 없다. 그것은 첫째 날 빛과 어둠을 나누시고 둘째 날 하늘을 만드시고 셋째 날에 땅과 바다를 만드셨다는 성경의 창세 이야기와 전혀 다르지 않다. 여기서 말하는 첫째 날, 둘째 날들은 "본성상 분할할 수 없으며 절대적으로 동일한 시간인 것으로, 따라서 거기에 어떠한 지속을 귀속시키려고 해도 결국 그것은 순간으로

---

23) 미르치아 엘리아데, 이은봉 옮김, 『성과 속』(한길사, 1998), 103쪽 참고.
24) 高懷民, 『邵子先天易哲學』, 57~59쪽 참고.

서밖에 보여지지 않는 것이다.…… 또한 시간 자체가 수많은 시간들의 잇따름이 아니라 단 하나의 시간이다."[25]

성경의 창세에서 첫째 날은 그냥 '그날'일 뿐이다. 빛과 어둠의 구분은 모년 모월이 아니라 바로 '그날'에 있었던 것이다. 그날은 빛과 어둠의 창조라고 하는 그 사건으로서만 의미를 지닌다. 설령 물리적으로 그 생성이 수억 년이 걸렸더라도 그것은 그냥 '첫째 날'이다. 현대적 의미의 시간 즉 기하학적 의미의 시간은 균질한 크기와 값을 지니는 계기들의 연속이다. 하루는 정확히 24시간이다. 그러나 신화적 사유에서 시간의 물리적·기하학적 크기는 무의미하다. 소옹에게서도 마찬가지다. 아무리 그것을 세분화하고 정교하게 수치화했더라도, 그에게서 천지는 원회운세의 첫날에 발생했고 만물은 세 번째 회의 마지막 날에 발생했다. 그것은 32,400년일 수 없다.

때문에 이것은 분명 신화적 사유의 표현이다. 만물의 발생과 변화를 매 '단계'로 구분하여 배치한 것일 뿐이다. 『아베스타』에는 아후라 마즈다가 어둠의 영과 싸우는 네 개의 기간을 설정하는 이야기가 나온다. 삼천 년의 천지창조 기간이 지나면 선사시대가 되고, 여기에 원시시대가, 마지막으로 전투시대가 이어진다.[26] 이와 유사한 예는 고대문명에서 빈번하게 발견된다. 여기서 삼천 년이라는 시간은 창조라고 하는 동일한 사건이 벌어지는 '순간'일 수밖에 없다.

그러나 '단계적' 시간관은 시간에 대한 최초의 관념인 빛과 어둠의 반복이라고 하는 인간의 감성적 인식으로부터 발전된 것이다. 낮과 밤이라는 단계적 구분은 그 반복에 의해 리듬으로 받아들여지고 반복

---

25) 에른스트 카시러, 심철민 옮김, 『상징형식의 철학』 II(도서출판b, 2012), 170쪽.
26) 에른스트 카시러, 『상징형식의 철학』 II, 185쪽 참고.

속에서 질서를 갖게 된다. 이 질서는 천문학적 지식의 증가와 함께 확고한 것이 되고, 결국엔 "모든 직접적인 존재와 생활 속에서 느껴지는 리듬과 주기성으로부터 벗어나서 모든 존재와 생성을 지배하는 보편적인 운명의 질서로서의 시간질서의 이념으로 높여진다. 이처럼 운명으로 파악됨으로써 신화적 시간은 진정 우주적인 힘(Phtenz)이 될 수 있다."[27] 인간뿐만 아니라 만물 그리고 신들까지도 이 우주적인 힘의 지배하에 놓이게 되면 오직 이 힘 속에서만 존재하고 움직일 수 있게 된다. 소옹이 말하는 리理, 특별히 수학적 질서로 표현될 수 있는 수리數理가 바로 이것이다. 그리고 이러한 보편의 법칙 속에서만 존재할 수 있는 인간은 다른 모든 것들과 마찬가지로 주어진 운명을 갖게 되는 것이다. 이것이 바로 소옹 시간관의 두 번째 '숙명론적' 특징이다.

소옹 시간관의 세 번째 '순환적' 특징은 마지막 '가치하락적' 특징과 함께 설명되어야 한다. 소옹의 원회운세에 의하면 129,600년마다 새로운 우주가 탄생한다. 그러나 황제왕패의 범주가 설명해 주듯 그 탄생은 점차 가치적으로 쇄락의 길을 걷는다. 이를 거칠게 그림으로 표시하면 ⓐ↑↘ⓑ 즉 ⓐ의 '돌연한 발생'과 ⓑ의 '완만한 퇴락'의 반복이 된다. 그런데 우리는 지금까지 ⓑ의 '완만한 퇴락'에 주의를 집중했다. 때문에 '비관적 숙명론'이 될 수밖에 없었던 것이다. 그러나 만약 ⓐ의 '돌연한 발생'에 초점을 맞춘다면 어떨까?

지금까지는 ⓐ의 '발생'을 우주적 단계의 최초의 사태로 이해해 왔다. 때문에 소옹의 철학은 '우주발생론' 혹은 '우주연대기' 혹은 '천지의 시작은 언제이고 그 이전은 무엇인가에 대한 담론'으로만 이해되어 왔다. 그러나 소옹에게서 시간은 실재하는 물리적 사실보다는 존재하는

---

27) 에른스트 카시러, 『상징형식의 철학』 II, 178쪽.

모든 것에 대한 보편 형식에 가깝다는 점을 상기해야 한다. 생성은 129,600년에 한 번만 일어나는 것이 아니다. 신화적 사유에서 모든 '주기성'은 새로운 시작을 의미한다. 원회운세뿐만 아니라 연월일시의 모든 단계 설정, 그리고 그로부터 발생하는 주기성은 주기마다의 새로운 시작 설정을 위한 장치가 된다. 새해의 첫날에 새로운 다짐을 하는 것은, 작심삼일하는 현대인의 전유물이 아니다.

시간은 힘이고 권력이다.[28] 시간을 제정하는 것은 고대 성왕들만의 고유한 작업이었다. 이제 그것을 일개 지식인이 감행한다는 것은 실재했던 역사와 세속적 권력을 넘어서서 시간의 주기성이 암시하는 우주적 질서를 체득하여 초시간적인 질서의 체계를 창설하겠다는 것을 의미한다. "세속의 시간을 초월하여 신화적 대시간을 재발견한다는 것은 궁극적 실재의 계시와 같은 가치를 지닌다. 엄밀하게 형이상학적인 이 실재는 신화와 상징을 통해서가 아니면 접근할 방도가 없다."[29] 소옹의 〈원회운세〉는 실재했던 시간의 역사가 아니라는 점에서 오히려 하나의 거대한 상징체계이며, 그래서 역사철학이나 자연철학이기보다는 신화에 가깝다.

    …… (성인은) 한 세대로 만대를 볼 수 있(기 때문이)다. (성인은) 자신의 마음으로 하늘의 뜻을 대신할 수 있고, 자신의 입으로 하늘의 말을 대신할 수 있고, 자신의 손으로 하늘의 업적을 대신할 수 있고, 자신의 몸으로 하늘이 하는 일을 대신할 수 있(기 때문이)다. (성인은) 위로는 천시를 알고 아래로는 지리를 알며, 그 사이 만물의 실정을 모두 파악할 수 있고 인간의 일을 훤히 꿰뚫을 수 있(기 때문이)다. 또 (성인은) 우주를 파악하여 그

---

28) 에른스트 카시러, 『상징형식의 철학』 II, 181~182쪽.
29) 미르치아 엘리아데, 이재실 옮김, 『이미지와 상징』(까치, 1998), 73쪽.

조화를 넘나들며 고금을 아울러 인간과 만물의 본질을 관통할 수 있(기 때문이)다.[30]

위의 구절은 우주의 이치를 깨달은 성인의 모습을 묘사한 것이다. 성인은 '한 세대를 유추하여 만대의 역사를 알 수 있는' 사람이다. 그렇다. 소옹의 〈원회운세〉는 바로 이 성인의 작업인 것이다. 소옹은 인간과 우주 역사의 원리를 간취하고서 우주가 하는 일을 대신하는 성인의 위치에 자신을 세워 둔 것이다. 〈원회운세〉는 무미건조한 우주역사연표가 아니다. 그것은 자신이 파악한 인간과 우주의 원리에 대한 보고이자, 하늘을 대신해 일할 성인의 사업 청사진이다.

그렇다면 소옹은 왜 실제 있었던 역사 연구가 아닌, 강제적 시간 구분에 의해 역사를 질서지워 놓았는가? 그것은 경험적 관찰보다 연역적 추론을 중시하는 소옹 방법론의 필연적 귀결이다. 그는 이렇게 말한다.

대상을 관찰한다고 하는 것은 눈으로 관찰하는 것이 아니다. 눈으로 관찰하는 것이 아니라 마음으로 관찰하는 것이다. 마음으로 관찰하는 것이 아니라 이치로 관찰하는 것이다. 천하의 모든 것들에는 리理와 성性과 명命이 있다.[31]

그는 눈 즉 경험적 귀납적 연구가 아닌 이치 즉 연역적 추리적 연구를

---

30) 邵雍, 『皇極經世書』, 「觀物內篇2」, 5~6쪽, "以一至物而當一至人, 則非聖人而何人. 謂之不聖則吾不信也. 何哉. 謂其能以一心觀萬心, 一身觀萬身, 一物觀萬物, 一世觀萬世者焉. 又謂其能以心代天意, 口代天言, 手代天功, 身代天事者焉. 又謂其能以上識天時, 下盡地理, 中盡物情, 通照人事者焉. 又謂其能以彌綸天地, 出入造化, 進退古今, 表裏人物者焉."

31) 邵雍, 『皇極經世書』, 「觀物內篇12」, 26쪽, "夫所以謂之觀物者, 非以目觀之也. 非觀之以目, 而觀之以心也. 非觀之以心, 而觀之以理也. 天下之物, 莫不有理焉, 莫不有性焉, 莫不有命焉."

존중한다. 그 이유는 관찰과 판단에 개입될 수 있는 주관성의 위험 때문이다. 그래서 '나'라는 주관성을 배제한 객관적 이치에 의한 인식 즉 '이물관물以物觀物'의 태도를 강조한 것이다. 그는 만물에 이치(理)가 있다고 보았다. 그리고 이미 파악된 이치를 연역하고 확장하는 것으로써 인간과 우주의 이치를 모두 파악할 수 있다고 보았다. 그러나 이때 말하는 이치라는 것이 '주기성' 혹은 '중화'와 같은 대수학적 기하학적 질서로서 사실은 이미 주어져 있는 사회적 규범을 확장하여 상징의 체계로 만든 것에 불과함을 고려할 때, 그의 '이물관물'의 태도는 결코 객관적이고 경험적인 '과학'의 방법이라고는 할 수 없다.[32] 오히려 그것은 자신의—혹은 사회적인— 기준에 의해 시간과 공간과 역사와 타인을 평가하고 규정하고 강제하려는 사상의 체계이다. 때문에 그에게 있어서 실제로 존재하는 인간과 우주의 역사는 그다지 중요하지 않다. 자신이 발견한 이 이치에 의해 인간의 역사와 우주의 시간 전개는 질서정연하게 배치되어야 할 뿐이다.

그렇다면 그는 어째서 이렇게 무리하게 인간의 역사와 우주의 시간을 재단하고 있는가? 그 목적은 무엇인가? 그것은 위의 인용문에서 보이는 것처럼, "위로는 천시를 알고 아래로는 지리를 알며 그 사이 만물의 실정을 모두 파악할 수 있으며 인간의 일을 훤히 꿰뚫어서…… 우주를 파악하여 그 조화를 넘나들며 고금을 아울러 인간과 만물의 본질을 관통"하기 위한 것이다. 즉 그의 궁극적 목적은 우주의 이치와 관통되어 있는 인간의 이치를 깨닫고, 그래서 인간의 사회를 역사와 우주의

---

32) 그가 연역해 낸 공간의 이치는 〈선천역학〉이고 시간의 이치는 〈원회운세〉이다. 〈선천역학〉이 공간의 기하학적·대수학적 대칭과 균형에 의한 질서를 말하고 있다면, 〈원회운세〉는 시간의 주기성과 반복성을 통한 재생과 '다시 시작함'을 말하고 있다.

이치에 부합하도록 만들기 위한 것이다. 그것은 곧 조물주를 대신한 인간의 이성적 인격적 극대화를 의미한다.

　억조창생을 만들어 내시는 하느님의 덕성을 옮겨 이 백성들을 낳는다면 이 어찌 지극한 신묘함이라고 하지 않을 수 있겠는가? 억조창생을 기르시는 하느님의 공적을 옮겨다 이 백성들을 기른다면 이 어찌 지극한 성스러움이라고 하지 않을 수 있겠는가? 나는 오늘 이후에야 내게 주어진 삶을 온전히 살아간다는 것이 얼마나 위대한 일인가를 알겠노라. 위대한 성스러움과 위대한 신묘함을 갖춘 사람이라야 천지에 부끄럽지 않을 것이다.[33]

　위의 인용문에서 보이는 것처럼 우주의 영원한 반복, 그 주기성의 핵심은 소옹에게서도 여전히 '생성生成'·'생양生養'이다. 우주의 이치란 곧 억조창생을 만들어 내고 길러 내는 것이다. 다만 그러한 생성과 생양은 주기성의 질서를 갖는다. 이성적·인격적으로 극대화된 인간이 해야 할 일이란 바로 이러한 우주적 질서에 맞추어 인간세계를 낳고 기르는 것이다. 소옹이 천도를 중시했다는 말은 맞는 말이다. 하지만 그의 천도는 여전히 인도를 위한 것이었다. 결국은 소옹 철학 역시 인간세계의 질서와 합리를 위한 인간학이다.

　또한, 그는 비관적 숙명론자가 아니다. 소옹의 주기성은 점진적 소멸과 퇴행으로 일관되지만 이는 결코 비관론이 아니다. 우주적 대시간의 주기성은 언제나 현재의 불완전성을 고발함과 동시에 새로운 온전함으로의 회복을 촉진하는 의미를 지닌다. 마야의 달력으로부터 인도의

---

　33) 邵雍, 『皇極經世書』, 「觀物內篇12」, 26쪽, "移昊天生兆物之德而生兆民, 則豈不謂至神者乎. 移昊天養兆物之功而養兆民, 則豈不謂至聖者乎. 吾而今而後知踐形爲大, 非大聖大神之人, 豈有不負于天地者乎."

힌두교, 심지어 기독교의 예수 재림에 이르기까지 세계의 모든 역사연표는 예외 없이 역사의 퇴락을 경고하지만, 그것은 새로운 탄생을 예비하기 위한 필수적 전제에 불과하다. 밤이 깊을수록 새벽이 가깝다. 깊어지는 밤은 새벽을 위한 전제조건이다. 소옹은 개별자를 우주적 대시간으로 이끎으로써 유한함의 시간성을 탈각시키고 소멸과 생성의 영원한 반복 속에서 '새로 시작함'의 주체가 되도록 만들었다. 소옹이 말하는 주체는 무한 반복하는 우주의 대시간 속에 던져진 초라하기 그지없는 개별자가 아니라, 세계와 역사의 중심(omphalos)으로서 이 우주적 질서를 내면화해 지금·여기에서 우주적 생성의 과업을 완수하려는 위대한 자아이다.[34] 이 주체는 힌두교의 깨달은 자나 기독교의 침례자처럼 자각을 통해 우주적·역사적 재탄생에 참여하여 자신의 역할을 수행한다.

소옹은 「동지음冬至吟」에서 이러한 우주적 재생산과 그에의 참여를 다음과 같이 읊었다.

동지의 자정, 하늘의 마음은 조금도 변함이 없지만,
하나의 양이 이제 막 생겨나려 할 뿐, 만물은 아직 태어나지도 않은 이때,
현주의 맛은 맑아지고 우주의 큰 소리는 고요해진다.
이 말을 믿지 못하겠거든 복희씨에게 물어 보게나.[35]

우주의 맛이라고 할 수 있는 물맛은 아무 맛이 없다. 너무도 커다란

---

34) 소옹의 대시간은 인도의 대시간 관념과는 다르다. 인도·불교적 전통에서 대시간은 무한한 크기와 무한한 반복 속에 개별자들에게 존재의 미약함을 깨닫게 하기 위한 것이지만, 소옹의 대시간은 그 무한한 시간을 하나의 이치로 파악할 수 있는 위대한 자아를 상정한다. 인도·불교적 전통에서 대시간 관념에 대해서는 엘리아데의 『이미지와 상징』, 79쪽 참고.
35) 邵雍, 『伊川擊壤集』, 권18, 「冬至吟」, "冬至子之半, 天心無改移. 一陽初起處, 萬物未生時. 玄酒味方淡, 大音聲正希. 此言如不信, 更請問庖犧."

우주의 소리는 오히려 고요하다. 모든 것이 0으로 다시 맞춰지는 순간이다. 그러나 그것은 절대적인 고요도 완전한 죽음도 아니다. 그것은 새로운 탄생을 위한 정지整地(reset)일 뿐이다. 그는 동지冬至의 자정 즉 우주적 주기가 이제 막 새롭게 시작하려는 순간, 바로 그 순간의 새로운 탄생을 침례의식에 참여하는 세례자처럼 경건한 종교적 심성으로 노래한 것이다.

동지의 자정은 복괘復卦로 상징된다. 박괘剝卦 − 곤괘坤卦 − 복괘復卦로 이어지는 과정은 생성의 종결과 새로운 시작이라는 주기성을 말해 준다. 동지의 자정에서 볼 수 있는 '하늘의 마음'은 곧 『주역』 복괘에서 말하는 '우주의 마음'(天地之心)으로서 끊임없는 생성의 반복이요 생명력의 회복이다. 성리학에서 수양을 통한 '회복'은 종교적 인간에게서 종교적 제의가 그러하듯 태초에 일어났던 원초적 완전함을 의미하는 생성의 순간으로 돌아감을 의미한다. 소옹은 왜 주기적 반복으로 시간을 이해했는가? 그것은 너무도 명백히 '생성의 재현'이며 '새로운 시작'이며 우주적 질서에의 합일이다.

이렇게 볼 때, 소옹의 성인聖人과 심법心法은 새롭게 이해되어야만 한다. 기존의 관점은 소옹의 성인을 논리적·이성적 존재로 보고 심법의 심心 역시 성인의 심으로 한정했다.[36] 그러나 인간도 그저 만물의 하나이듯, 성인도 인간에 불과하다.[37] 이는 성인도 그저 평범한 인간에 불과하다는 말이 아니고, 성인이 깨달은 이치라는 것도 결국은 인간 보편의 이치에 불과하다는 말이다. 인간 보편의 이치가 또 우주 만물의 이치와 다른 것이 아니듯 말이다. 이렇게 볼 때 성인은, 소옹 자신이 그랬던

---

36) 朱伯崑, 김학권 외 옮김, 『역학철학사』 3권(소명출판, 2012), 324쪽.
37) 邵雍, 『皇極經世書』, 「觀物內篇2」, "人亦物也, 聖亦人也."

것처럼 지금 여기에서 가능한 존재이며 또 실천적으로 되어야 할 존재이다. 따라서 '심心' 또한 '그의 마음'이 아니라 지금 여기서 성인이 될 수 있는 '나의 마음'이 된다. 소옹은 천지의 중심으로서의 인간과 인간의 중심으로서의 심心을 말한다.[38] 그런데 이 마음은 천지를 만들어 내는 마음이다.[39] 즉 "마음이 곧 태극이다."(心爲太極) 마음은 어떻게 천지를 만들어 낼 수 있는가? 마음은 어떻게 미륜천지彌綸天地의 주체가 될 수 있는가? 그것은 호풍환우의 도술도 주관적 유심주의도 아니다. 그것은 곧 우주적 생성에 동참하고 우주적 질서를 내면화함으로써 자신의 온전함을 회복하여 '다시 시작함'을 의미한다.

이렇게 이해할 때 〈원회운세〉는 단순한 비관적 숙명론이나 기계적 역사연표에 머무르지 않게 된다. 소옹 역시 무모한 자연철학자나 서투른 수학자에 그치지 않게 된다. 오히려 그는 다른 북송오자들처럼 성인은 지금 여기에서 될 수 있고 또 되어야 한다고 말하는 것이다. 이렇게 강한 실천의식과 수양론적 자세가 확보되었을 때, 그 누가 소옹을 유자가 아니라고 할 수 있겠는가?

모든 속됨은 사라지고 원초의 성스러움을 회복하는 그 순간에 동참하려는 것은 자신의 온전함을 회복하여 우주의 온전함에 동참하려는 간절한 희구의 표현이 된다. 이처럼 '단계적 주기성'은 '끝없는 생성의 반복'으로 읽을 수 있다. 역학적 사유의 전통에서 우주의 본질은 '생성(生)' 그 자체이기 때문이다.

지식인의 역할은 우주적 생성(生)을 재현하여 이 백성들을 살게(生)

---

38) 邵雍, 『皇極經世書』, 「觀物外篇」, "先天之學, 心法也. 故圖皆自中起, 萬化萬事生于心也. 天地之本, 其起于中乎! 是以乾坤屢變而不離乎中. 人居天地之中, 心居人之中, 日中則盛, 月中則盈, 故君子貴中也."
39) 邵雍, 『伊川擊壤集』, 「自餘吟」, "身在天地後, 心在天地前. 天地自我出, 自餘何足言."

만들어 주는 것이다. 그것이 바로 우주적 신묘함(神 - 陰陽不測之謂神)을 재현해 낸 신성함(聖)인 것이다. 결국 인간적 신성함과 우주적 신묘함은 '생성'을 통해 연결된다. "시간 내에서의 하나의 발생, 하나의 생성, 하나의 생명이 할당되는 때에 비로소 참된 신화가 시작되는 것이다."[40]

소옹이 말하는 '생성'이란 신기하고 새로운 무엇을 만들어 내는 것을 말하지 않는다. 큰 영토를 누리며 뛰어난 정치를 펼치는 것도 아니다. 그것은 우주의 질서에 맞춰 '내게 주어진 삶을 온전히 살아가는 것'일 뿐이다. 공자가 그랬던 것처럼 '만세萬世'를 영존하는 보편적 법칙에 맞춰 살아가는 온전한 삶 자체가 바로 생성인 것이다. 시간 제정은 전통적으로 천자의 역할이자 권위의 표현이다. 그런 시간 제정을 이제 소옹은 일개 포의布衣의 지식인으로서 자임하고 나선 것이다. 그것도 한 세대나 한 조대를 뛰어 넘어 억만년의 시간 그 자체를 재단하고 있다. 때문에 그것은 '비관적 숙명론'이라기보다 담담한 '관조'이며, 우주적 법칙에 자신을 내맡기는 '초월'일 뿐이다.

신화적 사유의 상징형식으로 소옹의 시간을 이해할 때, 그의 철학은 끊임없는 '다시 시작함' 속에서 우주의 보편적 법칙에 부합하는 온전하고 성스러운 삶을 살아가기 위한 노력으로 읽힐 수 있다. 죽어야 할 존재(mortal)로서의 인간은 이 존재의 유한성을 어떻게 벗어날 수 있을까? 종교적인 '벗어남'이 아니라면 그것은 유한한 존재 내에서의 벗어남, 즉 '내재적 초월'일 수밖에 없을 것이다. 내게 주어진 삶은 유한하지만 그 속에서 끊임없이 생성을 재현함으로써 성스러움과 온전함을 회복하여 즐겁고 충족된 삶(安樂)을 살아가는 것이 바로 소옹이 생각한 '벗어남'이다.

---

40) 에른스트 카시러, 『상징형식의 철학』 II, 167쪽.

3. 상징형식으로서의 수와 범주론

우리는 지금까지 〈원회운세〉를 신화적 사유에서의 상징형식으로서의 '시간'으로 분석했다. 그런데 왜 '원회운'이나 '원회운세연월'이 아니고 '원회운세'인가? 왜 네 개의 범주 체계인가? '황제왕패도 넷이다. 계속해서 소옹은 음양강유陰陽剛柔 · 인의예지仁義禮智 · 일월성신日月星辰 · 사농공상士農工商 · 성정형체性情形體 · 비주목초飛走木草 등 네 개의 범주로 모든 영역을 분류해 간다.[41] 왜 넷으로 분류되어야 하는 것일까? 셋이나 다섯으로 나눠서는 안 될까? 어떤 것은 넷으로, 또 다른 것은 셋이나 다섯으로 나눌 수 있는 것이 아닐까?

소옹에게 있어서 '넷'은 더 이상 '실제'가 아니라 '이념'이다. 모든 것은 반드시 넷으로 분류되어야 한다. 그래서 주자도 소옹의 사유를 '넷으로의 사유'(以四起數)라고 규정했다.[42] 우리는 소옹에게서 4라는 수가 더 이상 연산이나 측량을 위한 기수나 서수가 아니라는 것을 알 수 있다. 소옹에게서 4라는 수는 이 세계의 본질을 보여 주는 강력한 힘을 지녔다.

카시러는 시간 · 공간과 더불어 신화적 사유의 또 다른 상징형식으로 '수'를 들었다. '일월성신'처럼 '인의예지'는 "어떤 신화적 '본성'을 공유하고 있다는 것에 의해 '설명'된다. 동일한 수를 지니고 있는 것은 그 감성적인 외관이 아무리 다르다고 할지라도 신화적으로는 '동일하다'. 하나의 본질

---

41) 邵雍, 『皇極經世書』, 권12, "有日日之物者也. 有日月之物者也. 有日星之物者也. 有日辰之物者也. 有月日之物者也. 有月月之物者也. 有月星之物者也. 有月辰之物者也. 有星日之物者也. 有星月之物者也. 有星星之物者也. 有星辰之物者也. 有辰日之物者也. 有辰月之物者也. 有辰星之物者也. 有辰辰之物者也. 日日物者飛飛也. 日月物者飛走也."
42) 朱熹, 『朱子語類』, 권100, "康節以四起數, 疊疊推下去."

이 서로 다른 현상형식들 아래에 감추어져 은폐되어 있을 뿐이다. 이와 같이 수를 자립적인 존재와 힘으로 높이는 것은 신화적 '실체화'의 기본 형식의 특히 중요하고 특징적인 한 사례일 뿐이다."[43]

『노자』에서 보이듯이 1은 존재의 시작이고 2는 타자의 시작이며 3은 관계와 생성의 시작이다. 4는 동서남북의 공간적 세계를 보이고, 5는 그 중앙에 주체를 더한 것이 된다. 7은 달의 주기 28을 4로 나눈 것, 혹은 지구를 도는 일곱 개의 주요한 별들에서 온 것일 수 있다. 삼위일체나 오행에서부터 13일의 금요일에 이르기까지, 인간의 오랜 문화전통 속에서 각각의 수들은 단순한 순서와 좌표 아니면 연산을 위한 균질한 값만이 아니라 고유한 의미와 힘을 지니게 되었다. 카시러는 이를 신화적 사유의 상징형식으로 본 것이다. 소옹에게서도 4라는 수는 '네 개' 혹은 '네 번째'가 아니라 우주의 본질을 드러내 주는 상징형식이 된다.

소옹은 왜 추연鄒衍처럼 '오덕종시론五德終始論'의 5로, 혹은 동중서董仲舒처럼 '삼통순환론三統循環論'의 3으로 역사 전개를 설명하지 않았을까?[44] 소옹은 그 이유를 밝히지는 않았다. 아마도 거기에는 고대 중국어의 4음절적 전통이 작용했을 수도 있다. 하지만 보다 근원적으로는 소옹 사유방식의 공간적 특징으로 생각해 볼 수 있다. 원회운세나 황제왕패처

---

43) 에른스트 카시러, 『상징형식의 철학』 II, 220쪽. 양재혁 교수는 「중국철학에서 數의 문제」라는 논문에서 "그 숫자들은 모두 특수한 경우이면서 동시에 똑같은 가치를 갖게 되는 모순의 집합체이다. 사람들이 수를 분류하는 데 양적 가치를 무시하기 때문에 그 결과에서 수는 무한히 신비적이고, 그래서 주술적으로 의미 있는 상징적 가치를 갖게 된다. 왜냐하면 형식계산이라는 특성에 대한 어떠한 저항도 없이 이 상징적 가치는 수를 하나의 연금술에 적용시키기 때문이다"라고 하였다.(『한·독사회과학논총』 제7호, 한국사회과학회, 1997, 243쪽) 이러한 탁월한 분석에 필자는 동의하지만, 그러한 '신비적' 사유는 결코 중국인들만의 전유물도, 또 근대의 과학적 사유 이전의 '미개한' 단계를 의미하지도 않는다는 점에 주목할 필요가 있다.
44) 唐明邦, 『邵雍評傳』, 191쪽 참고.

럼 개별적 사건이나 인물을 평가적으로 '배치'한다는 것은 "개개의 사건을 모두 포함하는 하나의 계열적 순서"로 만드는 것이며, 여기에는 '시간의 공간적 배치'가 작동한다.[45] 즉 일련의 사건을 우연적·고립적 돌발이 아닌 인과적 '관계'로 이해하거나 상호간의 평가적 비교를 진행하기 위해서는 개별적 사건과 인물을 '전체' 속에서 조망해야 하는 것이다. 예컨대 '선후先後'는 '전후前後'가 된다.

동서남북의 좌표적 관념은 전후좌우라는 감성적 사유로부터 기원한다. 그런데 이 넷의 조합은 다시 전후와 좌우라는 대대待對의 조합임을 알 수 있다. 즉 4는 군군신신부부자자君君臣臣父父子子에서의 군신君臣과 부자父子처럼 2+2에서 왔다. 두 개의 대대하는 것을 개념짝으로 삼아 세계를 이해하려는 것은 역학적 사유의 오랜 전통이다. 소옹의 〈선천역학〉이 기존의 음양陰陽에 강유剛柔를 추가하여 4개의 범주로 구성되어 있음을 생각하면 이해가 쉽다. '분류'는 필연적으로 공간적 배치라는 관념을 전제로 한다. '세계의 절반은 남자, 나머지 절반은 여자'라는 식이다. 소옹에게서 범주의 공간적 배치는 시간에만 머무르지 않고, 조수초목처럼 존재하는 모든 것과 인의예지와 같은 규범적 가치에 이르기까지 실로 모든 것에로 확장된다.

그런데 소옹의 공간적 배치는 '쪼개기'의 분류와 더불어 '짜기'(組織)의 관계 맺기로 진행된다. 즉 모든 것은 넷으로 나눌 수 있는데, 이 넷들은 다시 서로서로 엮여서 더 복잡해진다. 하지만 정확하게 말하면, 넷으로 나뉜 것은 거듭해서 다시 넷으로 나뉘어 더 복잡하고 더 세밀한 현상들을 '설명'할 수 있게 되는 것이다. 즉 일월성신日月星辰은 다시 일월성신日月星辰과 곱해져 일日의 일日, 일日의 월月 등이 되는 것이다. 비주초목飛走草木

45) 에른스트 카시러, 최명관 옮김, 『인간이란 무엇인가?』(창, 2008), 96쪽 참고.

역시 비飛의 비飛, 비飛의 주走 등이 된다. 이는 앞 장에서 본 것처럼 소옹의 〈선천역학〉이 일분위이一分爲二의 미분과 가일배법加一倍法의 적분으로 나눠서 생각할 수 있는 것과 정확히 일치한다. 〈원회운세〉 등의 4범주는 4×4×4…로 무한 누적되지만, 이는 사실상 1÷4÷4÷4…의 무한 분할인 것이다. 존재하는 모든 것을 계속해서 분할함으로써 더욱 복잡해지지만 결국은 '전체'로서의 '1'을 쪼개는 것에 불과하다. "이는 마치 뿌리에 기둥이 있고 기둥에 가지가 있고 가지에 잎이 있는 것과 같아서, 크기가 크면 클수록 그 안에 있는 갈래는 적고, 크기가 작으면 작을수록 그 안에 있는 갈래는 복잡해지는 것이다."[46]

이는 무엇을 말하는가? 〈원회운세〉 등의 범주론은 〈선천역학〉에서와 마찬가지로, 존재하는 모든 것(1)을 공간적으로 좍 펼쳐놓고 개개의 사건과 인물 등을 그 속의 어느 하나에 '배치'하는 것임을 의미한다. 마치 화엄에서처럼, 세계는 지극히 엄밀한 법칙에 의해 만들어진 만다라인데 개체는 그 속의 어딘가에 배속되는 것이다. 결코 우연적이고 고립적인 것은 없어서 언제나 주변의 것들과 '관계'를 맺는다. 그것은 '거기'에 있음으로 해서 고유한 특징과 힘을 갖게 되고, 때문에 정해진 값과 평가를 얻게 된다. 이것은 라이프니츠로부터 본격화되는 근대기하학적 사유로는 포착되지 않는 지점이다.

그러나 시간과 공간 등 존재하는 모든 것을 범주화하여 법칙적으로 이해하려고 한 시도만큼은 정확히 라이프니츠의 기도와 일치한다. 미분과 적분을 창안한 라이프니츠는 0, 1과 같은 수를 '보편기호'로 사용하여 세계의 모든 것을 설명하려고 하였다. "즉 수數가 그것의 인자로 분석되고 또 그 인자의 적積에 의해서 성립하는 것처럼 개념은

---

46) 邵雍,『皇極經世書』, 권13, "猶根之有幹, 幹之有枝, 枝之有葉, 愈大則愈少, 愈細則愈繁."

단순개념과 복합개념의 상관적 관계에 의해서 성립하므로, 수의 관계를 모범으로 하여 개념을 단순개념으로 분석하고 역으로 모든 개념을 이 단순개념의 적積으로서 점차적으로 결합함으로써 보편적 언어를 찾아내려는 것이다."[47]

라이프니츠가 중국의 『주역』 특히 소옹의 〈선천역학〉으로부터 지대한 영향을 받았다는 것은 잘 알려진 사실이다. 그러나 만약 그가 소옹의 〈원회운세〉와 같은 철저한 범주론을 전달받았더라면 분명 이 보편기호법 창안자의 놀라움은 훨씬 더했을 것이다. 존재하는 모든 것을 네 개의 '단순개념'으로 '분석하고' 다시 이것들을 '점차적으로 결합함으로써' 소옹은, 이 세계의 모든 것을 '이해'할 수 있고 또 배치와 평가를 통해 '관장'할 수 있다고 생각한 것이다. 때문에 이것은 단순한 '인식'의 문제가 아닌 '통제' 즉 '경세經世'의 문제인 것이다. 그의 책이 '존재하는 모든 것'(皇極)에 대한 '인식과 통제'(經世)인 것은 우연이 아니다.[48]

4. 세계의 법칙화와 주자의 계승

미래 사태를 비롯한 존재하는 모든 것에 대한 인식과 통제가 가능하다는 자신감의 표현은 흔히 소옹을 신비한 술수가로 오해하게 만든다.[49]

---

47) 김용정, 「라이프니츠의 普遍記號法思想과 易의 論理」, 『周易의 現代的 照明』(韓國周易學會, 범양사, 1992), 285쪽.

48) 소옹의 아들 邵伯溫은 '황극경세'에 대해 "至大之謂皇, 至中之謂極, 至正之謂經, 至變之謂世"라고 주석했다. "무한까지 확장된 대상(大)에 대해 보편의 법칙(極)으로 변화무쌍한 세상을(世) 바르게 한다(正)" 정도로 번역할 수 있겠다.(王植, 『皇極經世書解』〈전자판 사고전서본〉, 권1)

49) 세간에는 『梅花易數』라는 책이 소옹의 저작이라고 보고서 소옹의 철학을 미래예측술로 이해하려는 관점이 상당하다. 그러나 『매화역수』는 후대에 위작된 것으로, 소옹

그러나 소옹의 관심이 단순한 미래예측에 있지 않았음은 분명하다. 그는 "천하의 모든 수數는 리理에서 나온다. 리에 위배되면 술수로 들어간다. 세상 사람들은 수를 가지고서 술수로 빠지고 만다. 때문에 리를 잃게 된다"[50]라고 분명히 말한다. 그가 추구하는 것은 술術이 아니라 리理다. 그가 보는 개별자는 전체 속에서 위치와 관계로 고유한 값을 갖는다. 그리고 그 위치와 관계의 배치는 소옹 자신에 의해 수행되었다. 이는, '그것은 어디에 있는가?' 혹은 '거기엔 무엇이 있는가?'가 아니라 '그것은 거기에 있어야 한다'이다. 때문에 이런 법칙적·교조적 이해는 사실에 부합할 수 없고, 따라서 미래에 대한 예측도 근본적으로 불가능하다.

그의 인식론은 감각기관에 의한 감각적·경험적 인식(以目觀物)도 심리적·정감적 인식(以心觀物)도 아닌 논리적·추리적 인식(以理觀物)이다. 왜냐하면 존재하는 모든 것에는 존재의 법칙이 있고[51] 이것은 수적 정합성과 법칙성으로 드러나기(數出於理) 때문이다. 따라서 소옹의 사유에는 예기치 않은 놀라움이나 미래에 대한 두려움 같은 것은 없지만 동시에 생기발랄함이나 자유분방함 역시 없다. 이런 사유에서는 예외가 있을 수 없기 때문에 미래를 궁금해할 필요조차 없다. 그의 관심은 존재하는 모든 것이었다. 개별자들을 아무리 더 이상 세밀할 수 없을 정도로 깨알같이 전체 속에 배치했다 하더라도 그 관심은 '전체 속의 개별'이었지, 독립적이고 우연적인 개체가 아니었다. 그의 보다 본질적인 관심은 개체들이 질서 있게

의 전기 어디에도 그가 지었다는 기록은 없다.

50) 邵雍, 『皇極經世書』, 권13, "天下之數, 出於理. 違乎理, 則入於術. 世人以數, 而入術, 故失於理也."

51) 邵雍, 『皇極經世書』, 권12, "天所以謂之觀物者, 非以目觀之也. 非觀之以目, 而觀之以心也. 非觀之以心, 而觀之以理也. 天下之物莫不有理焉."

배치된 전체였으며, 전체를 관통하는 법칙이었다.

이렇게 엄밀한 체계로서의 '전체'를 그려내기 위해 소옹은 공간과 시간과 범주라고 하는 '보편의 존재형식'을 세운 것이다. 모든 개별자들은 〈선천역학〉이나 〈천근월굴〉처럼 일정한 공간에 배속되고 〈원회운세〉나 〈황제왕패〉처럼 고유한 시간 속에 위치하며 〈조수초목〉이나 〈인의예지〉와 같은 제 범주들의 조합으로 고유의 값을 지니게 된다. 그리고 이 제 존재형식은 대수학적·기하학적 엄밀성을 지닌다. 때문에 소옹의 철학은 역학易學이나 역학曆學과 같은 개별적 분과학문으로 규정할 수 없다. 그는 존재하는 모든 것을 설명하기 위한 '보편의 존재형식'을 수립한 것이다.

그는 "모든 수數는 리理에서 나온다"라고 분명히 말했다. '수적 정합성'은 '보편적 법칙'의 특징일 뿐이다. 때문에 그의 철학에서 최고의 범주는 당연히 수數가 아니라 리理가 되어야 한다.[52] 물론 〈선천역학〉을 비롯한 그의 전체 철학체계에서는 정주程朱의 경우처럼 리가 명시적이고 체계적으로 제시되지 않았다. 그러나 그의 관심이 '전체'에 있었으며, 전체를 '법칙'적으로 이해하려고 했다는 점은 분명하다.

이러한 '체계적 전체와 그 속을 관통하는 보편의 법칙'이라는 관념은 주자의 존재론 체계에 지대한 영향을 미쳤다. 주자는 이 우주를 천지에서 만물에 이르기까지 리에 의해 존재하고 구현되는 법칙의 세계로 이해했다. 존재의 법칙인 리는 당위의 원칙과 질서의 근거가 되어

---

52) 이범학 교수는 소옹에게서 理는 數의 조리에 불과하다고 본다. 그래서 소옹의 理는 程朱의 理와는 다르다고 평가한다.(이범학,「吳澄의 易學과 邵雍」,『한국학논총』 31집, 국민대학교 한국학연구소, 2009, 545~546쪽 참고) 그러나 高懷民은 소옹의 理學이 二程에게 중요한 영향을 미쳤으며 송대 理學의 선하가 된다고 보았다.(高懷民,『邵子先天易哲學』, 24~26쪽 참고)

인간과 사회를 규율해야 한다고 생각했다. 그래서 사람은 정해진 때에(소학, 대학) 정해진 텍스트에 의해(사서, 오경) 정해진 교육을 받아야 하고, 사회는 가정(가례)으로부터 사회(향약, 사창)와 국가(의례)에 이르기까지 정해진 질서와 규칙에 의해 조직되고 통제되어야 하는 것이다.

그런데 주자에게서 발생적 시간 관념은 거의 소거된다. 주자의 시간 관념은 '현재화된 사유방식'으로 공간화된다. 그리고 주자에게는 〈원회운세〉와 같은 경직된 범주화도 발견되지 않는다. 주자의 '체계적으로 질서 잡힌 전체'라는 관념은 주로 소옹의 공간 관념인 〈선천역학〉으로부터 온 것이다. 그러나 소옹의 〈원회운세〉는 '법칙적 세계' 이해를 위한 중요한 형식적 요소가 되어 준다. 따라서 소옹의 철학은 비단 주자의 역학에만 영향을 미친 것이 아니라, 존재하는 모든 것에 대한 보편적 존재형식으로서 주자의 존재론 전반에 영향을 미친 것으로 이해되어야 한다.

제6장 정이의 존재론적 의리학

1. 법칙적 세계 속의 도덕적 자율성 문제

지금까지 보아온 것처럼 주돈이·소옹·유목 등 북송 유자들은 세계를 법칙적인 것으로 설명한다. 그들에 의하면 이 세계는 결코 무원칙적이거나 우연적이지 않고 체계적이며 계통적인 질서에 의해 시작되었고 존재하며 운행한다. 세계 속에 존재하는 모든 개별자들 역시 이 법칙의 지배를 받기 때문에, 독립적이고 파편적이기보다는 유기적 관계와 상호질서를 갖는다. 세계의 일부로서의 인간 역시 그 법칙의 지배를 받는 것은 당연하며, 인간의 규범적 가치와 질서 역시 이로부터 연유한다. 정이 역시 이러한 '법칙적 세계 이해'의 사유를 계승 발전시켰다.

정이가 규정한 세계의 법칙은 '리理'이고, 때문에 세계의 법칙에 합치하는 것은 '합리合理'가 된다. 세계의 합리성이 개별자들에게 연속됨과, 법칙이 현상으로 현현함을 그는 "체용일원體用一源, 현미무간顯微無間" 즉 "본체와 현상은 그 근원이 같고, 현상과 법칙에는 간극이 없다"라는 명제로 압축했다. 이러한 명제에 의하면 일체의 현상은 법칙의 현현으로 이해될 수 있고, 모든 법칙은 전체의 법칙과 동일하게 보편적인 것이다.

정이를 비롯한 북송 유자들의 '법칙적 세계 이해'의 관념은 불교 화엄종의 이사관理事觀으로부터 받은 영향이자 그 극복을 위한 것이었다. 그들이 극복해야 할 것은 도불道佛의 염세적·탈세간적 세계관이었으며, 그것을 통해 공맹 전통의 유가적 가치관을 '법칙적'으로 긍정하고 부활시켜야 했다. 그래서 그들이 주목한 것이 『주역』과 『중용』이다. 『주역』의 "형체 이상의 것은 도道이고, 형체 이하의 것은 기器"(形而上者謂之道, 形而下者謂之器)라거나 "음과 양이 번갈아 드는 것이 도道"(一陰一陽之謂道)라는 명제, 그리고 그러한 도道가 인간의 본성으로 이어진다는 "이치를 궁구하고 본성을 온전히 실현하여 하늘의 명을 안다"(窮理盡性知命)와 같은 명제는 『중용』의 "하늘의 명을 일러 본성이라고 한다"(天命之謂性)라는 명제와 더불어 세계와 인간의 '합리성'을 설명해 주는 문헌적 전거가 된다고 생각했다. 정이 역시 일생동안 『정씨역전程氏易傳』[1] 한 권만을 저술할 정도로 『주역』을 중시했으며, 그가 사용하는 중요한 명제나 개념들 역시 대부분 『주역』에 근거하고 있다.

물론 법칙적 세계 이해를 위해 『주역』을 이용한 이로는 이들 이전에 이미 왕필이 있었다. 그러나 왕필의 '법칙'은 현상보다 본질적이었고, 현상은 본질을 확인하기 위한 수단에 불과했다. 이것이 그 유명한 "의미를 얻기 위해서는 현상을 잊어야 한다"(得意在忘象)라는 명제다.[2] 정이는 왕필의 의리적 역 해석을 계승하면서도 "의미는 현상을 통해 드러날 수 있다"[3]거나 "도 이외에 별도의 현상적 대상이 없고, 현상적 대상 이외에 별도의 도란 없다. 때문에 천지 어디인들 도 아닌 것이 없다"[4]라고 하여 법칙과 현상의 관계를 연속적이고 평등한 것으로

---

1) 정이 저작의 원 제목은 『易傳』이다. 그러나 「계사전」 같은 선진시기의 『역전』과의 혼동을 피하기 위해 이 글에서는 『정씨역전』이라고 표기하겠다.
2) 王弼, 『周易注』, 「明象」.
3) 程頤·程顥, 『二程遺書』, 권21상, "理無形也, 故因象以明理."
4) 程頤·程顥, 『二程遺書』, 권4, "道之外無物, 物之外無道, 是天地之間無適而非道也."

보았다. 왕필과는 달리 현상의 가치를 인정한 것이다.

다만, 정이는 유무有無를 체용體用으로 설명하는 왕필의 관점5)을 계승하여, '최초'로부터 현재가, 혹은 중심으로부터 파생이 생겨났다는 발생적 관념을 탈각하고 세계를 법칙과 현상의 관계로 설명하는 존재론을 수립했다.6) 존재의 법칙적 근거를 태극이라는 '최초'에 두고서 그 발생적 유출적流出的 관계로 현상과 인간을 설명하는 주돈이 · 유목 · 소옹 등의 '발생적 존재론'과 비교할 때, 이렇게 정이의 존재론은 분명 새로운 단계에 접어들었다.7)

그런데 정이의 사유가 여타 북송 유자들과 달라지는 또 하나의 중요한 특징은 '존재의 법칙'인 리를 반규범적이거나 비합리적인 의미로서의 악惡과 대치시켰다는 점이다. 즉 천리天理와 인욕人欲 혹은 인심人心과 도심道心의 대비다.8) 주돈이는 「태극도설」에서 군자君子와 소인小人을 대비했을 뿐 선악의 대비가 본격적이지 않았다. 소옹의 경우는 "천자(의 원칙)를 굽혀 인욕을 따르는 것이다"9)라고 하여 인욕을 천지와 비교하기는 했지만, 이 한 문장 외에 천리와 인욕을 대립시키는 본격적인 구도는 찾아보기 어렵다. 장재張載의 경우는 "위로는 천리에 다다르고 아래로는 사람들의 욕망을 충족시켜 주는 자이다"10)라고 한 것처럼 인욕을 천리에 반하는

---

5) 왕필은 "만물이 아무리 귀하다 하더라도 '없음'을 用으로 삼아야 한다. 없음을 버려두고서 본체를 삼을 수는 없다"(萬物雖貴, 以無爲用, 不能捨無以爲體也)라고 하였다.(王弼, 『老子注』, 38장)

6) 余敦康, 『內聖外王的貫通』(北京: 學林出版社, 1997), 369쪽 참고.

7) 정이의 "動靜無端, 陰陽無始"(『經說』, 「易說」)와 같은 명제를 주돈이의 "太極動而生陽"이나 소옹의 "一分爲二"와 비교하면 분명해진다.

8) 程頤, 『程氏易傳』, 損卦, "先王制其本者天理也. 後人流於末者人欲也. 損之義, 損人欲以復天理而已.";『二程遺書』, 권19, "人心私欲也. 道心正心也.";권24, "人心私欲故危殆, 道心天理故精微, 滅私欲則天理明矣."

9) 邵雍, 『皇極經世書』, 권14, "屈天地而徇人欲也."

10) 張載, 『張子全書』, 권2, "上達反天理, 下達狥人欲者與."

부정적인 것으로 보지 않았다. 요약건대, 주돈이·소옹·유목·장재 등은 그 사유의 구조가 위에서 아래로의 종적인 구조를 갖는 데 반해 정이는 선과 악의 횡적인 대대구조라는 특징을 갖는다.

이렇게 선과 악을 대대시킴으로써 악의 가능성을 열어 두는 것은 주체의 윤리적 결단을 위해 반드시 필요한 전제가 된다. 만약 도덕적 본성이 아무런 장애 없이 언제나 기계적으로 실현된다면 거기에는 주체의 윤리적 결단이 필요 없고, 따라서 윤리학이 성립될 수도 없다. 아무리 선한 천사라 하더라도 악을 저지를 수 없는 존재라면 윤리학적으로 그는 언제나 잘 맞는 시계와 다를 바 없다. 선도 가능해야 하지만 악도 가능해야 윤리적 주체가 될 수 있는 것이다.

그런데 "체용일원, 현미무간"처럼 현상이 법칙의 충실한 반영이라고 한다면 인욕 또는 악은 어디서 출현한 것일까? 세계는 지극히 법칙적이고 합리적인데 어째서 인간에게만은 악이라고 하는 비합리성이 존재하는 것일까? 과연 '체용일원, 현미무간'의 존재론적 언명은 '인심도심'의 윤리적 구조와 양립 가능한가? 법칙의 통제성을 극단적으로 인정하면 '이성적인 것은 현실적인 것이고, 현실적인 것은 이성적인 것'이 된다. 소옹의 경우에도 원회운세元會運世의 운명적 시간관 속에서 인간의 자율적·능동적 위상은 오히려 위축될 수밖에 없었다. 세계의 법칙적 이해는 주체의 윤리적 결단의 가능성과 어떻게 양립 가능한가?

세계의 법칙이 개별자에게 직접적으로 기능하는가의 문제에 대해 모종삼牟宗三은, 정이와 주자의 리理는 "단지 존재할 뿐 활동하지 않는"(卽存有而不活動)다고 주장한다.[11] 정이는 "도체의 의미를 축소하여 단지 존유론적인 리로 삼아"(101쪽) 공맹 이래의 유가적 본체 사유를 제대로

---

11) 牟宗三, 『심체와 성체』 1(김기주 옮김, 소명출판, 2012), 100쪽.

계승하지 못했다는 것이다. 그가 말하는 도체道體란 성체性體, 심체心體와 같은 것으로서 오직 사람만이 갖춘 "자각적으로 도덕실천을 할 수 있는 도덕적 능력 혹은 도덕적 자발성"(91쪽)을 말한다. 그런데 정이는 천도天道의 '동태적인 오목불이의 의미'를 이해하지 못하고 '정태적인 존유의 의미'만을 밝혔다는 것이다.[12] 그래서 "존재하기만 할 뿐 활동하지 않는다"고 한 것이다.

만약 정이의 리가 존재하기만 할 뿐 활동하지 않는다면 비록 현실적 악의 존재를 설명할 수는 있겠지만 "체용일원, 현미무간"은 성립할 수 없는 것이 아닐까? 그리고 그의 '현실에 대한 긍정'은 실패한 것이 아닐까? 도대체 존재하기만 할 뿐 활동하지 않는 법칙이 존재하는 이유는 무엇인가? 그것을 과연 존재한다고 할 수 있을까? 법칙으로서의 리가 활동하지 않는다면, 그것을 받아 본성으로 삼았다는 유가적 인성론은 아무런 의미를 지니지 못하는 것은 아닌가?

필자는 정이의 리에 맹자적 전통의 도덕적 본체론, 존재의 방식을 논하는 존재론, 도덕심리학적 윤리론의 의미가 혼재해 있다고 생각한다. 이 세 가지 차원의 의미를 낱낱이 분석하고 그것이 어떻게 서로 연결되는지를 추적해야 정이의 리론理論 혹은 존재론 체계가 분명히 밝혀진다고 생각한다.

그런데 이 문제에 대한 정이의 언급은 매우 제한적이어서 주자만큼 정치하지가 않다. 이기론적 존재론 체계는 뒷날의 주자에 의해서 완성된다. 따라서 우리는 부지불식간에 정이의 이기론을 주자적 의미와 등치시킨다. 흔히 '정주이학程朱理學'으로 통칭되지만 정이와 주자 사이에는 분명히 차이점이 존재한다. 이 차이를 정확히 짚을 때 정이의 이기론도

---

12) 牟宗三, 『심체와 성체』 4(전병술·황갑연 옮김, 소명출판, 2012), 60쪽 참고.

선명해지고, 주자의 사유체계 역시 좀 더 정확해질 것이다. 따라서 우리는 우선 정이의 관점을 주자의 간섭 없이 고찰할 필요가 있다. 이 장에서는 주자의 해석이 아닌 정이 자신의 언술에 의지해 그의 존재론적·윤리적·본체론적 제 사유를 구명하고자 한다.

2. 합리적 세계 - 체용일원, 현미무간

정이는 「계사전」의 "일음일양지위도一陰一陽之謂道" 즉 "한 번은 음이었다가 한 번은 양인 것을 일러 도라고 한다"는 구절에 대해 "도는 음양 그 자체가 아니다. 한 번은 음이었다가 한 번은 양이 되도록 하는 소이所以가 도다"[13]라고 주석하였다. 그리고 또 "형체가 있는 것은 언제나 기氣고, 형체가 없는 것은 도道다"라고도 하였다.[14] 즉 가시적인 현상이 음양이라면 그것을 가능하게 하는 배후의 원리와 근거(所以)가 도라는 것이다. 그런데 가시적 현상과 그 원리는 결코 따로 존재하지 않는다.

> 음양을 떠나서 별도의 도는 없다. 음양의 원리(所以)가 도다. 음양은 기다. 기는 형이하자이고 도는 형이상자다.…… 음양의 열리고 닫힘은 본래 선후가 없다. 때문에 오늘 음이 있고 내일 양이 있다고 할 수 없다. 이는 마치 사람에게 몸과 그 그림자가 있는 것과 같아서, 몸과 그림자는 동시에 있는 것이지 오늘 몸이 있고 내일 그림자가 있다고 할 수는 없다. 있으려면 한꺼번에 있다.[15]

---

13) 『二程遺書』, 권3, "一陰一陽之謂道, 道非陰陽也. 所以一陰一陽道也."
14) 『二程遺書』, 권6, "有形總是氣, 無形只是道."
15) 『二程遺書』, 권15, "離了陰陽更無道. 所以陰陽者是道也. 陰陽氣也. 氣是形而下者, 道是形而上者.……陰陽開闔, 本無先後. 不可道今日有陰明日有陽. 如人有形影, 盖形影一時, 不可言今日有形, 明日有影, 有便齊有."

『주역』의 도道/기器 관계를 음양 즉 기氣와 그 소이所以로서의 도道의 관계로 확장하여 존재하는 모든 것의 존재방식으로 전환하고 있다. 정이는 주자처럼 명시적으로 리와 기의 관계를 설명하지는 않았지만 존재의 원리와 그것의 구체적인 현현인 현상 간의 관계를 연속적인 것으로 설명하였다. 이것이 바로 "체용일원, 현미무간"이다.

"체용일원體用一源, 현미무간顯微無間", 즉 "본체와 현상은 그 근원이 같고, 현상과 법칙에는 간극이 없다"라는 말은 정이의 「역전서易傳序」에서 딱 한 번 출현하고, 이에 대한 더 이상의 어떠한 설명도 없다.[16] 윤용남 교수의 설명에 의하면 체와 용은 동질의 관계이기 때문에 체가 '전체의 법칙, 전체의 리'라면 용은 '개별의 법칙, 개별의 리'가 된다. 정이의 용어로는 이일理一과 만수萬殊의 관계가 된다.[17] 그런데 정이의 경우 '개별자'가

---

16) 때문에 이 한 구절에 의지해 정이의 체용론이나 존재론을 구성한다는 것은 쉽지 않다. 다만, 정이의 체용론 역시 중국의 오랜 사유적 전통에서 크게 다르지 않을 것이라고 합리적으로 추측할 수 있다. 연구자들에 따르면 중국에서 체용적 사유는 화엄종이 전래된 이후 본격적으로 발전하였고, 성리학 특히 주자는 이 체용적 사유를 적극 활용하였다. 중국에서의 체용론 발전에 대한 이해는 아직 통일되지 않은 듯하다. 화엄종이 전래되기 이전 선진시기에 체용적 사유가 이미 자생적으로 발전했는지, 그리고 주자의 체용론이 불교의 '理體事用'처럼 '理體氣用'인지 아니면 '理體理用'인지에 대해 충분한 합의가 이루어지지 않았다. 이러한 논란에 대해서는 윤용남, 「朱子의 體用理論에 관한 硏究」(성균관대학교 박사학위논문, 1992)와 김진근, 「程朱의 體用論 硏究」(『韓中哲學』 제9집, 2005) 참고. 그런데 윤용남 교수에 의하면 주자에게서 체와 용 개념은 고정된 실체가 아니라, 무엇이 좀 더 본질적이며 무엇이 그 본질을 좀 더 구체적으로 표현하는가의 관계라고 말한다. 즉 'A는 체, B는 용'의 형식으로 이해해서는 안 되고 'A는 a의 경우 체가 되고 a′에서는 용이 된다'라는 방식으로 이해해야 한다는 것이다. 그에 의하면 'A는 체, B는 용'이라는 방식은 A와 B를 별개의 것으로 분리하고 체와 용을 실체화할 우려가 있다. 때문에 본체가 理이면 유행이나 발현이 氣가 아니고, 유행과 발현 역시 理라는 것이다. 마찬가지로 본체가 氣이면 그 유행과 발현 역시 氣이다. 문제는 동질성이고 연속성이다. 때문에 理의 용이 氣가 아닌 것처럼, 天理의 용은 人欲이 아니라는 말이 된다. 필자는 윤용남 교수의 이러한 이해로부터 많은 계발을 받았고, 이러한 이해는 주자의 역학적 사유와도 부합한다고 생각한다.

17) 정이의 기술에서 '전체의 리'에 대비되는 '개별의 리'라는 개념이 명시적이지는 않다.

구체적인 대상과 사태인지, 아니면 그것의 리인지는 분명치 않다. 그것을 구분해서 나타내려는 의식 자체가 없었던 것으로 보인다. '현顯'과 '미微'에 대한 설명 역시 없다. 다만, "인심은 위태롭고 도심은 은미하다고 했다. 마음은 도가 있는 곳이고 은미함(微)은 도의 체다. 마음과 도는 혼연히 하나다"[18]라는 구절에서 도움을 받을 수 있을 뿐이다. 이 구절에 근거할 때 '미微'가 '체體'라면 '현顯'은 '용用'이다.

그러나 체용과 현미가 동일한 내용이라면 구태여 반복해서 사용할 필요는 없었을 것이다. 때문에 그 차이를 굳이 밝혀 보자면, 체용은 전체로부터 개별로의 전개요 현미는 비가시적인 원리나 법칙의 현현이 라고 할 수 있을 것이다. 따라서 '체용일원'은 "전체와 개별이 동일한 연원을 갖는다"로 '현미무간'은 "원리와 현상 사이에는 질적 변화가 없다" 정도로 번역될 수 있다. 이를 하나로 묶어 보면, 전체는 개별과 연속적이며 현상은 원리·법칙의 발현이라는 말이다.

그런데, 북송 유자들의 법칙적 세계 이해의 전통에서 우리가 주목해야 할 정이의 독특한 특징은 그가 태극太極에 대해 단 한 번도 언급하지 않았다는 점이다. 태극은 「태극도설」이나 『황극경세서』의 중요한 개념 일 뿐만 아니라 유가의 경전인 『주역』에서도 핵심적 위치를 차지한다. 『주역』의 양의·사상·팔괘 등이 모두 태극으로부터 출발된 것이라는 사유는 유가 전통에서는 상식에 해당한다. 그런데도 정이는 태극에 대해서 단 한 마디도 언급하지 않았다.

'萬殊'라는 용어 역시 '개별적 리'로 한정하기보다는 '개별적 사물과 사태'로 이해될 수 있다. '만수'의 용례는 다음과 같다. 『程氏易傳』, 咸卦, "天下之理一也. 塗雖殊而其歸則同. 慮雖百而其致則一. 雖物有萬殊, 事有萬變, 統之以一, 則无能違也."; 睽卦, "生物萬殊睽也. 然而得天地之和, 稟陰陽之氣, 則相類也. 物雖異而理本同."; 『二程遺書』, 권6, "二氣五行剛柔萬殊, 聖人所由惟一理."

18) 程頤, 『二程遺書』, 권21하, "人心惟危, 道心惟微. 心道之所在, 微道之體也. 心與道, 渾然一也."

그는 왜 태극을 언급하지 않았을까? 정이는 왕필의 전통을 계승하여 『역전』에 주석하지 않았다. 때문에 자연스럽게 태극에 대한 주석도 없다. 「계사전」의 '역유태극易有太極, 시생양의是生兩儀'장을 주자는 서법筮法 즉 점치는 법에 대한 설명으로 간주한다. 의리적 역 해석에 경도되어 있는 정이로서는 서법적 개념인 태극에 대해 주석할 필요를 느끼지 않았을지 모른다.[19] 주백곤朱伯崑은 정이가 주돈이와 소옹의 도상적圖象的 역학을 도가의 영향으로 보아 찬동하지 않았으며, 주돈이의 태극을 기氣로 이해할 수 있기 때문에 태극을 언급하지 않았다고 분석하였다.[20]

주지하는 바와 같이 정이는 태극의 자리를 리로 대신한다. 태극이 리이든 기이든 모든 존재의 시원이자 근거가 된다는 점은 동일하다. 그런데 정이는 그 태극을 리로 대신함으로써 '발생'과 '전체'의 관념을 탈각한 것이다. '발생'이 탈각되면 '지금 여기'의 문제가 되고, '전체'가 탈각되면 현상의 개별자가 남는다. 따라서 정이의 리는 주돈이나 소옹 등의 태극에 비해 좀 더 우주론적 발생론의 색채를 벗었다고 할 수 있다. 전체에서 개체로의 전환이다.

또 정이의 "체용일원, 현미무간"을 주돈이, 소옹 등의 '태극음양' 관계와 비교하면, 전체와 개별의 관계는 전체의 '법칙'과 개별의 '법칙' 간의 관계로 전환된다. 정이에게는 '전체'를 나타내는 실체적 개념 자체가 없다. 다음의 인용문들은 전체의 법칙으로서의 도道 혹은 이일理一과 개별적 법칙들 간의 관계에 대한 정이의 설명이다.

---

19) 정이는 『程氏易傳』 序文에서 "길흉소장의 리와 진퇴존망의 도는 모두 괘효사에 담겨 있으니, 괘효사만 고찰하면 그 변화를 알 수 있고 象과 占은 그 속에 있다"(吉凶消長 之理, 進退存亡之道, 備於辭. 推辭考卦, 可以知變, 象與占在其中矣)라고 하였다.
20) 朱伯崑, 『역학철학사』 3권(김학권 등 옮김, 소명출판, 2012), 352~356쪽 참고.

소위 "만물이 하나"라는 말은 모두 이 리를 갖추고서 그로부터 나왔음을 의미한다. "낳고 낳는 것을 일러 역이라 한다"는 말에서의 생성은 일시에 모두 생겨나는 것이고 모두 이 리를 갖추고 있음을 의미한다.[21]

리는 천하에 오직 하나의 리만 있을 뿐이다. 그러므로 사해로 확장한다 하더라도 언제나 같다. 이 리는 천지에 비춰 보아도 삼왕에게 비춰 보아도 바뀌지 않는다.[22]

"고요히 움직이지 않다가 감촉되면 드디어 거기에 통한다"는 말은 이미 사람의 차원에서 한 말이다. 도라고 한다면 이미 모든 리가 거기에 구비되어 있으니 달리 감촉되었는지의 여부를 말할 필요가 없다.[23]

천하의 리는 오직 하나이다. 때문에 개개의 길이 서로 다르다 하더라도 언제나 하나로 귀결되고, 생각이 아무리 많다 하더라도 결국엔 하나로 돌아간다. 대상과 사태가 아무리 다르더라도 그것을 하나로 통일시킬 수 있으니, 거기에서 벗어나지 않는다.[24]

리는 하나일 뿐이다. 전체의 리는 개별의 리이고, 모든 개별의 리는 서로 같다. 주돈이와 소옹에게서는 태극과 음양이 결코 같은 것일 수 없다. 주돈이의 경우 태극에서 음양·오행 그리고 만물에 이르기까지 질적·가치적 연속성을 갖는다 하더라도 각각의 단계에는 시간적 선후가 있을 수밖에 없다. 음양·사상 등을 존재의 각 단계를 나타내는 기호로

---

21) 程頤, 『二程遺書』, 권2상, "所以謂萬物一體者, 皆有此理, 只爲從那裏來. 生生之謂易, 生則一時生, 皆完此理."
22) 程頤, 『二程遺書』, 권2상, "理則天下只是一箇理. 故推至四海而準, 須是質諸天地, 考諸三王不易之理."
23) 程頤, 『二程遺書』, 권15, "寂然不動, 感而遂通, 此已言人分上事. 若論道, 則萬理皆具, 更不說感與未感."
24) 程頤, 『程氏易傳』, 咸卦, "天下之理一也. 塗雖殊而其歸則同, 慮雖百而其致則一. 雖物有萬殊, 事有萬變, 統之以一, 則无能違也."

사용하는 소옹 역시 각 단계의 총량이 언제나 같다 하더라도 각각의 단계가 완전히 같은 것은 아니다. 그러나 정이에게서는 '전체의 리'와 '개별의 리'가 완전히 같다. 사실 정이에게는 태극과 같은 '시원'이나 '전체'에 해당하는 실체가 없기 때문에 '전체의 리'라고 할 것이 없다.

'법칙'이란 본래 보편성을 전제로 한다. 예외가 인정되면 그것은 법칙이라고 할 수 없다. 소옹의 경우는 세계의 법칙성을 수리數理의 보편성에 근거했다. 그러나 정이의 경우는 이제 수학이라는 근거도 필요치 않다. 그는 "리가 있은 뒤에 상이 있고 상이 있은 뒤에 수가 있다"[25]라고 하여, 수를 리의 법칙성을 표현하는 하나의 예시로 격하시켰다. 한자漢字의 '리理'자 자체가 법칙성을 의미하기 때문에, 리는 수의 도움 없이도 그 자체로 보편적이다. 기왕에 보편적이라면 전체와 시원을 가져올 필요도 없는 것이다. 전체와 발생의 관념이 탈각되면 그 '중심' 역시 사라지고 모든 것은 평등해진다.

정이는 이렇게 주돈이나 소옹처럼 '시원'이나 '전체'를 끌어오지 않고 '보편의 법칙'을 설정하는 것만으로도 현실을 인정하고 동시에 모든 개별자들의 가치적 속성을 하나로 귀속시킬 수 있었다. 그 보편의 법칙에 어떤 내용을 부여하느냐에 따라 모든 존재자들은 동일한 속성을 부여받게 되는 것이다. 주돈이와 소옹 등에게서는 최초가 그랬고 전체가 그랬기 때문에 지금 이것도 그런 것이다. 이는 지금 이것의 원인과 근거를 또 다른 무엇에게로 돌리는 것이다. 반면 정이의 경우 개별자의 본질은 오로지 자신의 존재원리에 의한 것이다.

그러나 이런 보편성(共相) 속에서는 개별적 차이(殊相)가 찾아질 수 없다. 인간의 보편을 인정하고 개의 보편을 인정하더라도 포유류의

---

25) 程頤, 『二程遺書』, 권21상, "有理而後有象, 有象而後有數."

보편을 확보하기 위해서는 인간과 개의 차별성을 확인해야 한다. 정이의 보편적 법칙 이일理—은 주자처럼 분수分殊의 다양성을 지니지 않는다.[26] 주자에게는 태극이라는 '중심'이 있다. 그러나 정이에게는 중심이 없기 때문에 어디에 있는 리라 할지라도 모두 같은 이일理—일 뿐이다. 개별적 차이 자체가 확보되지 않기 때문에 그 보편의 리 역시 개별적 리의 집적이나 총합일 수 없다.[27] 관찰과 경험에 의해 얻어진 귀납적 결론일 수도 없다. 그렇다면 그것은 무엇인가? 그것은 결국 유가적 가치의 투영으로서의 보편의 법칙일 수밖에 없다. 진래陳來의 말처럼 "정이의 '성즉리性卽理'란 사회의 도덕원칙을 인간의 영원불변하는 본성으로 삼은 것에 불과하다."[28]

그렇다면 정이의 "체용일원, 현미무간"은 규범과 가치를 초월한 '존재하는 것의 원리와 법칙'에 대한 언명이 아니라 유가적 가치와 규범의 보편성을 주장하는 것이라고 추론할 수 있다. 따라서 세계와 인간은 합리적인 동시에 합규범적인 것이기도 하다. 때문에 우주적 생명력(生)을 우주 보편의 법칙이라고 보고서 그것을 인간 보편의 법칙인 인仁으로 규정한 정호의 사유는 결코 정이와의 변별점이 될 수 없다.

---

26) 정이의 저작에서 '理一分殊'에 해당하는 언급은 『文集』 「答楊時論西銘書」의 "西銘明理一而分殊, 墨氏則二本而無殊. 分殊之蔽, 私勝而失仁. 無分之罪, 兼愛而無義. 分立而推理一, 以止私勝之流, 仁之方也. 無別而迷兼愛, 至於無父之極, 義之賊也"라는 구절 하나다. 여기서의 理一은 仁에 해당하고, 分殊는 대상에 따라 다르게 실현되는 仁을 의미한다. 그러나 이는 다분히 윤리적 차원에서의 언급이지 존재 차원에서의 언급이라고 할 수 없다. 그 외에 「易序」의 "散之在理, 則有萬殊, 統之在道, 則無二致"라는 문장은 존재 차원에서의 의미라고 인정할 수 있지만, 필자는 「역서」를 정이의 저작으로 보지 않는다. 이에 대해서는, 주광호, 「양송 태극론 전개에서 정이 理론의 위상-太極에서 理로」(『한국철학논집』 제24집, 한국철학사연구회, 2008) 참고.

27) 余敦康, 『內聖外王的貫通』(北京: 學林出版社, 1997), 386쪽 참고.

28) 陳來, 『宋明理學』(遼寧教育出版社, 1991), 102쪽.

3. 비합리성의 출현-천리와 인욕

정이의 리는 현상 배후의 원리요 법칙이다. "존재하는 모든 것에는 거기에 해당하는 리가 있다"[29]라는 언명처럼, 정이의 리는 대상과 사태의 소이연이다. 그러나 정이의 리에 대한 설명은 "길흉소장의 리와 진퇴존망의 도"(吉凶消長之理, 進退存亡之道) 혹은 "상하의 구분과 존비의 도의는 이치의 당연함이다"(上下之分, 尊卑之義, 理之當也), 또 "선악과 옳고 그름의 리"(善惡是非之理)와 같은 소당연所當然, 즉 신분적 질서와 윤리적 규범 및 사회적 가치에 대한 기술이 주를 이룬다.[30]

사회적 가치와 윤리적 규범에 대한 관심은 유자들의 공통된 지향이다. 때문에 여타 북송의 유자들이라 할지라도 여기서 예외는 아니다. 그러나 정이가 그들과 분명한 차이를 보이는 것은, 존재의 원리인 리에 규범과 가치의 의미를 부여하고서 그것을 곧장 악과 대치시켰다는 점이다. 주돈이의 무극-태극과 소옹 및 유목의 태극에는 직접적인 규범적·가치적 의미가 없다. 그것은 인극人極으로 이어져 인의중정仁義中正의 가치가 되지만, 그 자체로는 아무런 가치적 함의가 없는 것이다. 단지 그것은 존재의 시원이라는 이유로 가치의 근거가 되었을 뿐이다. 그것은 누구도 말하지 않았으나 누구도 의심하지 않았던 상식에 해당한다.

> 선왕이 제정한 근본은 천리다. 후세 사람들이 말류로 흘러가 버린 것은 인욕이다. 손괘의 의미는 인욕을 덜어내어 천리를 회복하는 것일 뿐이다.[31]

---

29) 程頤, 『二程遺書』, 권18, "天下物皆可以理照. 有物必有則, 一物須有一理."
30) 이상은 『程氏易傳』. 또 『二程遺書』 권15의 "道二, 仁與不仁而已. 自然理如此. 道無無對, 有陰則有陽, 有善則有惡, 有是則有非"를 참고할 수 있다.
31) 程頤, 『程氏易傳』, 損卦, "先王制其本者天理也. 後人流於末者人欲也. 損之義, 損人欲以復天理而已."

인심은 사욕이다. 때문에 위태롭다. 도심은 천리다. 때문에 정미하다. 사욕을
없애면 천리가 밝아진다.[32)]

인욕은 천리와, 인심은 도심과 길항관계에 있다. 때문에 가치적으로
는 당연히 인욕과 인심을 줄여 나가 천리와 도심을 회복하고 증강시킬
것이 요구된다. 이렇게 윤리적 문제는 시작되었다. 그런데 인욕과 인심
은 어디서 생겨난 것인가? 그것은 부여받은 자질의 열악함에서 온다.
그리고 개인의 자질은 태어날 때 부여받은 기氣의 좋고 나쁨에 따라
결정된다.

기가 맑으면 자질은 선하다. 기가 탁하면 자질은 열악하다(惡). 지극히 맑은
기를 받아 태어나면 성인이 되고, 지극히 탁한 기를 받아 태어나면 악인이
된다.[33)]

물었다. "사람의 본성은 본래 밝습니다. 그런데 어떤 이유로 가려지는 것입니
까?" 대답하셨다. "이에 대해서는 분명히 이해해야 한다. 이는 사람의 본성이
선하다고 했던 맹자의 말에 해당한다. 순자나 양웅은 본성에 대해서 정확히
알지 못했다. 맹자가 다른 유자들보다 뛰어난 이유는 본성에 대해 잘 밝혔기
때문이다. 본성은 선하지 않음이 없지만 (현상적으로) 선하지 않음이 있는
이유는 자질(才) 때문이다. 본성은 리理다. 리의 측면에서는 요순이나 평범한
사람이나 모두 한가지다. 자질은 기氣에서 나오는데, 기에는 맑고 탁함이
있다. 맑은 기를 받으면 현자가 되고, 탁한 기를 받으면 어리석은 자가 된다."[34)]

32) 程頤, 『二程遺書』, 권24, "人心私欲故危殆, 道心天理故精微, 滅私欲則天理明矣."
33) 程頤, 『二程遺書』, 권22상, "氣淸則才善, 氣濁則才惡. 稟得至淸之氣生者爲聖人, 稟得至濁之
氣生者爲惡人."
34) 程頤, 『二程遺書』, 권18, "問人性本明, 因何有蔽. 曰此須索理會也. 孟子言人性善是也. 雖荀
楊亦不知性. 孟子所以獨出諸儒者, 以能明性也. 性無不善, 而有不善者才也. 性卽是理. 理則
自堯舜至於途人一也. 才稟於氣, 氣有淸濁, 稟其淸者爲賢, 稟其濁者爲愚."

그런데 정이는 개인이 보이는 인격적 차이의 원인으로 부여받은 자질의 우연성보다 개인이 만나는 환경적 요인을 더 중시한다.

개인의 자질은 풍년이 들면 넉넉하고 흉년이 들면 포악해진다. 이것이 어찌 자질 본래의 모습이겠는가?[35]

본성은 선하지 않음이 없고 자질에는 선하고 선하지 않음이 있다. 양웅과 한유는 모두 자질에 대해 말했다. 그러나 맹자의 의도를 분석해 보면 자질 역시 선하지 않음이 없다고 말하는 것 같다. 선하지 않은 이유에 대해 말할 때는 그저 "놓아버리면 잃는다"고 했을 뿐이니, 처음에 부여받을 때에 선하지 않은 자질이 있다고 말하기를 꺼리는 것 같다. 예컨대 "하늘이 너에게만 다른 자질을 부여하신 것이 아니다"라는 표현을 보면, 선하지 않음의 원인은 자질에 있는 것이 아니라 흉년을 만나 거기에 빠져 버렸기 때문으로 보인다.[36]

이런 설명에 의하면 개인의 인격적 우열은 본래적이지 않은 것 같다. 오히려 환경적 요인과 상황적 요인이 더 크다. 어떤 환경에서 태어나 자라났는지, 그리고 지금 처한 상황이 어떤지가 사람을 결정하는 것이다. 그런 점에서 악은 불가피한 것인지도 모른다. 왜냐하면 악은 본래적이고 절대적인 무엇이 아니라 상대적인 '결여'이기 때문이다. 더 좋은 것이 있으면 상대적으로 '덜 좋은 것'이 있게 마련이다.

이 세계의 모든 것은 짝을 이루고 있다. 음이 있으면 양이 있고, 선함이 있으면 악함이 있다. 군자와 소인의 기는 항상 정해진 분량이 있어서, 언제나

---

35) 程頤,『二程遺書』, 권18, "若說一人之才, 如因富歲而賴, 因凶歲而暴, 豈才質之本然邪."
36) 程頤,『二程遺書』, 권19, "性無不善, 才有善不善, 揚雄韓愈皆說著矣. 然觀孟子意, 却似才亦無有不善, 及言所以不善處, 只是云, '舍則失之'. 不肯言初稟時有不善之才. 如云'非天之降才爾殊.' 是不善不在才, 但以遇凶歲陷溺之耳."

군자만 태어날 수는 없다. 육 할이 군자면 치세가 되고 육 할이 소인이면 난세가 되며, 칠 할이 군자면 크게 다스려지고 칠 할이 소인이면 크게 어지러워 진다. 아무리 요순의 시대라 하더라도 소인이 없을 수는 없다.[37]

어떤 것이라도 좋지 못한 것이 어찌 먼저일 수 있겠는가? 일은 완성된 뒤에 흐트러지니, 흐트러지는 것은 완성보다 먼저일 수 없다. 흥성한 뒤에 쇠미해지 니, 쇠미함은 본래 흥성한 뒤다. 얻은 뒤에라야 잃을 수 있으니 얻은 것이 없다면 어떻게 잃을 수 있겠는가? 선악이나 치란, 시비의 경우까지도 천하의 모든 일들이 그렇다. 반드시 좋은 것이 먼저다.[「상전」의 "만물이 많다 보면 좋은 것도 있고 나쁜 것도 있다"에 대한 설명이다.][38]

정이는 이렇게 악을 절대적이고 본래적인 무엇으로 보지 않았고, 또 그것을 인격적·윤리적 의미로 한정하지도 않았다. 이런 배경에서 우리는 "천하의 선악은 모두 천리이다. 악이라는 것 또한 본래 악은 아니다. 다만 혹 지나치고 혹 부족해서 그런 것뿐이다. 양주나 묵적의 경우가 그렇다"[39]라는 구절을 이해할 수 있게 된다. 이 구절은 이정 형제 중 누구의 말인지 분명하지 않다. 그러나 앞의 인용문들과 비교할 때 정이의 말이라고 해도 별 문제는 없다. 악은 다양한 차이가 존재하는 현실 속에서 자연스럽게 발생하는 불가피한 것이다. '선악' 역시 기독교식의 절대적 대립이 아니라 '좋고 나쁨'(美醜) 정도의 상대적 개념이 된다.

---

37) 程頤, 『二程遺書』, 권15, "天地之間, 皆有對. 有陰則有陽, 有善則有惡. 君子小人之氣常停, 不可都生君子. 但六分君子則治, 六分小人則亂, 七分君子則大治, 七分小人則大亂. 如是堯舜之世, 不能無小人."

38) 程頤, 『程氏易傳』, 大有卦, "物之先, 豈有不善者乎. 事成而後有敗, 敗非先成者也. 興而後有衰, 衰固後於興也. 得而後有失, 非得則何以有失也. 至於善惡治亂是非, 天下之事莫不皆然, 必善爲先.[「象傳」: 萬物衆多, 則有善惡之殊.]"

39) 程頤, 『二程遺書』, 권2상, "天下善惡皆天理. 謂之惡者, 非本惡. 但或過或不及, 便如此. 如楊墨之類."

악은 본래적이고 절대적인 것이 아니기에 얼마든지 개선시킬 수 있다.

자질은 사람이 타고난 개별적 성향이다. 본성을 따라 그것을 닦아 간다면
아무리 지극한 악함이라 하더라도 극복하여 선이 될 수 있다.[40]

"오직 상지와 하우만이 바꿀 수 없다"고 했지만 정말 교정이 불가능하다는
의미는 아니다. 다만, 교정이 잘 되지 않는 이유는 있다. 그 이유는 두 가지인데,
스스로를 함부로 하거나 스스로 포기하는 경우이니 이들은 배우려 하지
않는다. 그들로 하여금 배우도록 하여 스스로 함부로 하거나 포기하지 않게
한다면 어찌 교정되지 않겠는가?[41]

악이 교정될 수 있다는 전제가 있어야만 '성학聖學' 즉 '성인 공부'가
가능하다. 정이를 유명하게 만든 문장인 「안자가 좋아한 학문이란
무엇인가(顔子所好何學論)」의 첫머리는 "성인은 배워서 될 수 있는 것인가?
그렇다"[42]라는 말로 시작한다. 이제까지의 성인은 공자와 맹자처럼
일반인이 될 수 없는 숭고한 대상이었던 것을 송대 도학자들은 지금
여기 공부를 통해 도달할 수 있는 인격적 지향으로 삼았다. 물론 그것은
현실적 악의 존재를 인정하고, 그러면서도 그것을 극복할 수 있는
것으로 여겼기 때문에 가능했다.

유출적 · 발생적 관점에서는 악을 설명할 수 없다는 맹점이 있다.
주돈이 · 소옹 · 유목 등에게서 현상의 존재는 기氣적인 것이며, 그것은
원초의 태극으로부터 온 것이다. 때문에 태극으로부터 현실의 존재까지

---

40) 程頤, 『二程遺書』, 권22상, "才乃人之資質. 循性修之, 雖至惡, 可勝而爲善."
41) 程頤, 『二程遺書』, 권19, "惟上智與下愚不移, 非謂不可移也, 而有不移之理, 所以不移者, 只
有兩般爲自暴自棄, 不肯學也. 使其肯學, 不自暴自棄, 安可移哉."
42) 程頤, 『二程集』, 「顔子所好何學論」, "聖人可學而至歟? 曰然."

는 질적·가치적으로 연속적이며, 그 중간에 어떠한 굴절도 없다. 그런데도 이들에게는 절대적인 의미는 물론 상대적인 의미에서라도 악이 어떻게 가능한지에 대한 설명이 없었다. 주돈이는 "오직 사람만이 가장 좋은 것(秀)을 얻어"라고 하여 상대적인 열악함을 인정하고 있다. 그러나 이는 사람 내에서의 개성과 인격의 차이에 대한 설명으로는 부족하다. 그런 점에서 정이의 기론氣論은 분명 그들보다 윤리학적으로 한 걸음 더 나아갔다고 할 수 있다.

악을 인정하고, 그러면서도 그 악이 극복 가능한 것이라고 볼 때라야 윤리학은 성립한다. 정이는 그 근거를 최종적으로 기氣에게 돌렸다. 결국 정이의 기氣는 리理를 드러내는 기제이면서 동시에 개인의 개성과 인격의 차이를 드러내고 도덕적 실천을 제한하는 기제가 되는 것이다.[43] 즉 "체용일원, 현미무간"의 존재론적 체계에서의 기는 리의 충실한 현현으로, 여기서 기와 리는 연속적이다. 그러나 '천리·인욕'의 도덕심리학적 성향이원론에서의 기는 리의 현현을 제한할 수 있는 장치가 되고, 따라서 이때의 기와 리는 연속적이지 않고 분열적이다.

4. 정이의 리는 존재하기만 하는가?

지금까지의 관점을 정리해 보면, '보편의 리'는 누구나 지니고 있지만 각기 받은 기의 차이 때문에 이 보편의 리가 실현되는 정도가 달라지는 것이다. 그렇다면 "체용일원, 현미무간"은 부정되어야 하지 않을까? 만약 "체용일원, 현미무간"을 끝까지 유지하려면 그것은 '법칙 간의

---

43) 蔡仁厚, 『宋明理學－北宋篇』(臺灣學生書局, 1977), 388쪽 참고.

연속성'으로 한정되어야 한다. 그러나 그렇게 되면 '현실긍정'이라는 북송 도학자들의 시대적 소명은 실패한 것이 된다. 기껏해야 현실은 보편의 리가 실현될 수 있는 공간으로 만족해야 한다. 인간은 그 가능성에 기대어 보편의 리를 실현시킬 수 있는 것이다.

현실 속에서 실현되지 않을 수 있는 법칙의 '보편성'은 존재론적 의미가 아니라 윤리적·규범적 보편성일 수밖에 없다. 즉 보편적으로 '실현되어야' 하는 것이다. 그것은 이미 존재의 '원리'가 아니라 당위적 '명령'일 뿐이다. 그래서 천리天理는 천명天命이 된다. 천명 하에서 인간은 기질의 제약을 벗어나 부여된 명령으로서의 자신의 본성을 실현해야 할 의무가 있다. 하늘의 명령을 실현시키는 것이 선善이며, 그것이 자신의 본성을 완성하는 것이다. 그러나 하늘의 명령을 실현하는 것도, 자신의 본성을 완성하는 것도 개인에게 달린 일이다. 각자의 노력에 의해 성인도 될 수 있고 우자愚者도 될 수 있다.[44]

그러나 그 보편의 리를 '왜' 실현시켜야 하느냐는 문제가 여전히 남아 있다. 인간은 왜 성인이 되어야 하는가? 만약에 의무이기만 하다면 생기 넘치는 도덕적 자발성은 사라진다. 내면에서 자발적으로 일어나는 도덕적인 의지, 그리고 그러한 의지가 누구에게라도 언제라도 일어날 수 있다는 믿음이 바로 맹자 성선설의 요지다.[45] 이러한 믿음을 포기하면 도학자일 수도 유자일 수도 없다. 정이 역시 여기서 예외는 아니다. 인간이라면 누구나 지니고 있는 보편적인 도덕적 본성에 대한 믿음은

---

44) 程頤, 『經說』, 「易說」, "動靜相因而成變化. 順繼此道, 則爲善也. 成之在人, 則謂之性也. 在衆人則不能識, 隨其所知, 故仁者謂之仁, 知者謂之知, 百姓則由之而不知, 故君子之道人鮮克知也."
45) 이에 대해서는 주광호, 「퇴계 理發說, 리의 능동성에서 도덕적 감정의 일상성으로」(『철학연구』 47집, 고려대학교 철학연구소, 2013) 참고.

정이에게서도 예외 없이 반복된다. 『이정유서二程遺書』에서 정이의 말이 분명한 것만 가려 뽑아보면 아래와 같다.

"'본성은 서로 비슷한데 어떻게 하느냐에 따라 멀어진다'고 했는데, 본성은 하나가 아닙니까? 어떻게 '서로 비슷하다'고 말할 수 있습니까?" 말씀하셨다. "이것은 기질지성을 말한 것이다. 예컨대 속으로 성질이 급하다거나 성격이 여유롭다거나 하는 것과 같다. 본성에야 어찌 여유롭거나 급함이 있겠는가? 여기서 말하는 본성이란 태어나면서부터 부여받은 개별적 성격을 말한다.[46]

이천선생께서 말씀하셨다. "성인의 신묘함은 하늘과 한가지로서 어찌 다름이 있겠는가? 힘쓰지 않아도 맞고 생각하지 않아도 얻는다는 모든 것이 성인의 마음에 있다. 이 마음은 천지와 조금도 다르지 않으니, 그것을 작게 여겨서는 안 된다. 마음을 단지 지식적인 면으로 한정해서는 안 된다. 그렇기 때문에 마음을 작게 보게 되는 것이다."[47]

본성은 하늘로부터 오고 자질은 기로부터 온다. 기가 맑으면 자질도 맑고 기가 탁하면 자질도 탁하다. 이를 나무에 비유하면, 굽고 곧은 것은 본성이고 그것으로 들보를 만들거나 서까래를 만드는 것은 자질에 해당한다. 자질에는 좋고 나쁨이 있지만 본성에는 선하지 않음이 없다.[48]

양웅과 한유가 말한 본성이란 자질을 의미한다.[49]

---

46) 程頤, 『二程遺書』, 권18, "性相近也, 習相遠也. 性一也. 何以言相近. 曰此只是言氣質之性. 如俗言性急性緩之類. 性安有緩急. 此言性者, 生之謂性也."
47) 程頤, 『二程遺書』, 권2상, "正叔言……聖人之神與天爲一, 安得有二. 至於不勉而中, 不思而 得, 莫不在此. 此心卽與天地無異, 不可小了佗. 不可將心滯在知識上, 故反以心爲小."
48) 程頤, 『二程遺書』, 권19, "性出於天, 才出於氣, 氣淸則才淸, 氣濁則才濁. 譬猶木焉, 曲直者 性也. 可以爲棟梁可以爲榱桷者才也. 才則有善與不善, 性則無不善."
49) 程頤, 『二程遺書』, 권19, "揚雄韓愈說性, 正說著才也."

이상의 인용문은 도덕적 본성에 대한 정이의 믿음을 기술한 것들이다. 정이는 양웅과 한유가 말하는 본성을 맹자가 말하는 본성과 구분하여 개별자의 '다름'을 표현하는 자질의 속성이나 성향이라고 규정한다. 그리고 이러한 속성이나 성향은 유가적 전통에서 말하는 '본성'이 아니라 개별적 차이를 나타내는 '기질지성'일 뿐이라고 규정한다. 정이가 말하는 맹자의 본성이란 '하늘로부터 부여받은' 예외 없이 선한 도덕적 본성이다. 그래서 그것은 '하늘과 조금의 차이도 없는 것'이다. 즉 인간의 도덕적 본성은 하늘의 본성과 같은 것이다. 하늘의 본성이란 『주역』에서 말하는 '만물을 생성하는 마음'(天地生物之心) 이외의 것일 수 없다. 정호는 이를 좀 더 직접적으로 '생生'이라고 특정했을 뿐이다.[50]

많은 연구자들은 정호와 정이 형제가 동일하게 천리天理를 말하면서도 서로 다르다고 말한다. 정호가 경지형境地型으로 거시적(宏觀)이라면 정이는 이론형으로 분석적이라고 말한다. 모종삼牟宗三은 이 차이를 좀 더 극단적인 것으로 규정한다. 앞에서도 언급한 것처럼 정이가 도체의 역동적인 면을 보지 못한 반면 그의 형 정호는 소위 '환하고 그침이 없는'(於穆不已) 천명의 끊임없는 작용함을 정확히 체득했다는 것이다. 그래서 정호의 사유가 순정한 '본체론'임에 비해 정이의 사유는 "본체를 단지 존재할 뿐 활동하지 않는 리라고 본…… 본체존유론本體存有論 계통"[51]이라고 규정한다.[52]

---

50) 程頤, 『二程遺書』, 권2상, "生生之謂易, 是天之所以爲道也. 天只是以生爲道. 繼此生理者即是善也. 善便有一箇元底意思. 元者善之長. 萬物皆有春意. 便是繼之者善也. 成之者性也. 成却待佗萬物自成其性須得."
51) 牟宗三, 『심체와 성체』 1(김기주 옮김, 소명출판, 2012), 100~101쪽.
52) 흔히 중국철학에서 '本體論'은 'Ontology'에 대한 번역어로서 '存在論'과 비슷한 의미로 사용된다. 그러나 그 구체적인 내용에 있어서 모든 연구자들이 동일한 의미로 정확하게 사용하고 있는 것은 아니다. 다만, 대만의 연구자들은 대체로 '存有論'을 존재의 원리와 방식에 대한 이론으로서의 '존재론'으로 사용하고, '本體論'은 자발적

결국 모종삼의 분석에 의하면 정호는 본체론임에 비해 정이는 존재론에 가깝다는 것이다.[53] 물론 그 결정적인 근거는 정이의 리가 '존재하기만 할 뿐 활동하지 않기' 때문이다. 정이의 리가 그렇게 읽힐 수 있는 이유를 우리는 노사광勞思光의 설명에서 찾을 수 있다. 노사광은 '세계를 긍정하고' 공맹 전통의 유가적 가치를 복원함에 있어서 송유가 '존재론'의 입장을 취함으로써 문제를 야기하게 되었다고 주장한다. 즉 "인간을 만약 '세계' 중의 한 부분으로 본다면, '인간'의 일체의 활동 역시 모두 이미 '리' 또는 '도'의 결정을 받은 것이어야 한다."[54] 이렇게 되면 '악惡'의 존재를 설명할 수 없게 된다.

노사광의 설명에 의하면 송유는 이 문제를 '본성론'적으로 푸는데, "세계를 긍정할 때 세계가 본래 리에 반드시 합치된다고 굳게 주장하는 것이 아니라, 다만 리 자체 및 그 리가 기 중에서 실현되어야 하는 과정을 긍정하면 될 뿐"이라고 한다. 그래서 리가 기 속에서 실현되는 동력을 리 자체로 돌리고 실현되지 못하게 하는 장애를 기로 돌리되, 그것을 실현하는 주체는 제3의 '미정항'인 인간의 '의지'로 돌리게 되었다는 것이다. 왜냐하면 리의 동력을 지나치게 긍정하면 악의 존재가 설명되지 않을 뿐만 아니라 인간의 윤리적 노력 자체가 불필요하게 되고, 기의 장애를 지나치게 긍정하면 세계의 긍정이 실패할 뿐만 아니라 인간의 윤리적 노력 자체가 불가능하게 되기 때문이다. 이렇게 함으로써 리와 기는 모두 이차적인 것으로 떨어지고 '최고 주체'로서의

도덕의지의 근원으로서의 天命·天道와 개체 본성 간의 지속적 연속성에 대한 믿음의 체계로 사용한다.(杜保瑞, 『北宋儒學』, 臺北: 臺灣商務印書館, 2005, 223쪽 참고) 이 글에서 필자는 우선 이러한 의미를 따라 구분해서 사용하고자 한다. 이에 대해서는 13장에서 상론한다.

53) 杜保瑞는 좀 더 명시적으로 이렇게 구분한다.(『北宋儒學』, 223쪽 참고)
54) 勞思光, 『中國哲學史 宋明篇』(정인재 역, 탐구당, 1993년 6판본), 94쪽.

심성이 일차적인 것이 되어 공맹 전통의 심성론으로 옮아가지 않을 수 없었다는 것이다.[55]

이렇게 리와 기의 실체적 '작용함'이 뒤로 물러나면 주체의 의지와 결단이 전면에 나서게 된다. 선악의 문제를 주체의 심리 내에서 벌어지는 서로 다른 두 개의 성향 간의 갈등, 즉 도덕성향과 욕구성향 간의 길항으로 읽으면 이는 리와 기의 존재론적 작용함에 대한 논의가 아니라 도덕심리학적 성향이원론이 된다. 사단四端과 칠정七情, 인심人心과 도심道心, 천리天理와 인욕人欲 등의 대비가 바로 그것이다.

그런데 도덕적 동력인 리와 기질적 제약인 기는 동시에 정이와 주자의 존재론적 체계에서 세계를 설명하는 두 범주가 된다. 주자의 존재론에서 리는 존재의 원리이지만 실제적인 작위함이 없다. 실제의 운동은 기를 통해 진행될 뿐이다. 기수가 말을 타듯이 원리로서의 리가 운동자로서의 기에 타고 있다고 주자는 설명한다. 이를 이승환 교수는 승반자로서의 리가 승반기초로서의 기에 탄 것으로 규정하며 '존재론적 승반론'이라고 명명하였다. 그래서 '도덕심리학적 성향이원론'이 두 성향 간의 대대로서 횡적 배치에 해당한다면 존재론적 승반론은 종적 배치에 해당하기에, 전자를 횡설橫說, 후자를 수설竪說이라고 명명하였다.

문제는 지금까지 보았듯이 주자의 이기 개념에는 횡설적 의미와 수설적 의미가 혼재해 있다는 점이다. 즉 도덕심리학적 성향이원론과 존재론적 승반론이 결합되어 있는 것이다. 이후 조선 유학에서 발생한 많은 논쟁은 대부분 이 두 이론의 착종에서 기인한다는 것이 이승환 교수의 설명이다.[56] 그런데 존재론적 승반론에서의 승반자인 리는 모종삼이 말하는 도덕본체

---

55) 勞思光, 『中國哲學史 宋明篇』, 98~104쪽 참고.
56) 이승환, 「주자의 '횡설'과 '수설'」(『동양철학』 37집, 한국동양철학회, 2012) 참고.

에 해당하는데, 주자의 리는 조작과 운동이 불가하기 때문에 모종삼은 이를 "존재만 할 뿐 운동하지 않는다"고 한 것이다.

실제로 주자의 존재론적 승반론에서는 리에 대한 기질적 제약이 부각될 수 있다. 말이 날뜀에도 불구하고 기수가 말을 잘 부리는 경우는 기에 대한 리의 통제가 성공적으로 수행된 것이라고 할 수 있는데, 이것을 강조하면 모종삼이 말한 공맹 전통에서 말하는 도덕본체의 발현에 해당할 것이다. 이황의 '이발理發' 혹은 '발어리發於理'와 같은 표현은 무조작·무계탁과 같은 주자의 전제에도 불구하고 주체에게 부여된 '도덕적 본성의 자발적 동력'을 강조하고 싶은 마음의 표현이라고 할 수 있다. 결국 리의 동력을 얼마나 인정하느냐가 관건이다. 이에 대해서는 주자의 형이상학 체계를 다룬 13장에서 좀 더 깊이 있게 다루도록 하겠다.

지금까지의 설명은 북송 철학의 집대성자인 주자에게 해당하는 말이다. 문제는 과연 정이의 사유체계 역시 주자와 동일한가이다. 앞에서 말한 것처럼 정이에게는 주자와 같은 완정한 이기론 체계 자체가 없다. 일단 정이는 리의 '무조작·무계탁'을 말한 적이 없다. 또 주자처럼 승반적 구조를 명시적으로 체계화하지 않았다. 물론 리의 온전한 실현을 방해하는 장애로서의 기氣를 인정함에 따라 리가 기라는 승반기초에 따라 실현의 여부가 달라진다는 점을 인정하는 것으로 보인다.

그러나 정이는 악을 절대적인 것으로 보지 않았다. 악은 얼마든지 극복될 수 있는 것이다. 그는 태어날 때 부여받은 기질적 제약보다는 환경적 요인을 더욱 중시한다. 악의 조건은 고정불변하는 기질이 아니라 그때그때 다가오는 도덕심리학적 '상황'에 가깝다. 때문에 정이에게서 도덕적 결단과 선택은 태어날 때 정해지는 것이 아니라 시시각각 벌어지는 도덕적 '감정'의 문제가 된다. 중화설中和說이 그것이다. 이는 주체의 감정이 현실 속에서 드러날 때 어떻게 도덕적 규준에서 벗어나지 않게 할 수 있는가의 문제이지, 우연적이면서도 피할 수 없는 도덕적 계급론이 아니다.

이렇게 볼 때 정이의 사유를 과연 '본체론'이 없는 '존재론'이라고 할 수 있는지, 그래서 그것이 주자에게로 계승되어 '승반론적 존재론'을 완성시켰는지는 매우 의문이다.[57] 물론 격물궁리를 인정하는 것과 같은, 단계적이고 체계적인 공부방법의 인정 같은 것은 정호의 태도와 분명 차이를 보인다. 그러나 그렇다고 해서 정이의 사유가 천인합일적 전제에 의해 유가의 가치를 본성의 내용으로 삼는 북송 유학의 전통에서 벗어나 '별도의 계통'을 세웠다고 할 수는 없다. 굳이 정이의 사유를 규정하자면 상향식 수설인 '승반론적 존재론'에 대비되는 하향식 수설로서의 '본체론적 존재론'이라고 할 수 있다. 즉 천명·천도로부터 내려오는 선한 인간의 본성에 대한 믿음이 전제된 존재론 체계다.

도대체 기는 언제 리의 통제를 받고 또 언제 그 통제를 방해하는가? 물론 정이는 이에 대한 구체적인 설명이 없다. 다만, 맹자적 전통의 본체론을 존재론으로 볼 때 자칫 결정론으로 흐를 위험이 있다. 인간에게 부여된 도덕적 본성이 존재할 뿐만 아니라 언제나 '활동'한다면 악의 존재는 가능하지도 않을 뿐만 아니라 주체의 윤리적 선택 역시 들어설 자리가 없다. 도덕적 본체의 활동은 언제나 주체의 선택 아래에 있어야만 한다. 그래야 윤리학이 가능하다.

---

57) 그래서 余敦康은 정이의 사유가 '존재하기만 할 뿐 활동하지 않는' 식의 존재론이 결코 아니라고 규정한다.(余敦康, 『內聖外王的貫通』, 386쪽 참고.)

5. 존재에서 감정으로

주돈이·소옹식의 존재론적 수설 속에서는 악의 문제, 불합리성의 문제, 원리에 지배되지 않는 기氣의 문제 등은 없었다. 태극과 음양이 그렇듯 이 세계는 가치적 연속성 속에 있기 때문이다. 정이는 천리와 인욕의 대비를 통해 악의 가능성을 확보했고, 그렇게 함으로써 윤리적 주체를 세울 수 있었다. 그러나 그가 사용하는 이기 범주는 도덕심리학적 의미에서의 이원적 성향이면서 동시에 존재의 방식을 설명해 주는 것이었다.

그러나 그는 자신의 존재론적 구조가 성향이원론과 논리적 충돌을 일으키는 문제에 대해서는 전혀 의식하지 못했다. 도덕적 동력인 리와 그 제약인 기를 주체 내부의 도덕심리학적 성향으로 삼아 실체성을 제거했기 때문이다. 정이는 악의 문제를 감정으로 한정했기 때문에 존재론과의 불일치 문제는 아예 발생하지 않았다. 결과적으로 정이에게서 존재론은 약화되고 대신 감정론이 부각된다.

감정적 성향이원론을 존재론적 구조에 대입해서 생기는 문제, 예컨대 리의 '기능함'이나 리의 지배를 받지 않는 기의 문제 등등은 주자 이후에야 본격적으로 제기되고, 조선 유학에서 첨예화된다. 정이에게는 하향식 수설(본체론)에 대한 믿음만 있을 뿐이고, 승반론과 같은 상향식 수설은 주자에 와서야 완성되기 때문이다.

사실 주돈이류의 가치적 발생론은 모종삼이 말하는 본체론과 크게 다르지 않다. '천리天理'의 '천天'은 어쨌든 '전체'와 '시원'의 관념으로부터 자유롭지 못하기 때문이다. 그런 의미에서 주돈이의 '태극동정'을 '천명의 유행'으로 번역한 주자는 주돈이의 본의에서 벗어나지 않았다고 생각한다. 정이는 본체를 인정하면서도 '발생'을 탈각시켰기 때문에 존재론으로 보이지만, 그에게는 존재론적 관심보다는 윤리적 감정에 대한 관심(횡설)이 본질적이다. 사실 하향식 수설(본체론)과 상향식 수설(악의 예외성)을 횡적으로 배치하면 횡설이 된다. 횡설은 도덕본체의 하향적 동력과 비도덕적 욕망의 상향적 분출 간의 투쟁을 옆에서 관찰한 것이다. 정이는 주돈이의 하향식 수설에다 상향식 수설이 가능할 수 있는 기氣 혹은 악惡의 영역을 더했을 뿐이다. 물론 이러한 모든 논의는 주자에게서 나 가능하지만.

【부록】 「역서易序」는 정이의 저작인가?

정이는 직접적으로 '태극' 개념을 거론한 적이 없다. 그의 『이정유서二程遺書』, 『외서外書』, 『문집文集』, 『경설經說』 등의 저작 어디에도 태극 개념은 출현하지 않는다. 그가 일생의 심혈을 기울여 만년에야 완성시켰다는 『정씨역전程氏易傳』의 주석 중에도 전혀 보이지 않는다. 다만 지금 전해지고 있는 『정씨역전』의 앞부분에 부기된 「역서易序」에서 딱 한 번 출현할 뿐이다. 그 원문의 일부를 보면 아래와 같다.

64괘 384효는 모두 성명性命의 리理를 따르고 변화의 도道를 완벽히 실현시킬 수 있는 방법이다. 리理의 단계로 흩어져 있을 때는 수없이 다양한 모습이지만, 그것이 도道의 단계로 통일되어 있을 때는 결국 하나다. 그러므로 역易에는 태극太極이 있고, 이것이 양의를 낳는 것이다. 태극이란 도道다. 양의란 음양이다. 음양은 결국 하나의 도道이고, 태극은 본래 무극이다. 만물의 생성은 음과 양에 의한 것이니, 그 어디에라도 태극이 있고 그 어디에라도 양의의 엉김으로 인한 교감이 있어 변화가 끝이 없는 것이다. 형체를 한 번 받아 생성되면 신이 그에 따라 발하여 지각작용이 생기게 되니, 감정과 행위가 나오고 수많은 일들이 생겨나게 된다. 역易이란 길흉을 정하고 대업을 이루는 길이 된다. 그러므로 역易은 음양의 도道다.[58]

그런데 역사상 이 글의 저자에 대한 논의가 분분하다.[59] 『사고전서四庫全書』에서 「역서」가 수록된 문헌은 모두 9편이다. 그 중에서 명청대에 편찬된 저작이 4편이다. 첫째, 『주역전의대전周易傳義大全』은 이 문장이 누구에 의해 작성되었는지 밝히지 않고 있다. 둘째, 어찬御纂 『주역절중周易折中』은 정이의 저작으로 판단했다. 그러나 『주역본의周易本義』와 『산동통지山東通志』는 「주역본의서周易本義序」라고 이름하여 주자의 저작으로 판단한다. 이처럼 이 문장의 저자에 대한 명청대 학자들의 의견은 통일되어 있지 못하다.

이 네 편의 문헌 이외의 다섯 편은 모두 송원宋元시기의 저작물이다. 원나라의 동진경董眞卿은 『주역회통周易會通』에서 이 문장을 「역정자서易程子序」라고 개명하여, 이 문장이 정이의 저작임을 분명히 했다. 또 남송 말기의 장여우章如愚가 편찬한 『군서고색群書考索』과 왕정진王霆震의 『고

---

58) 「易序」, "六十四卦三百八十四爻, 皆所以順性命之理, 盡變化之道也. 散之在理則有萬殊, 統之在道則無二致. 所以易有太極, 是生兩儀, 太極者, 道也. 兩儀者, 陰陽也. 陰陽, 一道也, 太極無極也, 萬物之生, 負陰而包陽, 莫不有太極, 莫不有兩儀絪縕交感, 變化不窮, 形一受其生, 神一發其智, 情僞出焉, 萬緖起焉. 易所以定吉凶而生大業. 故易者陰陽之道也."

59) 이 문제와 관련하여 朱伯崑은 세 가지 관점으로 정리했다. 첫째는 정이의 遺文이라는 설, 둘째는 정이의 문인인 周行己의 저작이라는 설, 셋째는 주자의 저작이라는 설이다. 그런 뒤에 그는 이 글이 정이의 遺文이라고 결론 내린다. 정이의 '태극' 개념과 관련해서 그는 정이가 어려서 주돈이의 영향을 받았다가 나중에 그의 태극설을 버린 것으로 보고 있다.(朱伯崑, 『易學哲學史』 제2권, 180쪽 참조.)

문집성古文集成』은 모두 정이가 지은 것으로 판단했다. 역시 남송 말기의 웅강대熊剛大는 웅절熊節이 편찬한 『성리군서구해性理群書句解』를 주석하면서 「역서」가 주자의 저작이라고 밝혔다. 그런데 웅강대는 황간黃幹의 문인으로서 주자의 재전제자다. 반면에 정이의 제자였던 주행기周行己는 자신의 문집인 『부지집浮沚集』에 이 문장을 수록하면서 누구의 저작인지는 명시적으로 밝히지 않았다.

이상의 정황을 정리하면 다음과 같다.

① 웅강대 이외의 송원시기의 모든 학자들은 「역서」가 정이의 저작이라고 주장한다.

② 유일하게 주자의 재전제자인 웅강대만이 이 문장이 주자의 저작이라고 주장한다.

③ 정이의 제자인 주행기는 이 문장이 누구의 것인지 밝히지 않았다.

물론 『사고전서』에 수록되어 지금까지 전해지고 있는 이 다섯 문헌의 판본은 송원시기의 것이 아니다. 따라서 이 저작물들이 정말 그때 그 사람들에 의해 만들어진 것인지는 확정할 수 없지만, 새로운 자료를 확보하기 전까지는 우선 이 자료들에 의거해 판단할 수밖에 없을 것이다.

주행기의 『부지집』과 왕정진의 『고문집성』에 수록된 「역서」는 지금 전해지는 문장보다 "伏羲始作八卦, 文王因而重之, 孔子繫之以辭, 于是"라는 20자가 더 들어가 있다. 그 이외의 문장은 현재 전해지는 것과 차이가 없다. 또 『부지집』의 「역서」는 지금의 판본과 내용에 있어서 큰 차이는 없으나 십여 자의 문자 상의 출입이 있다. 현전하는 판본으로 문장이 다듬어지는 과정에 있다는 가설에 입각해 문헌의 성서成書 순서를 판단한다면, 그 순서는 『부지집』 → 『고문집성』 → 『성리군서구해』 등 송원시기의 문헌 → 현전 「역서」의 순서가 될 것이다. 이러한 순서에 입각해

「역서」의 저자를 추론해 보도록 하자.

첫째, 송원교체기의 웅강대만이 「역서」가 주자의 저작이라고 주장하고 있다. 그러나 주자 이전의 인물인 주행기의 문집에 이미 이 글이 수록되어 있으니 주자의 저작일 수는 없다. 웅강대는 원래 주자의 재전제자이니 그의 관점을 모두 믿을 수는 없다.

둘째, 만일 이 문장이 정이의 저작이라면 주자가 수십 년간 정이의 유문遺文을 정리하고 연구하는 동안 어째서 「역전서易傳序」만을 언급하고 이 글에 대해서는 한 번도 언급하지 않았을까?[60] 『이정유서』에서도 「역전서」에 대한 언급만 있을 뿐 「역서」에 대한 언급은 전혀 없다.[61]

셋째, 주행기의 『부지집』에서 「역서」는 「역강의서易講義序」라고 이름 붙여져 제4권에 속해 있는데, 이 권에 들어 있는 문장은 「역강의서」 외에도 「예기강의서禮記講義序」나 「논어서論語序」처럼 모두 서문序文 형식의 글이고 주행기 본인의 저술이다. 만일 「역강의서」만 유독 정이의 저작이거나 그에 대한 인용이라고 한다면 그는 당연히 원저자를 밝혔을 것이다. 더욱이 그게 자신의 스승이니 말이다.

결론적으로 「역서」를 정이의 저작이라고 단정하기는 어렵다.[62] 아마도 주행기 자신이 정이 '체용일원體用一源'의 관점으로 주돈이의 '태극–음양 관계를 해석한 것으로 봐야 할 것이다.[63] 「역서」가 주돈이 「태극도

---

60) 주자의 「易傳序」에 대한 언급은 『伊洛淵源錄』 제14권, 『近思錄』 제3권, 『朱子全書』 제61권 등을 참조.
61) 「易傳序」에 대한 언급은 『二程外書』 권12에 보인다.
62) 「易序」의 저자와 관련하여 王鐵은 『宋代易學』에서 결코 정이의 저작일 수 없다고 주장한다. 그는 그 근거로 楊守敬이 일본에서 본 元나라 至正 9년(1349) 積德書堂本 『정씨역전』에는 「上下篇義」와 「易序」가 수록되지 않았음을 인용하고, 또 宋나라 光宗 紹熙 연간 이전에 출간된 것으로 보이는 『天祿琳琅書目後編』에 수록된 『정씨역전』에는 「상하편의」만 있을 뿐 「역서」는 없다고 한다.(王鐵, 『宋代易學』, 147쪽 참조)
63) 王鐵은 「역서」에서 말하는 "(성인은) 數를 살펴 천하의 象을 정하고, 그 象을 드러냄

설」의 영향 하에 있음은 명백하다. 원문의 "음양은 결국 하나의 도道이고, 태극은 본래 무극이다"라는 표현은 "음양일태극야陰陽一太極也, 태극본무극야太極本無極也"의 변형이다. 또 "형체를 한 번 받아 생성되면 신이 그에 따라 발하여 지각작용이 생기게 되니"라는 말은 "형기생의形既生矣, 신발지의神發知矣"의 변형이다. 태극과 음양의 관계에 대해서 주행기는 완전히 '체용'의 관점으로 논술하고 있다. 체용에 관한 그의 기본적인 관점은 그의 스승인 정이의 '체용일원설'과 합치한다. 『부지집』 제2권의 「경해經解」에서 그는 이렇게 말한다.

> 도道는 본래 이름이 없다. 그것을 도道라고 이름 붙인 것은, 만물이 모두 다 거기로부터 말미암기 때문이다. 만물엔 모두 태극太極이 있다. 태극이란 도道의 위대한 근본(本)이다. 만물엔 모두 양의兩儀가 있다. 양의란 도道의 위대한 쓰임(用)이다. 이 하나(태극)가 없으면 존립할 수가 없고, 이 둘(양의)이 없으면 이루어질 수가 없다. 태극은 이 둘을 만나 체體를 이루고, 양의는 이 하나를 만나 용用을 이룬다. 때문에 태극의 단계에 있다 하여도 먼저라고 할 수 없고, 양의의 단계가 되었다 해도 나중이라고 할 수 없다. 그렇기 때문에 소위 "한 번 음이 되고 한 번 양이 된다"는 것도 결코 이 하나를 떠날 수 없고, 소위 '도道'라는 것도 이 둘을 떠날 수 없다.[64]

「역서」는 정이의 저작이라고 보기 어렵다. 설령 「역서」가 정이의

___

으로써 천하의 길흉을 정한다"(極其數, 以定天下之象, 著其象, 以定天下之吉凶)라는 구절이 정이의 "理가 있은 뒤에 象이 있고, 象이 있은 뒤에 數가 있다"(有理以後有象, 有象以後有數: 『文集』, 「答張閎中書」)라는 관점과 극명하게 배치된다는 이유를 들어 「역서」가 주행기의 저작이라고 주장한다. 충분히 설득력 있는 분석이다.(『宋代易學』, 148쪽 참조)

64) "道本無名, 所以名之曰道者, 謂其萬物莫不由之也. 萬物皆有太極, 太極者, 道之大本. 萬物皆有兩儀, 兩儀者, 道之大用. 無一則不立, 無兩則不成. 太極卽兩以成體, 兩儀卽一以成用. 故在太極不謂之先, 爲兩儀不謂之後. 然則謂之一陰一陽者, 不離乎一也. 謂之道者, 不離乎兩也."

초기 저작인데 만년에 이 중의 태극 개념을 버린 것이라 해도, 이역시 태극 개념이 정이 철학의 본령이 아님을 입증한다. 그러나 「역서」가 정이의 저작이 아니라고 해도 그 기본 사상은 정이의 본체론과 상당히 유사하다. 만약 정이의 '리理'를 핵심으로 하는 본체론 체계로 주돈이의 '태극-음양' 관념을 해석한다면, 그것은 바로 「역서」의 내용이 될 것이다. 송원교체기의 많은 학자들이 「역서」를 정이의 저작으로 귀속시킨 것 역시 정이의 본체론과 「역서」 사상 간의 연속성을 설명해 준다.[65]

---

65) 원나라의 董眞卿 역시 「역서」가 정이의 저작이 아닐지도 모른다는 견해가 있음을 인정하고 있다. 그러나 그는 본문의 내용을 근거로 이 문장이 정이의 것임을 주장한다. 그는 이렇게 말한다. "「역서」와 「上下篇義」는 그것이 이천의 문집에 실려 있지 않다는 이유로 이천의 저작이 아니라고 의심하는 이들이 있기도 하다. 그러나 세간에 유통된 지가 이미 오래되었고, 또 그 문장의 함의를 음미했을 때 정선생이 아니라면 이러한 경지에 다다를 수 없다. 독자가 자세히 살펴야 할 것이다."(易序及上下篇 義, 或以不載伊川文集爲疑. 然世俗相传已久, 玩其辞义, 非程夫子亦不能及此也. 讀者詳焉.: 『周易會通』, 纂註)

제2부 주자 역학: 균형과 질서

제1부에서 다룬 북송 역학은 주자 역학의 실제적 내용을 구성하는 중요한 요소들이 된다. 소옹의 〈선천역학〉과 〈원회운세〉 그리고 유목의 〈하도낙서〉는 그대로 주자 상수학의 핵심적 내용이 된다. 물론 소옹의 〈원회운세〉는 결정론적 요소가 지나치게 강조될 수밖에 없기 때문에 주자는 이것을 그대로 받아들이지는 않는다. 그러나 〈원회운세〉가 말하는 이 세계의 시간적 법칙성 혹은 체계성만큼은 세계의 합리성과 질서에 위배되지 않는다. 정이의 "체용일원, 현미무간" 역시 세계의 합리성과 법칙성을 주장하고 있다. 특히 주돈이의 「태극도설」은 천도와 인도를 관통하는 리理 혹은 역리易理의 '현재성'을 주장하고 있다. 이러한 이해에 근거해 이제 본격적으로 주자의 역학을 탐색할 차례다.

주자는 『주역』을 경과 전으로 나눌 것을 주장한다. 그는 『역경』은 점치는 책 즉 점복서占卜書이고 『역전』은 그 속에 담겨 있는 철학적 함의를 다룬 의리지서義理之書라고 규정한다. 그러고서 상수와 복서를 무시한 채 『역전』의 의리만을 다루는 당대의 학술적 풍토를 비판한다. 소위 '이전해경以傳解經'에 반대한 것이다. 때문에 그는 지나치게 번쇄해진 한대 이래의 상수학과, 또 지나치게 관념화된 당대當代의 의리학을 광정하기 위해 『주역본의』와 『역학계몽』을 지었다고 말한다.

이렇게 볼 때 그의 역학은 분명 상수와 의리의 결합이라고 할 수 있다. 그러나 우리가 반드시 주목해야 할 것은 그가 말하는 상수가 경전문의 해석을 위한 작업이었던 한대의 상수학과 결코 같은 것이 아니라는 점이다. 그가 말하는 상수란 『주역』의 연원과 구조를 설명하기 위한 〈하도낙서〉와 〈선천역학〉이다.

그의 『주역본의』 앞부분에는 강령에 해당하는 아홉 개의 도상이 있는데, 그 주된 내용이 바로 〈하도낙서〉와 〈선천역학〉이다. 그리고 이 두 도상은 『역학계몽』의 주요 내용인 전반부 두 장에 해당한다.

주자는 복희가 〈하도낙서〉를 보고서 우주의 이치를 깨달았으며, 그것을 괘획으로 그려 나간 법칙이 바로 〈선천역학〉이라고 주장한다. 그러나 주자가 주장하는 〈하도낙서〉와 〈선천역학〉은 실제 『주역』 텍스트 속에서 찾을 수 없다. 그가 드는 몇몇의 전거들 역시 이미 대부분의 연구자가 동의하지 않는 것이다. 사실 주자 스스로 『주역』은 전체가 점을 위한 것이라고 말하고 있다. 그래서 복희의 괘・효상은 점복의 시작이고 문왕과 주공의 괘・효사는 점복의 구체화이며 공자의 『역전』은 점복의 이론화라고 할 수 있다. 이러한 관점은 문헌학적인 관점에서 접근한 것으로서 사실에 부합하고 이론적으로도 주석학적으로도 일관된 태도를 유지할 수 있게 해 준다.

그러나 주자는 굳이 〈하도낙서〉와 〈선천역학〉을 『주역』의 근거라고 주장한다. 그런데 그 내용은 『주역』의 어디에서도 찾을 수 없으며, 더 큰 문제는 그 내용이 복서와 아무런 관계가 없다는 점이다. 그렇다면 주자는 왜 그렇게 〈하도낙서〉와 〈선천역학〉, 즉 상수를 강조했을까? 필자는 그 이유가 '기하학적・대수학적 균형성과 법칙성'이라고 생각한다. 주자는 〈하도낙서〉와 〈선천역학〉에서 보이는 기하학적・대수학적 균형성과 법칙성을 통해 이 세계의 합법칙성과 조화로움을 주장하고자 한 것이다.

주자 역학의 강령에 해당하는 그의 상수학은 바로 유목과 소옹에게서 전해

받은 엄밀한 법칙성과 체계성 그 자체다. 따라서 "『주역』은 이 세계를 충실히 반영한다"(易與天地準)라는 명제에 동의한다면, 주자가 본 세계 역시 지극히 법칙적이고 체계적인 것임을 의미한다. 세계는 우연적이거나 무질서하지 않고 언제나 정해진 소이연所以然에 의해 존재하고 운행한다. 심리적 안정을 의미하는 중화中和 혹은 미발未發 역시 중정中正의 균형과 질서를 벗어나지 않는다. 이 세계의 법칙과 인간의 심리가 지극히 방정하기에 공부 역시 '마음먹기에 달렸다'는 식일 수 없다. 존덕성尊德性은 언제나 도문학道問學의 지도하에 있어야 하고 격물치지格物致知에 의해 객관성을 확보해야 한다. 도덕형이상학의 영역뿐만 아니라 사회적 질서 역시 그렇다. 소학小學으로부터 대학大學으로 이어지는 체계화된 교육시스템과 사서四書로 정형화된 텍스트 그리고 예학禮學과 향약鄕約 및 서원書院과 사창司倉에 이르기까지, 국가와 사회는 철저하게 '체계화'되어야 한다.

주자 상수학에 대한 이해가 전제되지 않으면 주자 사상의 이러한 체계성과 법칙성은 선명하게 확인되지도 충분히 설명되지도 않는다. 주자 사상이 갖는 고유한 특징을 명징하게 확인하지 못할 때 우리는, 주자의 철학이 맹자식의 도덕적 본성에 대한 믿음이나 생명에 대한 의지와 같은 송대 도학자들이 유지하던 공통적인 관점에서 전혀 벗어나지 않는다고 보거나(馮友蘭) 아니면 아예 그에 미치지 못했다고 보는(牟宗三) 태도를 견지할 수밖에 없을 것이다. 천인합일天人合一과 생명에 대한 의지는 송명 유자들의 공통된 전제에 해당하고, 주자 역시 여기서 예외는 아니다. 그러나 주자는 인간의 선한 본성에 대한 믿음과 그것에 대한 절대적 의지에 머무르지 않았다. 도덕적 본성은 너무나 쉽게 무너질 수 있고(道心惟微), 그에 반해 자발적 의지만을 믿기에는 인간은 너무 나약하다고(人心惟危) 그는 생각했다. 그래서 그가 요구한 것이 바로 세계의 합법칙성과 그것의 철저한 구현이었으며, 그 경전적 근거가 바로 〈선천역학〉과 〈하도낙서〉인 것이다.

　주자는 역학의 각 체계, 즉 복희의 상수와 문왕 및 주공의 복서 그리고 공자의 의리가 모두 동일한 역리易理를 밝히기 위한 작업이었다고 주장한다. 소위 '사성일심四聖一心'이다. '자연의 이치'가 역리易理라면 그것을 표상화·도식화하여 자연이 보여 준 것이 〈하도낙서〉이며, 복희가 그것에 의거해 괘획을 그려 낸 것이 바로 〈선천역〉이다. 문왕과 주공은 『역경』에서 그것을 64개와 384개의 복서로 예화例化했으며, 공자는 그것을 『역전』에서 개념과 명제를 통해 이론화했다.

제7장 '사성일심'과 주자 역학의 체계

1. 상수·복서·의리의 관계 문제

이 장은 주자 역학의 전체 구조와 지향을 가늠하는 총론에 해당한다.

역학사 연구에서 주자 역학의 특징으로 지목되는 것은 대체로 다음의 두 가지다. 첫째, 주자는 『역경』과 『역전』을 분리하고서 『역경』을 점복서 占卜書로, 『역전』을 의리지서義理之書로 규정했다. 둘째, 주자의 대표적인 역학 저작인 『주역본의周易本義』와 『역학계몽易學啓蒙』에서 보이듯, 그는 의리義理와 상수象數를 결합했다. 이러한 규정은 외견상 전혀 문제가 되지 않아 보인다. 실제로 주자는 『역경』과 『역전』을 분리하여 점복서로 서의 『주역』의 면모를 강조했고, 『주역본의』와 『역학계몽』에서 분명히 상수를 강조하고 있다.

하지만 주자 역학의 이러한 특징들로부터 우리는 몇 가지 해명되어야 할 문제들을 발견하게 된다. 첫째, 상수와 의리는 역학사에서 『주역』을 이해하는 중요한 두 가지 관점이다. 그런데 이 둘을 결합한다는 것은 과연 어떤 의미이며, 또 그것은 어떻게 가능한가? 괘·효사의 의미를 해설하기 위해 선택적으로 상수와 의리를 사용한다는 의미인가? 둘째, 복서와 의리는 또 어떻게 연결될 수 있는가? 복서는 미래예측을 위한 것이고 미래예측은 미래가 결정되어 있다는 결정론적 입장과 떼어놓고 생각할 수 없다. 그런데 미래가 결정되어 있다면 주체의 도덕적 선택과 책임의 문제는 공허해질 수밖에 없다. 만약 의리를 '규범적 언설' 정도로 이해한다면, 의리와 복서는 과연 어떻게 만날 수 있는가? 이상의 문제는 결국 상수와 복서와 의리의 관계 문제가 된다.

사실 우리 학계는 오랫동안 주자의 역학에 대해 몇 가지 치명적인 선입견을 유지하고 있는 것처럼 보인다. 첫째, 주자의 의리역은 성리학적 규범을 다룬다. 둘째, 주자는 의리뿐만 아니라 상수를-여기서의 상수는 한대 상수류를 의미한다.- 중시하고 결합했다. 셋째, 주자는 『역경』을 점복서로 인정했지만, 그것은 상수와 마찬가지로 '의리'로 귀결되기에 결국 주자의 역학은 곧 주자의 성리학이다.

하지만 우리는 먼저 주자가 말하는 '상수'가 결코 한대 상수와 같은 성격의 것이 아니라는 점에 주목해야 한다. 한대의 상수는 『주역』 텍스트의 이해를 위한 주석적 작업에 해당한다. 반면에 주자가 중시한 상수는 『주역본의』의 앞부분에 수록된 아홉 개의 도상과 『역학계몽』의 주된 내용이 보여 주는 것처럼, 세계의 법칙적 이해를 시도했던 북송대의 선천역학先天易學과 하락학河洛學을 주로 의미한다. 그리고 주자는 이 둘을 모두 복희伏羲의 것으로 귀속시킨다. 때문에 이것은 그보다 뒤에 나온 문왕의 『주역』 원문 해석을 위한 주석이 아니다. 따라서 주자 역학이 의리와 상수의 결합임을 인정하더라도 그것은 결코 원문에 대한 종합적 해석을 의미하지 않는다.

다음은 사상사적으로 주자의 학술이 정이程頤의 영향을 많이 받았기 때문에 '정주이학程朱理學'이라고 통칭되지만 역학의 영역에서 실제 『주역본의』의 내용은 정이의 『정씨역전』과 비교했을 때 그다지 '의리적義理的' 즉 윤리적이거나 도덕형이상학적이지 않다는 점이다. 주자는 『역경』

을 점복서라고 규정하고서, 지나치게 이념적으로 해석하는 정이의 관점에 동의하지 않았다. 『역전』의 경우는 주자도 의리를 담고 있다고 보았지만, 실제 그 내용을 분석해 보면 몇몇의 구절로 한정했을 뿐 전체적으로는 원의에 충실한 매우 간결하고 담백한 주석 태도를 유지하고 있다. 그나마 「계사상」 9장 이후는 복서와 상수에 대한 설명이라 규정한다.[1] 때문에 주자 역학의 최종적 목표를 단순히 '성리설'의 구축을 위한 의리학으로 규정할 수는 없다.

주자의 관점에서 『주역』은 복희의 상수, 문왕과 주공의 복서(혹은 『역경』), 공자의 의리(혹은 『역전』)라는 구조를 갖는다. 주자는 먼저 각각의 단계가 갖는 독립된 의의와 특징을 인정하라고 요구한다. 그러나 그는 이렇게 상이한 구성요소에도 불구하고, 『주역』의 저자들이 모두 같은 목적과 지향을 유지하고 있다고 말한다. 소위 '사성일심四聖一心'설이다.[2] 사성일심설이란 복희·문왕·주공·공자의 역이 비록 각기 다르다 하더라도 그들의 내면에는 동일한 이치 즉 역리易理가 흐르고 있다는 것이다. 그래서 복희·문왕의 복서와 공자의 의리가 다르지 않다는 것이다. 『주역』에 대한 주자의 이러한 관점을 도표로 정리하면 아래와 같다.

---

1) 『原本周易』, 「繫辭上」, 9장, 本義, "此章, 言天地大衍之數揲著求卦之法, 然亦略矣, 意其詳, 具하於大卜筮人之官而令不可考耳, 其可推者, 啓蒙, 備言之."; 『朱子語類』, 75권, "繫辭自大衍數以下, 皆是說卜筮事."; 『朱子語類』, 66권, "看繫辭, 須先看易, 自'大衍之數'以下, 皆是說卜筮. 若不是說卜筮, 卻是說一無底物."; 『朱子語類』, 75권, "問, 易有太極, 是生兩儀, 兩儀生四象, 四象生八卦. 曰, 此太極卻是爲畫卦說. 當未畫卦前, 太極只是一箇渾淪底道理, 裏面包含陰陽·剛柔·奇耦, 無所不有."

2) 『朱熹集』, 85권, 「易五贊」, "恭惟三古, 四聖一心. 垂象炳明, 千載是臨." 곽신환, 「朱熹〈周易本義〉의 本義」, 『周易硏究』 제5집(한국주역학회, 2000), 226~227쪽; 이세동, 「주자〈주역본의〉연구」(서울대학교 박사학위논문, 1996), 164쪽 참고. 전용원 박사는 네 명의 성인들이 공유했던 목적의식이 바로 '利用厚生'이었다고 밝히고 있다.(전용원, 「주자 역학 연구」, 한양대학교 박사학위논문, 2006, 161~163쪽 참고.)

〈도표 1〉

목적	易理		
인물	복희	문왕·주공	공자
수행	象數	卜筮	義理
내용	〈하도낙서〉·〈선천역학〉	經文	傳文

그들이 수행한 내용은 각기 다르지만 그것을 통해 드러내고자 한 것은 모두 동일한 『주역』의 이치 즉 동일한 '역리易理'라고 주자는 주장한다. 그렇다면 상수−복서−의리는 서로 다른 체제와 내용에도 불구하고 어떻게 동일한 역리를 드러낼 수 있는 것인지 그래서 어떻게 서로 연결될 수 있는지를 반드시 구명해야 할 것이다.

그러나 안타깝게도 주자는 이 셋의 관계에 대해 명시적으로 해명하지 않았다. 그는 『역경』과 『역전』을 분리함으로써 복서를 인정하고, 『주역』 텍스트만으로는 그 존재 여부가 확인되지 않는 〈선천역학〉과 〈하도낙서〉를 『주역』의 근거로 제시함으로써 상수의−물론 한대의 상수가 아니다.− 지위를 확보했다. 그러나 그는 이 셋이 어떻게 하나로 연결될 수 있는지에 대해서는 설명하지 않았다.

시대를 초월해 『주역』의 저자들이 일관된 목적의식과 의도를 지니고 있었다면 그것이 곧 『주역』의 핵심적 내용이자 주제가 될 것이다. 그것은 곧 역리를 드러내는 것이라고 했으니, 상수와 복서 그리고 의리를 관통해 있는 그 무엇을 찾기만 한다면 그것이 바로 주자가 본 역리의 실제적인 내용이 될 것이다. 때문에 우리는 반드시 그것을 추적해야 한다.

2. 역리와 성리

이 문제가 갖는 또 하나의 중요성은 상수와 복서 그리고 의리를 관통해 있는 역리易理가 바로 천리天理이자 성리性理가 된다는 점이다. 「계사전」이 "역易은 이 우주와 정확히 일치한다"(易與天地準)라는 명제를 제출한 이후로 『주역』의 이치는 곧장 이 세계의 이치가 된다는 것이 유자들의 상식이다. 또한 인간은 이 세계의 한 구성인자이기 때문에 인간의 원리 역시 우주의 원리에서 벗어나지 않는다. 때문에 역리는 곧장 천리이자 성리가 된다.

그러나 이 말이 곧장, 주자의 역학이 통상적인 의미에서의 '성리설' 즉 소위 이기理氣·심성心性·수양修養으로 귀착된다는 것을 의미하는 것은 아니다. 그렇게 보는 것은 성리설 즉 유가의 도덕형이상학적 이론을 의리義理라고 규정하고서, 주자의 역학이 어찌됐든 결국엔 의리 역학이기에 그의 역학 자체가 바로 그의 성리학이라고 보는 많은 연구자들의 익숙한 관점에 해당한다. 이러한 관점은 주자의 모든 학술이 이기·심성·수양의 도덕형이상학 구축을 위해 기능해야 한다는 선입견에 입각한 것으로서, 『역경』과 『역전』을 구분함으로써 복서의 의의를 확보해야 한다거나 텍스트 상의 근거도 없는 선천역학과 하락학을 중시해야만 했던 주자의 모든 노력과 기도를 무로 돌리고, "주자의 역학은 주자의 성리학이다"라는 손쉬운 결론에 도달하게 만드는 태도에 다름 아니다.

이러한 태도의 문제점은 실제 주자의 역학 저작을 확인해 보면 금방 드러난다. 앞에서도 말한 것처럼 주자의 『역경』 주해는 도덕형이상학과는 거의 관계가 없다. 『역전』에 대한 주석 역시 극히 제한적인 정도만이 주자의 성리설과 관계를 갖는다. 주자의 상수학은 그의 성리설과 더욱 관계가 없다. 선천역학과 하락학에서 보이는 일련의 도상과 수의 배열이 도대체 어떻게 도덕형이상학과 관련될 수 있겠는가?

기존의 연구에서 소위 '사성일심설'이 언제나 주자 역학의 의리역적 성분 혹은 성리학적 성분을 설명하기 위해 동원되었음을 고려할 때, 복희·문왕·주공의 복서卜筮는 공자의 의리義理로 포섭된다고 보는 것 같다. 그러나 『주역본의』의 주석이, 심지어 『역전』에 대한 주석마저도 그다지 소위 '의리적'이지 않다는 점에서 이러한 관점은 분명 제고되어야 한다.

어떤 연구자는 주자가 복서를 인정한 것은 그저 점을 칠 때의 경건성을 강조한 것에 지나지 않는다고 말한다.[3] 복서를 경건함이라고 하는 주자의 성리설과 연결시키고자 한 결과다. 그런가 하면 어떤 연구자는 주자의 의리역을 오직 『주자어류』에서만 찾을 수 있고 그의 역학 저작에서는 찾아볼 수 없기 때문에 결국은 주자의 역학에서 체계성을 찾을 수 없다고 말한다.[4] 이 모든 해석은 "주자의 역학은 주자의 성리학이다"라는 전제에 입각해 내놓은 하소연에 불과하다.

---

3) 이세동 교수는 복서를 필요로 하지 않는 주자의 당대에 경문을 읽는다는 것은, 그것을 대하는 경건성 혹은 엄숙성에 의미가 있을 뿐 실제로 점을 치는 의미는 더 이상 없다고 주장한다.(이세동, 「〈주역오찬〉에 나타난 주자의 역학체계」, 『중국어문학』 26집, 영남중국어문학회, 129~153쪽 참조)
4) 남명진 교수는 이를 각각의 영역이 유기적이고 체계적으로 조우하지 못하는 주자 역학의 한계라고 보았다.(남명진, 「주자의 성리학과 역학」, 『周易研究』 제5집, 한국주역학회, 2000 참조) 백은기 교수는 주자의 의리역은 온전히 『주자어류』에 넘겨주고 『주역본의』는 아예 의리역이 없는 복서역으로만 인정해야 한다고 보았다.(백은기, 「주자역학연구」, 전남대학교 박사학위논문, 1991, 1쪽 참조) 서대원 교수는 복희와 문왕의 복서가 공자의 의리와 연결된다고 선언만 하고서 그 구체적인 근거와 방법은 제시하지 않았다고 보았다.(서대원, 「朱子易學評議」, 『東洋哲學』 37집, 한국동양철학회, 2012, 139·142쪽 참조)

의리·복서·상수의 내재적 관계와 그로부터 추출해 낼 수 있는 역학의 체계에 대한 주자의 관점을 확인하기 어려운 것은 사실이다. 그러나 『주역본의』와 『역학계몽』의 실제 내용에 비추어 보았을 때 그의 역학이 결코 종래의 관습적 용어로서의 '성리설'에 국한되지 않는다는 점은 분명하다. 『주역본의』의 실제 내용은 명백히 의리·복서·상수의 체계를 벗어나지 않는다.[5] 따라서 실제 주자의 역학 저작에서 보이는 상수·복서·의리에 대한 정확한 구명과 그 상호관계에 대한 천착 없이 무턱대고 그것이 주자의 성리설과 관계를 갖는다고 말하는 것은 타당하지 않다.

어찌 보면 우리는 지금까지 "주자의 역학은 주자의 성리학이다"라고 하는 근거 없는 선언을 입증하기 위해 노력해 왔는지도 모른다. 만약 그러한 선언적 전제만 없다고 한다면 우리는 그의 역학 체계를 좀 더 있는 그대로 인정할 수 있었을 것이다. 그래서 『주역본의』 등의 내용이 이기·심성·수양을 위해 기술된 것은 아니라는 점이 지극히 정상적이고 자연스럽게 보였을지도 모른다.

---

5) 여기서 우리가 짚고 넘어가야 할 또 하나의 문제가 있다. 즉 『주역본의』는 의리, 『역학계몽』은 상수라고 하는 이해가 성립될 수 없다는 것이다. 오히려 『주역본의』는 상수·복서·의리의 체계적 종합이고, 『역학계몽』은 이 중에서 상수와 복서 부분을 특별히 강조해서 부연 설명한 것이다. 주자는 의리와 상수에 대한 역대의 잘못된 이해를 광정하기 위해 『주역본의』와 『역학계몽』을 지었다고 했지, 의리를 바로잡기 위해 『주역본의』를, 상수를 바로잡기 위해 『역학계몽』을 지었다고 말하지 않았다. "이 책은 원래 점을 치기 위해 만들어진 것이기 때문에 그 말들은 모두 상수에 의거하여 吉凶을 결정하는 것입니다. 오늘날은 점을 치는 방법은 모두 전하여지지 않기 때문에, 여러 유학자들이 말하는 상수라는 것도 하나같이 지나친 천착에서 벗어나지 못하고, 의리를 말하는 자들은 또 지나치게 범범합니다. 그래서 이 책을 읽기가 힘든 것이지요. 제가 『周易本義』와 『易學啓蒙』을 지은 이유는 바로 이러한 정황 때문입니다."(所喻讀易甚善. 此書本爲卜筮而作, 其言皆依象數以斷吉凶. 今其法已不傳, 諸儒之言象數者例皆穿鑿, 言義理者又太汗漫, 故其書爲難讀. 此本義·啓蒙所以作也.: 『朱熹集』, 제60권, 「答劉君房」, 3102쪽)

3. 역학과 주자학

그럼에도 불구하고 필자는 여전히 주자가 본 역리가 곧 천리이자 성리라는 관점에 동의한다. 혹은 모종의 관점에서 "주자의 역학은 주자의 성리학이다"라는 명제에 여전히 동의한다. 다만, 이 말은 역학의 모든 내용이 도덕형이상학이라거나 아니면 성리설의 구축을 위해『주역』에서 몇 개의 개념어와 명제를 차용했다는 정도의 의미가 아니라, 주자의 전체 역학이 성리설의 구축을 위해 기획되고 구조되어 있음을 의미한다.

현대 연구자들의 주자 역학에 대한 또 다른 선입견은 "주자의 역학은 역학이요, 성리학은 성리학이다"라는 태도다. 이는 표면적 의미와는 달리, 주자의 역학이 의리로 귀결되기에 결국엔 성리설로 연결된다는 앞에서 든 관점과 모순되지 않는다. 이러한 관점은 사실 논리적·이론적 관점이라기보다는 단순히 연구 대상으로서의 문헌을 기준으로 구분한 것에 불과하다. 즉『주역』관련 저작을 다루면 역학이고『주자어류』 등 다른 문헌을 다루면 성리학이라고 보는 것이다. 좀 더 정확하게 말해서,『주역본의』와『역학계몽』같은 역학 관련 저작 및『주자어류』나『문집』등의『주역』관련 조목을 다루면 '주자 역학 연구자'가 되고, 그 이외의 문헌들 특히『주자어류』나『문집』등의 성리설 조목을 다루면 '주자 성리학 연구자'가 되는 것이다.

이러한 태도 때문인지 '주자 역학 연구자'는 자신이 주자 성리학 연구와는 관계가 없는 것으로 여기는 것 같다. 혹은 '주자 성리학 연구자'는 자신이 '주자 역학 연구자'가 아니라고 생각하는 것 같다. 동일한 연구 대상이지만 그 저작에 따라 연구자들은 자신의 역할과 연구 내용을 한정하고 그렇게 규정한다. 이 때문에 우리 학계에서 주자의 역학과 성리학의 관계에 대한 연구는 매우 제한적이다. 깊게 연구되지 않았기 때문에 손쉽게 "주자의 역학은 곧 주자의 성리학이다"라는 결론에도 이를 수 있는 것이다. 그러면서도 주자의 역학이 어떻게 주자의 성리학일 수 있는지에 대해서는 분명히 말하지 않는다.

아마도 가장 손쉬운 방법은 주자의 역학 저작에서 몇몇 익숙한 성리학적 개념어나 명제를 찾아내는 것일 게다. '태극太極'·'음양陰陽'·"계지자선야繼之者善也, 성지자성야成之者性也"와 같은 도덕형이상학적 소재들이나 "천존지비天尊地卑"·"생생지위역生生之謂易"과 같은 몇몇 유가윤리학적 명제들이 여기에 해당한다. 그러나 이런 개념어나 명제들에 『역경』의 복서나 복희의 상수는 끼어들기 어렵다. 몇몇 익숙한 개념어의 차용에만 주목한다면 주자의 역학은 언제까지나 의리역이어야 한다. 주자가 아무리 『주역』을 점치는 책이라고 반복해 주장해도, 혹은 선천역학과 하락학이 『주역』의 강령이라고 아무리 강조해도 그것은 별로 주목되지 않는다.

주자는 『주역』이 오로지 의리를 전하기 위한 것이었다면 『중용』이나 『대학』처럼 곧장 의리를 말하면 될 걸 어째서 어렵게 돌려 말했겠는가라고 하면서, 당대의 학자들이 복희·문왕·주공 역의 복서적 성격을 무시하고 일체를 의리로 귀결시키려던 태도를 비판한다.[6] 텍스트로서의 『주역본의』에 대한 실제적인 분석을 뒤로한 채 주자의 저작이니

---

6) 『朱子語類』, 권66, "八卦之畫, 本爲占筮. 方伏羲畫卦時, 止有奇偶之畫, 何嘗有許多說話! 文王重卦作繇辭, 周公作爻辭, 亦只是爲占筮設. 到孔子, 方始說從義理去.……伏羲易, 自作伏羲易看, 是時未有一辭也; 文王易, 自作文王易; 周公易, 自作周公易; 孔子易, 自作孔子易看. 必欲牽合作一意看, 不得. 今學者諱言易本爲占筮作, 須要說做爲義理作. 若果爲義理作時, 何不直述一件文字, 如中庸大學之書, 言義理以曉人?"

『주역본의』는 당연히 의리역학이라고 하거나, 혹은 주자는 의리역학이니 당연히 그것은 성리적이라고 평가하는 현대 연구자들의 태도에도 이러한 비판은 그대로 적용될 수 있다.

필자는 주자의 역학이 그의 성리학과 중요한 관계를 지닌다고 생각한다. 그러나 그것은 풍우란馬友蘭이나 노사광勞思光 같은 근현대 연구자들이 그랬던 것처럼 도덕형이상학의 구축을 위해 몇몇의 개념이나 명제를 차용한 것으로 한정되지 않는다. 근현대 중국철학사가들은 유가 전통의 윤리학(혹은 人道)에 형이상학적(혹은 天道) 근거를 부여하는 것이 송대 성리학의 목적이었으며, 송대 성리학자들은 그 근거를 주로『주역』과『중용』에서 찾았다고 보았다. 그러나 주자 철학에서 천도와 인도의 연속성에 대한 주장은 단순히『주역』과『중용』의 몇몇 명제를 차용하는 것으로 그치지 않는다. 오히려 주자의 역학이, 그 중에서도 그의 상수 즉 선천역학과 하락학이 주자의 철학적 특징과 구조를 설명하는 데에서 훨씬 더 중요한 역할을 한다.

선천역학과 하락학이 갖는 고유한 특성으로 인해 주자 역학에서의 역리易理는 '기하학적 대수학적 균형과 질서'라는 함의를 지닌다. 따라서 그의 역학에 의해 정초 지워진 그의 '성리학' 역시 '균형과 질서'라는 본질적인 성격을 지니게 된다. 주자는 법칙적 세계 이해라고 하는 북송 도학의 전통에 서 있다. 주돈이와 이정 형제가 말하는 이 세계는 지극히 법칙적이고 체계적인 것이다. 그래서 존재하는 모든 것은 서로 엄정한 관계를 갖는다. 그리고 이러한 법칙성과 체계성은 유목과 소옹 특히 소옹에게서 수학적 엄밀성으로 드러나게 된다.

4. 사성일심과 역리

다시 애초의 문제로 돌아오자. 주자의 역학에서 상수와 복서 그리고 의리의 관계는 어떻게 규정될 수 있는가? 주자 자신이 말하는 소위 '사성일심四聖一心'은 도대체 어떤 의미인가?

주자는 세 성인(주공을 문왕에 귀속시켜서)이 역을 완성했다고 주장한다. 그러나 거기에는 연속과 불연속이라는 이중주가 존재한다고 주장한다.[7] 그래서 차이를 무화시켜서도 안 되지만 차이 속에 존재하는 연속성을 놓쳐서도 안 된다고 주장한다.

> 공자께서는 "옛날에 성인께서 역을 지으실 때에는 상을 관찰하여 괘를 만드시고 말을 거기에 달아 길흉을 밝히셨다"라고 분명히 말씀하고 계신다. 이 얼마나 확연한가? 내가 늘 주장하는, 『주역』은 점치는 책이라는 말을 여기서 확인할 수 있다. 『주역』은 그저 괘상을 말함으로써 길흉을 밝힌 것에 불과하다. 그 이외에는 아무것도 없다.…… 『주역』을 읽기 위해서는 응당 세 부분으로 나누어야 한다. 복희의 역은 복희의 역이고 문왕의 역은 문왕의 역이며 공자의 역은 공자의 역이다. 복희의 역을 읽을 때에는 아직 「단전」·「상전」·「문언전」과 같은 기술들이 없었다고 이해하고서 읽어야 한다. 그래야 그 본래의 의미가 점치기 위한 것임을 확인할 수 있다.…… 문왕의 마음은 이미 복희만큼 그렇게 넓지가 못하다. 그래서 급하게 말해야 했다. 공자의 마음은 또 문왕의 마음만큼 넓지도 못했다. 그래서 더욱더 급하게 도리를 말해야 했던 것이다. 그래서 그 본래의 의미는 점차 사라지고, 성인께서 괘를 그리실 때의 원래의 의미를 더 이상은 생각지 않고서 각자 자기가 생각하는 도리를 말했다고 생각하게

---

7) 『朱熹集』, 권81, 「書伊川先生易傳板本後」, "易之爲書, 更歷三聖而制作不同. 若庖羲氏之象, 文王之辭, 皆依卜筮以爲敎, 而其法則異. 至於孔子之贊, 則又一以義理爲敎,而不專於卜筮也. 是豈其故相反哉? 俗之淳漓旣異, 故其所以爲敎爲法者不得不異, 而道則未嘗不同也."

되었다. 정이천의 경우에도 마찬가지로 자신의 관점을 피력했는데, 어느 정도 공자의 역과 비슷하지만 좀 더 심한 면이 있다. 그래서 각자가 역에 대해 말하는 것이 복희로부터 이천에 이르기까지 네 개의 모양이 되어 버렸다. 나는 이러한 태도를 반복할 수 없어서 역이 지어진 그 본래의 의미를 추적하여 말한 것이니, 바로 이런 이유 때문이었다.[8]

그런데 『주역』에 대한 주자의 기본적인 입장은 사실 복서 이상도 이하도 아니다.

괘효사는 본래 복서卜筮를 위해 지은 것으로, 길흉을 단정하고 그렇게 함으로써 교훈을 삼고자 한 것이다. 「단전彖傳」・「상전象傳」・「문언전文言傳」이 지어지고서 비로소 그 길흉을 단정하고 교훈을 삼는 의미로부터 더 나아가 철학적 함의를 찾기 시작하였다. 그런데 후대 사람들은 그저 공자가 말한 철학적 함의만을 볼 뿐, 다시는 문왕과 주공의 본의에 근거하려 하지 않고는 '복서卜筮는 언급할 만한 가치가 없다'라고 여긴다. 때문에 역易을 말하는 사람들은 일용의 실제에서 멀어져서 모두들 억지로 꿰어 맞추게 되었다. 모두들 한쪽으로 치우쳐서 말하니, 다시는 그 복잡하면서도 풍부한 함의를 관통하지 못하게 되었다.[9]

---

8) 『朱子語類』, 권66, "聖人分明說: '昔者聖人之作易, 觀象設卦, 繫辭焉以明吉凶.' 幾多分曉! 某所以說易只是卜筮書者, 此類可見. 易只是說箇卦象, 以明吉凶而已, 更無他說.……今人讀易, 當分爲三等: 伏羲自是伏羲之易, 文王自是文王之易, 孔子自是孔子之易. 讀伏羲之易, 如未有許多象象文言說話, 方見得易之本意, 只是要作卜筮用.……文王之心, 已自不如伏羲寬闊, 急要說出來. 孔子之心, 不如文王之心寬大, 又急要說出道理來. 所以本意浸失, 都不顧元初聖人畫卦之意, 只認各人自說一副當道理. 及至伊川, 又自說他一樣, 微似孔子之易, 而又甚焉. 故其說易, 自伏羲至伊川, 自成四樣. 某所以不敢從, 而原易之所以作而爲之說, 爲此也."
9) 『朱熹集』, 권33, 「答呂伯恭」, "讀易之法, 竊疑卦爻之詞, 本爲卜筮者斷吉凶而因以訓戒, 至象象文言之作, 始因其吉凶訓戒之意而推說其義理以明之. 後人但見孔子所說義理, 而不復推本文王周公之本意, 因鄙卜筮爲不足言. 而其所以言易者遂遠於日用之實, 類皆牽合委曲, 偏主一事而言, 無復包含該貫曲暢旁通之妙."

공자의 『역전』이 비록 『역경』과는 달리 철학적 함의를 해설하고는 있으나, 그러한 철학적 함의 역시 서법과 무관한 것이 아니고 어디까지나 그것을 철학적으로 일반화·이론화시켰다는 말이다.

안경安卿이 물었다. "「단전」·「상전」은 모두 효爻에 의거해서 그 이치를 추론하는 것이 아닌가요?" 선생께서 말씀하셨다. "「단전」·「상전」·「문언전」·「계사전」 모두 그것에 의거해서 이치를 추론하여 밝힌 것이다."[10]

역은 본래 점을 치기 위한 책이다. 그래서 후대의 사람들은 그저 점을 치기 위한 복서卜筮에만 머물렀다. 왕필王弼에 이르러서 노장老莊사상으로 이를 해석하였는데, 그러자 그 뒷사람들은 또 오로지 철학적 의미로만 받아들이고는 점서占書로 이해하지 않게 되었으니 이 역시 잘못된 것이다. 당초에 복희가 괘를 그렸을 때에는 그저 양효는 길함을, 음효는 흉함을 의미하고 아무런 문자가 없었을 것이다. 내가 감히 이렇다 저렇다 판정할 수는 없겠지만 아마도 그랬을 것이다. 그 뒤 문왕이 그것만으로는 이해할 수 없다고 여겨 괘사를 지어 붙였다. 혹은 점을 쳐서 효를 얻은 경우에는 또 그 의미를 이해할 수 없었기에 주공이 효사를 지었다. 그리고도 이해할 수 없어서 공자가 십익을 지은 것이다. 이 모든 것은 당초의 의미를 해석하기 위한 것이다. 요즘 사람들은 괘나 효를 보지 않고 바로 「계사」를 본다. 이는 마치 형법 조문 자체는 보지 않고 형법의 서문만을 보는 것과 같다. 어떻게 이해할 수 있겠는가? 모름지기 『주역』은 점서로 보아야만 이해할 수 있다. 그렇지 않으면 『주역』을 볼 수가 없다.[11]

---

10) 『朱子語類』, 권66, "安卿問, '象象莫也, 是因爻而推其理否?' 曰, '象象文言繫辭, 皆是因而推明其理.'"

11) 『朱子語類』, 권66, "易本卜筮之書, 後人以爲止於卜筮. 至王弼用老莊解, 後人便只以爲理, 而不以爲卜筮, 亦非. 想當初伏羲畫卦之時, 只是陽爲吉, 陰爲凶, 無文字. 某不敢說, 竊意如此. 後文王見其不可曉, 故爲之作彖辭; 或占得爻處不可曉, 故周公爲之作爻辭; 又不可曉, 故孔子爲之作十翼, 皆解當初之意. 今人不看卦爻, 而看繫辭, 是猶不看刑統, 而看刑統之序例也, 安能曉. 今人須以卜筮之書看之, 方得; 不然不可看易."

복희가 홀짝의 괘획을 그려 길흉을 판정하기 시작한 것에서부터
문왕과 주공의 『역경』에 이르기까지 그 내용은 모두 복서에 해당하고,
공자의 『역전』마저도 복서에 담긴 철학적 함의를 이론화한 것에 불과하
다는 것이 문헌과 사실에 근거한 주자의 『주역』관이다. 이제 그것을
다시 도표로 정리하면 다음과 같다.

〈도표2〉

목적	복서		
인물	복희	문왕 · 주공	공자
내용	괘 · 효	괘 · 효사	傳文
수행	복서의 시작	복서의 체계화	복서의 이론화

주자의 관점에서 볼 때 복희의 역은 복희의 역으로서, 문왕의 역은
문왕의 역으로서, 공자의 역은 공자의 역으로서 각각의 독립된 의의와
기능이 있다. 그러나 그렇다고 그 속에 흐르는 연속성을 인식하지
못하면 현상적인 차이에 골몰한 나머지 각각의 역은 별개의 것이 되어
버린다.(自伏義至伊川, 自成四樣.) 그래서 당대의 학자들은 각기의 역이 지니
고 있는 본래의 성격과 의미를 무시하고 애써 외면하게 된다는 것이다.
이렇게 되면 결국엔 후대의 '해석된 역'으로 일체의 것을 포괄해 버리는,
즉 '이전해경以傳解經'의 태도에 의해 일체를 의리로 귀결시켜 버리는
오류가 발생하게 된다는 것이다.[12]

---

12) 『朱熹集』, 권82, 「書臨漳所刊四經後」, "熹嘗以謂易經本爲卜筮而作, 皆因吉凶以示訓戒, 故其
言雖約而所包甚廣. 夫子作傳亦略擧其一端以見凡例而已. 然自諸儒分經合傳之後, 學者便文取
義, 往往未及玩心全經, 而遽執傳之一端, 以爲定說, 於是一卦一爻僅爲一事, 而易之爲用反有

그렇다면 어떻게 각각의 단계가 지니는 특징과 의의를 무화시키지 않으면서도 그 속에 존재하는 연속성을 드러낼 수 있을 것인가? 필자는 이것이 바로 주자가 말하는 '본의本義'라고 생각한다. 주자는 『주역』이 복서를 위한 책이라고 했지만, 공자의 의리 역시 『주역』의 본래적 의미를 밝히려는 작업임을 부인하지는 않았다. 각각의 역은 각각의 단계에서 지니는 의미와 역할이 있다고 보았다. 때문에 복희의 역은 복희의 역으로, 문왕의 역은 문왕의 역으로, 공자의 역은 공자의 역으로 그 본래의 모습을 보여 주려는 것이 주자의 '본의'이다. 그렇다면 그 현상적 차이를 관통할 수 있는 내면의 연속성은 무엇인가?

5. 문헌학에서 철학으로

『주역』의 모든 영역이 복서를 위해 기능하고 있다는 이해는 매우 명료하고 일관되며 실제 주자의 주석과 부합한다. 다만 이 명료함과 단순함은 하락학과 선천역학이 개입할 때 깨어지고 만다. 문제는 주자의 상수 즉 〈선천역학〉과 〈하도낙서〉다.

『역경』과 『역전』은 주어진 텍스트다. 그러나 『주역』 본문 어디에서도 〈하도낙서〉와 〈선천역학〉의 구체적인 내용은 출현하지 않는다. 『주역본의』 주석에서 주자는 일관되게 '간략화'와 '유보'의 원칙을 따른다. 그런 그가 오직 '천지지수'와 '대연지수' 부분에서만 장황하게 선천역학

所局, 而無以通乎天下之故.";『朱子語類』, 권66, "某如今看來, 直是分明. 若聖人有甚麼說話, 要與人說, 便分明說了. 若不要與人說, 便不說. 不應恁地千般百樣, 藏頭伉腦, 無形無影, 敎後人自去多方推測. 聖人一箇光明盛大之心, 必不如此."

과 하락설을 늘어놓는다. 『역학계몽』에서 말하는 〈하도낙서〉의 문헌적
전거들이 실제는 근거가 없다는 점은 이미 많은 연구자들이 지적하고
있다. 사실상 그는 유목의 〈하도낙서〉와 소옹의 〈선천역〉을 받아들여
복희의 역을 창조한 것이다.

『주역』과 〈하도낙서〉·〈선천역학〉은 문헌적·내용적 관계가 희박하
다. 만약 〈하도낙서〉와 〈선천역학〉의 내용을 '균형과 질서'로 읽을 수
있고, 주자가 주장하는 것처럼 〈선천역학〉과 〈하도낙서〉가 『주역』의
근거가 된다면, 『역경』과 『역전』 역시 기하학적·대수학적 균형과 질서
의 구체화로 읽을 수 있어야 한다. 하지만 실상 『역경』과 『역전』에
대한 주자의 주석에서 우리는 이러한 면모를 확인할 수 없다. 〈하도낙서〉
와 〈선천역학〉을 제외하고서 보았을 때 『주역』은 그저 점치는 책일
뿐이다. 그러나 〈선천역학〉과 〈하도낙서〉는 점치는 것과는 전혀 관계가
없다.

학술의 모든 영역에서 주자가 견지하는 기본 태도는 사실과 문헌에
근거한 합리성이다. 오직 〈하도낙서〉와 〈선천역학〉을 논할 때만 그는
'자연적 이치의 필연성'이라는 말을 반복한다.[13] 그의 평소 학술적 태도
에 입각했을 때 지극히 궁색하게만 보이는 〈하도낙서〉와 〈선천역학〉을
주자는 왜 그렇게 필요로 했을까? 필자의 관점에서 그것은 역시 앞에서
말한 것처럼, 기하학적·대수학적 균형과 질서로부터 연역할 수 있는
존재계의 합리성과 체계성 때문이다.

주자는 〈하도낙서〉와 〈선천역학〉을 통해서 세계와 인간의 합리성과
체계성을 확보하고자 했던 것이다. 그는 〈하도낙서〉와 〈선천역학〉을
『주역』의 근원 혹은 역리의 표상화라고 주장함으로써 세계와 인간의

---

13) 『易學啓蒙』, 권1, "特氣數之自然形於法象, 見於圖書者, 有以啓於其心, 而假手焉耳."

합리성과 체계성에 대한 문헌적 전거를 확보하게 된다. 이렇게 해서 주자는 세계의 법칙적 이해를 추구한 북송 도학자들의 오랜 기도를 완성할 수 있었다.

결국 이 문제는 실제로 존재하는 텍스트로서의 『주역』을 대하는 주자의 문헌학적 태도와, 『주역』을 통해 구축하려는 그의 철학적 입장 간의 모순이라고 할 수 있다. 주자 사성일심설의 대전제는 역리易理다. 물론 이 역리는 『주역』이라는 문헌 내에만 머물지 않고 우주의 천리天理이자 인간의 성리性理가 된다. 이 천리와 성리는 당연히 '취길피흉趣吉避凶'의 수준으로 만족될 수 있는 것이 아니다. 주자는 〈선천역학〉과 〈하도낙서〉를 통해 『주역』에 새로운 철학적 성격을 부여한 것이다. 아니 좀 더 정확히 말해, 『주역』을 빌려 〈선천역학〉과 〈하도낙서〉에 권위를 부여하고 그것을 통해 천리와 성리에 구체적인 내용을 부여한 것이다.

사실 문헌학적 대상으로서의 『주역』의 목적은 역리易理가 아니라 복서일 뿐이다. 그러나 철학자로서의 주자는 천리와 성리를 담아 낼 수 있는 역리가 필요했다. 복서로는 부족했다. 그래서 그는 『주역』의 목적을 복서에서 역리로 대체한 것이다. 그렇다면 역리를 『주역』의 목적이자 전제로 설정했을 때 상수와 복서와 의리는 어떻게 관계지어질 수 있을까?

'자연의 이치'가 역리라면 그것을 표상화·도식화하여 자연이 보여 준 것이 〈하도낙서〉이며, 복희가 그것에 의거해 괘획을 그려낸 것이 바로 〈선천역〉이다. 문왕과 주공은 『역경』에서 그것을 64개와 384개의 복서로 예화例化했으며, 공자는 그것을 『역전』에서 개념과 명제를 통해 이론화했다. 이것을 다시 도표로 만들면 다음과 같다.

〈도표 3〉

목적	理(易理 · 天理 · 性理)		
전개	易理의 표상화	易理의 예화	易理의 이론화
인물	복희	문왕 · 주공	공자
수행	象數	卜筮	義理
내용	〈하도낙서〉 · 〈선천역학〉	經文	傳文

문왕의 괘 · 효사가 '역리'의 예화라고 해서 오늘날 우리가 모두 점복에 의지해야 함을 주장하는 것은 아니다. 주자는 인지가 발달한 당대에는 일일이 점을 칠 필요가 없다고 분명히 말하고 있다. 그러나 반대로 지금 일일이 점을 칠 필요가 없다고 말하는 것이, 점을 칠 수 있는 근거(역리)가 없다거나 『역경』이 역리의 예화로서 점복에 대한 기록임을 부정하는 것은 아니다.

역리의 예화라는 의미에서 복서를 이해할 때, 여기에는 '현재적으로 작용하는 역리'라는 관념이 전제된다. 따라서 '복서'는 단순히 과거에 점친 것에 대한 기록으로 머물지 않고 지금 여기에 역리가 작용하고 있음에 대한 생생한 근거가 되어 준다. 이로부터 '역리易理'는 역易의 범위를 넘어서서 일상과 실제의 우주적 · 사회적 범위로 확장된다.

이렇게 해서 주자의 의리는 오히려 복서 속으로 숨어든다. 그에게서 의리란 역리 즉 법칙적 규범의 기능함에 대한 믿음과 그에 대한 내면화라는 의미를 지닌다. 이는 세계의 법칙적 전개에 대한, 즉 개연적 법칙성에 대한 동의를 의미한다. 때문에 이는 복서가 의지하는 결정론의 단계를 넘어서서 규범과 개연성에 대한 주체의 자발적 동의와 합류라는 성격을 갖게 된다.

실제 『역전』의 의리에 대한 주자의 주석은 「태극도설해」에서 그랬던 것처럼, 『역전』의 "한 번 음이었다가 다시 양이 되는 것을 일러 도라고 한다. 그것을 계승하는 것이 선이요, 그것을 받아 이룬 것이 본성이다"(一陰一陽之謂道, 繼之者善也, 成之者性也)라는 구절에 집중된다. 주자의 '의리'는 단순한 '규범의 체계'가 아니다. 그것은 『역전』에서 보이는 천인관계에 대한 우주적 설명 체계의 수립이다. 이런 점에서, 그리고 이런 점에서만 주자의 의리역은 그의 성리설과 관계를 갖는다.

다음 장부터는 주자 역학의 제 구성요소들을 하나하나 자세히 검토하고자 한다.

제8장 상수, 역리의 표상화

1. 왜 상수인가?

주자는 『역학계몽』의 서문 첫머리에서 "성인은 상을 관찰하여 괘를 그리셨고(觀象畵卦) 시책을 조작하여 효를 점쳤다(揲蓍命爻)"[1]라고 밝히는데, 이는 자신의 상수역학이 무엇을 다룰 것인지, 그리고 그에 따라 『역학계몽』이 어떻게 구성될 것인지를 분명히 적시해 놓은 것이다. 『역학계몽』의 1장 「본도서本圖書」와 2장 「원괘획原卦劃」은 괘 발생의 원리를 밝힌 것이고, 3장 「명시책明蓍策」과 4장 「고변점考變占」은 점치는 책으로서의 『주역』이 어떤 원리와 방법에 의해 점을 치는지를 밝힌 것이다. 즉 『역학계몽』의 전반부는 '관상획괘觀象畵卦'고 후반부는 '설시명효揲蓍命爻'다.

그런데 이 두 명제는 그대로 역학사에서 나타나는 주자 역학의 고유한 특징을 보여 준다. 그것은 첫째, 주자가 『주역』을 점치는 책이라 규정한 것이고 둘째, 상수를 역학의 근간으로 인정하면서 상수와 의리를 융합한 것이다.

우선, 주자는 『역경』과 『역전』을 구분하여 『역전』은 의리지서義理之書

---

1) 『易學啓蒙』, "聖人觀象以畵卦, 揲蓍以命爻."(『朱子全書』〈上海古籍出版社・安徽教育出版社, 2002〉, 권1, 246쪽.)

즉 철학적 담론을 펼친 책이지만『역경』은 미래 사태를 예측하기 위한 점서占書라고 간주한다.[2] 그러나 그는『역경』과『역전』이 각각의 맥락에서『주역』의 이치 즉 역리易理를 밝힌다고 함으로써『역경』과『역전』의 저자들이 동일한 주제의식을 지니고 있다고 주장한다. 이것이 앞 장에서 말한 소위 '사성일심四聖一心'설이다.

그가『주역』을 점서로 인정한 것은 물론『주역』의 역사적 진면목을 밝히려는 실증주의적 태도의 발현이다. 실제『역학계몽』3장과 4장의 내용은 점을 치는 방법에 대한 지루한 해설과, 변괘에 대한 단순한 용례표에 불과하다. 그러나 그가『주역』을 점서로 인정한 또 다른 이유는, 현재에도 점을 칠 수 있음을 주장함으로써 점이 가능한 근거로서의 역리가 현재적으로 작용하고 있음을 주장하는 것이다.

주자 역학의 두 번째 특징은 의리와 상수의 통합이다. 주자는『주역』의 이치를 밝히기 위해서는 상수를 무시할 수 없다고 주장한다. 그런데 당대의 의리학자들은 상수를 무시하고 곧장「계사」의 철학적 관점에만 천착함으로써 역학 연구의 근간을 훼손했다고 비판한다. 한편 한대 이후의 상수학은 지나치게 번쇄해져 역 본래의 모습을 보이기에 부족하다고 여겼다. 그래서 그 스스로『주역본의』와『역학계몽』을 지어『주역』본래의 의리와 상수를 밝히지 않을 수 없었노라고 술회한다.[3]

---

2) 『朱子語類』, 권66, "故學易者須將易各自看, 伏羲易, 自作伏羲易看, 是時未有一辭也; 文王易, 自作文王易; 周公易, 自作周公易; 孔子易, 自作孔子易看. 必欲率合作一意看, 不得. 今學者諱言易本爲占筮作, 須要說做爲義理作. 若果爲義理作時, 何不直述一件文字, 如中庸大學之書, 言義理以曉人?" 이에 대해서는 양재학, 「朱子의 易學思想에 關한 硏究」(충남대학교 박사학위논문, 1992), 5쪽과 이세동, 「朱子〈周易本義〉硏究」(서울대학교 박사학위논문, 1996), 137쪽 등을 참조.

3) 『朱熹集』, 권60, 「答劉君房」, "所喩讀易甚善. 此書本爲卜筮而作, 其言皆依象數以斷吉凶. 今其法已不傳, 諸儒之言象數者例皆穿鑿, 言義理者又太汗漫, 故其書爲難讀. 此本義・啟蒙所以作也."

그는 『주역본의』의 앞부분에서 〈하도낙서〉와 〈선천후천〉을 『주역』의 근거로서의 상수로 제시하는데, 이는 그대로 『역학계몽』의 전반부 '관상획괘觀象畫卦'의 내용과 일치한다.[4] '관상획괘'가 『주역』의 원리와 근거를 밝히는 것으로서 역리의 체體에 해당한다면 '설시명효'는 『주역』의 활용 즉 용用 혹은 술術에 해당한다고 보는 것이 주자의 입장이고 보면, 『주역본의』에서 '설시명효揲蓍命爻'를 제외하고 '관상획괘'만 다룬 것은 지극히 당연해 보인다.[5]

그런데 주자 상수의 주된 내용인 〈하도낙서〉와 〈선천후천〉은 결코 한대의 상수학자들이 말하는 괘·효상과 괘·효사 간의 논리적 정합성을 설명하기 위한 '해설'의 집적이 아니다. 그것은 『주역』 전체의 발생

---

4) 余敦康은 『周易本義』의 앞에 게재한 아홉 개의 그림이 『주역본의』의 강령에 해당한다고 보았다. 『漢宋易學解讀』(北京: 華夏出版社, 2006), 467쪽 참조.

5) 『朱子語類』, 권65, "河圖五十五, 是天地自然之數. 大衍五十, 是聖人去這河圖裏面, 取那天五地十衍出這箇數. 不知他是如何. 大槪河圖是自然底, 大衍是用以揲蓍求卦者.";『朱子語類』, 권67, "易中只有箇奇耦之數是自然底, 大衍之數卻是用以揲蓍底. ⋯⋯易中只有箇奇耦之數: 天一地二, 是自然底數也; 大衍之數是揲蓍之數也, 惟此二者而已." 이와 관련하여 朱伯崑 교수는 주자의 상수에 대해 이렇게 말하고 있다. "주자가 상수학을 긍정하는 것은 『주역』은 점치는 책으로서 미래의 길흉을 예측하는 것이기에 상수를 떠날 수 없으며, 『주역』 경문의 의리를 해석함에 있어서도 역시 점치는 법(筮法)에서의 상수를 벗어날 수 없다고 설명하는 데에만 국한한다."(朱伯崑, 『易學哲學史』 제2권, 北京: 華夏出版社, 2005, 463쪽) 만일 이렇게 이해할 때 주자의 상수는 곧장 '설시명효'로 국한된다. 실제 朱伯崑 교수는 주자의 역학을 설명하면서 『역학계몽』을 거의 인용하지 않는다. 따라서 주자에게 있어서 〈하도낙서〉와 〈선천후천〉의 의미에 대해서도 언급하지 않는다. 그는 북송의 유목과 소옹 부분에서 〈하락학〉과 〈선천역학〉을 기술하였을 뿐 주자의 변별점에 대해서는 주목하지 않았다. 그러나 필자의 관점에서 주자 상수의 골간은 '설시명효'가 아니라 '관상획괘' 즉 〈하도낙서〉와 〈선천역학〉이다. 한편, 주자가 『역학계몽』에 '설시명효'를 싣고 『주역』이 점치는 책이라고 규정했다는 점을 근거로 그의 상수가 곧장 揲蓍라고 간주하는 경향이 있는 것 같다.(이세동, 「朱子 〈周易本義〉 硏究」, 141쪽 참조.) 또 한대 상수와의 혼동 속에서, 상수가 곧장 설시를 의미한다고 생각하는 사람들이 많은 것 같다. 그러나 주자의 '관상획괘'는 설시와 아무런 관련이 없음이 자명하다. 그렇다면 주자의 상수가 결코 설시로 한정될 수 없고, 모든 상수가 설시일 수도 없는 것이다.

과정과 논리적 구조를 밝히려는 이론체계다. 그렇다면 주자가 의리와 상수를 결합했다는 말의 의미는 다시 한 번 주의 깊게 분석되어야 할 것이다. 주자가 의리와 상수를 결합하려 했던 것은 『주역』의 경문에 대한 종합적 해석을 위한 것이거나 점치는 책으로서의 『주역』의 진면목을 보여 주기 위한 것이 아니었다. 오히려 그것은 자신만의 역학 체계를 '구성'하기 위한 것이었다고 해야 할 것이다.[6] 즉 그의 상수는 『주역』의 경문經文과 전문傳文으로부터 그 궁극의 원리인 리理 혹은 태극太極에 이르는 과정을 구조적으로 연결해 주는 고리의 역할을 하고 있다.

그렇다면 그의 상수가 어떤 내용과 특징을 지니기에 『주역』으로부터 리를 설명해 내는, 혹은 추출해 내는 역할을 할 수 있는 것인가? 이 장에서는 『역학계몽』의 전반부이자 주자 상수의 골간이라고 할 수 있는 '관상획괘觀象畫卦' 즉 〈하도낙서〉와 〈선천역학〉에 대한 분석을 통해, 상과 수가 어떤 의미를 지니며 그것이 어떻게 그의 역학 체계 속에서 기능하고 그 체계의 최고 범주인 리를 도출하는 데 기여하는지 조명하고자 한다.

---

6) 이와 관련하여 이선경 박사의 논문 「『역학계몽』에 나타난 주자역학의 특징」은 기존 『역학계몽』에 대한 연구에 있어서 특기할 만한 관점을 보여 주면서 이 연구의 선구적 역할을 하고 있다. 그는 "주자 당시에 이르기까지 역의 발생과 근원, 복희, 문왕괘와 64괘에 대한 획괘의 원리 등에 대한 정설이 존재하지 않았으며, 이러한 문제들을 체계적으로 정리한 定論의 수립이 요구되었다.…… 상·수·리가 일체를 이루는 역학의 구도를 체계화함으로써, 상수를 겸한 의리학 그리고 의리를 겸한 상수학을 종합적으로 지양하였다"라고 하면서 상수와 의리를 단순히 경문 해석의 근거가 아닌 주자 역학의 체계적 구성을 위한 축으로 이해하고 있다.(이선경, 「『역학계몽』에 나타난 주자역학의 특징」, 『한국철학논집』 제28집, 한국철학사연구회, 2010, 396~397쪽 참조)

2. 상수 발전의 두 방향에서 『역학계몽』의 위치

상수학파와 의리학파는 역학 발전의 커다란 두 줄기다. 그러나 역대 상수학은 다시 서로 다른 두 갈래의 방향으로 발전해 갔다. 하나는 경전의 자구 해석을 위한 개별화·특수화의 과정이었고, 다른 하나는 『주역』 전체의 해설을 위한 일반화·추상화의 길이었다. 한대에 발전하고 청대에 부흥한 상수는 전자에 해당하고, 송대 상수는 후자에 해당한다.

상수든 의리든 그것이 개별적이고 구체적인 『역경』 구절에 대한 이해를 추구한다면 주석서가 된다. 반면 구체적이고 개별적인 괘·효사 너머의 통일적이고 일반적인 구조와 원리를 추구해 들어간다면 그것은 추상화와 일반화의 작업을 수행하는 해설서가 된다. 역학사에서 상수학과 의리학의 발전은 정확히 이 두 방향으로 진행된다. 『주역』을 '점친 결과에 대한 기록'으로 간주하는 사적史的 태도는 다분히 『주역』 전체의 통일적 원리보다는 각 괘·효사의 정확한 역사적 의미 분석에 초점을 두는 반면에, 『주역』을 세계에 대한 모사이며 그래서 미래세계를 예측하거나 적어도 이성적으로 대응하도록 도와주는 철학적 저작으로 간주하는 이들은 『주역』 내부의 통일적 원리가 곧 이 세계의 통일적 원리임을 주장하게 되었다.

상수의 경우 괘·효상과 괘·효사 간의 논리적 정합성을 설명하기 위해 제시된 이론은 점점 분화·해체의 과정을 거쳤으니, 호체互體·반상半象·착종錯綜·비복飛伏 등이 그것이다. 팔괘의 물상이 괘·효사의 내용을 충족시키지 못할 때 동원되는 이러한 설명방식은 결국 어떠한 괘라도 팔괘로 확장될 수 있게 만듦으로써 설명의 폭을 넓혀 주지만 동시에 설명의 이론적 정합성과 엄밀성을 스스로 훼손시키고 만다.

팔괘의 상징 물상들이 분화해 간 과정 역시, 한 괘상에 배당한 무수히 많은 상징 물상 간의 논리적 친연성이 점차 약화됨으로써 이론적·이성적 이해를 불가능하게 만들었다. 이런 현상은 『주역』의 구조가 갖는 본질적인 이중성 즉 象과 辭의 결합에서 기인한다. 괘·효사에서 등장하는 상징 물상들은 8개 혹은 「설괘전」에서 제시하는 물상들로 한정되지 않기 때문이다. 한대에 이르러 건괘乾卦에 60여 개, 곤괘坤卦에 80여 개가 배속되기에 이른 것은, 개별화·구체화의 과정에서 상징 물상의 분화는 불가피한 것이었으나 지나친 분화는 오히려 설득력을 약화시킴을 보여 주는 명징한 사례가 된다.

반면, 제1부에서 확인한 것처럼 상수의 또 다른 한 방향인 소옹과 유목 등의 송대 상수는 사실상 象과 辭 간의 논리적 연속성 문제에 대해서는 아무런 관심이 없다. 그들의 작업은 특정한 상이나 사에 대한 해설이 아니기 때문이다. 그들은 『주역』의 추상적 원리가 음양과 팔괘에 응축되어 있다고 보고서, 이러한 추상화의 과정을 좀 더 이론적으로 공고히 함으로써 『주역』 내부의 구조와 원리를 설명함과 동시에 이 세계에 대한 모사로서의 『주역』의 위상을 공고히 하려고 하였다.

「계사」에서 그 단초가 보인 이러한 노력은 팔괘의 상징물을 구체적인 여덟 가지 물상이 아닌, 세계를 구성하고 추동시키는 여덟 가지 특징 혹은 성질로 이해했다. 「계사」는 "『주역』과 이 세계는 완전히 상응한다"(易與天地準)라고 하면서 『주역』을 이 세계에 대한 모사로 규정한다. 그래서 『주역』은 이 세계의 질서와 원리를 충실히 반영하고 있으며, 아울러 『주역』의 구조와 각 인소의 상관관계 역시 세계의 그것을 반영하고 있다고 주장하는 것이다.

비슷한 경향은 한대의 역학에서도 발견된다. 그것은 팔괘와 객관세계의 연속성을 밝히려는 노력으로서 괘기설卦氣說·납갑설納甲說·구궁설九宮說·오행설五行說 등이 이에 해당하는데, 이 이론들은 팔괘가 시간·공간·기후·질료 등과 연결되어 있음을 주장한다. 이들 이론체계는 팔괘와 객관세계의 연속성을 설명하는 과정에서 필연적으로 팔괘 내부의 상호관계에 주목한다. 이 과정에서 「계사」와 「설괘」에 의해 창안된 팔괘 내부의 상관관계와 그 방위 배당은 한대 상수의 이론적 근거가 되어 주었다.

그러나 『역경』 자체에서는 『주역』의 원리에 대해서도, 괘·효의 상관관계에 대해서도 전혀 언급한 적이 없다. 『주역』 전체의 구성 원리와 내부의 논리적 관계를 설명하려는 이러한 노력은 사실상 『역경』의 실제 내용에 대한 해설보다는 연구자 나름의 철학적 수요에 의해 『주역』을 재구성하려고 한 것임을 의미한다. 그들의 관심은 이 세계를 어떻게 이해할 것인가였으며, 이 세계와 그에 대한 모사인 『주역』을 어떻게 체계적으로 이해할 것인가 혹은 어떻게 이론적으로 재구성할 것인가였다. 때문에 그들은 『역경』에서 제시된 적이 없는 『주역』의 원리 혹은 논리를 추적·구성해 간 것이다.

송대의 역학은 정확히 이러한 문제의식의 연장선상에서 나온 것이다. 다만 한대의 괘기·납갑·오행·구궁 등은 구체적인 괘·효를 질료·기후·방향 등과 연결시킴으로써 특정 괘·효의 성격과 의미를 규정하는 데 여전히 관심을 가졌지만, 송대의 상수는 특정 괘·효에 대한 설명에는 거의 관심을 기울이지 않고 한 발 더 나아가 오직 괘·효 내부의 구조적 배열의 의미에만 착목했다.

남송의 역학자 주진朱震은 북송시대 역학의 전수 계통을 다음과 같이 정리했다.

진단陳摶은 「선천도先天圖」를 종방種放에게 전하였고, 종방은 다시 목수穆修에게 전하였으며, 목수는 이를 이지재李之才에게 전하였고, 이지재는 다시 소옹에게 전수하였다. 종방은 하도와 낙서를 이개李漑에게 전하였고, 이개는 이를 허견許 堅에게 전하였으며, 허견은 범악창范諤昌에게 전하였고, 범악창은 유목劉牧에게 전수하였다. 목수는 「태극도」를 주돈이에게 전하였고, 주돈이는 정호와 정이에 게 이를 전수하였다. 이 무렵, 장재는 이정二程과 소옹 사이에서 강학하고 있었다. 그래서 소옹은 『황극경세서皇極經世書』를 지었고, 유목은 천지지수 55를 배열하였으며, 주돈이는 『통서』를 지었고, 정이는 『역전』을 지었으며, 장재는 「태화」와 「삼양」편을 지었다.[7]

전수 과정의 진위 여부는 차치하고, 그가 정리한 북송시기 역학의 주요 내용은 ①선천도, ②하도낙서, ③태극도임을 알 수 있다. 이 전수과 정을 이마이 우사부로(今井宇三郞)는 다음과 같이 시대 순으로 정리했다.[8]

```
                ┌ 이개 ─ 허   견 ─ 범악창 ─ 유목(하도낙서학)
                │                ┌ 장 재
진단 ─ 종방 ┤       주돈이 ┤ 정 이 ─ 주자(태극도학)
                │ 목수 ┤          └ 정 호
                └ 이지재 ─ 소 옹 ─ 주자(선천도학)
```

하도낙서든 태극도든 선천도든, 그것은 결코 구체적인 괘·효사와 괘·효상에 대한 해석의 문제를 다루고 있지 않다. 그것은 64괘 384효의

---

7) 『宋史』(北京: 中華書局, 2000), 「朱震傳」, "陳摶以先天圖傳種放, 放傳穆修, 穆修傳李之才, 之才傳邵雍. 放以河圖·洛書傳李漑, 漑傳許堅, 許堅傳范諤昌, 諤昌傳劉牧. 穆修以太極圖傳 周敦頤, 敦頤傳程顥·程頤. 是時,張載講學於二程·邵雍之間. 故雍著皇極經世書, 牧陳天地 五十有五之數, 敦頤作通書, 程頤著易傳, 載造太和·參兩篇."
8) 今井宇三郞, 『宋代易學の硏究』(明治圖書出版社, 1960), 87쪽; 양재학, 「朱子의 易學思想에 關한 硏究」, 38쪽에서 재인용.

발생적 근원과 논리적 구조를 다루고 있을 뿐이다. 이런 점에서 북송대 상수학은 철저히 「계사전」 이래의 일반화·추상화의 계보를 잇고 있다고 할 수 있다.

위의 도표에서 하도낙서학은 유목에서 끝나는 것처럼 되어 있지만, 『역학계몽』의 제1장이 「본도서本圖書」인 만큼 북송대 역학은 사실상 주자에서 수렴되고 종합된다. 주자 자신이 직접 「태극도설해」를 작성해 〈태극도학〉에 대한 독립적인 저작을 남기기도 했지만, 『역학계몽』 각 장의 내용이 태극으로 수렴된다는 점을 고려한다면 사실상 『역학계몽』은, 그 중에서도 전반부 〈관상획괘〉는 북송대 상수학의 집대성이라고 할 수 있다.

다음 절에서는 〈하도낙서〉와 〈선천역학〉에 대한 구체적 분석을 통해 주자 상수의 골간인 〈관상획괘〉에서의 상과 수가 정확히 어떤 의미를 지니는지 살펴보도록 하겠다.

3. 〈하도낙서〉에서의 상과 수의 의미

『역학계몽』의 제1장 「본도서」에서 주자는 "하수에서 도가 나오고 낙수에서 서가 나왔는데, 성인이 그것을 본받았다"(河出圖, 洛出書, 聖人則之)라는 「계사전」의 말을 인용하고, 다시 "하수에서 용마가 지니고 나온 문양을 복희가 본받아 팔괘를 그렸다"는 공안국과 유흠의 말을 인용하여 〈하도〉가 팔괘의 근거임을 주장한다. 그리고 이어서 「계사전」의 〈천지지수〉를 인용하며, 이것이 바로 공자가 〈하도〉의 수를 밝힌 것이라고 주장한다. 이렇게 주자는 〈팔괘〉 - 〈하도〉 - 〈천지지수〉를 연결한다.

많은 연구가 밝히듯, 〈하도〉가 팔괘 제작의 근거라는 문헌적 근거는 없다.[9] 〈하도〉가 팔괘의 근거라고 주장하면서 주자가 제시한 근거는 사실상 공안국과 유흠의 주장이 전부다. 「계사전」의 기록은 '성인이 본받았다'는 것이지, 성인이 하도에 근거해 팔괘를 그렸다는 명시적인 언급은 아니다. 더욱이 〈하도〉의 모양이 『역학계몽』에서 제시하고 있는 것과 같다는 주장의 근거는 관자명의 언급이 고작이다. 그럼에도 불구하고 주자는 〈하도〉가 팔괘의 근거이며 자신이 『역학계몽』에서 제시한 모양이 바로 그것이라고 그저 '주장'한다. 이 주장에서의 유일한 경전적 근거는 「계사」의 '천지지수'장인데, 이 수의 나열이 반드시 〈하도〉와 같은 모양이어야 할 이유는 역시 없다.

주자 당대에도 〈하도〉가 팔괘의 근거라는 관점에 대해 부정적인 시선들이 있었던 것 같다. 그러나 주자는 담대하게 〈하도〉가 팔괘의 근거라고 주장한다. 그리고 많은 곳에서 〈하도낙서〉가 그렇게 생긴 이유는 '그냥 자연스러운 결과'임을 반복해서 주장한다.[10] 자연의 원리가 저절로 형상화되어 그려진 것이 〈하도낙서〉이고, 성인은 그것을 보고 마음속에서 느껴지는 바가 있어서 팔괘로 그려내었다는 것이다. 평소 합리적인 이유를 제시하려고 노력하는 주자의 스타일과 비교했을 때, 이러한 무모한 주장은 다소 억지스러워 보이기까지 한다.

충분한 근거와 타당한 설명을 제시하지도 못하는 억지스러운 '주장'을 통해 주자가 기도한 것은 무엇인가? 그것은 결국 『주역』의 근거가

---

9) 하도의 유래와 내용 성립의 과정에 대해서는 최영진, 「『周易』에 있어서의 數의 問題」, 『儒教思想研究』 제1집(한국유교학회, 1986), 261쪽 참조.

10) 『朱子語類』 권65(1612), "天地只是不會說, 倩他聖人出來說. 若天地自會說話, 想更說得好在. 如河圖·洛書, 便是天地畫出底."; 『易學啓蒙』 권1, "特氣數之自然形於法象, 見於圖書者, 有以啓於其心, 而假手焉耳."

〈하도〉이고 〈하도〉의 내용은 〈천지지수〉임을 주장하기 위한 것이다. 즉 〈천지지수〉의 수적 체계가 〈하도〉의 내용이며, 이것이 곧 『주역』의 내재적 원리임을 주장하려는 것이다.

「본도서」 첫머리의 인용구 뒤에 주자가 〈하도〉와 〈낙서〉를 설명하는 구절 대부분의 내용은 사실상 유목이 제시한 〈하도〉와 〈낙서〉 도상에서의 수 배열을 그저 '기술'한 것이다. 그러나 예컨대 〈하도〉에서 왜 1이 아래에서부터 시작하는지, 그리고 왜 그 다음은 위인지 등에 대한 설명은 없다. 주자 자신은 대부분 이러한 것들이 '자연스러운 것'이어서 설명이나 논증의 대상이 되지 않는다고 말한다. 애당초 그는 이러한 것들의 논리적 이유에 대한 설명에 관심이 없었다. 단순한 기술이 아닌 주자 자신에 의한 어느 정도의 '설명' 혹은 '주장'은 다음과 같은 것들이다.

1. 〈하도〉의 숫자 배열은 1기奇1 우偶의 짝을 이루며, 이는 오행의 질서다.
2. 〈하도〉는 체體이고 〈낙서〉는 용用이다.
3. 〈하도〉와 〈낙서〉의 중앙이 5로 시작하는 것은 삼천양지의 원리에 의한 것이다.
4. 〈하도〉는 전全이기 때문에 10에서, 〈낙서〉는 변變이기 때문에 9에서 끝난다.
5. 〈낙서〉는 1과 9, 2와 8, 3과 7, 4와 6이 짝을 이뤄, 종횡의 합은 언제나 15다.
6. 〈하도〉와 〈낙서〉의 중궁수 5는 태극을, 음양 각 20은 양의를, 1~4와 6~9는 사상을, 팔방은 팔괘를 의미한다.

7. 〈하도〉는 「홍범」의 수이기도 하고 〈낙서〉는 『주역』의 수이기도 하다.

8. 〈하도〉와 〈낙서〉에서 대연지수 50을 추출할 수 있다.

9. 가로·세로·사선으로 모두 통한다.

이상의 내용을 종합할 때, 결국 주자가 주장하고 싶었던 것은 〈하도〉와 〈낙서〉가 상통하며 각 그림의 수적 배열은 자연적 질서를 반영하면서 기하학적 균형으로 드러난다는 것이다. 이것이 바로 「본도서」의 마지막 "이상의 것을 분명히 안다면, 횡이든 사선이든 곡선이든 직선이든 어느 방향에서든 다 통하게 될 것이다. 또한 〈하도〉와 〈낙서〉에 어찌 선후와 피차의 간극이 있을 수 있겠는가?"[11]라는 결론의 의미다.

그런데 여기서 우리가 주목해야 할 것은, 주자가 〈하도〉는 『주역』의 근거이고 〈낙서〉는 「홍범구주」의 근거라고 주장했지만 『역학계몽』에서는 〈하도〉와 〈낙서〉가 표리의 관계라고 주장하면서 둘을 연동시켜 설명하고 있다는 것이다. 사실 『주역』의 상수적 원리를 설명하기 위한 저작인 『역학계몽』에서 「홍범구주」를 설명해야할 이유는 없다. 따라서 유목이 그랬던 것처럼 『역학계몽』에서 〈낙서〉를 동원해 설명할 이유 역시 전혀 없다. 그러나 주자는 〈하도〉와 〈낙서〉가 서로 연동됨을 반복해 설명하면서, 〈하도〉가 「홍범」이 될 수도 있고 〈낙서〉가 『주역』이 될 수도 있다고 주장한다. 그렇게 함으로써 그는 〈하도〉와 함께 〈낙서〉를 연용하여 『주역』의 원리를 설명한다.

『주역』의 근거가 〈하도〉임을 주장하기 위해 주자가 인용하는 선현들의 기술은 어디에서도 〈낙서〉가 『주역』의 근거라고 밝힌 적이 없다.

___
11) 『易學啓蒙』, 권1, "苟明乎此, 則橫斜曲直無所不通, 而河圖洛書又豈有先後彼此之間哉."

그런데도 주자는 대담하게 〈하도〉와 〈낙서〉가 상통한다고 주장하면서 〈낙서〉도 『주역』의 근거일 수 있다고 말한다. 그가 〈하도〉와 〈낙서〉의 상통함을 주장하는 근거는 수적 배열의 기하학적 균형성이라는 공통점이다. 즉 '횡사곡직 어떻게든 통한다'는 것이다. 그래서 그는 특히 〈낙서〉의 수적 배열에서 가로·세로·사선의 합이 모두 15임을 여러 차례 강조하면서 이것이 가장 오묘한 자연의 질서라고 주장한다.[12]

〈그림 1〉 〈그림 2〉

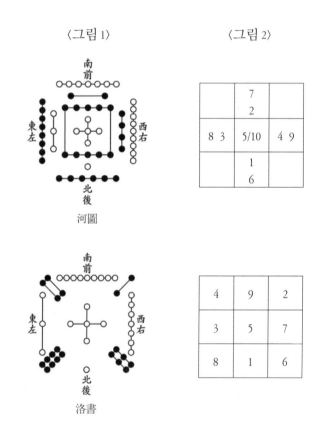

	7	
	2	
8 3	5/10	4 9
	1	
	6	

河圖

4	9	2
3	5	7
8	1	6

洛書

---

12) 『朱子語類』, 권65, "一二三四九八七六最妙. 一藏九, 二藏八, 三藏七, 四藏六.〈德明云, 一得九, 二得八, 三得七, 四得六, 皆爲十也. 觀河圖可見.〉";『易學啓蒙』, "一含九, 二含八, 三含七, 四含六, 則參五錯綜無適而不遇其合焉. 此變化無窮之所以爲妙也."

〈그림 1〉은 『역학계몽』에 수록되어 있는 〈하도낙서〉다. 이를 수로 표현하면 〈그림 2〉가 된다. 그런데 주자의 역학 저작 어디에서도 〈그림 1〉의 도상을 가지고 설명하는 곳은 없다. 언제나 〈그림 2〉의 내용으로 설명한다.[13] 즉 그에게 있어서 〈하도낙서〉의 도상은 오직 수의 공간적 배열 이외의 아무런 형상적 의미를 지니지 않는다.

주자가 『주역』의 근거가 〈하도〉라고 주장하면서 〈하도〉의 수적 체계의 근거로 제시한 것이 「계사전」의 소위 '천지지수'다. 그런데 '천지지수'는 단지, 천수와 지수가 짝을 이루고 있고(待對) 그 순서는 일기일우—奇—偶 혹은 일천일지—天—地의 갈마듦의 관계에 있음만을 나타내고 있다. 이제 이것을 〈하도〉 혹은 〈낙서〉와 연결시키고 나면 수적 체계는 대수학적·기하학적 질서를 의미하게 된다.

그런데 여기서 주자가 사용하는 수 1과 수 2는 사실상 서수도 기수도 아니다. 수 2는 수 1의 '두 배'도 아니고 '다음'도 아니다. 즉 질량적·서수적 의미를 지니지 않는다. 이에 대해 양재혁 교수는 다음과 같이 정리한다.

> 중국 사람들은 수를 사용하는 데 순서를 정하려는 것이 아니라 방향과 장소를 체계화하는 데 전념하였으며, 형식적 양量의 총계를 산출하려는 노력보다는 오히려 순환·변화하는 질서를 가리키려는 데 치중하였다.…… 이 선천수는 질량이 모두 같은 등수로써 "조화調和의 체體"를 완성한다. 그러므로 장소와 위치만을 상징할 뿐이지, 질량의 대소·경중·장단·강약과 같은 기수氣數를 나타내지 않는 이수理數라 하였다.…… 낮은 수에서 높은 수로 진행되는 순서의 처음과 끝 수의 차이는 총체나 쪼개진 개체의 통일이라는 완전성을 느끼는 것 밖의 다른 차이는 있지 않다.[14]

---

13) 유일한 예외는 중앙의 수 5이다. 다섯 개의 동그라미는 다시 사방의 숫자를 상징한다는 표현 이외의 어디에도 도상 자체에 의미를 부여하지 않았다.

이렇게 〈하도낙서〉의 수는 기수도 서수도 아니다. 그것은 그저 우주적 질서의 기하학적 균형성을 표현하기 위한 부호에 불과하다. 〈하도낙서〉에서 주자가 인정하고 동원하려는 것은 그저 수적 대대와 변화가 공간적 질서를 보인다는 것이 전부다. 그 속에서 동원된 수가 양적 속성을 지니는 경우는 〈낙서〉에서 가로·세로·사선의 합이 15임을 밝힐 때와, 5를 기준으로 기수와 우수의 합이 모두 20임을 밝힐 때뿐이다. 그러나 그때마저도 1+9와 2+8 혹은 3+7과 4+6의 질적 차이, 혹은 1+3+7+9와 2+4+6+8의 질적 차이는 인정되지 않는다. 오직 그 합이 같다는 것, 즉 기하학적 '균형성'을 설명하려 할 때만 수의 양적 속성은 인정된다.

결국 주자가 〈하도낙서〉를 「계사전」의 〈천지지수〉와 연결하여 『주역』의 근거라고 주장하는 것은, 일음일양 혹은 일기일우—奇—偶라는 수적질서(待對)가 공간적 배치 속에서 균형을 이룬다는 것이다. 즉 수적 질서와 공간적 질서의 결합을 의미하고, 그것이 곧 『주역』과 『주역』이 모사하고 있는 이 세계의 질서라는 것이다. 다시 말해 〈하도낙서〉는 이 세계의 기하학적·대수학적 질서의 체계를 도상화한 것이며, 이것을 구체적으로 풀어서 기술한 것이 『주역』이라는 말이다.

4. 〈선천역학〉에서 상과 수의 의미

다음은 제2장 「원괘획原卦劃」의 〈선천역학〉에 대해 알아보자.

사실상 「원괘획」 전편은 소옹邵雍의 〈선천후천〉설을 자세히 풀어놓은

---

14) 양재혁, 「중국철학에서 數의 문제」, 『한·독사회과학논총』 제7호(한독사회과학회, 1997), 249·251·257쪽.

것에 불과하다. 그 내용은 다섯 개의 도상 즉 「복희팔괘차서도伏羲八卦次序圖」, 「복희팔괘방위도伏羲八卦方位圖」, 「복희육십사괘차서도伏羲六十四卦次序圖」, 「복희육십사괘방위도伏羲六十四卦方位圖」, 그리고 「문왕팔괘방위도文王八卦方位圖」이다.[15] 이 중 소위 '후천'에 해당하는 것은 「문왕팔괘방위도」 한 편에 불과하고 나머지는 모두 '선천'에 해당한다는 것에서 주자가 선천역학을 얼마나 중시했는지를 알 수 있고 이것은 주자가 소옹에게서 받은 절대적 영향이다.

그러나 소옹의 〈선천역학〉과 주자의 〈선천역학〉 사이에는 공통점에도 불구하고 커다란 차이가 있다.

첫째, 소옹은 일분위이一分爲二의 분화과정을 통해 『주역』의 통일적 원리가 어떻게 구체적으로 적용되는가에 관심을 가졌다. 그래서 원회운세元會運世라고 하는 대 역사주기표를 완성한 것이다. 그리고 64괘는 그러한 주기에 구체적으로 대입된다. 하지만 주자에게는 원회운세 따위의 주기표도 없을 뿐만 아니라 64괘의 구체적인 대입 역시 전혀 없다. 소옹의 사유가 분화의 과정을 거쳤다면 주자의 사유는 반대로 태극으로의 수렴의 과정을 거쳤다고 할 수 있다.

소옹과 주자 〈선천역학〉 사이의 두 번째 차이는, 주자가 각 단위에서의 구성요소 간의 관계성에 주목한 반면에 소옹은 단계와 단계의 발전 과정에 좀 더 주목하고 단계 내부의 구성요소간의 관계성에는 상대적으로 덜 주목했다는 점이다.

주자가 〈후천역학〉보다 〈선천역학〉을 중시한 이유는 무엇인가? 그것

---

15) 그런데 이들 도상은 이미 『皇極經世書』 같은 소옹의 원저로는 남아 있지 않고, 주자나 張行成 등의 기록에 의거한 것이다.(朱伯崑, 『易學哲學史』 제2권, 130~131쪽 참조.)

은 역시 음양대대의 기하학적 균형성 때문이다. 〈후천역학〉은 건괘와 곤괘의 존재를 전재한다. 그리고 그 둘의 교호작용에 의해 삼남 삼녀가 생겨난다. 하지만 삼남 삼녀에는 좌우대칭과 같은 균형성이 없다. 여기에는 대대의 균형성보다는 차라리 교호交互와 유행流行의 생성력이 중요한 의미를 갖는다.

〈그림3〉 伏羲八卦次序之圖

☷ 곤8	☶ 간7	☵ 감6	☴ 손5	☳ 진4	☲ 리3	☱ 태2	☰ 건1
노음4		소양3		소음2		노양1	
음				양			
태극							

「원괘획」은 "역에는 태극이 있는데 이것이 양의를 낳고, 양의는 사상을 낳고, 사상은 팔괘를 낳는다"라는 「계사전」 구절에 대한 해설의 형식으로 전개된다. 때문에 자연스레 주자는 '태극太極'에 대한 설명으로부터 시작한다. 여기서 그는 태극이 〈선천역학〉의 출발이면서 〈하도낙서〉 수의 출발 즉 중궁수 5라고 밝힌다. 바야흐로 주돈이의 「태극도설」과 소옹의 〈선천역학〉과 유목의 〈하도낙서〉가 하나로 융합되는 순간이라고 할 수 있다.

〈선천역학〉에서 태극은 음과 양으로 나뉘게 되는데, 이것은 〈하도낙서〉에서의 홀짝의 수에 해당하고 「태극도설」에서의 음양동정에 해당한다. 양의는 다시 나뉘어 사상이 되는데, 여기서 태양·소음·소양·태음은 각기 1·2·3·4라는 위치(位)와 9·8·7·6이라는 수량(數)를 갖게 된다.

그런데 특기할 것은, 주자가 여기서 위치와 수량의 관계를 1+9=2+8=3+7=4+6을 의미했던 〈낙서〉의 기하학적 균형성으로 설명하고 있다는 점이다. 여기서 확인할 수 있는 것은 〈선천역학〉의 수 역시 기수와 서수가 혼용되는 것으로서 수 자체의 독립적 의미를 지니지 않는다는 것이다.

상과 수 배치의 기하학적 균형성은 이에 국한되지 않는다. 모든 〈선천역학〉 도상은 괘의 배치에 있어서 모두 상하와 좌우가 대칭을 이루는 균형성을 보여 준다. 양의·사상·팔괘·64괘에 이르기까지, 그것이 〈방위도〉이든 〈차서도〉이든 좌우 혹은 상하는 언제나 대칭을 이루고 좌우·상하 음양의 양적 합은 동일하다. 특히 〈선천역학〉의 최종판이라고 할 수 있는 〈복희64괘방위도〉의 경우에는, 바깥의 원도든 안쪽의 방도든 상하좌우로 정확히 대칭을 이룬다. 이렇게 〈선천역학〉은 정확히 기하학적 균형성을 나타낸다.[16]

이를 수로 표현하면 더욱 명료해진다. 〈하도낙서〉의 상은 〈천지지수〉 일기일우의 수에 근거한다. 그러나 『주역』에서 〈선천역학〉에 해당하는 수는 따로 없다. 다만 소옹은 이를 일분위이一分爲二—정호는 가일배법加一倍法이라 불렀다.—라고 명명하여 새로운 수적 질서로 체계화한 것이다. 이를 수의 체계로 표시한다면, 소옹의 〈선천역학〉으로부터 영향을 받고 창안된 것으로 알려진 라이프니츠의 이진법을 동원할 수 있겠다.[17] 양효를 1, 음효를 0으로 표시할 때, 예컨대 건괘乾卦(䷀)는 111111로, 곤괘坤卦(䷁)는 000000으로 표시될 수 있다. 팔괘의 경우에 위의 〈복희팔괘차서도〉는 각각 000, 001, 010, 011, 100, 101, 110, 111로 표시된다. 이때 좌우 대칭의

---

16) 余敦康, 『漢宋易學解讀』, 477쪽 참조.
17) 朱伯崑, 『易學哲學史』 제2권, 140쪽 참조.

합은 000+111=001+110=010+101=011+100=111로 언제나 동일하다. 이는
〈복희64괘차서도〉에서 건괘 111111과 곤괘 000000의 합이 111111이고,
그 옆의 쾌괘夬卦(☱, 011111)와 박괘剝卦(☶, 100000)의 합이 역시 111111인
것처럼 그 합은 언제나 동일하다.

> 두 끝의 건괘와 곤괘는 서로 상대가 된다. 어떻게 이렇게 절묘할 수 있는지
> 모르겠다.[18]

그러나 위의 쾌괘와 곤괘 등의 예에서 알 수 있듯이, 64괘를 이진법으
로 표시하는 것이 온전히 적절한 것은 결코 아니다. 왜냐하면 음효와
양효를 나타내는 0과 1은 수의 양적 가치, 즉 수가數價를 지니지 않기
때문이다. 0과 1은 각각 음효와 양효를 나타내는 부호에 지나지 않는다.
그것은 컴퓨터에서 데이터를 표시하는 두 개의 부호와 동일하고,
따라서 +와 −의 기호로 표시하는 것이 더 적당하다. 이때 단성괘는
각각 −−−, −−+, −+−, −++, +−−, +−+, ++−, +++로 표시될
수 있다. 곤괘(−−−)와 건괘(+++)의 합이 000이듯, 대칭하는 모든
괘는 그 합이 언제나 000이다. 물론 복성괘의 경우에도 동일하며,
그 합은 언제나 000000이 된다.

①☰	②☷	③☳	④☵	⑤☱	⑥☶	⑦☲	⑧☷
+++	−++	+−+	−−+	++−	−+−	+−−	−−−
①+⑧ = ②+⑦ = ③+⑥ = ④+⑤ = 0							

---

18) 『朱子語類』, 65권, 1613쪽, "蓋爲是自兩角尖射上與乾坤相對, 不知怎生恁地巧."

원래, 「원괘획」은 괘획의 발생과정 혹은 그 원리를 설명하는 데 목적이 있다. 그러나 주자가 설명하는 〈선천역학〉은 차서도이든 방도이든 원도이든 『주역』 64괘의 순서와는 무관하다. 팔괘의 순서야 따로 없다고 하더라도 64괘의 순서는 『주역』 속에서 분명히 존재한다. 하지만 지금 주자가 동원한 〈선천역학〉의 순서는 현행 『주역』 64괘의 순서와는 아무런 관계가 없다. 결국 「원괘획」은 그 제목과 달리 『주역』 64괘의 순서와 그 발생의 과정을 전혀 설명하지 않는다.[19] 그것은 단지 팔괘와 64괘를 주자의 의도에 맞춰 기하학적 균형성에 입각해 '재배치'한 것에 불과하다.

결론적으로 주자는 「원괘획」에서 일분위이에 기반한 〈선천역학〉의 기하학적 균형(待對)을 중시했으며, 아울러 이러한 질서가 이미 〈하도낙서〉에서 밝혀진 것이라고 주장함으로써 〈하도낙서〉와 〈선천역학〉을 연결하고, 그렇게 함으로써 수적 · 기하학적 질서가 관통해 있음을 주장한 것이다.

5. 리에 균형과 질서를 부여하다

지금까지 살펴본 것처럼 〈하도낙서〉와 〈선천역학〉에서 각 괘상은 도상으로서의 독립적인 의미를 지니지 않는다. 좌우와 상하의 공간적

---

19) 사실 「본도서」의 〈하도낙서〉에서도 주자는 '성인이 하도에 근거해 팔괘를 그렸다'고 주장한다. 하지만 그가 설명하는 '팔괘'란 정확히 말해서 〈선천역학〉에서의 팔괘 생성의 과정 즉 1-2-4-8의 과정을 의미할 뿐, 구체적인 팔괘를 의미하지 않는다. 따라서 '하도에 근거해 팔괘를 그렸다'는 언급 역시 지금 통용되는 『주역』의 팔괘와는 무관한 것임을 알 수 있다.

배치의 대칭을 나타냄으로써 기하학적 균형성을 보여 줄 뿐 괘상 자체의 독립적인 의미는 중요치 않다. 주자 역학에서의 수가 기수나 서수로서의 의미를 지니지 않는다는 점에서 수 역시 독립적 의미를 지니지 않는 점은 마찬가지다.

이를 최영진 교수는 "(하도낙서는) 수리관념으로써 음양대대와 생성 변화라고 하는 『주역』의 사유구조를 구형화具形化시킨" 것이라 했고,[20] 증춘해曾春海는 "수는 리에 대한 형식적 규정"이라고 했다.[21] 즉 〈하도낙서〉와 〈선천역학〉의 상과 수는 음양대대 혹은 생성변화라는 역리를 표현하기 위한 '형식적 규정'이라는 말이다. 필자는 이 '형식적 규정'을 통해 표현하려는 것이 바로 '상과 수 배치의 정합성에 기반한 기하학적·대수학적 균형'이라고 생각한다.

이 균형은 형식적 정합성에 기반한 질서를 의미한다. 〈획괘관상〉과 〈선천역학〉의 도상과, 〈천지지수〉의 일기일우와 일분위이의 수 체계는 언제나 균형을 이루면서 그 합이 언제나 일정함을 보임으로써 이 세계가 얼마나 질서정연한 것인가를 설명한다. 그것은 『주역』과 『주역』이 모사하고 있는 세계의 질서를 설명하기 위한 '대수학적·기하학적 언어' 즉 '수학적 언어'다.

따라서 세계의 질서를 표현하는 이 '수학적 언어'는 어느 한 도상에 국한되지 않는다. 〈하도낙서〉와 〈천지지수〉 그리고 〈선천역학〉과 〈대연지수〉에 이르기까지 세계의 질서를 표현하는 도상이라면 어느 것이나 수학적 언어로 설명될 수 있다. 때문에 각각의 도상이 지니는 현상적

---

20) 최영진, 「『周易』에 있어서의 數의 問題」, 264쪽.
21) 曾春海, 『朱子易學探微』(輔仁大學出版社, 1988), 96쪽; 양재학, 「朱子의 易學思想에 關한 研究」, 27쪽에서 재인용.

차이에도 불구하고 그 본질적 내용은 동일하다. 주자가 모든 도상에서 상호간의 연속성을 끊임없이 강조한 이유가 여기에 있다.

주자는 『역』의 구조와 발생 순서를 리理·상象·수數·사辭로 규정하고 있다.

채계통은 다음과 같이 말했다. "『역』을 보려는 자는 반드시 리·상·수·사를 알아야 한다. 이 넷은 언제나 서로 분리되지 않는다." 이러이러한 리가 있으면 곧 이러이러한 상이 있으며, 이러이러한 상이 있으면 이러이러한 수가 있게 마련이다. 리와 상과 수가 있으면 사가 없을 수 없다. 『역』의 64괘 384효에는 자연스러운 상이 있게 마련인데, 이것은 안배해서 억지로 만들어낸 것이 아니다.[22)]

주자가 『역』의 구조를 이처럼 규정한 것은 원 텍스트로서의 『주역』이 다른 경전들과는 달리 기호와 문자 즉 괘·효상과 괘·효사로 구성되어 있기 때문이다. 주자는 복희의 상象과 문왕·주공의 서筮·사辭 및 공자의 의리가 모두 역리를 표현하기 위한 일련의 사적 전개과정이었음을 주장하면서,[23)] 동시에 그 네 가지가 『주역』을 구성하는 핵심적인 요소임을 밝힌 것이다. 즉 이 네 가지는 텍스트 형성 과정으로서의 종적 구조와 텍스트의 논리적 체계로서의 횡적 구조를 동시에 설명하는 요소이다.

그런데 주자 역학의 이 네 인소는, 동시에 북송 이래 도학파 역학의 전통에서 주돈이·소옹의 상수학과 장재·정이의 의리학을 리理라는

---

22) 『朱子語類』, 권67, "季通云, '看易者, 須識理象數辭, 四者未嘗相離.' 蓋有如是之理, 便有如是之象; 有如是之象, 便有如是之數; 有理與象數, 便不能無辭. 易六十四卦, 三百八十四爻, 有自然之象, 不是安排出來."

23) 이세동, 「朱子〈周易本義〉研究」, 78쪽 참조.

최고 범주 하에 결합시킨 것이기도 하다.[24] 즉 역을 구성하는 두 축인 상수와 의리를 결합함으로써 도학파 역학을 완성하면서, 동시에 그것을 리라는 최고 범주로 계통화시킴으로써 유가 고유의 형이상학적 체계를 구성한 것이다. 이것을 거꾸로 말하면, 의리와 상수를 결합하고 그것으로부터 최종적으로 리를 추출해 내는 과정이었다고 할 수도 있다. 즉 주자는 괘·효상과 괘·효사로 구성되어 있는 기존의 『주역』 구조에서 괘·효상의 자리를 〈하도낙서〉와 〈선천역학〉의 상과 수로 대치하고, 이어서 〈획괘관상〉과 〈선천역학〉의 상과 수로부터 '균형과 질서'라는 의미를 추출하여 리의 실질적 내용으로 부여한 것이다.

7장에서 밝힌 것처럼 『주역』에 대한 주자의 문헌학적 입장은 그것이 복서卜筮書라는 것이다. 복희의 괘·효상으로부터 문왕과 주공의 괘·효사 그리고 공자의 의리까지도 모두 복서의 의미를 연신 확장한 것에 불과하다는 것이 바로 주자의 경학적 관점이다. 그런데 이제 주자는 복희의 괘·효상 자리를 〈하도낙서〉와 〈선천역학〉으로 대체했다. 그에 따라 『주역』의 전제이자 목적은 복서에서 역리易理의 전개로 바뀌게 되었다. 이때의 역리는 당연히 취길피흉의 단계를 뛰어넘어 우주와 인간을 아우르는 천리이자 성리가 된다. 다만, 이 역리는 〈하도낙서〉와 〈선천역학〉의 내용이 보여 주는 것과 같은 기하학적·대수학적 엄밀성과 법칙성을 띠게 된다.

이렇게 해서 주자 역학의 최고 범주인 리理의 실질적 내용이 무엇인지 말할 수 있게 되었다. 그것은 주자의 상수가 드러내고 있는 '상과 수 배치의 정합성에 기반한 대수학적·기하학적 균형'이요, 그러한 균형으로 드러나는 이 세계의 수학적 질서다. 『주역』의 전 체계가 수학적

---

24) 余敦康, 『漢宋易學解讀』, 497·504·514·517쪽 참조.

균형의 체계를 갖추었듯, 『주역』이 모사하는 이 세계는 정연한 질서에 의해 지배된다. 그것이 바로 리理 혹은 태극太極이다.

태극을 상징하는 중궁수 5는 〈하도낙서〉의 중앙에 위치하고 〈천지지수〉 1~10의 중간이다. 중궁수 5는 모든 수의 변화를 발생시키는 자리이면서, 상하좌우의 합이 언제나 동일하도록 만드는 축이 된다. 〈선천역학〉에서의 태극은 모든 괘상의 기반으로서 중앙을 차지하며, 〈일분위이〉에서 대칭을 이루는 각 괘상의 수가數價를 합했을 때 언제나 나타나는 0에 해당한다. 물론 이때의 0은 엔트로피의 제로를 의미하지 않는다. 오히려 그것은 $1+(-1)=10+(-10)=100+(-100)=\infty+(-\infty)$와 같은 무한한 파생을 가능케 하는 중심으로서 균형(equilibrium)을 의미한다.

이렇게 〈하도낙서〉의 중궁수 5와 〈선천역학〉의 중앙수 0은 그 현상적 차이에도 불구하고 세계의 기준이요 축이라는 공통점을 지니고 있다. 그러나 동일하게 질서와 균형의 축을 의미함에도 불구하고 중궁수 5와 중앙수 0 사이에는 일정한 차이가 존재한다. 중궁수 5는 〈하도낙서〉에서 일기일우의 기하학적 균형과 정합성의 중심으로서 그 성격이 비교적 정태적이라면, 중앙수 0은 〈선천역학〉이 일분위이의 과정을 통해 무한히 확장되는 데 있어서의 중심으로서 잠재적 동태성이라는 성격을 지닌다. 그러나 중궁수 5든 중앙수 0이든 주자의 리 즉 태극은 언제나 균형과 질서를 의미하며, 그것은 무한한 생성과 확장을 가능케 하는 축으로서의 '중앙'이다.

『주역』의 리 즉 태극이 의미하는 '균형과 질서' 그리고 '생성과 확장'이 가치의 세계에 적용되면 중화中和와 중용中庸이 된다. 주자의 중中은 육구연의 중처럼 '내면'이 아니고, 과불급이 없는 적절함으로서의 '중앙'이다. 물론 이 '중앙'은 기계적·고정적 평균을 의미하지 않는다. 춘하추

동의 천지운행 속에서 만변만화가 일어나지만 그것이 언제나 자연의 질서로 수렴되듯이, 주자의 '중中'은 수작응대의 행위와 희노애락의 감정이 언제나 적절함을 잃지 않을 수 있도록 하는 기준으로서의 '중앙'일 뿐이다. 이 '중앙'이 제자리를 지키고 있을 때 일상생활에서의 행위와 감정은 언제나 적절함(和)을 유지할 수 있는 것이다.

주자 철학의 최고 범주인 리 혹은 태극은 존재의 세계(所以然之故)와 가치의 세계(所當然之則)에 모두 걸쳐 있다. 주자의 태극은 우주론에서는 음양미분의 원기元氣이며, 존재론에서는 기의 원리 혹은 조리이며, 가치론에서는 일체 규범의 총체가 된다. 그러나 과연 '일체 규범의 총체'로서의 태극이 실제 무엇을 의미하는지 정확히 규정해 내기란 쉽지 않다. 다만 이제까지 보아 온 것처럼, 그의 상수론에서 접근했을 때 그것은 '균형과 질서'(『주역』의 中正, 혹은 「태극도설」의 中正仁義)라고 읽을 수 있게 되었다. 또 육구연과의 논쟁에서 주자가 왜 태극의 '극極'을 '중中'이라 했는지 분명히 이해할 수 있게 되었다.

주자 철학의 궁극적 목적은 역시 가치의 세계에 있지 존재의 세계에 있지 않다. 그를 비롯한 송대 도학자들의 관심사는 전통 유가의 규범체계에 어떻게 하면 존재론적 근거를 마련해 줄 것인가였다. 주자는 이정二程과 주돈이·장재·소옹 등을 종합하고 사서四書와 역용易庸을 연결함으로써 이 작업을 성공적으로 완성했다.[25] 이 거대한 체계의 정점에 리 혹은 태극이 자리하고, 상수는 리와 태극에 실질적인 내용을 부여해 준다. 그것은 곧 균형과 질서다.

이렇게 볼 때, 주자의 상수는 점치는 책으로서의 『주역』의 본래면목을 설명하기 위한 체계가 아니다. 그것은 주자 철학의 전 체계를 구성함에

---

25) 余敦康, 『漢宋易學解讀』, 517쪽 참조.

있어서 중요한 기반의 역할을 해 주기 위해 철저히 기획 혹은 '창조'된 것이었다. 따라서 주자가 의리와 상수를 결합했다는 말 역시, 의리와 상수가 긴밀히 협조하여 주자 철학을 체계적으로 구축한다는 의미로 재해석되어야 한다.

제9장 유목의 역수학에서 주자의 수리학으로

1. '하락일원설'은 폐기됐는가?

이 장에서는 유목의 하락학河洛學 혹은 역수학易數學이 주자에게서
어떻게 계승되고 발전되었는지, 유목과 주자의 역학은 무엇이 같고
무엇이 다른지를 검토하고자 한다.

제1부에서 유목 역학의 특징은 『주역』이라는 텍스트 이해의 단계를
넘어서서 수리數理의 보편타당성을 강조한 것이라고 했다. 이러한 특징
은 주자에게서 한층 강화된다. 다만, 주자 『역학계몽』의 첫 장인 「본도서
本圖書」가 밝히는 유목과의 차이점은 크게 두 가지다. 첫째, 유목의 '하구
낙십설河九洛十說'에 반대하고 공안국孔安國 이래의 '하십낙구설河十洛九說'
을 주장한다. 둘째, 〈하도〉와 〈낙서〉가 모두 복희 시대에 출현했다는
유목의 소위 '하락일원설河洛一源說'에 반대하고 〈하도〉는 복희의 때에,
〈낙서〉는 우임금 때에 나왔다는 종래의 관점에 동의한다.

그러나 유목과 주자의 〈하도·낙서〉는 그 명칭만 서로 바뀌었을
뿐 구체적인 내용에 있어서는 사실상의 차이가 없다. 유목의 '하구낙십
설'은 주자도 처음에 동의했던 것이고 보면, 55수의 도식에 〈하도〉라는
명칭을 배속할 것인지 아니면 〈낙서〉라는 명칭을 배속할 것인지는
논리적으로 큰 문제가 아니다.[1] 실제 『역학계몽』을 보면 채원정蔡元定의

말을 인용하여 유목의 주장이 제유諸儒들의 관점과 다르다고 간략하게 언급했을 뿐이다. 오히려 「본도서」 전편이 유목의 '하락일원설'에 답하고 있다고 할 수 있다.

『역학계몽』 「본도서」의 내용은 크게 세 단락으로 나눌 수 있는데, 그 기준은 「계사전」 원문이다. 첫째 단락은 "「계사전」에서는 '황하에서 〈도圖〉가 나오고 낙수에서 〈서書〉가 나오자 성인이 이에 의거했다'라고 하였다"[2]라는 구절로 시작하고, 이 단락은 다시 공안국孔安國·유흠劉歆·관자명關子明·소옹邵雍 네 명의 전거를 동원해 '하십낙구설'을 확정하는 부분과 채원정의 말을 인용해 유목의 '하구낙십설'과 '하락일원설'을 비판하는 부분으로 나눌 수 있다. 즉 무엇이 〈하도〉이고 무엇이 〈낙서〉인가에 대한 설명이다. 둘째 단락은 「계사전」의 "천1·지2·천3…"[3] 단락에 대한 주자의 해설로서 "유흠이 말한 씨줄과 날줄 혹은 안과 밖이 된다는 것을 확인할 수 있다"[4] 구절까지다. 이 단락은 천지지수 55가 〈하도〉가 되고 그것은 오행으로 설명될 수 있다는 것인데, 그 내용은 유목의 관점과 거의 유사하다. 셋째 단락은 "어떤 이가 묻기를(或曰)…"로 시작하는 총 9개 항목의 자문자답식(Q&A) 구절이다. 이 단락에서는 〈하도〉와 〈낙서〉의 수 배치나 방위·순서의 차이 및 그 의미에 대해 설명하고 있다. 이상을 도표화하면 다음과 같다.

---

1) 朱子, 『晦庵集』, 권44, 「答蔡季通」, " 前日七八九六之說, 於意云何? 近細推之, 乃自河圖而來(卽老兄所謂洛書者). 欲於啓蒙之首, 增此一篇, 并列河圖洛書, 以發其端."(朱伯崑, 『역학철학사』 4권, 155쪽 참고)
2) 『易學啓蒙』, 「本圖書」, "易大傳曰, 河出圖洛出書, 聖人則之."
3) 『易學啓蒙』, 「本圖書」, "天一地二天三地四天五地六天七地八天九地十. 天數五, 地數五, 五位相得而各有合. 天數二十有五, 地數三十, 凡天地之數五十有五. 此所以成變化而行鬼神也."
4) 『易學啓蒙』, 「本圖書」, "劉歆所謂經緯表裏者可見矣."

〈도표 1〉『역학계몽』「본도서」의 구성

단락	구절	내용
河出圖洛出書	공안국~소자	'하십낙구설' 확정
	채원정	유목의 '하구낙십설'과 '하락일원설' 비판
天地之數	55수로 구성된 〈하도〉를 오행으로 설명	
或曰 이하	〈하도〉와 〈낙서〉는 어떻게 다른가에 대한 대답	

　그런데 여기서 매우 중요한 점은 이 세 번째 단락의 모든 질문이 "〈하도〉와 〈낙서〉가 다른 점은 어떻게 설명될 수 있는가?"로 귀결되며, 이에 대해 주자는 일관되게 "서로 다른 점은 논리적으로 설명될 수 있고, 따라서 그러한 차이에도 불구하고 〈하도〉와 〈낙서〉는 서로 통한다"고 대답하는 것이다. 그래서 그 결론은 "〈낙서〉로도『역』이 될 수 있고 〈하도〉로도「홍범」이 될 수 있다"거나 "〈하도〉와 〈낙서〉에 어찌 선후와 피차의 구분이 있을 수 있겠는가?"[5]가 된다. 그러면 채원정이 유목의 '하락일원설'을 비판하는 대목과는 서로 모순되지 않을까? 그런데 채원정의 발언을 잘 들여다보면 채원정마저도 유목의 하락일원설을 발전시키고 있음을 확인할 수 있다.

　(유목은)「계사전」의 구절(河出圖洛出書, 聖人則之)을 인용하여 〈하도〉와 〈낙서〉가 모두 복희의 때에 나왔다고 주장하는데, 〈하도〉와 〈낙서〉를 뒤바꾸면서도 아무런 논거가 없다. 그저 복희가 〈하도〉와 〈낙서〉를 겸해서 의거했다고 하니,『주역』과「홍범」의 수가 서로 연결됨을 의심하게 될 뿐이다.
　사실 천지의 리는 하나일 뿐이다. 비록 시기상 옛날과 지금, 혹은 앞과 뒤가 다를 수 있겠지만 그 리는 둘일 수 없다. 때문에 복희는 〈하도〉에만 의거하여

5) 『易學啓蒙』,「本圖書」, "洛書固可以爲易, 而河圖亦可以爲範矣. …… 河圖洛書又豈有先後彼此之間哉."

『주역』을 지은즉 〈낙서〉를 예견하여 그것에 미리 맞출 필요가 없었다. 우임금은 〈낙서〉에만 의거해 「홍범」을 지었으니, 〈하도〉를 거꾸로 고찰하여 은연중에 부합하도록 할 필요도 없었다. 어떻게 그럴 수 있는가? 그것은 이 리외에는 달리 다른 리가 없기 때문이다.[6]

채원정의 논지는 유목이 〈하도〉와 〈낙서〉의 상호연속성을 주장하면서도 무리하게 같은 시기의 것으로 만듦으로써 오히려 설득력을 잃었다는 것이다. 두 도상의 호환성을 입증하기 위해서라지만 두 도상의 동시출현이 필수조건은 아니라는 주장이다. 그 이유는 『주역』의 수數와 「홍범」의 수數가 의거하는 리理가 동일하기 때문이다. 채원정은 '수리의 보편타당성'을 근거로 오히려 유목의 '하락동시제작설'을 부정하고 있다. 이렇게 되면 채원정은 유목의 '하락일원설'에서 도상의 '동시성'만을 부정할 뿐, 〈하도〉와 〈낙서〉가 연속성을 지닌다는 유목의 관점에는 오히려 적극적으로 찬동하는 것이 된다.

결과적으로 「본도서」 내용의 ⅘ 가 〈하도〉와 〈낙서〉의 연속성에 대해 논하고 있다. 그렇다면 과연 주자가 유목의 '하락일원설'을 폐기했다고 말할 수 있을까? 아니다. 오히려 더욱 적극적으로 발전시켰다고 봐야 할 것이다. 주자 이전에는 아무도 〈하도〉와 〈낙서〉의 차이나 그 연속성에 대해 집중적으로 해명하려고 한 이가 없다. 주자 이전에는 기껏해야 '하구낙십'이냐 '하십낙구'냐에 대한 판정을 위해 〈하도〉와 〈낙서〉의 동이同異에 대해 논했을 뿐, 〈하도〉와 〈낙서〉의 연속성에 대해 이토록

---

6) 『易學啟蒙』, 「本圖書」, "引大傳以爲二者皆出於伏羲之世, 其易置圖書並無明驗, 但爲伏羲兼以圖書則, 易範之數誠相表裏爲可疑耳. 其實天地之理一而已矣. 雖時有古今先後之不同, 而其理則不容於有二也. 故伏羲但據河圖以作易, 則不必預見洛書而已逆與之合矣. 大禹但據洛書以作範, 則亦不必追考河圖而已暗與之符矣. 其所以然者何哉, 誠以此理之外無復他理故也."

집요하게 논한 이가 없었다. 물론 주자 자신은 채원정의 '하십낙구설'에 대한 관점을 인용했을 뿐 〈하도〉와 〈낙서〉의 동이에 대한 논증에는 별다른 관심을 기울이지 않았다. 주자에게서 더 중요한 것은 유목의 '수리적 보편타당성'이었지 '하구낙십'이냐 아니면 '하십낙구'냐가 아니 었다.[7]

2. 〈낙서〉의 부상

여기서 우리는 앞에서 던졌던 질문을 다시 검토하고자 한다. '역학易學' 저작인 주자의 『역학계몽』과 유목의 『역수구은도』에서 〈낙서〉는 왜 출현 하는 것일까? 〈낙서〉는 전통적으로 「홍범구주」의 근거로 인정되어 왔고, 이는 명칭 배정의 차이에도 불구하고 유목과 주자 모두 동의하는 부분이 다. 물론 〈하도 · 낙서〉에 대한 최초의 언급이라고 할 수 있는 「계사전」에서 이미 두 도상을 병거竝擧하고 있으니 두 도상을 비교해서 한꺼번에 설명해

---

7) 많은 연구자들은 주자의 후학들과 마찬가지로 〈하도〉와 〈낙서〉의 수적 배치나 방위 에 있어서의 논리적 관계에 대해 착목한다. 그러나 필자는 이것이 주자의 본지가 아니라고 생각한다. 실제 주자는 "〈하도 · 낙서〉의 수를 보았는가? 일이 없을 때 보 는 것도 좋다. 비록 그렇게 중요한 것은 아니라 하더라도 그것을 찬찬히 보노라면 나도 몰래 빠져드는 것을 느낀다"(『朱子語類』, 65권, "先生謂甘叔懷曰, 曾看河圖洛書數 否? 無事時好看. 雖未是要切處, 然玩此時, 且得自家心流轉得動")라고 말할 정도로 〈하도 · 낙 서〉의 내용 자체에 대해서는 그다지 중요하게 생각지 않았다. 朱伯崑 교수는 이러한 구절에 근거하여 주자가 〈하도 · 낙서〉 자체를 그다지 중시하지 않았다고 주장한다. 그리고 『역학계몽』「본도서」 저작의 목적은 "상수의 유래를 설명하기 위한 것이었 는데, 그 목적은 어디까지나 점치는 법(筮法)을 풀이하려는 데 있었다"(『역학철학사』 4권, 193쪽)라고 주장한다. 그러나 주자는 사마광이 〈하도 · 낙서〉 더 나아가 「계사 전」을 부정하는 것에 대해, 『논어』에서 이미 〈하도〉에 대해 언급하고 있음을 근거로 하여 〈하도 · 낙서〉의 권위를 인정하고 있다.(朱鑑, 『文公易說』, 권1, "溫公以河圖洛書 爲怪妄未是. 若說果無此, 夫子何以說河不出圖, 尙書云云, 此理蓋有之.") 결국 『역학계몽』 의 「본도서」가 단지 筮法을 설명하는 데에 그친다고 보기는 어렵다. ▪

야 했다고 말할 수도 있다. 그러나 3장에서 확인한 것처럼 『역수구은도』의 도상은 시종 〈하도〉가 아닌 〈낙서〉를 향해 축적되고, 〈하도〉와 직접적인 관계가 있는 도상은 단 네 개에 불과하다.

유목이 〈하도〉와 〈낙서〉를 연용한 이유는 3장에서 밝힌 것처럼 '수리의 보편타당성'을 입증하기 위한 것이었다. 여기서 두 도상을 모두 수의 전개로 생각해 낸 것은 유목의 공로지만, 그 힌트는 진단의 〈용도〉에서 가져온 것이다. 진단은 55의 천지지수로부터 천수와 지수를 추출하고 그것의 조합에 의해 〈오행생성도〉와 〈구궁도〉를 만들어 내었다. 그러나 「용도서」에는 어디에도 '하도'나 '낙서'의 명칭이 없고 오로지 '용도龍圖'만이 있을 뿐이다.[8] 〈오행생성도〉와 〈구궁도〉를 각각 〈낙서〉와 〈하도〉로 명명한 것은 유목이 처음이다.[9]

주자는 유목의 이러한 작업을 계승하였기에 '수리의 보편타당성'을 입증할 수 있는 또 하나의 근거로서 〈낙서〉를 활용할 수 있었다는 이점과 함께, 왜 〈낙서〉를 끌어와야 하느냐는 질문에 대답해야 할 책임도 동시에 져야 했다. 『역학계몽』 「본도서」의 ⅔를 차지하는 '혹왈或 曰' 이하 〈하도〉와 〈낙서〉의 동이에 대한 설명은 이러한 책임의식의 발로라고 이해할 수 있다.

그러나 단순히 '낙서'라는 용어의 문제만이 아니라 주자가 〈낙서〉의 논리성을 중시한 점은 새롭게 주목돼야 할 부분이다. 주자는 유목처럼, 처음에는 〈오행생성도〉가 아닌 〈구궁도〉를 〈하도〉라고 이해했다. 〈구궁

---

8) 「龍圖序」는 "龍馬始負圖" 즉 "용마가 처음으로 圖를 지고 나왔을 때"라는 문장으로 시작된다. 역사적으로 '圖'는 '하도'로 인식되어 왔다. 때문에 「용도서」의 저자가 말하는 '龍圖'가 '하도'를 지칭하는 것으로 생각할 수 있다. 그러나 문장 내에서는 어디까지나 '하도'라는 명칭을 사용하지 않고 줄곧 '용도'로 일관하고 있다.

9) 朱伯崑, 『역학철학사』 3권, 44·46쪽 참고.

도)가 아닌 〈오행생성도〉를 〈하도〉라고 주장하는 채원정에게 주자는 그 이유를 이렇게 설명한다.

> 나는 단지 「구궁도」가 뜻과 이치(意義) 측면에서 적절하며 간결하고 세련되었음 (精約)을 깨달았기 때문에 혹시 이것이 먼저 나오지 않았을까 하고 생각하였다 네.…… 그런데 지금 노형께서 논한 것을 자세히 들여다보니 이 또한 하나의 설로 충분한 것을 알게 되어, 다시 한 번 직접 대면하여 논의할 수 있는 기회가 오기를 기다리고 있네. 그러나 끝내 확정된 결론을 내리지 못하지나 않을까 염려되니, 차라리 두 주장을 그대로 보존하였다가 후인들의 판가름을 기다리는 것이 더 낫지 않을까 하는 생각도 드네.[10]

여기서 주자가 든 '뜻과 이치 측면에서 적절하며 간결하고 세련되었음'이라는 말은, 아마도 『역학계몽』 「본도서」의 마지막 결론 "횡으로든 사선으로든 굽든 곧든 통하지 않음이 없다"(橫斜曲直無所不通)와 같은 의미일 것이다. 즉 '수리적 보편타당성'을 설명하기에 적절한 논리적 완결성을 지녔다는 말이다. 〈구궁도〉가 종으로 횡으로 사선으로 그 합이 모두 15가 되는 것은 주자의 이론을 위해 무척 매력적인 근거가 되어 주었을 것이다. 주자는 그러나 끝내 채원정의 주장을 받아들여 〈구궁도〉가 〈낙서〉라고 규정했다. 주자는 천지지수 55가 그대로 반영된 〈오행생성도〉가 『주역』의 근거인 〈하도〉로 되는 것이 경전적 근거를 확보하는 것이라고 생각했다. 때문에 〈하도〉로부터는 경전적 근거를, 〈낙서〉로부터는 이론적 정합성을 가져왔다고 결론지을 수 있다. 그럼에도 불구하고

---

10) 朱子, 『晦庵集』 권44, 「答蔡季通」, "鄙意但覺九宮之圖, 意義精約, 故疑其先出 …… 今詳所論, 亦是一說, 更俟面論, 然恐卒未有定論, 不若兩存以俟後人之爲愈也."(朱伯崑, 『역학철학사』 4권, 164쪽에서 재인용.)

「홍범구주」 조목들의 수를 합하여 45의 〈낙서〉수로 설명하는 따위는 지나쳤다고밖에 할 수 없다.[11]

3. 태극, 1에서 5로

주자의 역학에서 천수 5는 중앙수이자 삼천양지參天兩地의 조합으로서 모든 변화의 중심이라고 할 수 있다. 그런데 이러한 관념은 정확히 유목에게서 온 것이다. 유목은 천수 5를 이렇게 설명한다.

> 천수 5는 중앙에 거하면서 변화를 주도하지만 그게 도대체 무엇인지는 알 수 없다. 억지로 규정한다면 '중화中和의 기氣'라고 할 수 있을 것이다. 어떻게 그렇게 하는지를 알지 못하지만 결국은 그렇게 되고, 천지의 기와 만나 오행의 질료를 완성해 낸다. 이렇게 저렇게 통하지 않음이 없으며, 천지인 삼재의 도를 완성하고서 그윽한 데에 감추어들어 고요히 아무 일도 없었던 듯이 하니, "음인지 양인지 헤아릴 수 없음을 일러 신神이라고 한다"고 했던 바로 그것이 아니겠는가?[12]

유목은 천수 5를 '중화의 기' 혹은 '음양불측의 신'이라고 설명한다. 그러나 『역수구은도』 내내 천수 5는 천수 5일 뿐 특별한 명칭을 지니지 못했다. 천수 5는 1~4의 양의와 합하여 6~9의 사상을 만들어 내기도 하고(5도), '천지지수 55'와 '대연지수 50'의 차이에서 사상 속에 녹아들기

---

11) 朱鑑, 『文公易說』, 권1, "洛書自一五行, 至九五福, 積數凡四十有五."

12) 『易數鉤隱圖』, 天五第三, "至於天五, 則居中而主乎變化, 不知何物也. 强名曰中和之氣, 不知所以然而然也. 交接乎天地之氣, 成就乎五行之質, 彌綸錯綜無所不周, 三才之道旣備, 退藏於密, 寂然无事, 玆所謂陰陽不測之謂神者也."

도 한다(15도). 이처럼 중요한 기능을 하는 천수 5를 그래서 유목은 '변화의 시작(變化之始: 16도)이라고 했다. 이를 진단의 〈용도〉와 비교하면 그 차이가 극명해진다.

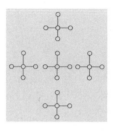 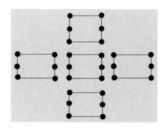

〈그림 1〉 張理의 『易象圖說』에 수록된 〈龍圖天地未合之數〉 중의
〈天數〉(左)와 〈地數〉(右)

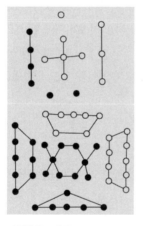 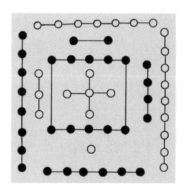

〈그림 2〉 〈龍圖天地已合之位〉　　　　〈龍圖天地生成之數〉

〈그림 1〉에서 〈용도천지이합지위龍圖天地已合之位〉는 〈천수天數〉와 〈지수地數〉의 결합(天地已合)으로 이루어진 것이다. 그런데 이것은 유목처럼 〈그림 1〉에 단순히 5를 각각 더하여 〈그림 2〉가 나온 것이 아니고, 5씩의

조합인 〈천수〉의 상하좌우에서 각각 1, 2, 3, 4를 빼 아래의 중앙 10을 만들고, 〈지수〉의 중앙 6의 조에서 각각 1, 2, 3을 빼 위와 좌우의 6에 더해서 7~9를 만든 것이다. 때문에 〈용도〉에서는 천수 5의 기능이 없다.[13]

주자의 경우 천수 5는 '삼천양지' 즉 천수와 지수의 결합으로써 모든 변화와 생성을 가능케 하는 수적 확장의 근원이라는 의미를 지닌다.[14] 5가 그럴 수 있는 이유는 양수를 대표하는 3과 음수를 대표하는 2의 결합이기 때문임과 동시에, 중앙에 위치하기 때문이다. 이러한 생각은 거의 전적으로 유목에게서 온 것이라 할 수 있다. 주자가 유목보다 한 발 더 나아간 것은 그 중앙수 5에 '중궁수中宮數' 혹은 '태극太極'이라는 명칭을 부여한 점이다.[15]

유목의 경우 '태극'은 역수易數의 출발이면서도 상象과 수數를 지니지 않기에 특정한 수로 설정되지 않았다.[16] 다만, 그는 '대연지수'의 쓰이지 않는 하나를 천수 1에 배당하여 그것이 태극을 상징한다고 밝혔다. "천수 1은 상象의 시작으로서 생성의 뿌리이며 조화의 주인이기에, 존귀한 자리에 거하여 움직이지 않는다."[17] 그래서 "천수 1을 비워서

---

13) 朱伯崑 교수는 '一説'을 인용하며 〈龍圖天地已合之位〉도 유목처럼 1~4에 5를 더해 아래의 6~10이 나온 것으로 볼 수도 있다고 하였다. 그러나 이렇게 되면 이것은 '천지의 교합'이 아니다. 애초의 〈천수〉와 〈지수〉는 무용지물이 되고 만다. 때문에 받아들일 수 없다.(朱伯崑, 『역학철학사』 3권, 39~40쪽 참고.)

14) 朱鑑, 『文公易說』, 권1, "天地之所以爲數, 不過五而已. 五者數之祖也. 蓋參天兩地, 三陽而二陰, 三二各陰陽, 錯而數之, 所以爲數五也."

15) 『易學啓蒙』, 「本圖書」, "其皆以五居中者何也. 曰凡數之始一陰一陽而已矣. 陽之象圓, 圓者徑一而圍三, 陰之象方, 方者徑一而圍四, 圍三者以一爲一故參其一陽而爲三, 圍四者以二爲一故兩其一陰而爲二, 是所謂參天兩地者也.……河圖之虛五與十者太極也.……洛書而虛其中則亦太極也."

16) 『易數鉤隱圖』, 太極第一, "太極無數與象."

17) 『易數鉤隱圖』, 其用四十有九第十六, "天一者, 象之始也. 有生之宗也. 爲造化之主, 故居尊而不動也."

쓰지 않으니 이는 태극을 상징하며, 그 신묘한 능력은 헤아릴 수가 없다."[18]

그러나 주자는 '불용지일不用之一'이나 혹은 나뉘기 이전의 49 총체를 태극으로 규정하기를 거부했다. 『역학계몽』에서 태극은 〈본도서本圖書〉가 아닌, 선천역학을 다루는 〈원괘획原卦劃〉에서 집중적으로 다루어졌다. 선천역학에서의 태극은 음양(2)·사상(4)·팔괘(8)로 분화되기 이전에 해당한다. 그러나 그것을 만약 수로 표현한다면 1이라기보다는 0에 가깝다고 하겠다. 그 0은 +와 −의 중간 즉 모든 분화의 중앙에 해당한다. 때문에 0임과 동시에 ∞라고도 할 수 있다. 그래서 그 수는 〈하도·낙서〉에서 천수 1이 아닌 '가운데 수' 5가 되는 것이다.

4. 역수와 수리의 간격

지금까지는 유목의 역학이 주자에게서 그대로 계승되거나 좀 더 강조된 것들에 해당한다면, 이제부터는 유목의 단계를 뛰어넘어 주자 역학 고유의 색채를 완성해 간 지점이라고 할 수 있다.

무엇보다 주자는 수리數理를 강조하면서도, 수數를 제1의 위치에 두었던 유목에서 한 발 더 나아가 곧장 '리理'의 단계로 옮아갔다. 유목은 '수리의 보편타당성'을 말하면서도 직접적으로 '리'를 언급하지는 않았다. 이에 비해 주자는 곧장 '리'로 귀결시키고 있다. 『역학계몽』의 결론은 "시간의 선후와 수의 많고 적음에도 불구하고 그 이치(理)는 하나"[19]라는

---

18) 『易數鉤隱圖』, 「遺論九事」, 大衍之數五十第三, "虛天一而不用, 象乎太極, 而神功不測也."
19) 『易學啟蒙』, 「本圖書」, "日是其時雖有先後, 數雖有多寡, 然其爲理則一而已."

것이다. 이는 물론 정이程頤로부터의 영향이다. 이렇게 주자는 송대 상수학을 "정주이학의 영향 아래 리理와 수數를 결합하는 길로 나아가게 하였다."[20] 주자가 리와 수의 관계에서 리를 강조하다 보니 주자에게서 수는 상대적으로 약화되기에 이른다.

> 리와 수의 관계에 대해 물었다. 그 본질은 다만 하나일 뿐이다. 기氣가 곧
> 수이다. 때문에 리가 있으면 기가 있게 마련이고, 기가 있으면 수가 있게
> 마련이다. 모든 것이 다 그렇다.[21]

주자에게서 수의 본질은 논리적 보편타당성이다. 때문에 그것은 그냥 리라고 해도 무방한 것이다. 즉 주자에게서 중요한 것은 '수리數理'의 수數가 아니라 리理인 것이다. 리의 보편타당성이 수의 법칙성으로 드러나는 것이지, 수의 관념이 무엇보다도 우선하는 것은 아니다. 또한 형이상학의 단계에서는 무엇이 먼저이냐는 발생적 논의가 가능할 수 없다. 때문에 상象이 먼저냐 수數가 먼저냐 아니면 리理가 먼저냐와 같은 문제는 주자에게서 발생하지 않는다. 다만, 리는 상이나 수보다 본질적으로 근원적 존재일 뿐이다.[22]

---

20) 朱伯崑, 『역학철학사』 4권, 156쪽.
21) 『朱子語類』, 권65, "問理與數, 其本也只是一. 曰氣便是數. 有是理, 便有是氣; 有是氣, 便有是數, 物物皆然." 양재학 교수는 이 구절에 근거하여 주자에게서 數가 형이상학적 존재가 아닌 '氣의 운행에 있어서 그 리듬의 절도성을 판가름하는 分界' 정도가 되었다고 평가하였다.(양재학, 「주자의 河圖洛書易學」, 『周易研究』 제5집, 한국주역학회, 2000, 270쪽 참고.)
22) 『朱子語類』 67권에는 "천지간의 모든 것은 한 번 음이었다가 한 번 양이 되게 하는 理라고 할 수 있다. 이 리가 있으면 이 상이 있게 마련이고, 이 상이 있으면 수는 그 속에 있게 마련이다"(天地之間, 無非一陰一陽之理. 有是理則有是象, 有是象則其數便自在這裏)라는 구절이 있다. 양재학 교수의 분석처럼, 이 구절은 理가 먼저냐 象이나 數가 먼저냐에 대한 언급일 수 없다. 다만 "논리적 선후관계에 있어서 理는 항상 象과 數보다 더 근원적 존재임을 설명"하는 것에 불과하다.(양재학, 「주자의 河圖洛書易學」, 『周易研究』 제5집, 한국주역학회, 2000, 269쪽.)

그러나 유목의 수가 '수리의 보편타당성'을 의미한다는 점에서, 그것이 주자의 리로 이름을 바꾼 것은 문제의 본질이 아니다. '수리의 보편타당성'을 주자는 리로 특정하여 명명한 것에 불과하다. 이보다 더 중요한 것은 주자의 리가 유목의 '역수易數'에서 『역易』의 영역을 넘어섰다는 점에 있다.

유목은 『주역』 텍스트 해설의 단계를 넘어서 독자적인 형이상학 체계를 구축하려 했다. 그렇지만 유목은 여전히 64괘 중의 복괘復卦·구괘姤卦·림괘臨卦·둔괘遯卦에 대해 설명하고 있으며, 〈팔괘변육십사괘〈八卦變六十四卦〉(유4도)에서는 8괘로부터 64괘가 어떻게 발생할 수 있는지를 다루었고, 〈괘종미제卦終未濟〉(유7도)에서는 『주역』 경전 상·하편의 구성 원리에 대해 다루었다. 『역수구은도』 전반의 구성과 내용이 『주역』 8괘는 어떻게 만들어졌는가를 다루지만, 그것은 자연스럽게 64괘나 상·하편과 같은 『주역』 경전에 대한 이해로 연결된다. 이렇게 유목은 여전히 『주역』이라는 텍스트로부터 완전히 자유로울 수 없었다. 반면에 주자는 텍스트를 재구성하기까지 하는 과감성을 보여 주었다. 때문에 필자는 유목의 수리학을 주자의 것과 대비하여 '역수학易數學'이라고 규정하고자 한다.

주자는 어떻게 『주역』 텍스트를 뛰어넘었나? 『역학계몽』의 전체 편차는 1) 본도서本圖書, 2) 원괘획原卦劃, 3) 명시책明蓍策, 4) 고변점考變占이고, 그 「서문」에서는 "성인은 상을 관찰하여 괘를 그리셨고(觀象畫卦) 시책을 조작하여 효를 점쳤다(撰蓍命爻)"[23]라고 하였다. 1)과 2)는 '관상획괘'에, 3)과 4)는 '설시명효'에 해당함을 알 수 있다. 그리고 이에 대한 경전적 근거는 「계사전」의 '천지지수'와 '역유태극易有太極' 그리고 '대연지수'다.

---

23) 『易學啓蒙』, "聖人觀象以畫卦, 撰蓍以命爻."

이 중에서 '역유태극'은 '관상觀象'에 해당하지 않는다고 할 때, '관상획괘'와 '설시명효'의 직접적인 전거는 역시 '천지지수'와 '대연지수'가 된다. 그리고 이 둘은 공교롭게도 '수數'의 체계다. 그래서 주자는 이 둘이 의미상에서뿐만 아니라 내용에서도 서로 연속성을 지녀야 하고, 그 순서는 '천지지수'(體)→'대연지수'(用)의 순이어야 한다고 생각했던 것이다. 그래서 주자는 급기야 텍스트를 수정하기에 이른다.

『주역본의』 '천지지수'장에는 "이 장은 원래 대연지수 뒤에 있었는데, 지금 살펴보니 응당 여기(대연지수 앞)에 있어야 한다"[24]라고 주석되어 있다. 그리고 그 이유에 대해서는 아무런 설명이 없다.[25] '천지지수'와 '획괘관상'은 『주역』의 완성에 해당하고, '대연지수'와 '설시명효'는 『주역』의 활용에 해당한다. 때문에 주자의 관점에서는 당연히 '천지지수'가 '대연지수' 앞에 와야 하는 것이다. 그것이 '수리數理' 전개의 자연스러운 순서다. 그러나 이쯤 되면 『경전』 해석 여부가 아니라, 자신의 이론에 맞춰 『경전』을 재구성한 것이 된다. 『주역』이라는 경전이 자신의 이론 즉 '수리의 보편타당성'을 입증하고 확인하기 위한 하나의 도구로 전락한 것이다. 유목의 역수易數가 '역의 수'인 반면에 주자의 역수는 '수의 역'이었다고 한다면 과연 지나친 말일까?

많은 철학사는 주자를 이학파理學派라고 규정한다. 그의 리는 존재론에서의 천리天理와 심성론에서의 성리性理 그리고 역학에서의 역리易理

---

24) 朱熹, 『周易本義』, 「繫辭上」, 8장, "此簡, 本在大衍之後, 今按, 宜在此."
25) 王弼本을 저본으로 하는 『周易正義』와 『周易集解』 등은 모두 '천지지수'장의 앞부분을 『주역본의』의 11장에 해당하는 "子曰, 夫易何爲者也" 앞에 두고, '천지지수'장의 뒷부분은 '대연지수' 뒤에 두었다. 왕필보다 더 오래된 鄭玄의 주석 등에 의하면 '천지지수'장 전체가 '대연지수' 뒤에 있다. 『주역본의』에서 '천지지수'장의 배치 문제에 대해서는 文載坤, 「'河圖' · '洛書'의 形成과 改托」, 『周易의 現代的 照明』(韓國周易學會 編, 汎洋社, 1992), 268~269쪽 참고.

제9장 유목의 역수학에서 주자의 수리학으로   251

를 모두 포함한다. 그리고 이것들은 『주역』이 성리학 체계 수립의 주요한 경전적 근거가 되어 주었듯, 서로 격절되지 않는다. 천리가 곧 성리고 성리가 곧 역리다. 그리고 역리의 구체적인 내용은 물론 수리數理가 된다. 주자의 이학에서 『주역』은 중요한 전거가 되지만, 그의 리는 결코 『주역』에 머물지 않는다.

주자는 유목의 '역수'에서 『역』의 영역을 뛰어넘어 수리, 그리고 그것의 일반화인 리의 단계로 발전해 갔다. 때문에 주자의 리는 수가 지니는 논리적 정합성과 중궁수 5 등으로부터 연역된 균형과 질서라는 성격을 갖는다. 이를 〈하도·낙서〉의 수적 조합으로부터 『주역』과 「홍범」이 도출되는 과정으로 읽는다면 '과도한 해석'[26]이라고밖에 할 수 없을 것이다. 그러나 이를 거꾸로, 세계의 균형과 질서를 수리의 보편타당성으로 치환하고 그것을 〈하도·낙서〉라는 도상으로 구현해 낸 것이라고 한다면 이러한 해석은 의도와 의미의 차원에서 충분한 가독성을 지닌다고 하겠다.

---

26) 張克賓, 『朱熹易學思想硏究』, 163쪽 참고.

제10장 복서, 역리의 예화例化

1. 주자는 왜 『주역』을 점치는 책이라 했나?

'정주학程朱學'이라는 명칭이 보여 주듯 주자는 정이에게서 많은 사상적 유산을 받았고 그것을 심화 발전시켰다. 그런데도 주자는 정이의 의리역학적義理易學的 관점만은 그대로 받아들이지 않고『주역』을 점복서占卜書 즉 점치는 책이라고 규정하였다. 정이는 죽기 바로 직전에서야 제자에게 공개했을 정도로 일생의 정력과 학술의 정수를 자신의 역 해석서인『정씨역전程氏易傳』에 쏟아 부었다.『이정유서二程遺書』나『경설經說』은 제자들의 기록이거나 산발적인 기술이기에 체계적인 저술이라고 할 수 없다면, 사실상 이『정씨역전』만이 정이의 유일한 저술이며 일생의 사상을 온축적으로 담아 낸 저작이라고 하겠다. 그런데도 주자는 『정씨역전』의 관점을 그대로 수용하지 않고 상수象數를 중시할 뿐만 아니라, 더 나아가『주역』을 점을 치기 위한 책이라고 규정한다. 의리를 중시하는 도학道學의 집대성자이자 이정二程에게 이어진 사문斯文의 도통을 계승한다고 자임했던 그가 어째서『주역』에 대한 관점만은 거부했던 것일까? 주자는 왜『주역』을 점치는 책이라고 보았을까?

단순히 학술사적 사명감에서, 소위『주역』의 역사적 진면목을 밝히기 위해서 상수를 강조하고 점복서占卜書라 규정했을까?[1] 혹은 주자 당대의 두 가지로 대별되는 역학관 즉 의리역학과 상수역학을 단순히 절충 결합하기 위한 의도에서였을까?[2] 물론 주자는 문헌학적인 입장에서 『주역』의 본래면목이 복서卜筮임을 주장한다.

『주역본의』에서 우리가 가장 쉽게, 그리고 가장 많이 확인할 수 있는 특징은 『주역』을 '도덕적'으로 해석하기보다는 복서로 보고 있다는 점이다. 주자는 왕필 이래로 지속되어 온 이전해경以傳解經의 태도에 반대하고 『역경』과 『역전』을 구분할 것을 주장한다.[3] 그리고 『역경』은 점치는 책 즉 복서를 위한 책이고, 『역전』에서야 겨우 철학적 담론이 전개된다고 규정한다.[4] 그러면 주자가 이처럼 『역경』을 점치는 책이라고 규정한 것과 『역전』의 의리역학은 또 어떻게 조화될 수 있는가?

곽신환 교수와 이세동 교수는 주자의 복서를 수양론적 측면으로 이해하고서 복서와 의리가 분리될 필요가 없다고 주장한다.[5] 그런가 하면 유인희 교수는 "복서의 책이란 이미 그 안에 합리적으로 또는 특히 도덕적 의리로써 설명할 수 없는 부분을 더 많이 갖고 있다는

---

1) 朱伯崑, 『易學哲學史』 제2권(北京: 崑崙出版社, 2005), 477쪽 참조.
2) 이러한 관점으로는 양재학의 「주자의 성리학과 역철학에 관한 연구」(『범한철학』 제8 집, 범한철학회, 1993)와 방인의 「주자의 역학적 세계관과 역학사에서의 주자역학의 위치」(『철학연구』 제24집, 철학연구회, 1988)가 있다. 특히 방인은 의리를 역학 탐구 의 내용으로, 상수를 그 해석학적인 도구로 이해해야 한다고 주장한다.
3) 『朱子語類』, 권67, "方叔問, '本義何專以卜筮爲主?' 曰, '且須熟讀正文, 莫看注解. 蓋古易, 象文言各在一處, 至王弼始合爲一. 後世諸儒遂不敢與移動. 今難卒說, 且須熟讀正文, 久當 自悟.'"
4) 『朱子語類』, 권66, "易只是箇卜筮之書. 孔子卻就這上依傍說些道理敎人. 雖孔子也只得隨他 那物事說, 不敢別生說."
5) 곽신환, 「주자 〈주역본의〉의 본의」, 『周易硏究』 제5집(한국주역학회, 2000), 223쪽 및 이세동, 「朱子 『周易本義』 硏究」, 178쪽 참고. 복서를 의리와 동일한 문맥으로 읽 으려는 관점이 근거하는 것은 소위 '四聖一心說' 혹은 '更歷三聖說'이다. 복희는 易象 을, 문왕(혹은 주공을 포함하여)은 卜筮를, 공자는 義理를 말했지만 결국 그들이 보이 려는 이치는 하나였다는 것이다. 그러나 이러한 관점에 의거해 곧장 복서와 의리를 동일시할 수 있는지에 대해서는 의문이다.

것을 의미한다"[6]라고 보았다. 서대원 교수도 주자가 『주역』을 복서지서 라고 규정한 것은, "『주역』 안에 『역전』(정씨역전을 가리킴-필자)류의 의리義 理는 존재하지 않는다고 보는 것"이라고 보았다.[7]

상수와 의리의 의미를 올바로 밝히기 위해 『역학계몽』과 『주역본의』 를 저술했다고 하면서도 그 두 저작의 상당한 내용이 복서卜筮를 다루고 있다는 사실을 우리는 과연 어떻게 이해해야 할 것인가? 또 만약 주자의 『주역본의』, 더 나아가 그의 역학을 성리학적이라고 규정한다면 복서와 성리학과의 관계는 또 어떻게 설명되어야 할 것인가? 결국 '『주역』은 점치는 책'이라는 주자의 규정은 겉보기보다 매우 많은 난감한 문제들을 내장하고 있음을 확인하게 된다.

필자는 원론적으로 주자를 비롯한 송대 성리학자들이 자신들이 체계 화시킨 우주론과 존재론의 이론적·문헌적 근거를 『주역』에서 찾는다 는 일반적인 관점에 반대하지 않는다. 그러나 주자가 『주역』을 해석하고 이용한 것은 단순한 자구字句의 인용이나 태극太極·음양陰陽 혹은 형이상 形而上·형이하形而下 같은 일부 개념이나 명제의 차용에 그치지 않고, 『주역』의 구조적·해석학적 틀 전체를 대상으로 한 것이었다고 생각한 다. 따라서 그가 『주역』을 점치는 책으로 보아야 한다고 주장한 것 역시 그러한 해석학적 틀 속에서 이해되어야 할 것이다.

이 장에서는 주자의 『주역』관을 살피고, 그러한 관점의 의도와 함의를

---

6) 유인희, 「朱子가 본 伊川 程頤의 易學」, 『東方學志』 제105집(延世大學校 國學研究院, 1999), 40쪽.
7) 서대원, 「朱子易學評議」, 『東洋哲學』 37집(한국동양철학회, 2012), 135쪽. 서대원 교수 는 이 글에서 "주자가 '『易』本是卜筮之書'라고 주장할 때 '의리'는 배제되는가? 아니 면 배제되지 않는가? 만일 배제되지 않는다면 그 '占'과 '理'의 관계는 어떠한가?"라 고 질문하고 있다. 이는 복희역과 문왕·주공역 그리고 공자역의 불일치에 대한 문 제 제기이다. 그러나 서대원 교수는 끝내 이 문제에 대한 주자의 설명을 확인할 수 없었다고 밝히고 있다.(139~142쪽 참고)

그의 전체 사상체계 특히 존재론과의 상관관계 속에서 분석하고자
한다.

2. 상수와 의리는 둘이 아니다

역학사에서 주자의 관점이 갖는 특색이자 공헌은 『역경』과 『역전』을
분리하여 개별적으로 평가했다는 것이다. 그는 『역경』 즉 복희伏羲의
괘효卦爻와 문왕文王・주공周公의 괘효사卦爻辭가 서법筮法을 통한 득점得占
을 목표로 하는 점복서임에 반해, 공자의 『역전』은 『역경』에 담겨 있는
철학적 함의를 밝혀낸 '의리지서義理之書' 즉 철학적 저술이라고 주장한다.[8]

> 문왕이 팔괘를 중첩한 뒤 괘사를 짓고 주공이 효사를 지었으니, 이 역시
> 다만 점복을 위해 지은 것이다. 공자에 이르러 비로소 철학적 함의를 말하기
> 시작하였다.[9]

> 『주역』을 읽는 방법이란 대략 다음과 같다고 생각한다. 괘효사는 본래 복서를
> 위해 지은 것으로 길흉을 단정하고 그렇게 함으로써 교훈을 삼고자 한 것이다.
> 「단전彖傳」・「상전象傳」・「문언전文言傳」이 지어지고서 비로소 그 길흉을 단정
> 하고 교훈을 삼는 의미로부터 더 나아가 철학적 함의를 찾기 시작하였다.

---

8) 이세동은 이처럼 경문과 전문을 구분한 것이 주자 역학의 커다란 성과라고 본다.
주자는 卜筮로서의 경문을 義理書로서의 전문과 구분함으로써 '以傳解經' 즉 전문으
로 경문을 해석함에 따라 발생하는 송대 역학가들의 『주역』 해석에 있어서의 난점
을 극복하였다는 것이다. 그러나 이세동은 여기서 더 나아가 점복을 필요로 하지
않는 주자의 당대에 경문을 읽는 이유는 그것을 대하는 경건성 혹은 엄숙성에 있을
뿐, 실제로 점을 치는 의미는 더 이상 없다고 주장한다.(이세동, 「〈주역오찬〉에 나타
난 주자의 역학체계」, 『중국어문학』 26집, 영남중국어문학회, 129~153쪽 참조)
9) 『朱子語類』, 권66, "文王重卦作繇辭, 周公作爻辭, 亦只是爲占筮設. 到孔子方始說從義理去."

후대 사람들은 그저 공자가 말한 철학적 함의만을 볼 뿐 다시는 문왕과 주공의 본의에 근거하려 하지 않고는, '복서卜筮는 언급할 만한 가치가 없다'고 여긴다. 때문에 역易을 말하는 사람들은 일용의 실제에서 멀어져서 모두들 억지로 꿰어 맞추게 되었다. 모두들 한쪽으로 치우쳐서 말하니, 다시는 그 복잡하면서도 풍부한 함의를 관통하지 못하게 되었다.[10]

그러나 주자는 공자의 『역전』이 비록 『역경』과는 달리 철학적 함의를 해설해 내고는 있으나, 그러한 철학적 함의 역시 서법과 무관한 것이 아니고 철저하게 괘효로부터 도출된 것이라고 설명한다.

안경安卿이 물었다. "「단전」·「상전」은 모두 효爻에 의거해서 그 이치를 추론하는 것이 아닌가요?" 선생께서 말씀하셨다. "「단전」·「상전」·「문언전」·「계사전」 모두 그것에 의거해서 이치를 추론하여 밝힌 것이다."[11]

역은 본래 점을 치기 위한 책이다. 그래서 후대의 사람들은 그저 점을 치기 위한 복서卜筮에만 머물렀다. 왕필王弼에 이르러서 노장사상으로 이를 해석하였는데, 그러자 그 뒷사람들은 또 오로지 철학적 의미로만 받아들이고는 점서占書로 이해하지 않게 되었으니 역시 잘못된 것이다. 당초에 복희가 괘를 그렸을 때에는 그저 양효는 길함을, 음효는 흉함을 의미하고 아무런 문자가 없었을 것이다. 내가 감히 이렇다 저렇다 판정할 수는 없겠지만 아마도 그랬을 것이다. 그 뒤에 문왕은 그것만으로는 이해할 수 없다고 여겨 괘사를 지어 붙였다. 혹은 점을 쳐서 효를 얻은 경우에는 또 그 의미를 이해할 수 없었기에 주공이 효사를

---

10) 『朱熹集』, 권33, 「答呂伯恭」, "讀易之法, 竊疑卦爻之詞, 本爲卜筮者斷吉凶而因以訓戒, 至象象文言之作, 始因其吉凶訓戒之意而推說其義理以明之. 後人但見孔子所說義理, 而不復推本文王周公之本意, 因鄙卜筮爲不足言. 而其所以言易者遂遠於日用之實, 類皆牽合委曲, 偏主一事而言, 無復包含該貫曲暢旁通之妙."
11) 『朱子語類』, 권66, "安卿問, '象象莫也, 是因爻而推其理否? 曰, '象象文言繫辭, 皆是因而推明其理.'"

지었다. 그러고도 이해할 수 없어서 공자가 십익을 지은 것이다. 이 모든 것은 당초의 의미를 해석하기 위한 것이다. 요즘 사람들은 괘나 효를 보지 않고 바로 「계사」를 본다. 이는 마치 형법 조문 자체는 보지 않고 형법의 서문만을 보는 것과 같다. 어떻게 이해할 수 있겠는가? 모름지기 『주역』은 점서로 보아야만 이해할 수 있다. 그렇지 않으면 『주역』을 볼 수가 없다.[12]

주자는 복희가 괘효를 그리고, 문왕과 주공이 괘효사를 쓰고, 공자가 『역전』을 쓴 역학 내부의 일련의 확장의 역사를 인정한다. 그것은 복희가 처음 괘효를 통해 드러내려 했던 생각(當初之意)을 좀 더 자세하게 드러내기 위한 부연설명의 과정으로, 곧 『주역』에 내재되어 있는 고유의 리 즉 '역리易理'를 드러내는 과정이라고 보았다. 때문에 복희와 문왕과 주공 및 공자가 드러내는 역리는 모두 본질적으로 일치한다고(初不相妨) 여겼다. 만일 공자의 『역전』만을 보면서 『역경』 내의 괘효상과 괘효사를 보지 않는다면 이는 본령을 놓아두고 곁가지만을 바라보는 것과 같다는 것이다. 때문에 주자는 당시의 『역전』만을 중시하고 『역경』을 연구하지 않는 세태를 비판한다. 응당 『역전』이 의거하는 괘효사를 볼 것이며, 괘효사가 의거하는 괘효상을 봐야 한다는 것이다. 주자는 이처럼 『역경』과 『역전』을 구분하면서도 사실상 『역경』과 『역전』의 연속성에 더 큰 비중을 두고 있다. 『역전』이 아무리 철학적 함의를 담고 있는 의리지서 義理之書라 하더라도 그것은 본질적으로 『역경』 속에 있는 역리를 드러내고자 한 것일 뿐이며, 『역경』이 아무리 점을 치기 위한 것일지라도

---

12) 『朱子語類』, 권66, "易本卜筮之書, 後人以爲止於卜筮. 至王弼用老莊解, 後人便只以爲理, 而不以爲卜筮, 亦非. 想當初伏羲畫卦之時, 只是陽爲吉, 陰爲凶, 無文字. 某不敢說, 竊意如此, 後文王見其不可曉, 故爲之作彖辭; 或占得爻處不可曉, 故周公爲之作爻辭; 又不可曉, 故孔子爲之作十翼, 皆解當初之意. 今人不看卦爻, 而看繫辭, 是猶不看刑統, 而看刑統之序例也, 安能曉. 今人須以卜筮之書看之, 方得; 不然不可看易."

그것은 본질적으로 역리의 현현에 불과하다는 것이다. 이렇게 보자면 의리와 복서는 결코 둘이 될 수 없다.

그런데 주자가 보기에 후대의 『주역』 연구는 모두 의리나 상수 한 쪽에 치우쳐 『주역』의 본래면목을 드러내지 못하고 있다. 한대漢代 이후의 상수를 주장하는 사람들은 납갑納甲, 호체互體, 괘기卦氣 등 지나치게 번쇄하고 억지스런 주장을 일삼고, 반대로 의리를 주장하는 사람들은 『주역』이 본래 점을 치기 위한 책이라는 것을 인정하지 않고 지나치게 의리 일변도로 해석하려 한다는 것이다. 그래서 주자는 지나치게 번쇄한 상수역학적 해석체계를 반대하지만, 『역경』의 괘효사를 지나치게 관념적으로 해석하려는 왕필과 정이 등 의리역학파의 관점에도 동의하지 않는다. 그는 왕필이 노장사상으로 『주역』을 해설한 이후로 역학자들이 그것을 점서占書로 받아들이지 않고 의리지서義理之書로만 이해하게 되었다고 비판한다. 주자 자신은 이러한 세태를 반성하며 『주역』의 점서로서의 본래면모를 밝히겠다는 의지에서 자신의 책을 '본의本義'라고 명명한 것이다.

이 책은 원래 점을 치기 위해 만들어진 것이기 때문에 그 말들이 모두 상수에 의거하여 길흉을 결정하는 것입니다. 오늘날은 점을 치는 방법이 모두 전하여지지 않기 때문에 여러 유학자들이 말하는 상수라는 것도 하나같이 지나친 천착에서 벗어나지 못하고, 의리를 말하는 자들은 또 지나치게 범범합니다. 그래서 이 책을 읽기가 힘든 것이지요. 제가 『주역본의』와 『역학계몽』을 지은 이유는 바로 이러한 정황 때문입니다.[13]

---

13) 『朱熹集』, 권60, 「答劉君房」, "所喻讀易甚善. 此書本爲卜筮而作, 其言皆依象數以斷吉凶. 今其法已不傳, 諸儒之言象數者例皆穿鑿, 言義理者又太汗漫, 故其書爲難讀. 此本義·啓蒙所以作也."

주자는 자신의 사상적 스승이라 할 수 있는 정이의 주저인 『정씨역전』
에 대해, 그 속에 실린 의리적 교설을 지극히 칭송하며 거의 그대로
수용하면서도[14] 정이가 의리의 근거로서의 상수의 의미를 인정하지
않았다는 점을 비판하고 있다.

정씨의 『역전』은 충분히 상세하다. 지금 『역학계몽』에서 덧붙인 것은 다만
전부터 있어 왔던 복서에 대한 한 구절일 뿐이다. 만일 여기서 더 확장해
나가고자 하더라도 저 책(『정씨역전』)을 벗어날 수는 없을 것이다. 정선생이
역에 대해 말씀하시면서 "리를 얻으면 상수는 그 속에 저절로 담겨 있다"라고
하셨으니, 이는 진실로 그러하다. 하지만 거꾸로 거슬러 올라가며 살펴보자면,
우선 상수가 적당한지를 살핀 뒤라야 그 말하는 리가 딴 데로 흘러가 버리지
않는 것이다. 그렇지 않고 구체적인 일들에 아무런 실질적인 근거가 없다면
공허한 리는 곧잘 들어맞지 않게 될 것이다.[15]

『역』이라는 책은 본래 복서 즉 점을 치기 위해 만들어진 것이다. 때문에
그 문장은 반드시 상수象數에 근거한 것이어서, 성인이 임의로 기술한 것이
아니다. 권고하고 경계하는 대상 역시, 점을 통해 드러난 구체적인 어떤
괘와 어떤 효를 얻은 사람이지 그 괘나 효 자체가 아니다. 근래에 『주역』을
말하는 사람들은 이러한 의미를 모른다. 때문에 그 언설들이 비록 철학적
함의를 지니고 있다 하더라도 적실한 뜻을 담아내지 못한다. 이러한 현상은
설령 위대한 유학자라 해도 마찬가지다.[16]

---

14) 『朱子語類』, 권67, "伊川晚年所見甚實, 更無一句懸空說底話. 今觀易傳可見, 何嘗有一句不著
　　實." 혹은 "易傳義理精, 字數足, 無一毫欠闕. 他人著工夫補綴, 亦安得如此自然. 只是於本義
　　不相合. 易本是卜筮之書, 卦辭爻辭無所不包, 看人如何用. 程先生只說得一理."(『朱子語類』,
　　권67) 등을 참조.
15) 『朱熹集』, 「答鄭子上」, "程氏易傳已甚詳細. 今啓蒙所附益者, 只是向來卜筮一節耳. 若推廣旁
　　通則離不得彼書也. 程先生說易, 得其理則象數在其中, 固是如此. 然泝流以觀, 却須先見象數的
　　當下落, 方說得理不走作. 不然, 事無實證, 則虛理易差也."
16) 『朱熹集』, 권38, 「答趙提學」, "大抵易之書本爲卜筮而作, 故其詞必根於象數, 而非聖人已意之

여기서 말하는 '근래의 위대한 유학자'(近世大儒)에는 정이 역시 포함된다고 볼 수 있겠다.[17) 주자는 의리가 의거하는 괘효사와 괘효를 중시한다. 하지만 복희가 괘효를 그려내기 이전에도 그것이 표상하는 상수의 체계는 이미 존재했다고 한다. 그 괘효 체계 역시 자연의 현상과 그 질서의 상징화에 지나지 않기 때문이라는 것이다.

괘를 그려내기 전에 먼저 그에 해당하는 상과 수가 있었습니다. 성인께서 괘를 그려내실 때에 그것에 의거해서 그려내신 것입니다. 점을 치는 사람 역시 산대를 둘로 나누고 손가락에 끼워놓는 등에서 서법의 수를 얻어 점의 결과에 합치하는 것이지, 원래 아무런 실체도 없다가 괘를 그려내거나 점을 칠 때에 이리저리 안배해서 얻어내는 것이 아닙니다. 보내주신 편지에는 이 부분을 아직 이해하지 못하고 수고롭게 변론하신 것 같습니다. 괘가 그려지기 전부터 원래 있는 태극·양의·사상·팔괘의 골자를 응당 먼저 알아야겠습니다. 그런 뒤에라야 생각해 볼 수 있는 것이지, 지금처럼 섣불리 입론해서는 안 되겠습니다.[18)

이 문장은 우리로 하여금 주자의 『역』 성립에 대한 총체적인 관점을 확인할 수 있게 해 준다. 그에 따르면 자연적 혹은 우주적 질서를 상징한 것이 바로 복희가 괘효를 그려낼 때에 의거한 상수 체계다.

所爲. 其所勸戒, 亦以施諸筮得此卦此爻之人, 而非反以戒夫卦爻者. 近世言易者殊不知此, 所以其說雖有義理而無情意, 雖大儒先生有所不免."
17) 정이는 『伊川經說』에서 "천하의 이치는 지극히 간단하니, 理가 있은 뒤에라야 象이 있다"(天下之理, 易簡而已, 有理而後有象.: 『二程集』, 中華書局, 1981, 1027쪽)라고 말한다. 그에게 있어 象은 理의 현상적 발현에 불과하다.
18) 『朱熹集』, 권38, 「答袁機仲」, "未畫之前, 先有此象此數, 然後聖人畫卦時依樣畫出, 揲著者又隨其所得掛扐過揲之數以合焉, 非是元無實體而畫卦揲著之際旋次安排出來也. 來喻於此見得未明, 徒勞辨說, 竊恐且當先向未畫前識得元有箇太極·兩儀·四象·八卦底骨子, 方有商量, 今未須遽立論也."

이는 다른 말로, 복희가 태극·양의·사상·팔괘와 같은 자연의 질서를 상象과 수數로 이해했으며 특히 천지지수와 대연지수의 수적 체계를 도상으로 표상화하여 드러낸 것이 〈하도낙서〉요 〈선천역학〉이고, 이를 토대로 다시 괘효로 부호화했다는 말이다. 여기에 문자로 부연설명을 한 것이 문왕과 주공의 괘효사이고, 다시 그 속에 내재해 있는 철학적 함의를 밝혀낸 것이 공자의 십익十翼이다. 그렇다면 복희로부터 공자에 이르는 과정, 더 나아가 그 후 전체 역학사에서의 모든 역학 연구와 주석은 이 자연적·우주적 질서를 설명하고 해석하는 작업 이외의 것일 수 없는 것이다. 이 자연적·우주적 질서를 표상한 것이 바로 '역'이기 때문에 역의 내재적 통일적 원리인 '역리易理'는 곧 우주적·자연적 질서체계라고 할 수 있다.

때문에 주자가 정말로 강조하고자 하는 것이 상과 수 자체라기보다는 그것들이 의거하고 있는 배후의 통일적인 원리 즉 역리라는 점은 자명하다. 상과 수는 역리 즉 우주와 그것의 상징화라 할 수 있는 역 체계 내에 흐르고 있는 법칙의 표상에 불과하다. 복희가 본 〈하도낙서〉와 그가 그려낸 〈선천역학〉 및 괘와 효 역시 이러한 표상의 구체화·규율화에 다름 아니다. 결과적으로 상수와 괘효 및 괘효사 그리고 『역전』의 모든 내용은 역리를 드러내는 도구에 불과하다는 것이다. 이로써 보건대 그 내재적 확장의 과정에서 의리와 상수가 구분될 수는 있어도 그것은 어느 하나를 배제하고 우선시되어야 할 것이 결코 아닌 것이다. 의리든 상수든 그것은 역을 관통하는 내재적·통일적 원리인 역리를 드러내는 과정에서 동원되는 수레의 두 바퀴와 같은 존재이기 때문이다.

3. 복서를 대하는 태도와 그 전제

우리는 이미 앞에서 『주역』을 점복서로 바라보는 주자의 일관된 태도를 확인하였다. 그런데 정작 주자의 일생 중에서 점을 친 기록은 단지 두 곳에서만 발견된다. 첫 번째는 당시의 권력자 한탁주韓侂冑와의 불화 속에서 제자들의 권유에 의해 친 것이고[19] 다른 하나는 위학僞學으로 몰린 뒤 그 화가 채원정蔡元定에게 미치자 제자들이 직접 점을 친 기록이다.[20] 이에 대해 진영첩陳榮捷은 주자가 그토록 『주역』을 점복서라 강조하면서도 정작 직접 점을 친 것은 한 번뿐이라며 이해하기 힘든 일이라고 지적한다.[21] 이와 관련하여 이세동 교수는 주자가 점복서로 『주역』을 대한 것은, 점을 치는 이가 점을 치는 과정에서 지니게 되는 경건함과 엄숙함을 배우고 수양하는 것일 뿐 실제로 점을 칠 필요는 없다고 생각했다고 말한다.[22] 『주자어류』의 "옛사람들은 성정이 순박하여 후세 사람들처럼 마음이 영악해서 모든 일들을 이해할 수 있는 것과는 다르다. 옛사람들은 어떤 일을 만나 이해하지 못하면 반드시 점을 쳤다……. 후세 사람들은 모든 일들을 이해할 수 있기 때문에 점을 칠 필요가 없다"[23]라는 구절이 이러한 관점의 근거가 된다. 인지가 발달하지 못했던 상고시대에는 사사건건 점을 쳤어야 했으나, 인지가 충분히 발달한 주자 당대에는 그럴 필요가 없다는 것이다.

그러나 그렇다고 해서 이 구절이 주자와 우리가 점을 쳐서는 안 된다고

---

19) 黃幹, 『朱子行狀』(『朱子全書』, 권27, 上海古籍出版社·安徽敎育出版社, 2002, 558쪽) 참조.
20) 『朱子語類』, 권107, 2699쪽 참조.
21) 陳榮捷, 『朱子新探索』, 91~92쪽 참조.(臺北: 學生書局, 1988)
22) 이세동, 「〈주역오찬〉에 나타난 주자의 역학체계」(『중국어문학』 26집) 참조.
23) 『朱子語類』, 권66, "蓋古人淳質, 不似後世人心機巧, 事事理會得. 古人遇一事, 理會不下, 便須去占.……若似後人, 事事理會得, 亦不待占."

주장하는 것은 아니다. 위에서 제시된 두 예화는 이미 주자가 미래를 예측하기 위해 점을 쳤음을 명증할 뿐만 아니라, 주자 스스로도 여러 곳에서 점복占卜의 실제적 의의와 가능성을 언급하고 있다. 주자는 『주역』이 다른 경전과는 달리 이미 발생한 사건에 대한 기록이 아니라 발생 가능한 사건과 그 함의를 예비적으로 기록한 것이기 때문에, 그것에 의지해 점칠 수 있다고 설명한다.[24] 『논어』의 "귀신은 공경하되 멀리해야 한다"(敬鬼神而遠之)라는 구절을 설명하여 그는 이렇게 말한다. "또 복서卜筮는 복희와 요순 이래로 모두 사용하였으니, 이는 그것이 의거하는 이치가 있기 때문이다. 지금 사람들도 어떤 일에 의문이 있을 때에 경건하게 복서로 결정한다면 안 될 것이 뭐가 있겠는가?" 점복에는 그것을 지탱해 주는 원리(此理)가 있기 때문에 진지하게 사용한다면 안 될 것이 없다는 말이다. 그러나 주자는 곧장 "하지만 이치상 응당 해야 할 일들에 대해서도 의심하는 마음을 품어 걸핏하면 복서에 의지한다면, 이것은 공경하는 마음으로 멀리하는 것이 아닌 것이다"[25]라고 하여, 이치상 당연한 일에 대해서도 시시콜콜 점치는 것을 경계한다.

만사萬事는 음양소장陰陽消長의 원리에서 벗어나지 않는다.[26] 현상의 세계와 그 배후의 원리는 상호 융섭적이기 때문에[27] 점의 결과 역시 의리(도덕률)의 지배를 받는다고 말할 수 있다.[28] 따라서 『주역』은 점복서

---

24) 『朱子語類』, 권65, "今易, 則元未曾有, 聖人預先說出. 待人占考, 大事小事, 無一能外於此."
25) 『朱子語類』, 권32, "又如卜筮, 自伏羲堯舜以來皆用之, 是有此理矣. 今人若於事有疑, 敬以卜筮決之, 有何不可. 如義理合當做底事, 却又疑惑, 只管去問於卜筮, 亦不能遠也."
26) 『朱子語類』, 권65, "聖人繫許多辭, 包盡天下之理, 止緣萬事不離乎陰陽. 故因陰陽中而推說萬事之理."
27) 『朱子語類』, 권65, "陰陽是氣, 纔有此理, 便有此氣, 纔有此氣, 便有此理. 天下萬物萬化, 何者不出於此理, 何者不出於陰陽."
28) 『朱子語類』, 권65, "성인은 괘효에 의거해서 가르침을 내려주신다. 그러나 대부분은 자신이 올바를 때 이로움이 있는 것이지, 자신이 바르지 못한데도 이로운 경우는

이지만 그 속에 수록된 우주와 인간사의 원리에 대한 수많은 기술들 속에서 행동 선택의 지침과 항구적인 삶의 원칙을 얻을 수 있는 것이다.[29] 하지만 그럼에도 불구하고 지금 점을 칠 수 없다거나 점을 칠 필요가 없다는 말은 결코 아니다. 중대한 일인데 그 결과를 장담할 수 없을 때에는 점을 쳐야 한다고 주자는 말한다. 제자가 "역은 복서로 가르침을 베푼다고 했는데, 복서는 매일 하는 것이 아닌데 어떻게 가르침이 되겠습니까?" 하고 묻자 주자는 "옛사람들이 이 이치를 몰랐을 때에는 모든 일들에 대해 점을 쳤다. 그래서 가르침이 될 수 있었다. 그러나 후대에 와서는 이 이치를 아는 이들이 많아졌으니, 반드시 큰일에 대해서만 점을 쳐야 한다"[30]라고 대답한다. 훈련과 수양을 통한 주체의 의지와 결단을 존중하는 주자로서는[31] 일생 점을 칠 일이 그리 많지 않았을 수 있다. 그러나 위학僞學으로 몰려 사문斯文이 위기에 봉착한 중차대한 순간에는 그도 점을 칠 수밖에 없었던 것이다. 결론적으로 주자는 『주역』에 의거해 점을 칠 수 있다고 인정하였다. 다만 도덕적으로

없다."(聖人因卦爻以垂戒, 多是利於正, 未有不正而利者.)

29) 『朱子語類』, 권65, "'공자 운운'에 이르러서 또 거기에 말씀을 부연하셨다: 예컨대 '경건함을 유지하여 자신의 내면을 바르게 하고, 올바름으로써 자신의 행동거지를 방정하게 하라'와 같은 말씀은 원래는 그저 卜筮였다. 그런데 성인은 다른 사람을 깨우쳐주기 위해서 거기에 많은 말을 부연한 것이니 수많은 도리가 그 속에 있는 것이다. 지금 『역』을 배우는 자들은 만나는 일마다 점을 쳐야 하는 것은 아니다. 조심할 부분이 있으면 평소에 그것을 음미하여 거기서 말해지는 도리들이 내게는 어떻게 적용될 수 있을까만을 생각하면 되는 것이다. 때문에 「계사전」에서는 '평소에는 象을 관찰하고 그 辭를 음미하다가, 적용해야 할 때에는 변화를 관찰하고 그 점을 음미하라'고 한 것이다."(到孔子又自添說了. 如云: '敬以直内, 義以方外' 本来只是卜筮, 聖人爲之辭以曉人, 便說許多道理在上. 今學易, 非必待遇事而占, 方有所戒, 只平居玩味, 看他所說道理於自家所處地位合是如何. 故云: '居則觀其象而玩其辭, 動則觀其變而玩其占.')

30) 『朱子語類』, 권66, "問, '易以卜筮設教, 卜筮非日用, 如何設教' 曰, '古人未知此理時, 事事皆卜筮, 故可以設教. 後來知此者衆, 必大事方卜.'"

31) 『朱子語類』, 권66, "聖人見得那道理定後, 常不要卜.……便是自家所見已決, 而卜亦不過如此. 故曰: 卜不習吉."

이성적으로 당연한 일들에 대해서 시시콜콜 점을 치는 것은 오히려 점을 모욕하는 것이라고 경계할 뿐이다.

복서란 시초蓍草를 운용하여 구체적인 괘효를 얻음으로써 미래를 예측하고 행동의 지침을 얻는 행위를 말한다. 그리고 이러한 행위의 구체적 절차와 체계를 가리켜 서법筮法이라 한다. 그런데 서법에 대한 주자의 설명은 두 가지 특징을 보인다.

첫째, 시초의 운용을 통하여 얻어진 특정 괘효는 철저하게 전체 64괘 384효의 통일적인 구조 속에서의 좌표로 인정되어야 한다. 사실 한 괘 내에서의 초효初爻부터 상효上爻까지의 상관적·진행적 관계는 효사 속에서 비교적 명확하게 드러나며,「상전象傳」과「단전彖傳」등의 해석체계나 이후 역학가들의 주석체계 역시 이러한 상관관계를 부각시키는 방향으로 발전해 왔다. 그러나 한 괘의 범위를 넘어서서 괘와 괘의 관계에 있어서는 통일적인 원칙을 찾기가 힘든 것이 사실이다. 「서괘전序卦傳」에서 일찍이 이에 대한 설명을 시도하였으나 그 타당성은 줄곧 의심받아 왔다. 주자는 12벽괘나 괘변설卦變說 혹은 변효變爻를 통해 지괘之卦를 설정하는 등, 특히 괘와 괘의 관계 혹은 모종의 괘에서 다른 괘로의 변환관계를 중시하였다. 만일 이러한 괘와 괘 사이의 내재적 법칙과 괘 내에서의 효와 효 사이의 법칙, 즉 전체 괘효 속에 흐르는 상관적인 관계와 그 속에 흐르는 통일적 원리를 상정하지 않는다면 미래를 예측하는 통일적 체계로서의『주역』이란 불가능하다. 모든 괘효는 통일적 원리의 지배를 받기 때문에, 어떤 괘효가 도출되든 그것은 모두 이 통일적 원리의 작용에 의한 것이 된다. 때문에 시초를 운용하여 점괘를 얻는다는 것은『주역』64괘 384효의 촘촘한 그물망 속에서 한 좌표를 얻어 낸다는 것을 의미한다.

둘째, 지금 여기서 시초를 운용하는 일련의 행위와 나의 미래는 필연적인 상관성이 있어야 한다. 즉 서법의 운용을 통해 얻어진 점의 결과는 미래의 사실을 예지적으로 보여 주는 것이어야 한다는 것이다. 지금 여기서 서법을 운용하는 것과 나의 미래가 필연적인 상관성을 지니지 못한다면, 주자가 정리한 번쇄하기까지 한 서법체계는 한갓 유희에 불과할 것이다. 역이란 인간을 포함한 우주의 전개 원리와 진행의 추이를 상징화한 것이다. 때문에 '역리'는 비단 괘와 효의 생성과 변화라는 서법筮法의 원리만이 아니고, 인문사회와 자연세계에 공통으로 내재해 있는, 즉 천도天道와 인도人道가 공유하고 있는 총체적 법칙이 되는 것이다. 서법의 운용 속에서 역리가 기능하듯, 객관 자연세계와 인문가치의 세계에서 작용하는 통일적 원리를 역리가 표상할 때만이 이 두 체계의 상관성은 확보될 수 있는 것이다. 따라서 이 두 체계가 필연적으로 상관한다는 것(易與天地準)을 전제하는 것은 역리가 서법과 현상세계에 동시에 기능하는 통일적 원리가 됨을 인정하는 것이다.

이상의 두 전제를 요약하자면, 『주역』 전체를 관통하는 통일적 역리의 인정과, 그 역리가 현상세계 및 우주 운행에 끊임없이 작용하고 있음에 대한 인정이라 할 수 있다. 이는 곧 역리가 『주역』 내부의 통일적 서법의 원리이면서 동시에 인문세계와 우주운행의 내재적 원리가 되어야 함을 의미한다. 그런데 이 두 전제는 역리가 현재적으로 작용해야 한다는 것을 의미한다. 과거 어느 한때 작용했거나, 『역』의 구조를 정태적으로 설명하기 위한 도식이어서는 안 된다. 그것은 지금 여기서 점을 치는 나에게 유의미한 것이어야만 한다. 이를 필자는 '현재적 의의'의 역리라고 명명한다.

4. '현재적 의의'로서의 역리

「계사」의 "역에는 태극이 있으니, 이것이 양의를 낳는다"라는 구절은 전국시기 우주론의 영향 하에 형성된 서법론筮法論과 우주발생론의 결합이다. 「계사」의 저자는 이미 양의, 사상, 팔괘, 64괘, 384효 전체를 관철하는 통일적 법칙의 의의를 의식하는 단계에 이르렀고, 이를 '태극'이라 명명한 것이다. 하지만 태극과 양의의 관계는 아직도 "역유태극易有太極, 시생양의是生兩儀"의 '생生'자에서 보이는, 어미가 자식을 낳는 식의 우주생성론적 도식에서 벗어나지 못하고 있다. 한대漢代의 도가류道家流혹은 음양오행가陰陽五行家가 「계사」의 태극-양의 관계를 우주생성론적 도식으로 해석한 이후 태극은 우주의 최초 출발점인 원기元氣로 이해되어 왔다. 그러나 원기로서의 태극은 시공간 내재적 존재이기에 음양으로 분화된 뒤에는 더 이상 존재할 수 없는 것이었다. 물론 음양으로 나뉘는 것 역시 특정한 시간에 일어난 일회적 사건이다.

만일 우주생성론의 도식으로 서법을 해석한다면, 이 괘효의 생성 변화의 과정은 최초의 괘와 효를 만들 당시에 대한 설명에 불과한 것이 된다. 그렇게 되면 그것은 일종의 역사사실에 대한 기록이 되어 복희가 괘·효를 그려내어 서법을 발명한 것에 대한 설명이 될 뿐, '지금 여기에서' 괘를 얻어 미래를 예측할 때에 작용하는 '통일적 법칙'의 직접적이고 능동적인 자기전개 과정이라고 할 수는 없다. 그러나 '지금 여기에서' 점괘를 얻는 것을 목적으로 하는 주자의 서법론은 결코 최초 괘·효의 탄생에 대한 기술로 국한될 수 없다. 그가 말하는 서법론의 요점은 오히려 언제 어디서든 행해지는 모든 서법의 운용 가운데에 존재하고 기능하는 내재적 통일법칙과, 그러한 통일법칙과 우주 및 인문가치 사이에 존재하는 연속성의 확인에 있다.

만일에 "역에는 태극이 있으니 이것이 양의를 낳는다"라는 구절을 그저 복희가 최초에 괘·효를 그려낼 때에 대한 기술로만 받아들이고 현재에 괘를 얻어 미래를 예측하는 행위와는 무관한 것으로 여긴다면, 왕필이 주장했던 '득의망상得意忘象'처럼 문왕이나 주공의 괘효사와 공자의 『역전』은 모두 정태적인 의리를 드러내기 위한 해설서요 수양을 위한 잠언서에 불과하게 될 것이다. 마찬가지로 상과 수 역시 의리를 드러내기 위한 수단에 불과한 것이 된다. 왕필에게 있어서는 『주역』 내에 감추어져 있는 항상적이고 정태적인 '역리' 즉 '의리'를 드러내고 얻으면 그뿐이지, 그 가운데 출현하는 상과 수는 지금 여기에 있는 '나'와는 아무런 관계가 없다.

하지만 주자에게 있어서 상수는 괘·효가 존재할 수 있는 근거가 되고 나의 구체적인 미래를 예시하고 상징하는 것이기 때문에 결코 배제시킬 수 있는 것이 아니다. 때문에 왕필의 '득의망상得意忘象'과 대비하여 심지어는 '무상무의無象無意' 즉 "상이 없으면 의미도 없다"라고 할 수 있다. 주자에게 있어서의 '의리'란 도덕책 속에 잠들어 있는 의무에 대한 창백한 기술이기보다는 현재 여기에서 발견하고 적용해야 할 '현재적' 원리이며 생활의 지침이다. 그리고 그것은 서법의 운용을 통해 좀 더 직접적이고 명시적으로 제공될 수 있다. 따라서 상수를 배제한 의리, 혹은 서법과 무관한 의리는 공허하고 우원한 것이 되고 만다.

때문에 주자 서법론에서의 통일적 법칙은 복희가 최초에 괘·효를 그려낼 때에만 작용했던 '일회용'이 아니고, 현재 괘를 얻어 미래를 예측하는 일체의 행위 내에서 기능하는 것이어야 한다. 주자는 『주역』의 상수와 괘효의 운용과 변화의 과정 속에서 일상생활의 행동지침을 얻을 수 있다고 생각했다. 상수와 괘효는 '역리'가 활발하게 작용하여 겉으로 드러나는 표상이기 때문이다. 역리를 담아 내지 못하는 상수와 괘효라면 그러한 일체의 표상체계 자체는 아무런 의미도 지니지 못하는 한낱 기호의 장난에 불과할 것이다. 마찬가지로 역리가 지금 여기에 있는 나와 아무런 관계가 없다고 한다면, 그러한 역리의 존재는 아무런 의의도 지니지 못한다. 때문에 역리는 결코 상고시대에 복희가 괘·효를 그려낼 때에 일회적으로 작용했을 뿐 현재와는 무관한 '사물死物'일 수 없다. 그것은 어느 때 어디에서라도 살아서 기능하는(變易) 영원한(不變易) 법칙이어야 하는 것이다. 이로써 주자에게 있어서 "역에는 태극이 있으니, 이것이 양의를 낳는다"라는 구절은 현재적으로 서법을 운용하여 괘를 얻어 낼 때의 내재적인 규칙이자 운용의 법칙을 기술한 것이며, 그 구조의 정점에 역리로서의 태극을 상정한 것으로 이해되어야 했다.

이러한 역리 즉 태극은 시공간 초월적인 것이기에, 복희가 괘를 그려내기 이전에 이미 존재했다.

"역에는 태극이 있으니, 이것이 양의를 낳는다. 양의는 사상을 낳고, 사상은 팔괘를 낳는다"라는 구절에 대해 물었다. 선생께서 대답하셨다. "여기서 말하는 태극이란 괘를 그려내는 것에 대해 말한 것이다. 아직 괘를 그려내기 전에는 태극은 그저 하나의 뒤엉켜 있는 리에 지나지 않는다. 그 속에는 음양, 강유, 기우 등 모든 것이 포함되어 있다. 하나의 기수와 하나의 우수 즉 음효와 양효를 그려낸 뒤에야 양의가 생겨나는 것이다."[32]

---

32) 『朱子語類』, 권75, "問, '易有太極, 是生兩儀, 兩儀生四象, 四象生八卦'. 曰, '此太極却是爲畵卦說. 當未畵卦前, 太極只是一箇渾淪底道理, 裏面包含陰陽·剛柔·奇耦, 無所不有. 及畵一奇一耦, 便是生兩儀.'"

괘를 그려내기 이전에 태극 속에는 이미 음양陰陽과 기우奇遇 등 현상세계의 모든 구체적인 운행의 원리가 함축되어 있다. 하지만 이 태극은 결코 어미가 자식을 낳는 식의 법칙이 아니다. 태극은 양의와 사상 및 팔괘를 낳은 뒤에도 계속해서 현상 속에 존재해 작용한다. 즉 매 괘와 매 효의 운행 변화의 내재법칙이 되는 것이다.

「태극도설」에서는 음양과 오행 등이 모두 "각기 태극을 구유하고 있다"라고 했으니, 여기에는 다시 음양과 오행의 수많은 도리가 있는 것이고, 거기에 따라 하나하나 그 도리를 알아가야 한다. 이는 선천역설에서도 마찬가지다. 태극은 64괘와 384효로 나누어지지만 모든 괘효는 모두 각각의 태극을 구유하고 있다. 그 각각 구유하고 있는 하나의 태극에는 다시 수많은 도리가 있으니, 거기에 따라 모두를 알아가야 한다. 이 모든 것은 독립적으로 떨어져 있는 것이 아니다.33)

그 내재법칙은 매 괘 매 효 속에 존재한다. 즉 "각기 하나의 태극을 구유하고 있는" 것이다. 이 말은 두 가지 의미에서 모두 성립한다. 첫째는 태극으로부터 양의·사상·팔괘 및 64괘와 384효로 파생되는 과정에서의 모든 괘와 효는 태극 즉 역리의 표현이며 서법 내부의 통일법칙의 구체적인 표현이라는 것이다. 둘째는 지금 여기에서 미래를 예측하여 행동방침을 정할 때에 얻게 되는 어떠한 괘와 효라도 모두 천도와 인도의 공통원리 즉 태극의 조화라는 것이다. 만일 천도와 인도의 공통적인 원리인 태극과, 역리에 의해 현재 얻어진 괘효 사이의

---

33) 『朱熹集』, 권46, 「答黃直卿」, "盖既曰各具太極, 則此處便又有陰陽五行許多道理, 須要隨處一一盡得. 如先天之説, 亦是太極散爲六十四卦, 三百八十四爻. 而一卦之爻莫不具一太極, 其各具一太極處又便有許多道理, 須要隨處盡得, 皆不但爲塊然自守之計而已也."

상관성을 부정한다면 시초蓍草를 운용하여 괘를 얻는 행위는 아무런 의의도 지니지 못할 것이다. 때문에 지금 여기에서 얻는 어떠한 괘효도 모두 "각기 하나의 태극을 구유하고 있다"라고 할 수 있다.

주자는 이처럼 『역전』이 64괘 384효 파생의 출발점이자 통일적 원리로 제시한 '역리-태극'의 시공초월적인 존재로서의 함의를 한층 강조하였다. 그에게 있어서의 태극은 이제 우주가 열리고 닫히는 무궁한 변화와 더불어 끊임없이 작용하는 우주의 운동변화일 뿐만 아니라, 그 속을 살아가는 주체로서의 인간과 사회의 내재적인 원리 즉 인문가치와 윤리가 되고, 동시에 양의·사상·팔괘·64괘·384효의 운행과 변화의 통일 원리인 것이다.

역은 세계에 대한 모사이니, 역리는 괘효 생성과 『주역』 내부의 통일적 원리이면서 동시에 세계에 내재해 있는 질서와 원리에 대한 모사일 수밖에 없다. 주자에게 있어서 이 세계에 내재해 있는 질서와 원리는 리 혹은 태극이다. 따라서 역리는 곧 태극이다. 본체로서의 태극이 시공간 초월적으로 현상세계에 기능하듯이, 역리 역시 언제 어디서든 서법을 운용하여 점괘를 얻을 때 '현재적으로' 작용하는 원리여야 한다. 따라서 지금 여기서 『주역』에 의지해 점을 칠 수 있고 그 점의 결과가 나의 미래를 예측해준다고 믿는 것은, 우주의 원리로서의 태극이 이 세계 속에서 존재하고 기능한다는 것을 믿는 것이며, 점친 기록인 『역경』은 역리인 태극이 구체적으로 기능한 것에 대한 기록이 된다. 즉 복서는 역리의 예화例化다.

제11장 『주역본의』에서의 복서와 의리의 관계 문제

 '도덕적 선택'은 그것이 주체의 자각적이고 의지적인 결단에 의한 것임을 의미한다. 최소 어떠한 '선택'이든 거기에는 주체의 자율적 의지가 필요하다. 그런데 주자는 『주역』을 미래예측을 위한 점복서占卜書로 규정한다. 점복占卜 즉 미래를 예측하는 것이 가능하기 위해서는 무엇보다도 우선 미래가 결정되어 있다는 세계관이 전제되어야 한다. 반면 도덕적 결단과 선택이 가능하기 위해서는 도덕적 주체의 의지가 실현될 수 있는 가능성이 열려 있어야 한다. 미래가 결정된 세계에서는 불가능한 일이다. 때문에 점복서로서의 『주역』 속에서 결정된 미래와 주체의 자유의지가 어떻게 충돌하지 않는 채 만날 수 있는지를 추적하는 것은 매우 중요하고도 민감한 문제가 아닐 수 없다.

 주자는 『역경易經』을 점복서로 규정한다. 하지만 『역전易傳』 이후의 수많은 사상가들은 『역경』이 위대한 철학적 사유를 담고 있다고 평가한다.[1] 주자 역시 『역경』의 점복은 『역전』의 철학적 사유로 연속된다고 주장한다. 결정되어 있는 미래에 대한 예측서로서의 『역경』 속에서 어떻게 주체의 결단과 선택의 문제를 끌어 낼 수 있단 말인가? 주자에게 서는 역학 속에서 성리학적 담론을 해명하는 것이 전혀 문제가 되지 않았단 말인가?

---

1) 「繫辭上」, "君子居則觀其象而玩其辭, 動則觀其變而玩其占."

1. 정해진 것과 정해지지 않은 것

행위는 주체의 자유의지에 의해 선택되는가, 아니면 외부적 환경에 의해 결정되는가 하는 문제는 흔히 '결정론과 자유의지'라는 주제로 요약된다. 그런데 변할 수 없는 세계의 질서와 그 속에서 살아가는 개인의 선택에 관한 문제는 그대로 송대 성리학자들의 시대의식이자 아젠다였다. 흔히 태극太極으로 표현되는 세계의 질서 즉 역리易理는 이 세계를 현재의 모습이도록 만든 존재의 근원이자, 그 속에서 살아가는 모든 존재자들이 따라야 할 당위의 근거가 된다. 주돈이를 비롯한 모든 성리학자들은 천인합일天人合一이라는 이념 하에 존재의 질서(天道) 속에서 당위의 근거(人道)를 찾으려 했다. 그래서 자신의 존재와 당위의 질서는 우주적 질서로부터 부여된 것으로 간주되었다. 모든 존재자는 주어진 '존재의 방식'대로 살아갈 것을 요구받고 그에 따르는 것이 도덕적 선택이라고 여겨졌다. 동시에 그렇기 때문에 개체는 이 존재의 질서에 따를 수도, 따르지 않을 수도 있는 자율성을 지닌 것으로 여겨졌다.

이런 의미에서 송대 성리학자들의 결정론과 자유의지에 대한 입장은 비교적 '약한 결정론'에 가깝다고 할 수 있다. 결정론과 자유의지에 대한 논쟁은 서양철학의 역사에서 오랫동안 중요한 주제로 인식되어 왔다. 자유라는 개념의 일상적인 의미는 사람들이 원하는 것에 대해 제약이 가해지지 않는 것을 가리킨다. 그래서 어떤 행위자가 자유의지를 지니고 있다 함은, 외부로부터의 제약이나 구속을 받음이 없이 어떤 목적이나 목표를 스스로 숙고하고 결정하는 의지가 있음을 의미한다. 반면 결정론이란, 어떤 행위와 결과에는 반드시 그것을 야기하는 원인이 있다고 보는 것으로서 결과는 원인으로부터 자유로울 수 없다고 보는 입장이다.

이러한 자유의지와 결정론을 과연 양립 가능한 것으로 보느냐 아니면 양립 불가능한 것으로 보느냐에 따라 다양한 관점이 가능하다. 두 주장이 모두 가능하다고 생각하면 양립가능론자라고 할 수 있다. 반면 두 주장 중 어느 하나가 맞음에 따라 다른 하나는 성립할 수 없다고 보는 입장은 양립불가능론자라고 할 수 있다. '강한 결정론'이나 '자유의지론자들'은 어느 한 입장에 입각하여 두 주장이 양립할 수 없다고 주장한다.

한편 '약한 결정론자'들은 두 주장이 양립 가능하다고 본다. 특히 홉스(Thomas Hobbes) 이래 일단의 서양 근세철학자들은 "자유로운 행위의 반대는 원인이 있는 행위가 아니라, 강요된 행위"라고 본다. 그들이 의미하는 자유는 구속이나 강요로부터의 자유를 뜻한다. 자유롭게 흐르는 물이란 자연법칙과 대비되는 것이 아니라 장애물과 대비되는 것처럼, '자유의지의 반대는 결정론이 아니라 강요(compulsions)나 강제 (constraints)'라고 본다.[2] 이렇게 볼 때 홉스와 같은 관점은 성리학적 전통에서 이미 깊이 있게 다루어져 왔다고 할 수 있다. 예컨대 주체의 존재원리인 본성에 순응한 감정과 행위를 외부적 자극으로부터 '자유로운' 행위로 인식하는 것이 그렇다. 『논어』에서 공자가 일체의 선택과 행동이 규범에 어긋나지 않는 상태를 최고의 경지로 인식하는 것이 바로 그것이다.

그런데 송대 성리학자들의 결정되어 있는 세계와 그 속에서의 주체의 자유의지 및 도덕적 선택에 대한 입장에는 일정한 스펙트럼의 차이가

---

2) 안건훈, 『자유 의지와 결정론』(집문당, 2006), 22쪽 참조.

보인다. 『황극경세皇極經世』에서 소옹邵雍은 우주의 질서를 원회운세元會 運世라는 주기성으로 규칙화한다. 그에게 있어서 우주의 운행과 역사의 전개 그리고 개인의 행위는 모두 이 우주적 질서의 규칙성 속에 놓여 있다. 때문에 송대 성리학자들 중에서 그는 가장 강한 결정론적 입장을 견지하고 있다고 할 수 있다. 반면 정이程頤는 『정씨역전程氏易傳』에서 주어진 조건 속에서 개체가 취해야 할 도덕적 입장을 제시하는 데 그침으로써 주체의 의지적 선택의 폭을 최대한 인정한다.

주자는 이 두 입장을 절묘하게 절충한 경우에 해당한다. 그는 원회운 세와 같은 닫힌 규칙성은 배제하지만 『역경』을 점복서라고 규정하면서 정이의 열린 입장에 비해 주어진 조건의 강제성을 보다 인정하는 입장을 취하게 된다. 하지만 이 절충의 과정에서 바로 결정론과 자유의지의 충돌 문제가 제기되는 것이다. 이 충돌을 주자가 어떻게 해결하는지를 추적하기 위해서는 우선 소옹과 정이의 관점을 차례로 추적할 필요가 있다.

먼저 강한 결정론에 해당하는 소옹의 경우를 살펴보자. 소옹의 학술적 연원을 흔히 이지재李之才로부터 내려오는 도교적道敎的 전통에서 찾곤 한다. 하지만 그의 선천역학의 입론점은 연단鍊丹이나 납갑納甲과는 전혀 다른 것이다. 그는 자신의 상수학에서 각 괘·효가 어떤 대상과 연결될 수 있는지를 다루고 있기는 하지만,[3] 어디까지나 그가 주로 밝히려던 것은 『주역』의 발생과 64괘 상호간의 구조와 질서다. 또 이러한 구조와 질서의 최고 단계에는 역易 전체의 원리와 질서 즉 태극이 상정되어 있다. 그런 의미에서 그의 상수학은 한당대의 상수학과 전혀 다르다.

---

3) 邵雍, 『皇極經世書』(臺灣中華書局, 民國 55年), 卷首下, 「元會運世分值卦圖」 참고.

한편 그가 발견한 『주역』의 원리가 음양의 대대待對와 유행流行이었다는 점에 있어서는 외견상 여타 의리역학과 차별화되지 않는다. 하지만 그가 말하는 대대는 기하학적 정합성과 안정성을 의미한다. 그리고 그러한 기하학적 정합성은 수적數的 주기성을 보이면서 원심형적으로 반복·확장된다. 따라서 그의 역학에서의 유행은 파동적 반복성일 뿐만 아니라 원심형적·기하학적 확장의 구조라는 의미를 지닌다. 이 기하학적 정합성과 수적 주기성은 그대로 우주의 질서를 의미하고, 태극 혹은 역리는 바로 이 우주적 질서의 근원이자 총합에 해당한다.

물론 기하학적 균형성을 주장하는 선천역학과 수적 규칙성을 의미하는 원회운세의 사상은 단순히 우주적 시간과 질서의 영역에서 그치지 않는다. 그것은 다시 인의예지仁義禮智·사농공상士農工商·황제왕패皇帝王伯의 역사적 사실과 정치적 현실에 대한 평가로 이어진다.[4] 즉 그의 '황극皇極'은 '경세經世'로 이어지는 것이다. 그런 의미에서 소옹의 철학은 결코 도가류일 수 없다. 그의 『황극경세』 전편에 흐르는 우주적 질서와 인간적 질서 간의 연속성에 대한 강조를 무시한 채 선천역학의 연원 문제에만 착목하는 것은 어불성설이다.

하지만 그가 이처럼 우주적 질서의 규칙성과 주기성으로 인간 역사의 규칙성과 주기성 및 개인과 사회의 부침浮沈을 설명하는 데에는 몇 가지 난제가 따른다. 5장에서 다룬 소옹 철학의 역사주의적 문제점을 다시 정리하자면 아래와 같다.

첫째, 규칙적이고 주기적인 역사의 반복 속에서는 소위 역사 전개의 당위적 방향성을 찾을 수 없게 된다. 한당漢唐의 흥성이나 송조宋朝의 쇄락은 우주 시계의 자연스러운 흐름일 뿐 거기엔 어떠한 지향도 당위도

---

4) 邵雍, 『皇極經世書』, 「觀物篇之六十二」 참고.

있을 수 없다. 그렇게 되면 후대의 주자에게서 보이는 것과 같이 우주적 질서(所以然)와 인간적 당위(所當然) 사이의 연속성을 확보할 수는 없게 된다. 주자의 관점에서 인간은 역사 속에서 끊임없이 이성을 실천해 가는 존재다. 세계의 법칙성과 체계성에 맞춰 인간의 세계와 인간 자신을 그렇게 만드는 것이 자신의 소명이다. 그러나 소옹에게서는 결코 이러한 결론이 가능할 수 없다. 도대체 역사의 전개는 이성적이거나 합리적이기는 한 것인가? 소옹이 본 역사의 전개는 지속적 퇴락으로 그려진다.

둘째, 황제왕패皇帝王伯라는 정치적 주기성 속에서는 통치자의 능동적이고 적극적인 역할을 찾기가 힘들어진다. 요순우탕堯舜禹湯의 성인이 위대할 수 있었던 것이 다만 역사의 성세盛世를 만났기 때문이듯, 걸주진시桀紂秦始의 무도함도 자신의 잘못이 아니게 된다. 때문에 그가 말하는 성인聖人은 여타의 송명 신유가가 말하는 위대한 인격적 통치자와는 사뭇 다르다. 소옹의 성인에게서 이성적 엄밀성과 지적 탁월성 그리고 이물관물以物觀物의 관조적 성격은 확인할 수 있겠지만, 유가 전통의 따뜻함과 우환의식憂患意識은 찾아볼 수 없다. 그가 말하는 성인은 역사와 우주의 냉엄한 전개를 잘 간파하고서 그러한 질서에 맞게 행동하는 초탈적 인격일 뿐이다.

셋째, 소옹이 말하는 우주적 규칙성 속에서 개인의 자유의지란 사실상 의미가 없다. 부귀와 성패 등 일체의 결과는 하늘에 달렸다고 말하기 때문이다. 역사와 우주적 질서의 자연스러운 흐름 속에 자신을 내맡기는 것 말고 개인이 할 수 있는 일이란 사실상 거의 없다. 때문에 그가 말하는 이물관물의 태도는 인식론적 태도가 아닌 윤리적 자세가 된다. 이물관물의 태도란 자신의 이기적·자아중심적 선입견을 개입시키지 않고 대상과 관계 맺을 것을 요구하는 것이다. 나는 꼭 이러이러하게 해야지, 혹은 이런 것은 싫어 라고 하는 일체의 태도는 자신을 중심으로 놓고 우주적 규칙성을 거스르려는 태도라고 할 수 있다. 우주의 질서를 자신의 기호나 바람에 맞춰 재단하고 왜곡하는 일은 소옹에게 있어서 바람직하지 않을 뿐만 아니라 가능하지도 않다.

이렇게 소옹의 강한 결정론적 태도 속에서는 개인의 자유의지와 도덕적 책임의 문제가 들어설 여지가 상대적으로 부족하다. 송대의 성리학자들이 수립하고자 한 것은 개인에게 요구되는 도덕의 정당성을 우주적 질서 속에서 찾고자 한 것이지, 고정되어 있는 우주의 질서 속에 개인의 책임과 의지를 매몰시키려던 것이 아니다. 때문에 주자는 소옹의 선천학을 받아들이면서도 그의 결정론적 태도는 결코 받아들이지 않았다.[5] 주자는 소옹의 결정론이 '굳어진(不活) 체계'라고 생각했다.[6] 여타 북송오자와 달리 소옹이 『근사록近思錄』에도 『이락연원록伊洛淵源錄』에도 올라가지 못한 이유가 여기에 있다.[7]

정이의 경우는 어떠한가? 정이는 『주역』에 대한 자신의 주석서가 철저하게 '사辭'에 한정된다고 밝힌다. 지극한 이치(理)와 드러난 현상(象)은 관통되고, 그것은 사辭 속에 충분히 담겨져 있기 때문이라고 설명한다.[8] 그에게 있어서 드러난 상象은 숨겨진 리理를 밝혀 주기 위한 도구에

---

5) 朱熹, 『朱子語類』, 권67, "若是聖人用數, 不過如'大衍之數'便是. 他須要先撰著以求那數, 起那卦, 數是恁地起, 卦是恁地求. 不似康節坐地黙想推將去, 便道某年某月某日, 當有某事. 聖人決不恁地!", "康節却盡歸之數, 竊恐聖人必不爲也."

6) 朱熹, 『朱子語類』, 권71, "康節之學, 不似濂溪二程. 康節愛說箇循環底道理, 不似濂溪二程說得活. 如'無極而太極, 太極本無極'; '體用一源, 顯微無間', 康節無此說."

7) 余敦康, 『內聖外王的貫通』(學林出版社, 1997), 248쪽 참고.

8) 程頤, 『易傳』(學民文化社, 1996), 「易傳序」, "至微者理也 至著者象也 體用一源 顯微无間 觀會通 以行其典禮 則辭无所不備 故善學者 求言必自近 易於近者 非知言者也. 予所傳者辭也 由辭以得其意 則在乎人焉."

불과하다. 따라서 리를 밝혀 주기만 하면 그만일 뿐 달리 상을 남겨 두어야 할 이유가 없다. 리는 사辭 속에서 충분히 밝혀져 있다.[9] 때문에 사辭에 대한 주석만으로 공자 이래로 끊겼던 '발명의리發明義理'의 전통을 이을 수 있다고 생각한 것이다.[10]

그런데 그가 생각한 '의리義理'란 철저하게 '길흉소장吉凶消長'과 '진퇴 존망進退存亡'의 인간사이며, 좀 더 구체적으로는 봉건사회 내에서의 황제와 사대부 간의 권력관계다. 정이는 맹자 이래의 공치천하共治天下 의 이념으로 무장하여, 구이九二의 사대부가 구오九五의 황제를 도와 어지러운 세상을 구제해야 한다고 주장한다.[11] 사실상『주역』은 자신의 정치철학을 전개함에 있어서 권위를 제공받기 위해 동원되었을 뿐이 다. 그에게 있어서『주역』은 인간사에서 끊임없이 발견되는 인간관계, 좀 더 구체적으로는 정치적 관계에 대한 일반화된 보고서에 불과하다. 따라서『주역』의 독자들은 그러한 일반화로부터 교훈을 얻을 수 있을 뿐이다.『주역』은 결코 구체적인 상징물들의 오묘한 결합을 통해, 결정 된 미래를 은밀히 드러내 주는 계시록이 아니다. 때문에 그에게 있어서 결정된 세계와 자유의지를 가진 개인 사이의 갈등 같은 것은 있을 수 없다. 세계는 결정되지 않았기 때문이다. 다만 개연성을 지니고 있을 뿐이다.

하지만 주자의 관점에서 정이의 이러한 태도는 오히려 텍스트로서의 『주역』을 왜곡하는 것이었다. 주자가 볼 때『주역』은 어쨌든 점복서占卜書

---

9) 程頤,『易傳』,「易傳序」, "吉凶消長之理 進退存亡之道 備於辭 推辭考卦 可以知變 象與占 在其中矣."
10) 程頤,『易傳』,「易傳序」, "去古雖遠 遺經尙存 然而傳儒 失意以傳言 後學誦言而忘味 自秦而 下 蓋无傳矣. 予生千載之後 悼斯文之湮晦 將俾後人 沿流而求源 此傳所以作也."
11) 주광호,「程頤의 정치참여 의식에서 도덕의 위상」(『동양철학』 32호, 한국동양철학회, 2009) 참고.

다. 때문에 상수와 복서를 무시한 채 그것으로부터 연역해 도출한 도덕철학 혹은 사회철학은 『주역』의 '본의本義'일 수 없었다.[12] 그는 정이가 지나치게 인간사 특히 정치관계로 『주역』을 해석함으로써 오히려 『주역』의 해석 가능성을 국한시켰다고 생각했다.[13] 이렇게 된 이유는 『주역』 속에서 지나치게 성급히 철학적 주장이나 도덕적 교훈을 추출하기 위해 『주역』의 본래 모습 즉 그것이 점복을 위해 만들어진 것이라는 점을 숨기려고 했기 때문이라고 주자는 생각했다.[14] 주자의 관점에서 『주역』은 상象을 떠나 말해질 수 없다. 그냥 상을 말하다 보면 자연스럽게 그 속에서 그에 해당하는 이치를 발견할 수 있을 뿐이지, 상을 무시하고서 억지로 리를 만들어간다는 것은 있을 수 없는 일이었다. 그래서 『주역』 경문에 대한 자신의 담담한 주석이 여타의 주석서들보다 오히려 의미와 가치를 갖는다고 주자는 주장한다.[15]

'정주이학程朱理學'이라는 용어가 말해 주듯, 주자의 성리학은 정이에게서 많은 빚을 졌다. 그러나 역학의 경우에는 다르다. 주자의 관점에서 정이의 역학은 단지 정이 자신의 철학을 전개한 것일 뿐 『주역』에 대한 순수한 연구일 수 없었다.[16] 그것은 정이가 『주역』을 단지 '비유'로

---

12) 『朱子語類』, 권67, "易傳義理精, 字數足, 無一毫欠闕. 他人著工夫補綴, 亦安得如此自然! 只是於本義不相合. 易本是卜筮之書, 卦辭爻辭無所不包, 看人如何用. 程先生只說得一理."

13) 『朱子語類』, 권67, "程傳大槪將三百八十四爻做人說, 恐通未盡否? 曰, 也是. 則是不可裝定做人說. 看占得如何. 有就事言者, 有以時節言者, 有以位言者. 以吉凶言之則爲事, 以初終言之則爲時, 以高下言之則爲位, 隨所値而看皆通. 繫辭云: '不可爲典要, 惟變所適.' 豈可裝定做人說!"

14) 『朱子語類』, 권67, "聖人作易, 專爲卜筮. 後來儒者諱道是卜筮之書, 全不要惹他卜筮之意, 所以費力. 今若要說, 且可須用添一重卜筮意, 自然通透."

15) 『朱子語類』, 권66, "未說到成德之事, 只是卦爻中有此象而已. 若占得, 便應此象, 都未說成德之事也. 某之說易, 所以與先儒·世儒之說皆不同, 正在於此."

16) 『朱子語類』, 권67, "程易不說易文義, 只說道理極處, 好看."; 1653쪽, "伊川見得箇大道理, 卻將經來合他這道理, 不是解易."

이해했기 때문이다.[17] 때문에 주자는 정이의 역학을 그대로 받아들일 수 없었다. '정주이학程朱理學'은 가능하지만 '정주역학程朱易學'은 존재하지 않는다.[18]

주자에게 있어서 소옹이 굳어진(不活) 체계라면 정이는 편협한(只說得一理) 관점이었다. 주자는 복서와 상수와 의리를 연결하는, 그래서 모든 역리易理가 회통되면서도 그것이 현실 속에서 활발발活潑潑하게 적용될 수 있는 체계를 세우고자 했다. 그렇기 위해서는 정이와 소옹을 결합해야 했다.[19] 사실 정이와 소옹은 자신의 성리학적 세계관을 완성하기 위해 동원된 많은 인물들 중의 일부일 뿐이다. 정이와 소옹이 만남으로써, 의리와 상수가 회통하고 역학과 성리학이 융합되어야 했다.[20] 아니, 그에게 있어서 역학과 성리학은 근본적으로 분리되지 않는다.

이런 맥락 속에서라야, 결정된 세계의 질서와 개인의 자유의지가 어떻게 만나는가, 점복서로서의 『주역』과 철학서로서의 『주역』이 어떻게 회통할 수 있는가, 그리고 그 속에서 이기적 판단과 도덕적 선택은 어떻게 조화될 수 있는가 하는 문제들이 조명될 수 있다. 주자는 심혈을 기울여 점복서로서의 『주역』 혹은 소옹의 결정론적 세계관과 철학서로서의 『주역』 혹은 정이의 도학적 세계관을 연결시키는 데 성공한다. 이 과정에서 그가 기울인 고심은 『주역본의』의 주석 속에 고스란히 담기게 된다.

---

17) 『朱子語類』, 권67, "伊川只將一部易來作譬喩說了, 恐聖人亦不肯作一部譬喩之書."
18) 정이와 주자 역학의 차이에 대해서는, 姜海軍, 『程頤〈易〉學思想研究』(北京師範大學出版社, 2010), 269~271쪽 참조.
19) 『朱子語類』, 권67, "伊川易傳亦有未盡處. 當時康節傳得數甚佳, 卻輕之不問."
20) 余敦康, 『漢宋易學解讀』(華夏出版社, 2006), 517쪽 참조.

2. 서筮에서 리理를 확인하다: 상象·점占·계戒

원명元明과 조선의 역학에서 가장 중요한 텍스트는 역시 『정씨역전程氏易傳』과 『주역본의周易本義』였다. 그런데 이 두 책의 주석 형식은 서로 분명한 차이를 보여 준다. 『정씨역전』이 일반적으로 '~이면 ~이다'라는 주석적 특징을 보인다면, 『주역본의』는 '~이니 ~이다'라고 주석하는 경향을 보인다.

예컨대 건괘乾卦 구삼九三의 경우, 정이는 "군자君子, 종일건건終日乾乾하야 석척약夕惕若하면 려厲하나 무구无咎리라"라고 주석한다면 주자는 "군자君子, 종일건건終日乾乾하야 석척약夕惕若이니 려厲하나 무구无咎리라"라고 주석한다. 정이는 "아침저녁으로 게으르지 않으며 조심스럽게 한다면, 비록 위험한 상황에 직면한다 하더라도 허물이 없을 것이다"(日夕不懈而兢惕, 則雖處危地而无咎)라고 주석함으로써, '석척약夕惕若'을 조건문으로 이해했다. 그러나 주자는 "힘쓰고 힘써서 조심하고 수고하는 상이 있기 때문에 그 점이 이와 같다"(有能乾乾惕厲之象, 故其占如此)라고 주석함으로써, '석척약夕惕若'을 조건문으로 보지 않고 주체가 이미 '석척약夕惕若'의 태도를 견지하고 있다고 보았다.

예를 하나 더 들어 보자. 곤괘坤卦 육사六四에서도 정이는 "괄낭括囊이면 무구无咎며 무예无譽리라"라고 주석하는 데 반해 주자는 "괄낭括囊이니 무구无咎며 무예无譽리라"라고 주석하고 있다. 정이는 주석에서 "만약 자신의 지혜로움을 감추기를 마치 주머니 주둥이를 묶듯이 하여 드러내지 않는다면 허물이 없을 것이다"(若晦藏其知, 如刮結囊口而不露則可得无咎)라고 함으로써 '괄낭括囊'이 조건문임을 보인다. 반면 주자는 "조심하고 신중하기를 이와 같이 하기 때문에 허물도 없을 것이며 영예도 또한 없을 것이다"(謹密, 如是則无咎而亦无譽矣)라고 주석함으로써 주체에게 이미 '괄낭括囊'이 갖추어진 상태라고 보았다.

물론 건괘乾卦 초구初九처럼 둘의 주석이 차이 나지 않는 경우도 많다. 심지어는 곤괘坤卦 육삼六三이나 준괘屯卦 육사六四처럼 반대로 정이가 '~이니'라고 하고 주자는 '~이면'이라고 하는 경우도 있다. 그러나 몽괘蒙卦 구이九二, 송괘訟卦 초육初六, 사괘師卦 육삼六三, 비괘比卦 괘사卦辭처럼 절대다수의 경우는 정이가 '~이면'으로, 주자는 '~이니'로 주석하고 있다.

두 주석의 구조를 형식화하면 다음과 같다. 우선 정이는 "A라는 괘·효의 조건에서 B의 행동을 할 경우 C의 결과를 얻게 될 것이다"라고 말하는 것이다. 반면 주자는 "A라는 괘·효의 조건에서는 B의 행동을 할 것이다. 그러니 C의 결과를 얻게 된다"라고 말하고 있다.

주체의 의지를 강조하는 정이는 『주역』의 괘·효사를 점사占辭로 보지 않았다. 위에서 예시로 든 구절들처럼, 그것은 특정한 미래 사태에 대한 예언일 수 없기 때문이다. 언제라도 A라는 조건 속에서라면 B → C 이거나 혹은 ~B → ~C 임을 말하는 것이다. 이는 우리의 행동이 가져올 수 있는 결과를 규범적으로 해석하는 전형적인 윤리적 태도다.

그러나 『역경』을 점복서로 규정하는 주자에게서는 좀 더 복잡하게 돌아간다. 우선 그는 B와 같은 행동을 하게 되는 상황을 '상象'이라고 명명한다. 그리고 C와 같은 결과는 '점占'이라고 명명한다. 즉 점치는 자가 점의 결과로 A라는 괘·효(筮)를 얻게 되면 B라는 행동(象)을 하게 되고, 그러면 C라는 결과(占)를 얻게 된다는 것이다. 혹은 A라는 괘·효를 얻으면 B라는 상황에 있는 것이기 때문에 C라는 미래를 맞게 된다는 말이다. 『주역』의 괘·효사를 점사로 보려는 주자의 경학적·문헌학적·고증학적 입장의 필연적 귀결이다. 주체는 반드시 B라는 상황을 만나게 되거나 B라는 행동을 하게 될 것이고, 결국 어쩔 수 없이 C라는 결과 혹은 미래를 만나게 될 것이다. 하지만 이렇게 되면 철학적 측면에서 주체의 자율적 판단이나 의지적 선택이 설 자리는 없게 된다.

그런데 주자는 '점占'의 단계에서 다시 주체의 선택이 가능한 것처럼 기술한다. 다시 건괘乾卦 구삼九三의 주석을 보자. "힘쓰고 힘써서 조심하고 수고하는 상이 있기 때문에 그 점이 이와 같다. 군자는 점을 치는 이를 가리켜 말한 것이다. 근심하고 걱정하기를 이와 같이 할 수 있으면 비록 위험한 상황에 직면하더라도 허물이 없을 것임을 말한 것이다"(有能乾乾惕厲之象, 故其占如此. 君子, 指占者而言. 言能憂懼如是, 則雖處危地, 而无咎也.) 여기서 주자는 '능우구여시能憂懼如是'라고 함으로써 '우구여시憂懼如是'를 주체가 선택할 수 있는 것처럼 말하고 있다. 사실 이런 방식의 주석은 『주역본의』 전체에서 다수 목격된다. 이렇게 되면, 앞의 분석은 다시 다음과 같이 상세하게 분석되어야 한다. "A라는 괘·효를 만나면 주체는 B의 행동을 할 것이다. 그런데 점치는 자가 과연 B의 행동을 할 경우, 그는 C의 결과를 얻게 될 것이다." 이렇게 되면 각 구절의 뒷부분은 결국 정이의 해석과 같아진다. 만일 주자가 정이의 의리역을 계승했다고 규정한다면, 바로 이런 지점을 의미하며 또 이런 지점으로 한정되어야 할 것이다.

하지만 여기에는 해결되어야 할 곤혹스러운 문제가 숨어 있다. 점치는 주체는 과연 B의 행동을 할 수밖에 것인가, 아니면 B의 행동을 하지 않을 수도 있는 것인가? '상象'의 단계에서는 결정된 것처럼 보이지만 '점占'의 단계에서는 또 주체의 의지에 달린 것처럼 보이기도 한다. 결국 소옹보다는 열린 자세지만 정이보다는 결정된 것으로 보인다. 주자는 여기서 '점'을 결정된 것과 결정되지 않은 것으로 다시 분리한다.

즉 '점'에 이어 '계戒'의 영역을 추가한 것이다. '계'란 '경계警戒' 혹은 '훈계訓戒'로서, 성인이 점치는 이로 하여금 '그렇게 하는 것이 가장 좋다'고 가르쳐 주는 것이다.

예컨대 준괘屯卦 육이六二에서 "여자가 십 년간 시집가지 못하다가 반듯하기에 결국 시집가게 되는" 상象이 있다. 때문에 이는 자연스럽게 '그렇게 하라'는 가르침이 되는 것이다.[21] 또 몽괘蒙卦 초육初六의 경우에도 "다른 이의 몽매함을 밝혀 줄 때에는 우선은 엄격하게 하고 천천히 풀어줘야 하는" 상이 있다. 때문에 점치는 자가 응당 그렇게 해야 하는 것이다.[22] 주자의 관점에서 『주역』은 결국 길흉을 통해 인간에게 행동의 요령을 가르쳐 주는 것이다.[23] "이러이러하게 하면 길할 것이니 그렇게 하는 것이 좋다" 혹은 "저러저러하게 하면 흉할 것이니 그렇게 하지 않는 것이 좋다"라는 말이다.

이상의 내용을 다시 정리해 보면 다음과 같다. "A라는 점괘를 얻었다면 그것은 B의 상황임을 의미한다. 따라서 이러한 경우 B에 맞는 행동을 한다면 C의 결과 혹은 미래를 맞게 될 것이다." B의 상황에서 C의 결과를 얻는 것은 복서의 결과지만, B의 상황에서 B에 맞는 행동을 하지 않을 수도 있기 때문에 이 모든 상황은 동시에 경계警戒가 될 수도 있다. 즉 그럴 경우 C의 결과를 맞지 않을 수도 있다. 이렇게 주자에게서 '결정된 것'과 '결정되지 않은 것'은 만나게 된다. 그에게서 '결정된 것'은 B의 상황에서 B의 행동을 하게 되면 C의 결과를 얻게 된다는 인과적 질서다. '결정되지 않은 것'은 그럼에도 불구하고 주체는 B의

---

21) 『周易本義』, 屯卦 六二, "爻有此象, 故因以戒占者."
22) 『周易本義』, 蒙卦 初六, "若遂往而不舍則致羞吝矣, 戒占者, 當如是也."
23) 『朱子語類』, 권66, "易爲卜筮而作, 皆因吉凶以示訓戒, 故其言雖約, 而所包甚廣."

행동을 하지 않을 수 있다는 것이다.

때문에 B의 상황에서 B에 맞는 행위를 한다는 것은 인과적 질서에 가장 부합하는 합리적 판단이 된다. 『주역』은 이 우주의 질서를 가장 잘 모사해 놓은 것으로서,[24] 특정한 조건 속에서 인간이 취해야 할 행위방식을 일반화시킨 성인의 가르침이다. 이 가르침은 위대한 성인의 발견이나 깨달음일 수도 있고, 인간 행동의 오랜 관찰을 통해 얻은 지혜일 수도 있다. 그것이 바로 역리易理 즉 리理다. 때문에 그러한 성인의 지침에 따르는 것이 가장 현명한 판단이 된다. 이렇게 리理와 서筮는 만난다.

그런데 여기에는 중요한 의미의 전환이 숨겨져 있다. 앞에서 우리는 점복서로서의 『주역』과 철학서로서의 『주역』이 어떻게 만나는가, 혹은 결정론적 세계관과 자유의지는 어떻게 만나는가 라고 질문했다. 점복서가 서筮를 말하고 철학서가 리理를 말한다고 할 때, 서가 정해진 것이라면 리는 정해지지 않은 것이라고 할 수 있다. 하지만 주자의 주석을 추적한 결과 그에게서 결정된 것은 서가 아니라 오히려 리였음을 확인할 수 있다. 『주역』은 정해진 이치대로 하라고 권고하고 있다. 보다 정확히 말해, 주어진 서를 통해 결정된 리를 확인하게 되는 것이다.

주자는 상象과 서筮 속에 이미 그에 해당하는 리理가 깃들어 있다고 누차 말한다.[25] 이는 주어진 상과 서에 대해 점의 결과가 그렇게 나올 수밖에 없는 정해진 이치가 있다는 말이다. A→B 이거나 ~A→ ~B 라는

---

24) 「繫辭傳」, "易與天地準."
25) 『朱子語類』, 권66, "伏羲作易, 只畫八卦如此, 也何嘗明說陰陽剛柔吉凶之理? 然其中則具此道理.……聖人作易, 本爲欲定天下之志, 斷天下之疑而已, 不是要因此說道理也. 如人占得這爻, 便要人知得這爻之象是吉是凶, 吉便爲之, 凶便不爲. 然如此, 理却自在其中矣.……若人占得此爻, 則爲君子之所爲者必吉, 而爲小人之所爲者必凶矣. 其象如此, 而理在其中矣."

인과적 연쇄를 정형화한 것이 『주역』이다. 『주역』은 사회적 존재로서의 인간의 심리와 행위의 인과적 연쇄를 일반화함으로써 얻은 개연성의 총합이다. 때문에 주자는 『주역』을 '텅 비어 있는 것'[26]이라고 표현한다. 이 인과적 연쇄의 개연성에 어떤 변수를 넣어도 가능하기 때문이다. 이런 의미에서 『주역』은 f(x)=y 라는 방정식이다. 384개의 사태로 국한될 수 없다.

따라서 『주역』의 그 정해진 이치를 잘 알 수만 있다면 다시금 점을 칠 필요는 없게 된다. 인간의 이지와 상식의 체계가 느슨한 고대에는 아직 인간 행위와 심리의 인과적 연쇄라는 법칙을 세울 수 없었다. 그러나 누적적 관찰을 통해 이제 인간은 사회적 관계에서의 인간의 행동과 심리의 경향성을 파악할 수 있게 되었다. 때문에 그러한 경향성을 잘 관찰하기만 한다면 사태가 어떻게 귀결될 것인지를 알 수 있게 된다. 이렇게 미래예측학(占卜)은 심리학이나 인간행동이론으로 변모한다. 이치가 명확한데도 점을 친다는 것은 오히려 점칠 때의 금기인 '중복해서 점치는 행위'가 된다.[27] 이것이 바로 서筮와 리理에 대한 주자의 입장이다.[28]

이제 결정되지 않은 것은 철학적 담론으로서의 의리義理가 아니라, 그 리理를 따를 것인가 그렇지 않을 것인가의 여부 즉 계戒의 영역이 된다. 주자에게서 문제는 서筮와 리理의 충돌이 아니라 리에 따르지

---

26) 『朱子語類』, 권66, "易, 只則是箇空底物事."
27) 『朱子語類』, 권66, "這箇道理已是斷然見得如此, 必是吉了, 便自不用卜. 若卜, 則是重矣."
28) 『朱子語類』, 권66, "上古民淳, 未有如今士人識理義嶢崎; 蠢然而已, 事事都曉不得. 聖人因做易, 敎他占, 吉則爲, 凶則否, 所謂通天下之志, 定天下之業, 斷天下之疑'者, 卽此也. 及後來理義明, 有事則便斷以理義. 如舜傳禹曰: '朕志先定, 鬼神其必依, 龜筮必協從.' 已自吉了, 更不用重去卜吉也. 周公營都, 意主在洛矣, 所卜'澗水東, 瀍水西', 只是對洛而言. 其他事惟盡人謀, 未可曉處, 方卜. 故遷國·立君, 大事則卜. 洪範'謀及乃心, 謀及卿士', 盡人謀, 然後卜筮以審之."

않을 수도 있는 주체의 어리석음이다. 이 리를 따른다면 자연히 길하게 될 것이지만 이 리를 따르지 않는다면 흉하게 될 것이다. 흉하게 될 것을 알면서도 따르지 않는다면, 이는 눈앞의 이익만을 추구하면서 항구적인 이익을 볼 줄 모르는 어리석은 이가 됨을 의미한다.[29]

결론적으로 리는 『주역』에서 기술된 우주의 질서로서, 사회적 조건 속에서는 인간 심리와 행동의 '경향성' 혹은 '개연성'을 의미한다. 때문에 이 리를 따르는 것이 우주적 질서와 인간의 방식에 가장 부합하는 것이 된다. 그러나 인간에게는 그렇게 하지 않을 수 있는 자율성이 주어져 있다. 우주적 원리는 곧 당위로서의 도덕률이 된다. 따라서 우주적 원리에 따르지 않을 수 있는 자율성이란, 주체가 자유의지에 의해 행위를 선택할 수 있다는 의미 이외에, 도덕률을 거스르려고 하는 비도덕적 경향성을 지니고 있음을 의미한다. 도덕률을 거스르고 우주적 질서에 따르지 않는 것은 비도덕적임과 동시에 지극히 어리석은 것이다. 따라서 이러한 불합리를 향한 자율성에도 불구하고 우주적 질서를 따르는 것이 그에게는 가장 현명한 판단임과 동시에 가장 도덕적인 선택이 된다는 것을 알아야 한다.

이제 자율성은 우주적 질서와 도덕률을 어길 수 있다는 의미로부터 자발적으로 이 질서와 도덕률에 따를 수 있다는 의미로의 전환이 요구된다. 인간은 질서와 도덕에 저항할 수도 있지만 동시에 순응할 수도 있는 자유를 지닌 것이다. 이 자유를 극대화하면 자신을 지극히 현명하

---

29) 『朱子語類』, 권67, "凡易一爻皆具兩義, 如此吉者, 不如此則凶; 如此凶者, 不如此則吉. 如出門同人', 須是自出去與人同. 方吉; 若以從欲, 則凶. 亦有分曉說破底: '婦人吉, 夫子凶'; '咸其脢, 雖凶居吉'; '君子得輿, 小人剝廬'. 如'需于泥, 致寇至', 更不決吉凶, 夫子便象辭中說破云: '若敬愼, 則不敗也.' 此是一爻中具吉凶二義者. 如小過'飛鳥以凶', 若占得此爻, 則更無可避禍處, 故象曰: '不可如何也.'"

면서도 지극히 도덕적인 존재로 만들어 줄 것이다. 이것이 바로 공자가 추구한 '내 마음의 욕망을 따라도 도덕률에 아무런 위배가 되지 않는 상태'로서의 성인聖人인 것이다.

3. 무엇이 이로운가?: 상황적 합리성과 조화로움

그렇다면 『주역』이 일반화하여 정리한 사회적 관계 속에서의 인간 심리와 행위의 경향성은 구체적으로 어떤 것인가? 어떻게 행동하는 것이 역리에 부합하는 것인가? 『주역』 전체가 행위자의 이익을 위해 방향 지워져 있다면,[30] 어떻게 하는 것이 자신을 이롭게 하는 것인가? 『주역』은 결국 취길피흉取吉避凶을 위한 지침서다. 어떤 선택이 우리에게 이롭고 길한가가 언제나 행동 선택의 기준이 된다. 『주역』이 제시하는 바람직한 행동은 '그런 상황에서 우리가 취할 수 있는 가장 이로운 선택'이다. 그래서 주자는 이로움(利)을 옳음(宜)으로 번역한다.[31] 특정한 상황에서 자신에게 가장 '이로운 선택'은 주자에게서 곧 가장 '옳은 선택'이 된다.

그렇다면 '가장 옳은 선택'이자 '가장 이로운 선택'을 할 수 있는 조건은 무엇인가? 주자는 점치는 이에게 우선, 점쳐 얻은 상황(象)에 상응하는 도덕적 능력을 요구한다. 아무리 길하고 유리한 상황을 만났다 하더라도 점치는 이가 그에 상응하는 도덕적 능력 즉 덕德을 갖추고 있지 않으면 그러한 상황을 감당할 수 없다고 주자는 주장한다. 물론

---

30) 『朱子語類』, 권68, "周易一書, 只說一箇利."
31) 『周易本義』, 乾卦 卦辭, "利, 宜也."

그 반대의 경우도 마찬가지다. 아무리 얻은 괘·효사가 흉하다 하더라도 자신에게 이미 훌륭한 덕이 갖추어져 있으면 오히려 길할 수도 있다.[32] 이러한 주장은 『주역본의』 곳곳에서 발견된다.[33] 흔히 '점치는 이가 이와 같은 덕이 있으면 그 점이 이와 같다'는 형식이다.

점치는 이의 도덕성은 평소에도 요구되지만, 특히 특정 사태를 임하는 자세에서 더욱 요구된다. 그 사태를 대하는 점자占者의 태도가 어떠한가에 따라 점의 결과는 달라진다. 언제나 도덕적 태도(貞)를 견지해야만 이로울 수 있다.[34] 이는 물론 『주역』 괘·효사의 이어정利於貞이라는 구절에 대한 주석서로서 지니는 속박이지만, 주자는 주체의 도덕적 태도의 여부가 결국 점의 결과를 결정짓기 때문에 도덕적 태도가 분명하다면 달리 점을 칠 필요조차 없다는 입장을 견지한다.[35]

덕德 혹은 정貞과 같은, 점치는 이의 도덕적 태도는 텍스트 외적인 요인이다. 이런 텍스트 외적 요인은 아무리 텍스트를 분석해도 확인할 수 없는 영역이다. 아울러 『주역』의 점사占辭가 얼마나 사태 정합적인가의 질문을 피해 갈 수 있는 장치이기도 하다. 도대체 소인과 군자를

---

32) 『朱子語類』, 권66, "卦爻好則吉, 卦爻不好則凶. 若卦爻大好而己德相當, 則吉; 卦爻雖吉, 而 己德不足以勝之, 則雖吉亦凶; 卦爻雖凶, 而己德足以勝之, 則雖凶猶吉."

33) 대표적인 것이 坤卦 六五에서 거론하는 南蒯의 경우다. 남괴는 모반하기에 앞서 이 괘를 얻었지만, 그에게는 이에 합당한 덕성이 없었기 때문에 그 결과가 점에 부응하지 못했다.(坤卦 六五, "占者, 德必如是則其占, 亦如是矣, 春秋傳, 南蒯, 將叛, 筮得此爻, 以爲大吉, 子服惠伯, 曰忠信之事則可, 不然, 必敗, 外强內溫, 忠也, 和以率貞, 信也, 故曰黃裳 元吉, 黃, 中之色也, 裳, 下之飾也, 元, 善之長也, 中不忠, 不得其色, 下不共, 不得其飾, 事不 善, 不得其極, 且夫易, 不可以占險, 三者, 有闕, 筮雖當, 未也, 後, 蒯, 果敗, 此可以見占法 矣.") 이 외에도 坤卦 六二, 師卦 上六, 否卦 九五, 大有卦 九三 등이 해당된다.

34) 『朱子語類』, 권66, "如卜得'元亨利貞', 則雖大亨, 然亦利於正. 如不貞, 雖有大亨之卦, 亦不可 用."; "如卜得乾卦云'元亨利貞', 本意只說大亨利於正, 若不正, 便會凶.……中間都是正吉, 不 曾有不正而吉."(1632쪽)

35) 『朱子語類』, 권66, "易本是卜筮之書. 若人卜得一爻, 便要人玩此一爻之義. 如利貞之類, 只是 正者便利, 不正者便不利, 不曾說道利不貞者. 人若能見得道理已十分分明, 則亦不須更卜."

누가 판단한단 말인가? 우리가 확인할 수 있는 것은 오직 텍스트 내적 요인이다. 그렇다면 『주역본의』라는 텍스트만을 주목했을 때, 주자가 제시하는 '이롭고 옳은 선택' 즉 '상황적 합리성'의 전제는 무엇인가? 한마디로 그것은 모든 관계에서의 '조화로움'(和)이다. 이는 대체로 『역전易傳』이래로의 효위설(爻位說)을 계승한 것이지만, 주자에게서는 특히 모든 『주역』의 해석틀(體例)들이 관계 속에서의 조화로움이라는 의미로 통일된다.

첫째, 위치가 적절해야 한다(位). 어느 위치에 있느냐에 따라 길할 수도 흉할 수도 있다. 있어야 할 위치(中正)에 있어야 한다. 중中은 너무 낮지도 너무 높지도 않으면서 위아래와 좌우를 연결해 줄 수 있는 위치를 말한다. 물론 여기에는 행위에 있어서도 지나치거나 부족함이 없는 '적절함'을 유지하고 있다는 의미가 내포되어 있다. 정正은 자신의 성격이나 경향에 맞는 위치를 선택하여 자신에게 적당한 역할을 담당함을 의미한다.

둘째, 타자와의 관계가 적절해야 한다(應). 이는 위아래 혹은 상하괘 간의 관계(承·乘·比·應) 모두를 포괄하는 의미다. 윗사람과의 관계에서는 겸양과 보필의 덕목이 요구된다. 아울러 성장해 가는 자신의 존재가 상대에게 부담으로 느껴지지 않도록 일정한 거리를 유지하며 조심하는 자세도 간과될 수 없다. 아랫사람과는 협력과 상생의 관계가 요구된다. 그런데 아랫사람들은 자신의 일을 도와줄 수 있는 협력자들이면서도 자칫 자신의 성장을 방해하고 현실에 안주하게 만드는 유혹이 되기도 한다. 가까이 인접해 있는 사람과의 관계뿐만 아니라 멀리 있는 자와의 관계 역시 자신이 가야 할 바를 위한 협력자의 관계가 된다.

셋째, 시간적으로 적절해야 한다(時). 시점이 처음(初)이냐 끝이냐(上)

아니면 그 어디쯤이냐에 따라 판단의 기준은 달라진다. 『주역』은 사태의 전개를 여섯 단계로 구분하고, 각 단계에 맞는 태도의 변화를 요구한다. 사태의 처음에는 너무 급진적이고 의욕적으로 추진해서는 안 된다. 여건이 아직 형성되지 않았기 때문이다. 반대로 사태의 종결부에서는 다음 사태로의 전환을 준비하며 뒤로 물러날 줄 알아야 한다. 변하지 않으려는 자는 변화된 여건을 따라가지 못하는 걸림돌에 불과하다.

마지막으로 특정 사태에 입각한 적절함이 필요하다(事). 특히 괘명이 주는 특정한 사태는 그러한 사태에 따른 고유한 적절성을 요구한다. 예컨대 준괘屯卦 구오九五의 경우, 『주역본의』는 구오가 비록 양강陽剛의 자질을 갖추었고 중정中正으로서 존위尊位에 거하여 전반적으로 좋음에도 불구하고 준屯이라는 상황 때문에 자신의 입지를 충분히 활용하지 못한다고 주석하고 있다.[36]

이렇게 위치·관계·시점·사태 등에서의 적절함은 곧 '상황적 합리성'과 '관계에서의 조화로움'을 의미한다. 고정된 길吉 혹은 흉凶이란 없다. 자신이 본래 지닌 성향(剛柔)이 얼마나 자신이 위치한 자리와, 타자와의 관계 더 나아가 주어진 사태에서의 시점과 조화를 이루는지가 길흉을 판단하는 기준이 된다. 여기서는 자신이 본래 지닌 성향이나 자질 그 자체로는 특별한 의미를 지니지 못한다. 그것은 상황에 맞는 적절함을 지니고서 타자와의 조화로운 관계를 유지할 때라야 의미를 지닌다. 즉 상황적 합리성(宜)을 갖추고 타자와의 조화로운 관계(和)를 유지할 때, 점의 결과는 이利 혹은 길吉을 담보하게 된다.

---

36) 『周易本義』, 屯卦 九五, "九五, 雖以陽剛, 中正, 居尊位, 然, 常屯之時, 陷於險中, 雖有六二正應而陰柔才弱, 不足以濟, 初九, 得民於下, 衆皆歸之, 九五, 坎體, 有膏潤而不得施, 爲屯其膏之象."

타자와의 다양한 관계는 개별적으로 존재하지 않고 상호 연계되어 종합적으로 작용한다. 예컨대 강剛이라도 음陰의 자리에 있어서는 안 된다. 그러나 아무리 적당한 자리가 아니라도 중中의 위치라면 괜찮을 수도 있다. 물론 거기에는 주변의 조력자들이 필요하다. 자신의 강剛이 윗사람의 강剛과 충돌하기도 하겠지만, 상하괘의 유연柔軟한 조력자와는 잘 들어맞을 수도 있다. 이 모든 것은 자신이 지닌 성향이나 본질보다는 타자와의 관계가 훨씬 중요함을 의미한다.

이렇게 주자는 개체가 개별적으로 존재하는 것이 아니라 타자와의 유기적 관계 속에서 존재한다는 동양적 사유의 전통에 서 있다. 이런 관점에서는 타자와의 관계를 무시하고 자신만의 독립적인 이익을 확보한다는 것이 바람직하지도 않고 가능하지도 않다. 타인과의 조화로운 관계와 상황에 맞는 적절함을 고려하지 않는 이들은 자신만의 이익을 추구하지만, 그것은 결국 자신의 이익도 확보하지 못하는 결과를 맞게 된다. 주자는 이익과 도덕의 관계에 대해 다음과 같이 말한다.

> 이익은 도덕 속에서 나온다. 모든 일들이 적당하고 합리적으로 처리될 때 이익은 자연스럽게 그에 맞춰 나온다. 때문에 「문언전」에서는 "이익은 도덕의 조화로움이다"라고 말했던 것이다. 대개가 도덕은 이익을 겸하게 된다. 그러나 만약 이익만을 추구한다면, 이익과 도덕의 관계에서 중반 이하(利)만을 쫓아가고 윗부분(義)은 버려두는 것이다. 소인은 그저 후반부만을 알지만 군자는 처음부터 시작한다.[37]

주자의 관점에서 진정한 이익(利)은 도덕(義) 속에서 찾아진다. 도덕은

---

37) 『朱子語類』, 권68, "利, 是那義裏面生出來底. 凡事處制得合宜, 利便隨之, 所以云'利者義之和'. 蓋是義便兼得利. 若只理會利, 卻是從中間半截做下去, 遺了上面一截義底. 小人只理會後面半截, 君子從頭來."

겉보기에는 너무 엄격하여 조화롭지도(和), 이익이 되지도 않는 것처럼 보인다. 그러나 각자가 자신의 위치에서 자신이 얻어야 할 것을 얻을 때 비로소 진정한 이익이 확보된다.[38] 때문에 주자에게 있어서 도덕과 이익은 별개의 것이 아니다. 다음 구절은 도덕과 이익에 대한 주자의 결론에 해당한다.

「문언전」의 "만물을 이롭게 하는 것은 족히 도덕을 조화롭게 한다"라는 구절은 가장 이해하기 어렵다. 소씨는 "깎아 내는 것이 도덕이니, 반드시 이익으로 그것을 조화롭게 만들어야 한다"라고 해석했다. 그래서 예컨대 무왕이 주임금을 정벌한 것은 도덕인데, 그냥 도덕만 추구하면 천하의 민심을 얻을 수 없기 때문에 반드시 재물과 곡식을 푼 뒤에야 그 도덕을 조화롭게 할 수 있다고 본 것이다. 이렇게 이해하면 도덕은 이익의 밖에 있는 것이 되어 둘로 나뉘어 버리게 된다. 도덕이 도덕일 수 있는 이유는 그저 '상황적 적절함'(宜)이기 때문이다. 도덕이 처음 보기에는 매우 엄격해 보인다. 예컨대 "남자는 밖에 자리하고 여자는 안에 자리한다"와 같이 내외의 구분이 엄격한 것과 같다. 군주는 위에서 존엄을 지키고 신하는 아래에서 받들어 모시니, 신분적 질서를 침범할 수 없는 것과 같다. 때문에 매우 조화롭지 못한 것처럼 보인다. 그러나 모두들 자신이 처한 위치에서의 적절함을 얻을 수 있게 한다면 그 조화로움은 그 어떤 경우보다도 크다고 하겠다. 천지와 만물이 모두 자신이 있어야 할 위치를 얻게 되는 경우까지도 그저 이익이 조화롭기 때문에 가능한 일이다. 이것은 결국 도덕 속에서 조화로움을 찾은 것이다.[39]

---

38) 『朱子語類』, 권68, "義初似不和, 卻和. 截然而不可犯, 似不和; 分別後, 萬物各止其所, 卻是和. 不和生於不義. 義則無不和, 和則無不利矣."

39) 『朱子語類』, 권68, "'利物足以和義', 此數句最難看. 老蘇論此謂慘殺爲義, 必以利和之. 如武王伐紂, 義也. 若徒義, 則不足以得天下之心, 必散財發粟, 而後可以和其義. 若如此說, 則義在利之外, 分截成兩段了! 看來義之爲義, 只是一箇宜. 其初則甚嚴, 如男正位乎外, 女正位乎內', 直是有內外之辨; 君尊於上, 臣恭於下, 尊卑大小, 截然不可犯, 似若不和之甚. 然能使之各得其宜, 則其和也孰大於是! 至於天地萬物無不得其所, 亦只是利之和爾. 此只是就義中便有一箇和."

주자에게서 이로움이란, 모두가 자신의 존재를 최대한 실현시키면서도 서로에게 침해가 되지 않는 상태를 말한다. 즉 각자 자신의 몫(分)을 얻는 것, 그것이 곧 도덕(義)이 된다.[40] 그가 말하는 도덕이란 상황에 맞춘 적절함(宜)이지 초월적으로 실재하는 그 어떤 것도, 절대적 존재가 명한 그 무엇도 아니다. 각자 자신이 있어야 할 위치와 역할을 지킴으로써 각자 자신의 몫을 확보할 수 있는 것, 그것이 바로 진정한 이익이자 도덕이다.

4. 도덕은 이익이다

그리스 신화의 신처럼 초월적 존재의 무원칙한 의지가 아니라면 결정론은 일반적으로 인과론에 기반한다. 특정한 결과는 특정한 원인을 갖는다는 관점은, 거꾸로 특정한 원인이 제공되는 한에서는 특정한 결과가 도출된다는 '법칙'을 상정하게 한다. 법칙은 시간과 장소를 불문하고 일반적으로 적용되어야 한다는 측면에서 자연스럽게 '예측'과 연결될 수 있다. 법칙은 예측의 바탕이 되는 설명력을 지니기 때문이다.

역학의 역사는 철저하게 점복占卜이라는 미래예측의 방법으로부터 인간사회의 관계성에서 드러나는 경향성과 개연성을 일반화하고 규범화함으로써 이성과 합리를 도출해 내는 과정이었다고 할 수 있다. 『역전』을 비롯한 모든 『주역』 연구자들은 점복이라는 도구를 통하여 인간의 본질과 사회의 구조 속에서 발견되는 양상들을 유형화하고

---

40) 『周易本義』, 乾卦 「文言」, "利者 生物之遂 物各得宜 不相妨害 故於時爲秋 於人則爲義而得其分之和."

체계화했다. 그리고 그렇게 정리한 인간의 양상과 유형은 그대로 동양사회의 이성과 질서가 되었다. 때문에 '결정론적 미래예측술'은 이제 인간이 따라야 할 당위와 윤리가 되었고, '결정되어 있는 법칙'으로 작용하게 되었다.

송대의 역학자들이 필요로 한 것은 바로 이러한 논리성과 법칙성이었다. 우연적인 세계 속에서 필연적인 법칙을 찾아야 했고, 주관적인 주장들 속에서 일반적이고도 객관적인 당위를 찾아야 했다. 그래서 『주역』의 법칙성은 이제 그들에게 와서 '합리성'이 되었다. 그런데 이러한 당위는 이성적이고 합리적인 세계의 법칙에 대한 전제가 없이는, 그리고 그에 대한 자발적인 동의와 선택을 인정하지 않고는 이해될 수 없는 개념이다. 세계의 이 이성적이고 합리적인, 즉 대다수의 사람들이 받아들일 수 있는, 혹은 받아들여야 하는 어떤 것으로 믿는, 혹은 요청하는 그것이 바로 그들이 말하는 태극太極이고 역리易理다.

주자의 관점에서 우리를 자유롭게 하지 못하는 것은 '도덕적 굴레'가 아니라 오히려 자신으로 하여금 도덕적 당위를 따르지 못하게 만드는, 그래서 존재와 당위를 균열케 만드는 '이기적 욕망'이거나 비합리적인 '사회적 조건'들이다. 송대 신유가들이 '인격적 개인'과 '이성적 사회'를 건설하는 데 있어서 가장 경계하고자 한 대상은 '이기적 욕망의 주체로서의 자기 자신과 '이기적 욕망'의 외화적 결정結晶인 소인小人들이었다. 이기적 욕망과 그러한 욕망에 의해 추동되는 개인들은 개체 간의 존재론적 유기성을 부정하고 유아적唯我的 이익을 추구함으로써 궁극적으로 자신과 사회의 존재질서를 훼상케 한다.

따라서 주자에게 있어서 자유의지는 존재의 법칙을 어기고 떠날 수 있음을 의미하는 것이 아니라, 오히려 존재의 법칙을 충실히 내면화하고 실현시킬 수 있음을 의미한다. 이런 의미에서 그의 관점은 소크라테스나 데카르트와 같은 '윤리적 결정론'이라고 말할 수 있다. 사람들은 언제나 자신에게 최상의 것이라고 여겨지는 것을 선택할 것이며, 만일 그렇게 하지 않는다면 그것은 무심결에 하는 것이거나 무지에 의한 것이라고 그들은 주장한다. 때문에 주자의 입장에서 자유롭고도 올바른 선택을 할 수 있기 위해서는 꾸준히 교육시키고 그것을 내면화하는 과정이 필요한 것이다.

자신에게 가장 이로운(利) 선택이기 위해서는 타자와의 관계에서 가장 조화로운(和) 선택이어야 한다. 타자와의 관계를 무시하고 눈앞의 이익을 추구하는 것은 사회적 존재로서의 인간이 지니는 심리적·행위적 경향성을 무시한 어리석은 행동이 된다. 그래서 타자와의 관계를 중시하며 조화로운 이익을 추구하는 것은 자신에게 이로운 선택인 동시에 주어진 상황에 가장 부합하는 합리적 선택(宜)이고, 결국 그것은 자신을 포함한 모두의 이익을 확보할 수 있는 도덕적 선택(義)이 된다. 이렇게 이利는 화和를 통해 의宜가 되고 의義가 된다. 진정한 개인의 이익은 모두의 이익이 되고, 그래서 도덕이 된다. 즉 참다운 의미에서의 합리적 판단은 도덕적 선택을 불러온다.

제12장 『주역본의』의 성리적 성격

1. 주자역학과 주자의 성리학

이 장에서는 우선 주자 역학의 대표작인 『주역본의』의 주석에서 성리적 성분을 실증적으로 추출한다. 그리고 그것이 이전의 의리역학 특히 정이程頤의 의리역학과 어디가 같고 어떻게 다른가를 추적함으로써 『주역본의』의 주석적 특징을 규명하고, 궁극적으로 그의 역학과 성리학의 관계를 해명하고자 한다.

많은 연구자들은 주자의 성리설 특히 천도와 인도를 아우르는 존재론의 체계 및 그로부터 파생되는 심성론과 수양론의 체계가 그의 역학 특히 의리역학으로부터 많은 자원을 얻고 있다고 생각한다. 그 이유는 의리역학이란 주로 의미와 도덕의 문제를 다루기에 주자의 성리설과 매우 긴밀한 관계를 지니게 된다는 것이다. 뿐만 아니라 정주이학程朱理學이라고 일컬어지듯, 정이程頤의 『정씨역전程氏易傳』도 의리역으로서 주자의 의리역 형성에 많은 역할을 했다고 평가한다. 결국 최종적으로 정주이학적 관점이 주자의 역학에 투영된 것으로, 혹은 그의 역학이 성리학의 이론적 근간이 되어 준 것으로 판단한다.[1]

---

1) 주자의 역학을 성리학과 관계있는 것으로 보는 관점들로서 우리는 다음과 같은 입장들을 확인할 수 있다. 양재학 교수는 『주역본의』의 부록격인 「五贊」에서 출현하는 '稽實待虛'에 근거하여, "주자의 '稽實待虛'의 관점은 단순히 괘효사에 나타난 언어에

그러나 이 장은 학계의 이러한 관점에 대한 회의로부터 시작한다. 필자의 회의는 크게 세 가지로 집약된다. 첫째, 과연 텍스트로서의 『주역본의』의 주석체계는 의리역학인가, 그래서 그것을 근거로 주자의 역학을 성리학적이라고 부를 수 있는가? 이는 근본적으로 주자의 역학에서 차지하는 『주역본의』의 위치와 그 성격에 대한 질문이며, 이에 대한 재규정이 필요하다는 입장의 반영이다. 둘째, 과연 주자의 의리역학은 정이의 의리역을 계승한 것인가? 이는 『주역본의』에 대한 실제적인 분석과, 또 『정씨역전』과의 비교를 통해 밝혀야 할 부분이지만, 주자의 역학이 『정씨역전』에 대한 불만으로부터 시작되었음을 고려할 때 당연

집착하여 길흉을 점치는 종래의 술수적 복서관을 理本論的 체계로 차원을 전환시킴으로써 일상적인 복서와 엄격히 구별하여 역학을 보다 보편타당한 학적 이론으로 정립시킨 점에서 높이 평가될 수 있다'라고 주장하고, 또 "우리는 그의 성리학의 주요 문제인 理氣問題·理事問題·道器問題 등의 이론적 준거는 괘효상·괘효사와 그 理를 이분적으로 해석하는 역학적 기반에 기인함을 알 수 있다'라고 하였다.(양재학, 「朱子의 性理學과 易哲學에 관한 硏究」, 『汎韓哲學』 Vol.8, 범한철학회, 1993, 47~48쪽) 이세동 교수 역시 「오찬」에 근거하여 四聖一心說과 理先事後說을 '理學的 해석'이라고 제시한다.(이세동, 「〈周易五贊〉에 나타난 朱子의 易學體系」, 『中國語文學』 제26집, 嶺南中國語文學會, 1995, 139~147쪽 참고) 천병돈 교수는 "주자의 의리역은 자신의 철학체계를 바탕으로 해서 『주역』을 해석한 것"이라고 했다.(천병돈, 「주자역학은 상수학인가?」, 『周易硏究』 제5집, 한국주역학회, 2000, 24쪽) 주자의 성리학과 역학의 관계를 본격적으로 논한 이는 남명진 교수다. 그는 "상수역의 이론의 일부분을 적출하여 성리학을 설명하기도 하였고 비교적 적은 부분이지만 복서역에 대한 부분적 설명을 가지고 성리학의 부분적인 설명을 했을 뿐 역의 일관된 사유체계를 성리학의 이론체계에 완전 일치시켜 놓지는 못했다. 역사상에 있어서 성리학 체계에 주로 인용된 부분은 계사의 '易有太極, 是生兩儀, 兩儀生四象, 四象生八卦'의 부분이라든가 '一陰一陽之謂道'의 부분을 비롯해서 그 밖의 乾坤의 象象文言등과 몇몇 괘의 괘효사 또는 象象을 인용하는 정도였기 때문이다.…… 주역에 있어서 이(理를 의미 - 필자)의 개념은 별로 많이 사용되지 아니했을 뿐만 아니라 정자와 주자가 보는 이의 개념은 발견되지 않는다'라고 하였다. 그는 주자의 복서역·상수역·의리역이 각각의 영역에서는 심도 있게 연구되었지만 "완전한 통일성 있는 일관논리는 결여되어 있다"고 보았다. 그래서 "그 결과 주자 성리학은 역철학의 사상체계를 제대로 이해하여 그 체계로 성리학의 체계화를 한 것이 아니라 다만 주역의 일면적 사상 체계만을 부분부분 원용했다고 할 수 있겠다"라고 결론을 내린다.(남명진, 「주자의 성리학과 역학」, 『周易硏究』 제5집, 한국주역학회, 2000, 179~180쪽 및 183쪽)

히 회의되어야 할 내용이다. 셋째, 주자는 과연 성리학적 관점으로 그의 『주역본의』를 주석하였는가, 혹은 주자의 의리역학은 그 자신이 집대성한 성리학의 이론적 기반 역할을 하고 있는가? 그래서 그의 역학과 성리학은 상호 치환될 수 있는 영역의 것인가?

주자의 의리역학이 그의 성리설과 긴밀한 관계를 지니고 있다고 보는 기존의 연구를 회의하는 이유는, 이들 연구가 대부분 텍스트로서의 『주역본의』에 기반하고 있지 않고 상당수 『주자어류』나 『문집』 등으로부터 자원을 얻고 있기 때문이다. 이 때문에 그의 역설과 성리설은 섞이고 엉겨서 선후와 차이가 무화되어 버렸다. 이는 실제의 텍스트로부터 출발하지 않고 '정주이학程朱理學' 혹은 주자학이라는 전제에서 출발하여 거꾸로 텍스트를 규정함에서 오는 순환논증의 오류에 해당한다. 때문에 이 연구는 무엇보다 텍스트로서의 『주역본의』로 회귀하고자 한다.

이는 그의 역학을 논구하면서 여타의 저작을 동원해서는 안 된다는 말이 아니다. 오히려 심층적이고 체계적인 연구를 위해 모든 동원 가능한 자료들이 추적되어야 한다. 그러나 그러한 '종합적'인 연구는 자칫 개개의 텍스트가 갖는 고유한 의미와 가치를 소거시킬 가능성이 있다. 더 나아가 이러한 '종합적' 연구는 주자 학술 내부의 각 체계가 갖는 시간적·구조적 배치의 의미와 특성을 해체할 우려가 크다. 주자의 역학 특히 의리역학이 성리학의 이론적 배경이 되었다는 관점을 받아들일지라도, 『주역본의』가 갖는 텍스트로서의 고유한 의의와 특징을 주목하지 않을 때 우리는 기존 철학사의 일반적 관점을 묵수할 수밖에 없을 것이다.

그렇다면 주자의 성리설은 어떻게 규정할 것인가? 여기에도 물론 많은 논란이 있을 수 있다. 관념적 형이상학만을 생각하는 사람도 있을 수 있고, 예학과 경학 혹은 경세학까지도 포함되어야 한다고 주장하는 사람도 있을 수 있다. 그러나 우리는 여기서 주자의 성리학을 규정하려는 것이 아니다. 『주역본의』의 주석적 특징이 '성리학적'이라고 하는 통상의 이해가 적실한지를 점검하고자 하는 것일 뿐이다. 때문에 이 글에서 말하는 '성리적性理的'이라는 용어의 의미는 '성性과 리理에 대한 학문' 즉 통상적인 이기理氣·심성心性·수양修養 및 천인합일天人合一로 한정하고자 한다.

주자의 의리역학은 분명 리理를 그 근간으로 한다. 그는 「계사전」의 도道와 태극太極을 리로 번역함으로써 북송 이래의 도학파道學派 역학을 종합·완성한다. 아울러 그의 이기론 체계는 『주역』의 태극·음양 개념을 통해 완성되었다. 이렇게 볼 때 분명 주자의 의리역학은 그의 성리학과 떼어놓고 생각할 수 없으며, 그의 성리학은 역학으로부터 많은 자원을 제공받았다. 그러나 『주역본의』의 주석을 실제적으로 분석할 때 이러한 이해는 그다지 쉽게 동의될 수 있는 것이 아니다. 기존 연구가 『주자어류』 등 여타의 저작에 의존하는 이유와, 태극太極이나 일음일양一陰一陽 같은 몇몇의 개념과 명제에 대한 설명으로부터 벗어나지 못하는 이유가 여기에 있다.

『주자어류』와 같은 여타 언설들의 간섭을 배제한 채 텍스트로서의 『주역본의』의 주석을 실증적으로 분석하여, 과연 그 속의 어떠한 성분들이 도학파의 관점들로부터 받은 영향이며 그것이 어떻게 주자의 성리학 체계에 기여하고 있는지를 살피는 것은 이 때문에 중요하다.

2. 『주역본의』는 의리역학이기에 성리적인가?

일단의 연구자들은 주자의 『주역본의』가 의리역학이기 때문에 그의 성리설과 긴밀한 연관을 갖는다고 말한다. 잘 알려진 것처럼 역학은 크게 상수학파와 의리학파로 나눌 수 있다. "주로 괘명의 의의와 괘의 성질로 『주역』의 경과 전의 글을 해석하며, 괘효상과 괘효사의 의리를 밝혀 드러내는 데에 중점을 둔 역학을 의리학이라" 한다.[2] 예컨대 건괘乾卦의 경우, 건乾이라는 괘명이 지닌 의미 및 성질 즉 '강건剛健함' 등으로 경전문의 '의리'를 해석하는 것이 의리학이다. 그러면 '의리'란 무엇인가? 의리는 "자연사물의 법칙이나 인간의 실천적 가치를 지칭하는 말"이다.[3] 즉 자연의 법칙과 인간의 규범을 의미한다고 할 수 있다. 이를 정리할 때 의리역학이란, 괘명 및 괘·효상과 괘·효사에서 드러나는 '의미'(義)와 '이치'(理)로써 자연의 법칙과 인간의 규범을 해설한 것이라고 할 수 있다.

주자는 상수역이나 의리역이나 할 것 없이 당대의 역학이 본래의 의미를 밝히는 데 부족하기 때문에 직접 『역학계몽』과 『주역본의』를 저술했다고 밝히고 있다.[4] 『주역본의』는 정말 '의리역학적'인가? 그래서 그것을 근거로 『주역본의』를 성리학적이라고 할 수 있는가?

『주역본의』는 건괘乾卦에서 "건자乾者, 건야健也"라고 한 것처럼 분명히 '의미'로 『주역』을 해설하고 있다. 이세동 교수는 『주역본의』에서 동원되

---

2) 朱伯崑 외 저, 김학권 역, 『주역산책』(예문서원, 1999), 112쪽.
3) 엄연석, 「〈주역〉의 상징체계와 程頤 〈易傳〉의 의리역학」, 『태동고전연구』 제21집 (2005), 248쪽.
4) 『朱熹集』, 권60, 「答劉君房」, "所喻讀易甚善. 此書本爲卜筮而作, 其言皆依象數以斷吉凶. 今其法已不傳, 諸儒之言象數者例皆穿鑿, 言義理者又太汗漫, 故其書爲難讀. 此本義·啓蒙所以作也."

제12장 『주역본의』의 성리적 성격   303

는 '의미'를 '괘명卦名·괘덕卦德·괘주卦主·효위爻位'로 정리했다.[5] 때문에 '의미'의 측면에서는 『주역본의』를 '의리역학적'이라고 할 수 있다. 하지만 그것만으로 『주역본의』를 성리학적이라고 규정할 수는 없다. 만일 '의미'에 의한 해설만으로 '성리학적'이라고 판단한다면 「단전」이나 「계사전」 더 나아가 왕필이나 한강백 등도 모두 성리학적이라고 해야 할 것이다.

'이치'의 경우도 마찬가지다. 『주역』에서 말하는 '이치'란 앞에서 지적한 것처럼 자연의 법칙과 인간의 규범이라고 할 수 있다. 먼저 규범 즉 도덕의 측면을 살펴보자.[6] 『주역본의』는 물론 '도덕적'이다. 곤괘坤卦 육오 효사의 주석에서 인용한 남괴南蒯의 고사에서처럼, 주자는 『주역』의 점복이 가능하기 위해서는 점치는 이의 덕성이 그에 상응해야 한다는 입장을 지니고 있다.[7] 혹은 복괘復卦 육사 효사의 주석에서처럼 도덕적으로 당연한 것은 길흉을 따지지 않는다는 의무론적 입장을 보이기도 한다.[8] 이러한 입장은 곤괘困卦 괘사에 대한 주석에서 극대화되는데,

---

5) 이세동, 「주자 『주역본의』 연구」(서울대학교 박사학위논문, 1996), 101~111쪽 참고. 그러나 이세동 교수가 보여 주듯이 주자는 동시에 『주역본의』에서 卦象·十二消息卦·卦變 등의 전주체례도 사용하고 있다. 한대 상수학자들에 비해서 분명히 제한적이기는 하지만 주자가 상수 체례를 완전히 거부한 것은 아니다.(79~100쪽 참고.) 이세동 교수는 이 밖에도 주자가 『주역본의』에서 호체를 사용하지는 않았지만 互體를 인정했다고 밝히고 있다.

6) 방인 교수는 "주자는 양자(의리역과 상수역을 가리킴 - 필자)를 절충시킴에 있어서 의리학으로부터는 철학적·윤리적 해석 정신을, 그리고 상수학으로부터는 그 해석 방법론을 수용코자 했다"고 하면서 주자의 의리학이 '철학적·윤리적'임을 주장했다.(방인, 「朱子의 易學的 세계관과 易學史에서의 朱子學의 위치」, 『哲學研究』 24집, 哲學研究會, 1988, 276쪽)

7) 『原本周易』, 坤卦 六五, 本義, "春秋傳, 南蒯將叛, 筮得此爻, 以爲大吉. 子服惠伯曰忠信之事則可, 不然必敗. 外强内溫忠也, 和以率貞信也, 故曰黃裳元吉. 黃中之色也. 裳下之飾也. 元善之長也. 中不忠不得其色, 下不共不得其飾, 事不善不得其極. 且夫易不可以占險, 三者有闕, 筮雖當未也. 後蒯果敗. 此可以見占法矣."

8) 『原本周易』, 復卦 六四, 本義, "四處群陰之中而獨與初應, 爲與衆俱行而獨能從善之象. 當此

304   제2부 주자 역학: 균형과 질서

주자는 심지어 자신에게 불이익이 온다 하더라도 도道에 도움이 된다면 족하다고까지 한다.[9] 이렇게 볼 때 주자의 『주역본의』는 분명히 도덕적이다.

그러나 「문언전」이나 「상전」과 같은 『역전』에 이미 도덕적 언술은 상당수 출현한다. 예컨대 건괘乾卦 「대상전」의 '자강불식自彊不息'이나 「문언전」의 '한사존기성閑邪存其誠'과 같은 표현들은 모두 규범적이라고 할 수 있다. 또한 왕필이나 한강백 등의 의리역학 역시 규범적이라고 할 수 있다. 그렇다고 해서 이 모든 것들을 성리학적이라고 할 수는 없다. 때문에 단순히 도덕적이라고 해서 성리학적이라고 할 수는 없다는 결론에 이른다.

한편, 「상전」을 비롯한 『역전』은 거의 언제나 인간의 규범이 자연의 법칙을 이어받은 것이라는 입장을 취하고 있다. 이것이 바로 성리학자들이 말하는 소위 '천인합일'이며, 성리학자들이 『주역』을 중시한 이유라고 할 수 있다. 그러나 이것은 『역전』이 지니는 기본적인 성향이지, 이것을 곧장 성리학적이라고 할 수는 없다. 문제는 주자가 『주역』의 경전문에 '성리학적'인 주석을 했느냐이다. 이에 대해서는 제4절에서 본격적으로 논하도록 하겠다.

주자의 『주역본의』는 기본적으로 '도덕적'이기보다는 '점서적'이다. 『주역본의』의 '도덕적' 측면은 주석의 내용이 아니라 『역전』이 지니는 고유한 특성에 대한 보충일 뿐이다. 또한 '도덕적'이라고 해서 곧장

之時, 陽氣甚微, 未足以有爲, 故不言吉. 然理所當然, 吉凶非所論也. 董子, 曰仁人者, 正其義不謀其利, 明其道不計其功, 於剝之六三, 及此爻見之."

9) 『原本周易』, 困卦 卦辭, 本義, "困者窮而不能自振之義. 坎剛爲兌柔所揜. 九二爲二陰所揜, 四五爲上六所揜, 所以爲困. 坎險兌說, 處險而說, 是身雖困而道則亨也. 二五剛中, 又有大人之象. 占者處困能亨則得其正矣. 非大人其孰能之."

'성리적'이라고 할 수 없음은 자명하다. 왜냐하면 그렇게 될 때 『역전』과 왕필 등은 모두 '성리적'이 되기 때문이다. 주자의 『주역본의』는 의리적이다. 그러나 거기서의 의리적이라는 말은 의미와 이치를 설명하는 정도의 차원으로, '성리적'인 것과는 무관하다.

3. 『주역본의』는 『정씨역전』을 계승했기에 성리적인가?

본 연구가 기존의 관점에 대해 회의하는 두 번째 문제는, 과연 '정주이학程朱理學'처럼 '정주역학程朱易學'이라고 부를 수 있을 만큼 정이와 주자의 의리역학 속에 연속성이 존재하는가이다. 그래서 『정씨역전』이 정이의 철학에서 차지하는 위상처럼 『주역본의』가 주자의 성리학을 떠받들어주는 근거가 되어주는가이다. 역학사를 상수학파와 의리학파로 구분하는 일반적인 분류법은 『사고전서총목제요四庫全書總目提要』에서 시작되었다. 『총목제요』는 두 학파를 다시 각각 세 학파로 분류한다. 그 중 의리학파에는 왕필의 노장적 역학, 호원胡瑗과 정이의 유가적 역학, 이광李光과 양만리楊萬里의 사학적史學的 역학 등이 있다.[10] 이렇게만 보자면 주자의 의리역은 독립적인 지위를 지니지 못하는 것 같다. 결국은 철학사에서의 '정주이학'처럼 '정주역학' 즉 주자의 역학은 정이의 아류 정도로 이해되는 것이 자연스러울 것 같다.

다만, 정이가 철학적 함의에 주안을 둘 뿐 상수의 독립적 의의와 가치를 인정하지 않은 왕필의 관점을 계승한 반면 주자는 상수의 독립적 의미를 인정하는 차이가 존재한다는 정도는 우리 학계도 대체로 인정하

---

10) 永瑢 등, 『四庫全書總目』(中華書局, 1965), 經部, 易類, 1쪽 참고.

고 있다. 정이는 리理-상象-수數-서筮의 구조에서 상수象數와 복서卜筮
는 결국 리理를 드러내기 위한 도구에 불과하다고 보았다. 그리고 그
리를 드러내는 것은 사辭로써 족하기에 자신은 사만 주석하겠다고
분명히 밝혔다.[11] 반면 주자는 상과 수 없이는 리가 드러나지 않기
때문에 상과 수의 독립적 지위를 인정해야 한다고 생각했다.[12] 그러나
리에 대한 이해에 있어서만큼은 우리 학계는 일반적으로 두 사람의
관점이 일치한다고 보고 있다. 즉 정주이학의 철학적 연속성이 둘의
역학에서도 여전히 확인된다는 것이다.[13]

하지만 이 역시도 실제 문헌분석을 거쳤을 때는 그렇게 쉽게 용인될
수 있는 문제가 아니다.[14] 과연 기존의 연구가 주장하는 것처럼 리

---

11) 『原本周易』, 「易傳序」, "易有聖人之道四焉. 以言者尚其辭, 以動者尚其變, 以制器者尚其象, 以卜筮者尚其占. 吉凶消長之理, 進退存亡之道, 備於辭. 推辭考卦, 可以知變. 象與占, 在其中矣.……得於辭不達其意者有矣, 未有不得於辭而能通其意者也."

12) 『朱熹集』, 권38, 「答趙提擧〈善譽〉」, "大抵易之書本爲卜筮而作, 故其詞必根於象數."

13) 엄연석 교수는 주자가 정이에 비해 상을 강조하는 입장을 취하면서도 中正과 比應 등 의리역학적 관점을 유지하면서 정이의 관점을 계승했다고 보고 있다. 그런데 그는 "정이는 이러한 왕필의 도가적 의리역학을 성리학의 理本체론과 유가적 경세론의 시각에서 유가적 의리역학으로 전환시켰다"고 보고 있다.(엄연석, 「〈주역〉의 상징체계와 程頤 〈易傳〉의 의리역학」, 『태동고전연구』 제121집, 243쪽 및 256쪽)

14) 성리적 성격을 제외하고도 우선 주목해야 할 것이 『정씨역전』의 정치철학적 성격이다. 주자는 정이의 『역전』을 평가하면서, 그 자체로 훌륭한 책이지만 『주역』의 원의와는 무관하다고까지 비판한다. 정이는 자신의 관점에 권위를 부여하기 위해 경전을 끌어다 쓴 것이지 경전 고유의 의미를 풀어낸 것이 아니라는 말이다.(『朱子語類』, 권67, "伊川見得蓋大道理, 將經來合他這道理, 不是解易.";『朱子語類』, 권67, "問, 易傳如何看? 曰, 且恁地看. 又問, 程易於本義如何? 曰, 程易不說易文義, 只說道理極處, 好看.") 그 때문에 주자는 자신의 저작에 '本義'라는 이름을 붙인 것이다. 정이의 정치철학적 주석과는 반대로 『주역본의』는 극히 한정적으로 사대부와 황제의 관계 혹은 여타의 사회적 관계로 爻位 간의 관계를 논할 뿐이다. 이는 『역경』을 卜筮로 보는 그의 입장에서는 당연한 결과이다. 그런 점에서 서대원 교수는 주자의 "『周易本義』는 『易程傳』을 보충하기 위한 것이 아니라 대체하기 위한 것이다"라고 규정한다.(서대원, 「朱子易學評議」, 『東洋哲學』 37집, 한국동양철학회, 2012, 135쪽.) 많은 이들이 주자의 『주역본의』가 간략한 형식을 유지하고 있거나 유보적 태도를 보인다는 점을 들어, 이것이 그가 정이의 『정전』을 암묵적으로 인정한 증거라고 주장한다. 주자는 분명 정이

혹은 태극과 같은 존재론 영역에 대한 관점에서는 두 사람 사이에서 연속성을 발견할 수 있는가? 알려진 것처럼 정이는 「계사전」에 주석하지 않았다. 그리고 『이정유서二程遺書』 등 그의 어떤 저작에서도 '태극太極' 개념은 언급되지 않는다. 주돈이·소옹과 같은 이들이 『역전』의 태극을 자신의 중요한 철학적 개념으로 삼은 것에 비하면 오히려 이상한 현상이라고까지 할 만하다.

태극을 제외한 다른 개념어들 특히 '리理'와 같은 존재론 체계에서는 두 사람 간의 유사성이 존재하는가? 주자는 몇몇 곳에서 정이의 해석을 거의 그대로 가져오고 있다. 예컨대 건괘乾卦 「대상전大象傳」의 "건도변화乾道變化, 각정성명各正性命"에 대한 주석에서 주자는 정이의 "천소부위명天所賦爲命, 물소수위성物所受爲性"이라는 주석을 거의 그대로 가져와 "물소수위성物所受爲性, 천소부위명天所賦爲命"이라고 주석하고 있다. 심지어는 곤괘坤卦 「문언전文言傳」에서처럼 주자는 총 세 차례 "정전비의程傳備矣"라고 주석하면서 정이의 관점에 온전히 동의하고 있다. 그 밖에도 두 차례에 걸쳐 자신의 관점에 확신이 없을 때 『정전』의 관점을 인용하고 있다.

그러나 오히려 훨씬 더 많은 곳에서 주자는 자신만의 주석을 부기하면서 『정전』의 관점에 동의하지 못하는 자신의 입장을 내비치고 있다. 예컨대 건괘乾卦 괘사에 대한 주석에서 『정전』은 다음과 같이 주석하고 있다.

의 의리적 해석에 동의하고 있다. 그러나 그것은 정이의 철학일 뿐 『주역』과는 무관한 것이라고 이미 분명히 여러 차례 밝히고 있다. 주자가 정이의 철학을 반대할 이유는 없다. 그러나 그것은 텍스트로서의 『주역』과는 무관하다는 것이다. 주석으로서 의미 있는 『정전』의 내용에 대해서만 주자는 "『역전』을 보라"라고 명시하고 있다. 이렇게 분명한 증거를 무시하고 왜 '암묵적'인 증거를 반복해 인정해야 하는지 필자는 이해할 수 없다.

건乾은 하늘이다. 천天은 하늘의 형체이고, 건乾은 하늘의 성정이다. 건乾은
강건함이다. 강건하여 쉼이 없는 것을 일러 건乾이라고 한다. 반면 천天은
그 자체로 오롯하게 말하면 도道이다. "하늘도 하물며 어기지 못하시거늘"이라
고 할 때의 바로 그런 의미이다.[15]

반면 주자는 이렇게 주석하고 있다.

건乾이라는 글자는 육획괘의 이름이다.······ 양陽의 성질이 강건하다는 것을
보고서 그 중에 가장 크게 형체를 이룬 것을 일러 천天이라고 한 것이다.[16]

인용문에서 보이듯이 정이가 건을 성정이나 천도로 설명하는 데
반해 주자는 상당히 간략하게 설명하고 있다. 정이가 좀 더 관념적이라
면 주자는 경험적이고 시각적이다. 물론 건괘 「대상전」에서는 주자도
"이는 오로지 천도天道로 건乾의 의미를 푼 것이다"[17]라고 주석하고
있다. 이는 『역경』과 『역전』을 분리해서 보려고 하는 주자의 당연한
태도라고 할 수 있다. 하지만 주자는 「단전彖傳」·「상전象傳」에 대해서는
매우 간략하고 제한적인 주석만을 부기한다. 그런 점에서 정이와 주자의
입장 차이는 매우 빈번하게 관찰된다. 예컨대 건괘乾卦 초구에서 정이는
이렇게 주석한다.

리理는 형체가 없다. 그러므로 상象을 빌려 그 의미를 드러낸다. 건乾은 용龍을
그 상징으로 한다.[18]

---

15) 『原本周易』, 乾卦 卦辭, 程傳, "乾天也. 天者 天之形體. 乾者 天之性情. 乾健也. 健而无息之
謂乾. 夫天專言之則道也. 天且弗違 是也."
16) 『原本周易』, 乾卦 卦辭, 本義, "乾字, 六畫卦之名也.······ 見陽之性健而其成形之大者爲天."
17) 『原本周易』, 乾卦 「大象傳」, 本義, "此專以天道明乾義."
18) 『原本周易』, 乾卦 初九, 程傳, "理 无形也. 故假象以顯義."

하지만 이에 대한 주자의 주석은 다만 아래와 같다.

용龍은 양에 속한다. 초에 있는 양으로서 아래에 있기에 아직 쓰일 수 없다. 그러므로 그 상이 잠겨 있는 용이 된다.[19]

정이가 리理라는 관념적인 용어를 동원함에 비해 주자는 너무나 평이하다. 정이는 용龍이라는 상징보다는 리理와 의義와 상象의 관계에 더 관심이 있다. 하지만 주자는 용龍 혹은 잠룡潛龍이라고 하는 『주역』 원문에 대한 해설에 충실하다. 이런 경향은 매우 빈번히 관찰되기에 이루 다 열거할 필요가 없다. 추가로 곤괘坤卦 「단전」에 대한 주석 정도만 검토하고자 한다. 『정전』은 이렇게 말한다.

건乾의 쓰임은 양이 하는 것이고 곤坤의 쓰임은 음이 하는 것이다. 형이상을 일러 천지의 도道라 하고, 형이하를 일러 음양의 공功이라고 한다. 먼저 하면 혼미하고 나중으로 하면 얻는다고 한 부분 이하는 음도에 대해 말한 것이다.[20]

이에 대한 주자의 주석은 아래와 같다.

양은 크고 음은 작다. 음은 음을 겸할 수 있지만 양을 겸할 수는 없다. 그렇기 때문에 곤坤의 덕은 언제나 건乾의 반에 해당한다.[21]

"선미후득先迷後得"을 주자는 단순히 음과 양의 관계로 설명하고 있는

---

19) 『原本周易』, 乾卦 初九, 本義, "龍陽物也. 初陽在下未可施用, 故其象爲潛龍."
20) 『原本周易』, 乾卦 「象傳」, 程傳, "乾之用, 陽之爲也. 坤之用, 陰之爲也, 形而上曰天地之道, 形而下曰陰陽之功, 先迷後得以下, 言陰道也."
21) 『原本周易』, 乾卦 「象傳」, 本義, "陽大陰小, 陰得兼陰, 陰不得兼陽, 故坤之德, 常減於乾之半也."

데 반해 정이는 형이상과 형이하 혹은 천지의 도道와 음양의 공功과 같은 지극히 크고 관념적인 해설들을 동원하고 있다.

다음은 이 두 주석서에서 출현하는 '리理'자의 의미를 검토해 보도록 하겠다. 위에서 인용한 건괘乾卦 초구에 대한 주석에서 정이는 "리는 형체가 없다"고 함으로써 성리학의 존재론적 관념에 상당하는 주석을 보여 주고 있다. 그러나 주자의 경우 『본의』에서 출현하는 '리'자는 대부분 통상적인 의미에서의 '이치' 혹은 '원칙' 정도의 의미만을 지니지 이기론에서의 리처럼 형이상학적이거나 존재론적인 의미를 지니지 않는다. 오히려 그는 정이의 주석이 지나치게 관념적이라고 비판한다.[22]

예컨대 송괘訟卦 구사의 "복즉명復卽命"에 대해 주자는 "명命, 정리야正理也"라고 주석하는데, 이때의 '정리正理'란 '올바른 이치' 정도의 의미이지 이기론에서의 리와 같은 것일 수는 없다. 또 무망괘无妄卦 육이효의 주석에서 주자는 "때에 맞춰 이치를 따르고 사사로운 생각이나 꼭 해야겠다는 마음이 없다"(因時順理, 而无私意, 期望之必)라고 하는데, 이는 그야말로 '순리대로 해라'라고 할 때의 순리다. 또 「계사하」 5장의 "일왕즉월래日往則月來, 월왕즉일래月往則日來…"에 대해 주자는 "오고 가고 굽히고 펴는 모든 것이 자연의 항상된 이치에 감응한 것임을 말한 것이다"(言往來屈信, 皆感應自然之常理)라고 주석하는데, 이때 역시 '자연의 항상 그러한 이치' 정도의 의미다.

필자의 검토에 의하면, 주자가 『주역본의』에서 사용하는 리理자 중에 그나마 존재론적인 의미로 읽을 수 있는 용례는 모두 네 차례에 불과하다. 모두 「계사전」에서 출현하는데, 우선 「계사상」 6장의 "어떤 대상에도 리는 존재한다"(卽物而理存), 「계사상」 8장의 "회란 리理가 모여서 하나도

---

22) 『朱子語類』, 권66, "林擇之云, 伊川易, 說得理也太多. 曰, 伊川求之太深."

빠뜨리지 않는 곳을 의미한다"(會, 謂理之所聚而不可遺處),「계사하」 5장의 "리理는 본래 둘이 아니되 그 현상은 수없이 달라지는 것이 모두 저절로 그렇게 된 것임을 말한 것이다"(言理本无二, 而殊塗百慮, 莫非自然)라고 한 부분이 그것이다. 그러나 이마저도 과연 온전히 존재론적 의미로 사용하고 있는지, 혹은 이 구절을 근거로 주자의 이기론을 전개할 수 있는지는 의문이다. 다만,「계사상」 12장의 "형이상자위지도形而上者謂之道, 형이하자위지기形而下者謂之器"에 대한 주석 정도는 이기론적 언명이라고 할 수 있다. 그러나 그 내용 역시 매우 간략하다. "괘효와 음양은 모두 형이하자이고, 그 리는 도道이다."(卦爻陰陽, 皆形而下者, 其理則道也.)[23]

이상을 정리하면 다음과 같다.『주역본의』는 몇몇 곳에서 정이의 관점을 수용하기는 하지만 기본적으로는『정전』에 반대하며『주역』의 본의가 점치는 것이라고 주장한다. 때문에『주역본의』는 리理나 도道와 같은 형이상학적인 개념어에 대한 해설에 관심이 없다. 물론 리理·상象·의義 혹은 형이상形而上·형이하形而下 등의 관계에 대한 설명도 없다.『주역본의』의 주석이 성리적이라고 규정하기 위해서는 적어도 그에 대한 저자의 의도가 확인되어야 할 것이다. 그러나『주역본의』에서 우리는 그러한 의도를 확인할 수 없다.『정전』을 "『주역』의 원의와는 무관한 자신의 철학을 전개한 것에 불과하다"고 비판했을 때 주자는 이미, 점치는 책으로서의『주역』의 원의에 대한 해설에 집중할 것임을 예고하고 있는 것이다. 이렇게 볼 때『주역본의』가『정씨역전』을 계승하

---

23) 그리고「계사상」 9장 '大衍之數' 이후가 모두 卜筮와 揲蓍라고 했던 주자의 언급에 의하자면 이 구절도 당연히 揲蓍로 이해되어야 한다.『朱子語類』, 권75, "繫辭自大衍數以下, 皆是說卜筮事.";『朱子語類』, 권66, "看繫辭, 須先看易, 自'大衍之數'以下, 皆是說卜筮. 若不是說卜筮, 卻是說一無底物.";『朱子語類』, 권75, "問, 易有太極, 是生兩儀, 兩儀生四象, 四象生八卦. 曰, 此太極卻是爲畫卦說. 當未畫卦前, 太極只是一箇渾淪底道理, 裏面包含陰陽·剛柔·奇耦, 無所不有."

고 있다고 말하기는 어려울 것 같다. 아울러 그렇기 때문에 『주역본의』가 성리적이라는 주장 역시 설득력을 지니지 못한다.

4. 『주역본의』에는 성리적 주석이 있는가?

이제 마지막으로 본 연구의 최종적 목적인, 주자의 의리역학이 과연 그의 성리학을 이루는 이론적 정초인가, 혹은 그의 의리역학이 성리학적 관념에 의해 성립되었는가를 해명하는 문제가 남았다. 주자의 역학을 그의 성리학과 긴밀한 관계가 있는 것으로 보는 연구들이 제시하는 의리역학의 성리학적 성분은 대개가 태극과 음양의 관계, 그리고 '일음 일양지위도一陰一陽之謂道'와 같은 일부의 명제들에 그친다. 그리고 그것이 구체적으로 어떠한 의미를 지니는가에 대한 설명은 대체로 『주자어류』나 『문집』과 같은 다른 저작들에 의지한다.

서두에서 언급한 것처럼, 주자의 여타 저작을 근거로 그의 의리역학을 규정하는 것은 가능할지 모르지만, 그것을 근거로 『주역본의』의 주석적 특징을 규정해서는 안 된다. 마찬가지로 여타의 저작들을 근거로 『주역본의』의 성리적 성격을 규정할 수는 없다. 『주역본의』를 규정하기 위해서는 『주역본의』로 돌아와야 한다. 이제 필자는 『주자어류』나 『문집』이 아닌 『주역본의』 내에서 '리' 이외의 성리적 성분이라고 할 수 있는 것들 즉 천인관계·존재론(이기론)·심성론·수양론 등에 관한 주석들을 하나씩 예거하고자 한다.

우선, 천인관계天人關係에 해당하는 구절이다. 무망괘无妄卦「대상전」에 대해 주자는 "하늘 아래 우레가 행하니 진동하여 발생하는지라 만물이

각기 성명을 바른다"(天下雷行, 震動發生, 萬物, 各正其性命)라고 하였다. 천지와
인간사회의 관계로 설명하는 것은 「대상전」의 일관된 태도인데, 주자는
여기서 「대상전」의 관점을 이어받아 천지와 만물의 관계로 설명하고
있는 것뿐이다. 반면 「계사상」 5장 "계지자선야繼之者善也, 성지자성야成之
者性也"(①)에 대한 주석은 상당히 성리적이라고 할 수 있다. 여기서 주자는
주돈이나 정이 등을 거론하며 본격적으로 성리적 설명 방식의 도입을
요구하고 있다. 실제 주돈이의 「태극도설」에 대한 해설 즉 「태극도설해」
에서 주자는 「계사전」의 이 구절에 의거하고 있으며, 이는 주돈이의
『통서』에서 이미 확립한 방식이다. 이에 대해서는 다음 장에서 자세히
다루고 있다.

> 도는 음에서 갖추어져 양에서 행하여진다. 잇는다는 말은 발한다는 의미이다.
> 선이란 화육의 공을 의미하니 양에 해당하는 일이다. 이룬다는 것은 갖춘다는
> 말이다. 본성이란 만물이 부여받은 것을 말한다. 즉 만물이 생겨나면 본성을
> 지니게 되어 각각 도를 갖추게 된다는 말이니, 음에 해당하는 일이다. 주자周子나
> 정자程子의 책에 잘 설명되어 있다.[24]

다음은 이기론에 해당하는 구절들인데, 모두 「계사전」에서 보인다.
우선 「계사상」 1장에서 "위 문장의 남녀를 이어서 건곤의 리理로 말한
것이다. 음양에 속하는 모든 것들은 언제나 이렇다"(承上文男女而言乾坤之理.
蓋凡物之屬乎陰陽者, 莫不如此)라고 하였는데, 여기서는 건곤乾坤의 리理를 음
양에 종속시켜 논하고 있다. 다음은 「계사상」 2장의 '삼극三極'에 대해

---

24) 『原本周易』, 「繫辭上」 5장, 本義, "道具於陰而行乎陽. 繼, 言其發也. 善謂化育之功, 陽之事
也. 成, 言其其也. 性, 謂物之所受. 言物生則有性而各具是道也. 陰之事也. 周子程子之書, 言
之備矣."

"삼극은 천지인의 지극한 리이다. 삼재가 각기 하나의 태극을 지니고 있는 것이다"(三極, 天地人之至理, 三才, 各一太極也)라고 한 부분인데, 여기선 태극을 리로 설명하고 있다. 다음은 「계사상」 5장의 "일음일양지위도一陰一陽之謂道"(②)에 대한 주석이다. 이는 많은 선행 연구가 이미 제시한 것인데, 그 내용은 사실 "음양이 번갈아 가며 운행하는 것은 기氣이다. 그 리理는 곧 소위 도道이다"(陰陽迭運者, 氣也, 其理則所謂道)가 전부다. 여하튼 리와 기 즉 정확히 이기론적인 구조로 풀고 있다. 마지막으로 「계사상」 5장의 "생생지위역生生之謂易"(③)에 대한 주석이다. "음이 양을 낳고 양이 음을 낳으니 그 변화가 무궁하다. 이는 『주역』의 리理나 『주역』이라는 책이나 모두 그러하다.…… 이 장에서는 도道의 체용이 음양을 벗어나지 않지만 그 소이연자는 결코 음양에 기대지 않음을 말하고 있다."(陰生陽, 陽生陰, 其變无窮, 理與書皆然也.……此章, 言道之體用, 不外乎陰陽, 而其所以然者, 則未嘗倚於陰陽也.) 여기서도 음양과 그 소이연으로서의 리의 관계로 설명하고 있다. 상당히 성리적이라고 할 수 있다.

다음은 심성론적 자료들을 확인해 보자. 복괘復卦 「단전」의 "복기견천지지심호復其見天地之心乎"에 대한 주석에서 주자는 "천지의 만물을 만들어 내려는 마음이 거의 없어지다가 여기에 이르면 다시 볼 수 있다. 사람의 경우로 말하면, 고요함이 극에 달해 다시 움직이고 악이 극에 달해 다시 선해지고 본심이 거의 없어지다가 다시 그 단초를 보는 것에 해당한다"(天地生物之心幾於滅息而至此乃復可見. 在人則爲靜極而動, 惡極而善, 本心幾息而復見之端也)라고 하였다. 맹자로부터 이어지는 '본심本心'을 '천지생물지심天地生物之心'과 연결한 성리학의 심성론과 맥을 같이하는 구절이다. 또 「계사상」 7장의 "성성존존成性存存"에 대해 "성성成性이란 본래 이루어진 본성이다"(成性, 本成之性也)라고 하여 본성을 거론하고 있다.

그러나 두 구절 모두 지극히 단편적이라고 할 수 있다.

다음은 공부론에 해당하는 것인데, 「계사상」 4장의 "원시반종原始反終"
(④) 이하의 세 구절에 대해 주자는 각각 '궁리窮理·진성盡性·지명至命'이
라고 규정하고 있는데, 이 중에서도 두 번째 '진성盡性' 부분에 대한
주석은 상당히 성리적이라 하겠다. 그 내용은 이렇다.

> 이는 성인의 본성을 온전히 이루는 일에 해당한다. 천지의 도라는 것은 결국
> 지知와 인仁일 뿐이다. 앎이 만물에 두루 미치는 것은 하늘이요, 도가 천하를
> 온전히 완성시켜 주는 것은 땅이다. 알면서도 인仁하니 그 앎이 지나치지
> 않는다. 이리저리 행한다는 것은 권도를 행하는 앎이다. 흘러가 버리지 않는다
> 는 것은 올바름을 지키는 인仁이다. 천리를 즐거워하면서도 천명을 알고
> 있으니, 근심하지 않고 그 앎이 더욱 깊어질 수 있는 것이다. 어디에서든
> 언제나 편안하며 조금이라도 인仁하지 않음이 없으니, 만물을 온전히 이루어
> 주려는 마음을 잊지 않으면서도 그 인仁이 더욱 도타워지는 것이다. 인仁이란
> 사랑의 이치이고, 사랑이란 인仁의 실천이다. 그러므로 그것이 서로 이처럼
> 안과 밖의 관계가 되는 것이다.[25]

이상의 주석들 이외에 우리는 태극에 대한 언급에서 성리적 성격을
찾을 수 있다. 주자 철학에서 태극은 역리易理와 성리性理를 포괄하는
가장 최고의 범주다. 때문에 주자 역학과 성리학의 진정한 연결고리를
찾으려면 이 구절에 근거하지 않을 수 없을 것이다. 「계사상」 11장의
"그러므로 역에는 태극이 있으니, 이것이 양의를 낳고, 양의가 사상을

---

25) 『原本周易』, 「繫辭上」 4章, 本義, "此, 聖人盡性之事也. 天地之道, 知仁而已. 知周萬物者,
天也. 道濟天下者, 地也. 知且仁則知而不過矣. 旁行者, 行權之知也. 不流者, 守正之仁也. 旣
樂天理而又知天命, 故能无憂而其知益深. 隨處皆安而无一息之不仁, 故能不忘其濟物之心而仁
益篤. 蓋仁者, 愛之理. 愛者, 仁之用. 故其相爲表裏, 如此."

낳고, 사상이 팔괘를 낳는다"(是故, 易有太極, 是生兩儀, 兩儀生四象, 四象生八卦)에 대한 주석이다. 내용은 다음과 같다.

하나가 매번 둘을 낳는 것은 자연의 이치이다. 역이란 음양의 변화요 태극은 그 리理이다. 양의는 처음 한 획을 그어 음양을 나눈 것이요, 사상이란 그 다음 두 개의 획을 그어 태太와 소少를 나눈 것이다. 팔괘는 그 다음 세 개의 획을 그은 것인데, 여기서부터 삼재의 상이 비로소 갖추어지게 된다. 이 구절은 사실 성인이 『주역』을 만들 때의 자연스러운 순서로서 조금의 지력이라도 동원되어 이루어진 것이 아니다. 괘를 그릴 때나 점을 칠 때의 순서 역시 모두 그렇다. 구체적인 내용은 「서례」와 『역학계몽』을 참고하라.[26]

여기서 주자는 태극을 역易의 리理로 명시하고 있다. 그러나 「계사전」의 이 구절은 곧바로 이어서 "팔괘가 길흉을 정하고, 길흉이 대업을 낳는다"(八卦定吉凶, 吉凶生大業)라고 맺고 있다. 그래서 주자도 "이 장은 오로지 복서만을 말한 것이다"(此章, 專言卜筮)라고 규정하고 있다. 사실상 『주역본의』는 「계사상」 9장 이후를 설시撰蓍와 복서卜筮로 보고 있다.[27] 따라서 이 장에서 논하는 태극 역시 복서의 과정을 설명하면서 제시된 것이라는 점은 자명하다. 물론 태극의 철학적·성리적 의미에 대해

---

26) 『原本周易』, 「繫辭上」 11장, 本義, "一每生二, 自然之理也. 易者, 陰陽之變, 太極者, 其理也. 兩儀者, 始爲一劃, 以分陰陽, 四象者, 次爲二劃, 以分太少, 八卦者, 次爲三劃, 而三才之象始備. 此數言者, 實聖人作易自然之次第, 有不假絲毫智力而成者. 劃卦撰蓍其序皆然, 詳見序例啓蒙."

27) 『原本周易』, 「繫辭上」 9장, 本義, "此章, 言天地大衍之數撰蓍求卦之法, 然亦略矣, 意其詳, 具於大卜筮人之官而令不可考耳, 其可推者, 啓蒙, 備之."; 『朱子語類』, 권75, "繫辭自大衍數以下, 皆是說卜筮事."; 『朱子語類』, 권66, "看繫辭, 須先看易, 自'大衍之數'以下, 皆是說卜筮. 若不是說卜筮, 卻是說一無底物."; 『朱子語類』, 권75, "問, 易有太極, 是生兩儀, 兩儀生四象, 四象生八卦. 曰, 此太極卻是爲畫卦說. 當未畫卦前, 太極只是一箇渾淪底道理, 裏面包含陰陽·剛柔·奇耦, 無所不有."

『주자어류』와 『문집』 등에서 주자는 자세히 논구하고 있다. 그러나 『주역본의』에서는 그저 복서를 설명하기 위한 것에 불과하다.

이상을 정리하면 성리적 성분이 비교적 많아 보이는 주석은 ① "계지자선야繼之者善也, 성지자성야成之者性也", ② "일음일양지위도一陰一陽之謂道", ③ "생생지위역生生之謂易", ④ "원시반종原始反終" 정도로 압축되고, 태극太極 등에 대한 구절은 복서를 위한 것임을 확인할 수 있었다. 그리고 이들 주석은 모두 「계사전」에 한정된 것들이고, 사실상 『역경』에서는 조금이라도 성리적 성분이 있는 구절을 찾을 수 없었다. 주자의 관점에서 『역경』은 복서卜筮를 위한 것이기 때문이다.

지금까지 우리는 『주역본의』 주석에서 출현하는 성리적 성분을 추적하였다. 그 결과 「계사전」의 몇 구절 정도만이 실제 성리적 성격을 지니고 있음을 확인할 수 있었다. 그러나 사실상 그 몇 구절의 주석마저도 매우 간략하고 제한적이다. 또한 태극이나 형이상하 같은 성리학적으로 매우 중요한 개념에 대해서는 오히려 복서卜筮나 설시揲蓍의 의미로 한정하고 있음을 확인하였다. 이렇게 보자면 『주역본의』에서는 성리적 성분을 충분히 확보할 수 없다는 결론에 이르게 된다. 다만, 소위 '의미'와 '이치' 정도만을 『주역본의』의 의리적 성분이라고 인정할 수 있을 것이다.

이제 이 장을 마무리 하며, 애초에 던졌던 몇 가지 질문들에 답하고자 한다. 『주역본의』는 의리역인가? 그래서 성리적이라고 할 수 있는가? 의리를 '의미'와 '이치' 즉 '규범'이라고 규정한다면 『주역본의』는 의리역이다. 그러나 그런 정도의 의리역은 「단전」 · 「계사전」을 비롯하여 왕필과 한강백도 마찬가지다. 따라서 의리역이기 때문에 '성리적'이라고 할 수는 없다. 그런데 더 나아가서, 『주역본의』를 일방적으로 의리역이라고 할 수는 없다. 지금까지 보아 온 것처럼 주자는 『주역』의 '본의'가 의리만은 아니라고 했기 때문이다. 『역경』의 서사筮詞는 물론이고 「계사전」의 '역유태극易有太極'이나 '천지대연天地大衍'에 이르기까지 대량으로 출현하는 하락설河洛說과 선천역설先天易說을 단지 의리라고만 규정할 수는 없다.

주자의 역학은 따라서 정이의 것을 계승했다고 보기도 어렵다. 때문에 정주이학에 필적하는 정주역학도 성립할 수 없고, 주자의 역학은 정이를 계승했기 때문에 성리적이라고 하는 말도 틀렸다. 실제 『주역본의』 주석을 꼼꼼히 들여다보아도 성리적 주석은 그다지 많지 않다. 필자가 동의할 수 있는 성리적 주석은 "계지자선야繼之者善也, 성지자성야成之者性也", "생생지위역生生之謂易", "원시반종原始反終", "일음일양지위도一陰一陽之謂道" 정도다.

그러나 그렇다고 해서 주자의 역학과 그의 성리학이 무관하다는 것은 아니다. 둘의 연속성은 몇 개의 개념어나 명제의 차용을 의미하지 않는다. 오히려 복서卜筮와 의리義理를 관통하는 역리易理가 균형과 질서를 의미하고, 그러한 역리의 구체적 내용이 실제로 이 세계의 법칙성과 체계성을 설명하기 때문이다. 『주역』으로부터 차용하는 몇몇의 명제나 개념어로부터 성리학의 근거를 찾는 것은 너무나도 쉬운 방식이지만, 너무나도 사실에 부합하지 않을 뿐만 아니라 너무나도 허약한 방식이다.

제3부 주자 철학: 관계와 체계

제1부에서는 북송 역학이 세계를 전체와 법칙으로 이해하고 있음을 추적했다. 주돈이의 「태극도설」도, 유목의 〈하도낙서〉도, 소옹의 〈선천역학〉과 〈원회운세〉도 모두 세계를 '전체'로 조망한다. 정이의 "체용일원, 현미무간" 역시 세계의 합법칙성을 주장한다. 이 세계 속에 존재하는 그 어떤 것도 개별적이고 파편적이지 않다. 법칙적으로 규정된 세계 내의 어느 한 부분을 차지하고 있기 때문이다. 이러한 사유를 종합 발전시킨 것이 주자의 역학이다.

제2부에서는 주자의 역학을 균형과 질서로 읽었다. 〈선천역학〉이 대수학적·기하학적으로 균형과 질서를 보여 주듯, 세계는 수학적 엄밀성으로 설명 가능하다. 이는 〈하도낙서〉의 수적 배열에서도 다시 확인된다. 〈선천역학〉과 〈하도낙서〉를 관통하는 이러한 엄밀성을 구유하고 있는 '시작'이자 '전체'로서의 원리가 바로 태극이요 역리易理다. 『주역』의 저자들은 이 역리를 밝히기 위해 각 단계별로 서로 다른 작업을 진행해 왔다. 이것이 바로 '사성일심四聖一心'이다. 복희의 상수는 역리를 도식으로 표상했고, 문왕과 주공은 복사卜辭로 예화했으며, 공자는 그것을 이론적으로 구체화시켰다.

이 체계에서 구조는 언제나 태극太極으로 수렴된다. 〈선천역학〉의 출발이자 중심이 태극이고, 〈하도낙서〉의 중궁수 5가 바로 태극이다. 주자는 그것을 다시 「태극도설」과 연결시킨다. 그것은 천리와 성리를 관통하는 역리로서 지극히 당연하다. 주자는 이 역리가 우주의 원리이자 인간의 본질이라고 주장하는 주돈이를 계승하여, 그것을 우주와 인간의 본질 즉 '본체本體'라고 규정한다. 따라서 주돈이의 태극설은 '역리의 본체화'라고 부를 수 있다.

이제 균형과 질서라는 주자 역학의 정신이 어떻게 그의 철학 속에서 구현되는지를 추적할 차례다. 주자 철학은 물론 그 가치적 준거를 역학에서 제공받는다. 그러나 그것은 "태극생양의太極生兩儀"나 "음양동정陰陽動靜" 같은 우주론 내지 발생론적 관념의 근거, 혹은 "천지지대덕왈생天地之大德曰生"이나 "생생불식生生不息" 같은 유가의 오래된 관념의 근거를 『주역』에서 찾고 있음을 의미하는 것이 아니다. 주자의 철학은 그 성격과 체계 자체에 있어서 균형과 질서라는 주자 역학의 이념을 철저히 구현한다. 역학은 이렇게 주자학을 만든다.

제3부는 크게 주자의 '태극론'과 '공부론'을 다룬다. 주자의 전 역학 체계가 태극으로 수렴되고, 태극은 역리이자 동시에 천리天理이며 성리性理로서 전 성리학 체계로 확장되기 때문이다. 이렇게 전체와 법칙 속에서 균형과 질서를 의미하는 태극의 이념이 현실 속에서 구체적으로 구현된 것이 주자의 공부론이다.

그간의 많은 연구자들은 태극론을 이기론으로 다루었다. 이기론을 주자의 유일한 존재론 체계로 이해하는 연구자들에게 태극론은 그저 이론적 정합성을 흩뜨리는 고약한 것에 불과했다. 그러나 필자의 관점에서 이기론은 주자의 유일한 존재론이 아니다. 태극론은 존재 전체를 다루는 '전체존재론'이며, 동시에 인간과 우주의 도덕적 본성을 주장하는 본체론이다. 반면 이기론은 전체 차원보다는 개별적 차원의 존재를 다루는 '개별존재론'이며, 동시에 도덕적 성향이 의지와 감정으로 드러남을 주장하기 위한 전제로서의 본체론이 된다. 때문에 주자의 태극론과 이기론은 공히 존재론이면서 동시에 본체론이다. 그러나 그 입론의 처지는 '전체'냐 '개별'이냐의 차이가 엄연하다.

법칙적으로 질서 지워져 있는 전체의 세계는 지극히 균형적이다. 때문에 그 속의 모든 것들 역시 철저히 법칙적 질서 속에서 존재하게 된다. 소위 '이법적理

法的 고유성'이다. 누구나 자신의 존재원리로서의 소이연所以然이 엄연하다. 연비어약鳶飛魚躍, 솔개는 날고 물고기는 헤엄친다. 솔개를 헤엄치게 할 수 없고, 물고기를 날게 할 수도 없다. 각각의 소이연에 맞게 대해 주는 것이 관계의 규범으로서의 소당연所當然이다. 이러한 사유에서는 '모든 것이 내 마음 먹기 나름'이라는 식은 가능하지도 바람직하지도 않다. 철저히 개별적 소이연을 관심을 갖고 공부해야 한다. 이것이 주자의 격물치지다. 그리고 그렇게 대상과 적절한 관계를 맺기 위해 내면으로부터 준비하는 것이 미발함양이다. 함양공부가 없이는 대상을 자기중심적으로 왜곡하거나 자의적으로 재단해 버릴 위험이 있다. 함양과 격물은 '대상'을 자신의 수단이 아닌 대상 그 자체로 보고 '존재'를 존재의 법칙에 맞게 대해 주는 것이기에 언제나 대상과의 관계를 전제로 하며, 이는 유가윤리의 본질적 속성 즉 '관계성'을 확인시켜 준다.

이렇게 주자의 철학은 철저히 '관계와 체계'로 설명될 수 있다. 그리고 그것은 역학의 '균형과 질서'에서 왔다. 물론 '관계와 체계'는 공부에서만 구현되는 것은 아니다. 교육제도와 텍스트 그리고 예학과 사회제도에 이르기까지 모든 주자 철학은 '균형과 질서'에 입각한 '관계와 체계'로 드러난다. 다만 이 연구에서는 우선 그의 태극론과 공부론을 다룰 뿐이다. 텍스트와 교육제도 그리고 예학과 사회제도 등은 자연스럽게 필자의 후속연구가 될 것이다.

제13장 주자의 형이상학 체계와 태극이기론

1. 태극론은 이기론인가?

태극론과 이기론은 주자의 형이상학을 형성하는 가장 기본적이면서
도 가장 포괄적인 이론적 틀이다. 그런데 태극론과 이기론은 그 내용과
함의에 있어서의 공통성에도 불구하고 전반적인 담론의 목적과 맥락이
서로 다르다. 하지만 주자의 제자들과 현대 연구자들은 둘의 차이를
의식하지 않은 채 하나로 섞어 놓음으로써 일련의 불필요한 논란과
오해를 야기했다.

주자의 제자들에 의해 편집된 『주자어류』의 첫 장은 '이기理氣'편인데,
그 내용은 태극太極으로부터 시작된다. 그들은 태극론을 이기론으로
이해한 것이다. 그래서 그들은 태극과 음양의 관계에서 발견되는 선후나
동정의 문제로 이기의 관계를 질문하곤 한다. 이러한 이해방식은 현대의
많은 연구자들에게서 지속된다. 진래陳來가 대표적이다. 진래의 대표작
인 『주자철학연구朱子哲學硏究』의 주요 내용(本論)은 이기론 · 심성론 · 격
물치지론인데, 그가 다룬 이기론의 주요 내용은 이기선후理氣先後 · 이기
동정理氣動靜 · 이일분수理一分殊 · 이기동이理氣同異 등이다.[1] 이 문제들 중
특히 앞의 세 문제가 발생한 원인은 그 역시 이기관계를 주로 태극과

---

1) 陳來, 『朱子哲學硏究』(華東師范大學出版社, 2000), 목차 참고.

음양의 관계로 설명했기 때문이다.

잘 알려진 것처럼 주자의 리는 형이상자이기에 실제적인 운동을 할 수도 없고 무엇을 낳거나 할 수도 없다. 실제적인 운동을 하는 기와는 섞이지도 않지만 그렇다고 떨어지지도 않기 때문에, 무엇이 무엇보다 먼저니 나중이니 말할 수도 없다. 하지만 그의 태극론에서 태극은 움직이기도 하고 양의兩儀를 낳기도 한다. 때문에 주자의 제자들 그리고 현대의 연구자들은 이것이 이론적으로 반드시 해명되어야 할 문제라고 생각했다.

진래陳來는 이것을 우주발생론과 존재론2) 간의 모순이라고 읽었다. 진래는 주자의 일생 동안 이 문제와 관련하여 세 번 정도의 사유적 전환이 있었다고 본다. 40대를 전후해서는 존재론적 관점을, 50대 후반에 는 우주발생론적 관점을, 그러나 말년에는 다시 존재론적인 관점을 보였다는 것이다.3) 그러나 정말 그렇다면, 즉 어느 한 입장을 선택해야만 했었다면 주자는 우주발생론과 존재론의 모순을 끝내 해결하지 못한 것이 된다. 혹은 두 체계를 원만히 조우시키지 못한 것이 된다.4) 설령 이기론적 존재론이 주자의 정론이라 하더라도, 태극론에서 다루고 있는 운동하여 양의를 낳고 다시 그것이 확장하여 사상·팔괘·64괘·

---

2) 陳來는 '본체론'이라는 단어를 쓰지만, 필자의 용어에서는 '존재론'에 해당한다. 이에 대해서는 다음 장에서 다룬다.

3) 陳來, 『朱子哲學硏究』(華東師范大學出版社, 2000), 75~99쪽 참조

4) 金春峰은 진래의 이러한 관점에 동의하지 않고 주자가 일생동안 존재론적 관점을 유지했다고 주장한다.(金春峰, 『朱熹哲學思想』, 東大圖書公司, 民國 87年, 116~126쪽 참조.) 필자의 연구에 의하면 주자는 일생동안 우주론적 관점과 존재론적 관점을 동시에 유지하고 있다.(주광호, 「朱熹 太極論에 나타난 宇宙論과 本體論의 分化와 疏 通」, 『대동문화연구』 54집, 대동문화연구원, 2006, 394쪽 참고) 때문에 주자가 시기 별로 다른 관점을 가졌다는 陳來의 견해에 동의하지 않는다. 만약 진래의 견해처럼 시기적으로 두 관점 중 어느 하나에 경도된 것이라면 이는 두 관점의 종합에 실패 한 것이 된다.

만물이 되는 일련의 파생과 확장의 과정 및 그 속에서 벌어지는 생성의 의미는 이기론적 구도에서 모두 사장되고 만다. 태극론의 핵심은 '생성'과 '연속'이다. 그러나 이기론에서는 생성과 연속이 의미를 지니지 않는다.

뿐만 아니라 주자에게서 태극론은 단순히 우주의 시간적 전개에 대한 담론이 아니라, 존재 전체의 구조와 체계를 설명하는 존재론적 구조론이다. 주자는 다른 도학자들처럼 도덕의 근원을 존재에서 찾는데, 존재를 설명하기 위해서는 그 시원과 전체를 해명해야 한다고 생각했다. 그런데 시원 혹은 전체로부터 개별자로의 과정을 어떻게 이해할 것인가에서 문제가 발생한다. 시간적 전개로 볼 때 태극으로부터 개별자로의 과정은 '우주발생론'이 되지만, 존재론적 구조론에서는 시간적 선후나 생성의 문제가 발생할 수 없다. 주자는 태극론에서 시간성을 제거함으로써 존재론으로 만들었다.

때문에 태극론과 이기론의 불일치는 우주발생론과 존재론 간의 불일치가 아니다. 둘 다 존재론이자 본체론이다. 다만 태극론은 전체 차원의 존재론이자 본체론이고, 이기론은 주로 개별적 차원에서의 존재론이자 본체론일 뿐이다. 전체 차원과 개체 차원의 논의에서 가장 큰 차이점은 가치적 연속의 문제다. 리와 기 사이에는 선과 악의 대비가 가능하지만 태극과 음양에서는 불가능하다. 이러한 차이의 원인은, 태극론은 존재 전체에 대한 담론이고 이기론은 주로 주체의 도덕적 본성과 존재적 처지 간의 갈등을 다루는 도덕심리학이기 때문이다.[5]

---

5) 주자의 이기론에는 물론 도덕심리학적 측면만 있는 것은 아니다. 분명 존재의 원리와 현상에 관한 담론을 담고 있다. 그러나 제자들의 질문이 아닌 주자 자신의 언설에서 '理氣'관계는 존재의 원리와 방식의 문제가 아니라 주로 '性理'의 차원에서 다루어지고 있다는 점을 주목하자는 것이다.

이렇게 두 체계의 입론의 목적과 기능은 서로 다르다. 많은 연구자들은 주자의 태극론을 이기론과 동일시하며 이기론을 -존재하는 모든 것의 존재 원리와 방식을 설명하는- 존재론이라고 생각한다. 그러나 도덕심리학(天理人欲論)에서의 이기론은 존재의 원리나 형식과는 거의 관계가 없다. 대부분의 경우 이기론은 존재 전체에 대한 담론으로 확장되지 않는다. 그것은 태극론이 담당한다. 주자는 이 모든 것을 하나의 완정한 체계로 꾸리고 싶었지만, 사실 그 속에는 존재론과 본체론, 개별존재론과 전체존재론 등의 간극이 존재한다.

2. 이기론: 존재론과 본체론의 간극

주자를 비롯한 송대 도학의 철학적 성격을 흔히 '도덕형이상학'이라고 부른다. 도덕을 형이상학적으로 해명하려는 이 담론의 세부 내용은 흔히 이기理氣·심성心性·수양修養으로 간주된다. 즉 도덕(심성)의 존재론적 근거(이기)를 확인하고 그로부터 어떻게 도덕을 배양할 것인가(수양)의 논의로 이어지는 구조다.

이런 관점에서 볼 때 송대 도학의 존재론은 그 목적 자체가 인간의 도덕성을 증명하는 데 있다. 그래서 진래가 밝힌 것처럼 중국철학의 존재론(혹은 存有論)은 서양철학의 ontology와는 다르다.[6] 중국의 연구자들은 존재론을 본체론과 혼용하면서, 존재의 원리와 방식에 대한 이론보다

---

6) 陳來, 『仁學本體論』(三聯書店, 2014), 13쪽 참고. 어떤 이는 本體論에 대한 영문 표기로 substantialism을 제안한다. 하지만 존재에서 무엇이 가장 근본적인 것이 되는가에 대한 서양적 관심과 도덕의 근원에 대한 동양적 관심의 차이를 과연 이 단어가 충분히 표현해 줄 수 있는지 필자로서는 회의적이다. 학계의 논의가 필요한 부분이다.

는 인간의 도덕적 본성과 그것의 우주적 연원에 대한 믿음의 체계로 사용한다.

도학자들은 우주의 본질이 '생生' 혹은 '생생生生' 즉 존재하려는 의지와 그에 대한 존중이라고 주장한다. 이 생의 원리는 모든 개별자에게 부여되는데, 인간은 모든 존재자들 중에서 이러한 원리를 가장 충실히 실현시킬 수 있는 위치에 있다. 그래서 인간에게는 이러한 생명에 대한 의지와 존중이 곧 자발적 도덕의지라고 보았다.[7] 물론 이것은 과학적으로 확인될 수 없는 '믿음'의 영역에 해당한다. 다만 이들에 따르면 전통적인 유자들은 모두 이러한 믿음을 지니고 있었다는 것이다. 이러한 의미에서의 '본체론'은 존재의 원리와 구조에 대한 이론인 존재론(혹은 存有論)과는 완전히 다른 것이다.[8]

아울러 '우주론'과 '우주본체론'의 차이에 대해서도 분명하게 해 둘 할 필요가 있다. 흔히 '본체론'은 인간의 도덕적 본질과 우주적 본질의 연속성을 전제로 하기 때문에 본체의 '우주'적 차원을 함축하게 되며, 이로써 '본체론'과 '우주본체론'이 혼용되기도 한다. 그러나 필자가 사용하는 '우주론'은 철저히 물리학적인 의미에서이다. 때문에 형이상학적인 본질과 그에 대한 믿음을 논하는 본체론은 필자가 말하는 우주론과 전혀 무관하다. 『주자어류』의 첫 부분 '태극' 조목 등에서 주자의 제자들은 형이상학적 개념으로서의 태극太極이나 이기理氣관계 등에 대해 종종 물리적 관념으로 묻곤 한다. 이는 주자의 제자들이 아직 형이상학적인 사유에 익숙하지 않았기 때문이며, 물론 이것이

---

7) 蒙培元, 『情感與理性』(中國人民大學出版社, 2009), 102쪽; 牟宗三, 김기주 옮김, 『심체와 성체』 1(소명출판, 2012), 91쪽 참고.
8) 杜保瑞, 『北宋儒學』(臺北: 臺灣商務印書館, 2005), 223쪽 참고.

주자의 주된 관심이 아님은 자명하다.

필자는 '본체론'을 존재의 원리와 방식에 관한 이론인 '존재론'과 구분하여 "인간의 도덕적 본질과 그것이 갖는 우주적 본질과의 연속성에 대한 믿음"이라는 의미로 사용하고자 한다.[9] 그럼으로써 우리 학계에서 발생하는 용어 사용의 불일치를 줄여갈 것을 제안한다. 이렇게

---

9) 그러나 중국철학에서 도덕적 본성에 대한 믿음이, 그리고 그러한 본성의 연원이 바로 우주적 본질이라고 하는 믿음이 곧장 의지를 갖는 초월적 인격자에 대한 믿음을 의미하는 것은 아니다. 유가철학은 천天의 인격적 색채를 지워 가는 방향으로 발전했다. 고대 중국의 사상에서 '하늘'은 다분히 인격적 의지를 갖는 존재였으나, 일찍이 『논어』에서 "하늘이 무슨 말을 하겠는가?"(天何言哉)라고 한 때부터 이미 그 인격적 색채는 희석되기 시작했다. 『중용』의 "하늘이 명한 것을 일러 본성이라고 한다"(天命之謂性)와 「계사」의 "한 번은 음이었다가 한 번은 양이었다 하는 것을 일러 도라고 한다. 이것을 잇는 것을 선이라고 한다. 그것을 이어받아 이룬 것을 본성이라고 한다"(一陰一陽之謂道, 繼之者善也, 成之者性也)라는 구절은 본성의 우주적 내원에 대한 유가적 믿음을 받쳐 주는 경전적 전거가 되어 준다. 그러나 이에 대한 역대 철학자들의 입장은 그 스펙트럼에 있어서 차이를 보여 준다. 예컨대 주돈이와 장재가 좀 더 신화적이고 선언적이라면 주자는 좀 더 이성적이고 규범적이다. 육구연과 왕수인은 좀 더 심리적 관점의 경향을 보이고, 유종주와 왕부지는 의지적 성격을 갖는다. 그럼에 따라 점차 天 혹은 天道의 의미는 그 중요성을 상실하게 된다. 그러나 그러한 스펙트럼의 차이에도 불구하고 우리는 이들에게서 서양의 기독교와 같은 종교적 인격신의 그림자를 찾을 수는 없다. 天命은 天理이고 天道일 뿐 天神이 될 수는 없다. 때문에 천명의 유행은 그들에게서 理法的 질서의 구현일 뿐 의지적·계시적 차원의 의미가 아니다. 하지만, 중국철학에서 기독교적인 초월자를 찾을 수 없다고 해서 종교적 신성성을 찾을 수 없다는 말은 아니다. "통상적으로 성리학은 비종교적이라거나 혹은 반종교적이라는 평가를 받는데, 이는 성리학자들이 하늘을 리로 전환하고 실제로 이성화의 길을 걸음으로써 종교적 성격을 잃었다는 의미이다. 그러나 이런 설명은 철저히 '신'을 중심으로 종교성을 논한 것이다. 하지만 우리가 논의하고 있는 것은 인문주의적 종교다.…… 인문주의 종교의 특징은 신이 없지만 신성은 있고, 종교는 아니지만 종교정신은 있다는 점이다."(蒙培元, 『情感與理性』, 中國人民大學出版社, 2009, 298쪽) 중국철학에서 가장 이성적인 색채를 띠고 있는 주자마저도 이러한 경건성 혹은 신성성에 대한 존중은 예외일 수 없다. "주자는 이성적 정신을 갖춘 철학자이자 사상가였다. 그런 그가 또 무엇 때문에 수양과 실천 측면에서 공경함이라고 하는 종교적 정신을 강조했는가? 그것은 주자의 철학 중에도 초월적 의식이 분명히 존재했기 때문이다. 그의 태극설과 심설에서는 이러한 특징이 잘 드러난다. 이러한 초월적 의식 속에는 일종의 종교적 감정이 있으며 이러한 종교적 감정을 체현하는 근본적인 태도가 바로 공경함이다."(같은 책, 300쪽.)

본체론과 존재론을 구분하는 것은 주돈이와 주자의 사상적 계승과 변화를 보다 명확하게 보여 줄 것이며, 주자의 사상 내에 존재하는 다양한 스펙트럼을 명확하게 해 줄 것이 분명하다.

그런데 문제는 본체론을 신봉하는 송대 도학자들의 사유에서 본체론과 존재론이 명확히 구분되지 않았다는 점이다. 위에서 본 것처럼 도학자들은 개별자든 존재계 전체든 존재의 본질이 '생의生意' 즉 존재하고자 하는 의지와 그에 대한 존중이라고 생각하며, 그것이 곧 도덕이라고 생각한다. 연비어약鳶飛魚躍, 솔개는 날고 물고기는 헤엄치는데, 이 모든 현상은 그들의 생의가 표현된 것이다. 때문에 이는 개별적 존재의 본질이면서 동시에 우주적 본질의 표현이다. 이것이 곧 그들이 말하는 본체다.

그러나 솔개는 헤엄치지 않고 물고기는 날지 않는다. 즉 모든 존재가 생의라는 본질을 지니고 있다는 점(본체론)은 다르지 않지만, 각각의 생의가 표현되는 방식(존재론)은 다르다. 그런데 송대 도학자들은 주로 솔개가 날고 물고기가 헤엄치는 공통점(共性)으로서의 생의에만 주목하고, 솔개가 날고 물고기가 헤엄치는 개별적 행위 그 자체(殊性)에 대해서는 그다지 관심을 기울이지 않았다. 즉 그들의 관심은 존재론적이기보다 본체론적이었다. 이는 주돈이·장재·이정이 모두 그렇다. 그런데 이러한 경향은 주자의 존재론에서 전환된다. 그의 태극론과 이기론은 본체론적 사유와 더불어 존재론적 사유를 분명히 보여 준다. 문제는 여기서 시작된 것이다.

따라서 주자를 비롯한 도학자들의 사유구조와 함의를 명확히 하기 위해서는 본체론과 존재론을 개념적으로 구분하는 것이 지극히 필요하다. 이러한 개념적 명료화를 통해 보았을 때 주자의 이기론에는 두 가지 모습이 있다. 하나는 존재하는 모든 것의 존재와 운동에 관한 이론이다. 필자가 존재론이라고 부른 바로 그것이다. 다른 하나는 도덕 주체의 내면에서 벌어지는 도덕적 의지와 욕구적 충동 간의 관계를 다룬 것인데, 필자는 이를 천리인욕론天理人欲論이라고 부른다.[10] 존재론에서의 리는 개별적 차원의 존재자의 이치이기에 물리物理[11], 분수리分殊理라고 부를 수 있다. 반면 천리인욕론에서의 리는 도덕적 의지로서 이를 성리학에서는 인간의 본성(性)이라고 보았기 때문에 성리性理 혹은 일리一理라고 부를 수 있다. 또한 이 성리가 우주의 본질(生)로부터 온 것이라고 믿었기 때문에 모종삼牟宗三을 비롯한 많은 연구자들은 성리를 본체本體라고 불렀다. 그래서 천리인욕론에서의 이기론은 본체론이 된다.

물리物理와 분수리分殊理의 측면에서 리는 존재자의 형이상의 원리가 된다. 연비어약鳶飛魚躍, 솔개가 날 수 있고 물고기가 헤엄칠 수 있는 이치가 바로 솔개와 물고기의 소이연所以然으로서 물리다. 그것은 모두 존재하고자 하는 의지(生意)의 표현이지만, 솔개에게는 헤엄칠 수 있는 이치가 없고 물고기에게는 날 수 있는 이치가 없다. 솔개의 나는 이치는 구체적으로 실재하는 솔개를 떠나 존재할 수 없으며, 구체적이고 실재하

---

10) 이승환 교수는 존재론을 '리의 기에 대한 존재론적 의존성'에 입각해서 '승반론'이라고 규정하고, 천리인욕론을 도덕 성향과 욕구 성향 간의 갈등이라고 규정했다. 아울러 기호배치의 방식에 따라 승반적 존재론을 竪說, 천리인욕론을 橫說이라고 명명했다. 주자의 사유에 이미 이러한 이중적 성격이 있었으며, 이는 나중에 조선 성리학 논쟁에서 각기 한 측면만을 갖고 주장함으로써 논의가 미끄러지게 되는 원인이 되었다는 것이다. (이승환, 『횡설과 수설』, Humanist, 2012, 57~80쪽 참고.)

11) '物理'라는 용어를 철학적 개념어로 본격적으로 사용한 사람은 王夫之다. 왕부지의 '물리'는 도덕적 본성과는 무관한 '사물의 원리'로서 서양의 'physics'에 가깝다. 주자는 아직 왕부지처럼 본격적인 개념어로 사용하지는 않지만 그의 사유에도 이미 충분히 '물리적 존재로서의 사물'에 대한 이론적 관심이 있다. 이에 대해서는 蒙培元, 『情感與理性』(中國人民大學出版社, 2009), 233~234쪽 참고.

는 솔개의 존재를 규정한다. 즉 물고기가 아닌 솔개로서 솔개를 솔개이게끔 만드는 바로 그것이다.

본성을 따른다는 것은 그저 내가 본래 지니고 있는 본성을 따르는 것일 뿐이다. 그러면 그 속에 수많은 도리가 있게 마련이다. 본성이란 내게 본래 있는 뭉뚱그려진 무엇이고, 도란 본성 중에 이렇게 저렇게 나뉜 조리라고 할 수 있다. 본성에 있는 그것을 따르는 것이며, 그 속의 허다한 조리들은 도가 된다.[12]

어떤 이가 물었다. "반드시 이 리가 있은 뒤에 그에 해당하는 기가 있다고 하는데 어떻습니까?" 대답했다. "리와 기의 관계에서는 본래 선후를 말할 수 없다. 다만 그것이 어디서 왔는가 라는 측면에서 논할 때는 반드시 이 리가 먼저 있다고 말해야 할 것이다. 그러나 리는 별개로 존재하는 어떤 것이 아니라 반드시 이 기 속에 존재한다. 이 기가 없으면 이 리 역시 얹힐 곳이 없는 것이다."[13]

한편 성리는 우주의 본질 즉 생명에 대한 의지와 그에 대한 존중(生意) 으로부터 부여받은 것으로서, 개별자 차원에서의 본체다. 즉 성리는 개별자 차원의 담론이다. 우주의 본질을 동일하게 부여받았다는 측면에서 성리는 모두 같다(天命之性). 다만, 어떤 기질적 조건에 던져졌는지에 따라 부여받은 본질을 온전히 실현시킬 수도 있고 실현시키지 못할 수도 있다(氣質之性).

---

12) 『朱子語類』, 권62, "問, 率性者, 只是說循吾本然之性, 便自有許多道理. 性是箇渾淪底物, 道是箇性中分派條理. 循性之所有, 其許多分派條理卽道也."
13) 『朱子語類』, 권1, "或問, '必有是理, 然後有是氣, 如何?' 曰, '此本無先後之可言. 然必欲推其所從來, 則須說先有是理. 然理又非別爲一物, 卽存乎是氣之中; 無是氣, 則是理亦無掛搭處. 氣則爲金木水火, 理則爲仁義禮智.'"

선생께서 황상백에게 답한 편지에는 이렇게 기록되어 있다. "만물이 같은 근원을 지녔다는 측면에서는 리가 같고 기가 다르다. 개별자가 모두 다른 몸을 받았다는 측면에서는 기가 오히려 비슷하고 리는 절대 다르다." 물었다. "'리는 같고 기는 다르다'는 구절은 만물에게 막 부여된 처음에는 천명이 유행하는 것이 모두 같기 때문에 리가 같다고 한 것이며, 음양오행의 기에는 맑고 탁하며 순수하고 흐린 차이가 있기 때문에 기가 다르다고 한 것이 아니십니까? 뒤의 구절은 개별자가 이미 만들어지고 난 다음에는 비록 맑고 탁함의 다름이 있더라도 모두 동일한 음양오행의 기를 받았기 때문에 기가 서로 가깝다고 한 것이 아니십니까? 또 개별자마다 어둡고 밝으며 열리고 막힌 정도가 서로 매우 다르기 때문에 리는 절대 다르다고 하신 것이 아니십니까? 『중용』은 막 부여받은 처음을 말한 것이고, 『집주』는 이미 개별자가 만들어진 다음을 본 것이 아닙니까?" 말씀하셨다. "기가 서로 가깝다는 것은 추위를 느끼면 따뜻하게 하려 하고 배고픔을 느끼면 먹고자 하는 것이다. 혹은 삶을 좋아하고 죽음을 싫어하는 것 혹은 이익을 추구하고 손해를 멀리하려는 것 등이다. 이런 것은 사람이든 사람이 아니든 모두 한결같다. 리가 다르다는 것은, 개미에게 군신의 의리가 있기는 하지만 다만 아주 적은 부분에 대해서만 알고 있다는 것이다. 이리나 호랑이에게 부자의 정이 있기는 하지만 인仁의 아주 적은 부분만을 알고 있다는 것이다. 그 이상의 부분에 대해서는 확장할 수가 없다. 흡사 거울에서 중앙 부분만 밝고 나머지는 어두운 것과 같다. 대개 모든 것이 어느 한 부분을 많이 부여받으면 다른 부분은 적을 수밖에 없다. 예컨대 자애로운 사람은 강단이 부족하고, 강단 있는 사람은 곧잘 잔혹해지곤 한다. 대개 인仁이 많으면 의義를 가리곤 하고, 의가 많으면 인을 가리곤 한다."[14]

---

14) 『朱子語類』, 권4, "先生答黃商伯書有云, '論萬物之一原, 則理同而氣異; 觀萬物之異體, 則氣猶相近, 而理絶不同.' 問, '理同而氣異, 此一句是說方付與萬物之初, 以其天命流行, 只是一般, 故理同; 以其二五之氣有淸濁純駁, 故氣異. 下句是就萬物已得之後說, 以其雖有淸濁之不同, 而同此二五之氣, 故氣相近; 以其昏明開塞之甚遠, 故理絶不同. 中庸是論其方付之初, 集注是看其已得之後." 曰, "氣相近, 如知寒煖, 識饑飽, 好生惡死, 趨利避害, 人與物都一般. 理不同, 如蜂蟻之君臣, 只是他義上有一點子明; 虎狼之父子, 只是他仁上有一點子明; 其他更推不去.

물었다. "기질에 혼탁함이 있기 때문에 천명지성이 치우치거나 온전하거나 하는 차이가 있는 것이 아니겠습니까?" 답했다. "치우치거나 온전하거나 하는 차이가 있는 것은 아니다. 비유컨대, 해나 달의 빛이 아무것도 없는 노지를 비출 때는 장애 없이 잘 보인다. 그러나 만약 실내라고 한다면 가려져서 빛을 볼 수도 있고 보지 못할 수도 있다. 혼탁함이란 기가 혼탁한 것이다. 그러므로 가려짐이 있어서 마치 실내에 있는 것과 같다. 그러나 사람이라면 아무리 가려졌다 하더라도 다시 통할 수 있는 이치가 있다. 짐승의 경우는 아무리 이 본성이 있다 하더라도 형체에 구속되어, 나면서부터 심하게 가려져 버려 통할 수가 없다. 호랑이에게 인(仁)이 있다거나 수달이 제사를 지낸다거나 개미에게 의리가 있다거나 하는 것은 그저 그만큼만 통한 것이니, 아주 조금의 빈틈으로 들어오는 빛이라고 하겠다. 원숭이는 형상이 사람과 비슷해서 다른 것들보다 가장 뛰어나고 단지 말하지 못하는 정도라고 할 수 있다. 변방의 오랑캐들은 사람과 짐승의 중간 정도다. 그래서 끝내 교화하기가 어려운 것이다."[15)]

"만물이 같은 근원을 지녔다는 측면에서는 리가 같고 기가 다르다." 리는 같다, 즉 모두 하나의 리(一理)를 부여받았다는 것은 본체론적 차원에서의 성리(性理)를 의미한다. 아무리 서로 다른 기를 부여받았다 하더라도 모두 같은 성리를 부여받았다는 점을 방해하지 않는다. 이는 본체론적 담론이다. 그러나 "개별자가 모두 다른 몸을 받았다는 측면에서는 기가

恰似鏡子, 其他處都暗了, 中間只有一兩點子光. 大凡物事裏得一邊重, 便占了其他底. 如慈愛底人少斷制, 斷制之人多殘忍. 蓋仁多, 便遮了義; 義多, 便遮了那仁.' 問, '所以婦人臨事多怕, 亦是氣偏了?' 曰, '婦人之仁, 只流從愛上去.'"

15) 『朱子語類』, 권4, "問, '氣質有昏濁不同, 則天命之性有偏全否?' 曰, '非有偏全. 謂如日月之光, 若在露地, 則盡見之; 若在菷屋之下, 有所蔽塞, 有見有不見. 昏濁者是氣昏濁了, 故自蔽塞, 如在菷屋之下. 然在人則蔽塞有可通之理; 至於禽獸, 亦是此性, 只被他形體所拘, 生得蔽隔之甚, 無可通處. 至於虎狼之仁, 豺獺之祭, 蜂蟻之義, 卻只通這些子, 譬如一隙之光. 至於獼猴, 形狀類人, 便最靈於他物, 只不會說話而已. 到得夷狄, 便在人與禽獸之間, 所以終難改.'"

오히려 비슷하고 리는 절대 다르다." 이때의 '비슷한 기'란 서로 다른 기질적 조건에도 불구하고 '삶을 좋아하고 죽음을 싫어하는' 존재를 유지하기 위한 욕구와 기호의 보편성을 의미한다. 삶에 대한 의지를 유자들은 '생의生意'라고 불렀다. 때문에 개체의 존재하고자 하는 보편적 욕구로서의 '비슷한 기'란 여전히 본체(생의)의 표현이다.

그런데 '비슷한 기'는 개별적 단계에서 구체적으로 실현되려 할 때 서로 달라진다. 연비어약鳶飛魚躍, 솔개는 날고 싶고 물고기는 헤엄치고 싶다. 그래야 하는 기질적(존재적) 조건을 타고 났기 때문이다. 때문에 솔개가 날고 싶어하는 욕구나 물고기가 헤엄치고 싶어하는 욕구는 생의와 다르지 않고 그 자체 악일 수 없다. 연비어약鳶飛魚躍의 물리가 성리와 연속되는 지점이다. 물리는 성리와 분열되지 않는다. 다만 솔개의 나는 물리와 물고기의 헤엄치는 물리는 서로 다르다. 그래서 '리는 절대 다른 것'이다. 성리(一理)는 동일하지만 물리(分殊理)는 서로 다르다. 이것이 주자의 이일분수理一分殊다.

주자는 모든 개체에게 공통으로 내재하는 성리(一理)의 존재를 인정하지만, 각 개체가 지니는 존재론적 처지로서의 물리(分殊理)의 차이를 무시하지도 않는다. 저마다 지니는 존재적 처지를 무시하고 내 마음이 네 마음이라는 식으로 말하는 거친 일반화는 폭력일 뿐이다. 그래서 주자는 각각의 대상이 지니는 존재적 처지를 하나하나 관심을 갖고 탐구할 것을 요구한다. 이것이 그의 격물치지格物致知다.

그런데 여기서 우리가 주목해야 할 문제가 있다. 기에 의해 제한되는 리는 물리가 아니라 천명지성 즉 성리라는 점이다. 예컨대 위의 인용문에서 개미가 개미의 기질을 타고 났기 때문에 빠르게 걷고 무거운 것을 들며 군집생활을 하는 개미의 소이연을 온전히 실현시키지 못하는 것은 아니다. 그저 윤리적 규범으로 표현되는 도덕적 본질을 실현시키지 못할 뿐이다. 개미는 다만 군신간의 의리라고 하는 일부분의 도덕적 본질을, 그것도 제한적으로 실현시킬 수 있을 뿐이다. 이렇게 기는 물리를 방해하지 않는다. 방해하는 것은 성리일 뿐이다.

존재론적 측면에서 물리와 기는 충돌하지 않고 가치적으로 연속적이다. 즉 물리는 선, 기는 악이 될 수 없다. 그러나 본체론적 측면에서 성리와 기는 충돌하며 가치적으로 불연속이다. 성리는 선과 도덕의 근원이고 기는 악 혹은 결핍의 근원이기 때문이다. 성리와 기의 가치적 불연속은 주로 사단칠정四端七情이나 천리인욕天理人欲 혹은 인심도심人心道心처럼 도덕적 성향과 욕구적 성향 간의 대립에서 도드라진다.

"천명지위성天命之謂性", 우주의 본질이 인간의 도덕적 본성이 된다는 본체론은 『주역』, 『중용』, 주돈이, 정호, 장재, 육구연 그리고 주자에게서도 발견되는 유가의 오래된 전통이다. 다만 주자 이전의 본체론에는 기질적 한계에 대한 체계적 설명이 부족했다.[16] 선한 의지가 어떻게 가능하냐는 맹자 이래 유학의 오래된 전통도 필요하지만, 악한 의지는 또 어떻게 가능한지에 대한 해명이 없이는 '도덕적 주체'의 확립은 사실 불가능하다. 천사처럼 악을 저지를 수 없는 존재는 주체의 자발적 의지가 없는 시계태엽처럼 윤리적으로 결정되어 있는 존재일 수밖에 없기 때문이다.

주자 형이상학의 체계에서 볼 때 이는 본체론과 존재론의 충돌 문제가 된다. 즉 본체에 대한 믿음이라는 맹자적 전통을 어떻게 존재론적으로

---

16) 주돈이와 장재에게서도 군자와 소인의 구분이라든가 기질지성의 설정과 같은 논의가 있었음을 부정할 수는 없다. 그러나 그들은 정이가 人心·人欲을 道心·天理와 대비한 것처럼 명시적으로 악을 설명하지는 않았다. 정이의 인심·도심 대비마저도 주자의 존재론적 해명에 와서야 체계화된다.

해명할 것이냐의 문제다. 존재론적으로 악(기질)의 가능성을 설정하지 않으면 본체론은 한낱 선한 본성(의지가 아닌)에 의한 결정론이 되고 만다. 정이는 다른 북송의 유자들과는 달리 인심人心과 도심道心 혹은 선과 악의 대비를 통해 윤리적 주체의 문제를 정면에서 제기했다. 다만 정이는 도덕적 주체로서의 마음의 문제로 관심을 국한했기 때문에 사실 주자와 같은 체계적인 존재론 자체가 없다.[17] 때문에 본체론과 존재론 간의 모순, 예컨대 "체용일원體用一源, 현미무간顯微無間"과 '인심도 심人心道心' 간의 논리적 충돌 문제 등에 대해 해명해야 한다는 의식 자체가 없었다. 반면 주자는 정이가 제기한 악의 문제를 이기론을 통해 존재론적으로 체계화시킨 것이다.[18]

사단 혹은 도덕적 성향은 우주적 본질 즉 천리에서 온 것이기에 도덕심리학에서의 리 즉 성리는 본체론의 영역에 해당한다. 반면 성리를 제약할 수 있는 인욕이나 욕구적 성향의 근원으로서의 기질은 존재론적 영역에 해당한다. 본체적 기질이라는 개념은 주자에게서 성립하지 않기 때문이다. 개체의 차원에서 기질은 개체의 소이연(물리)을 실현시켜 주는 재료이면서 동시에 성리를 제약하는 장애물이기도 하다.

결론적으로 인심도심 혹은 천리인욕과 같은 도덕심리학에서의 이기 관계는 존재론 내부의 관계가 아니라 본체론적 리(性理)와 존재론적 기 간의 관계가 된다. 앞에서 든 개미의 경우처럼, 존재론적 기질과 존재론적 소이연(物理)은 충돌하지 않는다. 다시 말해 개별 존재의 차원에

---

17) 정이에게는 태극이라고 하는 공통의 시원이 없다. 때문에 정이에게서는 발생적 관념이 희박하다. 중앙과 시원을 잃은 모든 존재자는 가치적으로 평등하다. 따라서 그에게는 본체론적 구조도 선명하지 않다. 牟宗三이 정이를 유가의 본체론적 전통으로부터 벗어나 있다고 평가하는 것에는 나름의 이유가 있다.

18) 다만 주자 역시 도덕적 의지와 욕구적 충동 간의 갈등 문제를 사실상 인간으로 한정했다.

서 존재론적 이기는 서로 충돌하지 않는다. 다만 본체론적 성리라야 서로 충돌한다. 그러나 이러한 양상은 개별 존재의 차원이 아닌 존재 '전체'의 차원에서는 상황이 완전히 달라진다. 태극론이 그것이다.

3. 태극론: 존재계의 체계성과 연속성

북송의 도학자들은 본체론의 문헌적 전거를 '역용易庸' 특히 『주역』에서 찾았다. 「계사전」의 서법론筮法論으로부터 시작된 우주론적 도식은 하나로부터 만물로의 파생과 확장의 과정을 보여 준다. 때문에 도학자들의 본체론 역시 자연스럽게 파생과 확장의 모습을 띠게 되었다. 그래서 북송대의 본체론은 외양에 있어서 발생적 양상을 갖게 된다. 모든 본체론에는 천도와 인도 혹은 전체와 개체라고 하는 관계와 방향성이 전제된다. '발생'은 이 관계와 방향성을 설명해 준다.

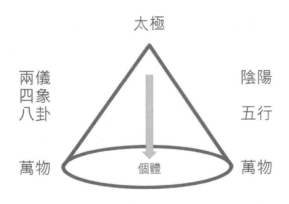

〈그림 1〉 「태극도설」과 〈선천역학〉의 발생적 사유

발생론에서는 무엇이 무엇을 '발생'(生)시키는지, 또 그 선후관계는 어떤지가 주된 내용이 된다. 그래서 발생론은 곧잘 우주론과 혼동된다. 하지만 엄밀히 말해서 본체론은 발생론에서의 '방향'과 '관계'에 주목할 뿐 발생의 '방식'(動靜)이나 '선후'에 관심이 없다. 발생의 방식·과정·선후는 우주론적 관심일 뿐이다. 따라서 제자들의 동정과 선후에 대한 반복되는 질문은 주자에게서 논의의 핵심이 될 수 없었다.

그러나 제자들이 우주발생론적 관점에서 묻는 데는 그럴만한 이유가 있다. 첫째, 주자 당대까지 태극에 대한 담론은 한대 이래로 줄곧 기론氣論으로 이해되어 왔다. 둘째, 북송 도학자들의 사유에서 우주론과 본체론은 구분되지 않았다. 본체론을 (우주)발생론이 아닌 존재론으로 해명하기 시작한 것은 역시 정이를 계승한 주자가 본격적이다. 셋째, 주자자신 우주론을 배격하지 않았다. 그 자신 태극을 음양미분의 원기로 설명하는 구절이 적지 않다.[19]

사실 주자의 많은 언설에서 우주론적 사유와 존재론적 사유 그리고 본체론적 사유는 곧잘 혼용된다. 이는 『주자어류』 1권에서 보이는 자연과학적 관찰에 대한 다수의 기록에서 볼 수 있듯이, 실재하는 세계에 대한 이론적 해명에 그가 많은 관심을 지니고 있었기 때문이기도 하다. 그래서 그의 태극론에서는 주돈이나 소옹의 발생론적 사유가 명확하게 제거되지 않는다. 그는 본체론적 사유뿐만 아니라 실재하는 세계의 체계성과 법칙성에 대한 주장도 그대로 살리고 싶었던 것이다. 때문에

---

19) 『朱熹集』, 권38, 「答袁機仲別幅」, "蓋天地之間, 一氣而已, 分陰分陽, 便是兩物."; 『朱子語類』, 권1, "太極只是一個氣."; 『朱子語類』, 권94, "太極分開, 只是兩箇陰陽, 括盡了天下物事."; 『易學啓蒙』, 「原卦劃」, "故自兩儀之未分也, 渾然太極, 而兩儀四象六十四卦之理已粲然於其中. 自太極而分兩儀." 이에 대해서는 주광호, 「朱熹 太極論에 나타난 宇宙論과 本體論의 分化와 疏通」(『대동문화연구』 54집, 대동문화연구원, 2006년)을 참고할 수 있다.

주자에게 있어서 태극론은 단지 본체의 유행에 대한 은유적·신화적 언어에 머물지 않고 이 세계의 합법칙성과 만물의 체계성 상관성을 입증하는 존재론이 된다.

이를 위해 주자는 〈선천역학〉과 「태극도설」의 태극을 리로 규정하면서 태극과 음양(양의) 이하의 관계에서 시간적 계기를 제거함으로써 '발생적' 성격을 구조론으로 전환했다.

주돈이 선생은 "태극이 움직여 양을 낳고 잠잠해져 음을 낳는다"라고 했다. 이는 태극이 움직인 것이 양이고 움직임이 극에 달하면 다시 잠잠해져 잠잠한 것이 곧 음인 것처럼 보인다. 그러나 움직일 때는 곧 양의 태극이고, 잠잠할 때는 곧 음의 태극인 것이다. 태극은 음양 속에 있을 뿐이다. 또 「계사전」에서 "역에 태극이 있으니 이것이 양의를 낳는다"라고 한 것은 먼저 실재하는 리를 말한 것일 뿐이다. 만약 존재하는 것으로 말하자면 모두 한꺼번에 존재하고, 태극은 언제나 음양 속에 있다. 다만 그 순서를 특기해서 말하자면 먼저 이 리가 있고 나서 음양이 있다고 해야 할 것이다. 그 리는 하나다. 그러나 구체적인 사물에 드러난 측면에서 말하자면 음양이 태극을 담고 있다고 해야 하고, 그 본원의 측면에서는 태극이 음양을 낳았다고 해야 한다.[20]

주돈이의 「태극도설」은 태극의 동정으로 음양이 생겨난다고 했지만, 그것이 시간적 전개가 아니라고 주자는 해석하는 것이다. 태극은 음양의 리로서 음양 속에 존재한다. 때문에 태극과 음양 사이에는 선후를 말할 수 없다. 이렇게 되면 '태극생양의太極生兩儀'의 '생生'은 발생적 의미

---

20) 『朱子語類』, 권75, "周子言, '太極動而生陽, 靜而生陰.' 如言太極動是陽, 動極而靜, 靜便是陰; 動時便是陽之太極, 靜時便是陰之太極, 蓋太極卽在陰陽裏. 如『易』有太極, 是生兩儀, 則先從實理處說. 若論其生則俱生, 太極依舊在陰陽裏. 但言其次序, 須有這實理, 方始有陰陽也. 其理則一. 雖然, 自見在事物而觀之, 則陰陽函太極; 推其本, 則太極生陰陽."

를 지니지 않고, 태극과 음양의 구조적 관계와 가치적 연속성을 나타낼 뿐이다. 그것은 곧 본체와 현상의 관계 즉 체용이다.

> 순필이 태극에 대해 물으며 "음양이 곧 태극입니까?"라고 물었다. 선생께서는 이렇게 답하셨다. "나는 '음양을 떠나지 않는다. 음양의 본체를 가리켜 그것이 음양과 섞일 수 없음을 말한 것이다'라고 했으니, 이 구절을 잘 음미해야 한다. 나의 이 해설을 이해하지 못하고서 어떻게 태극을 논할 수 있겠느냐"……
> 어떤 이가 이렇게 물었다. "양이 움직이는 단계로부터 사람과 만물이 생겨나는 과정은 한꺼번에 생기는 것입니까? 또 이렇게 말하자면 그 속의 순서는 어떻게 되는 것입니까?" 답하셨다. "선후로 말할 수 없다. 그러나 그 속에 순서는 역시 있다고 해야 한다. 소옹 선생은 (일원의 주기가) 12만 8천 년이라고 말씀하시면서 그 전은 또 어떤지 모르겠다 하셨지만, 태극의 이전에도 별개의 세계는 있게 마련이다. 마치 어제 저녁이 오늘의 낮으로 이어지듯이 말이다. 음양 역시 커다란 열리고 닫힘일 뿐이다. 다만 처음 열릴 때는 어둡던 것이 점차적으로 밝아지는 것이기에 이런 과정이 있는 것이다. 그러나 사실은 모두 한꺼번에 그 속에 있는 것이다.[21]

이 인용문에서 주자는 태극과 음양의 관계를 체용으로 설명하고 있지만, 동시에 소옹의 우주론적 사유를 포기하지 않음으로써 우리를 곤혹스럽게 만든다. 그러나 양이 움직이는 단계로부터 만물이 생겨나는 전체 과정을 선후로 말할 수 없다는 관점은 "사실은 모두 한꺼번에 그 속에 있다"는 말에서 해답을 얻을 수 있다. 즉 구체적인 우주 만물의

---

21) 『朱子語類』, 권94, "舜弼論太極云, '陰陽便是太極.' 曰, '某解云: 非有離乎陰陽也; 卽陰陽而指其本體, 不雜乎陰陽而言耳. 此句當看. 今於某解說句尚未通, 如何論太極?'……某問, '自陽動以至於人物之生, 是一時俱生? 且如此說, 爲是節次如此?' 曰, '道先後不可, 然亦須有節次. 康節推至上十二萬八千云云, 不知已前又如何. 太極之前, 須有世界來, 正如昨日之夜, 今日之晝耳. 陰陽亦一大闔闢也. 但當其初開時須昏暗, 漸漸乃明, 故有此節次, 其實已一齊在其中.'"

생성 변화는 시간적 계기 속에서 진행되지만, 그것의 이치는 언제나 그 속에 '한꺼번에' 존재한다는 것이다.[22] 이것이 바로 우주의 이치로서의 태극이다.

우주론에서 시간성을 제거하면 '그때 거기'는 '지금 여기'가 된다. 주자가 강조하고 싶었던 것은 태극의 이치가 최초의 어느 시점에선가 일회적으로 발생·작용했던 것이 아니라 '지금 여기'에서 계속해서 기능하고 있음이다. 태극이 양의와 사상 속에 여전히 존재하듯, 그것은 즉각적으로 인극으로 연결되는 것이어야 한다. 이제 태극은 그저 '시원'이 아니라 개체에 '내재'하는 존재의 원리이자 본성이 된다.

〈선천역학〉 역시 마찬가지다.

> 양의의 차원에서 보면 태극은 태극이고 양의는 그것의 드러남이다. 그러나 사상의 차원에서 보면 양의는 태극이 되고 사상은 그것의 드러남이다. 팔괘의 차원에서 보면 사상은 다시 태극이 되고 팔괘는 그것의 드러남이 된다.[23]

태극은 양의로, 양의는 다시 사상으로 전개되지만 그것은 시간적 사건이 아니다. 주자의 설명에서 태극과 양의 이하의 모든 단계는 '동시에' 존재한다. 소옹과 주자의 선천역학에서 태극·음양·사상 등은 리 혹은 기로 규정될 수 없는, 세계의 체계적 질서를 나타내는 기호에 불과하다. 태극과 양의 사이에는 구조적 관계만 존재할 뿐, 태극이 어떻게(動靜) 음양을 만들었는지, 그래서 음양을 생성(生)한 이후 과연

---

22) 『朱子語類』, 권1, "問, '太極不是未有天地之先有箇渾成之物, 是天地萬物之理總名否?' 曰, '太極只是天地萬物之理. 在天地言, 則天地中有太極; 在萬物言, 則萬物中各有太極. 未有天地之先, 畢竟是先有此理. 動而生陽, 亦只是理; 靜而生陰, 亦只是理.'"

23) 『朱子語類』, 권22, "以兩儀言, 則太極是太極, 兩儀是用; 以四象言, 則兩儀是太極, 四象是用; 以八卦言, 則四象又是太極, 八卦又是用."

여전히 태극이 존재하는지 등은 맥락을 놓친 질문이 되어 버린다. 소옹과 주자는 1→2→4→8…∞로 확장되는 대수학적 · 기하학적 엄밀성으로 세계의 법칙성과 질서를 주장하는 것이다. 이렇게 발생론에서 시간성을 제거하여 구조론으로 전환하면 피라미드의 종적 구조는 이제 원환적 존재론이 된다.[24]

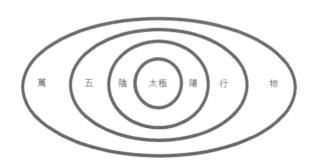

〈그림 2〉 주자의 구조론적 사유

그러나 이 구절에서 태극과 양의 이하의 단계 사이에는 미묘한 질적인 불연속이 확인된다. 양의와 사상 사이에서 사상이 양의의 '드러남'(用)이 되고 양의는 사상의 태극이 된다고 한 점에서 태극은 '드러난'(用) 것의 본질 혹은 본체(體)에 해당함을 알 수 있다. 때문에 태극은 양의 · 사상 · 팔

---

24) 그런데 시간성이 제거된 '발생'은 邵雍의 先天易學이 그렇듯, '발생'의 活潑潑한 생동감은 약화되고 존재의 법칙성과 그 기하학적 체계만 남게 된다. 이는 본체의 '기능함'에 대한 회의로 읽힐 수 있다. 모든 본체론은 공자와 맹자로부터 시작된 도덕적 낙관론을 반영한다. 그런데 주자의 존재론은 '발생'에서 오는 천명의 활발발한 '기능함'을 충분히 담아낼 수 없다. '무조작, 무계탁'의 존재론적 리는 본체론의 리 혹은 태극보다는 분명 생동감이 없다. 牟宗三이 주자의 理가 존재만 할 뿐 활동하지 않는다고 한 규정은 이런 의미에서 이해될 수 있다.(모종삼, 황갑연 외 옮김, 『심체와 성체』 2, 소명출판, 2012, 121쪽, "주자의 직선적인 분석은 리와 심 · 신을 분명하게 분리시켜, 자연스럽게 '태극은 활동하지 않는 정태적 존유이다'라는 결론에 이르게 하였다.") 그래서 주자는 「태극도설」의 직접적인 본체론을 선호한 것이다.

괘의 시원임과 동시에 그 본체가 된다. 그래서 이 본체는 양의와 사상 어느 단계에서도 그 속에 간직된다.

> 태극은 하나이다. 양의를 낳은 다음에 태극은 양의 속에 있다. 사상을 낳은 다음에 태극은 사상 속에 있다. 팔괘를 낳은 다음에 태극은 팔괘 속에 있다.[25]

결국 태극은 양의·사상·팔괘 등의 내부에 존재하는 본체 혹은 원리가 된다. 물론 태극과 양의 이하 사이에는 형이상과 형이하라는 질적인 위상의 차이가 발생한다. 그러나 주자는 명시적으로 양의 이하를 기라고 규정하지도 않았고, 태극과 음양의 관계는 천리와 인욕처럼 가치적으로 충돌하지도 않는다. 태극과 음양의 질적 차이보다 태극으로부터 만물(개체)로의 가치적 연속성이 더 중요했기 때문이다.

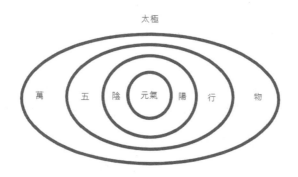

〈그림 3〉 주자의 체용론적 존재론

결국 주자는 태극을 본체로서의 리로 규정하여 그것이 인극으로

---

25) 『朱子語類』, 권27, "太極便是一, 到得生兩儀時, 這太極便在兩儀中; 生四象時, 這太極便在四象中; 生八卦時, 這太極便在八卦中."

연속됨을 주장하면서도 〈선천역학〉과 〈태극도설〉의 구조는 그대로 살려서 세계 전체의 존재적 체계성과 법칙성을 보이고 싶었던 것이다. 본체론과 전체존재론의 연결이다. 물론 여기에 리(태극)-기(음양) 간의 가치적 불연속(善惡)은 없다. 더 나아가 질적 불연속(形而上下)마저 논의의 중심이 될 수 없다. 그보다 더 중요한 것은 태극으로부터 만물로 이어지는 존재론적 연속성이며, 태극에서 인극으로 직결되는 본체론적 현재성이다. 때문에 그의 태극론은 본체론임과 동시에 존재론이 된다.

4. 문헌분석: 주자는 태극음양을 이기관계로 설명했나?

『주자어류』는 1권부터 이기상理氣上 · 이기하理氣下 · 귀신鬼神 · 성리性理 등의 제목을 지니고 있는데, 1권 이기상理氣上에서 태극과 천지(上)를 논하고 2권에서 계속해서 천지(下)를 논하고 있다. 주자의 제자들은 이렇게 태극을 이기의 범주로 이해하고 있는 것이다. 과연 주자의 생각 역시 동일한가?

『주자어류』는 주자와 그의 제자들이 나눈 대화를 기록한 것이다. 태극에 대한 주자의 생각을 읽을 수 있는 중요한 자료임에는 틀림없지만 주자 태극론의 문헌적 전거라고 할 수는 없다. 즉 주자가 태극을 그렇게 이해하게 된 근거는 여전히 다른 것에서 찾아져야 한다는 말이다. 태극에 대해 주자가 든 문헌적 전거는 『주역』「계사전」의 "역유태극易有太極, 시생양의是生兩儀"와 소옹邵雍의 〈선천역학先天易學〉 그리고 주돈이의 「태극도설」이 전부다.

『주역본의』에서 주자는 「계사상전」 11장 "역유태극易有太極, 시생양의

是生兩儀"에 대해 이렇게 주해하고 있다.

하나가 매번 둘을 낳는 것이 자연의 이치다. '역'이란 음양의 변화이고 태극은 그것의 '이치'(理)다. 양의란 처음 한 번 획을 그어 음과 양을 나눈 것이고, 사상이란 다음 두 번 획을 그어 태(태음·태양)와 소(소음·소양)를 나눈 것이며, 팔괘란 다시 세 번 획을 그어 삼재의 상을 갖춘 것이다. 이 구절은 성인께서 『주역』을 만들 때 의거하셨던 자연스러운 순서이며, 조금의 인위도 개입된 것이 아니다. 괘를 그리거나 점을 치는 순서가 모두 그러하니, 자세한 건 「서례」와 『계몽』에 나와 있다.[26]

여기서 주자는 '역'을 음양의 변화로, '태극'을 그것의 이치(理)로 규정하고 있다. 태극은 역의 리(理)다. 그러나 주석의 주된 내용은 복희가 『주역』의 괘를 처음 그릴 때의 과정에 대한 설명일 뿐 태극과 음양의 관계, 더 나아가 그것의 이기론적 관계를 설명하는 것은 아니다. 기(氣)라는 글자는 출현하지도 않는다. 이는 사실 주자의 역학에서 볼 때 지극히 당연하다. 주자는 「계사상전」 9장 이후를 서법(筮法)이나 상수에 관한 언급으로 이해하고 있다.[27] 이 구절 역시 '괘를 그리거나 점을 치는 순서'에 관한 내용이다.

「계사전」의 이 구절은 소옹 〈선천역학〉의 문헌적 전거가 되어 준다는 점에서 더욱 중요하다. 소옹의 〈선천역학〉을 그대로 계승한 것이 주자

---

26) 『周易本義』, 「繫辭上」, "一每生二, 自然之理也, 易者, 陰陽之變, 太極者, 其理也, 兩儀者, 始爲一劃, 以分陰陽, 四象者, 次爲二劃, 以分太少, 八卦者, 次爲三劃而三才之象始備, 此數言者, 實聖人, 作易, 自然之次第, 有不假絲毫智力而成者, 劃卦揲蓍, 其序, 皆然, 詳見序例啓蒙."

27) 『朱子語類』, 권75, "繫辭自大衍數以下, 皆是說卜筮事.";『朱子語類』, 66권, "看繫辭, 須先看易, 自'大衍之數'以下, 皆是說卜筮. 若不是說卜筮, 卻是說一無底物.";『朱子語類』, 75권, "問, '易有太極, 是生兩儀, 兩儀生四象, 四象生八卦.' 曰, '此太極卻是爲畫卦說. 當未畫卦前, 太極只是一箇渾淪底道理, 裏面包含陰陽·剛柔·奇耦, 無所不有.'"

『역학계몽易學啓蒙』의 제2장 「원괘획原卦劃」인데, 여기서 그는 "역유태극易有太極, 시생양의是生兩儀"에 대해 다시 이렇게 주해하고 있다.

「계사전」에서 복희가 괘를 그릴 때 취한 것이 이와 같다고 한 것이니, 〈하도〉에만 의지해서 괘를 그린 것이 아님을 알 수 있다. 이 온 천하에 가득 찬 것이 모두 태극과 음양의 오묘함이다.…… 그러므로 양의가 아직 나뉘지 않았을 때는 하나로 된 태극이지만, 양의·사상·64괘의 이치(理)가 모두 그 속에 다 들어 있다.…… 태극이란 상과 수가 아직 형태를 갖추지 않았으나 그 이치는 온전히 갖추어져 있고, 형체가 모두 갖추어진 다음에도 그 이치는 아무런 흔적이 없음을 가리킨다. 〈하도〉와 〈낙서〉의 가운데 텅 비어 있는 상에 해당한다.[28]

여기서도 주자는 분명히 태극을 상수象數/형기形器의 리로 규정하고 있다. 다만 여기서의 태극과 음양 역시 이기理氣가 아닌 리와 상수/형기의 관계로 설명되고 있다. 역시 기氣라는 단어는 보이지 않는다. 주자의 〈선천역학〉이 『주역』 괘획의 형성 과정을 설명한 것임을 고려할 때 이 역시 매우 자명한 현상이다. 그래서 『역학계몽』의 이 장 이름이 '원괘획原卦劃' 즉 '괘획의 원리를 밝힘'이다.

마지막으로, 주돈이의 「태극도설」에 대해 주자는 「태극도설해」에서 이렇게 주해하고 있다.

태극은 형이상의 도이고, 음양은 형이하의 기물(器)이다. 때문에 드러나 있는 측면에서 볼 때는, 동정은 같이 발생하지 않고 음양은 같은 자리를 갖지

---

28) 『易學啓蒙』, 「原卦劃」, "大傳又言包犧畫卦所取如此, 則易非獨以河圖而作也. 蓋盈天地之間, 莫非太極陰陽之妙.……故自兩儀之未分也, 渾然太極, 而兩儀四象六十四卦之理已粲然於其中.……太極者, 象數未形而其理已具之稱; 形器已具而其理無朕之目, 在河圖洛書皆虛中之象也."

않지만 태극은 언제나 그 속에 있다. 드러나지 않는 측면에서 볼 때는, 텅 비어 아무런 흔적이 없지만 동정과 음양의 이치(理)는 이미 그 속에 꽉 차 있다.[29)]

여기서도 주자는 태극을 동정음양의 리라고 명시적으로 밝히고 있지만 태극과 음양의 관계를 이기理氣가 아닌 도기道器의 관계로 설명하고 있다. '형이하'란 형체를 지녀 '드러나' 있다는 의미이고, 이렇게 형체를 지닌 음양의 단계에서도 태극은 그것의 리로서 언제나 그 속에 존재하고 있다는 말이다. 물론 '형체로 드러난 음양은 분명 기라고 할 수 있다. 그러나 주자는 여기서도 태극과 음양의 관계를 명확히 이기관계로 설명한 것은 아니다.

결론적으로 『주역본의』・『역학계몽』・「태극도설해」 등 태극에 대한 문헌적 자료에서 주자는 한 번도 태극과 음양의 관계를 리와 기의 관계로 설명하고 있지 않다. 물론 이러한 사실이 주자의 형이상학에서 태극이 리이고 음양이 기라는 사실을 부정하지는 않는다. 다만 주자 태극론의 문헌적 전거라고 할 수 있는 『주역본의』・『역학계몽』・「태극도설해」 등을 통해서 볼 때, 주자에게 태극론을 이기론과 연결해서 설명하려는 의도가 없었다는 점은 분명하다.

뿐만 아니라 『주자어류』의 1권 '태극' 조목에서도 태극은 리, 음양은 기라고 명시적으로 언급된 적이 한 번도 없다. 이런 언급은 겨우 5권의 '성리性理' 조목에 와서 그것도 제자인 채원정(蔡季通)의 말에서만 출현할 뿐이다.[30)] 『주자어류』 1권 '태극' 조목에는 진래가 주목했던 이기선후理氣

---

29) 「太極圖說解」, "太極, 形而上之道也; 陰陽, 形而下之器也. 是以自其著者而觀之, 則動靜不同時, 陰陽不同位, 而太極無不在焉. 自其微者而觀之, 則沖漠無朕, 而動靜陰陽之理已悉具於其中矣."

先後·이기동정理氣動靜에 관한 많은 언급들이 수록되어 있지만, 이때의 '이기'가 태극과 음양을 명시적으로 지칭하는 조목은 하나도 없다. 즉 주자는 태극·음양의 관계를 이기관계로 설명하지도 않지만, 태극과 음양의 관계에서 선후나 동정의 문제를 끌어내지도 않는다는 말이다.

태극과 음양의 관계를 리와 기의 관계로 등치시키고서 태극과 음양의 사이에서 발견되는 선후나 동정의 문제를 곧장 리와 기 사이의 문제로 만들어 버린 것은 그의 제자들이다. 주자에게서 태극과 음양의 관계는 선후나 동정의 문제가 핵심일 수 없다. 주자에게서 태극론은 우주발생론이 아니라 본체론이자 전체존재론이기 때문이다. 주자의 관점에서 더 중요한 것은 태극으로부터 음양으로의(그리고 그 이후까지) 연속성이고 동질성이다.

물론 주자 스스로 태극과 음양의 관계를 리와 기의 관계로 설명하는 제자들의 관점에 반대하지는 않지만, 존재 전체에 대한 담론인 태극론을 이기론과 연결시킨 것은 어디까지나 주자의 제자들이다. 주자에게서 태극과 음양은 존재적 구조론이면서 동시에 본체론적 연속성을 나타내기 위한 것이지, 발생적 관계나 도덕심리학적 갈등을 보이기 위한 것이 아니다. 문제는 우주발생론과 존재론의 충돌이 아니라 본체론과 존재론의 충돌이다. 이기에 선후가 있냐고 집요하게 묻는 제자들에게 주자는 그런 식으로 접근해서는 안 된다고 반복해서 말할 뿐이다.

『주자어류』의 구조를 통해 볼 때, 1권 '이기理氣'는 '태극음양'이나 '천지'처럼 존재계 전체에 대한 담론이다. 물론 논의의 핵심은 태극과 음양이지 이와 기가 아니다. 여기서 특별히 주목해야 할 점은, 태극(理)/역

---

30)『朱子語類』, 권5, "蔡季通聰明, 看得這般處出, 謂先生下此語最精. 蓋太極是理, 形而上者; 陰陽是氣, 形而下者. 然理無形, 而氣卻有跡. 氣既有動靜, 則所載之理亦安得謂之無動靜!"

易(『주역본의』)과 태극(理)/상수·형기(『역학계몽』) 및 태극(道·理)/기器(「태극도설해」)의 관계는 결코 가치적으로 불연속하여 서로 충돌하는 것이 아니라는 점이다.[31] 태극은 선, 음양은 악이 아니다. 주자의 서법론·우주론·발생론·구조론·본체론 등에서의 도道와 기器의 관계처럼 태극은 음양·상수·형기 등과 가치적으로 서로 충돌하지 않는다. 그것들은 모두 개별 존재에 대한 담론이 아니라 존재 전체에 대한 담론이기 때문이다.

리와 기가 본격적으로 논의의 주인공이 되는 지점은 『주자어류』 4권 '성리性理' 이하다. '성리性理'는 존재 전체가 아니라 개별적 존재 차원에서의 이기론이다. 그런데 성리性理 즉 도덕적 본성(性卽理)에 대한 담론은 앞 장에서 본 것처럼 기질적 존재의 처지와 도덕적 의지의 갈등관계에 대한 담론이지, 기질적 조건과 그것의 소이연(物理)에 대한 담론이 아니다. 이기론이 개체의 차원으로 내려오면 사실상 존재론이 아닌 본체론적 담론이 된다.

사실 주자의 이기론 담론에서 리는 대부분 존재론적 물리(『주자어류』 1~3권)가 아니라 윤리적 성리(『주자어류』 4~6권)다. 그래야 심성·수양으로 이어진다. 도덕형이상학에서 존재론의 목적 자체가 인간의 도덕성을 확인하기 위한 것이었음을 상기할 필요가 있다. 진래의 이기론에서 이기선후理氣先後·이기동정理氣動靜 등은 성리 담론과 무관하다. 이일분수理一分殊는 본체론적 차원에서만 성리 담론과 관계를 갖는다.

---

31) 「太極圖說」의 "오행은 하나의 음양이다. 음양은 하나의 태극이다. 태극은 본래 무극이다"(五行一陰陽也, 陰陽一太極也, 太極本無極也)라는 구절은 태극과 음양 이하의 연속성을 분명히 보여 주고 있다.

5. 전체의 연속과 개체의 불연속

지금까지의 논의를 정리해 보자. 태극론과 이기론에는 공히 존재론과 본체론적 사유가 들어 있다. 태극론은 우주적 시원으로부터 만물로 이어지는 존재계 전체의 체계적이고 합법칙적인 질서를 보여 주는 존재론임과 동시에, 우주적 본질이 개체에게 연속되고 있음을 보여 주는 본체론(至善之 名)이다. 이기론은 존재의 원리(형이상)와 현상(형이하) 간의 관계 양상을 다루는 존재론임과 동시에, 인간에게 존재하는 도덕적 본질 및 그 발현으로서의 도덕적 감정과 의지가 어떻게 존재론적 조건 속에서 실현될 수 있는지를 다루는 본체론적 도덕심리학이 된다.

두 체계가 달라지는 핵심은 리와 기 혹은 태극과 음양 사이의 가치적 연속성 문제다. 존재론적 영역에서의 리(物理)와 기는 가치적으로 연속적이어서 충돌하지 않지만 본체론적 영역에서의 리(性理)와 기는 불연속적이고 서로 충돌한다. 반면 주자 태극론에서의 태극과 음양은 이기론에서와는 달리 본체론적인 의미에서든 존재론적 의미에서든 언제나 연속적이다. 주자 태극론에서 음양 이하의 단계는 태극과 개체(인간)를 연결시켜 주는 본체론적 고리이면서 동시에 태극을 실현시켜 주는 구체적·실재적 존재로서 이 세계의 체계성과 합법칙성을 증명하기 때문이다.

다시 말해 이기론에서의 본체론적 리는 존재론적 기와 충돌하지만 태극론에서의 본체론적 태극은 존재론적 음양과 충돌하지 않는다. 이것은 개별적 존재 차원에서의 기와 존재 전체 차원에서의 기가 갖는 성격이 달라졌기 때문이다. 개별적 존재 차원에서의 기는 악의 가능 근거이지만 존재 전체 차원에서의 기에서는 악을 설명할 수 없다.[32]

---

32) 그렇다면 도덕주체의 악의 가능성은 존재론적으로 어떻게 설명되는가? 태극론에서

즉 전체존재론인 태극론에서 기는 악이 아니지만, 개별존재론 차원의 이기론에서 기는 물리(存在理)의 구현체이면서 동시에 성리(本體理)의 장애물로서 악의 근거가 된다. 이렇게 주자의 존재론은 전체의 차원에서 개별의 차원으로 내려오면서 굴절된다.

존재론의 차원에서 주자의 리는 무정의無情意·무계탁無計度·무조작無造作하지만[33] 본체론적 차원에서는 활발발하게 기능해야 한다.[34] 이것이 주자가 이전의 우주발생론적 태극론에서 보존 유지하고자 했던 것이다. 주자에게서 "태극생양의太極生兩儀"와 "태극동이생양太極動而生陽"의 '생生'이나 '동정動靜'은 이제 '생성'이나 '운동'으로(우주발생론적) 읽을 것이 아니라 '기능함'이나 '연속함'으로(「태극도설해」의 '天命流行', 본체론) 읽어야 한다. 주자의 이기론과 관련된 많은 논란들, 예컨대 이기선후理氣先後·이기동정理氣動靜·이생기理生氣·지존유불활동只存有不活動 등과 같은 담론들은, 현상적으로는 우주발생론과 존재론의 모순으로 보이지만 본질적으로는 본체론과 존재론의 갈등이며 전체존재론과 개별존재론 간의 불일치다.

태극론은 전체의 영역을 담당한다. 존재하는 모든 것은 우주적 본질(생의)의 지배하에 있고, 지극한 질서 속에 체계적으로 존재하며, 서로 밀접한 관계를 형성한다. 이러한 체계성·법칙성·상관성에서 도덕심

의 음양과 오행은 악이 아니니 말이다. 주자는 그것을 개체 차원에서 기질 조합의 우연성으로 설명한다. 『朱子語類』, 권94, "問, '自太極一動而爲陰陽, 以至於爲五行, 爲萬物, 無有不善. 在人則才動便差, 是如何?' 曰, '造化亦有差處, 如冬熱夏寒, 所生人物有厚薄, 有善惡; 不知自甚處差將來, 便沒理會了.'"

33) 『朱子語類』, 권1, "蓋氣則能凝結造作, 理却無情意, 無計度, 無造作."

34) 만약 주자의 천리인욕론에서 기질에 의해 제약되는 성리를 無造作·無計度의 존재론적 소이연으로 착각하게 되면 牟宗三이 말하는 '존재하기만 할 뿐 활동하지 않는' 리가 되어 버리며, 이는 맹자의 전통으로부터 벗어나는 것이 된다. 물론 이는 주자의 본의가 아니다.

리학적 갈등은 자리를 확보하기 어렵다. 주자의 이기론은 존재의 형이상의 원리와 형이하의 현상을 다루기도 하지만, 좀 더 강한 관심은 도덕적 본성과 존재적 처지의 긴장을 다루는 도덕심리학이다. 그래서 이기론은 주로 개별의 영역을 담당하고, 이때는 존재론이 아니라 본체론이 된다.

　주자는 우주의 체계성과 합법칙성 속에서 존재의 참된 실재성과 세계의 균형과 질서를 설명하는데, 도덕심리학적 이기론의 긴장 속에서는 이것이 불가능하다. 도덕심리학적 긴장은 도덕주체의 실존적 상황과, 그럼에도 불구하고 인정해야 하는 도덕적 본성에 대한 믿음을 표현할 뿐이다. 때문에 도불道佛의 사상적 도전과 심학心學의 이론적 위태로움(주자의 관점에서)으로부터 존재의 참된 실재성과 세계의 질서를 설명하기 위한 것이 '존재론'이라고 한다면, 그것은 주자에게서는 이기론이 아니라 태극론이다.

제14장 태극, 역리의 본체화

1. 태극동정은 천명유행인가?

태극은 주자의 역학과 성리학이 연결되는 고리다. 제2부에서 보았듯
그의 전 역학 체계는 태극으로 수렴되고, 그의 전 성리학적 세계는
태극으로부터 확장된다. 이렇게 태극을 매개로 하여 그의 역리易理는
동시에 천리天理가 되고 성리性理가 된다. 이 장에서는 「태극도설해」에서
주자가 주돈이의 태극동정太極動靜을 천명유행天命流行으로 해석한 것을
중심으로 하여 주자 태극 개념의 본체론적 함의를 집중 추적하고자
한다.

주자는 주돈이의 「태극도설太極圖說」을 송대 유학에서 가장 중요한
문장 중의 하나로 존숭하고 그에 대해 「태극해의太極解義」라는 주석서를
작성하는 등 일생에 걸쳐 「태극도설」의 발양에 힘썼다. 하지만 많은
연구자들은 두 사람의 철학적 성격이 다르다고 보았다. 진래陳來는
주돈이의 태극을 직접 운동하는 '일기一氣'로 보고[1] 「태극도설해」에서의
태극은 '세계 존재와 운동의 근거'라고 규정한다.[2] 즉 주돈이의 사유는
우주발생론임에 반해 주희는 존재론이라는 말이다. 이는 중국의 학자들

---

[1] 陳來, 『朱子哲學硏究』(華東師範大學出版社, 2000), 100쪽; 勞思光, 『新編中國哲學史(三上)』
(三民書局, 2003), 88~89쪽 참고.
[2] 陳來, 『朱子哲學硏究』, 80쪽.

뿐만 아니라 국내의 연구자들도 대체로 동의하는 관점이다.[3]

물론 주돈이와 주자의 철학적 성격에 대한 이해가 완전히 합치되어 있는 것은 아니다. 여돈강余敦康은 「태극도설」이 생성론의 옷을 입은 본체론이라고 규정한다.[4] 당군의唐君毅는 주돈이의 태극이 실상 정호程顥의 '생생生生'과 다르지 않다고 보았다.[5] 모종삼牟宗三 역시 주돈이의 "동이생양動而生陽과 정이생음靜而生陰은 모두 본체론적인 오묘한 작용을 표현한 것이지 직선적인 우주론의 변화를 말한 것이 아니다"라고 하여 주돈이의 사유를 우주발생론이 아닌 본체론으로 규정한다.[6] 이들 평가는 공통적으로 주돈이의 「태극도설」이 우주론이나 생성론이 아닌 본체론이라고 규정하고 있다.

필자의 관점에서 주돈이와 주자 사이의 계승과 전환이 가장 극명하게

---

3) 張克賓, 『朱熹易學思想硏究』(人民出版社, 2015), 256쪽 참고; 소현성, 「주자의 태극해의 일고」, 『儒學硏究』 제39집(충남대학교 유학연구소, 2017), 251쪽, "'하늘의 일은 소리도 없고 냄새도 없지만, 실로 조화의 핵심이고 사물의 뿌리이다. 그러므로 무극이면서 태극이라고 한다.' 여기에서 주자는 소리도 없고 냄새도 없는 無形無象의 초경험적 존재의 실재성과, 그것이 이 세계의 생성과 변화의 핵심이자 구체적 존재자들의 존재론적 근원임을 천명한다."; 손홍철, 「周敦頤의 "太極"과 理氣槪念의 關係分析」, 退溪學論叢 第29輯(사단법인 퇴계학부산연구원, 2017), 58쪽, "주희는 태극을 천지만물의 理라고 하였다. 天地 가운데 태극이 있고, 만물 가운데 각각 태극이 있으며, 천지가 아직 생기기 전에 반드시 이 리가 있으며, 음양을 생겨나게 하는 것도 바로 이 리라고 하였다. 여기서 주희가 말하는 리는 천지와 만물이 생겨나고 변화 운행하는 법칙을 의미한다. 이에 주희는 '태극은 단지 하나의 理자일 뿐이다'라고 하여, 태극과 리를 같은 개념으로 설명한다. 정주학의 최고 핵심개념은 '性卽理'라는 명제다. 이때 理는 바로 우주의 운행원리를 말한다. 주희는 이 리가 바로 태극이라고 보았다. 그는 리를 '우주자연의 원리'이면서 '사물의 이치'(自然法則)이며 '변화하는 사물의 불변의 본질'이라고 본 것이다. 인간의 도덕적 본성인 '性卽理'라는 명제는 인간의 도덕적 본성은 우주의 원리인 理에 근거하므로 '絶對的 善'이 된다는 뜻이다. 여기서 우주의 존재원리가 도덕적 당위규범으로 통합된다. 곧 주희는 '존재원리'(所以然之故)와 '도덕적 당위'(所當然之則)를 종합하여 그것을 리로 보았다."

4) 余敦康, 『內聖外王的貫通』(北京: 學林出版社, 1997), 160쪽 참고.

5) 唐君毅, 『中國哲學原論－導論篇』(臺北: 臺灣學生書局, 民國 75年), 447쪽 참고.

6) 牟宗三, 황갑연 옮김, 『심체와 성체』 2(소명출판, 2012), 107쪽.

드러나는 구절은 바로 주돈이의 "태극동정太極動靜"과 그에 대한 주자의 주석 "천명유행天命流行"이다. 용어 사용의 불철저와 그에 따른 분석틀의 불명료함에 기인하여 지금까지 이 두 명제의 조합은 가장 해명하기 어려운, 혹은 가장 모호한 구절로 인식되어 온 것이 사실이다. 이는 실제의 운동성이 없는 리理로 태극을 규정하면서도 그 '기능함'을 박탈할 수 없었던 주자의 고뇌어린 마음 씀의 결과다. 따라서 이 글에서는 이 두 명제의 분석에 집중하면서 그 사상적 성격이 어떻게 연결될 수 있는지를 추적한다.[7]

2. 「태극도설」, 우주론의 옷을 입은 본체론

주지하는 바와 같이 「태극도설」에서의 태극은 실제적 운동을 한다. "태극이 움직여 양을 낳는다. 움직임이 극한에 이르면 다시 잠잠해진다. 잠잠해져 음을 낳는다. 잠잠해짐이 극한에 이르면 다시 움직인다."[8] 이 구절은 표면적으로는 무리 없이 우주의 최초 탄생의 과정에 대한 기술로 이해될 수 있다. 태극이라고 하는 태초의 기가 운동과 정지라고 하는 상대적인 운동을 통해 음양을 만들어 내는 과정을 기술하고 있다. 주돈이 이전까지 태극에 대한 이해는 음양 이기二氣가 분화되기 이전

---

7) 그러나 아무리 용어 사용을 철저하게 한다 하더라도 원저자들의 사유에 다양한 층위의 의미가 혼재해 있다면 그것은 별개의 문제가 된다. 실제 이들의 사유에는 우주론·발생론·존재론·본체론 등이 혼재해 있다. 하지만 그것을 단순한 사유의 미숙함으로 치부할 수만은 없다. 다양한 사유가 혼재해 있는 이유를 추적하고 그 의미를 분석해야 한다. 그것은 기존 사유방식의 간섭일 수도 있고, 정교한 철학적 설정일 수도 있다. 이에 대해서는 별도의 연구가 필요하다.
8) 「太極圖說」, 『周敦頤集』(中華書局, 1990), 4쪽, "太極動而生陽, 動極而靜, 靜而生陰, 靜極復動."

의 원기元氣라는 관점이었다.[9] 사실상 원기의 분화 혹은 운동에 의해 이 세계가 만들어졌다는 관점은 중국철학의 일관된 상식에 해당한다. 「태극도설」을 존재론적으로 해석한 주자마저도 우주가 원기의 운동에 의해 만들어졌다고 보는 것은 동일하다. 『주자어류』 1권 '태극천지太極天地'에서 천지 이후의 조목은, 자연과학적 입장에서 이 세계가 어디서부터 어떻게 만들어졌고 어떻게 진행되며 어떻게 종말을 맞을 것인지에 대해 기술하고 있다.[10] 여기에서 주자는 일원의 기적 운동에 의한 세계 운동에 대해 말하고 있다.[11] 그런 의미에서 주돈이가 원기로 우주를 설명하는 것은 전혀 이상할 것이 없다.

관건은 우주의 창조가 과거의 어느 시점에 있었던 일회적인 특정한 사건인지, 아니면 지금 여기에서 끊임없이 일어나는 일인지이다. 과거 일회적 시점에 있었던 일에 대한 기술이라면 우주발생론이겠지만, 지금 여기에서 끊임없이 일어날 수 있는 생성이라고 한다면 그것은 우주를 넘어선 '생성론' 일반이 된다. 이 경우 생성은 태초의 우주뿐만 아니라 지금 여기에서 진행되고 재현되고 끊임없이 반복되어야 할 가치적 의미가 된다.

필자는 제1부에서 주돈이를 비롯한 북송 유자들이 말하는 '생생'의

---

9) 孔穎達, 『周易正義』(十三經注疏本, 學古房), 156쪽, "太極謂天地未分之前, 元氣混而爲一, 卽是太初太一也."

10) 『朱子語類』, 권24, "問天統・地統・人統之別, 曰, '子是一陽初動時, 故謂之天統; 丑是二陽, 故謂之地統; 寅是三陽, 故謂之人統.' 因擧康節元・會・運・世之說: 十二萬九千六百年爲一元, 一元有十二會; 一萬八百年爲一會, 一會有三十運; 三百六十年爲一運, 一運有十二世. 以小推大, 以大推小, 箇箇一般, 謂歲・月・日・時皆相配合也. 如第一會第二會時尙未生人物, 想得地也未硬在. 第三會謂之開物, 人物方生, 此時屬寅. 到得戌時, 謂之閉物, 乃人消物盡之時也. 大率是半明半晦, 有五六萬年好, 有五六萬年不好, 如晝夜相似. 到得一元盡時, 天地又是一番開闢. 問, '先生詩云: 前推更無始, 後際那有終! 如何?' 曰, '惟其終而復始, 所以無窮也.'"

11) 『朱子語類』, 권1, "某謂天地別無勾當, 只是以生物爲心. 一元之氣, 運轉流通, 略無停間, 只是生出許多萬物而已."

의미를 미르치아 엘리아데가 말하는 신화적 사유에서의 우주 탄생과 그 재현이라는 의미로 해석할 것을 제안했다. "엘리아데에게 있어서 태초의 창조를 반복 재현하는 것은 단순한 모방이나 혼동이 아니라, '지금 여기에서' 우주의 창조에 참여하는 성스러운 행위가 된다."[12] 이러한 관점에서 보면 「태극도설」의 주제는, 태극과 인극의 연속성에 대한 주장을 통해 인간의 본질을 우주의 본질과 연결시키고, 인간은 자신의 본질에 충실해지는 순간(君子修之吉) 우주적 본질에 합일하게 된다는 것이 된다.

실제 「태극도설」의 구조를 보면 결코 그 주제가 우주의 탄생에 대한 자연과학적 기술에 그치지 않음은 자명하다. "「태극도설」의 전체 구조를 보면, 첫 부분의 '무극이태극無極而太極……' 구句는 우주의 탄생과 운동·변화에 대한 기술이다. 중간 부분의 '무극의 진수와 이기오행의 정수가 오묘하게 합하여 응결되니(無極之眞, 二五之精, 妙合而凝)……' 구는 만물 생성의 과정을 그린 것이다. 뒷부분의 '성인께서는 인간의 삶의 기준을 중정인의中正仁義로 정하셨으니(聖人定之以中正仁義)……' 구는 인간사회 및 개인 본성에 내재해 있는 윤리적 가치의 존재 근거를 설명한다. 마지막으로 주돈이는 천지인天地人 즉 우주와 인간 사이에 존재하는 가치적 연속성·통일성에 대한 찬탄으로 글을 맺는다. '아아 위대하도다, 역易이여. 여기서 그 모든 것을 드러냈구나(大哉易也, 斯其至矣)."[13]

1장에서 확인한 것처럼 『주역』의 「계사전」이 태극太極을 말한 이후 『역위易緯』·정현鄭玄·한강백韓康伯·공영달孔穎達에 이르기까지 인극人極을 말한 이는 없었다. 특히 "『역위건착도易緯乾鑿度』에서는 태극과 더불

어 '태일太一', '태소太素', '태초太初' 등의 개념이 등장한다. 사유의 중심이 '태太'에 있음을 알 수 있다. 반면에 주돈이의 「태극도설」은 '무극無極', '태극太極', '인극人極' 등의 개념이 보여 주듯 그 중심이 '극極'에 있다. 이는 주돈이의 관심이 단순히 우주적 근원을 밝히려는 데에 있지 않고, 우주와 가치 즉 존재와 당위의 궁극적 시원을 밝힘으로써 그것이 인간 본성과 존재의 근거임을 주장하려는 것임을 시사해 준다. 따라서 주돈이 가 「계사繫辭」의 전통에 따라 '태극太極'으로 자신의 저작을 명명했지만, 그의 관심은 태극에만 국한되지 않고 무극과 태극 및 인극 간의 연속성과 통일성의 제시에 있음은 확실하다."[14]

문제는 주돈이가 왜 우주를 말했느냐다. 에른스트 카시러에 의하면 새로운 인간의 창조를 위해서는 새로운 우주가 필요하다고 한다.[15] 인의중 정仁義中正 · 인극人極 · 주정主靜과 같은 인간적 가치의 정립을 위해 주돈이 는 순수한 관념으로서의, 즉 모든 현실성과 구체성을 떠난 순수이념으로 서의 '시원'이 필요했던 것이다. 순수도덕(人極)의 정립을 위해 순수인간(得 其秀而最靈)이 만들어진 것이고, 그 순수인간은 순수우주(太極)로부터 온 것이다. 따라서 이때의 태극은 인극이라는 가치를 정초하기 위한 것이기 에 가치배제적인 우주론일 수 없다. 「태극도설」은 비록 창조와 생성을 말하지만 그것은 지극히 상징적이고 이념적인 의미에서다.

여돈강余敦康 역시 「태극도설」은 천도天道가 인도人道의 근거가 되어 주지만 오히려 인도에 맞춰 천도를 만든 것이며, 그 연결 통로는 '성誠'이라 고 보았다.[16] 실제로 '성誠'은 『통서』에서 인도의 총체로 그려진다.

---

14) 1장 참고.
15) 에른스트 카시러, 최명관 옮김, 『인간이란 무엇인가?』(창, 2008), 113~115쪽 참고.
16) 余敦康, 『內聖外王的貫通』(北京: 學林出版社, 1997), 168~170쪽 참고.

성誠은 오상五常의 근본이요 모든 행위의 근원이라고 할 수 있다.…… 오상과 모든 행위에 있어서 성이 근거되어 있지 않다면 참되다고 할 수 없다.[17]

그런데 이 성은 동시에 천도로부터 오는 것으로 규정된다.

성誠은 성인의 근본이다. "위대하도다, 건원乾元이여. 만물이 그로부터 시작되는구나"라고 하였으니, 이는 성의 근원이다. "건도乾道가 변화함에 각각의 본성과 천명이 이에 갖추어진다"라고 하였으니, 성이 이에 확립된다.[18]

만물이 그 존재의 근원으로 삼는 '건원乾元'은 그 자체로 성誠의 근원이 되고, 이 건원乾元 혹은 건도乾道가 변화하여 각각의 존재를 만들어 내면 드디어 성誠도 확립된다는 말이다. 때문에 성은 천도와 인도를 이어 주는 연결고리가 되는 것이다. 위의 문장은 계속해서 이렇게 이어진다.

그러므로 『주역』에서는 말하기를 "한 번 음이었다가 다시 양이 되는 것을 일러 도라고 한다. 그것을 계승하는 것이 선이요, 그것을 받아 이룬 것이 본성이다"라고 하였으니, 원元과 형亨은 성誠의 형통함이요 이利와 정貞은 성誠의 회복이다. 아 위대하도다, 『주역』이여. 본성과 천명의 근원이로다.[19]

이 구절은 원형이정元亨利貞이라고 하는 우주적 질서가 성誠의 구현임을 밝힘과 동시에, 그것이 성명性命 즉 개별자의 본질 혹은 본성의

---

17) 『通書』第2, 「誠下」, "誠五常之本, 百行之源也.……五常百行, 非誠非也."
18) 『通書』第1, 「誠上」, "誠者, 聖人之本. '大哉! 乾元, 萬物資始'誠之源也. '乾道變化, 各正性命'誠斯立焉."
19) 『通書』第1, 「誠上」, "故曰,"一陰一陽之謂道, 繼之者善 成之者性也." 元亨誠之通, 利貞誠之復. 大哉! 易也, 性命之源乎."

근원이 됨을 말하고 있다. 주돈이는 「계사전」의 "일음일양지위도一陰一陽
之謂道, 계지자선야繼之者善也, 성지자성야成之者性也" 구절을 천도의 운행으
로부터 개별자의 본성이 유출되는 과정에 대한 기술로 이해하고 있는
것이다. 다음 절에서 확인되겠지만, 이러한 이해는 그대로 주자에게
계승된다. 그가 주돈이의 '태극동정太極動靜'에 대해 주석한 '천명유행天命
流行'은 철저하게 「계사전」의 이 구절을 근거로 전개된다. '천명天命'이
유행하여 개별자의 '본성本性'이 되는 과정으로 주자는 주돈이의 '태극동
정'을 설명하기 때문이다.

주돈이 역시 태극의 동정을 천도와 인도의 연결고리인 성誠으로
묘사한다.

> 움직이기만 하고 잠잠하지 못하거나 잠잠하기만 하고 움직이지 못하는 것은
> 구체적인 객체(物)다. 그러나 움직이되 움직임이 없고 잠잠하되 잠잠함이
> 없는 것은 신묘함(神)이다. 그렇다고 움직이되 움직임이 없고 잠잠하되 잠잠함
> 이 없는 것이 움직임도 잠잠함도 없다는 뜻은 아니다. 객체라면 통할 수
> 없지만 신묘함이라면 만물에 오묘하게 통한다. 음인 수水는 양에 뿌리를
> 두고, 양인 화火는 음에 뿌리를 둔다. 오행은 곧 음양이요 음양은 곧 태극이다.
> 네 계절이 운행하여 그 속에서 만물이 생겨나고 사라지니, 열리고 닫힘이
> 끝이 없다.[20]

주돈이는 하나로 굳어져 버린 객체(物)의 운동(動靜)과 하나로 고착되지
않는 신묘함(神)의 운동을 대비함으로써 태극·음양·오행의 운동(動靜
혹은 闔闢)이 끝없이 지속됨과 또 만물을 오묘하게 생성하고 소멸시킴을

---

20) 『通書』第16, 「動靜」, "動而無靜, 靜而無動, 物也. 動而無動, 靜而無靜, 神也. 動而無動, 靜
而無靜, 非不動不靜也. 物則不通, 神妙萬物. 水陰根陽, 火陽根陰, 五行陰陽, 陰陽太極. 四時
運行, 萬物終始. 混兮闢兮! 其無窮兮."

묘사하고 있다. 그런데 여기서의 이 신묘함(神)은 그대로 성誠이 표현되는 모습이 된다.

'고요히 움직임이 없음'은 성誠이다. '감촉되어 다가오는 모든 것에 통함'은 신神이다. 있음과 없음의 사이는 기幾이다.[21]

'적연부동寂然不動'과 '감이수통感而遂通'은 체용體用의 관계가 된다.[22] '적연부동'은 '감이수통'하기 위함이요, '감이수통'은 '적연부동'이 전제될 때 가능하다. 때문에 신神은 성誠의 구현됨이요, 성誠은 신神의 본질이라고 할 수 있다. 성誠할 때만이 신神할 수 있는 것이다. 따라서 태극·음양·오행의 운동이 신묘함이라면, 그것은 곧바로 성誠의 구현이라고 할 수 있는 것이다.

이상의 논의를 정리하면 이렇다. 「태극도설」의 구조로 볼 때 그 주제는 우주의 생성에 대한 기술이 아니라 천도와 인도의 연속성에 대한 찬양이다. 그리고 이것은 천인합일天人合一이라고 하는 북송 유학의 사상사적 소명으로서의 천명이기도 하다. 「태극도설」에서 보이는 '우주의 생성'은 철저히 '지금 여기에서' 벌어지는 윤리적 주체의 '재탄생'을 위한 시원으로서의 자격을 지닌다. 때문에 그것은 우주생성론이 아니라 신화적 사유에서의 '생성론'이라고 할 수 있다. 주돈이는 우주의 운동(動靜)이 성誠의 구현임을 주장함과 동시에 성誠이 모든 인간적 가치와 규범의 근거임을 천명함으로써, 천도天道(乾道)가 곧 인간의 본질(性命)임을 주장하고 있다. 때문에 필자는 「태극도설」을 '우주론의 옷을 입은 생성적 본체론'이라고 규정하고자 한다.

---

21) 『通書』 第4, 「聖」, "寂然不動者, 誠也. 感而遂通者, 神也. 動而未形, 有無之間者, 幾也."
22) 朱熹, 『通書解』 第4, 「聖」, "本然而未發者, 實理之體, 善應而不測者, 實理之用."

주자는 「태극도설」의 신화적·선언적·상징적 '생성론'을 좀 더 논리적·체계적·구체적 언어로 읽어 냈다. 때문에 "「태극도설」이 다소 추상적이라면 「태극도설해」는 훨씬 구체적이며, 주돈이의 글이 함축적이라면 주자의 설명은 비교적 상세하다."[23] 주자의 이러한 체계성과 논리성은 분명 소옹邵雍으로부터 영향 받은 그의 역학적 사유의 반영이라고 할 수 있다. 주자는 이기론적理氣論的 존재론을 「태극도설」과 연결시킴으로써 체계성을 확보하려고 했지만, 그로부터 존재하는 모든 것을 「태극도설」의 구조에 맞춰 해명해야 하는 부담을 떠안게 되었다. 태극동정太極動靜·이기선후理氣先後·이생기理生氣 등 제자들이 제기하는 일련의 난감한 문제들은 여기서 비롯된다. 이에 대해서는 13장에서 이미 자세히 다루었다.

그러나 주자가 좀 더 적극적으로 계승한 것은 '우주론적 생성론'이 아니라 '생성적 본체론'임에 주목해야 한다. 지금까지는 「태극해의」를 다분히 존재론적으로 독해해 왔다. 때문에 태극이 실제로 운동을 할 수 있느니 없느니 하는 문제로 골몰해 왔다. 하지만 주자는 아주 간명하게 태극의 운동을 '천명의 유행'이라고 주해하고 있다. 본체론에서 천명의 유행은 지극히 단순하고 자명한 언급이 된다. 하지만 태극의 운동을 존재론적 측면으로 해석하자면 '천명의 유행'은 실제로 난감하기 그지없는 표현이 된다.[24] 이제 우리가 확인해야 할 것은 과연 주자의 '천명유행天命流行'을 본체론적 의미로 해석할 수 있느냐이다.

---

23) 소현성, 「주자의 태극해의 일고」, 『儒學硏究』 제39집(충남대학교 유학연구소, 2017), 261쪽.
24) 陳來는 '天命流行'이란 태극이 직접적으로 운동한다고 할 수도 없고 그렇다고 가능하지 않다고 할 수도 없어서 어렵게 억지로 채용한 명제라고 보았다.(陳來, 『朱子哲學研究』, 華東師範大學出版社, 2000, 102쪽 참고.)

3. '천명유행', 존재론의 옷을 입은 본체론

주지하는 바와 같이 「태극도설」의 "태극동이생양太極動而生陽……" 구절에 대해 주자는 "태극에 동정이 있음은 천명이 유행하는 것이다"(太極之有動靜, 是天命之流行也)라고 주해하고 있다. 그런데 「태극도설해」에서는 더 이상 구체적으로 '천명의 유행'이 무엇인지 설명하고 있지는 않다. 때문에 우선 주자의 다른 저작에서 천명의 유행이 어떤 의미로 사용되는지 확인할 필요가 있다.

주자의 '천명유행'은 개체의 '시작'과 큰 연관을 갖는다. 그 '시작'은 물리적·생물학적 탄생을 의미하는 것으로 보인다. 다음의 두 인용문은 비록 직접적인 주자의 언급이 아닌 제자들의 발언이지만 '천명유행'이란 말이 개체의 시작과 관련된 의미로 사용되었음을 확인시켜 준다.

제가 생각건대, 명도선생께서 말씀하신 "태어난 것이 본성이다"라는 말은 고자가 말한 "태어난 것이 본성이다"라는 말과는 같지 않은 것 같습니다. 명도선생의 의미는 사람이 태어난 이후에야 비로소 본성이라고 할 수 있고, 그 이전에는 천명의 유행이 기탁할 것이 없기 때문에 그저 선하다고 할 수 있을 뿐 본성이라고 할 수는 없다는 뜻인 것 같습니다. 그러나 이름 붙일 수 없으면서도 본성의 근원이라는 측면에서는 본성이라고 할 수 있는 것이지요. 물론 그 자체로는 본성이라고 할 수 없습니다. 그것이 바로 "사람이 태어나기 전인 고요함 이전의 단계에 대해서는 뭐라 말할 수 없다. 본성이라고 말하는 순간 이미 본성이 아니게 된다"라는 말의 뜻이겠지요.[25]

---

25) 『朱熹集』, 권61, 「答歐陽希遜」, "謙之竊意, 明道所言生之謂性, 與告子所言生之謂性, 不同. 明道之意, 若謂人生而後方始謂之性, 前此天命流行未有所寄寓, 只可謂之善, 不可謂之性. 然以無可得名, 又是性之本源, 只且謂之性. 若論其體段, 則不可謂之性. 此人生而靜以上不容說, 才說性時便已不是性也."

물었다. "'리는 같고 기는 다르다'는 구절은, 만물이 막 시작될 때 천명이 유행하는 것은 매한가지이기 때문에 리가 같다고 한 것이 아닌지요? 반면 이기오행에는 맑고 탁함 혹은 순수하고 잡박함의 차이가 있기 때문에 기는 다르다고 한 것이 아닌지요?[26]

주자는 제자들의 이러한 의견에 대해 나름의 대답을 하지만 '천명유행'의 의미에 대해서는 어떠한 정정도 부언도 하지 않는다. '천명유행'의 의미에 대해 당대의 학자들에게 일정한 합의가 있었음을 의미한다. 앞의 인용문에 근거하면, 사람이 태어나 부여받은 본질은 '본성'(性)이 되지만 개체가 태어나기 이전에 '부여되는' 단계에서는 아직 본성이라고 부를 수 없다는 의미다. 여기서 개체가 태어나기 이전에 개체에게 부여되기를 기다리는 것이 '천명의 유행'이다. 그리고 두 번째 인용문에서는 이 부여되는 '천명의 유행'이 리임을 분명히 하고 있다. 뿐만 아니라, 그 '리는 같다'는 측면에서의 천명의 유행이 '이일분수理一分殊'의 '이일理一'과 연관되어 있음을 확인할 수 있다. 이 두 구절은 분명 개체의 생물학적·물리적 탄생의 차원에서 천명의 유행을 말하고 있다. 이러한 이해는 실제 주자의 언급에서도 다르지 않다.

하나의 양陽이 돌아와 회복되면 그 처음의 생성은 지극히 미미하다. 그래서 마치 잠잠한 듯하다. 하지만 실제 움직이는 기미의 형세는 날로 자라나고, 만물은 어느 하나 그것에 의지해 시작하지 않는 것이 없다. 이것이 바로 천명이 유행하는 처음이며 조화가 발육하는 시작이다. 천지의 끊임없이 낳고 낳는 마음을 여기서 볼 수 있다.[27]

---

26) 『朱子語類』, 권4, "先生答黃商伯書有云, '論萬物之一原, 則理同而氣異, 觀萬物之異體, 則氣猶相近, 而理絕不同.' 問, '理同而氣異, 此一句是說方付與萬物之初, 以其天命流行, 只是一般, 故理同; 以其二五之氣有淸濁純駁, 故氣異.'"

만물의 생성은 천명의 유행이다. 처음부터 끝까지 이 리가 아님이 없다. 다만 처음 태어날 때에는 순수함이 아직 흩어지지 않았기 때문에 더욱 잘 보이는 것일 뿐이다.[28]

이 두 인용문에 의하면 만물은 천명의 유행을 받아 생성된다. 특히 두 번째 인용문에 의하면 생성뿐만 아니라 만물의 존재 자체가 줄곧 천명의 유행이다. 그리고 여기서의 천명은 여전히 리다.

주자가 자신의 이기론적 존재론에서 개체를 리와 기의 조합으로 설명한다는 것은 상식이다. 그럼 개체가 탄생할 때 곧장 리를 부여받았다고, 즉 '성즉리性卽理'라고 하면 될 것을 왜 구태여 천명의 유행을 부여받았다고 하는 것일까? 이는 분명 "천명지위성天命之謂性"이라고 하는 경전적 권위를 끌어온 설명이다. 무조작無造作·무계탁無計度의 리에 비해 천명은 분명 하늘(天)이라는 '주체'가 명시화되어 있고 명령(命)이라는 말은 의지적 행위의 뉘앙스를 띠고 있다. 그래서 하늘과 개체 즉 '천인天人'이라고 하는 수수授受의 관계와 방향을 확보하게 된다. 때문에 개체가 지니는 리는 존재론적으로 원래 그런 것이 아니라 하늘로부터 '부여받는 것'이 된다. 그럼 그 '부여받는 것'의 구체적인 내용은 무엇인가?

"반드시 일삼음이 있어야 한다"고 했다.…… 이것이 바로 천명이 유행하는 곳이다. 즉 "하늘이 명한 것을 일러 본성이라고 하고, 본성을 따르는 것을 일러 도라고 한다"는 것으로서, 인의仁義와 같은 도덕적 마음이다. 또한 "하느님

---

27) 『朱子語類』, 권71, "一陽來復, 其始生甚微, 固若靜矣. 然其實動之機, 其勢日長, 而萬物莫不資始焉. 此天命流行之初, 造化發育之始, 天地生生不已之心於是而可見也."
28) 『朱子語類』, 권95, "萬物之生, 天命流行, 自始至終, 無非此理; 但初生之際, 淳粹未散, 尤易見爾."

께서 백성들에게 진실된 속마음을 내려주셨다"라고 하는 것이며, 사양좌謝良佐
가 말한 "팔딱팔딱 살아 있음"이다. 이런 것들은 생각을 통해 찾을 필요가
없고, 분명히 여기에 있어서 더듬듯 하면 확인할 수 있다. 『통서』에서 말한
"원元과 형亨은 성誠의 형통함이요, 이利와 정貞은 성誠의 회복함이다"라는
구절이 바로 이런 의미다. 그걸 볼 수만 있다면 움직여도 잠잠해도 언제나
이와 같아서 자연스럽게 고요히 텅 비어 순일하게 될 것이다. 텅 빈 고요를
달리 구할 필요도 없고, 체인體認을 기다릴 것도 없다. 부르기만 하면 바로
여기에 있다.[29]

이 인용문에서 주자는 천명의 유행 혹은 하늘이 부여해 주는 것을
'본성', '인의仁義와 같은 도덕적 마음', '진실된 속마음'으로 설명한다.
그리고 그것은 '활발발活潑潑'하게 살아 있는 것이어서 언제나 분명히
여기에 있는 것이기에 달리 사유의 과정을 통해, 혹은 체인을 통해
확인할 필요가 없는 것이라고 말한다. 이러한 설명으로부터 우리는,
우리가 하늘로부터 부여받은 것이 확실하게 지금 우리에게 있는 이
진실된 속마음임을 알 수 있다. 그러나 그 구체적인 내용은 결국 '인의와
같은 도덕심'일 뿐이라고 했으니, 그 이상의 것을 우리는 확인할 수
없다.

천명의 끊임없음은 본래 사람이든 만물이든 모두 다 같이 받아서 태어난
것이다. 그러니 어찌 사람과 만물이 받은 바에 무슨 별도의 전체全體랄 것이
있겠는가? …… 자신을 돌이켜 일상의 삶 속에서 스스로 구하여 간직해 기르고

---

29) 『朱子語類』, 권52, "'必有事焉',……只此便是天命流行處, 便是'天命之謂性, 率性之謂道', 便
是仁義之心, 便是'惟皇上帝降衷于下民'. 謝氏所謂'活潑潑地', 只是這些子, 更不待想像尋求,
分明在這裏, 觸著便應. 通書中'元亨誠之通, 利貞誠之復'一章, 便是這意思. 見得這箇物事了,
動也如此, 靜也如此, 自然虛靜純一; 不待更去求虛靜, 不待體認, 只喚著便在這裏."

잘 살핌으로써 물욕의 폐단을 제거할 수 있다면 인仁을 구하는 대로 얻어 본래의 마음이 환하게 드러날 것이니, 천명유행의 전체라는 것도 결국은 이 한 몸에서 벗어나지 않을 것이다.[30]

여기서도 천명의 유행은 사람과 만물을 가리지 않고 동등하게 부여되는 보편의 것으로 기술된다. 그것이 '본래의 마음'(本心)이고, 그 실질적인 내용은 인仁 이외의 것이 아니다. 주자의 제자인 진순陳淳이 다음과 같이 분석했을 때 주자는 매우 흡족해했다(此說甚善).

이 리는 천지에서 두루두루 유행하여 조금이라도 멈춘 적이 없습니다. 만물만사는 크든 작든 세세하든 거칠든 그 어느 것 하나 천리의 유행이 아닌 것이 없습니다. 내 마음 역시 이 리를 온전히 얻었으니, 이 리는 내 마음에서도 조금이라도 멈추어서 '낳고 낳지' 못하거나 천지와 함께 유행하지 않는 경우가 없습니다. 오직 욕망을 깨끗하게 하고 감정을 잘 다스려서 그 유행함을 막지 않은 뒤에야 언제나 천지와 함께 유통流通할 수 있는 것이지요. 예컨대 측은해하는 마음의 단서가 가깝게는 내 부모를 친하게 여기는 상황에서 발현되는데, 부모를 응당 친하게 여기도록 만드는 것은 바로 천명이 유행하기 때문이겠지요. 나는 단지 그것과 함께 유행하여 친하게 해야 할 대상에 대해 부족하지 않게 하는 것일 뿐입니다. 하나라도 부족함이 있다면 천리는 부모를 친하게 여기는 상황에 있어서 격절되어 유행하지 못하게 되는 것입니다.[31]

---

30) 『朱熹集』, 권30, 「答張欽夫10」, "夫天命不已, 固人物之所同得以生者也. 然豈離乎人物之所受, 而別有全體哉?……人能反身, 自求於日用之間, 存養體察以去其物欲之蔽, 則求仁得仁, 本心昭著, 天命流行之全體, 固不外乎此身矣."

31) 『朱熹集』, 권57, 「答陳安卿3」, "蓋是理在天地間, 流行圓轉, 無一息之停. 凡萬物萬事, 小大精粗, 無一非天理流行. 吾心全得是理, 而是理之在吾心, 亦本無一息, 不生生而不與天地相流行. 人惟欲淨情達, 不隔其所流行然後, 常與天地流通耳. 且如惻隱一端, 近而發於親親之間. 親之所以當親, 是天命流行者然也. 吾但與之流行而不虧其所親者耳. 一或少有虧焉, 則天理隔絶於親親之間而不流行矣."

천리 혹은 천명이 유행하여 나의 본성이 되고 나의 리가 된다. 나는 일상의 구체적인 상황에서 도덕적 감정과 도덕적 행위를 하게 되는데, 그것이 가능한 이유는 내가 그 천리 혹은 천명을 부여받았기 때문이다. 나는 구체적인 상황에서 내 본성으로 부여받은 천리가 잘 작동(流行)할 수 있도록 함으로써 실제로 도덕적 감정과 행위가 실현(流行)되도록 하는 것이다. 과도한 욕망이나 적절하지 않은 감정의 방해만 없다면 내게 부여된 이 도덕적 본성의 기능(流行)함은 지극히 자연스러운 것이 된다. 결국 천명의 실질적인 내용은 '도덕적 본성의 근원'이다. 그래서 '천명유행'은 존재론이 아닌 본체론이 된다.

이 장의 첫머리에서 다룬 '이동理同' 즉 '이일분수理一分殊'의 문제와 관련하여 진래는 매우 중요한 분석을 내놓는다.

> 주자가 말하는 구체적인 만리萬理의 '리'는 때로는 사물 내부의 부여받은 천리 즉 인의예지의 성을 가리키고, 때로는 구체 사물의 규율 혹은 본질을 가리킨다.…… 전자는 '성리性理'가 되고 후자는 '분리分理'가 된다.

> "개별자들이 모두 각기 하나의 태극을 지니고 있다"라고 할 때의 태극은 성리를 의미하지 분리를 의미하지 않는다. '이일분수'는 주자 철학에서 매우 중요한 의의를 지닌다. 즉 우주본체로서의 태극과 만물의 본성 간의 문제다.…… 하나로서의 태극은 개별자의 본성으로서의 태극과 완전히 같다.

> 우주본체와 만물의 본성 간의 관계를 드러내는 과정에서 이일분수는 만물의 본성이 우주본체로부터 왔고 그 근거가 되어줌을, 그리고 우주본체의 내용과 아무런 차이가 없음을 의미한다.[32]

---

32) 陳來, 『朱子哲學硏究』(華東師範大學出版社, 2000), 각각 113~114, 116, 118쪽.

진래가 말하는 성리性理와 분리分理는 필자의 관점에서 '본체지리本體之理'와 '존재지리存在之理'가 된다. 진래는 이일분수에서의 리는 성리이지 분리가 아니라고 분명히 했다. 이일분수는 분명 본체론적 의미에서만 가능하고 존재론적 의미에서는 가능하지 않다. '이동理同' 즉 '리가 같다'는 것의 실질적인 의미는 무엇일까? 예컨대 사람의 리와 개의 리가 같다면, 그 동일한 리는 개와 사람의 차별성을 설명해 주지 않는다. 그런데 이 동일한 리는 사람과 개뿐만 아니라 존재하는 모든 것에게 동일하게 부여되어 있다. 때문에 이 동일한 리는 개별자의 개별성 혹은 수성殊性을 설명하는 것이 아니다. 즉 사람만의, 혹은 개만의 존재 원리가 아니다. 때문에 이 동일한 리는 오직 본체론적 의미에서만 가능하다.

"이 이일분수가 주자형이상학에서 중요한 의의를 갖는 것은, 바로 절대유일의 이치인 태극의 체현 즉 자기현현(self-manifestation)이라는 본체론적 의미를 드러냈다는 점이다. 이것은 단순히 기의 변화운동 안에서 리가 내재한다는 것과는 차원을 달리하는 또 하나의 형이상학적 주장이다. 이처럼 리의 측면에서 이 세계와 세계 내의 모든 존재물이 본질적인 상호연관성을 가지며 그것은 태극의 자기현현에 기초한 것이라고 보는 것은 바로 주자형이상학이 지니는 본체론적 특색이라고 할 수가 있다."[33]

이제 이러한 이해를 바탕으로 애당초의 「태극도설해」로 돌아가 보자.

태극에 동정이 있음은 천명이 유행함이다. 소위 "한 번은 음이었다가 한 번은 양이었다가 하는 것을 일러 도道라고 한다"는 것이다. (주돈이는) "성誠은

---

33) 정상봉, 「朱子形而上學의 深層構造 - 太極에 대한 理解」, 『한국철학논집』 33권(한국철학사연구회, 2012), 274쪽.

성인의 근본이다"라고 했고 "만물의 처음이자 끝이다"라고 했으니, 천명의 도이다. (태극의) 움직임은 '성誠의 형통함'이니 "그것을 잇는 것을 선이라고 한다"에 해당하고, 만물이 이것에 의지해 시작된다. (태극의) 잠잠함은 '성誠의 회복됨'이니, "그것을 이룬 것이 본성이다" 혹은 "만물이 각기 자신의 본성과 천명을 반듯하게 한다"라는 의미다. 움직임이 극에 달해 잠잠해지고 잠잠함이 극에 달해 다시 움직여, 움직임과 잠잠함이 서로 갈마들며 서로의 뿌리가 되어 주는 것은 천명이 유행하여 그침이 없을 수 있는 이유다.[34]

「태극도설해」의 이 구절이 이제 좀 더 선명하게 해석될 수 있게 되었다. 우선 주자는 태극의 동정을 주돈이가 『통서』에서 그랬던 것처럼 "일음일양지위도一陰一陽之謂道, 계지자선야繼之者善也, 성지자성야成之者性也"라는 「계사전」의 구절을 골간으로 해설하고 있음을 확인할 수 있다. 이 장에서 인용한 천명의 유행에 대한 주자와 그 제자들의 해석에서 「계사전」의 이 구절이 어떻게 사용되었는지는 이미 확인했다. 개체가 아직 탄생하기 이전 천명이 부여되기를 기다리는 단계가 '계지繼之'이고, 그것이 개체에게 부여되었을 때 '본성'이 된다고 했다. 때문에 「계사전」의 이 구절에서 '일음일양一陰一陽'은 곧 도道이면서 천명의 유행인 것이다.

이렇게 주자는 「계사전」의 "일음일양지위도一陰一陽之謂道"와 『중용』의 "천명지위성天命之謂性"을 연결시켜, 우주적 운동을 개체의 본성이 완성되는 과정으로 설명하고 있다. 이렇게 되면 일음일양一陰一陽 혹은 태극의 동정은 이제 최초 우주의 탄생과는 전혀 관계없는 '지금 여기서의' 개체의 탄생과 본성의 부여에 대한 기술이 된다. 그리고 여기서 말하는 '본성'이라

---

34) 「太極圖說解」, "太極之有動靜, 是天命之流行也, 所謂一陰一陽之謂道. 誠者'聖人之本'·'物之終始', 而命之道也. 其動也, 誠之通也, '繼之者善', 萬物之所資以始也. 其靜也誠之復也, '成之者性', '萬物各正其性命'也. 動極而靜, 靜極復動. 一動一靜, 互爲其根, 命之所以流行而不已也."

는 것이 결코 존재론적 의미에서가 아니라 본체론적 의미에서라는 것은 위에서 이미 확인했다. 결국 태극을 성誠으로 풀었던 주돈이와 마찬가지로 주자의 천명유행은 우주발생론이나 존재론이 아닌 본체론적 언명임이 확인된다. 「태극도설해」의 이 주석이 보여 주듯, 사실 주자는 주돈이의 해설을 충실하게 따르고 있을 뿐이다.

4. 다른 길, 같은 곳

주돈이의 「태극도설」은 우주론의 옷을 입은 본체론이다. 그것은 선한 본성에 대한 맹자 이래 유가의 오래된 전통을 『중용』과 『역전』에서 말하는 천인관계의 방식을 통해 입증하고자 한 것이다. 주자의 '천명유행'은 주돈이 『통서』의 설명을 계승한 것으로서, 여전히 본체의 기능함 그래서 그로부터 확인되는 인간의 도덕적 가능성을 천명한 것이다. 때문에 이 두 사람은 결국 같은 말을 하고 있다. 다만, 주돈이가 '태극'이니 '동정'이니 하는 전통적 우주발생론적 개념들을 쓰고 있는 데 반해 주자는 「태극도설」의 음양·오행 이후의 내용에 대해서는 실재하는 세계에 대한 존재론적 설명을 하고 있다.[35] 그래서 표면적으로는 한 사람은 우주발생론을, 다른 한 사람은 존재론을 말하고 있는 것처럼 보일 뿐이다. 겉으로는 다른 길을 걸었지만 결국은 같은 목적지를 향했다고 할 수 있다.

주자는 자신의 철학적 필요에 의해서 다양한 층위의 형이상학 체계를

---

35) 「太極圖說解」, "無極而太極也, 所以動而陽, 靜而陰之本體也."; 〈太極圖說解〉, "所以爲陰陽者, 則太極之本然也."

구축하고 있다. 그리고 그는 각 체계가 지니는 논리적 충돌의 문제에도 불구하고 그것들을 하나의 체계로 결합시키고자 했다. 이 결합의 과정이 가장 극적으로 전개된 것이 바로 '천명유행'이다. 그는 자신의 이기론적 존재론과는 극히 이질적인 이 명제를 '태극동정'에 사용함으로써 주돈이의 본체론을 직접적으로 계승하고 있다. 그러면서도 태극이나 동정과 같은 우주론적 전통의 개념들을 자연스럽게 『중용』이나 『역전』의 천인관계로 전환시킴으로써 주돈이의 본체론을 세련되게 완성시켰다.

이 완성의 과정에서 가장 중요한 경전적 전거가 바로 『중용』의 "천명지위성天命之謂性"과 「계사」의 "일음일양지위도一陰一陽之謂道, 계지자선야繼之者善也, 성지자성야成之者性也"다. 「계사전」에서 말하는 '한 번은 음이었다가 한 번은 양이었다가 하도록 만드는 도道'는 곧 이 우주의 본체로서의 태극이자 역리이다. 주자의 모든 역학 체계 즉 상수·복서·의리는 최종적으로 태극으로 수렴되고, 우주의 본체인 태극은 동정하여 인간의 본체가 된다. 주자의 모든 역학 체계가 태극으로 수렴되고 그것이 우주와 인간의 본체가 된다는 말은, 주자의 모든 역학이 최종적으로 인간의 도덕적 본성에 대한 근거로 동원됨을 의미한다. 이렇게 주자의 역학은 그의 성리학과 연결된다.

제15장 주자와 육구연의 '무극태극' 논쟁

1. 논쟁의 성격과 과정

이 장에서는 주자 태극론의 파생물이라고 할 수 있는 주륙朱陸 간의 무극태극논쟁을 다룬다. 여기서 주목할 것은 주자가 태극의 '극極'을 중간·중앙의 기하학적 개념에서의 '균형과 질서'로 해석함으로써, 극極을 '내면'·'속'으로 해석하는 육구연의 도덕심리학적 태도와 달라진다는 것이다. 주자의 이러한 관점은 물론 주로 소옹의 〈선천역학〉으로부터 받은 영향의 결과다.

주자와 육구연 간의 논쟁은 송명이학의 전개에서 가장 중요한 학술논쟁이었으며, 동시에 주자의 학술 생애 중 가장 격렬했던 논쟁이었다. 여조겸이 주관하여 열리게 된 그 유명한 아호사鵝湖寺회동의 주요 내용은 소위 "존덕성尊德性, 도문학道問學"의 명제로 대표되는 공부방법론의 문제였다. 이러한 공부론의 분기는 그들의 심성에 대한 태도의 다름, 즉 주자는 '성즉리性卽理'를 주장하는 데 반해 육구연은 '심즉리心卽理'를 주장하는데서 연유한 것으로 알려져 있다. 일반적으로 철학사가들은 주륙朱陸논쟁의 진정한 의의는 심성론에 근거한 공부방법론이라고 주장한다. 따라서 무극태극無極太極논쟁은 둘 사이의 본격적인 학술적 분기를 반영하지 않는다고 생각한다. 즉 부차적인 문제라는 것이다.[1]

필자는 무극태극논쟁이 비록 주륙 사상 분기의 본령은 아니라 할지라도 그 속에 함축되어 있는 일련의 철학적 함의는 결코 경시될 수 없다고 생각한다. 우선 이 논쟁을 통해 주자와 육구연 간 존재론의 분기를 확인할 수 있다. 그런데 이들 존재론의 분기는 철저히 그들의 심성론적 관점과 연관되어 있다. 송명 도학자들은 선진유가 특히 맹자가 주장한 인간의 도덕적 본질(본성)을 어떻게 존재론적으로 입증할 것인가의 문제에 직면하였다. 이 문제에 대한 주자의 대답이 바로 태극太極을 정점으로 하는 존재적 본체론 체계다. 따라서 무극태극논쟁은 육구연이 주자의 존재론 체계에 던진 본격적인 도전이었으며, 이에 대한 육구연 자신의 대답이다. 따라서 그들의 무극태극논쟁은 결코 우연적이거나 부차적인 문제일 수 없다.

육구연 형제와 주자 사이의 논쟁의 과정은 대략 다음과 같다.[2]

『육구연연보陸九淵年譜』에 의하면, 순희淳熙 2년(1175) 37세의 육구연은 그의 형 육구령陸九齡과 함께 아호사에서 주자를 만난다. 여기서 그들은 소위 '존덕성·도문학이라는 공부방법론에 대해 격렬한 논쟁을 벌인다. 순희 8년(1181) 43세의 육구연은 다시 남강南康으로 주자를 방문한다. 남강군南康軍의 지방관으로 재직하며 백록동서원白鹿洞書院을 중수한 주자의 초빙으로 오게 된 육구연은, 여기서 "군자는 도덕적 정당성에 민감하고, 소인은 이익의 문제에 민감하다"라는 주제로 강연한다. 육구

---

1) 陳來는 무극태극 논쟁은 주륙간의 논쟁에 있어서 일종의 부산물에 불과하고, 그것을 과대해석하는 것은 그다지 의의가 없다고 주장한다.(陳來, 『朱子哲學硏究』, 華東師範大學出版社, 2000, 393쪽 참조.) 또 이러한 관점으로는 조남호, 「주자의 太極皇極論 연구」(『시대와 철학』 제18권 1호) 참조.
2) 주자와 육구연 형제 간의 논쟁 과정은 송하경의 「陸象山 心學의 學問方法」(『공자학』 제1호, 한국공자학회, 1995)에 잘 정리되어 있다. 그는 주륙 논쟁을 ①아호지회의 공부론, ②남강지회의 군자소인론, ③왕안석 평가, ④무극태극논쟁으로 정리했다.

연과 주자가 무극태극의 문제에 대해 아직 논쟁하기 이전에 육구연의 또 다른 형인 사산梭山 육구소陸九韶는 서신을 보내 「태극도설」에 대한 주자의 해석에 반대한다. 그러나 안타깝게도 이 편지들은 지금 전해지지 않는다.[3] 이후 순희 13년(1186) 주자는 육구소에게 편지를 보내 반박 의견을 피력한다.(「答陸子美」1·2書, 『朱熹集』卷36; 순희 14년, 1187년) 주자와 육구연은 몇 차례 서신을 주고받으며 상대의 학술적 관점을 비판한다. 『육구연연보』는 주자와 육구연 간의 무극태극논쟁이 이때부터 시작되었다고 본다.[4]

주자와 육구연 간에 주고받은 현존하는 학술서신 중에서, 육구연이 정식으로 주자에게 무극태극의 문제를 논박하기 시작한 것은 순희 15년 4월의 「여주원회與朱元晦」(『象山先生全集』권2의 첫 번째 편지)이다. 주자 역시 이 글에 답신을 보냈다. (『朱熹集』권36의 「答陸子靜」5書) 이해에 육구연은 다시 서신을 보내 주자의 관점에 재반박한다.(『象山先生全集』권2의 「與朱元晦」2書) 순희 16년(1189) 주자는 이 편지에 대해 반박하며 자신의 견해를 확인한다.(『朱熹集』권36의 「答陸子靜」6書) 그러면서 주자는 이제 논쟁을 그만둘 것을 제안한다.

> 각자 들은 바를 존숭하며 각자 아는 대로 행하면 될 것 같습니다. 반드시 의견이 같기를 바라기가 어렵겠습니다.[5]

이에 대해 같은 해 7월 4일 육구연은 이렇게 대답한다.

---

3) 黃宗羲, 『宋元學案』, 「梭山復齋學案」; 『黃宗羲全集本』(浙江古籍出版社, 2005), 1867쪽 참조.
4) 『象山先生全集』(臺北: 商務印書館, 民國 24年), 권36, 「年譜」, 507쪽 참조.
5) 『朱熹集』(四川教育出版社, 1996), 卷36, 「答陸子靜(6書)」, "各尊所聞, 各行所知, 亦可矣. 無復可望於必同也."

군자의 허물은 일식이나 월식과 같아서, 허물이 있으면 모든 사람들이 그것을 알고 허물을 고치면 모든 사람들이 우러러봅니다. 보통사람들의 허물이란 설령 약간의 깨우침이라도 오래 되면 저절로 깨닫게 됩니다. 바라건대 선생께서는 이쯤에서 다 잊어버리시기 바랍니다. 보내 주신 가르침에 의지해 이제 서신을 그만두기를 희망합니다.[6]

같은 해 8월 6일에 주자는 다시 편지를 보내 이렇게 말한다.

제가 봄에 보냈던 편지는 표현이 너무 거칠고 경솔해서 보내 놓고 곧장 후회했습니다만, 이미 보내 버려 어쩔 수가 없었습니다.[7]

이렇게 두 사람 간의 무극태극논쟁은 끝을 맺게 된다.

2. 왜 무극인가? - 정통과 이단

주륙논쟁은 주로 「태극도설」의 '무극' 개념에 대한 해석에 집중되어 있다. 육구연 형제는 시종 무극 개념이 유가의 정통이 아니어서 이단의 혐의가 짙다고 주장한다. 육구연은 유가 경전 어디에도 무극 개념은 보이지 않는다고 주장하며 이렇게 말한다.

『주역』의 「계사전」에서는 "역易에는 태극이 있다"고 말합니다. 성인은 '있다' (有)고 말했는데, 「태극도설」에서는 '없다'(無)고 말합니다. 왜입니까? 공자께서

---

6) 『象山先生全集』, 권2, 「與朱元晦(3書)」, "君子之過也, 如日月之食焉, 過也, 人皆見之, 及其更也, 人皆仰之. 通人之過, 雖微箴藥, 久當自悟, 諒今尊兄必渙然於此矣. 顧依末光, 以卒餘教."
7) 『象山先生全集』, 권36, 「年譜」, 514쪽, "某春首之書, 詞氣粗率, 旣發卽知悔之, 然已不及矣."

「계사」를 지으실 때 무극을 말하지 않으셨지만, 그렇다고 태극이 언제 구체적인 한 사물이 되어 모든 변화의 근본이 되기에 부족했던 적이 있었습니까? 『서경』의 「홍범」에서 다섯 번째가 황극皇極인데, 구주九疇의 가운데에 위치해 있습니다. 무극을 말하지 않았지만 역시 태극이 언제 구체적인 한 사물이 되어 모든 변화의 근본이 되기에 부족했던 적이 있었습니까?8)

「계사」에서 공자는 태극만을 말하고 무극을 언급하지 않았으며 「홍범」에서는 황극만을 말할 뿐 무극을 말하지 않았음을 근거로, 육구연은 무극 개념이 유가의 정통적 개념이 아니고 따라서 이단의 개념이라고 주장한 것이다.

주자는 이러한 육구연의 주장에 대해, 유가 경전 중에서 일련의 개념들이 확장·발전되어 오는 과정을 가진다고 설명한다. 그는 개념의 확장·발전에도 불구하고 사실은 모두 동일한 유가의 도道를 설명하는 것에 불과하다고 주장한다. 비록 서로 다른 경전에서 서로 다른 작자가 서로 다른 술어를 진술하지만, 그들이 가리키는 내용은 동일하다는 것이다. 즉 소위 '술이부작述而不作'이며, '언이의동言異意同'이다.

복희가 『주역』을 지을 때는 그저 하나의 획을 그렸을 뿐이며, 문왕이 이를 부연하였을 때는 건원乾元(괘효사를 가리킴) 이하의 것이었으니, 모두들 태극을 말하지 않았습니다. 그런데 공자는 말했습니다. 공자는 『주역』을 설명하면서 태극 이하를 말했지만 무극은 말하지 않았습니다. 그런데 주돈이는 말했습니다. 앞 시대의 성인과 뒷날의 성인이 어찌 이리 같은 조리에서 일관되지 않는단 말입니까? 만일 이러한 상황을 확연히 깨달아 태극의 진면목을 볼

---

8) 『象山先生全集』, 권2, 「與朱元晦(1書)」, "『易』, 「大傳」曰: 易有太極. 聖人言有, 今乃言無, 何也? 作「大傳」時不言無極, 太極何嘗同於一物, 而不足爲萬化根本耶? 『洪範』五皇極, 列在九疇之中, 不言無極, 太極亦何嘗同於一物, 而不足爲萬化根本耶?"

수 있다면, 말하지 않았다고 해서 적게 말한 것이 아니고 말했다고 해서
많이 말한 것이 아님을 알 수 있을 것입니다. 어찌 이렇게까지 분분하게
되었단 말입니까?[9]

주자의 관점 속에는 학술과 사상에서의 계승과 발전을 긍정하는
자세가 엿보인다. 하지만 여기서 주의할 것은, 그가 복희·문왕·공자의
뒤에 주돈이를 세워 두고, 주돈이의 학술활동과 그가 사용한 새로운
개념인 '무극'을 유가 도통전수의 범위 속에 포함시켰다는 것이다.
이것은 또한 「태극도설」에 대한 발전적 해석을 가함으로써 주돈이
사상을 계승·발전시킨 자기 학술의 의의를 긍정하는 것이어서, 은연중
에 자신을 유가 도통의 담당자로 자리매김한 것이기도 하다.

사실, 육구연 역시 유가 정통에서 서로 다른 성인이 서로 다른 발언을
할 수 있는 가능성을 부인한 것은 아니다.[10] 그러나 관건은 이러한
발언은 응당 성현이 해야 할 일이라는 것이다. 성현의 경지에 오르지
못한 사람이 자신의 성숙하지 않은 견해를 경솔하게 드러내어 책으로
쓰거나 강학하는 것은 남뿐만 아니라 자신도 망치는 일이 된다는 것이
다.[11] 기본적으로 그는 독서나 저술의 적극적인 의의를 인정하지 않는다.
그는 본말론本末論의 각도에서 '본심本心'의 수양을 강조하며, 주자처럼
독서와 저술에 힘을 쏟는 태도를 말단이라 비판한다.[12]

9) 『朱熹集』, 권36, 「答陸子靜(5書)」, "伏羲作『易』, 自一畫以下, 文王演『易』, 自乾元以下, 皆未
   嘗言太極也, 而孔子言之. 孔子贊『易』自太極以下, 未嘗言無極也, 而周子言之. 夫先聖後聖,
   豈不同條而共貫哉? 若於此有以灼然實見太極之眞體, 則知不言者不爲少而言之者不爲多矣, 何
   至若此之紛紛哉?"
10) 『象山先生全集』, 권34, 「語錄上」, 396쪽 참조.
11) 『象山先生全集』, 권7, 「與彭子壽」, 90쪽 참조.
12) 『象山先生全集』, 권4, 「與曾敬之」, 56~57쪽 참조.

주자는 도통의 수수라는 입장에서 다시 한 번 주돈이와 이정 형제의 정통성을 강조한다.[13] 하지만 육구연은 설령 주돈이와 정씨 형제가 유가의 정통을 계승했다 하더라도 무극 개념은 주돈이 본인의 주저인 『통서通書』의 논지와 부합하지 않고, 이정 역시 한 번도 언급한 적이 없다고 주장한다.

사산 형(육자소)이 말하기를 「태극도설」과 『통서』는 합치하지 않는다고 했습니다. 그러니 「태극도설」은 주자周子 자신의 저작이 아니거나 학문이 성숙하지 못했을 때의 저작이라고 생각됩니다. 그것도 아니라면, 혹 다른 사람의 문장을 전한 것인데 후세 사람들이 그것을 분변하지 못한 것이 아닌가 합니다. 『통서』의 「이성명장理性命章」은 중中을 말하는 데 그치면서, 이기오행이 만물을 만들어내니 다섯은 다르지만 실은 둘이며 둘은 하나에 근본한다고 했습니다. 여기서 하나니 중中이니 하는 것은 바로 태극이니, 결코 그 위에 무극을 추가한 적이 없습니다. 「동정장動靜章」에서는 오행·음양·태극을 말했는데, 역시 무극을 말하지 않았습니다.…… 「태극도설」은 무극이라는 말로 시작합니다. 그러나 『통서』는 시종 무극에 대해 한 번도 언급하지 않고 있습니다. 이정의 언설과 저작이 그렇게 많은데도 무극에 대해서는 한 번도 말하지 않았습니다. 가령 애당초 그런 도설이 있었다 하더라도 끝내 무극에 대해 더 이상 언급하지 않은 것을 보면, 주자周子의 학문적 경지가 발전함에 따라 스스로 적절치 않다고 생각한 것입니다. 선생께서는 지금 「태극도설」을 고증·교감·주석하시면서 존숭하는 마음을 이처럼 극력 보이시니, 이는 앞 사람의 의중을 잘 드러내 보이는 자세가 아니라고 생각됩니다.[14]

---

13) 『朱熹集』, 권36, 「答陸子靜(6書)」, 1584쪽 참조.
14) 『象山先生全集』, 권2, 「與朱元晦(1書)」, 23쪽과 25쪽, "梭山兄謂: 『太極圖說』與『通書』不類, 疑非周子所爲; 不然, 則或是其學未成時所作, 不然, 則或是傳他人之文, 後人不辨也. 蓋『通書』『理性命章』, 言中焉止矣. 二氣五行, 化生萬物, 五殊二實, 二本則一. 曰一, 曰中, 卽太極也, 未嘗於其上加無極字. 『動靜章』言五行·陰陽·太極, 亦無無極之文.……『太極圖說』以無極二字冠首, 而『通書』終篇未嘗一及無極字. 二程言論文字至多, 亦未嘗一及無極字. 假令其

육구연은 한 발 더 나아가, 주자 본인의 고증에 의거했을 때도 주돈이의 「태극도설」은 진단陳摶(陳希夷)과 목수穆修(穆伯長) 등 도교 인물로부터 전수받은 것이기에 유가의 저작이라고 할 수 없다고 주장한다. 게다가 무극 개념은 『노자』에서 연유해 온 것이기 때문에 태극 위에다 무극을 추가하는 태도는 결코 유가의 전통일 수 없고 이단인 도가에 속한다는 것이다.

> 선생께서는 주자周子가 「태극도」를 목백장에게서 얻었고, 목백장은 진희이에게서 전수받은 것이라고 하셨습니다. 거기에는 반드시 근거가 있으시겠지요. 진희이의 학문은 노자의 학문입니다. 무극이라는 글자는 『노자』의 '지기웅知其雄'장에서 나오지, 우리 성인의 저작에서는 보이지 않습니다. 『노자』 첫 장은 "이름 없음은 천지의 시작이요 이름 있음은 만물의 어머니이다"라고 했다가 나중에는 같은 것이라고 했습니다. 이것이 노자의 종지인데, "무극이태극無極而太極"이라는 것이 바로 그 의미입니다.[15]

육구연은 태극 위에 무극을 덧씌운 것은 유가의 전통이 아니라고 하면서, 주자가 사용하는 몇 가지 개념들은 불교 선종에서 나언 것이라고 주장한다.[16] 그런데 재미있게도 주자 역시 독서와 격물에 힘쓰지 않고 곧장 본심에서 구하는 육구연의 태도가 선종의 것과 같다고 비판한다.[17] 사실상, 주자와 육구연은 모두다 상대를 이단이라고 지목한 것이

　　　初實有是圖, 觀其後來未嘗一及無極字, 可見其道之進, 而不自以爲是也. 兄今考訂注釋, 表顯
　　　尊信, 如此其至, 恐未得爲善祖述者也."
15) 『象山先生全集』, 권2, 「與朱元晦(1書)」, 24쪽, "朱子發謂濂溪得「太極圖」於穆伯長, 伯長之
　　　傳出於陳希夷, 其必有考. 希夷之學, 老氏之學也. 無極二字, 出於『老子』, 「知其雄章」, 吾聖人
　　　之書所無有也. 『老子』首章言無名天地之始, 有名萬物之母, 而卒同之, 此老氏宗旨也. 無極而
　　　太極, 卽是此旨."
16) 『象山先生全集』, 권2, 「與朱元晦(2書)」, 31쪽 참조.
17) 『朱熹集』, 권34, 「答呂伯恭(94書)」 참조.

다. 남송의 학술은 주자와 육구연 형제가 분점했다는 황종희의 평가를 염두에 둔다면, 이들의 상대에 대한 정통성 시비는 표면상 학술적 헤게모니 장악을 위한 소모적 전투로 보일 수 있다. 그러나 이들의 '무극태극'논쟁은 철저히 그들의 존재론적 입장을 반영한 것이다.

3. 유인가 무인가?—존재론적 분기

위에서 본 것처럼, 육구연 형제는 무극 개념을 태극과 연용하는 것에 극력 반대했다. 그렇다면 주자는 어째서 이단 혐의까지 받아가면서 끝내 무극 개념을 포기하려 하지 않은 것인가? 주자는 육구소에게 이렇게 답한다.

무극을 말하지 않으면 태극은 하나의 물건이 되어 모든 변화의 근거가 되기에 부족합니다. 태극을 말하지 않으면 무극은 공허로 흘러버려 모든 변화의 근거가 될 수 없습니다.[18]

주돈이 선생은 아마도 학자들이 태극을 별개의 한 물건으로 이해할까 걱정한 것 같습니다. 그래서 특별히 무극이라는 말을 사용하여 밝히신 것입니다. 이는 앞선 시대 현자의 말씀의 본의를 살펴본 것이니 중복된다 해도 상관없습니다. 여기에는 심오한 의미가 담겨 있습니다.[19]

---

18) 『朱熹集』, 권36, 「答陸子美(1書)」, "不言無極, 則太極同於一物, 而不足爲萬化之根; 不言太極, 則無極淪於空寂, 而不能爲萬化之根."

19) 『朱熹集』, 권36, 「答陸子美(2書)」, "周先生之意恐學者錯認太極別爲一物, 故著無極二字以明之. 此是推原前賢立言之本意, 所以不厭重複, 蓋有深指."

주자의 해석에 의거하자면, 주돈이는 후세 사람들이 태극을 형체가 있는 하나의 사물로 오해할까 걱정해서 특별히 무극 개념을 사용하여 본체로서의 태극이 형체가 없는 리임을 밝히고자 했다는 것이다. 주자의 관점에 따르면 무극과 태극은 결코 생성·피생성의 관계가 아니다. 또 무극이 먼저 있고 나중에 태극이 있는 선후의 관계도 아니며, 태극 밖에 별도의 무엇이 있어서 무극이 되는 별개의 관계도 아니다. 주자는 태극이 곧 우주의 본체이며, 무극이란 이 우주의 본체가 형체가 없음을 드러내고자 동원된 개념에 불과하다고 주장한다.

그러나 육구연이 보기에, 만일 우주본체가 '형체가 없는 리임을 드러내고자' 한다면 그저 태극 개념만을 사용해도 충분하다. 우주의 모든 변화의 근본이 되는 리의 존재는 사람들이 언급하느냐 혹은 믿느냐의 여부에 달려 있지 않다. 그는 이렇게 말한다.

> 태극은 실제로 그러한 리가 있는 것인데 성인이 그것을 밝혔을 뿐입니다. 헛된 말로 그것을 증명하여 후세 사람들로 하여금 요사스런 헛바닥이나 글로 동요케 할 수 있는 것이 아닙니다. 태극이 모든 변화의 근본임은 원래부터 정해져 있는 것이니, 그것이 그럴만한가 아닌가, 혹은 그럴 수 있는가 아닌가가 어찌 사람이 말하느냐 아니냐에 달려 있겠습니까? 『주역』 「계사」에서는 역易에 는 태극이 있다고 했습니다. 성인이 이미 '있다'고 했는데 지금 '없다'고 말하니 이는 어째서입니까? 「계사」를 지을 때 무극에 대해 말하지 않았지만, 그렇다고 태극이 언제 구체적인 한 사물과 같아져 버려 모든 변화의 근본이 될 수 없었단 말입니까?[20]

---

20) 『象山先生全集』, 권2, 「與朱元晦(1書)」, 23~24쪽, "夫太極者, 實有是理, 聖人從而發明之耳, 非以空言立論, 使後人簸弄於煩舌紙筆之間也. 其爲萬化根本固自素定, 其足不足, 能不能, 豈以人言不言之故耶? 『易』, 「大傳」曰: 易有太極. 聖人言有, 今乃言無, 何也? 作「大傳」時不言無極, 太極何嘗同於一物, 而不足爲萬化根本耶?"

육구연이 비록 심성론에 있어서 '심즉리心卽理'를 주장하고 수양론에서는 '존덕성尊德性'을 주장한다 하더라도, 리의 존재를 부정한 것은 결코 아니다.

이 리는 우주에 있어서 결코 숨은 적이 없다. 천지가 천지일 수 있는 것은 이 리를 따를 뿐 아무런 사사로움이 없기 때문이다. 사람은 천지와 더불어서 삼극三極이 되는데, 어찌 사사로움이 있어서 이 리를 따르지 않을 수 있겠는가? 맹자는 "먼저 그 큰 것을 확립한 자는 작은 것에 의해서 빼앗기지 않는다"라고 했다. 사람은 오직 큰 것에서 확립되지 않았기 때문에 작은 것에 의해 빼앗기는 것이다. 이 리를 거스르기 때문에 천지와 더불 수 없는 것이다.[21]

때문에 그는 후세 사람들이 태극의 리를 형체가 있는 사물로 오해할까봐 무극이라는 개념을 덧씌운 것은, 소위 '상 위에 상을 얹고 지붕 아래 다시 지붕을 올리는' 쓸모없는 짓이거나 혹은 모든 변화의 근본으로서의 리의 존재를 진정으로 깨닫지 못한 것이라고 비판한다.

제가 생각하기에, 선생께서 아직 태극을 제대로 인식하지 못하신 것 같습니다. 만약 제대로 인식하셨다면 그 위에 다시 '무극'이라는 말을 덧붙일 필요도 없었을 것이며, 그 아래 반드시 '진체眞體'라는 말을 덧붙일 필요도 없었을 것입니다. 위에다 '무극'을 더한 것은 바로 상 위에 상을 얹은 것이며, 아래에 '진체'를 더한 것은 바로 지붕 아래 다시 지붕을 올린 것입니다. 제대로 보지 못한 뒤와 제대로 본 뒤의 말은 이렇게 다릅니다.[22]

---

21) 『象山先生全集』, 권11, 「與朱濟道(1書)」, 137쪽, "此理在宇宙間, 未嘗有所隱遁, 天地之所以爲天地者, 順此理而無私焉耳. 人與天地並立而爲三極, 安得自私而不順此理哉? 孟子曰: 先立乎大者, 則其小者不能奪也. 人惟不立乎大者故爲小者所奪, 以叛乎此理, 而與天地不相似."

22) 『象山先生全集』, 권2, 「與朱元晦(2書)」, 28쪽, "某竊謂尊兄未曾實見太極, 若實見太極, 上面必不更加無極字, 下面必不更著眞體字. 上面加無極字, 正是疊床上之床, 下麵著眞體字, 正是架屋下之屋. 虛見之與實見, 其言固自不同也."

그는 계속해서 주장하길, 만일 리로서의 태극이 형체가 없음을 나타내고자 한다면 『시경詩經』「대아大雅」의 "저 하늘이 하시는 일은 소리도 냄새도 없다"(上天之載, 無聲無臭)라는 표현이면 족하다고 한다.[23] 그는 주자가 무극 개념을 사용하여 태극의 '무형체성'을 표현하려고 한다면, 이는 '극極'을 '형形'으로 이해한 것이라고 생각했다. 만일 이렇게 이해한다면 「계사」에서 말하는 "신神은 방소가 없고, 역易은 정해진 모습이 없다"(神無方, 易無體)는 곧장 "신神도 없고 역易도 없음"(無神無易)이 되어 결코 성인의 의도와 합치하지 않는다고 주장한다.[24] 그는 이처럼 어떤 개념 앞에 '무無'자를 덧붙임으로써 리의 형이상학적 특징을 드러내려는 시도는 결국 도가의 입장이라고 비판한다.

> '무無'자를 위에다 덧붙이는 것은 바로 도가道家의 학문입니다. 이를 어찌 숨길 수 있겠습니까? 그 폐단이 여기에 있으니, 그들은 술수로 빠져 버리면서도 조금도 꺼리질 않습니다. 이 리는 우주간에 본래 '있는' 것입니다. 어찌 '없다'고 할 수 있겠습니까? 만일 이를 없다고 한다면, 군주는 군주가 아니고 신하는 신하가 아니며, 아비는 아비가 아니고 자식은 자식이 아닌 것이 됩니다.[25]

그가 보기에 「태극도설」의 첫 구절 "무극이태극無極而太極"의 구조는 『노자』의 첫 장 "무명천지지시無名天地之始, 유명만물지모有名萬物之母"의 구조와 일치한다. 결론적으로 그는 "있음에서 없음을 말하고, 없음에서 있음을 말하는"[26] 「태극도설」을 유가 정통으로 인정할 수 없었다.

---

23) 『象山先生全集』, 권2, 「與朱元晦(2書)」, 28쪽.
24) 『象山先生全集』, 권2, 「與朱元晦(2書)」, 28쪽.
25) 『象山先生全集』, 권2, 「與朱元晦(2書)」, 28쪽, "直將無字搭在上面, 正是(老氏)之學, 豈可諱也? 惟其所蔽在此, 故其流爲任術數, 爲無忌憚. 此理乃宇宙之所固有, 豈可言無? 若以爲無, 則君不君 · 臣不臣 · 父不父 · 子不子矣."

주자는 자신이 '형形'으로 '극極'을 해석한다는 육구연의 비판에 반대하여 이렇게 말한다. "선생은 '중中'으로 '극極'을 해석하는데, 저는 한번도 '형形'으로 '극極'을 해석한 적이 없습니다."[27] 또 육구연이 '무극無極'을 '무리無理'로 해석하는 것에도 반대하여 이렇게 말한다. "다시 한 번 자세히 제가 전에 보내드린 편지를 살펴보시기 바랍니다. 언제 '무리無理'라는 글자를 사용한 적이 있던가요?"[28] 주자는 주돈이가 "무극이태극無極而太極"이라는 명제를 사용한 것은 리가 '유무有無에 속하지 않고 특정한 모습에 국한되지도 않는[29] 특성을 보여 주기 위한 것이라고 주장한다. 때문에 주돈이가 말하는 '유무'는 결코 존재 혹은 형체의 '있고 없음'으로 해석할 수 없다는 것이다.

주돈이 선생의 의도를 생각해 보니, 그때 만약 이처럼 무극과 태극을 겸해서 말하지 않으면 독자들이 의미를 오해하여 치우친 견해에서 오는 폐단이 있을 것이라 생각했던 것 같습니다. '있다'고 말하면 독자들은 곧장 뭔가 정말 있다고 생각하고, '없다'고 말하면 곧장 정말 아무것도 없다고 생각해 버리는 것이지요.[30]

같은 맥락에서 「계사」에서 "역易에는 태극이 있다"고 말했다고 해서, 여기서의 '있음'이 결코 양의 · 사상 · 팔괘의 리에 형체나 방소가 있음을 의미하는 것은 아니라고 한다.

---

26) 『象山先生全集』, 권35, 「語錄下」, 468쪽, "有中說無, 無中說有."
27) 『朱熹集』, 권36, 「答陸子靜(6書)」, "老兄自以'中'訓極', 熹未嘗以'形'訓極'也."
28) 『朱熹集』, 권36, 「答陸子靜(6書)」, "更請詳看熹前書曾有'無理'二字否?"
29) 『朱熹集』, 권36, 「答陸子靜(5書)」, "不屬有無, 不落方體."
30) 『朱熹集』, 권36, 「答陸子靜(5書)」, "推本周子之意, 以爲當時若不如此兩下說破, 則讀者錯認語意, 必有偏見之病, 聞人說有卽謂之實有, 見人說無卽謂之眞無耳."

선생께서는 「계사」에서 말하는 '있음'이 과연 양의·사상·팔괘에 정해진 위상이 있음과 천지·오행·만물이 항상 정해진 형체가 있음과 같다고 생각하시는 겁니까? 주돈이 선생이 '없음'을 말한 것이 과연 텅 비어 아무것도 없는 것이어서 만물을 생성하는 리가 전혀 없는 것이란 말입니까?[31]

주자의 관점에서 노자가 말하는 '유무有無'는 유와 무를 둘로 나누는 것이지만 주돈이가 말하는 '유무'는 유와 무를 하나로 보는 것이다.[32] 그가 볼 때 『노자』 첫 장의 유와 무는 결코 동일 층위의 개념이 아니다. 그러나 「태극도설」의 무극과 태극은 유와 무를 아우르는 '동체이명同體異名'에 불과하다.

결론적으로 육구연은 무가 아닌 유 중심의 사고를 보이는 반면 주자는 유와 무를 아우르려는 태도를 견지한다. '무극'의 이단 혐의 제기는 이렇게 양자 간의 존재론적 관점의 분기를 촉발한다. 앞에서 이미 언급한 것처럼, 인간의 도덕적 본성을 존재론적으로 증명하려는 시도가 바로 주자의 '태극론'이다. 이는 결국 현실적 존재를 당위의 세계로 고양·초월시키는 것에 다름 아니다. 초월과 현실, 당위와 존재를 어떻게 연결시킬 것인가? 이것이 바로 철학의 오랜 화두였으며 송명이학자들의 숙제였다. 주자의 언어에서 태극─리理는 초월성과 당위계를 의미하며, 음양오행─기氣는 현실성과 존재계를 의미한다. 그런데 주돈이는 무극이라는 생경한 개념을 동원한 것이다.

"무극이태극"이라는 명제는 초월성과 기능성 사이의 딜레마에 대한 고민의 표현이다.[33] 초월자의 초월적·보편적 순선성(온전성)을 강조하

---

31) 『朱熹集』, 권36, 「答陸子靜(5書)」, "老兄且謂『大傳』之所謂有, 果如兩儀·四象·八卦之有定位, 天地五行萬物之有常形耶? 周子之所謂無, 是果虛空斷滅, 都無生物之理耶?"
32) 『朱熹集』, 권36, 「答陸子靜(6書)」, 1579쪽 참조.

다보면 현실 속에서 구체적으로 기능하기 어렵고, 현실자의 개별성과 국한성을 인정하면 초월적이기 어렵다. 초월자는 현실의 국한성과 제약성의 영향을 받지 않으며 항구적인 지향성을 제시해 주는 자다. 그러나 현실과 무관한 원리·원칙은 아무런 의미가 없다. 이 원리·원칙은 끊임없이 구체적으로 현실 속에서 기능하는 것이어야 한다. 이렇게 현실적이고 기능적인 원리·원칙이 바로 태극이다. 그 초월성은 무극이 담당하지만, 주자의 구조에서 무극과 태극은 결국 동일자이다. 주자에게서 초월성과 기능성은 이렇게 만난다.

주자가 주돈이의 무극·태극 개념이 유무를 아우르는 포괄적 개념이라고 주장한 것은, 초월성과 기능성의 순연한 연접성을 강조한 것이다. 초월성과 기능성(혹은 현실성) 간의 어색한 만남은 정호나 육왕陸王처럼 '현실 내재적 초월'로 이해하는 방법이나, 아니면 왕부지王夫之를 비롯한 기론자氣論者들처럼 '기氣의 리理' 즉 기의 조리 정도로 리를 끌어내리는 방법, 아니면 정주이학의 경우처럼 현실을 (힘겨운 공부의 과정을 거쳐) 위로 끌어올리는 방법으로 이루어졌을 것이다.

심학의 육구연이든 이학의 주자든 현실적 기능자로서의 태극을 부인하는 것은 아니다. 이 리理가 심心이든 성性이든 존재해야 하는 데에는 이견이 있을 수 없다. 그러나 주자에게 있어서 리의 초월성은 놓칠 수 없는 리의 또 다른 면이었다. 리는 기의 소이연所以然임과 동시에, 기의 국한성에 매몰되지 않는 초월자여야 하기 때문이다. 때문에 무극이 필요한 것이다. 그것이 비록 도가의 구조를 빌려 온 것이라는 혐의를

---

33) 勞思光은 이를 초월성과 창조성이라고 했고(勞思光, 『新編中國哲學史』 三上, 三民書局, 2005, 96쪽), 조남호는 '초월성'과 '내재성'이라 규정했다(「주자의 太極皇極論 연구」, 『시대와 철학』 제18권 1호, 382쪽 참조).

받게 할지라도 말이다.

그러나 육구연은 도덕적 존재로서의 인간 인정이라는 맹자의 전통에 충실한 자였다. 따라서 그는 초월성보다는 기능성에 더 착목할 수밖에 없었다. 그것이 어떤 논리적 정합성의 문제를 내포하고 있느냐는 오히려 문제가 되지 않았다. 현실 속에서 확연히 도덕성과 인격적 고양 혹은 초월을 실현시킬 수 있으며, 또 오직 현실에서만 구현시킬 수 있다고 보는 그에게 있어서 또 다른 단계의 초월성은 필요치 않았던 것이다. 때문에 그에게는 태극 이상의 무극이라는 단계를 인정할 수도, 그럴 필요도 없었다. 무극이라는 초월성을 인정할 때, 그것은 오히려 구체적인 현실조건 속에서는 도덕성·초월성이 실현되어 있지 않다거나 더 나아가서 실현되기 어렵다는 것을 인정하는 것이 되어 버린다.

초월성과 기능성 간의 긴장관계는 자연스럽게 도덕주체를 어디에 어떻게 설정할 것인가의 문제로 연결된다.

4. 도道인가 기器인가? - 도덕주체의 위상

무극과 태극에 대한 논쟁을 전개하는 과정에서 주자와 육구연은 우연히 '음양이 도道와 형이상의 영역에 속하는가 아니면 기器와 형이하의 영역에 속하는가의 문제에 직면하게 된다. 이 논의의 출발은 극히 우연적인 계기에 의한 것이었지만, 사실상 이 문제는 그들의 인간론을 가름하는 결정적이면서도 조율하기 어려운 본질적인 것이었다.

태극이 구체적인 한 사물로 오해될 수 없음을 논증하는 과정에서, 육구연은 「계사」에 의거해 '일음일양一 陰 一陽'이 형이상으로서의 도라고 규정한다. 따라서 양의兩儀인 음양보다 한 층 위에 있는 태극을 형이상으로서의 도라고 다시 한 번 말할 필요는 전혀 없다는 것이다.

『주역』의 「계사」에서는 "형이상자形而上者를 일러 도道라고 한다"고 하고 또 "일음일양 陰─陽을 일러 도라고 한다"고 했습니다. 이미 이것이 형이상자인데, 하물며 태극이겠습니까? 문맥을 이해하는 사람이라면 모두 압니다.[34]

이 주장에 대해 주자는 다음과 같이 반박한다.

「계사」에서 이미 "형이상자를 일러 도라고 한다"고 하고서 다시 "한 번 음이 되고 한 번 양이 되는 것을 일러 도라고 한다"고 했습니다. 이것이 어찌 정말 음양을 형이상자라고 하는 것이겠습니까? 하나의 음과 하나의 양은 비록 형기形器의 영역에 속한다 하더라도, 한 번 음이 되게 하고 한 번 양이 되게 하는 것은 도체道體가 하는 것임을 알아야 합니다. 그래서 도체의 지극함을 말할 때는 태극이라고 하고, 태극의 유행을 말할 때는 도라고 하는 것입니다. 비록 두 개의 이름이 있지만 애초부터 두 개가 있는 것은 아니지요. 주돈이 선생이 무극이라고 말한 것은 그것이 방소가 없고 형체가 없기 때문이며, 그것은 사물이 있기 전에 있었고 또 사물이 있은 뒤에도 있었음을 보이고자 하는 것이며, 음양의 밖에 있지만 언제나 음양 속에서 운행하고 있음을 보이고자 하는 것이며, 모든 존재자에 관통해 있어서 없는 곳이 없음을 보이고자 한 것입니다. 그러니 애당초부터 아무런 소리도 냄새도 자취도 없습니다. 지금 선생께서는 무극이라는 표현이 적절치 못함을 극력 비판하고 계시는데, 이는 태극을 형체가 있고 방소가 있다고 보시는 겁니다. 또 음양을 형이상자라고 여기시는 것이니, 이는 도道와 기器의 구분이 명확하지 않으신 것입니다. 또 형이상자 위에 다시 "하물며 태극이겠는가?"라는 말씀은, 도道 위에 별개의

---

34) 『象山先生全集』卷2, 「與朱元晦(1書)」, 24쪽, "『易』之「大傳」曰形而上者謂之道, 又曰一陰一陽之謂道, 一陰一陽, 已是形而上者, 況太極乎? 曉文義者擧知之矣."

뭔가가 있어서 그것이 태극이라고 생각하시는 것입니다.[35]

육구연은 주자의 이러한 비판이 '일음일양一陰一陽' 즉 '음양陰陽'을 형이하의 기器로 규정한 것이라고 보고, 다시금 유가 경전에 의거해 주자의 관점을 비판한다.

음양은 형기形器일 뿐 도道일 수 없다고 하시는 부분에 대해서는 더더구나 수긍할 수 없습니다. 『역』의 도란 그저 '일음일양'일 뿐입니다. 선후先後・시종始終・동정動靜・회명晦明(밝음과 어두움)・상하上下・진퇴進退・왕래往來・합벽闔闢(열리고 닫힘)・영허盈虛(차고 빔)・소장消長(늘고 줆)・존비尊卑・귀천貴賤・표리表裏・은현隱顯・향배向背(향함과 뒤돎)・순역順逆・존망存亡・득상得喪(얻고 잃음)・출입出入・행장行藏(다니고 멈춤) 등, 그 무엇이 '일음일양'이 아니겠습니까? 홀과 짝이 서로의 근거가 되어 변화가 끝이 없는 것이지요. 그래서 "그 도道는 자꾸 변하여 변동이 끝이 없고, 이 세상에 두루 관통해 상하가 일정치가 않으며, 강건함과 유순함이 서로 자리를 바꿔 고정된 법도라는 것이 있을 수 없으니, 오직 그 변화를 따를 뿐이다"라고 하는 것입니다. 「설괘전」에서는 "음양의 변화를 살펴 괘를 만들었고, 강유로 발휘하여 효를 만들었다. 조화롭게 도덕을 따라 옳음의 도리를 따르고, 이치를 궁구하고 본성을 다하여 명에 이른다"라고 합니다. 또 말하기를 "옛날에 성인이 『역』을 만드신 것은 장차 그것으로 성명의 이치를 따르게 하고자 해서였다. 때문에 하늘의 도를 세웠으니 음과 양이라 하고, 땅의 도를 세웠으니 강과 유라 하고, 사람의 도를 세웠으니

---

35) 『朱熹集』, 권36, 「答陸子靜(5書)」, "至於「大傳」既曰形而上者謂之道矣, 而又曰一陰一陽之謂道, 此豈眞以陰陽爲形而上者哉? 正所以見一陰一陽雖屬形器, 然其所以一陰而一陽者, 是乃道體之所爲也. 故語道體之至極, 則謂之太極; 語太極之流行, 則謂之道. 雖有二名, 初無兩體. 周子所以謂之無極, 正以其無方所, 無形狀, 以爲在無物之前, 而未嘗不立於有物之後; 以爲在陰陽之外, 而未嘗不行乎陰陽之中; 以爲通貫全體, 無乎不在, 則又初無聲臭影響之可言也. 今乃深詆無極之不然, 則是直乙太極爲有形狀, 有方所矣. 直以陰陽爲形而上者, 則又昧於道器之分矣. 又於形而上者之上復有況太極乎之語, 則是又以道上別有一物爲太極矣."

인과 의라 한다"라고 했습니다. 「계사전하」에서는 또 이렇게 말했습니다. "『주역』은 아주 광대하여 모든 것을 망라하고 있다. 하늘의 도도 있고 사람의 도도 있고 땅의 도도 있는데, 이 삼재三才를 겸하여 둘로 하였으니 여섯이 되었다. 여섯이란 다른 게 아니다. 삼재의 도일 뿐이다." 지금 선생께서는 음양을 도가 아니라고 하시면서 곧장 형기라고 하시니, 누가 정말로 도道와 기器의 구분을 못하는 것이겠습니까?[36]

사실상 이 논쟁 과정에서 두 사람은 모두 상대의 관점을 오해하고 있다. 먼저 주자가 말하는 "도道 위에 별개의 뭔가가 있어서 그것이 태극이라고 생각하시는 것입니다"라는 비판을 살펴보자. 주자는 육구연이 음양을 도라고 보았으니 음양보다 한 단계 더 높은 태극은 '도 위의 그 어떤 것'이 되어 도 자체는 아닌 것이 된다고 하였다. 그러나 사실상 육구연은 음양과 태극 모두를 도라고 본 것이다. 음양이 도이기 때문에 음양 위의 태극은 '도 위의 그 어떤 것'이 되어 도가 되지 못한다는 말이 아니다.[37] 육구연에게 있어서 태극과 음양은 서로 다른 모습의 도일 뿐이다.

---

36) 『象山先生全集』, 권2, 「與朱元晦(2書)」, 29~30쪽, "至如直以陰陽爲形器而不得爲道, 此尤不敢聞命. 『易』之爲道, 一陰一陽而已, 先後·始終·動靜·晦明·上下·進退·往來·闔闢·盈虛·消長·尊卑·貴賤·表裏·隱顯·向背·順逆·存亡·得喪·出入·行藏, 何適而非一陰一陽哉? 奇偶相尋, 變化無窮, 故曰: 其爲道也屢遷, 變動不居, 周流六虛, 上下無常, 剛柔相易, 不可爲典要, 惟變所適. 『說卦』曰: 觀變於陰陽而立卦, 發揮於剛柔而生爻, 和順於道德而理於義, 窮理盡性以至於命. 又曰: 昔者, 聖人之作『易』也, 將以順性命之理. 是以立天之道, 曰陰與陽; 立地之道, 曰柔與剛; 立人之道, 曰仁與義. 「下繫」亦曰: 『易』之爲書也, 廣大悉備: 有天道焉, 有人道焉, 有地道焉. 兼三才而兩之, 故六, 六者非他也, 三才之道也. 今顧以陰陽爲非道而直謂之形器, 其孰爲昧於道器之分哉? "

37) 『象山先生全集』, 권2, 「與朱元晦(2書)」, 29쪽, "尊兄確意主張, 曲爲飾說, 旣以無形釋之, 又謂周子恐學者錯認太極別爲一物, 故著無極二字以明之, 某於此見得尊兄只是強說來由, 恐無是事. 故前書擧「大傳」一陰一陽之謂道·形而上者謂之道兩句, 以見粗識文義者, 亦知一陰一陽卽是形而上者, 必不至錯認太極別爲一物, 故曰況太極乎? 此其指歸, 本自明白, 而兄曾不之察, 乃必見誣以道上別有一物爲太極."

다음은 육구연이 '음양은 형기일 뿐 도일 수 없다고 하시는 부분'에 대해 비판한 것을 보자. 주자가 의미하는 것은 음양 자체 즉 한 번 된 음과 한 번 된 양 자체를 형이하자로서의 기氣라고 한 것이고, 한 번 음이 되게 하고 또 한 번 양이 되게 하는 소이연자가 곧 형이상자로서의 도道라는 것이다. 즉 음양으로 하여금 끊임없이 순환하게 하는 소이연자라야 형이상의 도라는 것이다. 그래서 그는 이렇게 말한다.

> 일음일양을 일러 도라고 한다. 음양은 기氣이다. 도道가 아니다. 음양이 되도록 하는 것이 곧 도道이다. 만약 그저 음양을 일러 도라고 말한다면, 이는 음양이 곧 도가 되는 것이다. 여기서 말하는 '일음일양'이란 그렇게 순환하도록 하는 소이연자를 말하고 그것이 도라는 것이다. 한 번 열리고 한 번 닫히는 것을 일러 변變이라고 한다는 것도 역시 같은 맥락이다.[38]

주자가 결코 「계사」의 "일음일양을 일러 도라고 한다"라는 명제를 부정하는 것은 아니다. 하지만 주자의 관점이 확실히 새로운 해석임에는 틀림없다.[39]

주자는 음양을 기氣라고 보고 육구연은 음양을 도道라고 본다. 우리는 여기서부터 육구연 형이상학의 구조를 탐구해 들어갈 수 있을 것이다. 육구연은 무극과 태극에 대한 논쟁에서 비록 무극 개념은 부정하지만, 태극의 존재와 그것이 리理(實理)의 속성을 지니고 있음은 확실히 인정하

---

38) 『朱子語類』, 권74, "一陰一陽之謂道. 陰陽是氣, 不是道, 所以爲陰陽者, 乃道也. 若只言陰陽之謂道, 則陰陽是道. 今日一陰一陽, 則是所以循環者乃道也. 一闔一闢謂之變, 亦然."

39) 이러한 해석은 程頤의 관점에서 온 것이다. 정이는 이렇게 말한다. "일음일양을 일러 도라고 하는데, 도는 음양이 아니다. 한 번 음이 되게 하고 한 번 양이 되게 하는 것이 도이다. 한 번 열리고 한 번 닫히는 것을 일러 變이라고 하는 것과 같다."(一陰一陽之謂道, 道非陰陽也. 所以一陰一陽道也, 如一闔一闢謂之變.: 『二程遺書』, 권3, 118쪽)

고 있다. 이 리로서의 태극은 우주에 가득 차 있으며 동시에 우리의
마음 속에도 있다. 그것은 동일한 리이며 구분할 필요가 없다.[40] "일음일
양을 일러 도라고 한다"고 했는데, 이것은 천지만물에 관통해 있는
도이다.[41] 이런 관점에서 그는 "이 리는 우주에 가득 차 있다. 소위
도道 밖에 사事 없고, 사事 밖에 도道 없다는 것이다"[42]라고 말해야만
했다. 때문에 그는 도道와 기器 혹은 형이상과 형이하를 구분하는 태도에
찬동할 수 없었던 것이다. 이것은 정호程顥의 "기器 역시 도道이고, 도道
역시 기器이다"[43]라는 명제를 계승·발전시킨 것이다.[44]

　"도 밖에 사 없고, 사 밖에 도 없다"는 기본 전제 위에서 좀 더 분석하자
면, 육구연이 말하는 도 혹은 리는 천지만물의 생성·변화와 운동의
법칙을 의미한다. 그는 이렇게 말한다.

　　형이상의 측면에서 말하면 그것을 일러 도라고 하고, 형이하의 측면에서
　　말하면 그것을 일러 기器라고 한다. 천지 역시 기器이다. 천지가 생성·변화하고
　　형태를 갖고 있는 데에는 반드시 그에 해당하는 리理가 있다.[45]

　육구연의 관점에서 천지는 형체와 방소를 지니고 있는 형이하의

---

40) 『象山先生全集』, 권12, 「與趙詠道(4書)」, 156쪽, "塞宇宙一理耳, 學者之所以學, 欲明此理
　　耳. 此理之大, 豈有限量? 程明道所謂有憾於天地, 則大於天地者矣, 謂此理也. 三極皆同此理,
　　而天爲尊. 故曰惟天爲大, 惟堯則之. 五典乃天敍, 五禮乃天秩, 五服所彰乃天命, 五刑所用乃
　　天討. 今學者能盡心知性, 則是知天, 存心養性, 則是事天. 人乃天之所生, 性乃天之所命. 自理
　　而言, 而曰大於天地, 猶之可也. 自人而言, 則豈可言大於天地? 乾坤同一理也."
41) 『象山先生全集』, 권35, 「語錄下」, 482쪽, "一陰一陽之謂道, 乃泛言天地萬物皆具此陰陽也.
　　繼之者善也, 乃獨歸之於人. 成之者性也, 又復歸之於天, 天命之謂性也."
42) 『象山先生全集』, 권34, 「語錄上」, 393쪽, "道外無事, 事外無道."
43) 『二程遺書』, 卷1, "器亦道, 道亦器."
44) 송하경, 「陸象山 心學의 學問方法」, 『공자학』 제1호(한국공자학회, 1995), 6쪽 참조.
45) 『象山先生全集』, 권35, 「語錄下」, 481쪽, "自形而上者言之謂之道, 自形而下者言之謂之器.
　　天地亦是器, 其生覆形載必有理."

기氣이다. 그러나 천지가 생성·변화·운동하는 법칙 혹은 원리는 형체가 없다. 때문에 '형이상'이라고 하는 것이다. 형체를 갖는 기와 그의 법칙으로서의 무형의 도는 구분될 수 있는 것이 아니다. 이러한 태도는 주자처럼 도나 리가 개체와 독립해서도 존재할 수 있다고 하는 관점에 반대하는 것이다.

육구연에게 있어서 태극과 음양의 관계는 주자에게서와 같은 리理/기氣의 관계도, 도道/기氣의 관계도 아니다. 음양이 곧 도라는 생각은 그것이 태극과 연속성을 가진다는 의미이며, 이는 앞에서 말한 현실 속에서의 리의 '실재함', '기능함'을 의미한다. 초월성의 내면화인 것이다. 이런 구조에서는 주자의 '초월성'과 '기능성'에 대한 분리와 그 간극에서 오는 긴장은 발생하지 않는다. 초월성은 심心으로 내면화되고, 심이 도덕적 자각성을 유지하는 한 그 초월성은 언제나 현실적으로 '기능'한다.

그럼, 악惡의 문제 혹은 국한성의 문제는 어떻게 설명되는가? 주자는 악의 원인을 음양의 기질氣質에게 돌렸다. 기질적 우연성에 책임을 물은 것이다. 그러나 육구연의 음양은 이미 초월성을 담지하는 주체이다. 따라서 육구연의 심心은 초월성을 자신의 내부로 끌어내렸듯 현실성을 자신의 책임으로 끌어올렸다. 악은 내면의 도덕적 초월성을 가로막는 이기적 욕망에서 기인한다.

> 악을 행하는 것은 외부의 불가피한 상황이나 강요에 의해서가 아니라, 오직
> 자신의 선택에 달린 문제이다.[46]

때문에 육구연은 심心을 인심人心과 도심道心으로 구분하는 관점에도

---

46) 김민철, 「陸九淵의 心卽理 體系」, 『哲學論究』 제27호(서울대학교 철학과, 1999), 145쪽.

동의하지 않는다.[47] 심은 초월성과 현실성이 공존하는 도덕적 선택의 주체이자, 초월과 현실 혹은 선과 악 어디든 향할 수 있는 계기다. 이처럼 육구연은 초월을 현실 너머의 무극 혹은 태극에서 찾지 않듯, 악을 음양 기질의 우연성에서 찾지도 않았다. 태극과 음양을 구분하지 않듯 그는 인심과 도심을 구분하지 않은 것이다. 태극과 음양, 인심과 도심은 모두 도덕주체인 일심一心으로 수렴된다.[48]

여기서 한 가지 주의해야 할 것은, 육구연의 관심은 시종 인륜人倫의 문제에 국한되어 있다는 점이다. 그에게 있어 형이상 혹은 도란 거의 대부분 인륜의 도리를 의미한다. "도道란 천하가 영원토록 지켜야 할 공통적인 리理이다. 이는 사람이라면 모두 따라야 할 것이다."[49] 여기서 말하는 도道는 사람이라면 누구나 따라야 할 항고불변의 윤리이다. 그는 주자와의 논쟁을 비판적으로 보는 한 제자와 이런 대화를 나눈다.

---

47) 『象山先生全集』, 권35, 「語錄下」, 34쪽, "천리와 인욕에 대한 말 역시 훌륭한 논의라고 볼 수 없다. 만일 하늘은 곧 理이고 사람은 그대로 欲이라고 한다면 이는 하늘과 사람이 같지 않은 것이다.…… 천리와 인욕에 대한 언급은 『예기』의 「樂記」에서 출현하는데, 노자에서 근거한다. 또 예컨대 오로지 靜이라고 해야만 天性이라고 한다면 動은 천성이 아니란 말인가? 『서경』에서는 '인심은 오직 위태롭고, 도심은 오직 은미하다'라고 했는데, 많은 사람들이 인심을 인욕으로, 도심을 천리로 해석한다. 이러한 관점은 옳지 않다. 마음은 하나일 뿐이다. 어찌 두 개의 마음이 있겠는가? 사람의 측면에서 보면 '오직 위태롭다'라고 하고, 도의 측면에서 보면 '오직 은미하다'라고 하는 것일 뿐이다. 사념을 제멋대로 했을 때는 미치광이가 되지만 사념을 극복하면 성인이 된다. 위태롭지 않은가? 소리도 없고 냄새도 없고 형체도 없다. 은미하지 않은가?"(天理人欲之言, 亦自不是至論. 若天理, 人是欲, 則是天人不同矣.…… 天理人欲之言, 蓋出於此樂記之言, 亦根於老氏. 且如專言靜是天性, 則動獨不是天性耶? 書云人心惟危, 道心惟微. 解者多指人心爲人欲, 道心爲天理. 此說非是. 心一也, 人安有二心? 自人而言則曰惟危, 自道而言則曰惟微. 罔念作狂, 克念作聖, 非危乎? 無聲無臭, 無形無體, 非微乎?)

48) 이런 의미에서 육구연의 맹자 '萬物皆備於我'는, 도덕률과 도덕적 절목이 모두 내게 갖추어져 있어서 아무런 수양과 공부가 필요치 않다는 말이 아니고, 선(태극)으로 향할 수 있는 능력도, 악(음양)으로 흘러버리게 되는 책임도 모두 내게 있다는 의미로서 도덕주체의 주재성과 능동성을 강조한 것이라고 봐야 한다.

49) 『象山先生全集』, 권21, 「論語說」, 257쪽, "道者, 天下萬世之公理, 而斯人之所共由者也."

"어떤 이들은 선생님의 학문은 도덕道德과 성명性命에 관계된 형이상자의 것이고, 주자의 학문은 명물名物·도수度數에 관계된 형이하자라고 합니다. 그런데 배우는 이라면 응당 이 둘을 겸해야 하는 것 아닙니까?" 선생께서 말씀하셨다. "자네가 주자를 그렇게 평가한다면 주자는 수긍하지 못할 걸세. 주자는 자신의 학문이 일관된다고 스스로 말하지만, 그는 도를 제대로 보지 못했지. 그러니 일관된다고 보기 어렵네."[50]

여기서 일관된다는 것은 형이상과 형이하를 관통한다는 말이다. 육구연이 말하는 형이상이란 존덕성尊德性처럼 곧장 본심을 구하는 도덕수양의 영역을 의미하는 것이고, 형이하란 도문학道問學이나 격물치지格物致知 등 곧장 본심을 구하는 것과는 무관한 학문의 영역을 의미하는 것이다. 육구연 자신은 도덕과 성명 등 본질적인 문제를 다루는 반면, 주자는 명물·도수에 국한되어 정작 힘을 쏟아야 할 인륜·도덕·본심의 문제는 보지 못한다는 것이다. 모든 것을 인륜의 문제 즉 도덕주체로 수렴시키는 육구연에게 있어서 도道·기器의 구분은 근본적으로 불가능한 것인지도 모른다. 하물며 리理·기氣로 조직화하는 존재론적 이론화는 육구연이 극력 반대하는 지식주의의 절정일지도 모른다.
　송명도학자들이 대부분 그러하듯 주륙朱陸의 존재론적 관점은 이렇게 인륜의 문제에 초점을 맞추고 있다. 그들이 말하는 도道·기器 혹은 형이상·형이하의 문제는 철저히 도덕주체의 초월과 내재, 당위와 현실, 보편과 기능함에 대한 논의이며 이는 자연스럽게 심성론적 문제로 귀결된다.

---

50) 『象山先生全集』, 권34, 「語錄上」, 419쪽, "或謂先生之學, 是道德·性命, 形而上者; 晦翁之學, 是名物·度數, 形而下者. 學者當兼二先生之學. 先生雲: 足下如此說晦翁, 晦翁未伏. 晦翁之學, 自謂一貫, 但其見道不明, 終不足以一貫耳."

5. 지至인가 중中인가?— 심성론적 귀결

사실상, 무극과 태극에 관한 논쟁에서 육구연이 주동적으로 자신의 언어로써 개념의 함의를 해석한 것은 '중中'으로 '극極'을 해석한 것이 유일하다. 나머지는 모두 주자와 주돈이의 견해를 반대한 것이거나 혹은 일련의 개념들을 인정할 것이냐 말 것이냐에 대한 견해에 불과하다. 하지만, 그가 '중'으로 '극'을 해석한 것 역시 무극 개념을 반대하던 중 우연히 출현한 것이다. 그는 이렇게 말한다.

> 또 '극極'자 역시 '형形'자로 해석할 수 없습니다. '극極'이란 '중中'입니다. '무극'이라 말하는 것은 '무중無中'이라고 말하는 것과 같습니다. 이게 어떻게 가능하겠습니까?[51]

태극의 '극極'은 응당 '중中'으로 해석해야지 '형形'으로 해석할 수 없다는 것이다. 그렇지 않으면 '무극'은 곧 '중中이 없음'이 된다는 말이다. 이것은 물론 태극의 본래적 함의와도 크게 달라진다.

주자는 육구연의 이러한 관점을 반박하기 위해, 태극의 '극極'에 대해 비교적 자세한 해석을 가한다. 그는 태극은 양의·사상·팔괘의 리인데, 성인은 그 리의 '지극함'을 표현하기 위해 '태극'이라 명명했다고 말한다.[52] 육구연의 주장에서 열거되었던 '북극北極'·'옥극屋極'·'황극皇極'·'민극民極'의 '극極'이 비록 '중中'의 의미를 지니고는 있지만, 여기서의 '중中'의 의미는 과불급이 없는 중정中正함의 의미라고 주장한다. '극極'자

---

51) 『象山先生全集』, 권2, 「與朱元晦(1書)」, 24쪽, "且極字亦不可以形字釋之. 蓋極者, 中也, 言無極則是猶言無中也, 是奚可哉?"
52) 『朱熹集』, 권36, 「答陸子靜(5書)」, 1574쪽 참조.

에는 치우침이 없는 중앙의 의미가 있기 때문에 표준·법칙·지극 등 가치적 함의를 지니게 된다는 것이다.[53] 예컨대, 북극은 천체 운행의 중심축이다. 북극은 뭇 별들이 그를 둘러싸고 도는 지리적 중심에 위치하고 있다. 하지만 그것이 '극極'이거나 '중심'인 이유는, 그것이 모든 천체 운행의 표준·법칙이기 때문이다.

육구연은 「홍범洪範」의 다섯 번째인 「황극皇極」과 『중용中庸』, 「통서通書」 등의 언급을 근거로 다시 한 번 '극極'의 의미가 '중中'임을 주장한다. 그는 이렇게 말한다.

'극極' 역시 이 리理이며, '중中' 역시 이 리입니다. 다섯 번째는 구주九疇의 가운데이기 때문에 '황극皇極'이라고 부르는 것이니, 이 어찌 '중中'이기 때문에 명명한 것이 아니겠습니까? 『중용』에서는 "중中이란 천하의 위대한 근본이다. 화和란 천하에 두루 통하는 도道이다. 중中과 화和를 온전히 실현시키면 천지는 자리를 잡고 만물은 생육된다"라고 했습니다. 이 이치가 아주 지극합니다. 이 밖에 달리 무슨 태극이 있겠습니까? '극極'을 '중中'이라 풀면 리理를 밝히지 못하는 것이고, '극極'을 '형形'이라고 풀어야만 리理를 밝히는 것입니까?……태극이니 황극이니 하는 것은 모두 실질적인 표현들입니다. 여기서 가리키는 실질이라는 것이 어찌 두 가지 의미가 있겠습니까? 우주에 가득 찬 것은 모두 이 리입니다. 어찌 그것을 글자로 구속할 수 있겠습니까? '중'이란 지극한 리이니, 언제인들 '지극'하다는 의미를 겸하지 않았겠습니까? 『대학』과 「문언 전」에서는 모두 '머물 바를 안다'(知止)고 했습니다. 소위 '머물 바'란 즉 이 리입니다. 『주역』을 읽으라고 말하는 이는 태극을 알 수 있으면 곧 지극함을

---

53) 『朱熹集』, 권36, 「答陸子靜(5書)」, 1574쪽, "至如北極之極, 屋極之極, 皇極之極, 民極之極, 諸儒雖有解爲中者, 蓋以此物之極常在此物之中, 非指極字而訓之以中也. 極者, 至極而已. 以有形者言之, 則其四方八面合輳將來, 到此築底, 更無去處; 從此推出, 四方八面都無向背, 一切停勻, 故謂之極耳. 後人以其居中而能應四外, 故指此處而以中言之, 非以其義爲可訓中也. 至於太極, 則又初無形象方所之可言, 但以此理至極而謂之極耳."

안다고 하고, 「홍범」을 읽으라고 말하는 이는 황극을 알 수 있으면 곧 지극함을 안다고 합니다. 어찌 안 될 게 있겠습니까? 모두 이 리를 가리키는 것입니다. '극極'이니 '중中'이니 지至'니 하지만 실상은 하나입니다.…… 『통서通書』에서는 "'중中'이란 '화和'이니 '중절함'이요, 천하에 두루 통하는 도道이니 성인에 해당하는 일이다. 그러므로 성인이 가르침을 세우심은 사람들로 하여금 스스로 자신의 악을 고쳐 스스로 그 중中에 이르러 그치게 하고자 하심이다"라고 했습니다. 주돈이 선생께서 말씀하신 '중'이란 이와 같아서, 역시 가벼운 뜻이 아닙니다. 이 밖에 또 무슨 별도의 도리道理가 있어서, 이것을 의미 없는 글자와 비견하지 못하겠습니까?[54]

하지만 주자는 『통서』에서 주돈이가 말하는 '중' 역시 과불급이 없는 중도中道를 의미할 뿐이라고 주장한다. 그는 이렇게 말한다.

주돈이 선생은 '중中'을 말씀하시면서 '화和'자로 해석하셨습니다. 또 '중절함'이라고 하시고 또 '두루 통하는 도'라고 하셨습니다. 그분이 무식한 사람도 아닌데 그 해석이 『중용』과는 이렇게 확연히 다른 데에는 반드시 그럴만한 이유가 있을 것입니다. 여기서의 '중'이란 품수받은 기氣가 발용될 때에 과불급이 없음을 말하는 것일 뿐이지, 본체의 미발상태를 가리켜 그것이 아무런 치우침도 없음을 말하는 것은 아닙니다. 어찌 이것을 근거로 '극極'을 '중中'이라고 해석할 수 있겠습니까?"[55]

---

54) 『象山先生全集』, 권2, 「與朱元晦(2書)」, 29~30쪽, "極亦此理也, 中亦此理也, 五居九疇之中而曰皇極, 豈非以其中而命之乎? 民受天地之中以生, 而『詩』言立我烝民, 莫匪爾極, 豈非以其中命之乎? 『中庸』曰: 中也者, 天下之大本也, 和也者, 天下之達道也, 致中和, 天地位焉, 萬物育焉. 此理至矣, 外此豈復有太極哉? 以極爲中則爲不明理, 以極爲形乃爲明理乎?…… 太極‧皇極, 乃是實字, 所指之實, 豈容有二. 充塞宇宙, 無非此理, 豈容以字義拘之乎? 中卽至理, 何嘗不兼至義? 『大學』「文言」皆言知至, 所謂至者, 卽此理也. 語讀『易』者曰能知太極, 卽是知至; 語讀『洪範』者曰能知皇極, 卽是知至; 夫豈不可? 蓋同指此理, 則曰極‧曰中‧曰至, 其實一也.……『通書』曰: 中者, 和也, 中節者, 天下之達道也, 聖人之事也. 故聖人立敎, 俾人自易其惡, 自至其中而止矣. 周子之言如此, 亦不輕矣. 外此豈更別有道理, 乃不得比虛字乎?"

그는 또 「계사」 등 유가 경전이 모두 '극'을 말하지 '중'을 말하지는 않음을 지적한다.

「대전大傳」·「홍범」·『시경』·『예기』 등은 모두 '극極'을 말할 뿐 '극'을 '중中'이라고 말하지는 않았습니다. 옛 유자들은 이 극처極處가 언제나 사물의 중앙에 위치하여 사방의 것들이 안을 향해 거기서 기준을 얻기 때문에 '중中'으로 그것을 해석한 것입니다. 이는 아직 그렇게 맥락을 이탈했다고 볼 수는 없습니다. 그러나 후세 사람들은 곧장 '극'을 '중'이라고 해석해 버리니, 이는 또 옛 유자들의 본의를 제대로 파악하지 못한 것입니다.[56]

육구연이 '중'으로 '극'을 해석하는 주요 근거는 「홍범」의 다섯 번째인 「황극」이다. '황극'을 '대중大中'으로 해석하는 것은 육구연이 처음은 아니다. 한나라 공안국孔安國의 전傳과 당나라 공영달孔穎達의 소疎가 이미 이렇게 주해하고 있다.[57]

사실상 '중' 혹은 '극'으로 도덕가치의 지향으로 삼는 데 있어서 주자와 육구연의 태도가 다른 것은 아니다. 하지만 두 사람이 말하는 '중'의

---

55) 『朱熹集』, 권36, 「答陸子靜(6書)」, "周子言中, 而以和字釋之. 又曰中節, 又曰達道. 彼非不識字者, 而其言顯與中庸相戾, 則亦必有說矣. 蓋此中字是就氣稟發用而言其無過不及處耳, 非直指本體未發, 無所偏倚者而言也. 豈可以此而訓極爲中也哉?"

56) 『朱熹集』, 권36, 「答陸子靜(6書)」, "「大傳」·「洪範」·『詩』·『禮』皆言極而已, 未嘗謂極爲中也. 先儒以此極處常在物之中央而爲四方之所面內而取正, 故因以中釋之, 蓋亦未爲甚失. 而後人遂直以極爲中, 則又不識先儒之本意矣."

57) 공안국의 전에서는 이렇게 말한다. "大中의 道가 크게 세워졌다. 그것이 가운데 있음을 일러 구주의 도의를 행한다고 하는 것이다." 공영달의 소에서는 이렇게 말한다. "皇은 大이다. 極은 中이다. 정치를 시행하고 백성을 다스릴 때는 응당 크게 그 중도를 얻음으로써 사특하고 편벽됨이 없어야 한다. 그래서 이렇게 기술한 것이다. 大中이란 군주가 백성의 주인이 되어 응당 크게 그 中의 道를 간직하여 백성을 교화해야하는 것이다. 응당 먼저 조심스레 다섯 가지 일을 행함으로써 다섯 가지 복의 道를 실현해 가는 것이다. 이것을 교화로 삼아 백성들에게 반포하여 뭇 백성들로 하여금 앙모하며 행하도록 하는 것이다."(『尚書正義』, 十三經注疏本, 172쪽)

의미는 전혀 다르다. 주자의 '중'은 중앙·중심·center인 반면 육구연의 '중'은 속·내면·inner이다. 이 중中으로 극極을 해석하면서 두 사람의 사상적 분기가 발생한다. '중'으로 '극'을 해석할 때, 그 '중'이 중앙·중심·center를 의미한다면 이 '중'이 반드시 '심心'일 수는 없다. 객관세계의 가치지향이 일정한 균형과 질서를 지니고 있음을 의미할 뿐, 그 가치지향이 딱히 도덕주체로서의, 또 도덕의식의 내재화로서의 '심'일 필요는 없는 것이다. 그러나 만일 이 '중'이 속·내면·inner를 의미한다면 이 '중'은 도덕주체 내면의 도덕의지로서의 '심'을 의미한다고 하겠다. 결국 둘의 사상적 분기는 도덕가치가 '심'에 충분히 구유되어 있는가를 동의하느냐의 여부에 달려 있는 것이다.

「황극」은 「홍범구주」의 중앙에 위치한다. 때문에 '극'은 확실히 '중앙'을 의미한다. 공안국과 공영달의 주석 역시 이 점을 적시하고 있다. 『중용』의 '중' 역시 과불급이 없는 중도中道를 의미한다. 『통서』에서 인용하고 있는 『중용』 역시 이와 다르지 않다. 하지만 이 여러 전적에서 말하는 '중'을 도덕주체의 도덕의식이 내재화된 '심'으로 읽을 이유는 없다. 육구연은 자신의 독자적인 견해에 의거해 이 전적들의 '중앙'·'중심'의 의미로서의 '중中'을 '내부'·'내면'의 의미로 해석하고 있는 것이다. 「황극」·『중용』·『통서』의 '극極'을 '중中'으로 해석하는 것은 잘못이 없다. 그러나 그것을 도덕주체의 도덕의식이 내재화된 '심心'으로 해석하는 것은 육구연이 자신의 심성론적 관점에서 내놓은 새로운 해석일 뿐이다.

육구연은 마음의 도덕적 자족성 즉 소위 '심즉리心卽理'를 주장한다. 육구연에게 있어서 마음은 일신의 주인이면서 모든 행동의 내부적 주재자이다. 이 마음은 우주에 가득 찬 리를 구유하고 있다. 때문에 그는 우주에 가득 찬 리로서의 태극의 '극'을 '중'으로 해석한 것이다. 여기서의 '중'은 바로 '마음'이며, 마음에 본래부터 간직되어 있는 '중화中和'의 도道이다. 태극 혹은 황극이 우주의 중심에 위치하여 만물을 지배하듯, 마음은 이 육체의 중심에 위치하여 사람의 일체 행위를 주재한다.

> 백성은 천지의 중中을 얻어 태어난다. 그래서 『시경』에서는 "나의 뭇 백성들을 세움에 모두 너의 '극極'이 아님이 없다"라고 했다. 어찌 이것이 '중中'으로 명한 것이 아니란 말인가?[58]

그는 「홍범」의 '황극'과 『시경』의 '극', 그리고 『통서』의 '중'이 모두 인간이 응당 따라야 할, 또 그것을 얻음으로써 생존할 수 있는 법칙 혹은 교화의 표준이라고 생각했다. 그는 또 이렇게 말한다.

> 황극이나 반듯한 인륜에 반하는 것은 모두 그른 것이다. 이는 영원토록 변하지 않는 것이다. 이 '극極'(즉 中)이나 '반듯함'(彛)은 모두 사람의 마음에 근거하여 천지에 가득 찬 것이다.[59]

그가 말하는 '천지에 가득 찬 리'는 본래 '사람의 마음에 근거한 것이다. 이렇게 사람이 응당 준수해야 할 영원불변의 윤리도덕은 객관우주에 가득 찬 법칙과 같은 것이 된다. 육구연이 비록 우주에 가득 찬 리의 존재를 부정하지는 않지만, 그가 시종 관심을 두는 것은 역시 인도人道다. 그는 이렇게 말한다.

---

58) 『象山先生全集』, 권2, 「與朱元晦(2書)」, 29쪽, "民受天地之中以生, 而『詩』言立我烝民, 莫匪爾極, 豈非以其中命之乎?"
59) 『象山先生全集』, 권22, 「雜說」, 263쪽, "皇極之建, 彛倫之敍, 反是則非, 終古不易. 是極是彛, 根乎人心, 而塞乎天地."

유가에서는 사람이 천지의 사이에 태어나, 그 어떤 만물보다도 영험하고 귀하기 때문에 천지와 더불어 삼극三極을 이룬다고 본다. 하늘에는 천도天道가 있고, 땅에는 지도地道가 있으며, 사람에게는 인도人道가 있다. 사람이 인도人道를 다 실천하지 못하면 천지와 더불 수 없다.[60]

천지인의 재능은 같다. 사람이 어찌 덜 중요하단 말인가? '인人'자 역시 어찌 중요치 않단 말인가? 유有 속에 무無가 있고 무無 속에 유有가 있다는 식의 말은 유가의 설이 아니다.[61]

육구연에게 있어서 인도人道는 천도天道보다 덜 중요하지 않을 뿐만 아니라, 천도보다 오히려 더 중요하다. 육구연이 여기서 말하는 '유 속에 무가 있고 무 속에 유가 있다는 식의 말'은 표면적으로는 물론 도가道家를 가리킨다. 그러나 그가 진정으로 비판하고자 하는 것은 주자를 대표로 하는 이학파의 관점이다.

주자는 인도 혹은 인극은 분명히 천도 혹은 태극과 동일성·연속성·통일성을 구유하고 있다고 본다. 그러나 하늘과 인간의 사이에는 분명히 다른 점도 있다. 때문에 주자의 관점에서는, 태극이 인극을 포함하고 있다고 한다면 가하지만 인극이 태극을 포함하고 있다고 한다면 가하지 않다. 제자들과의 다음과 같은 대화에서 이는 분명히 드러난다.

중리가 말했다. "태극은 곧 사람의 마음 속에 있는 지극한 리입니다." 말씀하셨다. "모든 존재하는 것에는 '극極'이 있으니, 이것이 바로 도리道理의 지극함이

---

60) 『象山先生全集』, 권2, 「與王順伯(1書)」, 17쪽, "儒者以人生天地之間, 靈於萬物, 貴於萬物, 與天地並而爲三極. 天有天道, 地有地道, 人有人道. 人而不盡人道, 不足與天地並."
61) 『象山先生全集』, 권35, 「語錄下」, 468쪽, "天地人之才等耳, 人豈可輕? 人字又豈可輕? 有中說無, 無中說有之類, 非儒說."

다." 장원진이 말했다. "예컨대 군주에게 있어서의 인仁이나 신하에게 있어서의 경敬이 바로 극極이겠지요." 말씀하셨다. "그것은 어떤 특정한 한 분야에서의 극極이다. 천지만물의 리를 모두 아우르는 것이 바로 태극이다.[62]

그러나 육구연에게 있어서는 태극이 곧 인극이고 인도가 곧 천도이다. 하늘과 인간이 하나의 근본임을 주장하기 때문에, 천리를 탐구할 필요 없이 곧바로 나의 본심을 관찰하고 회복하면 그만이다. 본심은 이미 우주 태극의 리를 모두 갖추고 있기 때문에, 본심이 갖추고 있는 도덕본성의 형이상학적 근거를 달리 찾을 필요가 없는 것이다. 자신의 도덕적 본심의 실현을 방해하는 것 역시 자신의 마음(즉 자기 마음에서 이는 이기적 욕망)이요, 몽매함으로부터 벗어나 깨닫는 주체 역시 자기의 마음이다. 때문에 사람은 그저 자신의 본심을 관찰하고 그것이 자연스럽게 발출될 수 있도록 하기만 하면 그만이다. 그래서 그는 시종 '안'을 소홀히 하면서 '밖'에 치중하는 일체의 말단적인 공부를 반대한다.

육구연은 남강군 백록동서원에서 '군자와 소인'에 대해 강의할 때, 일신의 쾌락과 부귀영화만을 추구하는 것은 '밖의 것을 위해 치달리는', 혹은 '밖의 것에 힘쓰는' 태도라고 비판하였다. 동시에 그는, 자신의 마음에서 돌이켜 구할 줄 모르고 그저 독서와 저술 혹은 격물치지에 매달리는 태도 역시 '밖의 것만을 위해 힘쓰는' 것이라고 비판한다.[63] 부귀와 영화만을 추구하는 소인배도 문제지만, 공부한답시고 이론적 정합성에만 골몰하여 정작 내면의 인격함양에 힘을 쏟지 않는 당대

---

62) 『朱子語類』, 권94, 2375쪽 참조.
63) 『象山先生全集』, 권4, 「與胡達材(2書)」, 55쪽 참조.

지식인 군상 역시 육구연의 눈엔 본질을 외면한 채 허상을 쫓는 일에 불과했다.[64]

육구연은 자신이 옳았으며 주자는 틀렸다고 시종 믿었다.[65] 주자도 비록 평정한 마음에서의 논쟁 태도를 주장하기는 했지만, 그 역시 육구연을 "자신을 너무 지나치게 믿지만 그 규모는 형편없고, 도무지 남의 좋은 점을 취하려 하지 않는다"[66]라고 평가해 버린다. 무극과 태극에 대한 논쟁이 끝난 뒤에도 두 사람의 견해는 끝내 조화를 이루지 못한다. 주자는 「황극皇極」에 대한 고주古注에 반대하여 자신의 새로운 주석을 내었으니, 순희淳熙 16년(1189)의 「황극변皇極辨」이 그것이다. 육구연 역시 주자의 새로운 해석에 불만을 갖고 소흥紹興 3년(1192)에 「오황극五皇極」을 짓는다.[67]

---

64) 양순애는 육구연이 당시 사회의 가장 큰 문제점으로 물욕과 지식주의를 꼽았다고 지적한다.(양순애, 「육구연의 본심에 있어서 보편과 특수의 문제」, 『중국철학』 제11집, 중국철학회, 2003, 97쪽 참조.)

65) 『象山先生全集』, 권15, 「與陶贊仲(2書)」, 191쪽, "看晦翁書, 但見糊塗, 沒理會. 觀吾書, 坦然明白. 吾所明之理, 乃天下之正理, 實理·常理·公理, 所謂本諸身, 證諸庶民, 考諸三王而不謬, 建諸天地而不悖, 質諸鬼神而無疑, 百世以俟聖人而不惑者也. 學者正要窮此理, 明此理. 今之言窮理者皆凡庸之人, 不遇眞實師友, 妄以異端邪說更相欺誣, 非獨欺人誑人, 亦自欺自誑, 謂之謬妄, 謂之蒙闇, 何理之明, 何理之窮哉?" 육구연은 주자와 벌인 무극태극 논쟁이 결국 주자의 학문적 폐단을 바로잡아 준 계기가 되었으며, 이는 학문적 도반으로서의 자신의 의무였다고 회고한다.("與晦翁往復書, 因得發明其平生學問之病, 近得盡朋友之義, 遠則破後學之疑, 爲後世之益.": 『象山先生全集』, 권9, 「與林叔虎」, 123쪽)

66) 『朱熹集』, 권31, 「答張敬夫(28書)」, 1331쪽, "自信太過, 規模窄狹, 不復取人之善."

67) 束景南, 『朱熹年譜長編』(華東師範大學出版社, 2001), 963쪽 및 1054쪽 참조. 육구연은 「荊門軍上元設廳講義」에서 "黃은 大요 極은 中이다. 「홍범구주」에서 다섯 번째는 그 중앙에 위치한다. 그래서 '極'이라고 한 것이다. 이 '極'(즉 中)의 위대함은 우주에 가득 차 있어, 천지는 이것으로 자리를 잡고 만물은 이것으로 생육한다"라고 하였다. 이 문장 뒤에는 두 개의 그림이 있는데, 첫 번째 그림은 「文王八卦方位圖」와 비슷하다. 다만 팔괘의 중앙에 태극이 있다. 두 번째 그림은 주자가 그린 「洛書」와 비슷하다. 그 아래에 숫자로 「낙서」의 象을 배열하고 있는데, 5가 중앙에 있다. 이처럼 육구연이 말하는 태극은 황극을 가리키고 팔괘의 중앙에 위치함을 알 수 있다. 주자 「황극변」의 내용은 육구연에게 보낸 편지의 것과 거의 비슷하다. 다만 그는 古注를

두 사람의 상대에 대한 평가가 어떠했든, 또 결과가 어떠했든, 이들 간의 무극태극 논쟁은 초월성과 현실성의 간극 속에서 이 세계와 도덕주체를 어떻게 규정할 것인가에 대한 치열한 모색이었다. 그런 의미에서 아호지회鵝湖之會 이후의 심성·공부에 대한 논쟁의 연속이자 그 존재론적 기반에 대한 논의였다고 할 수 있다. 필자는 이 장이 그간 학계에서 주륙의 무극태극 논쟁을 그들의 심성·공부 문제와는 격절된 뜬금없는 소모적 논쟁 정도로 치부하는 관점을 광정하고 그 의의를 새롭게 탐색해 보는 한 계기가 되기를 희망한다.

반대하고 「홍범」의 '皇'을 군주로, '極'을 지극 혹은 표준으로 해석한다.

제16장 주자의 공부론, '본체 깨닫기'에서 '적절한 관계 맺기'로

1. 주자 공부론의 주요 쟁점

이 장은 주자가 설정한 공부의 목적이 '내면의 도덕적 본체를 깨닫는 것'이 아니라 눈앞의 '대상과 적절한 관계를 맺기'임을 밝히고자 한다. 진래陳來, 조봉趙峰, 전병욱, 홍성민 등 국내외의 많은 연구자들은 주자의 공부가 함양涵養공부뿐만 아니라 격물格物공부 역시 궁극적으로는 내면의 도덕적 본체를 깨닫기 위한 것이라고 이해한다. 이들은 함양공부가 내 내면에서 직접적으로 도덕적 본체를 발견하고 확충하는 것이라면 격물공부는 그러한 도덕본체를 외재 세계에서 확인하는 것이라고 주장한다.

그러나 이러한 이해에서는 외재 세계에 대한 이해가 어떻게 도덕적 본체를 확인하는 데 도움이 되는지에 대한 명확한 해명이 요구된다. 주자는 도덕적 문제에 대한 학습과 이해가 물론 더 중요하다고 말하지만, 조수초목과 같은 존재하는 모든 것을 탐구할 필요가 있다고 수없이 반복한다. 도대체 조수초목에 대한 이해가 어떻게 내면의 도덕본체를 이해하는 데 도움이 될 것인가?

아울러 도덕본체를 확인하면 그 자체로 훌륭한 인격체가 되는 것인지에 대해서도 역시 설명이 요구된다. 일상의 사태를 외면한 채 골방에 틀어박혀 내면의 도덕본체를 확인한다는 것이 얼마나 공소한 일인지 주자는 수없이 반복하여 질타한다. 오륜五倫에서 확인할 수 있듯이 공맹 이래로 유가의 윤리는 언제나 '관계적'이다. 이 '관계'를 무시한 채 내면의 도덕본체를 확인하고 확충하는 것이 과연 어떠한 윤리적 의미를 지닐 수 있는지 설명되어야 한다.

주자는 반복해서 대상과 '만나라'고 한다. 그래서 대상과 적절한 관계를 맺으라고 말한다. 도덕적 본체에 대한 '깨달음'을 추구했던 젊은 날의 공부 태도를 극복한 것이 그의 중화신설이다. 여기서 함양공부는 대상과의 적절한 만남을 위한 주체의 준비 과정이다. 그것은 대상을 자신의 필요와 욕망에 맞춰 재단하고 왜곡하지 않을 수 있는, 또한 동시에 대상에 의해 자신의 인격적 자기동일성을 잃지 않을 수 있는 준비를 의미한다. 격물은 그러한 준비된 자세로 실제 대상과 만나 있는 그대로 대상을 이해하고 받아들이는 것이다. 그런 만남을 통해 나의 인격은 성숙해지고 대상과의 만남은 온전해진다. 물론 이 둘은 서로 별개가 아니다. 대상과 온전히 만날 수 있는 이라야 성숙한 인격이라고 부를 수 있기 때문이다. 이렇게 이해할 때만이 격물, 즉 대상에 대한 참된 이해와 관심이 나의 도덕적 성장에 의미를 가지며, 격물과 함양은 이상적 인격의 완성(成己)과 대상에 대한 적당한 처리(成物)라고 하는 '공부'의 두 축이 된다.

이 글은 우선 주자 공부론에 대한 기존의 주요 쟁점을 정리하고, 그러한 쟁점들의 원인이 대부분 공부의 목적을 '도덕본체 깨닫기'로 설정했기 때문임을 밝힌다. 그러나 '도덕본체 깨닫기'만으로는 윤리적 주체라고 볼 수도 없고, 그것은 유가적 전통에도 부합하지 않음을 소명할 것이다. 그래서 구체적인 대상과 적절한 관계를 맺는 것이

유가 전통에도 부합할 뿐 아니라 주자가 요구하는 공부의 실제적 내용임을 해석학적 관점에서 구명하고자 한다.

주자의 공부론이 존덕성尊德性과 도문학道問學 혹은 함양涵養과 격물格物의 구조로 이루어져 있다는 점은 주지의 사실이다. 존덕성과 함양이 주체 내면의 도덕적 본성 혹은 그 표현으로서의 도덕적 감정과 연관을 갖는 반면에, 도문학과 격물은 대상세계에 대한 지식의 습득과 연관된 것으로 주로 이해되고 있다. 전자가 내면을 향한 공부이기에 비교적 실천적이라면 후자는 대상세계를 향한 것이기에 비교적 이론적 · 지식적 · 인식적인 것으로 이해된다.

그런데 주자 공부론의 목적이 '성인聖人' 즉 이상적인 인격자가 되기임을 고려할 때, 인식적 · 지식적 · 이론적 공부가 어떻게 인격적 · 도덕적 훈련이 될 수 있는지에 대해 의문이 제기될 수 있다. 실제로 이러한 논란은 육구연과의 논쟁에서 주된 쟁점이 되었으며, 왕수인의 '대나무 격물' 고사에서 웅변적으로 재현된다. 육구연이나 왕수인처럼 유파적 대척점에 있지 않더라도 도덕적 감정과 행동을 위해 지식의 습득이 어떤 역할을 할 수 있는지에 대해서는 여전히 물어질 수 있다.

지식의 축적과 확장은 도덕을 실천하는 데에 어떤 작용을 하는가? 세계의 이치를 널리 섭렵한다고 해서 도덕적으로 완성된 자가 될 수 있는가? 격물공부로 얻어내는 지식이 객관사물의 법칙이 아니라 도덕법칙이라 하더라도, 도덕법칙에 대한 지식이 어떻게 자발적인 도덕행위를 이끌어내는가?[1]

주자는 '격물'의 주되고 중요한 대상은 물론 도덕법칙이라고 밝히지

---

1) 홍성민, 「朱子 修養論의 구조와 실천적 성격」(고려대학교 박사학위논문, 2008), 5쪽.

만, 조수초목과 천지사방에 이르기까지 격물의 대상이 아닌 것이 없다고 말한다. 이로 볼 때 비단 '도덕법칙에 대한 지식'뿐만 아니라 더 나아가 '객관사물의 법칙'에 대한 이해가 어떻게 도덕적 훈련이 될 수 있는지 해명되어야 한다.[2]

주자의 격물공부와 관련하여 또 하나 중요한 문제는 인식적 비약의 문제 즉 '활연관통豁然貫通'이다. 많은 연구자들은 주자의 활연관통이 선불교의 깨달음과 같은 신비적 체험이 아니라고 말한다. 그런데 그것이 설령 신비한 어떤 것이 아니라 하더라도, '통쾌하게 뻥 뚫림'에서 도대체 '무엇이' 또 '어디를' 꿰뚫는 것인지 해명되어야 한다. 만약 그 '무엇'이 인식의 문제라고 한다면 이러한 인식의 변화가 어떻게 도덕적 훈련이 되는지에 대한 문제가 여전히 존재하고, '어디'가 '존재하는 모든 것'이라고 한다면 어떻게 특정한 –몇몇의 혹은 다수의– 대상을 누적적으로 탐구하여 일체의 존재하는 모든 것을 깨닫게 되는지에 대한 해명이 있어야 한다.

이 문제와 관련하여 일련의 연구자들은 '무엇'을 '도덕적 본체'로 이해한다. 주체에게 주어진 도덕적 본체가 대상세계의 모든 존재자에게도 동일하게 부여되어 있음을 확인하는 것이 활연관통이라고 이해하는 사람들은, 이것이 바로 주자 이일분수理一分殊 명제의 실제적 깨달음이라고 주장한다. 이렇게 되면 활연관통 더 나아가 격물공부의 궁극적인 목적은 '도덕적 본체에 대한 깨달음'이 된다.

주자 격물공부의 궁극적 목적을 '도덕적 본체에 대한 깨달음'이라고

---

2) 蒙培元은 『대학』의 단계에서 이미 '格物致知'가 궁극적으로 '修身'을 위해 기능한다고 밝히고, 격물치지가 인격적 고양과 무관하다면 '誠意正心'과는 논리적으로 무관한 공부가 된다고 주장하면서 모종삼 식의 주장에 반대하고 있다.(蒙培元, 『情感與理性』, 中國人民大學出版社, 2009, 192쪽 참고)

보는 연구자들은, 때문에 주자의 격물공부가 그의 함양공부와 연결될 수 있다고 생각한다. 내 내면에 있는 도덕적 본체를 주체에게서 확인하고 키워내는 것이 함양공부라면, 대상세계 속에서 도덕본체를 확인하고 그 방식과 원리를 습득하는 것이 격물공부라는 것이다. 이렇게 될 때 주자의 공부는 안팎으로 언제나 본체를 '깨닫는' 공부가 된다.

그런데 주자는 장기간의 철학적 고민을 통해 '도덕적 본체에 대한 깨달음'과 감정의 흐름 속에서 '도덕적 본성을 확인'하고자 했던 북송 이래의 공부 방법을 지양 극복한 것으로 알려져 있다. 그것이 과연 성공적인, 또 필수적인 '극복'이었는지에 대한 평가는 뒤로 하고라도, 주자가 '중화신설中和新說'에서 도남학道南學과 호상학湖湘學의 공부 방법에 동의하지 않고 자신만의 공부 방법을 확립한 것은 분명하다. '깨닫기' 혹은 '발견하기'로 요약되는 북송시기의 공부 방법에 대해 주자는 어떤 점이 동의되지 않은 것일까?

이 문제를 해명하기 위해 우리는 앞에서 든 논의의 출발점으로 돌아갈 필요가 있다. 우리는 앞에서 주자 공부론의 목적을 '성인' 즉 이상적인 인격자가 되는 것이라고 보았다. 이제 이 두 명제를 조합해 보면 자명해진다. 도덕적 본체를 깨닫거나 발견하면 이상적인 인격자가 되는가? 이 질문이 그대로 육구연과 벌인 존덕성도문학 논쟁의 핵심이었음을 우리는 확인하게 된다.

주자가 존덕성을 부정한 것도, 육구연이 도문학을 거부한 것도 아니지만, 육구연이 도문학을 부차적인 혹은 '지루한' 공부라고 평가했음은 잘 알려져 있다. 거칠게 말해 육구연은 도문학이 있으면 좋겠지만 없어도 무방하다는 입장이다. 그의 입장은 '도덕적 본체를 깨달으면 이상적인 인격자가 된다'는 것이다. 반면 주자는 어떤가? 육구연의 이러한 입장에 대해 끝내 포기하지 않은 것이 도문학의 필요성이다. 미발함양에 대해 그토록 진지하게 고민했던 주자로서는 존덕성을 부정하지 않았음이 자명하다. 그러나 그는 그것만으로는 부족하다고 본 것이다. 그의 입장은 이렇다. 존덕성 즉 도덕적 본체를 깨닫는 것이 이상적인 인격자가 되는 데 필수적이다. 그러나 그것만으로는 안 된다. 소위 도문학이라고 하는 존덕성과는 다른 종류의 공부가 필수적이라는 것이다.

최근 우리 학계에서 활발하게 진행되었던 '미발론未發論' 논쟁에서 이승환 교수를 비롯한 일단의 연구자들은 주자의 미발론이 '도덕적 본체에 대한 깨달음'이 아니라 '도덕적 주재력을 키워 내는 평소의 공부'라고 주장했다. 주체에게 주어진 도덕적 성향과, 그것의 발출인 도덕적 감정을 잘 키워 냄으로써 일상의 사태에 적절히 대처하는 것이 바로 주자 미발공부의 본질이라는 것이다. 즉 '깨닫기'에서 '기르기'로의 전환이다.[3] 이러한 입장에는 필자도 동의하지만, 위의 논점과 관련해서는 여전히 문제가 남는다. 위에서 든 주자의 입장을 깨닫기에서 기르기로 바꿔 보자. '도덕적 성향과 감정을 기르는 것은 이상적인 인격자가 되는 데 필수적이다. 그러나 그것만으로는 안 된다.' 여전히 도문학은 필요하다.

"거경함양은 주체가 도덕본성을 스스로 함양하여 온전히 도덕을 실천하는 것을 가리키고, 격물치지는 주체가 외재적 도덕률을 파악하고 수용하여 주체 자신의 덕성으로 체화해 가는 것을 가리킨다"[4]면, 어째서 '외재적 도덕률을 파악하고 수용하여 주체 자신의 덕성으로 체화'하는

---

3) 이승환, 「주자 수양론에서 미발의 의미: 심리철학적 과정과 도덕심리학적 의미」(『퇴계학보』 제119집, 퇴계학연구원, 2006); 이승환, 「朱子는 왜 未發體認에 실패하였는가?」(『철학연구』 제35집, 고려대 철학연구소, 2008); 전병욱, 「중화논변에서 주자 철학의 '격물'설」(『哲學研究』 제102집, 대한철학회, 2007) 등 참고.
4) 홍성민, 「朱子 修養論의 구조와 실천적 성격」, 156쪽.

것이 없으면 주체가 자신의 '도덕본성을 스스로 함양하여 온전히 도덕을 실천하는 것' 역시 불가능할까? 마음은 모든 이치를 갖추고 있다(具衆理)고 주자 스스로 말하면서도 어째서 그것만으로는 부족한 것일까?

많은 연구자들은 그래서 존덕성과 도문학을 '앎과 실천'의 관계로 설명한다. 도문학 즉 일상의 구체적인 사태와 대상에서 "심성의 본질과 세계의 가치 이법을 탐구하는 것"을 앎으로 이해한다면 "격물치지를 통해 파악된 심성의 본질과 가치 이법을 주체가 자기 것으로 체화시켜 가는 것" 즉 존덕성이나 함양은 실천이 된다.[5] 반면, 내게 이미 주어진 도덕적 본체를 대상 속에서 실현하는 것이 실천이라고 한다면, 그것을 통해 내 내면의 도덕적 본성을 확인하고 키워 가는 것은 앎이 된다.[6] 이렇게 보든 저렇게 보든 대상세계는 주체의 도덕본체를 확인하고 키워 내기 위한 보조수단으로서, 체험학습장 혹은 실습실 정도에 불과하게 된다. 그럼에도 불구하고 이러한 체험적 학습이 없이는 내면의 도덕본체를 확인하고 키워 내는 것이 불가능하다고 본 것이 주자의 관점이라는 것이다.

이상이 주자의 공부론에 대한 주요 쟁점으로, 그 내용을 정리하면 다음과 같다. ① 함양공부와 격물공부는 모두 본체 깨닫기를 목적으로 하는가? ② 왜 내면의 깨닫기만으로 부족하여 그것을 대상세계에서 확인해야 하는가? ③ 지식의 습득은 어떻게 도덕적 훈련이 되는가? ④ 몇몇을 누적적으로 깨달으면 어느 날 모든 것을 깨달을 수 있는가? ⑤ 격물格物과 함양涵養은 인식과 실천의 관계인가?

우리는 지금까지 주자의 격물과 활연관통을 대상세계에서의 도덕본

---

5) 趙峰, 『朱熹的終極關懷』(華東師范大學出版社, 2004), 156~183쪽. 개괄은 홍성민, 「朱子 修養論의 구조와 실천적 성격」, 162쪽에서 재인용.
6) 전병욱, 「朱子 仁論 체계와 工夫論의 전개」(고려대학교 박사학위논문, 2007), 151~ 167쪽 참고.

체에 대한 깨달음으로 이해하는 일단의 입장을 따라 왔다. 그런데 만약 '도덕적 성향과 감정을 확인하고 기르는 것(미발함양 혹은 존덕성)'만으로는 부족하다고 한다면, 격물치지 혹은 도문학 공부가 주체의 도덕본체 혹은 도덕적 성향과 감정의 문제로 환원된다는 입장은 처음부터 다시 검토될 필요가 있다.

2. 본체를 확인하고 기르면 끝인가?

필자는 주자의 공부론에서 이상과 같은 난제가 출현하는 이유는, 주체와 대상의 분리 그리고 모든 관심을 주체로 귀결시키기 때문이라고 생각한다. 이 문제는 앞에서 유보해 두었던 질문 '본체를 체인하면 이상적인 인격이 되는가?'에 대한 답변이 될 수 있다.

도덕적 본체를 체인한 상태가 아무리 도덕적 감정과 의지가 충만한 상태라 하더라도, 그것이 실제 도덕적 행위로 드러나기 이전 상태라는 점은 분명하다. 실제의 도덕적 행위와 감정은 대상과의 관계를 떠나서 생각할 수 없다. 예컨대 누군가 자신의 자녀를 사랑하는 감정에 대해 생각해 보자. 실제 눈앞에 자녀를 보고 있든 보지 않든, 감정 대상으로서의 자녀를 상정하지 않은 사랑의 감정과 또 그것의 표현으로서의 행동은 생각할 수 없다. 설령 자녀가 없는 사람이라 할지라도 자녀에 대해 생각하는 것만으로도 그는 이미 대상을 상정하고 있는 것이다. 풀한 포기 날벌레 한 마리에 대한 사랑의 감정 역시 언제나 마찬가지다. 어떠한 대상도 상정하지 않은 채 "나는 사랑의 감정을 지니고 있다"라고 말하는 것은 공허하다.

도덕적 의지 역시 마찬가지다. "나는 규범을 잘 지키는 훌륭한 사람이다"라고 말하는 것은 경험에 대한 기술이거나 최소 미래 사태에 대해 "어떠한 규범적 상황에서도 나는 규범을 잘 지킬 것이다"라는 의지의 표명일 수 있다. 그러나 아무리 이러한 경험과 의지를 지녔다고 하더라도 우리는 그를 도덕적이라고 평가하지는 않는다. 구체적인 사태 속에서 도덕적으로 행위하고 또 도덕적이고자 노력하는 이를 우리는 도덕적이라고 부른다. "나는 도덕적이다"라고 말하는 많은 위선자(似而非)들이나 "나는 도덕적이어야지"라고 하다가도 실제의 사태에서 실패하고 마는 인간 의지의 나약성(人心唯危)을 유가에서는 일찍부터 간파하고 있다.

전통적인 유가의 윤리를 검토해 보아도 도덕이 결코 대상과의 관계를 떠날 수 없음은 자명하다. 군신유의·부자유친·부부유별·장유유서·남녀유별, 그 어떤 유가윤리도 관계적이지 않은 것이 없다. 이러한 지적은 유가에서 주장하는 '도덕적 본체의 내재성'을 부인하는 것이 아니다. 설령 도덕적 본체가 내면에 있다 하더라도 그것이 구체적인 대상과 사태 속에서 표현되지 않았을 때 과연 그를 훌륭한 인격체라고 부를 수 있느냐에 대한 지적일 뿐이다.

내면의 도덕적 본체는 훌륭한 인격체가 되기 위해 중요한, 아니 필수적인 요소일 수 있다. 그러나 도덕적 본체를 지니고 있다는 것만으로 훌륭한 인격이 완성되었다고는 말할 수 없다. 이것은 육왕심학 계열에서 좀 더 강조하는 "도덕적 본체가 자신에게 있음을 분명히 알게 된다면, 그 도덕적 본성은 언제라도 간단히 현실화될 것이다"라는 믿음을 부인하려는 것이 아니다. 다만, 도덕적 본체가 '실현'되기 이전에, 즉 사태에 직면하기 이전에 그 상태만으로 그를 훌륭한 인격체로 평가할 수 없다는 말이다. "거리의 모든 사람이 성인"이지만 현실 속에서는 악인이 활보하고 있기 때문이다.

이러한 관점은 진리나 도덕이 언제나 고정된 모습으로 상존한다는 진리적 객관주의나 데카르트와 칸트처럼 주체가 세계 이해의 기준이 되는 주관주의와 달리, 주체와 대상의 현상학적 만남 속에서 체험과 관심을 통해 세계는 이해될 수 있고 또 주체 역시 그러한 이해 속에서 변증법적으로 변화된다고 하는 슐라이어마허·딜타이·하이데거 등의 해석학적 관점에 가깝다. 존재는 객관적 의미에서 자아와 세계의 어떠한 분리에도 선행한다고 하이데거는 주장한다. 주체는 언제나 대상에 대한 이해와 해석의 과정 속에 던져져 있으며, 그 과정 속에서만 세계도 자신도 의미를 지닐 수밖에 없다.[7]

『대학』은 공부의 목적이 명덕明德을 밝히는 데 있다고 했는데, 주자는 『대학집주』에서 명덕을 "구중리具衆理, 응만사應萬事" 즉 "모든 이치를 갖추고 있으면서 모든 사태에 적절히 대처할 수 있는" 능력이라고 규정했다. 우리가 주목할 점은 주자의 관점에서 공부의 궁극적 목적이 '모든 이치를 갖추고 있음'(具衆理)이 아니라 '모든 사태에 적절히 대처함'(應萬事)에서 완성된다는 점이다.[8] 맹자적 전통에서 인간은 누구나 이미 '모든 이치를 갖추고 있다'. 문제는 그것을 적절히 실현시켜 '모든 사태에 적절히 대처'하는 것이다. 이렇게 '모든 사태에 적절히 대처'할 수 있는 마음의 능력을 확장하는 것(明明德)이 교육의 목적이며, 물론 이 목적은 실제 '모든 사태에서 적절히 대처'할 때 실현되는 것이다.

---

7) 리차드 팔머, 이한우 옮김, 『해석학이란 무엇인가』(문예출판사, 2011년 제2판), 58쪽 참고.
8) 주자의 이러한 규정은 『역전』의 "寂然不動, 感而遂通"을 떠오르게 한다. 「계사전」의 이 구절에서도 '적연부동'의 최종적 목적이 '감이수통'에 있음을 확인할 수 있다. 실제적 행동을 전제로 하지 않는 내면의 준비는 유가적 전통에서 맹목적인 것으로 이해되었으며, 이것이 왕필의 도가적 이해를 넘어선 程朱 계열의 유가적 해석이다.

진래陳來는 명덕을 '본체'라고 규정했다.[9] 그러나 명덕은 대상에 적절히 대처할 수 있는 주체의 도덕적 능력을 의미할 뿐, 그것이 성性인지 심心인지를 따지는 것은 오히려 부차적이다. 그보다 더 중요한 것은, '도덕주체'든 '도덕본체'든 간에 그 구체적 의미는 "모든 이치를 갖추고 있으면서 모든 사태에 적절히 대처할 수 있음"(具衆理, 應萬事)이라는 점이다. 이때 '모든 이치'란 무엇인가? 그것은 당연히 '모든 사태에 적절히 대처할 수 있는 이치'를 의미한다. 즉 만사萬事에 대처하기 위한 만사의 이치(衆理)인 것이다. 결론적으로 도덕주체 혹은 도덕적 본체의 본질을 대상과 떠나서는 생각할 수 없다는 점은 너무나도 자명하다.

그렇다면 만사에 대처할 수 있는 만사의 이치가 주체에게 갖추어져 있다는 말은 또 무슨 의미인가? 앞에서 들었던 것처럼 우주의 도덕적 본체가 주체를 포함한 모든 존재자에게 동일하게 갖추어져 있다는 소위 본체론적本體論的 의미인가? 과연 격물과 함양은 모두 본체의 확인 혹은 기르기로 귀결되는가?

아무리 악한 사람이라도 어린아이가 위난을 당했을 때라면 내면에서 도덕적 감정이 주체할 수 없이 쏟아져 나온다는 것이 맹자가 주장한 유가의 상식이다. 이러한 도덕적 감정은 너무나 자연스러운 것이어서 체계적인 훈련이나 사회적 장치를 통해야 얻을 수 있는 것이 아니라는 말이다. 소위 '선의 평범성'이다. 물론 이 도덕적 감정이라는 것은 매우 손상되기 쉬운 것이어서 얼마나 잘 간직하고 확충시키느냐가 관건이다. 그러나 아무리 손상되기 쉽다 해도, 또 아무리 손상되었다 하더라도 그 애초의 발출만큼은 누구라도 언제라도 가능하다는 것이 맹자 주장의 핵심이다.

---

9) 陳來, 이종란 외 옮김, 『주희의 철학』(예문서원, 2002), 327~331쪽 참고.

그런데 주자의 관점 이해에서 존덕성과 도문학을 모두 '본체 인식' 혹은 '본체 기르기'로 환원한다면, 그래서 도문학이 없이는 존덕성이 온전하지 않은 것이라고 이해한다면, 이는 명백히 맹자의 전통을 벗어난 것이 된다. 존덕성을 위한 종적인, 혹은 부차적인 공부로 도문학을 규정하면서도 그러한 외재적 노력이 없이는 내면의 도덕적 본성을 그때그때 드러낼 수 없다는 말이 되기 때문이다. 육구연 등이 비판하는 지점이 바로 여기에 있다.

이 문제를 해결하기 위해서도 도문학을 '본체 인식(혹은 기르기)'으로 환원하지 않으면 된다. 내면에서 일어나는 도덕적 감정은 그 자체로 자족적이다. 어떤 외부적 훈련이나 장치가 없이도 도덕적 감정은 내면에서 생겨날 수 있고, 또 그것을 좀 더 강하고 오래도록 간직하고 키우는 공부를 스스로 할 수 있는데, 이것이 바로 함양공부다. 이러한 이해와 맹자적 전통은 전혀 충돌하지 않는다.

문제는 내면에 대한 공부만으로는 '훌륭한 인격체'가 되기에 부족하다는 점이다. 다시 말해 내면의 도덕본체를 확인하고 키우는 것만으로는 훌륭한 인격체가 되기에 부족하다는 말이다. 유가적 관점에서 훌륭한 인격체란 무인도의 로빈슨 크루소도, 면벽수행을 통해 자성自性을 확인하는 수행자도 아니기 때문이다. 유가적 도덕주체는 끊임없이 대상세계와 만나 판단하고 선택하고 행동해야 한다(應萬事). 그리고 그럴 수 있는 능력을 갖추고 있다(具衆理). 그러니 실제로 대상세계와 만나 판단하고 선택하고 행동함으로써 도덕을 실천해야 하고, 이럴 때 비로소 훌륭한 인격체라고 할 수 있다. 이것이 격물공부다.

이렇게 격물공부를 도덕본체의 문제로 환원하지 않으면 문제는 아주 간단해진다. 그럼 이제 남는 문제는 다음과 같다. 첫째, 그것이 참으로 진실되기만 하다면 내면의 진실된 목소리가 시키는 대로 할 때 일상의 행위가 도덕적 규범에서 벗어나지 않는다는 것이 공맹孔孟 이래 유가의 오래된 전통이다.[10] 그런데 어째서 주자는 도덕적 본체의 확인과 기르기만으로 부족하다고 보는 것인가?[11] 둘째, 대상세계에 대한 인식적·이론적·지식적 공부가 어떻게 도덕적 행위에 도움을 줄 수 있는가? 셋째, 몇몇 혹은 다수의 대상을 탐구하는 것으로 어떻게 대상 전체에 대해 꿰뚫듯이 알 수 있는가? 첫 번째 문제가 육구연 등 심학파와의 관계 문제라면, 두 번째 세 번째 문제는 주자 격물공부 그리고 그 궁극의 상태인 활연관통에 대한 이해가 된다.

3. 만물상관적 세계 이해에서 주체와 대상의 관계

인간의 도덕적 본성은 우주의 본성으로부터 주어진 것이라는 소위 본체론적 사고는 『중용』의 "천명지위성天命之謂性"과 『역전』의 "일음일양지위도一陰一陽之謂道, 계지자선야繼之者善也, 성지자성야成之者性也"로부터 구체화되었고, 이러한 사고는 주돈이의 「태극도설太極圖說」이나 장재의 「서명西銘」, 정이의 '이일분수理一分殊', 소옹의 〈선천역학先天易學〉 등으로 발전해 송대 대다수 유학자들의 기본적인 세계관이자 가치관이 되었다.

---

10) 『論語』, "夫仁者, 己欲立而立人, 己欲達而達人.";『孟子』, "萬物皆備於我.";『中庸』, "詩云, 伐柯伐柯. 其則不遠. 執柯以伐柯, 睨而視之, 猶以爲遠.……忠恕違道不遠, 施諸己而不願, 亦勿施於人.";『大學』, "康誥曰, 如保赤子, 心誠求之, 雖不中不遠矣."
11) 이는 도문학이 없이는 존덕성도 온전할 수 없다는 이야기와 다르다. 존덕성도, 도문학도 각각의 의의가 있고 자족적이다. 즉 도문학이 없이도 존덕성을 해 낼 수 있고, 존덕성을 통해 내면의 도덕적 성향과 감정을 키워 낼 수 있다. 그러나 문제는 그것만으로 훌륭한 인격자라고 할 수는 없다는 데 있다. 외재적·대상지향적 공부를 함께 해야만 훌륭한 인격자가 될 수 있다는 말이다.

주체에게 주어진 도덕적 본성 혹은 본체를 잘 확인하고 기르기만 하면 훌륭한 인격자가 될 수 있다는 사고의 논리적 구조는 무엇인가? 이는 어차피 인간에게 부여된 도덕적 본성이나 어떤 대상에게 부여된 본질이나 다를 것이 없으니, 자신의 도덕적 본성만을 잘 확인하고 확보하면 대상의 본질을 분명하게 알게 되고 그에 따라 적절히 행동할 수 있게 된다는 생각이다. 이것은 구체와 실재 너머에 있는 본질과 본원本源에 착목하는 태도다.

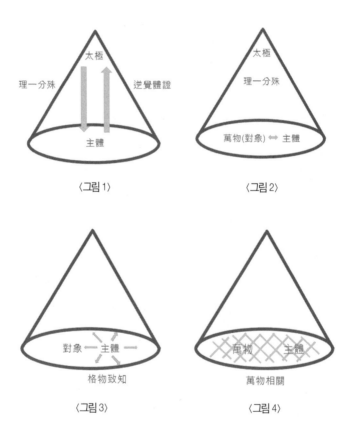

〈그림 1〉　　　　　　〈그림 2〉

〈그림 3〉　　　　　　〈그림 4〉

이는 〈그림 1〉처럼 주체의 본질을 존재적 본원인 태극 혹은 본체에 상정하고서, 그것만 확인하고 확보하면(逆覺體證) 훌륭한 도덕적 주체가 될 수 있다고 생각하는 것이다. 관건은 태극 혹은 본체에 대한 확인과 확보만으로 모든 대상에 대해 적절히 대응할 수 있는가의 문제다. 이것은 '구중리具衆理'의 중리衆理를 주체의 도덕적 본질 즉 성리性理(天命之謂性)로 만들 때 가능해진다. '응만사應萬事'의 '만사萬事'라는 것 역시 동일한 성리性理의 지배를 받으니, 이 하나의 동일한 본체로서의 성리만 파악하면 '응만사는 저절로 되는 것이다. 때문에 "내가 어디에 누구와 있는가?"는 중요치 않다. 어디에 누구와 있든 마찬가지기 때문이다. 대상에 대한 탐구는 부차적이고 '지루한' 것이며, 그 유일한 의의는 본체 확인을 위해 도움이 될 때뿐이다.

하지만 이러한 사고에는 〈그림 2〉와 같이 도덕적 사태의 필수조건이라고 할 수 있는 '대상'이 들어설 자리가 없다. "나의 본질은 무엇이고 이 본질은 어디서 왔는가?"라는 질문에 대답은 될 수 있겠지만, "나는 어디에서 누구와 있는가?"라는 질문에 대답할 수 없다. 아니 대답할 필요가 없다. 본체를 확인하고 확보하면 부모에게도 배우자에게도 자녀에게도 이웃에게도 적절히 대응할 수 있다고 생각하는 태도는 부모와 배우자 자녀 그리고 이웃의 차이를 중요하게 생각지 않는다. 부모에게 잘하는 사람이 배우자에게도 잘할 것이며 이웃에게도 잘할 것이라는 태도다.

하지만 어려서 이동李侗에게서 배운 이후로부터 주자가 강조한 것은 모든 것을 포괄하는 일반으로서의 본체가 아니라 구체적이고 실제적인 사태 속에서의 도덕적 판단과 선택이었다.

소위 본체로서의 하나라는 것은 구체적인 사태에 대해 상대적으로 말하는 것이다. 하지만 이 하나의 본체를 추구해서는 안 된다. 반드시 구체적인 사태에서 이해해야 한다.[12)]

본체로서의 하나를 이해하는 것이 어려운 것이 아니라 구체적으로 달라지는 사태를 이해하는 것이 어렵다.[13)]

성인은 결코 본체로서의 하나를 말한 적이 없다. 언제나 구체적으로 달라지는 사태에 대해 말했다. 이 구체적인 사태 하나하나에 대해 어떻게 해야 하는지를 알게 된 연후에야 이치라는 것이 본래 하나로 연결된다는 것을 알 수 있게 된다. 각각의 사태에 하나로 연결될 수 있는 이치가 있다는 것을 알지 못한 채 그저 본체로서의 하나만을 말한다면 그 본체라는 것이 도대체 어디에 있는 것인지 모르게 된다.[14)]

주자는 일상의 사태에서 주목해야 할 것이 본체로서의 하나가 아니라 구체적인 사태로서의 대상이라고 말하고 있다.[15)] 공통의 리 즉 이일理一 혹은 일리一理에 앞서 구체적인 사태로서의 대상이 중시되어야 하는 이유는 뭘까? 구체적인 대상이 처한 맥락과 환경이 중요하고, 그것은 이일理一로 설명되지 않기 때문이다. 모든 것은 그것이 어디에 어떻게 누구와 있느냐에 따라 각자 다른 존재의 처지를 갖게 된다. 이것을 이일

---

12) 『朱子語類』, 권27, "所謂一者, 對萬而言. 今卻不可去一上尋, 須是去萬上理會."
13) 『朱子語類』, 권27, "而今不是一本處難認, 是萬殊處難認."
14) 『朱子語類』, 권27, "聖人未嘗言理一, 多只言分殊, 蓋能於分殊中事事物物, 頭頭項項, 理會得其當然, 然後方知理本一貫. 不知萬殊各有一理, 而徒言理一, 不知理一在何處."
15) 陳來는 이 인용문들을 통해 이일분수를 설명하면서 이일과 분수의 관계를 일반과 특수의 관계로 설명하고 있다.(陳來, 『朱子哲學研究』, 華東師范大學出版社, 2000, 307~308쪽 참고) 이러한 설명은 나름대로의 의의를 지니지만, 대상에 대한 이해의 목적을 '대상 일반'에 대한 탐구로 만들어 버린다. 이에 대해서는 뒤에서 다시 다루고자 한다.

혹은 일리와 구분하여 분수리分殊理 혹은 물리物理라고 불러 보자.

이일분수적理一分殊的 사고에서 분수리와 물리는 물론 일리 혹은 성리性理의 지배하에 있겠지만, 각각의 이치는 결코 같은 것이 아니다. 송대 유자들은 『역전』의 관념을 계승하여 우주의 본체를 '생生' 즉 생명현상의 지속과 그 의지로 해석하곤 한다. 연비어약鳶飛魚躍, 솔개와 물고기는 모두가 생명의 의지를 뽐내며 살아간다. 그러나 솔개는 헤엄치지 않고 물고기는 날지 않는다. 솔개의 낢과 물고기의 헤엄침이 모두가 공통의 생명의지를 지니고 있다는 사실을 방해하지 않지만, 솔개를 억지로 헤엄치게 하거나 물고기를 날게 할 수는 없다. 각각의 존재는 자신만의 존재 방식을 지니고 있기 때문이다.

"본체로서의 하나를 이해하는 것이 어려운 것이 아니라 구체적으로 달라지는 사태를 이해하는 것이 어렵다"는 주자의 말에서, 주자가 생각하는 공부의 목적은 어디에 있는가? 일리 혹은 성리를 이해하는 것이 공부의 목적인가, 분수리 혹은 물리를 이해하는 것이 공부의 목적인가? 만약 일리와 성리를 이해하는 것이 공부의 목적이라면 내 내면에서 확인하는 것이 가장 쉬울 것이고, 만물은 일리와 성리를 확인하기 위한 교보재에 불과하게 된다. 응만사란 성리를 확인하기 위한 실습 정도의 의미만 지니게 된다.

하지만 도덕적 행위라는 것이 내 앞에 있는 이 실제의 대상에게 적절히 대응하는 것이라고 한다면, 일리와 성리 이외에 다시 각각의 존재 방식 즉 분수리와 물리를 이해하고 탐구할 것이 요구된다. 솔개로 하여금 자유롭게 날게 하고 물고기로 하여금 물속에서 헤엄치도록 해 주는 것이 도덕적 행위라고 한다면 솔개를 이해하고 물고기를 이해해야 한다. 이것이 주자가 말하는 격물格物이다. 이러한 분리와 물리의 이해와 실천은 본체의 실현과 충돌하지 않는다. 오히려 그것들을 통해서만 일리와 성리는 실현된다. 이것이 위의 인용문에서 드러나는 주자의 생각이다. 〈그림 3〉에서처럼 이제 주체는 실재와 구체 너머의 본체로부터 자신의 옆에 있는 구체적 대상들에게로 시선을 돌린다. 내 옆에 있는 대상을 이해하고 그에 대해 적절히 대응하는 것을 넘어선 도덕의 실천이란 없기 때문이다.

여기서 다시 육구연 관점과의 차이를 검토해 보자. 육구연 역시 일리와 성리의 확인이 공부의 목적은 아니라고 말할 수 있다. 다만 일리와 성리를 제대로 확인하게 되면 분수리와 물리는 자연히 따라오게 되어 있다고 보는 관점이다. 〈그림 1〉처럼 본체를 거쳐 오는 단 한 번의 직접적인 방법을 통해 〈그림 3〉과 같은 주자의 격물을 수고롭게 반복하지 않아도 솔개는 날고 물고기는 헤엄치게 해 줄 수 있다는 생각이다.

도문학이 없이 존덕성만으로는 분수리와 물리를 온전히 이해할 수 없다는 주자의 관점은, 일리나 성리와 구분하여 분수리와 물리의 고유한 가치와 의미를 인정하는 입장이다. 필자가 볼 때 여기에는 소옹의 〈선천역학先天易學〉과 주돈이의 「태극도설」을 중시한 것에서 확인할 수 있는, 세계의 체계성과 법칙성에 대한 주자의 존재론적 관심이 작용하고 있다.

세계는 태극으로부터 양의 → 사상 → 팔괘 등으로, 혹은 음양 → 오행 → 만물로 확장되는 존재의 법칙적 연쇄 속에 놓여 있다. 그 연쇄를 종적·시간적으로 이해하면 우주론과 발생론이 되고, 횡적·공간적으로 이해하면 존재론이 된다. "양의는 사상의 태극이다"[16]라는 주자의

---

16) 리차드 팔머, 이한우 옮김, 『해석학이란 무엇인가』(문예출판사, 2011년 제2판), 81~88쪽 참고.

언급은 양의와 사상이 시간적·발생적 관계에 있지 않음을 의미한다. 존재하는 모든 것은 태극·양의·사상 등의 존재적 법칙성을 지니고 있다. 그리고 그 법칙성은 〈선천역학〉에서 확인되듯 기하학적 대수학적 질서와 균형으로 표현된다. 모든 존재자는 우연히 무원칙하게 던져지는 것이 아니라 철저히 '배치'된다. 나는 무인도의 고립된 존재가 아니라 누구의 자녀이고 배우자이며 부모다. 이것이 바로 〈그림 4〉에서 보이는 '만물상관적萬物相關的 세계 이해'다.

때문에 부모에게는 부모로 대해야 할 구체적이고 고정된 질서와 원칙이 있다. 마찬가지로 배우자에게는 배우자에게 합당한 대응의 방식이 존재한다. 이것이 분수리이자 물리이며, 각각의 분수리와 물리에 맞게 행하는 것이 '응만사'다. 또한 내 배우자는 동시에 내 자녀의 부모인 것처럼 모든 존재자는 존재의 연쇄 속에 놓여 있다. 화엄 인타라망의 비유를 들면, 각각의 구슬은 서로 충돌하지 않지만 각각의 구슬이 위치한 자리와 위상은 서로 다르다는 것이 주자의 생각이다. 부모에게 배우자를 대하듯 할 수 없고 배우자에게 자녀 대하듯 할 수 없는 이유이다. 이것을 나는 '이법적理法的 고유성'(有物有則)[17]이라고 부르고 싶다.

다시 육구연과의 변별점으로 돌아와 보자. 육구연은 부모에게 잘하는 사람이 배우자에게도 이웃에게도 잘한다고 보는 입장이다. 그러나 주자는 아무리 부모에게 잘하는 효자라도 배우자의 마음을 다 이해하기는 어렵다는 입장이다. 배우자에 대해 관심을 갖고 이해하려고 노력한

---

17) 『朱子語類』, 권18, "物物有則, 蓋君有君之則, 臣有臣之則: '爲人君, 止於仁', 君之則也; '爲人臣, 止於敬', 臣之則也. 如耳有耳之則, 目有目之則: '視遠惟明', 目之則也; '聽德惟聰', 耳之則也. '從作乂', 言之則也; '恭作肅', 貌之則也. 四肢百骸, 萬物萬事, 莫不各有當然之則, 子細推之, 皆可見."

다음에야 상대를 알 수 있다는 입장이다. 때문에 "난 도덕본체를 확인했다"고 해서 모든 것이 끝날 일은 아니다. 매일 새롭게 만나는 대상을 일일이 관심과 사랑을 갖고 만나야 한다. 시간과 장소와 맥락이 달라지면 다시 새롭게 만나야 한다. 규범과 적절한 행위방식이란, 존재론적 의미를 넘어서서 맥락과 시간 그리고 감정과 의지까지 포괄하는 해석학적 의미이다. 이것이 만물상관적 세계 이해 속에서의 주체와 대상의 '만남'이다.

4. 주체와 대상의 해석학적 관계 맺음과 도덕의 완성

그럼 대상과의 적절한 만남은 나의 인격적 고양에 어떻게 도움이 되며, 대상과의 누적적 만남을 통해 갑자기 모든 것을 꿰뚫는 인식적 비약은 어떻게 가능한 것인가?

우선, 모든 도덕적 상황이란 대상과의 관계에서 발생한다는 점을 다시 한 번 확인할 필요가 있다.

(마음이) 잠잠할 때, 즉 대상이 아직 이르지 않아 아무런 대상적 사고가 일지 않았을 때는 내면의 본성이 온전하고 도덕적 품성이 모두 갖추어져 있으니, 이것을 '중中'이라고 할 수 있으며 내 마음이 '체體'가 될 수 있는 이유로서 (「계사전」에서 말하는) 고요하여 움직이지 않는 것에 해당한다. (마음이) 움직일 때, 즉 대상이 이르러 대상적 사고가 일어날 때는 내면의 감정이 일면서 각각의 주된 흐름이 있게 되니, 이것이 이른바 '화和'이며 이 마음이 '용用'이 될 수 있는 이유로서 (「계사전」에서 말하는) 감발하여 모두 적절히 통한다는 것이다. 그러나 본성의 잠잠함은 움직이지 않을 수

없고 감정의 움직임에도 반드시 절도가 있어야 하니, 이것이 바로 마음이 고요하다가도 적절히 통하여 모든 것에 관철될 수 있음이며 이것이 바로 '체'와 '용'이 결코 분리되지 않는 까닭이다.[18]

내면의 본성은 현상으로 드러나지 않을 수 없다(不能不動). 내면의 도덕적 본성이 적절히 현실화되어 모든 것에 관철되도록 하는 것이 주체(心)의 능력이자 역할이며 의무이기도 하다. 이때에 '현실화' 된다거나 '모든 것'에 관철된다는 것은 그것이 대상과의 관계 속에서 수행됨을 의미한다. 즉 '대상이 이르러'(事物交至) 발생하는 것이다.

특정한 대상이 없을 때 내면에서 대상과의 적절한 만남을 위해 준비하는 것이 '미발함양'이라면, '이발성찰'은 구체적인 대상이 있을 때 그에 대해 적절한 관계를 형성하는 것이다.[19] 때문에 '미발함양' 역시 대상과의 적절한 만남을 위한 사전준비로서의 의미를 지닌다. '시청언동視聽言動'이라는 표현이 그렇듯 모든 행동거지는 대상과의 관계를 전제로 하고 있으며, 시청언동을 적절히 수행하는 것이 곧 도덕(是非)이다.[20] 때문에 『대학』에서 말하는 '신독愼獨' 역시 '보고 들음'(戒愼不睹, 恐懼不聞)이

---

18) 『朱熹集』, 권32, 「答張欽夫」, "然方其靜也, 事物未至, 思慮未萌, 而一性渾然, 道義全具, 其所謂中, 是乃心之所以爲體, 而寂然不動者也. 及其動也, 事物交至思慮萌焉, 則七情迭用, 各有攸主, 其所謂和, 是乃心之所以爲用, 感而遂通者也. 然性之靜也, 而不能不動, 情之動也, 而必有節焉, 是則心之所以寂然感通, 周流貫徹, 而體用未始相離者也."

19) 『朱子語類』, 권62, "再論湖南問答, 曰, '未發已發, 只是一件工夫, 無時不涵養, 無時不省察耳. 謂如水長長地流, 到高處又略起伏則箇. 如恐懼戒愼, 是長長地做; 到愼獨, 是又提起一起, 如水然, 只是要不輟地做. 又如騎馬, 自家常常提掇, 及至遇險處, 便加些提控. 不成謂是大路, 便更都不管他, 怎地自去之理!' 正淳曰, '未發時當以理義涵養.' 曰, '未發時著理義不得, 纔知有理有義, 便是已發. 當此時有理義之原, 未有理義條件. 只一箇主宰嚴肅, 便有涵養工夫.

20) 『朱子語類』, 권59, "'天生蒸民, 有物有則', 蓋視有當視之則, 聽有當聽之則, 如是而視, 如是而聽, 便是; 不如是而視, 不如是而聽, 便不是. 謂如'視遠惟明, 聽德惟聰'. 能視遠謂之明, 所視不遠, 不謂之明; 能聽德謂之聰, 所聽非德, 不謂之聰. 視聽是物, 聰明是則. 推至於口之於味, 鼻之於臭, 莫不各有當然之則. 所謂窮理者, 窮此而已."

라고 하는 대상과의 관계를 전제로 한다.[21]

그러나 앞에서 설명한 것처럼 대상에 대한 적절한 관계 맺음을 내 내면의 도덕적 본체를 확인하거나 현실화하기 위한 수단으로 이해해서는 안 된다. 명명덕明明德이 신물新物과 함께 지어지선止於至善으로 완성되듯, 격물치지格物致知와 성의정심誠意正心은 수신제가修身齊家와 치국평천하治國平天下를 통해 완성되는 것이지 격물치지와 성의정심을 다 마친 뒤에야 수신제가나 치국평천하를 하는 것이 아니다. 동시에 수신제가와 치국평천하가 격물치지, 성의정심의 수단이 될 수도 없다. 주체 내면의 도덕적 본체가 대상과의 관계 속에서 실현되는 것이 공부의 목적이자 완성이지, 대상과의 관계를 통해 내면의 도덕적 본체를 확인하는 것이 아니다. 우물에 빠지려는 아기를 구해 내는 것이 도덕의 목적이자 완성이지, 아이를 구해 냄으로써 내 내면에 도덕적 본성이 있다는 것을 확인하는 것이 도덕의 목적이나 완성이 될 수 없다.

때문에 '궁리窮理'라는 것도 단순한 외재적 이치의 인식적 이해나 내 내면의 도덕적 본성의 외재적 확인이 아니다.

> 자신의 내면을 밝혀 어떻게 해야 할지를 아는 것이 '궁리'다. 힘써 행함으로써 최적의 상태를 구하는 것은 '실천'(踐履)에 해당하는 일이다. 궁리란 오로지 외부의 이치를 밝히는 것만을 의미하지 않는다. 어떻게 하는 것이 효도이며 공손함일까, 어떻게 하는 것이 충성이요 신의일까 고민하여 직면한 상황에 가장 맞도록 하는 것이 곧 궁리에 해당한다.[22]

---

21) 『朱子語類』, 권62, "'戒愼不睹, 恐懼不聞', 非謂於睹聞之時不戒懼也. 言雖不睹不聞之際, 亦致其愼, 則睹聞之際, 其愼可知."

22) 『朱子語類』, 권30, "'明諸心, 知所往', 窮理之事也. '力行求至', 踐履之事也. 窮理, 非是專要明在外之理. 如何而爲孝弟, 如何而爲忠信, 推此類通之, 求處至當, 卽窮理之事也."

'어떻게 하는 것이 효도일까'라는 말은 '효도란 무엇인가'라는 인식적·
이론적 물음이 아니다. '어떻게 하면 내 부모님이 좋아하실까'라고 하는
실존적·실천적 질문이다.[23] 때문에 궁리는 실천(踐履)과 별개가 아니다.
대상과의 적절한 만남이란 대상의 존재방식에 대한 존중과 그 존재원리의
실현을 의미한다. 대상은 각각의 존재방식과 존재원리가 있기 때문에(有物
有則) 그에 맞게 대해 주는 것이 필요한 것이다.

대상에는 나름의 존재원리가 있고, 사람에게는 그것을 알 수 있는 (생래적)
능력이 있다. 아무리 어린 아이라 하더라도 자신의 부모를 사랑할 줄 알며,
커서는 자신의 형을 존중할 줄 안다. 배고프면 먹어야 한다는 것을 알고
목마르면 마셔야 한다는 것을 안다. 이렇게 생래적으로 사람에게는 알 수
있는 능력이 있다.[24]

"대상은 모두 각각의 존재방식과 존재원리가 있다"(有物有則)라는 말은
대상에 대한 법칙적·보편적 인식임과 동시에 대상과의 합리적·규범

---

23) 『朱子語類』, 권15, "格物, 須眞見得決定是如此. 爲子豈不知是要孝? 爲臣豈不知是要忠? 人皆
知得是如此. 然須當眞見得子決定是合當孝, 臣決定是合當忠, 決定如此做, 始得.";『朱子語類』,
권15: "黃去私問致知·格物. 曰, '致字有推出之意, 前輩用致字多如此. 人誰無知? 爲子知孝,
爲父知慈. 只是知不盡, 須是要知得透底. 且如一穴之光, 也喚做光, 然逐旋開凜得大, 則其光
愈大. 物皆有理, 人亦知其理, 如當慈孝之類, 只是格不盡. 但物格於彼, 則知盡於此矣.' 又云,
'知得此理盡, 則此簡意便實. 若有知未透處, 這裏面便黑了.'";『朱子語類』, 권35, "或問民可
使由之, 不可使知之'. 曰, '聖人只使得人孝, 足矣, 使得人弟, 足矣, 卻無緣又上門逐箇與他解
說所以當孝者是如何, 所以當弟者是如何, 自是無緣得如此. 頃年張子韶之論, 以爲: 當事親, 便
當體認取那事親者是何物, 方識所謂仁; 當事兄, 便當體認取那事兄者是何物, 方識所謂義' 某
說, 若如此, 則前面方推這心去事親, 隨手又便去背後尋摸取這箇仁; 前面推此心去事兄, 隨
手又便著一心去尋摸取這箇義, 是二心矣. 禪家便是如此, 其爲說曰: '立地便要你究得, 恁地便
要你究得.' 他所以撑眉弩眼, 使棒使喝, 都是立地便拶教你承當識認取, 所以謂之禪機. 若必欲
使民知之, 少間便有這般病."
24) 『朱子語類』, 권15, "張仁叟問致知·格物. 曰, 物莫不有理, 人莫不有知. 如孩提之童, 知愛其
親; 及其長也, 知敬其兄; 以至於飢則知求食, 渴則知求飮, 是莫不有知也. 但所知者止於大略,
而不能推致其知以至於極耳. 致之爲義, 如以手推送去之義. 凡經傳中云致者, 其義皆如此."

적 관계맺음을 의미하기도 한다. 무원칙적이고 무규범적인 대상의 기분 맞춰 주기가 아니다. 그것은 궁극적으로 본체와 성리性理 즉 생의生意로 해석될 수 있으나, 구체를 떠난 보편의 원리로서가 아니라 지금 내 앞에 있는 실제적 대상에 대한 존중이요 실천적·실존적 관계맺음임을 의미한다.[25]

때문에 대상과의 적절한 만남 그 자체가 주체 내면의 도덕적 본성의 실현이며, 그 자체가 도덕의 완성이다. 즉 대상에 대한 관심을 통해 적절한 관계를 맺기 위해 알아가는 것이 격물格物이라면 그러한 알아감을 통해 내면의 앎을 확장해 가는 것이 치지致知다. 격물이 대상의 측면에서 본 것이라면 치지는 주체의 측면에서 본 것이다. 그러나 관계란 대상과 주체의 동시적 만남을 의미하기에, 격물과 치지는 별개의 사태도 선후의 사태도 아니다.[26] 더 나아가 격물이 치지의 수단도, 치지가 격물의 수단도 아니다. 대상과의 적절한 만남은 그 자체로 공부로서 목적적이지 결코 공부의 수단이 될 수 없다.

여기서 '치지' 즉 앎을 '확충'한다는 것은 무슨 의미인가? 대상에게 필요한 것이 무엇인지를 알 수 있는 생래적 능력을 다시금 확충할 필요가 있는 걸까? 여기서 '지知'가 이미 인식적 앎을 넘어서서 대상과의 적절한 관계를 맺고자 하는 내면의 도덕적 성향과 의지의 실천적 표현임을 알 수 있다. 그것은 어린아이가 자신의 부모를 사랑할 줄 '아는' 것과 같은 사랑하는 감정의 표현이며, 부모와의 적절한 관계 형성을

---

25) 『朱子語類』, 권21, "或問, '循物無違謂信, 物是性中之物否?' 曰, '那箇是性外之物! 凡言物, 皆是面前物. 今人要高似聖人了, 便嫌聖人說眼前物爲太卑, 須要抬起了說. 如所謂有物有則之物, 亦只是這眼前物. 語言, 物也; 而信, 乃則也. 君臣, 物也; 仁與忠, 乃則也.'"

26) 『朱子語類』, 권15, "人箇箇有知, 不成都無知, 但不能推而致之耳. 格物理至徹底處. 又云, 致知·格物, 只是一事, 非是今日格物, 明日又致知. 格物, 以理言也; 致知, 以心言也."

위한 태도가 된다. 문제는 이러한 사랑의 감정과 도덕적 태도가 얼마나 확장될 수 있느냐이다. 자신의 가족을 사랑할 수 있는 사람이 언제나 이웃을 사랑할 수 있는 것은 아니다. 때문에 '앎을 확충'한다는 것은 이 내면의 감정과 태도를 얼마나 확장할 수 있는가, 즉 대상을 얼마나 넓게 포용할 수 있는가의 문제가 된다.[27)]

때문에 앎과 행동의 문제는 사실 주체와 대상의 문제가 된다. 내 내면의 앎을 대상과의 관계 속에서 확충하고, 그러한 확충을 통해 대상에 대한 앎을 더 깊이 있게 해 간다는 지행의 병진 혹은 변증법적 심화의 과정은 대상과 주체 간의 관계의 심화 그리고 그 심화를 통한 원융한 관계의 형성을 의미한다.[28)] 즉 〈그림 5〉와 같은 '주객원융主客圓融' 이다.

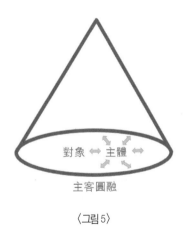

主客圓融

〈그림 5〉

27) 『朱子語類』, 권53, "此心之量, 本足以包括天地, 兼利萬物. 只是人自不能充滿其量, 所以推不去. 或能推之於一家, 而不能推之於一國; 或能推之于一國, 而不足以及天下, 此皆是未盡其本然之量. 須是充滿其量, 自然足以保四海."
28) 『朱熹集』, 권42, 「答吳晦叔」, "若曰: 必俟知至而後可行, 則夫事親從兄承上接下, 乃人生之所不能一日廢者, 豈可謂吾知未至, 而暫輟以俟其至而後行哉?"

이 주체와 대상이 '원융하게' 만난다는 것은 무엇을 의미하는가? 대상을 자신의 필요와 의도에 맞게 통제하거나 변형하려고 하지 않고 있는 그대로 존중하면서 합리적 관계를 형성하고, 그것을 통해 자신의 인격이 성숙해짐을 의미한다. 대상을 여여如如하게 만나기 위해서는 자신의 사적인 의도나 조작이 개입하지 않도록 자신을 검속하는 과정이 요구된다. 이것이 '나로부터의 공부' 즉 함양공부다. 이렇게 나로부터의 공부를 바탕으로 하여 대상과 원융한 관계를 맺는 것이 '너를 향한 공부' 즉 격물공부다. 대상을 침해하거나 폭력적으로 변형시키려 하지 않고 존재를 있는 그대로 존중할 때 대상과의 바람직한 관계는 형성되며, 이 관계 속에서 대상도 주체도 어느 하나 상처입지 않을 수 있다. 이렇게 대상에 대한 관심과 존중 그리고 실천적 관계맺음은 변증법적으로 나 자신의 변화를 가져온다. 이러한 변화의 누적은 곧 인격적 성숙이다. 이것이 바로 '활연관통豁然貫通'이다.

이상의 내용을 주자는 『중용장구中庸章句』에서 간결하면서도 종합적으로 다음과 같이 기술하고 있다.

존덕성이란 내 내면에 간직된 것을 위대한 도체만큼 극대화하는 것이다. 도문학이란 앎을 확장시켜 도체의 세세한 것까지도 온전히 다할 수 있도록 하는 것이다. 때문에 이 둘은 내면의 덕성을 기르고 도를 수행할 수 있는 중요한 방법이 된다. 조금의 사사로운 생각도 자신을 가리지 않고 조금의 사사로운 욕심도 자신을 얽매지 않도록 하여 자신이 이미 알고 있는 것을 충분히 흘러넘치게 하고 자신이 이미 할 수 있는 일을 돈독히 실천할 수 있도록 하는 것은 모두 내면의 마음을 간직하는 것(存心)에 해당한다. 이치를 헤아림에 조금의 오류도 없고 일을 처리함에도 조금의 벗어남이 없도록 하여 규범에 대한 이해가 나날이 확장되고 행동의 요령이 나날이 적절해지는 것은 모두 앎을 확충하는 것(致知)에 속한다. 마음을 간직하지 못하면 앎을 확충할 수 없지만, 마음을 간직하는 것 역시 앎을 확충해 가는 과정을 거치지 않을 수 없다.[29]

주자는 여기서 존덕성尊德性－존심存心과 도문학道問學－치지致知를 대비하면서도 그것이 병진해야 할 것임을 밝히고 있다. 존덕성에서 "조금의 사사로운 생각도 자신을 가리지 않고 조금의 사사로운 욕심도 자신을 얽매지 않도록" 한다는 것은 대상과의 원융한 관계맺음을 위해 나를 준비하는 것이다. 도문학에서 "규범에 대한 이해가 나날이 확장되고 행동의 요령이 나날이 적절해지는" 것은 격물의 과정을 통해 대상에 대한 이해가 확장되어 가는 것을 의미한다. 이 둘은 변증법적으로 상호 발전하면서 대상과의 원융한 관계와 나의 인격적 성숙을 완성시킨다.

5. 주자 공부론의 지향

해석학적 관점에서 주자의 공부는 내 눈앞의 대상세계와 적절히 만나는 것을 의미한다. 주자의 관점에서 대상과의 이상적인 만남이란, 외재적 대상세계에 대한 단순한 경외여서도 안 되고 이에 대한 내면의 주관적 재단이어서도 안 된다. 내면의 준칙으로써 대상세계를 재단하는 것은 심학心學의 주관주의로 가는 길이고, 대상세계에 대한 단순한

---

29) 『中庸章句』, "尊德性, 所以存心而極乎道體之大也. 道問學, 所以致知而盡乎道體之細也. 二者脩德凝道之大端也. 不以一毫私意自蔽, 不以一毫私欲自累, 涵泳乎其所已知, 敦篤乎其所已能, 此皆存心之屬也. 析理則不使有 毫釐之差, 處事則不使有過不及之謬, 理義則日知其所未知, 節文則日謹其所未謹, 此皆致知之屬也. 蓋非存心, 無以致知, 而存心者, 又不可以不致知."

경외로 흘러가 버리는 것은 윤리적 주체의 확립이라는 측면에서 맹자적 전통으로부터의 격절이다. 아울러 진리의 객관화·대상화·고정화·형해화로서 지식고고학적 고물상이 되어 버린 한대 경학자들의 입장과 다를 것이 없어진다.

송대 도학파의 공부가 한당대와 달라지는 본질은 경전을 절대화하여 주체를 그것에 맞추려 하지 않았다는 점이다. 한당에서 텍스트의 저자인 성인은 여기서 나와 호흡하고 대화하며 체험해야 할 대상이 아닌, 영원히 가 닿을 수 없고 또 닿지 못해야 하는 신성이었다. 성인의 현재성을 인정해 버리면 그것에 닿는 순간 경전은 필요 없어지고 공부는 끝나 버리게 되기 때문이다. 아니 좀 더 엄밀한 의미에서 이들에게는 공부 그 자체가 결여되어 있었다. 원의에 대한 엄밀한 해석만이 존재하기에 그들은 텍스트를 뛰어넘어 그 저자인 성인과 직접 만난다는 것은 생각조차 할 수 없었다.

주자의 함양은 대상세계와의 주체적 대화를 진행할 수 있는 자아의 확립을 의미한다. 대상세계에 엄존하는 질서와 법칙의 존중(敬)과 학습(格物) 그리고 그것을 이해하고 체험하고 공감할 수 있는 주체의 확립이 우선 필요한 것이다. 반면 대상과의 원융한 관계 형성을 위한 목적의식이 없는 격물치지는 주체적 이해와 체험이 없는 대상화된 진리의 단순한 습득에 불과하고, 따라서 이는 진정한 앎이나 행위가 될 수 없다. 경(敬)은 엄존하는 대상세계의 진리에 대한 존중과 더불어, 그것과의 주체적 대화를 진행할 수 있는 자아의 깨어 있는 적극성을 의미한다. 그래서 격물은 주관주의로 빠지지 않을 수 있는 방법이 되고, 궁리는 진리의 객관적 대상화에 빠지지 않는 주체의 능동적 행위가 된다.

주자의 관점에서 중화신설 이전의 도남학·호상학 그리고 불교의 공통점은, '본체'처럼 고원한 진리를 현실 너머의 세계에 상정해 놓고 그것을 힘겹게 찾으려 시도한다는 점이었다. 이런 관점에서는 "거리의 모든 이가 성인"인 것처럼 혹은 "모두가 불성을 지니고 있는" 것처럼 나의 노력이나 실천적 참여가 없어도, 내 옆 구체적인 대상들과의 바람직한 관계맺음을 위한 어떠한 고민과 관심이 없어도 내가 성인이라는 사실에는 변함이 없다. 어쩌면 이런 성인이야말로 "존재하기만 할 뿐 고민도 실천도 없는" 존재가 아닐까?

존재론이 객관세계의 엄존하는 질서에 대한 체계의 확립이라는 점에 있어서 칸트의 순수이성비판에 해당한다면 공부론은 이 엄존하는 세계와 어떻게 만날 것인가 라고 하는 문제가 되며 이러한 측면에서 딜타이의 정신과학이자 하이데거의 '이해' 혹은 '체험'이라고 할 수 있다. 주자의 철학은 객관세계에 엄존하는 진리의 불가조작성이라는 측면에서 현상학적이라고 할 수는 없겠으나, 주체의 자각적이고 참여적인 활동을 강조한다는 점에서는 해석학적이라고 할 수 있다.

이어지는 두 장에서 주자의 함양공부와 격물공부를 다시 심층적으로 분석한다.

제17장 함양공부 – 대상과의 관계맺음을 위한 준비

1. 미발함양은 공부의 목적인가?

중화신설 시기에 동료들에게 보낸 여러 편지 속에서, 그리고 그 이후의 많은 저술들 속에서 주자는 대상과의 일상적 만남을 뒤로 한 채 내면의 도덕적 본성을 확인하고 확보하려는 태도를 일관되게 비판한다. 일상에서 벗어난 관념화·이론화를 거부한 것이다. 이런 모습은 신설 시기 이전에 소위 대본大本이나 본심本心 혹은 구인求仁을 강조하던 것과는 확연히 달라진 모습이다.[1]

도남학의 미발체인未發體認과 호상학의 찰식단예察識端倪는 감정의 발

---

[1] 『朱熹集』, 권30, 「與張欽夫」(1166), "배우는 이가 이것을 끝까지 추구하여 간직한다면 온전한 대본달도를 관통하여 그 손상되지 않은 본성에 도달할 수 있을 것이다."(學者 於是致察而操存之, 則庶乎可以貫乎大本達道之全體, 而復其初矣.); 『朱熹集』, 권30, 「答張欽 夫」(1168), "만약 자기 스스로를 돌이켜 일상 속에서 구함으로써 존양하고 체찰하여 물욕의 폐단을 제거할 수 있다면, 인을 구하는 대로 얻을 수 있을 것이며 본심은 환하게 드러날 것이다. 그렇게 되면 유행하는 천명의 온전한 모습이 자신의 몸에서 벗어나지 않을 것이다. 그래서 옛날의 성현들께서 자신의 마음을 바르게 하고 몸을 수양토록 한 것이니, 그 속에 인仁이 있으며 본성과 천명의 이치 역시 갖추어져 있는 것이다.…… 또한 대본이라는 것 역시 천하의 이치가 여기서 벗어나지 않는다. 다만 인간의 측면에서 보았을 때 仁이 아니면 온전히 설 수 없다. 때문에 성인의 학문에서 언제나 인을 구하는 것(求仁)을 요체로 삼은 것은 그것이 곧 대본이 서는 길이기 때문이다."(人能反身, 自求於日用之間, 存養體察以去其物欲之蔽, 則求仁得仁, 本心昭著, 天命流行之全體, 固不外乎此身矣. 故自昔聖賢不過使人盡其所以正心修身之道, 則仁在其中, 而性命之理得.……且謂之大本, 則天下之理, 無出於此. 但自人而言, 非仁則無自而立. 故聖門之學, 以求仁爲要者, 正所以立大本也.)

출 이전이냐 이후냐 라는 공부 방법의 차이를 보여 준다. 그러나 중화신설 이후 주자에게 있어서 그것은 오히려 부차적인 문제였다. 체인이든 찰식이든 그 목적이 '도덕적 본성의 확인'이라면 동일하게 극복되어야 할 것이었기 때문이다. 신설 시기 이후 주자에게서 도덕적 본성을 확인하고 확보하는 것은 올바른 윤리적 행동을 위한 전제요 조건이지 더 이상 그 자체 공부의 궁극적 목적[2]이 아니었다.

이렇게 볼 때 신설의 변화는 단지 공부 '방법'의 개선이 아니라 공부의 '목적'이 변한 것이라고 해야 한다. 신설 이후 주자는 공부의 목적을 '내면의 도덕적 본성을 따라 대상세계에 적절히 대응함'(順性命之正, 而處事物之當)이라고 여러 차례 강조한다. 그에게 있어서 공부의 최종적 목적은 성숙한 인격으로 대상과 원만한 관계를 형성하는(成己成物) 것이지, 내면의 도덕적 본성을 확인하고 움켜쥐는 것이 더 이상 아니었다.

필자는 주자가 도덕적 본성에 대한 맹자 이래의 믿음에 반대했다고 주장하려는 것이 아니다. 아울러 윤리적 주체로서의 올바른 자세를 확보하는 것이 윤리적 행위에 있어서 필수적 요소임도 인정한다. 그러나 구체적인 일상의 상황에서 벌어지는 윤리적 선택이 없는 '골방의 성인'이란 아무런 윤리적 의미를 지니지 못함을 말하고자 하는 것이며, 주자 중화신설의 변곡점이 바로 여기에 있다고 주장하는 것이다.

이 글에서 필자는 공부론의 맥락[3]에서 주자가 극복하려고 했던 중화

---

2) '도덕본체를 확인하고 확보하기' 역시 공부의 한 목적이라고 할 수 있다. 그러나 그것은 '성숙한 인격으로 대상과 원만한 관계를 맺기'라는 공부의 최종적 목적을 위해 기능하는 것이기에, 여전히 과도적·사전적 목적이라고 할 수 있으며 또한 그 것을 위한 방법이라고 부를 수도 있겠다.

3) 주자 중화신설의 문제의식은 心性에 대한 개념적 규정보다 공부 문제에 있었다. "이 전의 관점이 잘못된 것은 단지 마음이나 본성에 대한 명칭이 적절치 못하다는 데에 있지 않습니다. 그것보다는 평소의 공부에 있어서 전혀 본령을 확보하지 못했다는 점입니다."(前日之說非, 惟心性之名命之不當, 而日用工夫全無本領……向來講論思索, 直

신설 이전의 문제가 무엇이며, 그래서 그것을 극복하고 나온 중화신설의 공부론적 의미가 무엇인지, 특히 공부의 목적 변화라는 측면에서 어떤 의미를 지니는지 구명하고자 한다.

2. 회의의 출발: 주체와 대상의 분열

흔히 도남학의 공부방법을 미발체인未發體認이라고 하고 호상학의 방법을 찰식단예察識端倪라고 부른다. 미발체인이 대상과의 관계에서 발생하는 감정적 동요가 일기 이전에 자신에게 부여된 도덕적 본성을 체험하려는 것이라면, 본성 자체는 인식의 대상이 될 수 없기에 감정의 흐름 속에서 본성의 발현을 확인해야 한다는 것이 찰식단예다. 그러나 이런 방법으로는 '의식으로 의식을 관찰하는' 소위 '주체의 분열'이 문제가 될 뿐만 아니라 '평소의 공부'가 부족하기에 끝내 중화신설로 옮아갔다는 것이 주자 미발론에 대한 대체적인 이해다.

그러나 필자의 관점에서 신설 이전의 근본적인 문제점은 공부 '방법'의 문제가 아니라, 도덕적 본성을 절대시하고 실체화하여 일상을 떠나 그것을 확인하고 움켜쥐려고 했던 데에 있다. 그것은 감정의 발출 이전이냐 이후냐의 차이와 무관하다. 찰식단예의 궁극적 목적이 여전히 도덕적 본성의 확인이라는 점에 있어서 호상학의 공부 방법에 경도되었던 중화구설 시기는 도남학적 전통에 서 있던 시기와 다르지 않다. 공부 방법의 차이에도 불구하고 이들 관점의 공통된 문제점은 주체(내부

以心爲已發, 而日用工夫, 亦止以察識端倪, 爲最初下手處. 以故闕却平日涵養一段工夫.: 『朱熹集』, 권64, 「與湖南諸公論中和第一書」)

의 도덕적 본성)를 절대시하고 대상으로부터 격절시킨다는 점에 있다. 즉 '주객분리主客分離'다.[4)]

주자는 중화신설을 새로 정립할 무렵인 40세를 전후로 해서 도덕적 본체에 집중하는 태도의 문제점을 자각하기 시작한다.

일전에 보내드린 몇몇의 편지에서 기술했던 것은 모두 흐릿하게 대본달도의 그림자만을 보고서 그것을 옳다고 고집했던 것에 불과합니다. 그러나 '치중화' 구절에 대해서는 전혀 주의를 기울이지 못했습니다. 여러 차례 가르침을 받는 과정에서 '인을 구하기(求仁)가 급하다고 했습니다만, 도무지 어디서부터 공부를 시작해야 할지 알 수가 없었습니다. 곧장 근원만을 보니 잠깐 사이에 바다에 도착해 버리는 기상만 있을 뿐, 일상에서는 온갖 사태가 벌어지는데 마치 거대한 파도 속에 던져진 것만 같아서 결코 조금이라도 머무를 수가 없었습니다. 제가 느끼는 것이 줄곧 이 모양이니 사태를 처리하고 대상에 응대함이 언제나 적절하지 못하다는 것을 느끼게 됩니다. 아무리 전보다 더 노력해도 차분하고 넉넉한 기상은 조금도 확보할 수가 없습니다. 이게 문제라는 것은 알겠습니다만, 어디서 부터 잘못된 것인지 모르겠습니다.[5)]

---

4) 이승환 교수를 비롯한 일단의 연구자들은 주자 중화신설의 핵심이 '찾기'에서 '기르기'로의 전환이라고 보고 있다. 필자 역시 이에 동의한다. '미발'을 어떤 실체로 여기지 않고 단순히 태도의 문제로 본다는 점에서 이러한 이해는 필자의 관점과 일치한다. 그런데 여기서 '기르기'의 목적이 만약 도덕적 본성을 확인하고 키우는 것을 의미하고, 공부의 목적이 여기에서 그친다면, 이는 여전히 중화구설 이전의 관점과 본질적으로 다를 것이 없다. 때문에 기르기 역시 공부의 목적은 아니다. 그것은 공부의 내용일 뿐이다. 이승환, 「주자 수양론에서 미발의 의미: 심리철학적 과정과 도덕 심리학적 의미」(『퇴계학보』 제119집, 퇴계학연구원, 2006); 이승환, 「朱子는 왜 未發 體認에 실패하였는가?」(『철학연구』 제35집, 고려대 철학연구소, 2008); 전병욱, 「중화논변에서 주자 철학의 '격물'설」(『哲學研究』 제102집, 대한철학회, 2007) 등 참고.
5) 『朱熹集』, 권32, 「答張敬夫」, "大抵日前所見, 累書所陳者, 只是儱侗地見得箇大本達道底影象, 便執認以爲是了. 却於致中和一句, 全不曾入思議. 所以累蒙敎, 告以求仁之爲急, 而自覺殊無立脚下功夫處. 蓋只見得箇直截根源, 傾湫倒海底氣象, 日間但覺爲大化所驅, 如在洪濤巨浪之中, 不容少頃停泊. 蓋其所見一向如是, 以故應事接物處, 但覺粗厲, 勇果增倍於前, 而寬裕雍容之氣, 略無毫髮. 雖竊病之而, 不知其所自來也."

38세에 장식에게 보낸 이 유명한 편지에서 주자는 중화구설 시기의 공부 방법에 대한 회의감을 토로하고 있다. 회의를 불러일으킨 기존의 공부 방법은 '대본달도를 확인하기', '인을 구하기' 등이다. 이러한 공부 방법은 구체적 과정과 실천적 노력이 생략된 채 '곧장 근원만을 보기에 잠깐 사이에 바다에 도착해 버리는 기상'을 초래한다. 이러한 공부의 문제점은 '어디서부터 공부를 시작해야 할 지 알 수가 없어' 일상에서는 '조금이라도 머무를 수가 없다'는 점이다. 그래서 결국엔 '사태를 처리하고 대상에 응대함이 언제나 적절하지 못하게' 된다.

중화구설 시기의 주된 공부 방법인, 한번에 '대본달도'나 '인'이라는 도덕적 본성을 찾으려는 시도는 순차적이고 점진적인 공부를 불가능하게 만든다. 때문에 시시각각 다가오는 일상의 사태는 마치 거대한 파도처럼 주체를 삼켜 버리고, 주체는 그 속에서 표류하게 된다. 주체를 안정적으로 확보하지 못했기 때문에 현실 속에서 대상을 적절하게 대처하는 것(應事接物) 역시 불가능하다. 때문에 누구에게나 도덕적 본성으로 주어져 있다는 '중화中和'가 중요한 것이 아니라, 그것을 기르는 '치중화致中和'가 중요하다는 것이다.

드러나는 감정 속에서 도덕적 본성의 싹을 간파하는 것(察識端倪) 역시 훌륭한 인격자가 되기 위함이고, 훌륭한 인격의 궁극적 목적은 안정된 감정과 자기중심적인 욕망에 물들지 않은 인격으로 다가오는 일상의 사태에 적절히 대응(應事接物)하는 것이다. 그런데 중화구설의 공부 방법으로는 도무지 어떻게 공부를 해야 할지 알 수가 없어, 감정적 안정도 적절한 일상의 처리도 불가능하다는 것이다. 그 궁극적인 이유는 '순간에서 간파하기'의 목적이 여전히 주체를 향하고 있기 때문이다.

보내 주신 근본에 대한 가르침이야 받들지 않을 수 있겠습니까? 다만 근본과
지엽은 본래 하나로 관통되어 있으며, 몸과 마음 혹은 안과 밖 역시 본래
간격이 없는 것이지요. 지금 "오로지 내면에 집중하고 밖은 대충한다"고
하면 이는 안과 밖에 간격이 생기는 것으로, 이 마음의 활동에서 언제나
반만을 얻고 반은 잃어버리는 것이 됩니다.[6]

41세에 하호何鎬에게 보낸 이 편지에서도 주자는 안에만 집중하고
밖은 놓아버리는 태도를 비판하고 있다. 마음은 대상세계를 만나는
내면의 주체다. 물론 도덕적 본성을 지닌 '근본'이지만, 대상세계를
도외시한 근본이란 내면만을 움켜쥔 반쪽짜리에 불과하다.

몸과 마음 혹은 안과 밖은 본래 간격이 없는 것입니다. 마음이란 본래 내면에
있는 것이지만, 외부에서 보고 듣고 말하고 행동하는 일체의 행동거지 역시
이 마음이 하는 것이어서 결코 마음과 떨어질 수 있는 것이 아니지요. 만약
텅 비어 운용하지 않는 상태만을 움켜쥐고 간직하려 하며, 활발히 움직이며
운용하는 그 실질은 버려두고 살피지 않는다면, 이는 마음의 온전한 모습에서
반만을 얻고 반은 잃어버린 것이 됩니다.[7]

42세에 양방楊方에게 보낸 이 편지도 비슷한 내용을 담고 있다. 텅
비어 있는 내면의 본체만이 마음이 아니라 일상의 행동거지 역시 마음의
표현이라는 것이다. 그런데 여기서 말하는 일상의 행동거지(視聽言動,
出處語默)라는 것은, 보고 듣고 말하고 행동하는 것이 모두 그렇듯, 언제나

---

6) 『朱熹集』, 권40, 「答何叔京」, "示喩根本之說, 敢不承命. 但根本枝葉本是一貫, 身心內外元無
間隔, 今曰: 專存諸內, 而略夫外, 則是自爲間隔, 而此心流行之全體, 常得其半而失其半也."
7) 『朱熹集』, 권45, 「答楊子直」, "大抵身心內外, 初無間隔. 所謂心者, 固主乎內, 而凡視聽言動
出處語默之見於外者, 亦卽此心之用, 而未嘗離也. 今於其空虛不用之處, 則操而存之, 於其流
行運用之實, 則棄而不省, 此於心之全體, 雖得其半而失其半矣."

대상과의 관계 속에서 수행된다는 점에 주목할 필요가 있다. 즉 대상에 대한 적절한 응대(應事接物)다.

주자는 대본大本으로서의 마음에 대해 '비추지 않은 거울' 혹은 '달지 않은 저울'이라는 비유를 자주 사용한다.[8] 거울에 아직 아무것도 담겨 있지 않고 저울에 아직 아무것도 올려 있지 않은 것처럼, 이상적인 인격은 내면에 어떠한 선입견이나 꾸밈도, 자기중심적인 의도와 계략도 없다는 말이다. 이렇게 텅 빈 것이라야 실제의 쓰임에 있어서 조금의 오류도 없을 수 있다는 것이 비유의 핵심이다. 그런데 마음의 본래 모습은 이렇게 '비추지 않고 달지 않은' 빈(虛) 것인지 모르지만, 그 빔은 결국에 대상을 '비추고 달기 위함'임을 잊어서는 안 된다. 『대학혹문』에서 주자는 마음에 어떠한 감정적 동요도 없어야 되는 것이냐는 질문을 통해 마음의 본래적 기능은 대상과의 관계에서 수행됨을 강조한다.

> 어떤 이가 물었다. "사람에게 마음이 있음은 본래 대상에 적절히 응대하기 위함이다. 그런데 이 장에서는 감정의 움직임이 있기만 하면 곧장 바르지 않은 것처럼 기술하고 있으니, 그럼 마음이 반드시 말라 버린 고목이나 꺼져 버린 재처럼 되어야만 바르다고 할 수 있는가?" 대답했다. "사람의 마음은 잠잠하고 텅 비어 밝으니, 마치 맑은 거울에 아무것도 드리워지지 않아 텅 비어 있고 저울에 아무것도 실려 있지 않아 평형을 이루고 있는 것과 같다. 때문에 이 몸의 주인이라고 할 수 있는 것이며, 참된 본체의 모습이라고 하겠다. 그러나 다가오는 사태에 상응하게 감정이 이는 것은 마치 어떤 대상이 오든 거울이 그대로 비춰 주는 것과 같아서, 마음의 운용은 결코 없을 수 없는 것이다."[9]

---

8) 『朱熹集』, 권67, 「舜典象刑說」, "聖人之心, 未感於物, 其體廣大而虛明, 絶無毫髮偏倚, 所謂天下之大本者也. 及其感於物也, 則喜怒哀樂之用, 各隨所感, 而應之無一不中節者, 所謂天下之達道也. 蓋自本體而言, 如鏡之未有所照, 則虛而已矣. 如衡之未有所加, 則平而已矣."

요컨대 마음의 본래 모습은 텅 빈 것이지만, 텅 빈 거울과 비어 있는 저울이 대상을 있는 그대로 알려주듯 일상의 사태와 대상에 모두 적절히 대응해야 하는 존재라는 것이다. 감정적 동요를 우려한 나머지 모든 대상과의 접촉을 끊어 버리는 것은 도남학식 공부 방법의 오류이고, 그 결과는 마른 고목이나 꺼진 재처럼 되어 버리는 것이다.

주자는 『대학』 명명덕明明德의 명덕明德에 대해 "구중리具衆理, 응만사應萬事" 즉 "모든 이치를 갖추고서 모든 사태에 대응할 수 있는" 주체의 능력이라고 주석하고 있다. 이러한 능력을 확장해서 대상과 적절한 관계를 맺는 것이 공부의 궁극적 목적이다. 미발함양의 목적 역시 궁극적으로는 다가오는 대상에게 적절히 대응하기 위함이다. 이는 함양공부 그 자체를 부정하는 것이 아니다. 또한 내면의 도덕적 본성을 부인하는 것도 아니다. 다만 대상을 배제한 채 내면의 도덕적 본성만을 부여잡는 것은 아무런 윤리적 의미를 지니지 못한다는 말이다.

평소의 함양공부가 온전하지 않으면, 행동이 거칠고 게으르며 낯빛은 참되지 않으며 말은 비굴하지 않을 수가 없게 된다. 이 한 몸도 제대로 가누지 못하는데 어떻게 세세한 예법을 다 지킬 수가 있겠는가? 이것이 바로 성인의 공부에서 자신을 이루어 대상도 이루어 주는 효험이 드러나는 곳이다.[10]

함양공부는 내면의 도덕적 본성을 확인하고 기르는 것이지만 그

---

9) 『大學或問』, "或問, 人之有心, 本以應物, 而此章之傳, 以爲有所喜怒憂懼, 便爲不得其正. 然則其爲心也, 必如槁木之不復生, 死灰之不復然, 乃爲得其正耶? 曰, 人之一心, 湛然虛明, 如鑑之空, 如衡之平, 以爲一身之主者, 固其眞體之本然. 而喜怒憂懼, 隨感而應, 姸蚩俯仰, 因物賦形者, 亦其用之所不能無者也."

10) 『朱熹集』, 권44, 「答江德功」, "蓋平日涵養功夫不至, 則動容貌不免暴慢, 正顏色不出誠實, 出詞氣不免鄙倍矣. 一身且不能治, 雖欲區區於禮文度數之末, 是何足以爲治哉? 此乃聖門學問, 成己成物, 著實效驗."

목적은 일상의 소소한 행동거지가 규범에 맞고 대상과의 관계가 적절히 수행되기 위한 것이다. 즉 '자신을 이루고 대상도 이루어 주는'(成己成物) 공부의 출발일 뿐이다. 다만 여기서의 '출발'이란 그것을 다 완성한 뒤에야 대상과 만난다는 의미가 아니다. 안으로부터의 공부와 대상을 통한 공부는 상호 병진적인 것이며 상호 심화되는 변증법적인 관계이지 선후의 관계는 아니다.

3. 문제의 소재: 관념화 이론화의 공소성

미발의 중中은 자연스러운 본체이지만 억지로 찾으려 해서는 안 된다. 다만, 이때에는 경敬의 태도로 그것을 유지하여 이 기상이 항상 간직되어 잃지 않도록 하면 된다. 그러면 그로부터 나오는 모든 감정과 행동은 반드시 적절하게 될 것이다.[11]

미발지중未發之中은 본체지만 그것은 주체 내면의 도덕적 성향 혹은 본질적 성향일 뿐 주체로부터 격절된 또 다른 어떤 실체가 아니다. 내면의 성향을 실체화하려는 시도는 불교적 태도에 가깝다는 것이 주자의 관점이다.[12]

어떤 이가 "백성들은 그렇게 하도록 할 수는 있지만 왜 그렇게 해야 하는지

---

11) 『朱熹集』, 권67, 「已發未發說」, "未發之中, 本體自然, 不須窮索. 但當此之時, 敬以持之, 使此氣象, 常存而不失, 則自此而發者, 其必中節矣."
12) 북송대 유자들과 선불교의 관계에 대해서는 이승환, 「주자는 왜 未發體認에 실패하였는가?: 도남학적 수양론의 특징과 전승과정을 중심으로」, 『동양철학과 정신건강』(한국동양철학회 2007년 제53차 하계학술대회 발표문), 4~7쪽 참고.

알게 할 수는 없다"는 구절에 대해 물었다. 선생께서 이렇게 답하셨다. "공자께서는 사람들로 하여금 효도를 실천하고 윗사람에게 공손하도록 하면 족하다고 생각하신 것이다. 그보다 더 고원한 것으로 올라간답시고 효도란 무엇인가? 공손함이란 무엇인가? 라고 해설할 필요가 없다는 것이다. 예전에 장자소張子韶는 이렇게 말한 적이 있다. '부모를 섬김에 있어서는 효도란 무엇인가를 체인해야 인仁이 무엇인지를 깨닫게 될 것이며, 형을 섬김에 있어서는 형을 섬김이란 무엇인가를 체인해야 의義가 무엇인지를 깨닫게 될 것이다.' 그래서 나는 이렇게 말했다. '만약 그렇게 한다면, 앞에서는 이 마음을 추동하여 부모를 섬기면서 곧바로 그 배후에서 인仁이 무엇인지를 찾는 것이 되고, 앞에서는 이 마음을 추동하여 형을 섬기면서 곧바로 그 배후에서 의義가 무엇인지를 찾는 것이 된다. 이는 마음을 둘로 하는 것이다.' 선불교가 바로 이와 같다. 그들은 '네가 선 자리에서 그것을 구하고 그 자체에서 구하여야 한다'라고 하면서 눈썹을 치켜뜨고 눈을 부라리면서 몽둥이를 내려치거나 큰소리를 지르는 가르침을 행하곤 한다. 이 모든 것은 있는 그 자리에서 (본성을) 체험하려는 것이다. 때문에 장자소에게 선불교의 기질이 있다고 하는 것이다. 만약에 백성들로 하여금 반드시 그 이유를 알게 하려고 한다면 곧장 이와 같은 병통이 생기고야 말 것이다.[13)]

백성들에게 '하도록' 할 필요는 있지만 왜 그렇게 해야 하는지 '알게' 할 필요는 없다는 말에 대한 해설에서 주자는 '함'이 중요하지 그 이면의 이론적 '앎'이 중요한 것이 아니라고 말한다. '앎'을 추구하느라 '함'을

---

13) 『朱子語類』, 권35, "或問, 民可使由之, 不可使知之. 曰, 聖人只使得人孝, 足矣, 使得人弟, 足矣, 却無緣又上門逐簡與他解說所以當孝者是如何, 所以當弟者是如何, 自是無緣得如此. 頃年張子韶之論, 以爲: '當事親, 便當體認取那事親者是何物, 方識所謂仁; 當事兄, 便當體認取那事兄者是何物, 方識所謂義.' 某說, 若如此, 則前面方推這心去事親, 隨手又便去背後尋摸取這簡仁; 前面方推此心去事兄, 隨手又便著一心去尋摸取這簡義, 是二心矣. 禪家便是如此, 其爲說曰: '立地便要你究得, 恁地便要你究得.' 他所以撑眉努眼, 使棒使喝, 都是立地便拶教你承當識認取, 所以謂之禪機. 若必欲使民知之, 少間便有這般病."

등한히 할 수 있다는 우려인 것이다. 도남학의 거목인 양시楊時(1053~1135, 호는 龜山)의 제자 장구성張九成(1092~1159, 자는 子韶)은 '부모를 섬기는' 일상적이고 실천적인 도덕 행위에 대해서 그 배면의 '효도'라고 하는 명사화된 도덕 개념에 착목하고, 더 나아가 '효도'를 일반화 · 보편화한 '인仁'에 집중하고 있다. 이는 마치 선불교에서 현실과는 유리된 채 불성이 무엇인지를 찾기 위해 몽둥이로 후려치거나 갑자기 큰소리를 지르면서 깨닫기를 바라는 것과 같다고 주자는 비판하는 것이다.

이 비판은 표면상으로는 많은 연구자들이 이미 지적한 것처럼 '마음을 둘로 하는 것'(二心) 즉 주체의 분열에 대한 비판이다.[14] 그러나 그보다 더 본질적인 것은 '부모를 섬김'에서 '효도'로 다시 '인仁'으로 이론화 · 관념화하면서 구체적이고 실제적인 행위를 떠난다는 점이다. 인이라고 하는 내 내면의 도덕적 본성을 깨닫는 것이 궁극의 목적이 아니라, 지금 내 앞에 있는 부모를 잘 모시는 것이 공부의 목적이라는 말이다. '공부'라는 말 자체가 오히려 또 다른 어떤 것, 예컨대 본성의 발견이나 인격의 고양과 같은 배후의 목적을 전제로 한 말처럼 들릴 수 있다. 부모에게 잘하고 형에게 잘하는 것은 무엇을 위한 '공부' 이전에 그 자체로 일상의 삶이자 올바른 행위가 된다.

불교에서는 언제나 '본성을 본다'(見性)라고 하면서 자신의 내면에서 텅 비어 아무런 확인할 수도 없는 본성이라는 것을 찾으려 한다. 그러나 일상의 사태에 대해서는 아무런 힘을 얻지 못한다.[15]

---

14) 전병욱, 「朱子 仁論 체계와 工夫論의 전개」(고려대학교 박사학위논문, 2007), 130~131쪽 참고.

15) 『朱子語類』, 권15, "釋氏只說見性, 下梢尋得一箇空洞無稽底性, 亦由他說, 於事上更動不得."

실체화의 문제점은, 그것을 절대시하고 맹목적으로 추구함으로써 '일상의 사태에 대해서는 아무런 힘을 얻지 못한다'는 점이다. 주자에게 있어서 중요한 것은 일상에서의 실질적인 의미이다.[16)]

주자의 소위 '관심설觀心說' 비판 역시 그 핵심은 '마음으로 마음을 보는' 주체의 분열에 있지 않고, 마음 즉 도덕적 주체와 의지를 인식의 대상으로 삼아 이론화·관념화함으로써 실제적인 도덕적 행위로부터 스스로를 격절시키는 데에 있다.

> 성인의 공부라는 것은 마음에 근본하여 이치를 궁구하며, 이치를 따라 대상 사태에 적절히 응대하는 것이다. 마치 몸이 팔을 부리고 팔이 손가락을 부리는 것처럼 그 방법은 지극히 쉬우면서도 통하고, 그 본원이란 넓고 편하며, 그 이치는 참되고, 실천은 자연스럽다. 불교의 공부라는 것은 마음으로 마음을 구하고 마음으로 마음을 부리며 입으로 입을 먹고 눈으로 눈을 보는 것이어서, 그 기본은 위태롭고 궁색하며, 그 방법은 험하고 막혀 있으며, 그 이치는 텅 비어 있고, 그 추세는 거꾸로다.[17)]

입의 기능은 먹는 데 있고 눈의 기능은 보는 데 있다. '무엇'인가를 먹고 '무엇'인가를 보는 것이지, 입이 혼자 먹거나 눈이 스스로 보는 것이 아니다. 즉 그 기능과 존재의 이유는 대상과의 관계 속에서만 설명된다. 그런데 오히려 '먹는 행위란 무엇인가?' 혹은 '보는 행위는 무엇인가?' 라고 관념화하여 일상의 구체적이고 실질적인 먹고 보는

---

16) 『朱子語類』, 권15, "格物, 不說窮理, 卻言格物. 蓋言理, 則無可捉摸, 物有時而離; 言物, 則理自在, 自是離不得."

17) 『朱熹集』, 권67, 「觀心說」, "大抵聖人之學, 本心以窮理, 而順理以應物. 如身使臂, 如臂使指, 其道夷而通, 其居廣而安, 其理實而行自然. 釋氏之學, 以心求心, 以心使心, 如口齕口, 如目視目, 其機危而迫, 其途險而塞, 其理虛而其勢逆."

행위로부터 격절시킨 채 입 자체를 먹고 눈 자신을 보는 것이다. 이처럼 불교로 대표되는 잘못된 공부 태도의 문제는 '허虛' 즉 이론화·관념화가 갖는 공소성에 있다. 그에 반대되는 '실實'이란 무엇인가? '마음에 근본하여 이치를 궁구하며 이치를 따라 대상 사태에 적절히 응대하는 것'이다. 이 자연스러운—불교의 역逆과 비교하자면 자연自然은 순順이 된다.— 방향은, 몸뚱이에서 팔로 팔에서 손가락으로 뻗어가는 것처럼 주체로부터 대상을 향한다(마음→ 이치→ 대상/사태). 반면 불교의 태도는 계속해서 주체 내부로 함몰된다.

이렇게 일상의 대상과 사태로부터 떠나 내 내면의 본성에 집착한다는 점에 있어서는 도남학도 호상학도 다를 것이 없다. 먼저 도남학의 경우를 보자.

요순堯舜의 도道는 효제孝弟일 뿐입니다.…… 그러나 이 도를 추구하려는 이는 반드시 먼저 선이 무엇인지 밝혀야 합니다. 그런 뒤에야 도를 추구하는 방법을 알 수 있습니다. 선이 무엇인지 밝히는 방법은 지知를 온전히 이루는 데 있습니다. 지를 온전히 이루는 방법은 물物을 격格하는 데 있습니다. 만물이라고 부를 만큼 물은 그 수가 많으니 물은 이루 다 궁구하지 못하는 한계가 있지만, 자신의 몸에서 구하여 성誠을 이룰 수 있으면 천하의 물이 모두 나에게 있을 것입니다. 『시詩』에 "하늘이 백성을 낳음에 물이 있으면 거기에는 칙則이 있다"라고 하였는데, 내 몸 속에 갖추어진 형색形色들이 어느 것 하나 '물'이 아닌 것이 없고 각각 이치(則)가 있습니다. 자신의 몸에서 돌이켜 구해 보면 천하의 리理를 얻을 수 있습니다.[18]

---

18) 『龜山集』, 권18, 「荅李杭」, "堯舜之道曰孝弟.……然而爲是道者, 必先乎明善, 然後知所以爲道也. 明善在致知, 致知在格物, 號物之多, 至於萬, 則物將有不可勝窮者, 反身而誠, 則擧天下之物在我矣. 詩曰'天生烝民, 有物有則' 凡形色具於吾身者, 無非物也. 而各有則焉, 反而求之, 則天下之理得矣."(전병욱, 「朱子 仁論 체계와 工夫論의 전개」, 41쪽 주117에서 재인용)

양시楊時의 이 말은 주체로 회귀하는 전형적인 모습을 보여 준다. 효제에서 명선明善으로 관념화·이론화한다. 명선을 위해서는 격물해야 하는데, 일상의 대상 사태는 너무나 많아 일일이 격물할 수 없기 때문에 주체(吾身)로 회귀하여 '자신의 몸에서 돌이켜 구하는' 것이다. 앞에서 보았던 그의 제자 장구성의 관점과 정확히 일치한다. 도남학 계열에서 이일분수理一分殊를 강조하는 것은 개별적 사태에 담긴 이치를 이해하고자 하는 시도로 읽을 수 있다. 그러나 그것이 분수分殊를 통해 결국엔 이일理一을 이해하고 확보하기 위한 것으로 귀결된다는 점에 있어서 여전히 '주체중심적'이라고 할 수 있다.[19]

사양좌謝良佐와 호굉胡宏으로 대표되는 호상학의 경우에도 이런 경향은 여전하다. 이들은 "인이란 일상으로부터 초월한 본체가 아니라 구체적 일상 안에 살아 있는 것이기 때문에, 그것을 이해하고 체득하는 일도 추상적·이론적 공부를 통해서가 아니라 일상의 구체적 체험을 통해서 이루어지는 것"[20]이라고 생각했다.

> 인仁은 성학聖學의 요도要道입니다. 분명하게 체득할 수 있어야만 합니다. 그런 뒤에야 모든 곳에서 편안함을 느낄 수 있습니다. 단지 문자상에서만 이해하는 것은 또렷하게 체득한 것이 아닙니다. 반드시 행주좌와行住坐臥에서 체득할 수 있어야 참된 체득입니다.[21]

행주좌와의 일상 속에서 체험해야 한다고 하는 호굉의 이 언급은

---

19) 李洞 정도에 와서야 구체적이고 실제적인 대상을 향한 실천적인 공부가 강조되고 있다.(전병욱, 「朱子 仁論 체계와 工夫論의 전개」, 45~48쪽 참고.)
20) 전병욱, 「朱子 仁論 체계와 工夫論의 전개」, 30쪽.
21) 『五峯集』, 권2, 「與毛舜擧」, "仁之一義, 聖學要道. 直須分明見得, 然後所居而安. 只于文字上見, 不是了了, 須於行持坐臥上見, 方是眞見也."(전병욱, 「朱子 仁論 체계와 工夫論의 전개」, 30쪽 주83에서 재인용)

겉만 봤을 때는 주체로 함몰하는 도남학과는 달라 보인다. 그러나 '분명하게 체득'(分明見得)한다거나 '참된 체득'(眞見)이라고 한 표현에서 보이듯이 그 궁극적인 목적은 인仁을 확인하고 깨닫는 것이다. 소위 '양심의 싹(端倪)'을 발견한다는 '찰식察識'이라는 표현은 그 궁극의 목적이 어디에 있는지를 분명히 보여 준다. 보려는 것은 내면의 양심일 뿐, 거기에는 대상 자체에 대한 관심이 없다. 대상을 대하는 자신의 감정과 태도 그리고 그 속에 깃들어 있는 도덕적 본성이 관심의 대상일 뿐이다.

그러나 주자에게 있어서 대상은 나의 도덕적 본성을 깨닫기 위한 수단이 아니다. 지금 우물에 빠지려는 아이를 보았을 때 지체 없이 아이를 구하기 위해 평소에 도덕적 본성을 확인하고 확보하는 것이지, 나의 도덕적 본성을 확인하고 확보하기 위해 우물에 빠지려는 아이를 찾아다니는 것이 아니다. 일상의 현실을 외면한 채 "나는 내 마음을 간직했다" 혹은 "나는 성인이다"라고 말하는 것은 아무런 의미를 지니지 못한다. 아울러 일상의 현실은 내 내면의 도덕적 본성을 확인하기 위한 수단일 수 없다.

> 옛사람들의 공부에서 '마음 간직함'(存心)의 의의는 그것을 통해 천하의 이치를 궁구함에 있었다. 그런데 지금 사람들이 말하는 '마음 간직함'이란, 그것만을 부여잡고 천하의 이치를 멀리하는 것이다.[22]

'마음 간직함'은 '천하의 이치를 궁구'하기 위한 올바른 태도로서의 전제이지 그 자체 목적이 아니다. '지금 사람들'로 지목되는 잘못된 공부는 '마음 간직함'을 궁극의 목적으로 삼은 채 '천하의 이치'로 표현되

---

22) 『朱熹集』, 권45, 「答廖子晦」, 2173쪽, "古人之學所貴於存心者, 蓋將卽此而窮天下之理. 今之所謂存心者, 乃欲特此而外天下之理."

는 구체적인 대상세계를 도외시하는 도남학파와 호상학파를 의미하며, 육구연도 여기서 예외가 아니다. "실천철학의 차원에서 보았을 때, 마음의 용도를 자신의 내부의식을 관찰하는 일로 한정할 경우 주체와 외부와의 소통 또는 사회적 관계맺음을 멀리하고 향내적向內的 주관주의로 빠질 우려가 있다."23)

4. 경敬과 소학으로: 대상에 대한 존중과 몸공부

관념화·이론화의 반대는 일상에서 수행되는 몸공부다. 신설 시기 경敬과 함께 소학의 쇄소응대灑掃應對가 강조된 것은 주지의 사실이다.24) 그는 몸으로 직접 수행하는 일상의 행위 속에서만 공부가 수행된다고 하여, 머리로만 생각하는 공부를 인정하지 않았다. 왜 대학의 격물치지 공부에 앞서서 소학의 쇄소응대 공부가 수행되어야 하는 것일까? 왜 그렇게 해야 하는지도 모른 채 기계처럼 반복적으로 수행하는 행위에서 과연 도덕적 주체성을 찾을 수 있을까?

함양에 관한 논의에서 옛사람들은 곧장 소학 때부터 함양을 이루었다. 때문에 대학의 도는 곧장 격물에서 시작할 수 있었던 것이다. 그런데 요즘 사람들은

---

23) 이승환, 「찰식에서 함양으로-호상학의 이발찰식 수행법에 대한 주자의 비판」, 『철학연구』 37집(고려대학교 철학연구소, 2009), 75쪽.
24) 『朱熹集』, 권42, 「答胡廣仲1」, "때문에 대학의 공부 순서에 있어서 특별히 소학에서 이미 이룬 성취에 근거해서 격물치지를 시작할 수 있는 것이다. 그런데도 요즘 사람들은 조금도 소학 공부를 실천하지 않고는 반드시 먼저 그 앎을 확장한 뒤에야 敬을 실천할 수 있다고 하니, 이는 무엇이 주가 되어서 격물을 통해 그 앎을 확장하는 것인지를 모르는 것이다."(是以大學之序, 特因小學已成之功, 而以格物致知爲始. 今人未嘗一日從事於小學, 而曰必先致其知, 然後敬有所施, 則未知其以何爲主而格物以致其知也.)

소학에 해당하는 공부가 없이 대학이 격물로부터 시작한다는 것만을 보고서 그저 생각만으로 지식적으로 구하고는 더 이상의 실천적인 노력을 기울이지 않으니, 아무리 면밀히 뜯어본다 한들 실제적인 공부의 바탕이 될 도리가 없다. '경敬'은 시작부터 끝까지 관통되는 의미가 있고, 격물치지는 그 속에서 앞으로 나아가는 절차에 해당할 뿐이다.[25]

소학 공부의 목적은 경敬의 실천과 반복적 훈련을 통한 그것의 내면화에 있다. 흔히 '공경함'으로 번역되는 경은 '조심하는 태도' 정도로 이해된다. 왜 조심해야 할까? 그것은 상대가 어렵기 때문이다. 왜 어려운가? 모든 존재자에게는 자신만의 법칙則 즉 각각의 존재방식이 있기 때문이다. 그 존재와 만날 때는 그 존재의 방식을 존중해야 한다. 복어의 독성이 인간을 죽일 수 있듯이, 만나는 모든 존재에 대한 존중은 상대에 대한 존중임과 동시에 나에 대한 존중이 된다. 상대를 존중하는 마음이 불특정한 다수에 대한 것이 될 때 경은 주체가 지니는 '태도'가 된다. 언제 어떤 대상이 다가올지라도 그에 대해 함부로 하지 않겠다는 존중하는 마음의 표현이 바로 경이다.

쇄소응대의 소학을 배워야 하는 이유도 여기에 있다. 쇄소응대에는 그렇게 해야 하는 저마다의 이유則가 있다. 그 이유를 모르더라도 거기에는 합당한 이유가 있겠거니 생각하면서 그것을 몸으로 훈련하는 것이 소학이다. 이런 과정을 거친 다음에라야 능동적으로 대상과 만나는 격물에서 자연스럽게 상대에 대한 존중이 전개될 수 있는 것이다.

---

25) 『朱熹集』, 권43, 「答林擇之(19)」, "今且論涵養一節, 疑古人直自小學中涵養成就, 所以大學之道只從格物做起. 今人從前無此工夫, 但見大學以格物爲先, 便欲只以思慮知識求之, 更不於操存處用力, 縱使窺測得十分, 亦無實地可據. 大抵敬字是徹上徹下之意, 格物致知乃其間節次進步處耳."

하늘이 이 백성을 만드심에, 모든 존재하는 것에는 저마다의 법칙이 있다고 하셨다. 여기서 존재자(物)란 형체를 지닌 것을 의미하고, 법칙(則)이란 이치를 의미한다. 형체를 지니고 있다는 것은 형이하자를 가리키고, 이치란 형이상자를 의미한다. 사람이 태어남에 본래 이 대상의 존재(物)가 없을 수 없다. 그런데 이 대상 사물에 대한 이치를 밝히지 못하면 도덕적 본성에 따를 수도, 대상세계에 적절히 대응할(順性命之正, 而處事物之當) 수도 없다. 그러므로 반드시 대상에 다가가 앎을 구하고 이치를 구해야 한다.…… 대상의 이치가 모두 밝혀지면 나의 앎 역시 확연히 관통되어 아무런 장애도 없게 된다. 그러면 나의 의지가 진실해지고(意誠) 내 마음이 바르게 된다(心正).[26]

대상에게는 적당한 방식과 그렇지 않은 것이 있고 사태에는 그렇게 해도 되는 것과 그렇게 해서는 안 되는 것이 있으니, 내 마음이 그것에 대응함에 각각에는 정해진 것이 있어 바꿀 수 없음을 아는 것이 옳음이다.[27]

주체는 대상/사태에 주어진 원칙에 입각해 그것에 대응해야 한다. 자신의 의도와 기분에 따라 멋대로 할 수 있는 것이 아니다. 평소의 마음 준비 없이 대상과 만났다가는 대상과 사태를 있는 그대로 이해하고 받아들일 수 없을 것이다.[28] 종로에서 뺨맞은 마음으로 한강에서 화풀이하거나, 상대를 자신의 필요와 의도에 맞춰 억압하고 강제할 우려가 있다. 마음먹기에 달렸다는 식의 주관적 태도는 통할 수가 없다. 존재하

---

26) 『朱熹集』, 권44, 「答江德功二」, "夫天生蒸民有物有則, 物者形也, 則者理也. 形者所謂形而下者也, 理者所謂形而上者也. 人之生也, 固不能無是物矣. 而不明其物之理, 則無以順性命之正, 而處事物之當. 故必卽是物以求之知求其理矣. 而不至夫物之極, 則物之理有未窮, 而吾之知亦未盡, 故必至其極而後已. 此所謂格物, 而至於物則物理盡者也. 物理皆盡, 則吾之知識廓然貫通, 無有蔽礙, 而意無不誠, 心無不正矣."

27) 『朱熹集』, 권38, 「答江元適」, "物之有宜有不宜, 事之有可有不可, 吾心處之, 知其各有定分而不可易, 所謂義也."

28) 『朱熹集』, 권42, 「答吳晦叔(9)」, "非涵養履踐之有素, 亦豈能居然, 以其雜亂紛紏之心, 而格物以致其知哉?"

는 모든 것에게는 저마다의 법칙이 있기 때문이다. 필자는 이것을 존재의 이법적理法的 고유성이라고 부르고자 한다.

인간의 모든 삶은 대상과의 만남이다. 주체(心)와 대상(物)의 만남에서 만약 주체를 기준으로 하게 되면 대상을 자기중심적으로 재단할 우려가 있다. 상대야 어떻든 나 좋으면 그만이라거나, 상대가 동의하든 말든 내가 옳다고 생각하는 것이 진리라고 생각할 수 있다. 주관주의의 오류다. 반대로 대상을 기준으로 하게 되면 모든 존재하는 것은 이성적인 것이 될 수 있다. 어린아이의 투정도 독재자의 폭압도 정당한 것이 되어 버린다. 진리상대주의의 오류다.

주자의 관점에서 주체와 대상이 건강하게 만나는 길은 무엇일까? 그것은 주체의 본질(性)과 대상의 본질(則)이 만나는 것이다. 때문에 주자는 불교의 작용시성作用是性도, 육구연의 심즉리心卽理도, 사공학파事功學派의 공리주의도 부정한다. 학술사적으로 경전의 권위에 압도되어 그것에 대한 정확한 해설만을 목표로 하는 한당漢唐의 공부론을 넘어서지만, 주자는 그렇다고 모든 것이 마음 안에 이미 갖춰져 있다고 생각하는 심학적 태도에도 동의하지 않았다. 주자의 입장은 한당식의 진리객관주의도, 심학식의 진리주관주의도 아니다. 주체가 능동적으로 대상에게 다가가 실존적으로 만나는 과정 속에서 대상에 대한 존중과 더불어 나의 완성이 이루어진다는 생각이다. 이렇게 주객主客이 원융圓融의 관계를 맺는 것은 지극히 해석학적이다.[29]

---

29) 金春峰은 주자와 육구연의 차이가 理學과 心學의 관계가 아니라 頓悟와 漸修의 관계일 뿐이라고 주장한다. 결국 주자의 사유도 심학에 불과하다는 것이다.(金春峰, 『朱熹哲學思想』, 東大圖書股份有限公司, 1998, 290~297쪽 참고) 반면 束景南은 주체본위(心本)와 객관본위(天本)로 나누고서, 육구연은 주체가 객관을 이긴 반면에 주자는 객관이 주관을 이겼다고 보았다.(束景南, 『朱熹研究』, 人民出版社, 2008, 6쪽 참고. 이상은 이상돈, 「주자의 수양론」, 서울대학교 박사학위논문, 2010, 171~172쪽의 정리를 인용

해석학은 근대 이전 대상과 사태의 객관적 진실이 어딘가에 실재한다고 생각하는 진리객관주의적 태도나, 데카르트와 칸트의 인식적 전회를 통해 주체는 세계 이해의 기준이 된다고 생각하는 진리주관주의적 태도를 모두 지양하고서, 진리란 주체와 대상 간의 실존적이고 체험적인 대화를 통해 구성된다고 보는 슐라이어마허·딜타이·하이데거 등의 정신과학적 태도를 의미한다.[30]

존재는 객관적 의미에서 자아와 세계의 어떠한 분리에도 선행한다고 하이데거는 주장한다. 그의 관점에서 주체는 언제나 대상에 대한 이해와 해석의 과정 속에 던져져 있으며, 세계도 자신도 그 과정 속에서만 의미를 지닐 수밖에 없다. 도덕적 본성을 지닌 것만으로는 아무것도 아니다. 또한 객관적으로 존재하는 진리를 탐구하여 습득하는 것은 나의 도덕적 고양과 아무런 관계가 없다. 오로지 대상과 주체의 실존적 만남 속에서만 자신과 대상이 완성(成己成物)된다는 것이 주자 공부론의 해석학적 독해다.

기존의 연구는 주자의 공부론을 주체의 확립 혹은 내면의 도덕성 확인과 실천으로 읽기 때문에 모든 논의가 '주체'로 환원되어 버린다. 때문에 '주자만년정론朱子晚年定論'과 같은 주장이 나오는 것이다. 여기에는 객관적 대상세계의 존재 의의와 그에 대한 존중과 탐구라는 주자학의 특색이 들어설 여지가 없으며, 결국엔 주자학을 세상과 격절된 개인의 안심입명 정도로 만들어 버린다.

주자 철학의 전체 체계와 맥락에서 보았을 때 이는 전혀 타당하지

한 것임.) 주체와 대상의 원융한 관계맺음이라는 해석학적 관점에서 해설해 내지 못할 때 이런 편향적인 평가가 발생하게 된다.

30) 리차드 팔머, 이한우 옮김, 『해석학이란 무엇인가』(문예출판사, 2011년 제2판), 58쪽 참고.

않다. 주자는 존덕성과 더불어 도문학을 중시했다. 도문학이 없이는 존덕성도 제대로 될 수 없다는 것이 아니라, 존덕성과 더불어 도문학을 반드시 해야 한다는 생각이다. 존덕성만으로는 안 된다는 말이다. 왜 그런가? 내면의 도덕적 본성을 확인하고 기르는 것이 공부의 완성이 아니기 때문이다.

공부란 대상과의 실천적이고 실존적인 만남을 통해 완성된다. 오히려 공부 자체가 대상과의 적절한 만남을 위해 필요한 것이다. 따라서 자신의 도덕적 본성을 확인하고 기르는 존덕성 혹은 미발함양의 공부는 대상과의 만남에 앞서서 자신을 준비하는 단지 사전적 공부로서의 의미를 지닌다. 즉 공부의 시작이지 목적이 될 수 없는 것이다. 때문에 '주자 심학'이라는 규정은 이러한 해석학적 관점에서, 또 세계의 이법적 고유성이라는 주자의 관점에서 결코 성립될 수 없다. 주자는 대상을 버려둔 채 주체에게로 함몰되지 않는다.

5. 도덕주체의 확보(盡心)란 오히려 자기 비움(虛靈明覺)일 뿐

앞에서 본 '빈 저울'이나 '깨끗한 거울'의 비유에서 나타나는 것처럼, 건강하게 대상과 만나기 위한 전제는 자기 자신을 비우는 것이다. 자신을 비운다는 것은 대상을 자기중심적으로 재단하고 유도하려는 마음이 없이 대상을 있는 그대로 인정하고 존중하는 것이다.[31] 주자는

---

31) 여기서의 '대상을 있는 그대로 인정하고 존중하는 것'이 결코 장자가 말하는 다양성에 대한 존중으로부터 도출되는 보편적 진리에 대한 회의이거나, 이지처럼 근대적 욕망의 주체를 인정하는 등의 의미일 수는 없다. 주자는 모든 것에는 그에 해당하는 원칙이 있다는 입장이다. 때문에 '대상을 있는 그대로'라고 하는 것은 '대상의 원칙

그것을 '텅 빈 마음'(虛心)이라고 했다.

오로지 한결같이 텅 빈 마음으로 만물의 이치를 보아야 하고, 일상에서 행해야
하는 이치를 보아야 하며, 성현께서 하신 말씀의 이치를 보아야 한다.[32]

이치를 궁구할 때는 텅 빈 마음으로 고요히 생각하는 것을 근본적 자세로
삼아야 한다.[33]

책을 그 자체로 보고, 대상을 대상 자체로 보아야 한다. 결코 자신의 선입견을
개입시켜서는 안 된다.[34]

이 '텅 빈 마음'은 비어 있기 때문에 대상을 있는 그대로 받아들일
수 있다. 마치 수미산 꼭대기에 있다는 발의 구슬이 온전히 투명하기
때문에 모든 구슬을 충돌 없이 받아들일 수 있는 것처럼, '비어 있음'은
단지 홀로 깨끗하게 존재함을 의미하는 것이 아니라 선입견 없이 대상을
있는 그대로 받아들이고 공존할 수 있는 자세가 된다. 그래서 주자는
마음의 본래적 상태를 표현할 때 '허령불매虛靈不昧' 즉 "텅 비고 영명하여
어둡지 않다"고 한 것이다.

명덕이란 하늘로부터 사람이 부여받은 것으로서 텅 비고 영명하여 어둡지
않은 것인데, 모든 이치를 갖추어 모든 사태에 대처할 수 있는 능력이다.[35]

에 맞게'라는 말일 뿐이다. 과연 무엇이 '대상의 원칙'인가 라는 문제에는 사회적
맥락이 개입할 수밖에 없고, 여기에 주자 철학의 보수성이 있다고 생각한다.

32) 『朱子語類』, 권14, "逐一只是虛心去看萬物之理, 看日用常行之理, 看聖賢所言之理."
33) 『朱子語類』, 권9, "窮理以虛心靜慮爲本."
34) 『朱子語類』, 권11, "以書觀書, 以物觀物, 不可先立己見."
35) 『大學章句』, "明德者, 人之所得乎天, 而虛靈不昧, 以具衆理而應萬事者也."

모든 이치를 갖추고(具衆理) 있으니 꽉 차 있다고 해야 할 것인데 오히려 텅 비어 있다고 했다. 이미 꽉 차 있으니, 마음의 내용이 빈 것이 아니라 마음의 '태도'가 비어 있는 것이다. 태도가 비어 있다는 것은 무슨 말인가? 자기중심적인 의도와 욕구(私慾)에 의해 왜곡되어 있지 않음을 의미한다. 대상을 있는 그대로 존중할 수 있는 자세다. 때문에 비어 있음(虛)의 반대는 채워져 있음(實)이 아니라 가려져 있음(蔽)이 된다. 가려져 있기 때문에 마음의 능력(靈明)을 온전히 발휘할 수 없는(昏) 것이다.

> 인간과 짐승이 같은 것은 이치이지만 다른 것은 마음이다. 사람의 마음은 텅 비어 영명하기 때문에 이치를 밝히지 못함이 없지만, 짐승은 어두워져서 그저 한둘 정도만 이치를 밝힐 수 있는 것이다. 사람은 텅 비어 영명하여 그것을 확장해 나갈 수 있고 짐승은 확장해 나갈 수 없다. 그러나 아무리 사람이라도 사욕이 그 텅 비어 영명한 본래적 능력을 가려 버리면 짐승과 다를 것이 없다. 사람과 짐승이 달라지는 지점은 겨우 이 정도다. 그래서 "아주 조금만 서로 다르다"고 한 것이다.[36]

육체를 지닌 동물적 존재로서의 인간은 역시 자기중심적일 수밖에 없다. 그러나 인간에게는 그 자기중심성을 극복하고 타자의 존재를 존중하고 아껴 주고자 하는 생명애호적 본성이 있다고 유가는 주장한다. 그것이 인(仁)이다. 반면 타자를 고려하지 않는 지나친 자기중심성인 사욕은 인간의 본래적 모습과 능력을 가림으로써 인간을 육체성 즉

---

36) 『朱子語類』, 권57, "人物之所同者, 理也, 所不同者, 心也. 人心虛靈, 無所不明, 禽獸便昏了, 只有一兩路子明. 人之虛靈皆推得去, 禽獸便推不去. 人若以私慾蔽了這箇虛靈, 便是禽獸. 人與禽獸只爭這些子, 所以謂之'幾希'."

동물성으로 전락시키고 만다.

인仁을 실현하는 요체는 곧 인을 해치는 계기를 제거하는 것이다. 예가 아닌데도 보는 것이 바로 인욕이 인을 해치는 것이고, 예가 아닌데도 듣는 것이 바로 인욕이 인을 해치는 것이며, 예가 아닌데도 말하거나 행동하는 것이 바로 인욕이 인을 해치는 것이다. 인욕이 인을 해친다는 것을 알았으면 곧장 거기에서 그 뿌리를 제거하고 막아 버려서 이기고 이겨 또 이겨내야 한다. 그래서 어느 시점엔가 모든 것이 확 뚫려(一旦豁然) 인욕이 모두 사라지고 이치가 순수해지면, 마음 속에 간직된 것은 온전히 순수한 '천지생물지심天地生物之心' 으로서 따뜻한 봄볕 같지 않음이 없을 것이다. 가만히 간직할 때는 내면에 갖추지 않은 이치가 없어서 모든 대상을 다 품는 상태가 될 것이며, 외부의 대상과 사태가 다가오면 모든 사태를 이치에 맞게 처리하고 모든 대상을 사랑할 수 있게 될 것이다.[37]

인욕의 장애를 제거하여 '마음을 비움'이 곧 내면의 본래적 상태인 인仁 즉 천지생물지심을 확보하는 길이다. 물론 이때의 '비움'이란 눈앞의 대상을 제거하는 것이 아니라, 단지 자기중심적인 시선을 포기하고 대상을 있는 그대로 인정하고 존중하는 것일 뿐이다. 내면의 도덕적 본성을 찾겠다고(求仁) 일체의 대상을 제거해서 찾아지는 '비움'이 아니다.

그래서 내면의 도덕성을 온전히 확보한다는 진심盡心 역시 주자에게서는 허심虛心으로 통한다. 맹자가 '진심'을 말할 때부터 그것은 '내면의 도덕적 본성을 아는 것'(知性) 그리고 '우주의 본질을 아는 것'(知天)과

---

37) 『朱熹集』, 권77, 「克齋記」, "求仁之要亦曰, 去其所以害仁者而已. 蓋非禮而視, 人欲之害仁也. 非禮而聽, 人欲之害仁也. 非禮而言且動焉, 人欲之害仁也. 知人欲之所以害仁者在是, 於是乎有以拔其本塞其源, 克之克之而又克之, 以至於一旦豁然, 欲盡而理純, 則其胸中之所存者, 豈不粹然天地生物之心, 而藹然其若春陽之溫哉? 黙而成之, 固無一理之不具, 而無一物之不該也. 感而通焉, 則無事之不得於理, 而無物之不被其愛矣."

연관되어 있었다. 그런데 주자에게서 이런 것들을 수행하는 방법은 오히려 자신을 비우고 대상과 사태에 다가가는 것이다. 내 내면에 본래적으로 존재하는 우주적 본성을 발견하겠다고 대상과 사태를 끊어 내는 것이 결코 아니다.

세계(天)란 이치의 자연스러움으로서 사람이 생명을 얻어 태어난 원천이고, 본성(性)이란 이치의 모든 것으로 사람이 받아 태어난 것이며, 마음(心)이란 몸을 주관하는 것으로서 이 이치를 갖추고 있는 주체다. 세계는 너무나 커서 그것을 벗어나는 것이 없는데 본성은 그것을 온전히 부여받았다. 그러므로 인간의 본래의 마음 역시 너무나 커서 한계가 없다. 다만 마음이 자기중심적인 경향을 지니는 육체에 구속되어 있고 외부의 감각적 자극에 노출되어 있기 때문에 자신의 본래 모습을 온전히 구현하지 못하는 것이다. 주체가 구체적인 일상의 사태(事)와 대상(物)과 맞닥뜨려 그 내면의 이치를 궁구해서 언젠가 환하게 꿰뚫게 되어 어느 것 하나 남겨두지 않은 상태가 되면 넓디넓은 본래의 마음을 온전히 회복할 수 있게 될 것이다. 그렇게 되면 나의 본성과 우주의 본질 어느 것 하나 여기서 벗어나지 않고 하나로 관통될 것이다.[38]

나의 마음을 온전히 간직하고 실현하면 세계와 연결될 수 있다. 그런데 마음이 그렇게 하지 못하는 이유는 육체적 구속과 감각적 자극 때문이다. 이것들은 '자기중심적 계기'(自私自利)가 되어 마음의 장애로 작용한다. 따라서 마음을 간직함(盡心)은 역설적으로 자기중심성을 버리는(虛心) 것이 된다.

---

38) 『朱熹集』, 권67, 「盡心說」, "蓋天者理之自然, 而人之所由以生者也. 性者理之全體, 而人之所得以生者也. 心則人之所以主於身, 而具是理者也. 天大無外, 而性稟其全, 故人之本心, 其體廓然, 亦無限量. 惟其梏於形器之私, 滯於聞見之小, 是以有所蔽而不盡. 人能卽事卽物, 窮究其理, 至於一日, 會貫通徹而無所遺焉, 則有以全其本心廓然之體, 而吾之所以爲性, 與天之所以爲天者, 皆不外乎此, 而一以貫之矣."

주자는 이러한 자기중심적 계기를 극복하는 방법으로 주체에 빠져들기보다 오히려 '일상의 사태와 대상에 맞닥뜨릴 것'을 요구한다. 대상/사태의 이치를 궁구함으로써 자기중심적 폐해를 극복할 수 있다는 것은 다른 게 아니다. 실제로 대상/사태에 다가가 관심을 갖고 들여다보고 관계를 맺음으로써, 나만 바라보던 시선을 상대에게 주고 나만 생각하던 것을 상대에 대한 배려로 바꾼다는 것 이상도 이하도 아니다.[39] 내 내면에 본래 갖추어져 있는 우주의 본질로서의 인仁이라는 것 역시, 대상을 있는 그대로 존중하고 관계 맺을 수 있는 모든 존재하는 것에 대한 존중과 사랑의 '태도'일 뿐이기 때문이다.

앞 장에서 본 것처럼 「관심설」에서 주자는 마음의 도덕적 본성을 대상화해서 관찰하고 확인하려는 태도를 비판했다. 여기 「진심설」에서 '마음을 다함'이라는 것 역시 내 내면의 마음을 대상화하고 그것을 움켜쥐라는 것이 아니다.[40] 오히려 눈을 밖으로 돌려 대상/사태로 향하라고 말한다. '마음을 다함'이란 내 앞에 있는 대상/사태에게 다함이지,

---

39) 전병욱 교수는 "격물궁리 공부는 心의 능력을 강화시켜 나가는 과정"이라고 보아 "格物致知를 통해 더욱 사유능력을 더욱 깊고 넓게 만들어 나가야 한다"고 했다. 그는 "心은 직접적으로 자아를 인식할 수는 없고, 理를 궁구하고 그 理를 토대로 세계에 대응해 가는 과정을 통해 자아를 완성시켜 갈 수 있을 뿐이다. 이렇게 자아를 완성시켜 가면서 자아의 존재와 자아의 본성에 대해서 조금씩 확인해 나가는 길밖에 없다. 이것이 바로 주자의 공부론에서 格物의 과정이 필수적일 수밖에 없는 한 이유이다"라고 한다.(전병욱, 「朱子의 未發說과 求仁格物의 수양론」, 『철학연구』 38집, 고려대학교 철학연구소, 2009, 12~13쪽.) '세계에 대한 대응'이 '자아의 완성'을 위한 도구이고, 자아의 완성이란 '자아의 존재와 자아의 본성에 대해서 조금씩 확인'하는 길이라고 생각하는 것이다. 그러나 필자는 대상을 이렇게 수단으로 보는 관점에 동의하지 않는다.

40) 최진덕 교수는 주자가 말하는 身心의 收斂이라는 것 역시 "精神이 밖으로 함부로 飛揚하지 않도록 단속하려는 정도의 것이지, 마음이 외물을 버리고 자신과 일치하는 卽自的 상태에 머물러 있어야 한다는 것은 전혀 아니다"라고 하였다.(최진덕, 「주자의 中和新說과 敬의 공부론」, 『철학연구』 제51권, 철학연구회, 2000, 39쪽.)

자기 내면으로 파고들어가 내면을 발견함이 아니라는 말이다. 미발의 함양과 이발의 성찰이란 이렇게 언제나 의식과 감정이 자기중심성으로 흐르지 않도록 주의하는 것일 뿐이다.[41]

6. 관념에서 관계로

그간 우리 학계의 논의는 다분히 미발이 성性인가 심心인가? 혹은 미발 시에 공부가 가능한가, 가능하다면 어떤 형태의 공부인가 등에만 관심을 두어 왔다. '공부 전체'에서 미발 혹은 미발공부가 어떤 의미를 갖는지에 대해서는 직접적으로 관심을 기울이지 못했다. 더 나아가 도대체 '공부란 무엇인가?'에 대한 질문에 정면으로 대답하지 않아 왔다. '공부'가 성인 즉 훌륭한 인격자가 되는 방법이라고 한다면, 훌륭한 인격자란 무엇인가? 온 거리에 모두 성인이라고 하는 유가적 상식 하에서 다시 훌륭한 인격자가 된다는 것은 도대체 무슨 의미인가?

만약 도덕적 본성을 확인하고 확보하는 그 자체로 이미 충분히 도덕적 이라고 한다면, 그래서 그 상태를 유지하는 것이 공부의 최종적 목표라 고 한다면, 극단적으로는 이 도덕적 상태를 깨지 않기 위해 외부의 자극이나 간섭을 배제하는 것이 좋다는 결론에 이르게 된다. 이는 도남학에서 미발체인을 위해 외부의 간섭이 없는 상태를 찾아 갔던 것과 일치한다.

도덕적 본성의 온전한 회복이나 확충을 공부의 최종적 목적으로

---

41) 이승환, 「주자 수양론에서 미발의 의미: 심리철학적 과정과 도덕심리학적 의미」, 『퇴계학보』 제119집(퇴계학연구원, 2006), 7쪽.

상정할 때, 도남학처럼 대상/사태의 간섭을 두려워하게 되거나 호상학처럼 대상/사태와의 관계에서 자신의 본성을 보기 위해 분주하게 될 것이다. 둘 중의 어느 관점에서든 사실 대상/사태는 그다지 중요하지 않다. 아니 대상/사태와의 건강한 만남이란 필요치도 않고, 그 자체는 아예 고려의 대상이 될 수 없다.

지금 공부를 시작함에 있어서는 응당 배우고 묻고 생각하고 논변함에 힘써서 자신의 잘못된 기질을 변화시켜 도에 들어가야 할 것입니다. 그런데 스스로 이런 것들을 막아서 공부하지도 생각해 보지도 않고 가만히 앉아서 아무런 연고도 없이 갑자기 깨닫기를 바란다면, 이는 자신의 마음을 쓸모없는 곳에 남겨 두고 세월을 낭비하는, 결코 성공할 수 없는 길이 아니겠습니까? 이는 요행으로 어쩌다 뭔가를 얻기를 바라는 것일 뿐 천리와 인심과 법령과 처벌 등과 같은 일상의 실질과는 아무런 관계가 없는 것입니다. 설령 뭔가를 얻었다 하더라도 그것은 자신을 이롭게 하고 자신을 합리화해 줄 근거나 될 뿐이지요. 이는 곧 불교의 폐단이 온 천하에 횡행하면서도 막지 못하는 현실과 같은 것입니다.[42]

아무런 단계적·점진적 노력과 대상과의 실질적인 접촉이 없는 '갑자기 깨닫기' 식의 공부는 성공할 수도 없고, 또 설령 성공한다 하더라도 그것은 현실과 아무런 관계가 없거나 자기중심적인 사고(自私自利)의 근거로 전락하고 만다는 것이 주자의 생각이다. 미발함양이란 대상과의 관계맺음을 위해 나를 준비시키는 것에 불과하다. 손님 맞을 주인이

---

42) 『朱熹集』, 권30, 「答汪尚書7」, "今日爲學用力之初, 正當學問思辨而力行之, 乃可以變化氣質而入於道. 顧乃先自禁切, 不學不思, 以坐待其無故忽然而有見, 無乃溺心於無用之地, 玩歲愒日而卒不見其成功乎? 就使僥倖於恍惚之間, 亦與天理人心·敍秩命討之實了無交涉, 其所自謂有得者, 適足爲自私自利之資而已. 此則釋氏之禍橫流稽天而不可遏者."

집안을 청소하고 깨끗한 옷으로 갈아입듯 '조심'(敬)하는 것일 뿐이다. 손님 맞을 준비의 목적이 손님을 맞는 데 있듯이, 미발 상태의 모든 준비는 대상과의 관계에서 적절히 대처하기 위한(中節) 것이다.[43] 손님을 맞기 위해 정갈하게 준비된 모습은 그 자체로 훌륭하지만, 정갈한 그 모습을 유지하기 위해 손님을 들이지 않겠다는 것이 어리석고도 불가능한 것처럼 준비 그 자체에는 자족적 의미가 없다.

> 극기복례는 그 자체로 쉬운 일이 아니다. 그러나 안자가 힘쓴 것은 시청언동과 같은 일상적인 대상과의 관계에서 그것이 예에 부합하는지의 여부였다. 본래의 마음을 확보했으니 이제는 아무 일도 필요가 없다는 식으로는 곤란하다.[44]

주자가 생각하는 공부의 궁극적 목적 즉 이상적인 인격이란 별 게 아니다. 그것은 다가오는 사태를 합리적으로 처리하고 모든 대상을 존중하고 아껴 주는 것(無事之不得於理, 無物之不被其愛)일 뿐이다. 그리고 그것이 바로 유가의 오래된 가치 '인仁'이다. 다가오는 일상의 사태와 대상을 버려 둔 채 실현되는 인이란 없으며, 그것들과 격절된 채 깨닫고 발견해야 할 우주적 본성(天地生物之心)으로서의 도덕본체 역시 없다. 주체가 자기중심적·유아적 껍데기를 깨부수고 대상을 있는 그대로 존중하고 아끼며 만날 때 주체와 대상의 사이에 놓여 있는 '간격'은 사라진다. 즉 주객원융主客圓融이다. 우리는 이런 사람을 훌륭한 인격자라고 부른다. 주자가 생각하는 공부의 궁극적 목표 역시 이것이다.

---

43) 『朱熹集』, 권67, 「已發未發說」, "未發之中, 本體自然, 不須窮索. 但當此之時, 敬以持之, 使此氣象, 常存而不失, 則自此而發者, 其必中節矣."
44) 『朱熹集』, 권45 「答廖子晦」1, "克己復禮, 固非易事. 然顏子用力, 乃在於視聽言動, 禮與非禮之間. 未敢便道是得其本心, 而了無一事也."

유학은 원래 인간관계에서 발생하는 윤리의 문제를 다루는 사회철학적 성격이 강했다. 그러나 송대에 와서 "존재를 논구論究하는 이른바 철학적 차원으로 발전함으로써 인간행위의 근본을 심성心性에서 찾고, 다시 그 심성의 본원을 이기理氣에서 찾는 학문적 작업을 하게 된 것이다."[45] 관계의 문제가 존재의 문제로 변하고, 존재는 관념의 영역으로 들어간다. 인간의 본질 문제(本性論)는 실체화하여(本體論) 주체(心體)와 본성(性體) 모두를 어딘가에 독립적으로 존재하는 것으로 여기게 되고, '관계' 그리고 관계에서 벌어지는 행위의 문제는 이제 주도적 지위를 상실하게 되었다. 그러나 이러한 이해가 과연 중화신설 이후 주자 공부론의 영역에서도 여전히 유효한지는 의문이다. 오히려 주자는 주체로 회귀하려는 당대의 경향을 공부의 차원에서만큼은 끈질기게 일상과 관계로 끌어내려고 노력했다고 할 수 있다.

---

45) 김충열, 『中國哲學散稿』 II(온누리, 1988), 285쪽.

제18장 격물공부 – 대상에 대한 해석학적 관심

1. 지식의 습득은 어떻게 도덕적 훈련이 되는가?

격물치지格物致知, 주자의 공부론에서 격물은 치지 즉 앎의 확장을 위한 것인데, 여기서의 앎이란 외재적 대상에 대한 지식으로 이해되어 왔다. 그런데 주자 공부의 목적을 이상적 인격의 완성이라고 설정할 때, 외재적 대상에 대한 인식적 탐구가 어떻게 인격의 완성 혹은 도덕적 훈련과 관계될 수 있는지에 대한 의문이 제기될 수 있다. 이에 대한 대답은 함양공부와의 관계 문제로 주로 설명되곤 했다.

함양공부와 격물공부의 관계에 대한 이해는 격물공부의 필요성을 인정하는 정도에 따라 다음의 몇 가지로 요약될 수 있다.

첫째, 격물을 함양공부의 확인처로 생각하는 관점이다. 함양을 통해 얻게 된 공부를 일상의 대상과 사태에서 점검함으로써 함양공부를 더욱 견실하고 깊이 있게 해 낼 수 있다는 생각이다. 그러나 어쨌든 격물의 목적은 여전히 내면의 도덕성을 확인하고 훈련하는 것이기에, 좀 더 근본적이고 직접적인 공부는 당연히 내면의 함양공부라는 입장이다. 육구연을 비롯한 심학적 관점이 이에 가깝다.

둘째, 격물을 통해야만 내면의 도덕적 본성이 구체성을 지닐 수 있다는 관점이다. 아무리 내면에 도덕적 본성을 지녔고 함양공부를 통해서 그것을 확보한다 하더라도 그것이 현실 속에서 실현되기 위해서는 구체적인 세계의 이법을 이해하고 내면화하는 과정이 필요하다는 것이다. 이러한 관점은 육구연 등 심학파의 주관주의적 오류를 비판할 때 주로 견지하게 되는 태도다.[1]

셋째, 내면의 도덕적 본성을 확인하는 방법은 외재적인 대상을 통해서만 가능하기에 격물공부야말로 도덕적 본성을 확보하기 위한 필수적인 방법이고, 내면의 함양공부는 그저 평소의 태도 공부 정도에 그친다고 보는 관점이다. 모든 존재자에게는 동일한 우주의 본질 즉 도덕적 본성이 부여되었는데, 마음으로 마음을 볼 수는 없기에 주체는 대상을 통해서만 내면의 도덕적 본성을 확인할 수 있다는 관점이다.[2]

그런데 이러한 관점들이 지니는 각각의 철학적 의미에도 불구하고

---

1) 趙峰은 일상에서 유가의 가치를 확인해야만 내면의 공부가 구체성을 얻게 된다는 입장이다. 그는 격물의 목적이 지식의 증가가 아니라 본체 체험이라고 명시적으로 밝히고 있다.(趙峰, 『朱熹的終極關懷』, 華東師范大學出版社, 2004, 146~148・160・166쪽 참고) 홍성민 교수 역시 "생물을 살리려는 본능적인 어진 마음이 현실에서 제대로 발휘되려면 반드시 그에 부합하는 사물의 이치를 탐구해야 한다.…… 도문학의 공부는 객관세계의 이법 탐구를 통해 주체의 도덕적 자율성에 객관타당성을 부여하는 것이라고 할 수 있다"라고 하면서, 내면의 도덕적 혹은 도덕의지만으로는 현실성과 구체성을 얻을 수 없다고 보았다.(홍성민, 「朱子 修養論의 구조와 실천적 성격」, 고려대학교 박사학위논문, 2008, 165~167쪽 참고.)
2) 전병욱 교수는 "격물공부는 바로 경험 주체가 자신의 본성인 性을 간접적으로 인식해 가는 방법이다. 주체로서의 심은 본성인 성을 잠재적으로 갖추고 있지만, 경험 주체인 심이 그 성의 내용을 밝혀내는 길은 대상으로 드러나는 사물의 이치를 탐구하는 격물공부에 있다. 대상으로 드러나는 사물의 이치는 나의 본성과 동일한 근원에서 나온 것이기 때문에, 사물의 이치들을 연구해 가는 것이 나의 본성을 발견하는 길이 되는 것이다. 주체가 주체를 대상으로 삼을 수는 없는 이상 주체가 자신의 본질을 드러낼 수 있는 방법이란 자신의 눈에 보이고 '지각'에 포착되고 인식되는 것을 대상으로 삼아 그 속의 이치를 밝히고 그 이치에 맞게 실천해 나가는 수밖에 없다고 하겠다"(전병욱, 「朱子 仁論 체계와 工夫論의 전개」, 고려대학교 박사학위논문, 2007, 134~135쪽)라고 하면서, 내면의 도덕적 본성은 인식의 대상이 될 수 없기 때문에 외재적 대상에 대한 탐구를 통해 주체와 대상에 공통으로 주어진 '도덕적 본성'을 확인함으로써 내 내면의 도덕적 본성을 확인해 가는 길밖에는 없다고 보았다.

이러한 이해에서는 외재하는 대상이 언제나 내면의 도덕적 본성을 확인하고 구체화하기 위한 '도구'에 그친다. 따라서 격물 역시 함양 즉 내면의 도덕성 확보를 위한 실습 혹은 체험학습이 될 뿐이다. 그 이유는 공부의 궁극적 목적을 내면의 도덕성 확보로 설정했기 때문이다.

이런 이해에서는 사실 모든 대상을 탐구할 필요도 없다. 내 내면의 도덕성을 확인하고 확보하기에 도움이 되는 중요한 대상, 예컨대 윤리적 관계와 거기서 도출되는 규범에 대한 탐구가 우선되어야 할 것이다. 주자 격물공부의 언급 또한 주로 이런 것에 집중되어 있는 것이 사실이다. 이렇게 이해할 때 격물 즉 윤리적 관계와 규범에 대한 인식적 탐구는 내 내면의 도덕성 확보에 도움이 될 수 있다고 생각할 수 있으며, 그렇게 격물과 함양의 관계 혹은 인식과 도덕의 관계가 해명되는 것처럼 보인다. 윤리 공부를 열심히 하면 윤리적으로 된다고 생각하는 것처럼.

그런데 문제는 주자 스스로 격물의 대상이 윤리적 관계나 규범만이 아니라고 누차 밝히고 있다는 점이다. 주자는 사실상 존재하는 모든 것을 연구하라고 한다.[3] 때문에 많은 연구자들은 주자의 이러한 언급을 애써 외면하거나 그 의미를 축소시키려고 노력한다. 하지만 이는 자신의 이해 정도에 맞춰 텍스트를 조작하려는 정직하지 않은 태도다.

이는 물리物理와 성리性理 혹은 견문지지見聞之知와 덕성지지德性之知의 관계 문제가 되기도 한다.[4] 수레에는 수레의 이치가 있고 배에는

---

3) 『大學或問』, "使於身心性情之德, 人倫日用之常, 以至天地鬼神之變, 鳥獸草木之宜, 自其一物之中, 莫不有以見其所當然而不容已, 與其所以然而不可易者. 必其表裏精粗無所不盡, 而又益推其類以通之, 至於一日脫然而貫通焉, 則於天下之物, 皆有以究其義理精微之所極, 而吾之聰明睿智, 亦皆有以極其心之本體而無不盡矣." 이상돈 박사는 "주자의 格物致知의 주된 관심은 소학의 성과를 이어 사물의 리를 탐구하는 것인데, 과연 그것의 범위가 자연계의 사물에 대한 것도 포괄하는 것인지 의문이다"(이상돈, 「주자의 수양론」, 서울대학교 박사학위논문, 2010, 160쪽)라고 하면서 조수초목은 주자 격물공부의 주된 대상이 아니라고 보았다. 그러나 주자가 분명히 밝힌 내용을 부정하는 것은 옳지 않다.

배의 이치가 있다고 주자는 말한다.[5] 그런데 이러한 구체적인 이치(物理 혹은 分理)가 어떻게 '천지생물지심天地生物之心'과 같은 도덕적 본성(性理 혹은 一理)과 연결될 것인가? 그리고 구체적 대상에 대한 인식적 이해(見聞 之知)가 어떻게 나의 도덕적 감수성과 의지(德性之知)에 도움이 되는 것인가?

물리物理와 성리性理 혹은 견문지지見聞之知와 덕성지지德性之知의 관계에 대해 모종삼은, 물리에 대한 탐구나 객관적 지식에 대한 이해는 주체의 도덕적 고양에 아무런 영향을 미치지 못한다고 단언한다. 그래서 모종삼은 주자의 중화신설 이후의 공부론은 사실상 윤리적 의미가 없다고 보았다.[6] 반면 진래는 이상적인 인격의 완성을 위해서는 '앎'(眞)과 '수양'(善)의 두 방면이 도무 필요하다고 주장하면서, 격물치지를 '앎'의 영역으로 한정하면서도 공부로서의 지위를 인정한다. 다만, 그것이 수양과 어떤 관계를 지니는지, 그래서 내면의 도덕성 확보나 인격의 완성에 어떤 의미를 지니는지에 대해서는 언급하지 않았다.[7] 조수초목에 대한 탐구가 어떻게 내면의 도덕성에 도움을 주는지 여전히 설명이 요구된다.

---

4) 陳來는 주자의 격물치지에서 견문지지와 덕성지지가 잘 구분되지 않는다고 보았으나, 그 이유와 의미 그리고 둘의 관계에 대해서는 명확히 설명하지 않았다.(陳來, 이종란 외 옮김, 『주희의 철학』, 예문서원, 2002, 205쪽 참고.)

5) 『朱子語類』, 권62, "問, 率性之謂道, 率, 循也, 此循'字是就道上說, 還是就行道人上說? 曰, 諸家多作行道人上說, 以率性便作修爲, 非也. 率性者, 只是說循吾本然之性, 便自有許多道理. 性是箇渾淪底物, 道是箇性中分派條理. 循性之所有, 其許多分派條理卽道也. '性'字通人物而言. 但人物氣稟有異, 不可道物無此理. 程子曰: '循性者, 牛則爲牛之性, 又不做馬底性; 馬則爲馬底性, 又不做牛底性.' 物物各有這理, 只爲氣稟遮蔽, 故所通有偏正不同. 然隨他性之所通, 道亦無所不在也."

6) 牟宗三, 『心體與性體』 3(正中書局, 民國 57年), 134~135쪽 참고.

7) 陳來, 『朱子哲學研究』(華東師范大學出版社, 2000), 327쪽 참고.

2. '인식'에서 '관심'으로

1) 관계적 앎

주자가 말하는 '앎'은 행동·실천과 관계가 있다.

> 앎과 행동(行)의 공부는 반드시 병행해야 한다. 앎이 더욱 밝아질수록 행동은
> 더욱 독실해지고, 행동이 더욱 독실해질수록 앎도 더욱 밝아진다. 이 둘
> 중에 어느 하나를 없앨 수 없다. 이는 마치 사람이 두 발을 서로 앞으로
> 밀어 냄으로써 점점 앞으로 나갈 수 있는 것과 같다. 만약 어느 한 발이
> 약해지면 한 발짝도 앞으로 나갈 수 없는 것이다.[8]

흔히 지행知行은 '앎과 실천'으로 번역된다. '실천'이라는 표현에는
규범적 의미가 강하다. 알면 행해야 한다는 것이다. 행동으로 옮겨지지
않은 앎은 진정한 앎이 아니라고도 한다. 그런데 만약 여기서의 앎을
윤리적 관계나 규범과 무관한 것에 대한 앎이라고 한다면 어떻게 될까?
연비어약鳶飛魚躍, 솔개는 날고 물고기는 헤엄친다. 솔개가 난다는 것을
아는 것과 나의 실천은 어떻게 연결될 수 있을까? 자동차나 선박을
이해하는 것과 나의 실천 간에는 어떤 상관이 있는 것일까?

'상관이 있으려면 먼저 '관계'가 형성되어야 한다. 오직 관계가 형성될
때만이 앎은 실천 혹은 행동과 연결될 수 있다. 자동차를 잘 이해하고
나면 급발진이나 급정지를 하지 않게 된다. 자동차 산업이 전기자동차
쪽으로 이동한다는 것을 알면 다음 자동차로 내연기관 자동차를 고르지는
않을 것이다. 내가 먹는 커피가 지구 반대편 어느 어린이의 노동력을

---

8) 『朱子語類』, 권14, "知與行, 工夫須著並到. 知之愈明, 則行之愈篤, 行之愈篤, 則知之益明.
二者皆不可偏廢. 如人兩足相先後行, 便會漸漸行得到. 若一邊軟了, 便一步也進不得."

착취하게 만든다는 것을 알게 되면 커피를 마실 때 주저하게 된다. '관계'에 친소와 원근은 있을지라도, 관계 그 자체가 형성될 때만이 앎은 행동 혹은 실천과 연결된다. 행동으로 옮겨지지 않는 앎은 그것이 나와 무관하기 때문이다. 때문에 주자가 말하는 '앎'은 '관계적 앎'이다.

관계적 앎이기 때문에 '앎이 더욱 밝아질수록 행동(관계)은 더욱 독실해지는 것'이다. 나와 관계가 있기 때문에 더욱 분명하게 알아야 한다. '행동(관심)이 더욱 독실해질수록 앎도 더욱 밝아진다'. 관계가 있기 때문에, 즉 나의 행동과 선택을 구속하기 때문에 더욱 분명히 알아야 한다고 할 때의 그 '앎'은, 그래서 단순한 '인식'이 아니라 '관심'을 통한 '이해'다. 내 아이가 요즘 무슨 게임을 하는지, 지구 반대편의 아이가 어떤 환경에 처해 있는지 알고자 하는 것은 모두 '관심'이다. '관심'은 '그'를 '너'로 만든다. '그'는 인식의 대상이지만 '너'는 만남의 대상이다. 누구도 지금 앞에 있는 상대를 '그'로 대할 수는 없다.

> 격물치지는 실질적인 공부에서 궁구하는 것이지 지금 여기서 해결해야 할 일을 버려두고서 아무거나 사물의 이치를 궁구하여, 언젠가 이치가 모두 궁구해지기를 기다렸다가 뜻이 저절로 진실해지고(意誠) 마음이 저절로 바르게 되며(心正) 몸가짐이 저절로 훌륭해지는(身修) 것이 아니다.[9]

이 인용문에서 주자가 말하는 '실질적인 공부'란 '지금 여기서 해결해야 할 일'에 대한 공부다. 나와 관계가 있는 지금 여기서 해결해야 할 일이기에 『대학』에서 말하는 성의誠意·정심正心·수신修身과 관련이 있는 것이다. 한가하게 '인식적 공부'가 다 되기를 기다렸다가 성의·정

---

9) 『朱熹集』, 권56, 「答鄭子上(10)」, "格物致知, 乃是就此等實事功夫上窮究, 非謂舍置即今職分之所當爲, 而泛然以窮事物之理, 待其窮盡而後意自誠心自正身自脩也."

심·수신하는 게 아니라는 말이다. 그래서 많은 연구자들은 주자의 격물을 윤리적 관계나 규범에 대한 탐구로 한정한다. 그렇다면 주자가 말하는 '조수초목'은 어떻게 '실질적인 공부'가 될 수 있을까? 그 역시 '관심'이고 '관계'다.

조수초목이 나와 관계가 없을 때는 '실질적인 공부'일 수가 없다. 당장 내 앞의 급한 일을 버려두고서 식물도감을 펴드는 것은 어리석고도 무책임한 일이다. 그러나 조류독감이 창궐할 때 새에 대해 알고자 하는 것은 당연하고도 현명한 일이다. 개에 물린 다음에 광견병에 대해 찾아보는 것은 중요하고도 실질적인 일이다. 이런 긴급한 일들은 나의 행동과 선택에 영향을 미치기 때문에, 그 대상을 대하는 나의 태도와 몸가짐은 당연히 진지해지지 않을 수 없다. 조수초목마저도 나와의 '관계'가 형성되고 나면 규범적 문제가 되는 것이다. 모든 규범은 '관계'에서 발생한다.

군신유의君臣有義, 분명 중요한 유가윤리지만 입헌민주국가에 사는 나로서는 이 규범을 대할 때 뜻이 간절해지고 마음이 바르게 되고 몸이 반듯하게 되지는 않는다. 결혼 생각이 없는 비혼주의자에게 부부 간의 문제와 거기서 발생하는 규범들은 결혼을 앞둔 이들에게만큼 중요하지는 않을 것이다. 격물의 문제는 그것이 어떤 대상이냐가 아니고 어떤 관계냐다. 관계에서 발생하는 관심이 바로 격물이다.

흔히 주자의 격물은 도문학道問學, 즉 독서를 통한 공부로 이해된다. 그런데 주자는 책을 읽을 때도 한 번에 너무 많이 읽으려 하지 말 것이며, 완전히 이해되어 내면에서 푹 젖어들고 뼛속까지 박힌 다음에야 공부라고 할 수 있다고 강조한다.[10] 지식의 축적이 목적이라면 수험생처

---

10) 『朱熹集』, 권58, 「答宋容之」, "且看一書, 一日隨力且看一兩段, 俟一段已曉, 方換一段, 一書

럼 무조건 많이 읽고 암기해야 한다. 소위 '내면에 젖어든다'거나 '뼛속까지 박힌다'는 것은 단순한 반복학습을 의미하는 것이 아니라 완전한 이해를 의미한다. 완전한 이해는 단순한 '인식'이나 '암기'와 어떻게 다른가? 완전한 이해란 지금이든 나중이든 이 일에 대한 나의 태도와 행동 혹은 선택에 영향을 미칠 수 있는 이해를 의미한다. 즉 주체의 변화를 수반하는 이해다. 나와 관계없는 일 때문에 내가 변화되지는 않는다. 또 그것을 요구하지도 않는다.

결국 책과 그 내용이 격물의 대상이 되었다는 것은, 그것 역시 나와의 '관계' 속에서 이해되어야 함을 의미한다. 단순히 머리로 이해하지 말고 관심을 가지라는 말이다. 주자에게는 책 읽는 것마저도 나와 관계있는 것에 대한 관심이다. 그래야 공부다. 주자에게서 공부란 대상과의 적절한 관계 형성을 위한 것이며 실질적인 주체의 변화를 이끄는 것이기에, 나와 관계있는 것에 대한 관심의 표현이다.

2) 주체의 변화

공부를 통해 주체가 변화된다는 것은 구체적으로 무엇을 의미하는가? 『대학장구』의 「격물보전格物補傳」에서 주자는 격물을 통해 대상에 대한 이해가 충분해지면 나의 '앎'(知) 역시 모두 확보된다고 말한다.

소위 치지致知는 격물格物에 달려 있다는 말은, 나의 앎을 확장시키고자 하면 대상에게 다가가 그 이치를 탐구해야 한다는 말이다. 사람의 마음에는 인식능력

皆畢, 方換一書. 先要虛心平氣. 熟讀精思, 令一字一句皆有下落, 諸家注解一一通貫, 然後可以較其是非, 以求聖賢立言之本意. 雖已得之, 亦且更如此反復玩味, 令其義理浹洽於中, 淪肌浹髓, 然後乃可言學耳."

이 있고 존재하는 모든 것에는 모두 이치가 있다. 그 이치를 모두 탐구하지 않았기 때문에 앎도 온전하지 않음이 있는 것이다. 때문에 대학에서 교육을 시작할 때는 배우는 이로 하여금 자신이 이미 알고 있는 것에 의지해서 존재하는 모든 것에 대해 탐구하여 끝내 그 극진함에까지 이르도록 한 것이다. 이렇게 힘쓰다 보면 어느 날 갑자기 뻥 뚫리게 될 것인데, 그러면 모든 것들의 구석구석을 온전히 이해하게 되고 내 마음의 본래 모습과 그 운용역시 모두 환하게 될 것이다. 이것이 바로 대상이 연구된 상태이며, 이것이 바로 내 앎이 지극해진 것이다.[11]

배우면 알게 된다. 이는 지극히 단순하고 상식적인 말이다. 그런데 여기서 말하는 나의 앎의 확장은 단순한 지식의 증가를 의미하는 것이 아니다. 왜냐하면 '내 마음의 본래 모습이 밝아지는'(吾心之全體大用無不明) 것이기 때문이다. 관심을 갖고 대상에 대해 연구하면 대상에 대해 알게 된다. 그런데 그것이 어떻게 '내 마음의 본래 모습'을 밝히는 것이 되는가? 내 마음의 본래 모습이 공부 이전에는 왜 '어두운' 혹은 '가려진' 상태로 있는 것일까? 그것은 단순히 무지의 장막인가?

이치(理)는 비록 내게 있지만 혹 육체적 조건과 물욕에서 오는 사사로움에 가리면 스스로 그것을 볼 수가 없고, 배움은 비록 밖에 있지만 (내 안에 있는) 이 이치의 실질을 익히는 바탕이다. 그러므로 푹 젖어들어 관통해서 자득하게 되면 처음부터 안과 밖 정밀함과 소략함의 차이가 없었음을 알게 될 것이다.[12]

---

11) 『大學章句』, 格物補傳, "所謂致知在格物者, 言欲致吾之知, 在卽物而窮其理也. 蓋人心之靈莫不有知, 而天下之物莫不有理, 惟於理有未窮, 故其知有不盡也. 是以大學始敎, 必使學者卽凡天下之物, 莫不因其已知之理而益窮之, 以求至乎其極. 至於用力之久, 而一旦豁然貫通焉, 則衆物之表裏精粗無不到, 而吾心之全體大用無不明矣. 此謂物格, 此謂知之至也."
12) 『朱熹集』, 권80, 「鄂州州學稽古閣記」, "蓋理雖在我, 而或蔽於氣稟物欲之私, 則不能以自見.

내 내면의 이치가 가려진 이유를 주자는 '육체적 조건과 물욕에서 오는 사사로움' 즉 '사욕'이라고 밝히고 있다. 자동차에 대한 관심으로 자동차를 공부하고 조류독감 때문에 새를 공부하는데 왜 거기에서 사욕이 문제가 되는가? 사욕이 나의 관심을 왜곡시켜서 대상에 대한 정확한 이해를 방해하기 때문이다. 그래서 최종적으로 대상과의 적절한 만남을 방해하는 것이다. 그러므로 대상과 무관한 사욕은 대상과의 만남을 방해하지 않는다. 사욕이 문제가 되는 것은 지금 이 앞의 대상과 관계가 있을 때뿐이다. 예컨대 기질적으로 성적 욕망이 강하다고 해서 조류독감을 공부하는 나를 방해하지는 않는다. 조류독감을 공부하는 나를 왜곡시킬 수 있는 사적 욕망이란, 예컨대 부당한 물질적 욕망이 있을 수 있다. 정부의 정책에 따라 분명 농장의 닭을 살처분해야 하지만 '아까워서' 죽이지 않고 몰래 유통시켰다고 할 때, 이 '아까움'이 바로 문제가 되는 사욕이다. 즉 사욕 역시 대상과의 '관계'에서 발생한다. 사욕 일반은 지금 이 사태에서 나에게 문제가 되지 않는다.

'대상과 관계된' 사욕이 내 내면의 본래적 상태를 방해하는 것이라면, '내 내면의 본래적 상태'라는 것 역시 지금 여기의 대상과 관계된 것임을 알 수 있다. '내 내면의 본래적 상태'는 '인격적 자기동일성'이라고 부를 수 있다. 아름다운 상대를 만날 때 마음속에서 부당한 성적 욕망이 생겨 이 대상을 적절히 대하지 못한다고 해 보자. 이때 문제가 되는

學雖在外, 然皆所以講乎此理之實. 及其浹洽貫通而自得之, 則又初無內外精粗之間也." 이상돈 박사는 이 구절에 대한 해설에서 "관통의 경지는 모든 사물의 겉과 속, 안과 밖, 정과 조가 이르지 않음이 없는 상태를 말한다.…… 격물이라는 방법을 통해 치지해 가는 것, 즉 본래 내면적인 리를 외적 학습을 통해 확인해서 체인해 가는 것이라 할 수 있다"라고 했다.(이상돈, 「주자의 수양론」, 서울대학교 박사학위논문, 2010, 167쪽.) 그러나 여기서의 '내외'란 인식의 깊이가 아니라 나와 대상, 즉 원문의 '我'와 '學'을 의미한다. 나와 대상의 만남인 것이다.

사적 욕망은 다른 것이 아니라 이 아름다운 대상을 대할 때 생겨나는 '성적 욕망'이다. 이 부당한 욕망을 지닌 순간만큼은 평소의 내가 아닌 다른 존재가 된다. 그리고 이때 훼손되는 내 내면의 본래적 상태란, 이 아름다운 대상을 향한 나이지 내 인격 일반이 아니다. 즉 시민으로서, 직장인으로서의 자기동일성에는 변함이 없지만 유부남으로서의 자기동일성은 깨지는 것이다.

지금 여기 이 대상과의 관계를 왜곡시킬 수 있는 특정한 사욕이 제거될 때 '내 내면의 본래 모습'이 온전히 밝아진다고 했으니, 그 본래 모습이란 다름 아닌 '지금 여기 이 대상과의 원만한 관계맺음을 가능케 하는 것'이 된다. 그래서 '공부를 통해 주체가 변화된다는 것'은 결국 대상과의 적절한 만남을 방해하는 내면의 사적 욕망을 제거하고 대상과의 원융한 만남을 가능케 하는 내 본래의 모습을 확보하는 것이다. 함양공부를 통해 내면의 부당한 욕망을 제거하고 이 아름다운 대상에 대해 진지한 관심으로 좀 더 알아갈 때, 나는 더 이상 그를 성적 대상으로만 보지 않고 있는 그대로의 인격체로 대할 수 있게 되어 그와의 관계가 원만해질 것이다. 이때 나 역시 더 이상 부당한 성적 욕망에 사로잡히지 않는 성숙한 인격체가 된다.

결국 '주체의 변화'나 '내 내면의 참된 모습' 등은 인격 일반이나 도덕적 본성과 같은 '경지' 혹은 '실체'라기보다는, 대상을 대하는 주체의 '태도' 문제임을 확인하게 된다. '태도' 역시 대상과의 관계를 떠나 존재할 수가 없다. '바람직한 태도' 혹은 '본래적 태도'란 즉 대상을 있는 그대로 인정하고 존중하는, 존재에 대한 존중과 사랑일 뿐이다. 『역전易傳』에서는 이것을 '천지생물지심天地生物之心'이라고 표현했고, 정호程顥 이후 유자들은 이것을 '생의生意'라고 불렀다. 다만, 존재하는 모든 것에 대한 존중과 사랑이기에 그것은 구체적 대상을 향하면서도 동시에 보편적인 태도가 되는 것이다. 대상에 관계없이, 혹은 구체적인 대상이 없을 때도 일관되는 태도이기에 인격적 경지(心)일 수 있으며, 그것을 '본래적 모습'으로 상정했기 때문에 본성(性)이라고 부를 수도 있다. 그러나 이러한 경지와 본성은 역시 대상과의 관계를 떠나서는 공허해지고 만다.

진래陳來는 물리物理와 성리性理 관계 문제를 주체와 대상의 '관계'에서 보지 않았다. 그렇기 때문에 그는, 라이프니츠가 충족이유율을 통해 상제上帝를 향해 올라갔던 것처럼 주자가 물리 혹은 분수리分殊理를 연구하는 목적 또한 궁극의 천리天理를 이해하기 위한 것이라고 보았다. 그는 결국 이렇게 결론을 짓는다.

> 그의 격물궁리설의 최종 목적은 천리를 파악하는 것이지만, 궁리의 직접적인 대상은 광범위하게 접하는 구체 사물의 성질과 법칙이었다. 주자는 천리와 구체 사물 사이에 보편에서 특수에 이르는 교량을 어떻게 구축할 것인지에 대해서는 상관하지 않았으며, 구체 사물을 연구하는 데 있어서도 그러한 '천리'에 도달할 수 있느냐 없느냐에 관계없이 모든 인식은 구체 사물로부터 시작되는 것이라고 주장하였다.[13]

즉 진래의 이해에 따를 때 주자는 조수초목처럼 성리(천리)와 무관한 대상의 물리를 연구하는 이유를 정확히 제시하지 못한 것이 된다. 이는 진래가 물리 탐구의 이유를 천리 인식에 둔 논리적 귀결이다. 모든 공부의 목적을 천리 혹은 성리로 귀결시킴으로써(順性命之正) 대상 탐구의 이유도, 대상과의 관계맺음(處事物之當)도 사라져 버린 것이다.

---

13) 陳來, 이종란 외 옮김, 『주희의 철학』(예문서원, 2002), 345쪽.

이와 비슷한 사례가 바로 왕수인의 격죽格竹 고사다. 왕수인이 몇 날을 자지도 먹지도 않고 대나무를 '격格'하려고 했다는 고사는 유명하다. 그러나 그가 '격'하려고 한 것은 여전히 내면의 도덕적 본성 즉 성리 혹은 천리였다. 때문에 끝내 실패할 수밖에 없었던 것이다. 이는 우선 주자 격물공부의 방법을 오해한 것이다. 주자라면 대나무를 잘라 보고 태워 보고 옮겨심어 봤을 것이다.[14] 그러나 그보다 더 큰 문제는, 격물의 목적을 '대나무를 연구해서 이해하는 것'이 아니라 대나무를 통해 '내 내면의 도덕적 본성을 확인하는 것'으로 오해한 데 있다. 그에게 있어서 대나무는 내 도덕적 본성을 확인하기 위한 도구에 불과했다.[15] 때문에 그는 끝내 격물의 '격格'을 '정正' 즉 '바로잡다'로 해석하고 격물의 '물物'을 대상이 아닌 '대상을 대하는 내 마음의 태도'로 바꾸었다. 주체로의 환원이다.

3) 규범의 관계성

하늘이 이 백성을 만드심에 모든 존재하는 것에는 저마다의 법칙이 있다고 하셨다. 여기서 존재자(物)란 형체를 지닌 것을 의미하고, 법칙(則)이란 이치를 의미한다. 형체를 지니고 있다는 것은 형이하자를 가리키고, 이치란 형이상자를 의미한다. 사람이 태어남에 본래 이 대상적 존재(物)가 없을 수 없다.

---

14) 『朱子語類』, 권18, "問, '所謂一草一木亦皆有理, 不知當如何格?' 曰, '此推而言之, 雖草木亦有理存焉. 一草一木, 豈不可以格. 如麻麥稻粱, 甚時種, 甚時收, 地之肥, 地之磽, 厚薄不同, 此宜植某物, 亦皆有理.'"

15) 왕수인의 공부론은 때문에 단번에 도덕적 본성 혹은 본체를 보려는 소위 '逆覺體證'에 해당한다. 그러나 주자는 자신을 둘러싼 일상의 대상 사태로 시선을 옮긴다. 본성이나 본체 혹은 태극은 가치적 시원으로서의 의미만을 지닐 뿐, 일상의 삶과 공부의 목적은 그저 주변의 모든 대상들과 '합리적'으로 잘 지내는 것을 의미한다. 이는 소옹 등의 영향을 받아 형성된 그의 존재론적(본체론적이 아니다) 세계관으로부터 도출된 결과다.

그런데 이 대상 사물에 대한 이치를 밝히지 못하면 도덕적 본성에 따를 수도, 대상세계에 적절히 대응할(順性命之正, 而處事物之當) 수도 없다. 그러므로 반드시 대상에 다가가 앎을 구하고 이치를 구해야 한다.…… 대상의 이치가 모두 밝혀지면 나의 앎 역시 확연히 관통되어 아무런 장애도 없게 된다. 그러면 나의 의지가 진실해지고(意誠) 내 마음이 바르게 된다(心正).[16]

인간의 삶은 끊임없는 대상과의 만남이다(人之生也, 固不能無是物矣). 때문에 인간은 끊임없이 다가오는 이 대상 사태에 적절히 대처해야 한다. 격물 즉 대상과 적절한 관계를 맺는다는 것은, 내 내면에 본래적으로 있는 대상에 대한 존중과 사랑의 마음이 아무런 사적 욕망의 간섭이나 왜곡이 없이 그대로 드러나(順性命之正) 대상을 대상의 고유한 이치에 맞게 대하는 것(處事物之當)을 말한다.[17]

물었다. "격물은 내외가 합일되어야 비로소 완성되었다는 것이 무슨 의미입니까?" 대답했다. "격물에서는 내외가 합일되지 않은 적이 없다. 대상의 이치가

---

16) 『朱熹集』, 권44, 「答江德功二」, "夫天生蒸民有物有則, 物者形也, 則者理也. 形者所謂形而下者也, 理者所謂形而上者也. 人之生也, 固不能無是物矣. 而不明其物之理, 則無以順性命之正, 而處事物之當. 故必卽是物以求之知求其理矣. 而不至夫物之極, 則物之理有未窮, 而吾之知亦未盡, 故以至其極而後已. 此所謂格物, 而至於物則物理盡者也. 物理皆盡, 則吾之知識廓然貫通, 無有蔽礙, 而意無不誠, 心無不正矣."

17) 吾妻重二는 격물치지를 窮理, 성의·정심·수신을 體理, 제가·치국·평천하를 推理라고 하여 격물치지를 공부의 초급 단계로 보았다. 그러나 應事接物이 일상의 삶에서 매순간 벌어진다고 생각한다면 이러한 이해에는 문제가 있다. 궁리·체리·추리는 대상과의 '관계맺음'을 인식·이해·태도·체험·행동 등으로 단계지은 것에 불과하다. 이 모든 단계는 변증법적으로 상호 심화되는 것이지 어느 하나를 완전히 마치고 그 다음 단계로 가는 것이 아니다.(吾妻重二, 『朱子學의 新研究』, 傅錫洪 等譯, 商務印書館, 2017, 241~243쪽 참고.) 『朱熹集』, 권42, 「答吳晦叔(9)」, "故大學之書, 雖以格物致知爲用力之始, 然非謂初不涵養履踐, 而逕從事於此也. 又非爲物未格知末至, 則意可以不誠, 心可以不正, 身可以不修, 家可以不齊也. 但以爲必知之至, 然後所以治己治人者始有以盡其道耳. 若山必俟知至而後可行, 則夫事親從兄承上接下, 乃人生之所不能一日廢者, 豈可謂吾知未至而暫輟以俟其至而後行哉?"

그렇다는 것을 주체가 알게 되면 그 존재하는 이치에 맞게 대해 주는 것, 그것이 바로 내외의 이치가 합일되는 것이다. 눈앞에 있는 모든 존재자에게는 이치가 있다. 예컨대 풀 한 포기 나무 한 그루에도, 날짐승 들짐승 한 마리에도 모두 이치가 있다. 초목은 봄에 피어나고 가을에 시든다. 삶을 좋아하고 죽음을 싫어하기에 여름에는 양목을 꺾고 겨울에는 음목을 꺾는다. 이 모든 것이 음양의 이치에 순응하는 것이다.[18]

격물은 언제나 주체와 대상의 만남(合內外)이다. 대상에게 존재하는 존재의 방식을 알고 그에 맞게 대해 주는 것이 격물이다. 연비어약鳶飛魚躍, 내 앞의 솔개는 새장에 가두지 말고 날게 해 주고, 물고기는 수족관에 가두지 말고 자유롭게 헤엄치게 해 주어야 한다. 존재하는 모든 것을 내 의도와 욕망으로 강제하지 않고 그들의 존재방식대로 살아갈 수 있도록 해 주는 것이 격물이며, 유가에서 말하는 규범(仁)이다. 즉 존재하는 모든 것은 나와의 관계 속에서 행위규범을 발생시킨다. 그리고 그 행위규범대로 행동할 때 나의 인격은 완성된다(吾心之全體大用無不明).

존재의 방식은 소이연所以然이고, 그 소이연에 맞게 대해 주어야 하는 행위규범은 소당연所當然이다. 소이연이 엄연하기에, 대상에 대한 탐색 없이 내 내면이 시키는 대로 할 수는 없다. 존덕성만으로는 안 되는 이유다. 그러나 소당연이 대상 자체에 있는 것은 아니다. 소당연은 대상과 나와의 관계 속에서 생겨난다. 물론 다른 방식이 아니라 바로 그렇게 대해야 하는 근거로서의 소이연은 대상에게 있다. 그러나 그렇게 대해야 한다는 당위는 '관계' 속에서만 발생한다. 때문에 관계가 바뀌면

---

18) 『朱子語類』, 권15, "問, 格物須合內外始得? 曰, 他內外未嘗不合. 自家知得物之理如此, 則因其理之自然而應之, 便見合內外之理. 目前事事物物, 皆有至理. 如一草一木, 一禽一獸, 皆有理. 草木春生秋殺, 好生惡死. '仲夏斬陽木, 仲冬斬陰木', 皆是順陰陽道理."

당위 역시 바뀔 수밖에 없다. 양식장 주인은 물고기를 놓아 주는 대신 위생적으로 기르는 것이 소당연이다. 같은 사람이라도 부모에게 대할 때와 자녀에게 대할 때의 행위규범은 당연히 다르다.[19] 소당연이 대상 객체 내에 존재한다면 관계에 따라 변하지는 않는다. 규범은 관계 속에서만 발생한다.

때문에 대상과 적절한 관계를 맺기 위해서는 무엇보다 대상을 잘 알아야 한다. 그래서 소당연에 대한 이해는 소이연에 대한 탐구를 요구한다.[20] 유가적 전통에서 존재의 보편적 소이연은 '존재하고자 하는 욕구'(生意)일 것이며, 모든 존재의 존재하고자 하는 욕구를 존중하고 사랑하는 것 역시 내가 지닌 존재하고자 하는 욕구(生意)의 표현이다.[21] 이것은 물론 성리 즉 도덕적 본성과 다르지 않다.[22] 그러나 구체의 단계로 내려오면 자동차의 원리와 배의 원리는 다를 수밖에 없다. 때문에 개별 대상 사태의 소이연을 탐색해야 하는 것이다.

진래는 소당연을 대상과의 '관계'로 이해하지 않았다. 그는 "윤리학의 영역에서 보면 소이연지고는 일체 도덕법칙의 근원을 가리킨다"[23]라고 하면서, 소당연을 부모와 자식 사이 같은 윤리적 관계나 규범의 사태로 한정한다. 때문에 격물해야 하는 소이연 역시 이러한 규범적 관계에 대한 근거로서의 원리로 한정된다. 조수초목의 소이연은 논의에서

---

19) 『朱子語類』, 권15, "格物, 是窮得這事當如此, 那事當如彼. 如爲人君, 便當止於仁, 爲人臣, 便當止於敬. 又更上一著, 便要窮究得爲人君如何要止於仁, 爲人臣如何要止於敬, 乃是."

20) 『朱子語類』, 권23, "問, 未知事物之所以然, 何以能不疑? 曰, 知事物之當然者, 只是某事知得 是如此, 某事知得是如此. 到知其所以然, 則又上面見得一截."

21) 왜 반드시 그 소이연에 맞게 대해 주어야 하는지의 문제는 나의 도덕적 욕구 즉 나의 생의에서 기인한다. 내 내면의 도덕적 욕구가 그렇게 시키기 때문이다. 그렇게 행동하는 것이 나의 본성에 부합하기 때문이다.

22) 『朱子語類』, 권17, "只天地生這物時便有箇仁, 它只知生而已."

23) 陳來, 이종란 외 옮김, 『주희의 철학』(예문서원, 2002), 341쪽.

제외된다. 때문에 그는 "주자가 소이연지고를 강조한 것은 단지 사물의 본질과 법칙을 이해시키기 위한 데 그 이유가 있었던 것이 아니라, 일체의 당연지칙은 마땅히 천명에 근원하여 주체적 도덕 자각을 제고한 다는 사실을 인식하게 하기 위한 데 있었던 것이다"[24]라고 결론 맺는다. 여전히 대상은 소거되고 모든 공부의 목적은 '천명'과 '주체적 도덕'으로 환원된다. 그러나 '관계'의 차원에서 보았을 때 모든 대상은 규범과 당위의 대상이 된다. 그것이 아무리 조수초목이라 할지라도.

소이연과 소당연에 대한 '관계'적 이해는 견문지지見聞之知와 덕성지지 德性之知의 해석학적 소통 가능성을 열어 준다. 일반적으로 견문지지는 인식적·이론적 지식이고 덕성지지는 도덕적 감수성과 의지라고 이해 된다. 그래서 견문지지의 인식에서 그치지 말고 덕성지지의 이해로 나아갈 것을 요구하곤 한다. 그러나 소당연이 소이연에 근거하고 소이연 은 존재의 존재방식이라고 할 때, 이러한 존재방식(物理, 分殊理)을 아는 것은 견문지지가 되고, 이를 통해 대상에게 합당한 대응의 방식을 알고 체험해 가는 것은 덕성지지라고 할 수 있다. 덕성지지를 위해서 견문지지가 필요한 것이다. 존재와 당위의 일치시가 아니라 존재에 맞춘 당위일 뿐이다.[25]

---

24) 陳來, 이종란 외 옮김, 『주희의 철학』, 342쪽.
25) 예컨대 남녀의 문제를 들어 보자. 여성의 소당연이 여성 자체에게 있다고 한다면 여성은 언제 어떤 위치에 있더라도 '그렇게' 해야만 한다. 그러나 소당연이 '관계'에 있다고 한다면, 그것은 여성이 남성과의 '관계' 속에서 어떤 규범을 지녀야 하는지 혹은 남녀의 관계 속에서 여성에게는 어떤 규범이 요구되는지의 문제로 전환된다. '관계'에 대한 이해는 시대와 사회에 따라, 혹은 이념과 지향에 따라 얼마든지 변할 수 있다. 규범이 여성 자신에게 있다는 생각에서는 이러한 사고가 불가능하다. 존재 로부터 규범을 분리하는 것은 '탈자연화'다. 『주역』은 天地를 男女와 연결시키고 결 국에는 善惡과 연결시킨다. 그것이 자연의 상태라는 것이다. 이 고리를 끊는 작업은 그것을 더 이상 '자연'으로 보지 않는 '탈자연화' 작업이 된다.

3. 격물과 함양의 관계와 공부의 완성

조봉趙峰은 "격물치지는 주로 심성 본체의 본질이 무엇인지의 문제를 해결하는 것이고, 주경함양은 주로 심성 본체를 어떻게 자신의 주재로 삼을 것이냐에 해당한다. 전자가 주로 이성적 인지의 공부라면 후자는 주로 체험·실천적 공부다"[26]라고 하여 격물을 통해 심성 본체의 본질을 이해하고 함양을 통해 그것을 내면화하는 것으로 보고 있다. 그는 공부의 목적을 심성 본체를 이해하고 확보하는 것으로 두고, 격물과 함양을 그것에 대한 인식과 실천으로 본 것이다.

그러나 필자의 관점에서 주자 공부의 목적은 심성 본체를 이해하고 확보하는 것이 아니라 대상과의 원융한 관계를 형성하는 것이다. 여기서 함양은 대상과의 관계 형성을 방해하는 자기중심적 욕망을 배제하고 대상을 있는 그대로 존중하고 이해하고자 하는(正身及物) 내면의 준비에 해당한다.[27] 격물은 이러한 내면의 준비를 바탕으로 대상에게 관심을 기울여 알아가는 것이다. 즉 함양은 원융한 관계 형성을 위한 준비로서의 '태도' 공부에 해당하고, 격물치지는 실제 대상을 향한 '관심'과 '이해'다.

그런데 이렇게 얻은 이해는 단순히 인식으로 그치지 않고 대상에 대한 대응(成物)을 전제로 하며, 동시에 나의 변화(成己)를 수반한다. 『대학』은 그 결과를 성의·정심·수신·제가·치국·평천하라고 보았고, 주자는 순성명지정順性命之正·처사물지당處事物之當이라고 정리했다. 순성명

---

26) 趙峰, 『朱熹的終極關懷』(華東師范大學出版社, 2004), 146쪽.

27) 『朱熹集』, 권44, 「答江德功」, "凡此三者, 皆其平日涵養功夫, 至到之驗, 而所以正身及物之本也. 故君子貴之. 若夫籩豆之事, 則道雖不外乎此. 然其分, 則有司之守, 而非君子之所有事矣. 蓋平日涵養功夫不至, 則動容貌不免暴慢, 正顏色不出誠實, 出詞氣不免鄙倍矣. 一身且不能治, 雖欲區區於禮文度數之末, 是何足以爲治哉? 此乃聖門學問, 成己成物著實效驗."

지정과 성의·정심·수신이 나(己)의 변화라고 한다면 처사물지당과 제가·치국·평천하는 대상(物)에 대한 대응에 해당한다.

그런데 함양이 '나'의 태도 공부이고 격물치지가 '대상'에 대한 관심과 이해라고 해서, 〈그림 1〉처럼 함양이 곧장 성기成己에 해당하고 격물치지는 성물成物에 해당한다고 할 수 있을까? 물론 아니다. 함양과 격물치지는 공부에 해당하고 성기와 성물은 그 결과 혹은 효과에 해당하는데, 이 결과와 효과를 얻기 위해서는 어느 한 공부도 결여되어서는 안 된다. 즉 〈그림 3〉처럼 함양이 없이는 성기도 불가능하지만 성물도 불가능하고, 격물치지 없이는 성물도 불가능하지만 성기도 불가능하다.

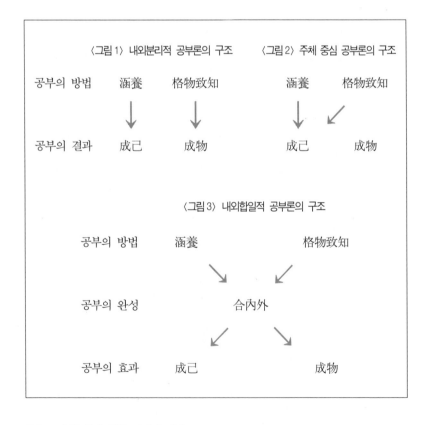

물론 함양은 나의 태도에 대한 공부이기에 성기와 친연성을 지니며, 격물은 대상을 향한 공부이기에 성물과 친연성을 지닌다. 그러나 이 두 가지 공부는 대상을 만남에 있어서 동시에 요구되고 또 동시에 동원되는 것이기에 어느 하나가 특정한 결과에 좀 더 영향을 미친다고 할 수는 없다.[28]

그런데 만약 공부의 목적을 '도덕적 본성에 대한 체인과 기르기'로 한정해 버리면 성물은 사라지고 성기만 남는다. 그렇게 되면 성기를 위한 근본적 공부는 함양이 되고, 〈그림 2〉처럼 격물은 그것을 위한 보조적 수단이 되어 버린다. 좀 더 비판적으로 말해, 이러한 관점에서 성기는 함양과 동일시되고 공부의 방법과 공부의 목적은 구분되지 않는다. 함양된 상태가 성기 즉 이상적 인격의 상태라고 믿는 것이다. 주체로의 함몰이다. 여기에서 대상은 중요치 않다. 끊임없이 밀려오는 일상의 사태를 뒤로한 채 내면의 도덕성만을 추구하는 도불道佛의 태도를 비판했던 주자가 어째서 도남학과 호상학의 공부 태도 즉 도덕적 본성을 '체인'하거나 '찰식'하려는 태도를 동일하게 극복하고자 했는지를 여기서 확인할 수 있다.

앎에 미진한 점이 있으면 돌이켰을 때 스스로가 진실되지 못한 경우가 많다. 어찌 외물에 대한 연구를 통해 만물의 이치를 알려고도 하지 않은 채, 그저 내면을 돌이켜 모든 것이 내게 갖추어져 있으니 언제나 진실되다라고 말할 수 있겠는가? 하물며 격물의 효과는 직접적으로 대상 사태에

---

28) 다만, 이 구조에서 성기 즉 성의·정심·수신 혹은 順性命之正은 그 자체로 함양이라고 해도 문제될 것이 없다. 그럼 성물 즉 제가·치국·평천하 혹은 處事物之當은 곧장 격물치지라고 할 수 있을까? 주자는 '格'을 다가가다(至, approach)로 해석함으로써 일정한 '행동'으로 보면서도 그 결과는 致知 즉 '앎'의 문제로 한정한다. 때문에 성물은 곧장 격물치지로 재귀되지 않는다.

직면하여 각각의 이치를 구하는 데 있지 않는가? 지금 도리어 대상 사태를 떠나 버린 채 오로지 자신에게서만 구하려 하는 것은 더욱더 『대학』의 본래 취지가 아니다.[29]

질문자가 말했다. "최근의 어떤 위대한 유학자는 격물치지에 대해 이렇게 말한다. '격格이란 막는다, 제어한다는 의미다. 외부의 대상을 막은 다음에야 지극한 도를 알 수 있다.' 또 그 말을 받드는 자는 이렇게 말하기도 한다. '사람은 본래 태어나면서부터 그 본성이 모두 선한데, 선하지 않음이 생기는 이유는 외부 대상의 유혹 때문이다. 소위 격물치지라는 것은 외물의 유혹을 막아 본래의 선함을 모두 밝히는 것일 뿐이다.' 이러한 이해는 참으로 좋지 않은가?" 이렇게 대답했다. "모든 존재하는 것에는 그것에 해당하는 원칙이 있다고 했으니, 존재자와 그것의 도는 결코 분리될 수 있는 것이 아니다. 지금 외물을 모두 막은 다음에 지극한 도를 알 수 있다고 했으니, 이는 부자의 관계를 끊어 낸 다음에라야 효성과 자애를 알 수 있는 것이며 군신의 관계를 떠나 버린 다음에야 사랑과 공경을 알 수 있다고 여기는 것이다. 어떻게 그럴 수가 있겠는가? 만약 외물이라는 것이 선하지 않은 유혹을 의미하는 것일 뿐 군신과 부자의 관계를 의미하는 것이 아니라고 한다면, 외물의 유혹으로는 식욕·성욕보다 더 심한 것이 없을 테니 그것으로 한 번 말해 보자. 식욕·성욕이라 할지라도 그 본질에 있어서는 본래 없을 수 없는 것이며 또한 없어서도 안 되는 것이다. 다만, 그 안에 천리와 인욕의 차이가 있어서 조심해야 하는 것일 뿐이다. 식욕과 성욕만이 있고 그것을 대하는 나의 태도에 있어서 무엇이 천리이고 무엇이 인욕인지에 대한 고찰이 없을 때, 인욕을 극복하고 천리를 회복하려는 노력이 없이 외물이 유혹하는 대로 이끌려 본래의 천리를 잃게 되고 말 것이다. 지금 대상을 향하여

---

29) 『中庸或問』, "若知有未至, 則反之而不誠者多矣. 安得直謂但能反求諸身, 則不待求之於外, 而萬物之理, 皆備於我, 而無不誠哉! 況格物之功, 正在卽事卽物, 而各求其理. 今乃反欲離去事物, 而專務求之於身, 尤非大學之本意矣."

그 근원이 무엇인지를 탐구하지도 않은 채 외물이란 언제나 자신을 유혹하는 것이라고 여겨서 일체를 모두 제거하려고만 한다면, 이는 입을 막고 배를 주린 다음에라야 올바른 식욕을 얻는다고 하는 것이며 후사를 모두 끊어 버린 다음에라야 성욕 즉 부부의 관계를 온전히 했다고 하는 것이다. 이는 아무리 도가나 불교 같은 애비도 임금도 없는 가르침에서도 그렇게 하려고 하지 않는 것인데, 하물며 지극히 타당한 성인의 가르침에서 이렇게 형편없겠는가?[30]

다가오는 외부의 대상이나 사태에 대한 관심과 대응은 피하려야 피할 수 없는 것이자 그 자체로 공부의 목적이 된다. 때문에 격물은 결코 함양을 위한 보조적 수단이 될 수 없다. 오히려 함양이 격물을 위한 전제로서 주체의 태도 공부에 해당한다.[31] 물론 격물은 다시 함양의 자원이 된다. 대상에 대한 정확한 이해 즉 대상의 소이연에 대한 정확한 이해를 통해 나는 그 생의生意를 존중하려는 나의 본래적 욕구(生意)를 자극받게 된다. 즉 격물은 앞에서 본 것처럼 내 내면의 본래적 모습을 밝혀 주게 되는 것이다(吾心之全體大用無不明). 결론적으로 격물과 함양은 성숙한 인격으로 대상과 원융한 관계를 맺기 위한 두 개의 날개일

---

30) 『大學或問』, "曰, 近世大儒有爲格物致知之說者曰: '格猶扞也, 禦也, 能扞禦外物, 而後能知至道也.' 又有推其說者曰: '人生而靜, 其性本無不善, 而有爲不善者, 外物誘之也, 所謂格物以致其知者, 亦曰扞去外物之誘, 而本然之善自明耳.' 是其爲說, 不亦善乎? 曰, 天生蒸民有物有則, 則物之與道, 固未始相離也. 今曰禦外物而後可以知至道, 則是絶父子而後可以知孝慈, 離君臣而後可以知仁敬也. 是安有此理哉! 若曰所謂外物者, 不善之誘耳, 非指君臣父子而言也, 則夫外物之誘人, 莫甚於飮食男女之欲. 然推其本, 則固亦莫非人之所當有而不能無者也. 但於其間自有天理人欲之辨, 而不可以毫釐差耳. 惟其徒有是物, 而不能察於吾之所以行乎其間者, 孰爲天理, 孰爲人欲, 是以無以致其克復之功, 而物之誘於外者, 得以奪乎天理之本然也. 今不卽物以窮其原, 而徒惡物之誘乎己, 乃欲一切扞而去之, 則是必閉口枵腹, 然後可以得飮食之正, 絶滅種類, 然後可以全夫婦之別也. 是雖二氏無君無父之敎, 有不能充其說者, 況乎聖人大中至正之道, 而得以此亂之哉?"
31) 『朱子語類』, 권18, "用誠敬涵養爲格物致知之本."

뿐 선후나 주종의 관계일 수 없다.

격물과 함양 혹은 주체의 태도 공부와 대상을 향한 공부는 어떻게 합일(合內外)되는가?

격물할 때는 사물의 이치를 완전히 탐구해야 하는데, 이는 구체적인 사태에 대해 아는 것이다. 앎이 지극하게 되면 저절로 주재함이 있게 되고 취사取捨를 결정할 수 있게 된다.…… 알게 되면 의지가 진실해지고, 그러고 나면 옳은 것은 반드시 하고 옳지 않은 것은 결코 하지 않게 된다.[32]

치지는 모르던 것을 알게 됨을 말하는 것이 아니다. 지금 당장 눈앞에 닥쳐온 일에 대한 것이다. 예컨대 규범과 사욕의 문제로 생각해 보자면, 어제까지 규범에 대해 그것이 응당 행해야 하는 것임을 알면서도 또 말하기를 '하지 않아도 문제될 것은 없다'고 하고, 사욕을 행위로 옮겨서는 안 됨을 알면서도 또 말하기를 '해도 무방하다'고 한다면, 이는 격물과 치지가 실현되지 않은 것이다. 오늘 규범을 이해했으면 반드시 행하고, 사욕을 하지 말아야 함을 알았다면 반드시 하지 않아야 한다. 그래서 마음속으로 확신을 갖고 결단코 그렇게 하겠다는 단계가 되어야 격물과 치지가 실현되었다고 할 수 있는 것이다.[33]

조봉趙峰은 깊이 있는 이해란 결코 이지적 이해가 아니라 '내심에서 우러나오는 가치에 대한 동의와 멈출 수 없는 행위의 충동'[34]이라고 했다. 격물(관심)을 통해 치지(이해)하게 되면 행위에 대한 의지와 충동이

---

32) 『朱子語類』, 권15, "或問, 格物時是窮盡事物之理, 這方是區處理會. 到得知至時, 卻已自有箇主宰, 會去分別取舍.……能知得到, 方會意誠, 可者必爲, 不可者決不肯爲."

33) 『朱子語類』, 권15, "致知, 不是知那人不知底道理, 只是人面前底. 且如義利兩件, 昨日雖看義當然, 而卻又說未做也無害; 見得利不可做, 卻又說做也無害; 這便是物未格, 知未至. 今日見得該當爲, 決爲之; 利不可做, 決定是不做, 心下自肯自信得及, 這便是物格, 便是知得至了."

34) 趙峰, 『朱熹的終極關懷』(華東師范大學出版社, 2004), 163쪽.

생긴다. 그것은 대상을 있는 그대로 존중하고 사랑하려는 의지요 충동이다. 이 의지와 충동은 내 내면의 도덕적 본성 즉 타자의 존재에 대한 존중과 사랑을 의미하는 인仁의 의지와 충동 바로 그것이다. 즉 함양을 통해 회복하고 키우려 했던 바로 그것이다. 이렇게 해서 함양과 격물은 합일될 수 있다.

그런데 여기서 주의할 것은, 이러한 이해를 '내 내면의 도덕적 본성을 외재적 대상을 통해 확인하는 것'으로 읽어서는 안 된다는 점이다. 물론 주체의 도덕적 본성 역시 생의生意 즉 인仁이며, 모든 대상에게 주어진 소이연으로서의 본질 역시 생의로서의 인仁이다. 때문에 이 둘은 궁극적으로 다르지 않다. 그러나 '외재적 대상을 통한 내면의 도덕적 본성 확인'이라는 언명은 공부의 목적과 방향을 전도시켜 버리고 만다. 공부의 목적은 '외재적 대상'에 대한 적절한 응대가 아니라 '내면의 도덕적 본성 확인'이 되어 버리고, 공부는 계속해서 내면을 들여다보려 하게 된다. 결국 대상은 도구로 전락하고 만다. 그것은 마음으로 마음을 볼 수 있느냐 하는 가능성의 문제가 아니다.

이 문제와 관련하여 아즈마 주지(吾妻重二)는 매우 흥미로운 연구 결과를 소개하고 있다. 본래 '궁리窮理'라는 말은 『주역』의 "궁리진성이지어명窮理盡性以至於命"에서 나왔다. 문장의 내용만으로는 궁리窮理는 진성盡性 즉 자신의 본성을 온전히 실현하는 것과 연결된다. 그래서 정호나 정이를 막론하고 이정 형제는 모두 궁리를 본성의 실현을 위한 직관적 공부로 이해했다고 아즈마 주지는 소개한다. 그런데 주자의 『근사록』에는 이러한 직관적 관점에서의 '궁리' 조목이 하나도 반영되지 않았다는 것이다.[35]

---

35) 吾妻重二, 『朱子學的新研究』(傅錫洪 等譯, 商務印書館, 2017), 236~240쪽 참고.

실제 『이정유서』를 확인해 보면 '궁리진성'을 연용한 것(9회)이 '격물궁리'(2회)보다 훨씬 많이 출현한다. 이에 비해 주자는 '궁리진성'을 '작역자作易者' 즉 『주역』의 저자에게만 해당하는 것으로 보아 일반적인 공부의 방법이나 과정으로 인정하지 않았다.[36] 이는 『주자어류』를 비롯한 그의 저작에서 일관되게 보이는 태도다. 반면 '격물궁리'는 『이정유서』에 비해 더 많이 출현한다. 따라서 주자가 궁리를 진성盡性 즉 도덕적 본성과 연결시키지 않고 의식적으로 격물과 연결시키려고 했음을 알 수 있다.[37]

4. 누적적 공부와 인식적 비약의 문제(豁然貫通)

누적적 공부와 인식적 비약의 문제는 격물치지가 완전히 수행되었을 때 도달하게 된다는 소위 '활연관통豁然貫通'에 대한 이해와 연결된다. 앞에서 보았던 『대학장구』의 「격물보전」장에서 주자는 활연관통을 이렇게 설명했다.

> 이렇게 힘쓰다 보면 어느 날 갑자기 뻥 뚫리게 될 것인데, 그러면 모든 것들의 구석구석을 전부 이해하게 되고 내 마음의 본래 모습과 그 운용 역시 모두 환하게 될 것이다. 이것이 바로 대상이 연구된 상태(物格)이며,

---

36) 『朱子語類』, 권77, "問窮理盡性以至於命, 曰, 此言作易者如此, 從來不合將做學者事看. 如孟子'盡心・知性・知天'之說, 豈與此是一串? 卻是學者事, 只於窮理上著工夫. 窮得理時, 性與命在其中矣. 橫渠之說未當."; 『朱熹集』, 권40, 「答何叔京(19)」, "盡心知性知天, 言學者造道之事. 窮理盡性至命, 言聖人作易之事."

37) 吾妻重二는 窮理를 盡性과 연결시키지 않으려는 주자의 태도를 '돈오적' 공부에 대한 불찬동으로 읽었으나(237쪽), 그보다 한 발 더 나아가 격물과 궁리를 본체인식으로 귀결시키는 시도에 대한 기휘로 볼 수 있다.

이것이 바로 내 앎이 지극해진 것(知致)이다.[38]

일반적으로 활연관통은 '누적적 학습을 통한 인식의 비약'으로 설명된다. 다만, 그 인식의 비약을 통해 얻게 되는 것이 과연 무엇인지에 대한 이해의 차이가 존재한다. 첫째, 이 세상에 존재하는 원칙을 모두 아우를 수 있는 궁극의 원리를 이해하게 된다는 관점이다. 둘째, 모든 존재자에게 공통으로 부여된 본질 즉 도덕적 본성에 대한 분명한 이해라고 생각하는 관점이다.

몽배원蒙培元은 누적적 지식에 더해, '활연관통'이란 종합적인 정리를 거쳤을 때 얻게 되는 '일반적 원칙'이라고 설명하고 있다. 다만 그는 이러한 '원칙'을 규범적 법칙으로 한정하지 않고, 견문지지로부터 얻어지는 구체적인 사물의 원칙으로 그린다. 그러면서 그것이 가능하게 되는 근거로서 '유추類推'를 말한다. 즉 그가 말하는 활연관통이란, 개별에 대한 탐구와 유추를 통해서 얻게 되는 존재 일반에 대한 인식이라 할 수 있다.[39]

진래陳來는 "주자의 이 사상은 도덕 인식의 관정에서 말한 것으로, 이는 먼저 각종 구체적 당연 법칙을 구체적으로 인식할 것을 요구한다. 그 후에…… 각각의 분수적인 당연 법칙을 지배하는 보편 원리가 객관적으로 나오게 된다는 것이다"[40]라고 하여 활연관통을 '도덕적 보편 원리'를 깨닫는 것으로 그리고 있다.

그러나 이들의 이해에는 여전히 문제가 남아 있다. 몽배원처럼 활연관

---

38) 『大學章句』, 格物補傳, "至於用力之久, 而一旦豁然貫通焉, 則衆物之表裏精粗無不到, 而吾心之全體大用無不明矣. 此謂物格, 此謂知之至也."
39) 蒙培元, 『理學的演變』(福州: 福建人民出版社, 1998), 64~66쪽 참고.
40) 陳來, 이종란 외 옮김, 『주희의 철학』(예문서원, 2002), 355쪽.

통이 일반 원칙에 대한 이해라고 한다면 그것 역시 격물치지의 일부인데 그것이 어떻게 도덕적 인식과 관련될 수 있는지가, 또 진래처럼 그것이 일반적 도덕 원칙에 대한 깨달음이라고 한다면 조수초목 등에 대한 누적적 인식으로부터 어떻게 도덕적 일반 원칙에 대한 깨달음을 얻을 수 있는지가 해명되어야 한다.

진래는 "개인은 대상에 따른 상대적 지위 즉 임금에 대한 신하로서의 지위, 자식에 대한 아비로서의 지위 등에 근거해서 그 의무를 확정하고 각기 다른 도덕적 행위를 취해야 한다. 그러나 각종 도덕 행위에는 다시 통일된 도덕 원칙이 포함되어 있다"[41]라고 한다. 여기서 그가 말하는 '통일된 도덕 원칙'이란 무엇인가? 그것은 존재하는 모든 것에 공통으로 부여된 도덕적 본성 즉 성리性理다.[42] 즉 존재하는 모든 것의 생의를 존중해 주고 사랑하는 원칙을 의미한다. 그럼 개별의 도덕규범에 대한 인식으로부터 보편의 생의를 알게 되는 인식적 비약은 어떻게 가능한가?

아즈마 주지(吾妻重二)는 활연관통을 『논어』의 일이관지一以貫之와 연결시켜 '실천적·종합적 깨달음'이라고 규정한다. 주자는 『논어집주』에서 공자의 '일이관지'에 대해 증자가 '예'라고 답할 수 있었던 것은 그가 '오랜 실천적 노력이 쌓여 있었기 때문'(眞積力久)이라고 기술했다. 이렇게 '하나로 꿰뚫는 깨달음'은 '실천적 노력의 누적'에 의해 가능하다는 것이다.[43]

이들은 모두 활연관통을 '인식적' 전회 혹은 비약으로 읽고 있다.

---

41) 陳來, 이종란 외 옮김, 『주희의 철학』, 94쪽.
42) 陳來, 이종란 외 옮김, 『주희의 철학』, 350쪽.
43) 吾妻重二, 『朱子學的新研究』(傅錫洪 等譯, 商務印書館, 2017), 225쪽 참고.

그러나 필자는 활연관통을 인식의 문제가 아닌 '인격적' 승화와 종합적 '통찰'의 의미로 읽고자 한다. 먼저 '인격적 승화'란 주체의 태도변화를 의미한다.

공부가 오래되면 마음과 이치는 하나가 된다(心與理一). 그래서 모든 사태(周流泛應)에 응대함이 모두 적당하게 된다.[44]

마음이 곧 이치이고 이치가 곧 마음이니, 이렇게 되면 모든 행동거지(動容周旋)가 이치에 들어맞게 된다.[45]

주자에게 있어서 주체와 대상의 만남을 주관적 조작의 왜곡으로 흐르지 않게끔 해 주는 매개는 리理다. '마음과 이치가 하나'가 되는 상태는 주체의 태도 훈련을 통해 대상의 여여한 상태(所以然)를 인식하고 체험하며 이해하고 수용하는 것을 의미한다. 위의 인용문들에서 보이는 것처럼, 이러한 태도는 어떤 특수한 대상에게만 적용되는 것이 아니라 다가오는 모든 대상 사태에 적용된다. 이는 어떤 특정한 대상에 대한 완벽한 깨달음 내지, 그것을 통한 만물의 보편적 원리에 대한 깨달음일 수 없다. 오랜 과정을 통해 도달하게 되는 일종의 태도이며, 바로 『논어』에서 말하는 '종심소욕불유구從心所欲不踰矩'의 인격적 경지다.

'마음과 이치가 하나' 되는 상태는 본체 인식과 어떻게 다른가? 이때의 이치는 각각의 대상이 지니는 구체의 분수리分殊理이면서 물리物理이지, 이일理一의 성리性理가 아니다. 활연관통의 결과로 얻게 되는 것 역시

---

44) 『朱子語類』, 권20, "惟學之久, 則心與理一, 而周流泛應, 無不曲當矣."
45) 『朱子語類』, 권18, "心卽理, 理卽心, 動容周旋, 無不中理矣."

실제 내 눈앞에 있는 대상과의 원융한 관계맺음이기에 본체 인식과는 무관하다. 그러나 모든 대상을 여여하게 받아들일 수 있는 주체의 태도가 이미 변했기 때문에 어떤 대상이 다가오든 문제될 것이 없다. 따라서 동시에 보편적이기도 하다.

다음은 종합적 '통찰'이다. 종합적 통찰이란 개별적 대상과 사태가 지니는 개별적 법칙이 엄존하지만 결코 그것들이 파편적·독립적으로 존재하지 않는다는 것을 확인하고, 각각의 법칙들이 종합적 관계망을 형성함을 깨달아서 전체의 유기적 관계망을 거시적으로 통찰해 낼 수 있는 것(湊合得)을 의미한다. 이는 소옹의 선천역학으로부터 영향 받은 만물상관적 세계 인식, 그리고 만물의 개별적 존재의 확실성·합리성·규칙성에 대한 인정과 존중으로부터 도출된 관점이다.

> 부모님을 섬기는 데에는 부모님을 섬기는 이치가 있고, 윗사람을 섬기는 데에는 윗사람을 섬기는 이치가 있다. 이 일에는 이 일에 해당하는 이치가 있고, 저 일에는 저 일에 해당하는 이치가 있다. 각각의 이치를 온전히 이해하고 나면 만사는 만 개의 이치가 된다. 그러나 사방으로부터 중앙으로 종합해 들어오면 결국엔 하나의 이치일 뿐이다.[46]

부모님을 섬기는 것에는 그 자체의 원칙이 있다. 그러나 부모님과의 관계는 단독적으로 존재하지 않는다. 우선 부모님을 모시는 다른 형제들이나 배우자와의 관계가 있을 것이며, 그 밖에도 경제적·사회적·문화적 고려의 대상들이 수없이 많을 것이다. 이러한 것들을 무시한 채 부모님을 잘 섬기겠다는 일념 하나만으로, 혹은 효도해야 한다는 당위적

---

46) 『朱子語類』, 권117, "事親中自有箇事親底道理, 事長中自有箇事長底道理; 這事自有這箇道理, 那事自有那箇道理. 各理會得透, 則萬事各成萬箇道理; 四面湊合來, 便只是一箇渾淪道理."

인식 하나로 잘 섬길 수 있는 것이 아니다.

물었다. "'하늘의 도에 밝은 뒤에 백성의 일을 살핀다'는 말이 있습니다. '하늘의 도'가 곧장 '백성의 일'이라는 말입니까?" 대답했다. "궁극의 단계로 말하자면 그저 하나의 이치일 뿐이지. 그러나 단계적 고찰에서는 우선 둘로 나눠서 봐야 한다. 그래야 이해가 결핍 없이 종합적일 수 있는 것이다." 물었다. "하늘의 도란 그저 착한 사람에게 복주고 나쁜 사람에게 벌주는 그런 게 아닙니까?" 대답했다. "음양의 변화 같은 것, 예컨대 봄에는 왜 생명이 피어나고 가을에는 왜 시드는지, 여름에는 왜 덥고 겨울에는 왜 추운지 등등을 모두 이해해야 한다." 물었다. "백성의 일이라는 것은 군신이나 부자 등의 관계에서 생기는 규범이 아닙니까?" 대답했다. "사람들이 살아가며 발생하는 모든 일상의 일들이 다 해당한다. 그런데 만약 백성의 일만 이해하고 하늘의 도를 이해하지 못하면 백성의 일 역시도 이해하지 못한 것이다. 그 궁극의 단계에 가서는 본래 하나의 이치일 뿐이다. 요컨대 결핍이 없이 종합적으로 이해해야 한다."[47]

이 인용문은 두 가지 측면에서 중요한 정보를 제공하고 있다. 첫째, 공부를 통해 파악해야 할 이치라는 것이 결코 '복선화음福善禍淫'이나 '군신부자君臣父子' 같은 규범적 원칙에 대한 것으로 한정되지 않는다는 점이다. 둘째, '백성의 일'을 이해하기 위해서라도 '하늘의 도'를 이해해야 한다는 것이다. 다시 말해 '백성의 일'과 '하늘의 도'가 개별적으로 존재하지 않는다는 말이다. 이는 '백성의 일'이 곧 '하늘의 도'라는

---

47) 『朱子語類』, 권75, "問, 明於天之道, 而察於民之故. '天之道'便是'民之故'否? 曰, 論得到極處, 固只是一箇道理; 看時, 須做兩處看, 方看得周匝無虧欠處. 問, 天之道, 只是福善禍淫之類否? 曰, 如陰陽變化, 春何爲而生? 秋何爲而殺? 夏何爲而暑? 冬何爲而寒? 皆要理會得. 問, 民之故, 如君臣父子之類是否? 曰, 凡民生日用皆是. 若只理會得民之故, 卻理會不得天之道, 便卽民之故亦未是在. 到得極時, 固只是一理. 要之, 須是都看得周匝, 始得."

말이 아니다. 다만 '백성의 일'과 '하늘의 도'가 서로 무관하지 않음을 말할 뿐이다.

주자는 누적적 공부의 필요성을 역설한다. 한둘을 알았다고 해서 곧장 요순과 같은 완벽한 단계가 될 수 없다고 말한다. 그것은 화두 하나를 두고서 본성을 깨닫는 불교적 신비체험에 다름 아니기 때문이다.[48] 그렇다고 누적과 점진적 공부라는 것이 일상으로부터 초월로, 구체로부터 일반으로 올라가는 공부를 의미하지도 않는다. 큰 것을 알았다고 해서 작은 것은 버려두어도 좋은 그런 것이 아니기 때문이다.[49] 때문에 종합적 통찰은 일반으로의 유추와 추상을 통한 본체 인식 등과는 거리가 멀다.

그렇다고 또 존재하는 모든 지식의 축적을 목적으로 하는 것도 아니다. 공자는 지식의 축적만을 중요하게 생각하는 자공에게 그것보다 더 중요한 것은 그것을 하나로 꿰뚫는 것(一以貫之)이라고 말해 주었다.[50] 관건은 그것을 '하나로' 연결시키는 것이다.[51] 이는 마치 엽전 꾸러미를 하나로 관통시키는 것과 같다. 관통을 통해 각각의 것을 조리 있게 질서지우고, 각 규범과 행위들 간의 관계를 일목요연하게 통찰해 낼 수 있게 하는 것이다. 이는 하나로 꿰는 '행위 자체'를 위한 것도 아니다.

---

48) 『朱熹集』, 권72, "愚謂致知格物, 大學之端, 始學之事也. 一物格則一知至. 其功有漸積久, 貫通然後胸中判然不疑, 所行而意誠心正矣. 然則所致之知, 固有淺深, 豈遽以爲與堯舜同者一旦忽然而見之也哉? 此殆釋氏一聞千悟一超直入之虛談, 非聖門明善誠身之實務也. 其與前章所斥, 異端之學不知所先後者, 又何以異哉?"

49) 『朱子語類』, 권15, "知至, 謂天下事物之理知無不到之謂. 若知一而不知二, 知大而不知細, 知高遠而不知幽深, 皆非知之至也. 要須四至八到, 無所不知, 乃謂至耳."

50) 『朱子語類』, 권27, "子貢尋常自知識而入道, 故夫子警之曰: '汝以予爲多學而識之者歟?' 對曰: '然. 非與?' 曰: '非也, 予一以貫之.' 蓋言吾之多識, 不過一理爾."

51) 『朱子語類』, 권27, "曾子一貫忠恕, 是他於事物上各當其理. 日用之間, 這箇事見得一道理, 那箇事又見得一道理, 只是未曾湊合得. 聖人知其用力已到, 故以一貫語之."

구체와 실제를 버려두고서 '도덕적 본성'과 같은 그 상위의 궁극의 원칙을 찾아가려는 것이 아니다.[52]

개별적 이치가 이렇게 하나로 꿰어질 수 있는 이유는, 그것들이 모두 같은 근원으로부터 나왔다는(同出一原) 존재론적 배경 때문이다.[53] 주돈이의 「태극도설」이나 소옹의 〈선천역학〉에서 보이는, 동일한 시원으로부터 파생 확장되는 존재의 연쇄가 그것이다. 이때의 '같은 근원'이란 본체론적 차원에서 모두 동일한 성리를 부여받았다는 의미가 아니다.

공부에는 두 가지 모습이 있다. 하나는 아래에서부터 위로 올라가는 방법이고, 다른 하나는 위에서부터 아래로 내려가는 방법이다. 아래에서부터 위로 올라가는 방법이란, 구체적인 사태로부터 이치를 추적해(湊合得) 올라가는 것이다. 그래서 궁극의 지점에 올라가면 그저 하나의 이치일 뿐이다. 위에서 아래로 내려가는 방법이란, 먼저 대체를 보고 거기서부터 구체적인 대상 사태를 보는 것이다. 그래서 매 대상 사태에 당연의 이치가 있다는 것을 보는 것이다.[54]

존재하는 모든 것이 동일한 우주의 본질을 부여받았다는 소위 본체론적 관점에서는, 자신에게 부여된 도덕적 본성을 확인하기 위해 소위 역각체증逆覺體證 식의 탐색 과정이 필요할 수 있다. 그러나 그 탐색의

52) 『朱子語類』, 권27, "'吾道一以貫之', 譬如聚得散錢已多, 將一條索來一串穿了. 所謂一貫, 須 是聚箇散錢多, 然後這索亦易得. 若不積得許多錢, 空有一條索, 把甚麼來穿! 吾儒且要去積錢. 若江西學者都無一錢, 只有一條索, 不知把甚麼來穿."

53) 『大學或問』, "蓋萬物各具一理, 而萬理同出一原, 此所以可推而無不通也."

54) 『朱子語類』, 권114, "大凡爲學有兩樣: 一者是自下面做上去, 一者是自上面做下來. 自下面做 上者, 便是就事上旋尋箇道理湊合將去, 得到上面極處, 亦只一理. 自上面做下者, 先見得箇大 體, 卻自此而觀事物, 見其莫不有箇當然之理."

목적이 '동일한 본성의 확인'이라면 위에서 다시 아래로 내려오는 과정은 필요치 않다. 어차피 어디를 가든 마찬가지일 테니 말이다.

> 물었다. "'하나의 이치가 통하면 모든 이치가 통한다'는 말은 어떻습니까?" 대답했다. "세상에 어찌 하나의 이치가 통하면 곧장 모든 이치가 통할 수가 있겠는가? 반드시 누적해 가야 한다. 안자 같은 훌륭한 사람도 그저 하나를 들으면 열을 아는 정도였다."[55]

모든 이치에 관통하는 하나의 이치라는 것이 '동일한 우주적 본성'이라면 당연히 하나를 관통하면 다른 모든 것도 관통할 수 있을 것이다. 그러나 주자가 말하는 이치란 성리性理가 아니라 물리物理다. 일리一理가 아니라 분리分理다. 때문에 개별적 이치를 연구하고 누적하는 과정이 필요한 것이다. 그러한 누적을 통해 '관통'된다는 것은, 그 내면에 공통으로 주어져 있는 '일반'을 추상하고 유추하는 것이 아니라 개별적 이치들의 연결망을 관찰해서 그 구조와 관계를 종합적으로 파악하는 것이다. 높은 산 위에 올랐을 때 바위와 나무로 구성된 전체의 모습이 보이는 조감이요 통찰이지, 산을 보았다고 나무와 바위를 버려둘 수 있는 일반화와 유추가 아니다.

대상세계에 대한 인식이 가능하려면 세계의 법칙성과 존재의 이법적 고유성이 전제되어야 한다. 오늘 이해한 것이 내일 지속되지 않으면 공부할 필요가 없다. 모든 예측과 준비는 무의미해지고 만다. 모든 존재자는 고유한 개성(personality)과 위치가 있기에 관계 형성이 가능하다. 모든 것이 이법적 고유성에 의해 자기 자리를 지키는 세계에서

---

55) 『朱子語類』, 권18, "問, '一理通則萬理通', 其說如何? 曰, 伊川嘗云: '雖顔子亦未到此.' 天下豈有一理通便解萬理皆通! 也須積累將去, 如顔子高明, 不過聞一知十."

모든 것은 마음먹기에 달렸다는 식은 가능할 수도 없거니와 무척이나 위험하다.

동시에 존재하는 모든 것에는 보편의 원칙이 관통되어야 한다. 더하기의 법칙은 이집트 피라미드 시대에도 오늘에도, 미국에서도 한국에서도 동일하게 적용되어야 한다. 수학적 엄밀성과 보편성이 바로 소옹의 〈선천역학〉으로부터 주자가 보고자 한 것이다. 엄밀한 화엄의 원칙에 의해 세계는 질서지워져 있기에 어느 하나를 독립적·파편적으로 이해하는 것은 불가하다. 관심을 갖고 대상을 정확히 이해한다는 것은 이렇게 전체 속에서 통찰해 내는 것이다. 그것이 활연관통이요 앎이 지극해지는 것(知致)이다. 그러한 통찰을 바탕으로 할 때만이 가족도 사회도 국가도 제대로 대할 수 있는 것이다.

5. 결론: 경지에서 일상으로

지금까지 우리는 주자의 격물공부를 해석학적 관점에서 추적했다. 해석학에서 "대상이란 누군가에 대한 관계를 떠나서는 의의를 지닐 수 없으며, 그 관계만이 의의를 규정한다고 말할 수 있다."[56] 주자는 공부의 목적을 성숙한 인격으로 대상을 만나기 위한 것이라고 규정했다. 대상을 있는 그대로 존중하고 배려할 때 나의 인격 역시 성숙해진다는 말이다. 때문에 대상에 대한 탐구는 단순한 인식의 문제가 아니라 나와의 관계에서 오는 관심의 표현이 된다. 이렇게 주자의 격물은 해석학적 관계맺음으로 번역될 수 있다.

---

56) 리차드 팔머, 이한우 옮김, 『해석학이란 무엇인가』(문예출판사, 2011년 제2판), 58쪽.

많은 연구자들은 조수초목에 이르기까지 존재하는 모든 것을 탐구하라는 주자의 언설을 적절히 소화해 낼 수 없었다. 그것이 내 인격적 성숙과 어떤 관계를 갖는지 해명할 수 없었기 때문이다. 그러나 아무리 하찮은 대상이라 할지라도 나와의 '관계'에서는 나름의 의미를 지니게 되고 규범을 형성한다. 저마다 지닌 존재적 처지가 다르기에, 내 내면의 도덕성 혹은 도덕적 의지만으로 그에게 적절히 대할 수 있는 것이 아니다. 일리—理와 성리性理뿐만 아니라 분리分理와 물리物理를 탐구해야 하는 이유다.

공부가 쌓이다 보면 어느 날 갑자기 이루게 된다는 활연관통 역시 관계와 관심을 떠나서는 생각할 수 없다. 그것은 내 앞의 대상을 온전히 이해하게 되고, 그래서 그를 대하는 나의 태도가 변화되는 것을 의미한다. 동시에 대상을 온전히 이해하기 위해서는 그것을 둘러싼 모든 관계들을 파악해야 함을 의미한다. 대상은 독립적·파편적으로 존재하지 않기 때문이다. 대상을 나의 의도와 목적에 맞게 재단하거나 억압하지 않고 있는 그대로 존중하고 배려하는 태도는 어느 날 갑자기 이루어지는 게 아니다. 오랜 훈련을 통해 누적적으로 이룩해 가는 것으로, 공자도 칠십에나 가능했다.

많은 연구자들은 주자 공부의 목적을 내면의 도덕적 본성을 확인하고 확보하는 것으로 보아 왔다. 이런 관점에서 대상은 적절한 대접을 받을 수 없다. 기껏해야 내면의 도덕적 본성을 확인하기 위한 도구에 불과하게 된다. 이는 주자가 극복하려고 했던 도남학과 호상학의, 내면으로 함몰되는 공부관이다. 설령 그렇게 도덕적 본성이 확보되었다 하더라도 일상을 제거해 버린 주체에게 그것이 과연 무슨 의미를 지닐 수 있을까?

주자는 인仁이나 도덕본체와 같은 어떤 초월적 실체를 발견하려고 했던 것도, 그것을 통해 위대한 경지에 도달하려고 했던 것도 아니다. 그저 일상 속에서 누구나 할 수 있고 또 누구나 해야 하는 공부를 하고자 했던 것이다.

결어: 무엇이 주자학인가?

주자 사후 주자학은 어떻게 국가이데올로기가 될 수 있었을까? 왜 상산학이나 사공학이 아닌 주자학이었을까? 양명학이 크게 흥기했음에도 불구하고 왜 명조는 여전히 주자학을 국가이념으로 지속시킨 것일까? 이러한 현상은 조선뿐만 아니라 청조와 일본도 마찬가지였다. 거기에는 물론 '우연'이 작용했을 수도 있다. 우연히 주자의 후예들이 원대 이후 정권과 연결되었다는 관점이다.

그럼 다른 경우를 상상해 보자. 육왕심학이나 사공학은 과연 국가이념이 될 수 있었을까? 육왕심학은 모든 가치의 기준을 주체 내면의 도덕적 본성이나 그 자발적 의지에 둔다. 즉 심즉리心卽理다. 이는 공맹이 인간의 도덕적 본성을 말한 이후 유가의 오래된 전통이었다. 주자 역시 여기서 예외가 아니다. 그러나 육왕과 주자의 가장 큰 차이점은 그 도덕적 본성을 종국의 기준으로 보느냐 아니면 출발의 전제로 보느냐에 있다. 주자는 도덕적 본성을 인정하지만 그것에만 의지하지는 않는다. 인간의 도덕적 본성은 너무나 쉽게 무너질 수 있음에(道心惟微) 반해 실존적 인간은 얼마든지 자기중심적으로 왜곡될 수 있기(人心惟危) 때문이다.

그래서 주자는 시스템 즉 '외적 통제'를 중시한 것이다. 반면 육왕심학에는 '시스템'이 없다. 이것은 그들이 체계적 절차와 점진적 훈련을 반대했다는 말이 아니다. 그들은 실제 남겨 놓은 것이 거의 없다. 새로운 텍스트를 만들지 않았다. 주석이 불필요하기 때문이다. 육경은 '나'를 주석할 뿐이다. 그들에겐 형이상학적 관념이 박약하다. 모든 것의 근거로서 주체의 내면 하나면 충분하기 때문이다. 세계와 나는 공통의 본질에 의해 연결되어 있기에 나 하나만 잘 보면 된다. 모든 것은 내게 갖추어져 있다.

이래서는 국가이념이 될 수 없다. 국가란 서로 자기가 옳다고 믿는 사람들이 만났을 때 그것을 조율할 수 있어야 한다. 판관의 주관적 믿음에 맡길 수는 없는 노릇이다. 정치적·경제적으로 서로 다른 입장과 배경을 지닌 사회의 여러 구성원들은 어떻게 공화共和될 수 있을까? 이기적 개인을 전제하지 않고는 생각할 수 없는 경제·외교·당쟁은 또 어떻게 판정하고 제어할 수 있으며, 황제와 간신배들의 자기합리화는 또 어떻게 판정하고 제어할 수 있을까? 육왕심학은 국가이념이 될 수 없다.

유학을 개인의 내면적 성장 정도로 한정하는 모든 관점은 결코 국가이념이 될 수 없다. 만약 '주자만년정론'이나 '주자심학'이 주자의 본지라면 이 역시 국가이념이 될 수는 없다. 최근 중국에서 일고 있는 '양명열풍'에는 유학을 개인의 안심입명 정도로 한정하려는 불순한 의도가 숨어 있다고 생각된다. 유학을 철저히 내성內聖으로 한정해야 지식인의 사회적 참여를 주장했던 공맹 이래의 비판정신을 잠재울 수 있기 때문이다. 마찬가지로 자신의 역할을 도덕교사 혹은 도덕이론가 정도로 한정하는 국내외의 연구자들에게서는 현대사회의 수많은 문제들에 대한 책임 있는 응대를 기대하기 어려울 것이다.

현실의 문제에 착목하는 사공학은 어떤가? 그들의 경권론經權論이 그런 것처럼 결과주의자에게서는 보편의 기준을 확보할 수 없다. 현실의 모든 것이 이성적이라고 한다면 지향해야 할 목표도, 그것을 위해 갖추어야 할 절차도 얼마든지 가변적일 수 있다. 태극처럼 중앙을 점하는 황제, 그리고 양의와 사상처럼 사방으로 확장되는 사회적·정치적 질서가 실용이라는 이름으로 얼마든지 변할 수 있는 것이라면, 봉건사회는 그것을 이념으로 삼을 수 없었을 것이다. 사공학은 국가를 위해 기능할 수는 있지만 이념이 되기에는 부족하다.

주자는 왕안석 등의 국가주의에 반대하고 정이로부터 이어지는 사대부 중심의 공치천하共治天下 이념을 주장하지만, 아이러니하게도 주자의 '체계적 철학'은 오히려 국가주의를 강화할 가능성이 농후하다. 물론 그는 현실정치 위에 이성(理)의 권위를 세워 두었지만, 그 이성의 체계는 '중앙'으로부터 파생된다. 맹자 이래로 그 '중앙'이 누구냐 하는 문제는 유가 지식인의 오래된 화두였지만, 현실 권력의 핵심인 황제와 그 물리적 현현인 국가가 논리적으로 비이성이어야 할 이유는 없다. 주자학이 원대 이후 동북아 사회의 국가이데올로기가 된 것은 결코 우연이 아니다.

물론 주자 자신이 국가이념을 수립하기 위해 의식적으로 철학을 동원했다고 할 수는 없을 것이다. 그러나 적어도 그의 철학이 국가이념으로 기능하게 된 데에는 그럴만한 내재적 원인이 있었다고 말하는 것이 합리적이다. 그것을 필자는 전체와 법칙, 균형과 질서, 체계와 관계라고 읽은 것이다.

주자가 그린 이상적인 사회는 '교육받은 지식인에 의한 도덕적 자치사회'였다. 그는 이 사회를 만들기 위한 상세한 설계도와 구체적인 실행방안 그리고 다양한 도구들을 갖추고자 했다. 태극을 중심으로 하는 형이상학은 이 체계의 이념이자 설계도다. 〈선천역학〉과 〈하도낙서〉를 중심으로 하는 그의 역학은 이 이념의 이론적 근거다. 『사서집주』를 비롯한 수많은 텍스트는 이 이념과 가치에 경전적 권위를 제공한다. 예학·향약·사창·서원 등 각종 사회적 장치들은 이 이념과 가치를 실현시켜 주는 시행령이다. 이 모든 '체계'가 주자학이다. 주자학은 결코 '내면의 철학'으로 한정될 수 없다.

많은 연구자들은 주자학을 소위 이기·심성·수양의 키워드로 이해해 왔고, 그 결과가 '도덕형이상학' 혹은 '도덕심리학'이었다. 데카르트로부터 칸트에 이르기까지 근대적 사유는 의심될 수 없는 확실한 것이 무엇인지를 추적했다. 서양의 근대적 사유를 공부한 일련의 동양 철학자들 역시 철학의 사명은 의심될 수 없는 확실한 것을 찾는 것이라 생각했다. 문명의 충돌이나 시대의 동탕에도 변하지 않을 이 분명한 것을 그들은 본체本體 혹은 도체道體라고 불렀으며, 그것을 이론적으로 증명해 내는 것이 자신의 소임이라고 생각했다.

철학은 보편을 추구한다. 유가 역시 천 년 전의 성인과 천 년 뒤의 성인이 모두 동의할 수 있는 '보편 진리'를 믿는다. 어디에서나 통하는 보편을 확보하는 가장 쉬운 방법은 모든 변수를 제거한 채 실험실적 사고를 진행하는 것이다. 실험실적 사고는 관념적으로 완벽하게 인간의 심리와 그 근거를 분석하고, 거기서 걸러진 부정적 감정은 이론적으로 간단히 극복해 낼 수 있을지 모른다. 하지만 현실은 실험실이 아니다. 실험실을 나서는 순간 우리의 판단을 기다리는 수많은 일들이 다가온다. 그리고 매순간의 판단을 위해서는 수많은 지식과 고려, 그리고 결단이 필요하다. 자신의 감정과 욕구를 들여다보는 것만으로는 어림없다.

철학은 보편을 추구하지만 철학자는 시대적 소명과 관심으로부터 자유로울 수 없다. 그렇게 철학은 해석된다. 근대적 사유에 경도된 철학사가에 의해 주자를 비롯한 모든 도학자들은 골방 속 이론가가 되어버렸는지 모르겠다. 인간의 본성과 감정을 객관적으로 분석하는 과학자가 되어 20세기의 수요를 만족시키도록 강제되었다. 그러나 20세기 철학사가에게 그들의 맥락이 있었던 만큼이나 12세기의 도학자에게도 그만의 맥락이 있었을 것임은 분명하다.

일련의 사상사학자들은 주자의 이러한 '맥락'을 추적한다. 주로 재미 사학자들인 진영첩陳榮捷, 여영시余英時, 피터 볼(Peter K. Bol) 같은 학자들은 주자학의 영역을 학學·정치·사대부집단 등등의 문제로 확장한다. 이러한 맥락에서는 주자학이 왜 동북아의 정치적·사상적 지배이데올로기가 될 수 있었는지가 보다 선명해진다. 그뿐 아니라 일련의 익숙한 개념과 명제 및 『사서집주』와 같은 텍스트들이 새롭게 해석될 수 있다.

철학의 보편이 사상의 역사성과 끊임없이 대화해야 하는 이유가 여기에 있다. 박제화된 사유는 그러한 대화 속에서 생기를 되찾고 의미를 복원하게 될 것이다. 이론화된 실험실적 결론은 사실도 아니거니와 지금의 우리에게 아무런 의미를 지닐 수 없다. 필자는 서양문명의 침탈 속에서 형성된 주자학에 대한 규정을 이제 새롭게 내릴 때라고 생각한다. 사실에 있어서도, 의미에 있어서도 그렇다.

'성숙한 인격이 모여 만드는 이상적 사회 건설'은 선진시대 이후 유가의 일관된 목표였으며, 주자의 평생 작업 역시 여기서 벗어나지 않는다. 사회를 등진 인격자는 결코 인격자일 수 없으며, 현실과 맥락이 없는 윤리적 명제 역시 아무런 의미를 지니지 못한다. 주자의 관심은 일관되게 사회 속의 개인이었다. 현대사회의 갖가지 문제에 직면하기 위해서도 이제 우리는 꽉 막힌 실험실에서 나와야 한다. 현대사회는 골방의 성인이 아니라 광장의 지식인을 요구한다. 그리고 그것이 주자학이다.

참고문헌

孔穎達, 『尙書正義』, 十三經注疏本, 北京大學出版社, 1999.

孔穎達, 『周易正義』, 十三經注疏本, 北京大學出版社, 1999.

董眞卿, 『周易會通』, 上海: 上海古籍出版社, 1990.

邵雍, 『伊川擊壤集』, 中文出版社, 1979.

邵雍, 『皇極經世書』, 臺灣中華書局, 1979.

邵伯溫, 『皇極繫述』, 전자판 四庫全書.

永瑢 등, 『四庫全書總目』, 中華書局, 1965.

王植, 『皇極經世書解』, 전자판 四庫全書.

劉牧, 『易數鉤隱圖』, 전자판 文淵閣四庫全書本 및 正統道藏本.

陸九淵, 『象山先生全集』, 商務印書館, 民國24年.

陸九淵, 『陸象山全集』, 世界書局, 1979.

程頤, 『易傳』, 學民文化社, 1996.

程顥·程頤, 『二程集』, 中華書局, 1981.

程顥·程頤, 『二程遺書』, 上海古籍出版社, 2000.

朱鑑, 『文公易說』, 전자판 文淵閣四庫全書本.

周敦頤, 『周敦頤集』, 中華書局, 1990.

朱震, 『漢上易傳』, 전자판 文淵閣四庫全書本.

朱熹, 『近思錄』, 『朱子全書』, 上海古籍出版社·安徽敎育出版社, 1988.

朱熹, 『大學或問』·『四書或問』, 上海: 上海古籍出版社, 2001.

朱熹, 『易學啓蒙』, 『朱子全書』, 上海古籍出版社, 安徽敎育出版社, 2002.

朱熹, 『原本周易』, 大田: 學民文化社, 1996.

朱熹, 『周易傳義大傳』, 四庫全書本.

朱熹, 『朱子語類』, 中華書局, 1994.

朱熹, 『朱熹集』, 四天敎育出版社, 1996.

陳淳, 『北溪字義』, 藝文印書館, 1967.

蔡沉, 『洪範皇極內篇』, 전자판 文淵閣四庫全書本.

韓嬰, 『子夏易傳』, 전자판 文淵閣四庫全書本.

黃幹, 『朱子行狀』, 朱子全書本, 上海古籍出版社, 安徽教育出版社, 2005.

黃宗羲, 『宋元學案』, 『黃宗羲全集本』, 浙江古籍出版社, 2005.

高懷民, 『邵子先天易哲學』, 臺北市各大書局, 民國86年.

孔令宏, 『儒道關係視野中的朱熹哲學』, 中華大道文化事業股份有限公司, 2000.

곽신환, 『조선유학과 소강절 철학』, 예문서원, 2014.

金春峰, 『朱熹哲學思想』, 東大圖書股份有限公司, 民國87年.

勞思光, 『中國哲學史』三上, 三民書局, 1983.

勞思光, 『중국철학사』(宋明篇), 정인재 역, 탐구당, 1993년 6판본.

樓宇烈, 『周易注』, 『王弼集校釋』, 北京: 中華書局, 1980.

唐君毅, 『中國哲學原論 － 導論篇』, 臺灣學生書局, 民國75年.

唐明邦, 『邵雍評傳』, 南京大學出版社, 1998.

杜保瑞, 『北宋儒學』, 臺北: 臺灣商務印書館, 2005.

牟宗三, 『宋明儒學的問題與發展』, 臺北: 聯經, 2003.

牟宗三, 『心體與性體』正中書局, 民國57년.

牟宗三, 『심체와 성체』 1, 김기주 옮김, 소명출판, 2012.

牟宗三, 『심체와 성체』 2, 황갑연 옮김, 소명출판, 2012.

牟宗三, 『심체와 성체』 4, 전병술·황갑연 옮김, 소명출판, 2012.

蒙培元, 『理學範疇系統』, 人民出版社, 1989.

蒙培元, 『情感與理性』, 中國人民大學出版社, 2009.

미르치아 엘리아데, 『영원회귀의 신화』, 심재중 옮김, 이학사, 2009.

미르치아 엘리아데, 『종교형태론』, 이은봉 옮김, 한길사, 1996.

미르치아 엘리아데, 『성과 속』, 이은봉 옮김, 한길사, 1998.

미르치아 엘리아데, 『신화와 현실』, 이은봉 옮김, 한길사, 2011.

미르치아 엘리아데, 『이미지와 상징』, 이재실 옮김, 까치, 1998.

方東美, 『中國人生哲學』, 臺北: 黎明文化事業公司, 民國69年.

石訓 外, 『中國宋代哲學』, 河南人民出版社, 1992.

束景南, 『朱熹年譜長編』, 華東師範大學出版社, 2001.

孫國中 主編, 『河圖洛書解析』, 學苑出版社, 1990.

吾妻重二, 『朱子學の新研究』, 創文社, 2004.

안건훈, 『자유 의지와 결정론』, 집문당, 2006.

梁紹輝, 『周敦頤評傳』, 南京大學出版社, 1994.

에른스트 카시러, 『상징형식의 철학Ⅱ』, 심철민 옮김, 도서출판b, 2012.

에른스트 카시러, 『인간이란 무엇인가?』, 최명관 옮김, 창, 2008.

余敦康, 『內聖外王的貫通』, 學林出版社, 1997.

余敦康, 『漢宋易學解讀』, 華夏出版社, 2006.

寥名春 등, 『주역철학사』, 심경호 역, 예문서원, 1994년.

이승환, 『횡설과 수설』, Humanist, 2012.

張克賓, 『朱熹易學思想研究』, 人民出版社, 2015.

張岱年, 『中國哲學大綱』, 中國社會科學出版社, 1982.

제임스 조지 프레이저, 『황금가지』, 이용대 옮김, 한겨레출판, 2003.

朱伯崑 외 저, 『주역산책』, 김학권 역, 예문서원, 1999.

朱伯崑, 『역학철학사』, 김학권 등 옮김, 소명출판, 2012.

朱伯崑, 『易學哲學史』, 華夏出版社, 2005.

陳來, 『宋明理學』, 遼寧教育出版社, 1991.

陳來, 『宋明理學』 제2판, 華東師範大學出版社, 2004.

陳來, 『仁學本體論』, 三聯書店, 2014

陳來, 『朱子哲學研究』, 華東師范大學出版社, 2000.

陳少峰, 『宋明理學與道家哲學』, 上海文化出版社, 2001.

陳榮捷, 『朱子新探索』, 學生書局, 1988.

蔡仁厚, 『宋明理學 北宋篇』, 臺灣學生書局, 1977.

馮友蘭, 『中國哲學史新編』, 人民出版社, 1998.

馮友蘭, 『中國哲學史』, 華東師範大學出版社, 2000.

곽신환, 「주희 〈주역본의〉의 본의」, 『周易研究』 제5집, 한국주역학회, 2000.

郭彧, 「周氏太極圖'與道教文化」, 『國際易學研究』 3輯, 華夏出版社, 1997.

金滿山, 「圖書易學의 時間觀에 관한 研究」, 『한국종교』, 원광대학교 종교문제연구소, 1992.

김민철, 「陸九淵의 心卽理 體系」, 『哲學論究』 제27호, 서울대학교 철학과, 1999.

김병환, 「"自無極而爲太極"인가, "無極而太極"인가」, 『퇴계학보』 93집, 퇴계학연구원, 1997.

金尙燮, 「朱子以理學詮釋易學之研究」, 대만대학 박사학위논문, 1992.

김용정, 「라이프니츠의 普遍記號法思想과 易의 論理」, 『周易의 現代的 照明』, 韓國周易學會, 범양사, 1992.

김인철, 「다산의 '先天易'에 대한 批判」, 『東洋哲學研究』 31집, 동양철학연구회, 2002.

김진근, 「소강절의 선천역학에 대한 청대 역학자들의 비판 고찰」, 『범한철학』 51집, 범한철학회, 2008.

남명진, 「주자의 성리학과 역학」, 『周易研究』 제5집, 한국주역학회, 2000.

文載坤, 「「河圖」·「洛書」의 形成과 改托」, 『周易의 現代的 照明』, 韓國周易學會 編, 汎洋社, 1992.

문현선, 「고대 중국인이 바라본 세계」, 『道敎文化研究』 20집, 도교문화연구회, 2004.

방인, 「朱子의 易學的 세계관과 易學史에서의 朱子學의 위치」, 『哲學研究』24집, 哲學研究會, 1988.

白殷基, 「朱子易學研究」, 전남대학교 박사학위논문, 1991.

서대원, 「朱子易學評議」, 『東洋哲學』 37집, 한국동양철학회, 2012.

소현성, 「주돈이 저작의 간행과 권위의 형성에 대한 문헌 해석학적 연구」, 『동양철학연구』 제46집, 2006.

소현성, 「주자의 태극해의 일고」, 『儒學研究』 제39집, 충남대학교 유학연구소, 2017.

손흥철, 「周敦頤의 "太極"과 理氣概念의 關係分析」, 『퇴계학논총』 제29집, 사단법인 퇴계학부산연구원, 2017.

송하경, 「陸・王의 太極論」, 『인문논총』 제7권, 전북대학교 인문학연구소, 1979.

양순애, 「육구연의 본심에 있어서 보편과 특수의 문제」, 『중국철학』 제11집, 중국철학회, 2003.

양재학, 「朱子의 易學思想에 關한 研究」, 충남대학교 박사학위논문, 1992.

양재학, 「주자의 性理學과 易哲學에 관한 研究」, 『汎韓哲學』 제8집, 汎韓哲學會, 1993.

양재학, 「주자의 河圖洛書易學」, 『周易研究』 제5집, 한국주역학회, 2000.

양재혁, 「중국철학에서 數의 문제」, 『한・독사회과학논총』 제7호, 한독사회과학회, 1997.

엄연석, 「『주역』의 상징체계와 程頤『易傳』의 의리역학」, 『태동고전연구』 제21집, 2005.

유인희, 「주자가 본 이천 정이의 역학」, 『동방학지』 제105집, 연세대학교 국학연구원, 1999.

윤용남, 「朱子의 體用理論에 관한 연구」, 성균관대학교 대학원 박사학위논문, 1992.

尹暢烈, 「河圖와 洛書에 나타난 陰陽五行에 關한 研究」, 『大韓韓醫學原典學會誌』 제8권, 대한한의학원전학회, 1994.

이범학, 「吳澄의 易學과 邵雍」, 『한국학논총』 31집, 국민대학교 한국학연구소, 2009.

이선경, 「『역학계몽』에 나타난 주자역학의 특징」, 『한국철학논집』 제28집, 한국철학사연구회, 2010.

이세동, 「〈周易五贊〉에 나타난 朱子의 易學體系」, 『中國語文學』 제26집, 嶺南中國語文學會, 1995.

李世東, 「朱子〈周易本義〉研究」, 서울대학교 박사학위논문, 1996.

이승환, 「주자의 '횡설'과 '수설'」, 『동양철학』 37집, 한국동양철학회, 2012.

이은봉, 「고대 중국신화와 고전 도가사상과의 관계」, 『東洋哲學研究』 21집, 동양철학연구회, 1999.

李彰雨, 「邵康節의 象數易學에 관한 研究」, 성균관대학교 동아시아사상・문화학과 석사학위논문, 2012.

張政烺, 「試釋周初靑銅器銘文中的易卦」, 『考古學報』 1980년 4기.

田龍元, 「朱子 易學 研究」, 한양대학교 박사학위논문, 2006.

정병석, 「朝鮮儒學史에서 圖象學的 象數學의 受容과 批判」, 『儒敎思想文化硏究』 제58집, 한국유교학회, 2014.

정상봉, 「朱子形而上學의 深層構造 — 太極에 대한 理解」, 『한국철학논집』 33권, 한국철학사연구회, 2012.

정해왕, 「邵雍과 「觀物外篇」」, 『大同哲學』 제18집, 대동철학회, 2002.

정해왕, 「邵雍의 先天易學에 관한 硏究」, 『人文論叢』 제42집, 부산대학교, 1993.

조남호, 「주희의 太極 皇極論 연구」, 『시대와 철학』 제18권 1호, 한국철학사상연구회, 2007.

주광호, 「양송 태극론 전개에서 정이 理論의 위상 — 太極에서 理로」, 『한국철학논집』 제24집, 한국철학사연구회, 2008.

주광호, 「在朱熹哲學中多元與統一的緊張關係」, 臺灣華蓮, 第四次國際靑年學者漢學會議, 2005.

주광호, 「程頤의 정치참여 의식에서 도덕의 위상」, 『동양철학』, 한국동양철학회, 2009.

주광호, 「주희 태극론의 '생생'의 원리」 『哲學硏究』, 98집, 대한철학회, 2006.

주광호, 「朱熹의 存在論 체계 내에서의 易學의 位相과 含意」, 『철학』 제89집, 한국철학회, 2006.

주광호, 「퇴계 理發說, 리의 능동성에서 도덕적 감정의 일상성으로」, 『철학연구』 47집, 고려대학교 철학연구소, 2013.

천병돈, 「주자역학은 상수학인가?」, 『주역연구』 제5집, 한국주역학회, 2000.

최영진, 「『周易』에 있어서의 數의 問題」, 『儒敎思想硏究』 제1집, 한국유교학회, 1986.

Kidder Smith Jr. & Peter K. Bol, *Sung Dynasty Uses of the IChing*, Prenceton University Press, 1990.

이 책의 저본이 된 글들

제1장: 「周敦頤 '태극도설'의 존재론적 가치론적 함의」, 『한국철학논집』 제20집, 한국철학사연구회, 2007.

제2장: 「신화적 사유로 본 북송 성리학에서 '생성'의 의미 – 〈태극도설〉과 〈원회운세〉를 중심으로」, 『철학연구』 50집, 고려대학교 철학연구소, 2014.

제3장: 「〈하도・낙서〉와 劉牧의 易數學 – 朱子와의 비교를 겸하여」, 『동양철학』 46집, 한국동양철학회, 2016.

제4장: 「邵雍의 先天易學과 공간」, 『철학연구』 제56집, 고려대학교 철학연구소, 2017.

제5장: 「상징형식으로 본 邵雍의 元會運世」, 『철학연구』 제55집, 고려대학교 철학연구소, 2017.

제6장: "The Problem of Irrational Humans in a Rational Cosmos in Cheng Yi's Philosophy", 『哲學與文化』, 2020.

제7장: 「"四聖一心"與朱子易學體系」, 『朱子學刊』 31집, 朱子學刊編委會, 2019.

제8장: 「朱子 易學에서 象數의 의미와 역할 – 『易學啓蒙』의 象과 數를 중심으로」, 『철학연구』 124집, 대한철학회, 2012.

제9장: 「〈하도・낙서〉와 劉牧의 易數學 – 朱子와의 비교를 겸하여」, 『동양철학』 46집, 한국동양철학회, 2016.

제10장: 「朱熹의 存在論 체계 내에서의 易學의 位相과 含意」, 『철학』 제89집, 한국철학회, 2006.

제11장: 「朱子『周易本義』에서 합리적 판단과 도덕적 선택에 관한 연구 – 邵雍・程頤와의 비교를 중심으로」, 『철학연구』 126집, 대한철학회, 2013.

제12장: 「『주역본의』의 성리적 성격에 관한 연구」, 『동양철학』 43집, 한국동양철학회, 2015.

제13장: 「주자철학에서 태극론과 이기론의 맥락적 차이」, 『퇴계학보』 146집, 퇴계학 연구원, 2019.

제14장: 「주돈이의 '太極動靜'은 주희의 '天命流行'인가?」, 『철학연구』 58집, 고려대 학교 철학연구소, 2018.

제15장: 「朱熹와 陸九淵의 무극태극 논쟁」, 『철학연구』 36집, 고려대학교 철학연구소, 2008.

제16장: 「주자의 공부론, '본체 깨닫기'에서 '대상과의 적절한 관계 맺기'로」, 『철학연 구』 151집, 대한철학회, 2019.

제17장: 「중화신설, 방법에서 목적으로」, 『동양철학』 52집, 한국동양철학회, 2019.

제18장: 「朱子의 격물공부 – 대상에 대한 해석학적 관심」, 『동양철학』 51집, 한국동 양철학회, 2019.

지은이 **주광호**朱光鎬

고려대학교 한문학과를 졸업하고 같은 학교 철학과에서 석사학위를 취득하였으며 중국 북경대학에서 「朱熹太極觀硏究」로 박사학위를 받았다. 현재 동덕여자대학교 교양대학 교수로 있다. 저서로는 『주역, 운명과 부조리 그리고 의지를 말하다』, 『맹자, 나를 이기는 힘』, 『역주와 해설, 성학십도』(공저) 등이 있고 역서로는 『역학철학사』(전 8권, 공역), 『중국사상사』(공역), 『유가철학, 감정으로 이성을 말하다』(공역) 등이 있으며, 논문으로는 「周易本義의 성리적 성격에 관한 연구」, 「신화적 사유로 본 북송성리학에서 '생성'의 의미」 등이 있다.